Kurt-Lewin-Werkausgabe
herausgegeben von Carl-Friedrich Graumann

Band 2
Wissenschaftstheorie II
herausgegeben von Alexandre Métraux

Kurt-Lewin-Werkausgabe

herausgegeben von Carl-Friedrich Graumann

Band 2

Wissenschaftstheorie II

herausgegeben von Alexandre Métraux

Hans Huber Bern
Klett-Cotta Stuttgart

CIP-Kurztitelaufnahme der Deutschen Bibliothek

Lewin, Kurt:
[Werkausgabe]
Kurt-Lewin-Werkausgabe / hrsg. von Carl-Friedrich Graumann. –
Bern : Huber; Stuttgart : Klett-Cotta
NE: Lewin, Kurt: [Sammlung]; Graumann, Carl-Friedrich [Hrsg.]
Bd. 2. Wissenschaftstheorie II / hrsg. von Alexandre Métraux. – 1983.
ISBN 3-12-935120-5 (Klett-Cotta);
ISBN 3-456-81078-4 (Huber)

© 1983 Verlag Hans Huber, Bern, und
Ernst Klett, Stuttgart
Photomechanische Wiedergabe nur mit Genehmigung des Verlages
Printed in Germany
Umschlag und Typographie: Max Caflisch
Gesamtherstellung: Hieronymus Mühlberger, Augsburg

Inhalt

Zur Kurt-Lewin-Werkausgabe 7
Zur Einführung in diesen Band 11

Wissenschaftstheorie II

Der Begriff der Genese in Physik, Biologie und Entwicklungsgeschichte 47
Wissenschaftslehre 319
Über einen Apparat zur Messung von Tonintensitäten 473
Ein verbesserter Zeitsinnapparat 485
Ein zählender Chronograph 489

Anhang

Ergänzungen zu «Wissenschaftstheorie I» (KLW Bd. 1) 497
Bibliographie 499
Personenregister 505
Sachregister 508
Vollständiges Inhaltsverzeichnis des Bandes 521
Übersicht über die Kurt-Lewin-Werkausgabe 528

Zur Kurt-Lewin-Werkausgabe

Wer sich mit Psychologie befaßt, wird sich früher oder später mit Kurt Lewin auseinandersetzen. Er gehört zu den wegweisenden Psychologen des ersten Jahrhunderts psychologischer Wissenschaft. So unterschiedliche Forschungsgebiete wie die der Motivation, der Persönlichkeit, der Entwicklung und Erziehung, der Gruppendynamik und der psychologischen Ökologie sind von ihm nachhaltig beeinflußt, zum Teil begründet worden. Vor allem hat Lewin das Denken, die Begriffsbildung des Psychologen reflektiert und zu verändern begonnen. Lewins wissenschaftliche Wirkung ist deshalb, neben der der fruchtbaren Theorien, Konzepte und Methoden, die heute mit seinem Namen verbunden sind, in der durch ihn eröffneten Alternative zu sehen, psychologische Theorien, Konzepte und Methoden zu entwickeln.

1890 in Mogilno, im damals preußischen Posen geboren, studierte Lewin vor allem in Berlin, das mit seinen Interessen an Philosophie, Biologie und dann Psychologie seine erste wissenschaftliche Heimat werden sollte. Während des Ersten Weltkrieges promoviert, dann unter dem Gestalttheoretiker Wolfgang Köhler als Assistent am Berliner Psychologischen Institut 1920 habilitiert, wurde Kurt Lewin in den nachfolgenden Jahren durch seine und seiner Mitarbeiter «Untersuchungen zur Handlungs- und Affektpsychologie» bekannt. Hitlers Machtübernahme beantwortete er 1933 durch die Emigration in die USA, wo er in Cornell, Iowa State, und schließlich am MIT bis zu seinem frühen Tode im Jahre 1947 lehrte und forschte. Eine stattliche Zahl bedeutender Schüler, vor allem in der durch Lewin neu konstituierten Sozialpsychologie, trägt seitdem die von Lewin gesetzten wissenschaftlichen Impulse weiter.

Eine ausführlichere Charakteristik und Begründung der nach sechs Bereichen gegliederten siebenbändigen Werkausgabe, einen ausführlichen Lebenslauf Lewins und den Dank an diejenigen, die diese Ausgabe ermöglicht haben, findet der Leser in Band 1.

Dem Werk Kurt Lewins, der aus politischen Gründen seine Heimat verlassen mußte und damit gezwungen war, in einer ihm fremden Sprache seine Wissenschaft, aber auch seinen Kampf um eine humanere Gesellschaft fortzusetzen, soll die Kurt-Lewin-Werkausgabe der endgültige Rahmen sein.

Carl F. Graumann

Editorische Notiz

Jeder Band der Kurt-Lewin-Werkausgabe (KLW) ist nach folgenden Grundsätzen aufgebaut:
1. Jede einzelne Arbeit Lewins wird ungeachtet ihres Umfangs als Einheit betrachtet.
2. Die *Anmerkungen* Lewins und die Herausgeberanmerkungen befinden sich unmittelbar hinter dem jeweiligen Text Lewins; erstere sind fortlaufend numeriert, während letztere durch hochgestellte Buchstaben in alphabetischer Reihenfolge gekennzeichnet sind.
3. Der sprachlichen und begrifflichen Erläuterung dienende Anmerkungen – sie stammen von den Herausgebern – befinden sich dagegen auf derselben Seite, auf welcher der zu erläuternde Ausdruck steht; diese Anmerkungen sind durch * kenntlich gemacht.
4. Editorische Angaben über Zeit und Ort der Publikation, über vom Autor vorgenommene Revisionen eines Textes usw. finden sich in der Anmerkung a zur betreffenden Arbeit.
5. *Abbildungen* und *Tabellen* werden innerhalb der Texte jeweils durchnumeriert. Verweist Lewin auf eine Abbildung oder Tabelle eines anderen seiner Texte, wird der Querverweis durch eine Seitenangabe, gegebenenfalls zusätzlich durch Angabe der Bandnummer ergänzt.
6. Die von Lewin zitierten Schriften werden im ersten Teil der *Bibliographie* verzeichnet. Die von den Herausgebern zusätzlich zitierten Schriften sind dagegen im zweiten Teil der Bibliographie aufgeführt.
7. Sämtliche Schriften Lewins werden nach dem in Band 7 abgedruckten vollständigen *Schriftenverzeichnis* zitiert. Die Zitierweise ist in jedem Band der KLW identisch.
8. Die *Personen-* und *Sachregister* stammen von den Herausgebern; sie wurden, wenn immer möglich, nach den Vorlagen Lewins angefertigt.
9. Zeichensetzung und Rechtschreibung in den Texten Lewins wurden den heute geltenden Regeln angepaßt.

Zur Einführung in diesen Band

I

Werk und Person Kurt Lewins bilden seit mehr als dreißig Jahren den Gegenstand von mehr oder weniger ausführlichen Behandlungen in der Sekundärliteratur, von mehr oder weniger konzisen biographischen, werkgeschichtlichen und rezeptionshistorischen Betrachtungen, von Würdigungen, kritischen Stellungnahmen und dergleichen mehr. Einmütigkeit zwischen den Autoren solcher Stellungnahmen zu erwarten, wäre genauso verwegen wie die Hoffnung, daß die Meinungsbildung über andere Psychologen (oder generell über Wissenschaftler) des 19. und 20. Jahrhunderts, die auf die Entwicklung ihrer Disziplin nachhaltig eingewirkt haben, einem durch letzten Konsens bestimmten Fixpunkt zustrebte. Und selbst die Annahme, daß die Wissenschaftsgeschichte nach und nach durch Bearbeitung von Archivmaterialien und anderen Quellen die Kenntnisse über Personen, Werke, Institutionen, Einflüsse usw. erweitern und zu einem optimalen Niveau haben wird (das in der jetzigen Psychologiegeschichtsschreibung übrigens noch längst nicht erreicht ist), schließt die Möglichkeit von begründeten divergenten Bewertungen und Deutungen nicht aus. Die Erweiterung der historischen Kenntnisse schränkt vielmehr nur die Beteiligung von Willkür und Aleatorik am Zustandekommen von Bewertungen und Deutungen ein.

Während aber z. B. im Falle Wilhelm Wundts durch eine in den vergangenen Jahren intensivierte Forschung die Bedingungen für eine öffentliche, fundierte und geschichtstheoretisch geleitete Auseinandersetzung mit dessen Werk und dessen Rolle in der Geschichte der Wissenschaften erheblich verbessert wurde, und während sich das gleiche im Hinblick auf William James oder James Dewey anbahnt, macht sich bei Lewin – bevor die Debatte über sein Werk als ganzes begonnen hat – paradoxerweise die Wirkung eines Filterungs- oder Brechungsmechanismus recht nachteilig bemerkbar. Die Folge dieses Sachverhalts besteht darin, daß schon die veröffentlichten Arbeiten Lewins derart selektiv gelesen und rezipiert werden, daß die Deutungen derselben durch dogmatische Fixierung auf bestimmte Lehrinhalte oder durch systematische Ausblendung gewisser Aspekte seines Schaffens ein äußerlich wie innerlich heterogenes Bild zustande kommt.

Paradox sind Entstehung und Wirkung des genannten Filterungs- oder Brechungsmechanismus deshalb, weil Lewins Werk dem heutigen Leser zeitlich wie inhaltlich um einiges näher stehen dürfte als dasjenige von Helmholtz, Ebbinghaus, Münsterberg, Binet oder Thorndike; weil seine Schriften dem Umfang nach nicht ganze Regale füllen wie die Wundts oder Piagets; und schließlich auch, weil der Zugang zu seinem Denken und zum System seiner Auffassungen allein schon der Vermittlung durch seine Schüler wegen eigentlich leichter sein sollte als der zu Loeb, Watson, Claparède oder Stumpf: das Ausmaß der Aktualität ist bei Lewin einfach größer als bei den zuletzt genannten Forschern.

So scheint die Reputation unseres Autors zwar allseits anerkannt zu werden (wenn sich dieser Anerkennung gelegentlich auch Neid beimischen mag) – aber man weiß nicht, wodurch sie sich begründet, worin sie eigentlich besteht und wie sie zu erklären ist.

Mithin sind in der Bemühung um eine kritische Würdigung seines Werks und seines Wirkens zwei Hindernisse zu überwinden, von denen freilich nur das eine mit Sachzwängen zusammenhängt:

(1) zum einen ist Lewins Oeuvre als ganzes zu analysieren und in jeder historiographisch und theoretisch relevanten Beziehung auszudeuten (was übrigens materiell durch die KLW – zumal für den deutschsprachigen Bereich – um einiges vereinfacht wird);

(2) und zum anderen sind *vorab* die durch Gewohnheiten, Vorurteile, unbedachte Akzentuierung, subjektive Präferenzen usw. bedingten Brechungen zu überwinden, die – weil sie die gegenwärtige Deutungsmatrix stark beeinflussen – das derzeit gängige Lewin-Bild prägen.

Man kann heute – natürlich nur im übertragenen Sinne – ohne weiteres von «drei Lewins» sprechen: dem fast unbekannten; dem in einigen kleinen Kreisen recht gut bekannten; und dem vornehmlich in der wissenschaftlichen Öffentlichkeit als bekannt angenommenen, jedoch trivialisierten Lewin.

Fast unbekannt ist z. B. Lewin als Autor einer Monographie über den Existenzbegriff in der modernen Physik und Biologie; als einer, der sich an der Taylorismusdebatte der zwanziger Jahre beteiligt hat; als politisch nicht eindeutig klassifizierbarer Intellektueller; als kritischer Beobachter der gestalttheoretischen Szene in Berlin; als begehrter Informationsträger und Diskussionspartner sowjetischer Psychologen zu Beginn der dreißiger Jahre[1]; als einer, der eine Abhandlung über die Versuchsperson und deren Training verfaßt hat; als Kenner psychologischer Instrumente und als Erfinder origineller Versuchspläne – und nicht zuletzt auch als sozialpsychologischer Auftragsforscher.

Mit dieser bei weitem nicht erschöpfenden Liste kontrastiert jene Liste, die für das trivialisierte Lewin-Bild typisch ist. Dieses Lewin-Bild, das sich seit zwei oder drei

---

[1] Die Anmerkungen zu dieser Einführung finden sich auf den Seiten 42–46.

Generationen in der wissenschaftlichen Öffentlichkeit durchgesetzt hat und seither ohne merkliche Veränderungen weitervermittelt wird, umfaßt einige wenige Items, die – leicht einprägbar und deshalb mühelos reproduzierbar – fast schon die Macht zur Selbstperpetuierung erlangt haben. Natürlich soll mit der Redeweise der «Macht zur Selbstperpetuierung» auch nicht entfernt eine verdinglichende Deutung dieses Sachverhalts gefördert werden. Hier geht es lediglich darum, auf den Umstand hinzuweisen, daß das Lewin-Bild seiner Verbreitung wegen gegenüber Korrekturversuchen widerständig ist, und daß gerade seine Verbreitung wohl mit der für soziale Repräsentationen typischen Einfachheit zusammenhängt.

Es hat sich gezeigt, daß Personen, die von Lewin kaum eine Zeile gelesen haben, mit hoher Wahrscheinlichkeit ein oder zwei der besagten Items erwähnen, die zum Standardbild dieses Psychologen gehören. Fragt man danach, woher sie ihr Wissen beziehen, erhält man – wenn überhaupt – recht unverbindliche Antworten, die darauf deuten, daß – wiederum kennzeichnend für soziale Repräsentationen – die Quelle der Wissensvermittlung anonymisiert wird.

Lewin wird – um mit einigen Worten auf dieses Bild einzugehen – gesehen als Vater der kognitiven Sozialpsychologie; als der Urheber der Grundformel des Verhaltens; als einer, der das Verhalten von Personen durch mehr oder weniger regelmäßige Ellipsen versinnbildlicht, die durch feinschraffierte Linien abgegrenzte Bezirke umfassen (die Studentensprache der fünfziger Jahre hielt dafür Ausdrücke wie «Blumenkohl-Lewin» oder «Lewin der Grafiker» bereit); als Theoretiker der Vektorpsychologie, der psychische Kräfte durch Pfeile darstellt; als Psychologe des demokratischen und des autoritären Erziehungsstils; als Begründer der Kleingruppenforschung – und damit endet die Merkmalsliste bereits.

An dieser Stelle ließe sich der Einwand vorbringen, daß doch Lewin die Grundformel des Verhaltens zu verantworten hat – und nicht irgendein anderer Autor –, daß er sich doch häufig genug als Zeichner betätigte, daß er mit dem Thema der Erziehungsstile und der Kleingruppenproblematik innovativ in die sozialpsychologische Forschung und Theoriebildung eingegriffen hat usw. Oder anders: man könnte behaupten, daß der Kern des Lewin-Bildes – bei aller übertriebenen Vereinfachung – die Sache doch eigentlich trifft...

Zur Entkräftung dieses Einwands ist zu überlegen, ob einerseits die historische Charakterisierung Lewins überhaupt haltbar ist, und andererseits, ob sich z. B. die Grundformel des Verhaltens und der Grundbegriff der Vektorpsychologie widerspruchslos aus seinem *Gesamtwerk* ableiten lassen. Läßt sich aus dem Gesamtwerk diese Ableitung nicht widerspruchslos durchführen, ist die Loslösung der Grundformel des Verhaltens wie auch des Grundbegriffs der Vektorpsychologie – um hier nur diese beiden zu nennen –

riskant, so daß die Weitervermittlung derselben von Lehrbuch zu Lehrbuch, von Artikel zu Artikel und von Vortrag zu Vortrag nachgerade Fehldeutungen induzieren muß.

Es ist in der Fachgeschichte der Psychologie zwar üblich, Vaterschaften und andere Verwandtschaftsbeziehungen zu konstruieren. Damit wird der Legitimationsdruck – zumal dann, wenn Väter und Verwandte illustre Namen tragen – gegenüber anderen Denk- und Forschungsrichtungen im eigenen Fach oder gegenüber anderen Disziplinen etwas erträglicher gemacht. Durch die Erwähnung eines angesehenen Vorfahren erhofft man sich die Verbesserung der Ausgangsbedingungen für den eh schon harten Konkurrenzkampf. Allein, durch wiederholtes Ausstellen von fiktiven *lettres de noblesse* erleidet letztlich nur die historische Selbsterkenntnis Schaden, was sich für den zu Ruhm gekommenen Vorgänger auch als Nachteil erweisen könnte. Immerhin vermag eine akribische historische Rekonstruktion mitunter nachzuweisen, daß ein berühmter Name mit Entwicklungen in Zusammenhang gebracht wird, an denen er theoretisch unmittelbar gar nicht oder nur ganz am Rande beteiligt war.

Die kognitive Sozialpsychologie jedenfalls wurde durch einige *Schüler* Lewins nach dessen Tod konzipiert und zu Ansehen gebracht[2], die unter sich theoretisch womöglich so verschiedenartig waren, daß sie in der Berufung auf den Lehrer die mangelnde Einheit der Forschungsrichtung mindestens nach außen hin zu retten versuchten. Naiv ist die auf eine große Person bezogene Psychologiegeschichtsschreibung ohnehin – wie an diesem Beispiel zu belegen ist. Wie einseitig in diesem konkreten Falle die Rede von Lewin als dem «Begründer der kognitiven Sozialpsychologie» zudem ist, manifestiert sich in der Einäugigkeit derer, die das sozialpsychologische (oder sozialpsychologisch relevante) Schaffen dieses Autors nach 1933 hervorkehren und die Zeit bis zur Emigration überhaupt nicht wahrnehmen[3], – ganz zu schweigen davon, daß sie der Konzeption der Wissenschaftsgeschichte, wie Lewin sie in diversen Schriften vertrat, nicht gerecht werden[4].

Was die Grundformel des Verhaltens angeht – sie lautet in der üblichen Lesart $V = f(P, U)$ –, so erfreut sie sich trotz der ihr anhaftenden Mängel einer fast ungebrochenen Beliebtheit (wie wäre es sonst zu verstehen, daß sie nicht zuletzt jenen, die ihre Unkenntnis der Originalliteratur freimütig eingestehen, ohne sichtbare Anstrengung über die Lippen kommt). Natürlich ist gegen die Formel äußerlich nichts einzuwenden. Sie ist in Befolgung der in der mathematischen Sprache von Mengen und Abbildungen geltenden Ausdrucksregeln gebildet; sie besitzt einen Ausdruck für den Definitions- und einen solchen für den Wertebereich, und sie drückt eine zwischen diesen Bereichen angenommene oder bestehende funktionale Beziehung aus. Die Interpretierbarkeit der Grundformel des Verhaltens bereitet indes eine Reihe von Schwierigkeiten. Denn Lewin ist eine genaue Bestimmung des Definitions- und des Wertebereichs schuldig geblieben. Zudem nimmt er – entgegen der schon zu seiner Zeit akzeptierten mengentheoretischen Lesart des Funktionsbegriffs – die Möglichkeit einer nicht eindeutigen Beziehung zwischen den Elementen der beiden Bereiche an (vgl. hierzu auch WEINERT & GUNDLACH in der Einführung zu KLW Bd. 6, 20). Die problematische Verwendung des Funktionsbegriffs manifestiert sich u. a. darin, daß Lewin die *gleichen* Verhaltensweisen in *gleichen* Situationen als von *verschiedenen* und *unterschiedlichen Individuen* (vgl. KLW Bd. 6, 173) abhängig zuläßt, oder darin, daß er zwischen dem Phänotypus (äußerlich beobachtbares Verhalten) und dem Genotypus (konditional-genetischer Zusammenhang des Verhaltens) auch relationale – aber nicht funktionale! – Beziehungen annimmt (vgl. z. B. KLW Bd. 1, 289–304)[5]. Hätte sich unser Autor dagegen an die Ausführungen gehalten, die er in der Rolle des Wissenschaftstheoretikers zum Thema der Funktionen gemacht hatte, so wäre es zu diesem problematischen Umgang mit dem Funktionsbegriff kaum gekommen.

Es stellt sich also die Frage, ob Lewin als Psychologe dem auf seiner Disziplin liegenden Legitimationsdruck nachgab und durch Einführung einer pseudo-mathematischen Formel den Anschein strenger Wissenschaftlichkeit zu wecken beabsichtigte – eine sicherlich vertretbare rhetorische Strategie, da ja die Heuristik, die sich hinter der Formel verbirgt, durchaus positiv zu bewerten ist.

Und eine zweite Frage müßte in diesem Zusammenhang aufgeworfen werden. Warum wird zwei oder drei Generationen nach dem Schöpfer der Grundformel des Verhaltens diese selbst, nachdem sie aus dem Zusammenhang gerissen wurde, nicht als pseudo-mathematisch durchschaut, sondern als in jeder Hinsicht interpretierbar weitervermittelt?

Auch zum Begriff der psychischen Kraft sind einige Bemerkungen angebracht. Bereits 1938 wurde von Paul LAZARSFELD (1938, 244) hervorgehoben, daß Lewin mit seiner Topologie einer «allgemeine[n] Tendenz nach Formalisierung in bestimmten Richtungen der modernen Sozialwissenschaften» gefolgt sei, daß aber ein «Formalismus... letzten Endes nur dann positiv [ist], wenn er über die bloße Beschreibung hinausgeht und Transformationsregeln enthält». An gleicher Stelle wird der Vorwurf erhoben, daß kein «einziges Beispiel einer solchen logischen Produktivität... [in Lewins System] zu finden» sei, und daß alle «Beispiele in Wirklichkeit mit recht einfachen räumlichen Metaphern arbeiten».

Lazarsfeld streift mit wenigen Worten eins der Hauptprobleme, die sich in der Rezeption des Lewinschen Werkes ergeben. Welche Funktion ist den Metaphern (Raum, Barriere, Kraft, Valenz, Aufforderungscharakter, und so fort) denn eigentlich zuzuschreiben, und wie sind die von Lewin angebotenen psychologischen Modelle zu interpretieren?

Wenn Psychologen zur Erleichterung des Verständnisses der von ihnen beschriebenen (oder erklärten) und gelegentlich als hochkomplex bezeichneten Objekte auf graphische, tabellarische und andere Hilfsmittel greifen, wird man eine derartige Hilfe genauso zu schätzen wissen wie etwa die schematische Darstellung der Hauptverbindungen zwischen den Regionen des Gehirns eines Säugetieres oder die durch unterschiedliche Farben angereicherte Darstellung der tektonischen Verhältnisse in einem bestimmten geographischen Gebiet. In diesem Falle hat man es mit *Modellen von Etwas* zu tun, deren Wert z. B. daran bemessen werden kann, ob sie sprachlich äußerst verwickelte und unter üblichen Kommunikationsbedingungen kaum mitteilbare Sachverhalte zu vereinfachen imstande sind.

Anders verhält es sich mit den *Modellen für Etwas*[6]. In diesem Falle wird von einem theoretischen System, das sich bereits bewährt hat, eine Brücke zu einem anderen theoretischen System dadurch geschlagen, daß ein oder mehrere sprachliche Elemente – und die dazu gehörenden Konnotationen – des ersteren in letzteres übernommen und dort für eine innovative und unter günstigen Umständen auch produktive Betrachtungs- und Experimentierweise eingesetzt werden. In der wissenschaftstheoretischen Literatur werden diese sprachlichen Elemente sowohl als Analogien wie auch als Metaphern bezeichnet[7].

Unter den unzähligen Beispielen einer sowohl die Forschung wie auch die theoretischen Neuorientierung anregenden Verwendung von Analogien, die mehr oder weniger direkt zur Konstruktion neuartiger Modelle geführt haben, seien nur zwei erwähnt: einerseits Descartes' Versuch einer rein mechanistischen Erklärung der Funktionsweise des Nervensystems[8], andererseits Bohrs Konzeption des Aufbaus des Atoms, in der die Analogien zur Struktur des Sonnensystems unverkennbar sind[9].

Ohne Zweifel bemühte sich Lewin, mit der Einführung des Begriffs der «psychischen Kraft» die durch Analogiebildungen (im oben skizzierten Sinne) oft zu erwartenden innovativen Impulse freizusetzen und zu einem neuen psychologischen Modell zu gelangen. Inwiefern ihm das tatsächlich gelungen ist, steht nicht zur Debatte[10]. Hier mag lediglich darauf verwiesen werden, daß der Referenzbereich[11] des psychologischen Kraftmodells gesamthaft gesehen unterbestimmt, und daß dieses Modell für den zu erklärenden psychischen Mechanismus zu einfach ist. Symptomatisch sind jedenfalls die Unsicherheiten, mit denen Lewin kämpft und die sich bis in die graphischen Veranschaulichungen hinein auswirken[12].

Doch schon dies wäre im Grunde die Überlegung wert, ob die Psychologengenerationen nach Lewin gut beraten waren, eine nicht gegen gravierende Plausibilitätsvorwürfe gefeite Modellkonstruktion im Prozeß der Weitervermittlung noch mehr zu vereinfachen, statt es etwa bei der poetischen Bildsprache zu belassen[13]. Denn man kann ja den Verdacht nicht glatt von der Hand weisen, daß z. B. die literarische Metapher von Buridans Esel (vgl. KLW Bd. 6, 120) für die Beschreibung eines Konflikts vielleicht besser geeignet – weil modelltheoretisch nicht belastet – ist als eine den Kriterien der wissenschaftlich fruchtbaren Verwendung von Analogien und Metaphern kaum genügende Anlehnung an die Klassische Mechanik oder an die *analysis situs*, wenn zur psychischen Kraft noch die nichtmetrischen Beziehungen innerhalb des Kraftfeldes hinzugedacht werden sollen.

Solche und ähnliche Überlegungen zum heutigen Lewin-Bild und zu diesem oder jenem Aspekt des Lewinschen Werkes selbst sind dazu geeignet, die Vermutung zu bestärken, daß dieser Autor aus einer nicht gerade angemessenen Perspektive heraus gelesen und popularisiert wurde. Nicht angemessen deshalb, weil sie zum einen auf gemeinverständliche oder vor lauter Einfachheit bestechende, dafür um so leichter kritisierbare Topoi zugeschnitten ist, und zum anderen, weil sie eine mitunter heilsame Spannung innerhalb des Lewinschen Gesamtwerks ungenutzt läßt, die die Präzisierung und Korrektur problematischer Aussagen ohne Rückgriff auf externe Quellen möglich macht. Zudem verbaut sich die überlieferte Deutungsmatrix den Weg zu historiographisch und theoretisch ansprechende Hypothesen dadurch, daß sie die außerordentliche Vielfalt an Einfällen, Umwegen, Neuansätzen, theoretischen Versuchen und dergleichen verharmlosend auf einige Begriffe und sterile Schematismen reduziert[14].

So verspielt sie etwa die Hypothese, daß die sozialen Anforderungen an einen akademischen Psychologen, die ihm aus der wissenschaftlichen Gemeinschaft nicht weniger als aus der politischen, wirtschaftlichen usw. Öffentlichkeit erwachsen, gelegentlich zu Äußerungen verleitet, zu denen weniger kritische Distanz gewahrt wird als zu Auffassungen, die derselbe Autor in der Rolle des Wissenschaftsphilosophen vertritt. Oder – zweite, durch das traditionelle Deutungsmuster verspielte Hypothese, die einer Untersuchung würdig wäre: Lewin bewegte sich von Anfang an in den Randgebieten zweier sozialer Netzwerke – hier der Psychologie als institutionalisiertem Soziosystem, dort der Philosophie als institutionalisiertem Soziosystem –, zwischen denen er punktuell vermitteln konnte; doch mit dem fortschreitenden Auseinanderdriften der beiden Netzwerke wurde eine Neuorientierung erforderlich, die sich in der Veränderung der Themen, der Vorgehensweisen, vor allem aber der Akzentverschiebungen manifestiert.

Um dem Leser der in den vorliegenden Band aufgenommenen wissenschaftstheoretischen *und* -technischen Arbeiten die Möglichkeit zu geben, eine Alternative zur vorhin gekennzeichneten Deutungsmatrix wenigstens in Erwägung zu ziehen oder gegebenenfalls selbständig weiter zu explorieren, sollen einige Kerngedanken der Lewinschen Metatheorie pointiert vorgestellt und kommentiert werden.

Zuvor werden in einem historiographischen Abschnitt zum Thema der Entstehung der beiden wissenschaftstheoretischen Monographien bislang unbekannte Archivmaterialien verwertet, die zu einer Teilrevision der Biographie und Werkgeschichte Lewins zwingen.

II

Ende 1919 oder in den ersten Januartagen des Jahres 1920 beantragte Lewin die Habilitation an der Philosophischen Fakultät der Universität Berlin, wie aus der vom damaligen Dekan, dem Astronomen F. Cohn unterzeichneten Habilitationsanmeldung vom 9. Januar 1920 ersichtlich ist. Die Arbeit, mit der Lewin die Habilitation zu erreichen *beabsichtigte,* trug den Titel *Der Typus der genetischen Reihen in Physik, organismischer Biologie und Entwicklungsgeschichte.* Sie ist mit der in diesem Band enthaltenen Geneseschrift von 1922 zwar nicht ganz textidentisch, doch weist letztere gegenüber dem Manuskript der eingereichten Habilitationsschrift so gut wie sicher nur geringfügige Änderungen auf[15].

Zu dieser Arbeit wurden Gutachten und Meinungsäußerungen von Carl Stumpf, dem im Habilitationsvorgang eindeutig die Hauptrolle zufiel, dem Botaniker Gottlieb Johann Friedrich Haberlandt[16], dem Physiker Heinrich Rubens, dem Zoologen Karl Heider und den Philosophen Benno Erdmann und Ernst Troeltsch erbeten.

Über die Entstehung der Habilitationsarbeit schrieb Lewin in einem kurzen, den Fakultätsunterlagen beigegebenen Lebenslauf. «Während dieser Zeit [sc. des Ersten Weltkrieges] entstanden außer einer kurzen Zusammenfassung der Ergebnisse der experimentalpsychologischen Arbeit ein Aufsatz über die ‹Kriegslandschaft› und eine Abhandlung ‹Psychologische und sinnespsychologische Begriffsbildung› zur Festschrift für C. Stumpf's 70. Geburtstag. Ferner arbeitete er [Lewin] eine Methode zur Eignungsprüfung der Funker aus, die modifiziert bei den Fliegerfunkern im Heere benutzt wurde. Während der Lazarettzeit sowie in den folgenden Monaten [1917] arbeitete er an der zur Habilitation eingerichteten Schrift...»[17]

Bereits am 28. Januar 1920 verfaßt Stumpf ein Gutachten, das einerseits eine allgemeingehaltene Zusammenfassung der Habilitationsschrift, andererseits einige kritische Bemerkungen enthält. Unter diesen findet sich z.B. folgende Ausführung: «Dennoch will es mir scheinen, daß seine [Lewins] sämtlichen Gesetzlichkeiten [die in der Gegenüberstellung der physikalischen mit den biologischen Genesereihen herausgearbeitet wurden] eine Rückführung auf das allgemeine Kausalgesetz gestatten. Man vergleiche nur beispielsweise den 4.–6. Satz [hier S. 85–86] über physikalische Genidentitätsreihen..., wonach diese überall dicht, stetig und transitiv sind. Daß Verfasser diese Rückführung unterläßt, ja das Genidentitätsverhältnis als etwas *neben* dem Kausalverhältnis Bestehendes hinstellt, erscheint mir als ein starker Fehler.»[18] Ob aus grundsätzlichen Erwägungen heraus oder in taktisch begründeter Vorausschau auf mögliche Widerstände von Teilen der Fakultät gegen die Habilitation Lewins, führt Stumpf in seinem Gutachten über seine Zurückhaltung gegenüber der Arbeit aus: «Ich muß nun gestehen, daß meine Kenntnisse über die gegenwärtige Biologie nicht hinreichen, um zu beurteilen, was die Betrachtungen des Verfassers in dieser Hinsicht leisten, inwieweit sie etwa zur Klärung biologischer Begriffe nützlich sein können. Es wird daher notwendig sein, daß sich die Herren Haberlandt und Heider hierzu äußern... Rein formell betrachtet zeichnet sich die umfangreiche Arbeit, die man ihrer allgemeinsten Tendenz nach auch als einen Beitrag zur allgemeinen Verhältnislehre bezeichnen kann, jedenfalls durch Streben nach Gründlichkeit und Genauigkeit des Denkens aus... Vorausgesetzt, daß die physikalischen und biologischen Fachmänner der Kommission keine wesentlichen Einwendungen zu erheben finden, möchte ich die Zulassung des Kandidaten, der mir auch aus langjährigem Verkehr im Psychologischen Institut als strebsamer und scharfsinniger Kopf bekannt ist, zu den weiteren Habilitationsstadien empfehlen.»[19]

Die Stellungnahmen der beiden Vertreter der Biologie divergieren stark. Karl Heider bekundet kurz und dezidiert: «Nach meiner Ansicht ergeben sich vom Standpunkt des Biologen keine Einwendungen gegen die Zulassung des Habilitationsbewerbers.»[20] Das ausführliche Gutachten des Vorstehers des Pflanzenphysiologischen Instituts der Universität und des seit längerem auf entwicklungsgeschichtliche Studien spezialisierten Haberlandt endet dagegen mit dem Urteil: «Daß zwischen den genetischen Reihen in der Physik u[nd] denen in der Biologie ein prinzipieller Unterschied vorhanden sei, wie der Verf[asser] nachweisen will, wird kein Physiologe zugeben, der der Überzeugung ist, daß alles Geschehen im Organismus... auf chemisch-physikalischen Vorgängen beruht... Es ist mir sehr zweifelhaft, ob die gewiß recht scharfsinnigen Ausführungen des Verfassers zur Klärung der biologischen Begriffsbildung etwas beitragen können. Soviel ist jedenfalls sicher, daß derartige Auseinandersetzungen, in deren Verständnis man nur mühsam eindringt, von der überwiegenden Mehrzahl der Biologen mit größter Zurückhaltung aufgenommen werden.»[21] Und dennoch befürwortet Haberlandt – zwar unter Berufung auf das (mit einigen Vorbehalten versehene) positive Gutachten Stumpfs – die Habilitierung Lewins.

Ein weiteres Gutachten stammt vom Physiker Rubens, der zu einer Argumentationsfigur greift, die für das mehrdeutige Verhältnis zwischen Philosophie und Wissenschaft(en) typisch ist. So meint er nur deswegen gegen die Zulassung des Bewerbers zur Habilitation sich nicht aussprechen zu müssen, weil er zur Überzeugung gelangt sei, «... daß der Schwerpunkt der Arbeit auf rein philosophischem Gebiet liegt...»[22] Gleichzeitig trägt er aus fachspezifischem Blickwinkel einige Kritikpunkte vor, unter anderem: «Wollte man z.B. den Satz 7 [vgl. hier S. 93] ... im elektrischen oder magnetischen Feld anwenden, so würde dies zu Widersprüchen mit der Erfahrung führen.»[23]

Der fächerübergreifende Charakter der Habilitationsschrift Lewins hatte, wie aus den Gutachten und Stellungnahmen hervorgeht, eine Situation geschaffen, in der sich ein durch institutionell verankerte Gegensätze zwischen akademischen Fächern entstandenes Junktim fatal auswirken mußte. Obgleich in seiner Eigenschaft als Hochschullehrer mit Problemen der empirischen Wissenschaften (Psychologie, Ethnologie) befaßt, verstand Stumpf seine Rolle ausschließlich als die eines Philosophen, der die Habilitation Lewins zu fördern bereit war, wenn *auch* naturphilosophisch (sprich: für das Verständnis der *naturwissenschaftlichen* Begriffs- und Theoriebildung) nichts gegen die Habilitationsarbeit sprach. Und die Vertreter der Naturwissenschaften waren bereit, die Habilitation zu befürworten, obgleich sie mit einzelnen Aspekten derselben nicht einverstanden waren (zumal was speziell die natur*wissenschaftlichen* Lehren und Probleme betraf), da es sich ja um einen natur*philosophischen* Beitrag handelte. Anders gewendet: die durch interne und externe Faktoren bedingte Arbeitsteilung zwischen den Disziplinen innerhalb ein und derselben Fakultät hatte eine Teilung der Kompetenzen der Fachvertreter zur Folge, die eine Einigung über den philosophischen *und* einzelwissenschaftlich (physikalisch und biologisch) relevanten Gehalt der eingereichten Arbeit schlechterdings verhinderte. Weil somit eine Verständigung über die Definition der *Naturphilosophie* im Spannungsfeld zwischen der traditionellen Philosophie einerseits, den Naturwissenschaften andererseits in diesem konkreten Fall offensichtlich nicht herbeigeführt zu werden vermochte (oder nicht erstrebenswert erschien), zog Stumpf am 27. März 1920 seinen Antrag auf Zulassung zur Habilitation zurück, mit der Begründung: «Da man von einer naturphilosophischen Habil[itations-]schrift verlangen muß, daß auch die Naturforscher selbst gewisse Anregungen darin finden, keiner der HH [= Herren] Kollegen aber etwas Verdienstliches in dieser Beziehung erwähnt, und da ich ohnedies selbst nicht unerhebliche Ausstellungen zu machen hatte...»[24] Am 26. Mai teilte die Fakultät Lewin ihre Ablehnung mit. Sie stellte ihm jedoch anheim, aufgrund einer anderen Arbeit ein zweites Habilitationsgesuch einzureichen.

Um die mißliche Lage etwas besser zu verstehen, in die Lewin als Grenzgänger zwischen der Philosophie und den empirischen Wissenschaften geraten war und die aufgrund der Archivquellen ohnehin nur fragmentarisch rekonstruierbar ist, empfiehlt sich an dieser Stelle ein kurzer historiographischer Exkurs.

Völlig unklar und vielschichtig war das Verhältnis zwischen der Philosophie und den Wissenschaften seit der Mitte des 19. Jahrhunderts. Mit der expansiven Entwicklung der Naturwissenschaften, die zu ihrer Legitimierung kaum mehr auf außerwissenschaftliche Instanzen angewiesen waren, wurde die akademische Philosophie – insbesondere die spekulative Naturphilosophie – in eine hilflose Außenseiterposition abgedrängt. Als Beleg dafür mag die Berliner Antrittsvorlesung Schellings von 1841 angesehen werden, deren minime Hörerzahl geradezu das Ausmaß öffentlicher Verachtung für den Idealismus widerspiegelte.

Dank des Methodenfortschritts konnten sich die Physik, die Chemie und vor allem die Physiologie einen unbestrittenen Erfolg sichern, bildeten indes zugleich die Grundlage eines unkritischen Szientismus mit materialistischen Obertönen, aus denen Teile des Bildungsbürgertums und einzelne Stellen der Staatsgewalt eine Bedrohung der Weltanschauung (wenn nicht sogar eine Gefährdung der politischen Ordnung) heraushörten. So erfolgte unter der Maxime «Zurück zu Kant!» im Gegenzug eine – den staatlichen Autoritäten willkommene – restaurative Aufwertung der kritizistischen Philosophie. Auf der einen Seite plädierten Hermann v. Helmholtz, Friedrich Albert Lange u. a. im Anschluß an den Göttinger Materialismusstreit von 1854[25] für eine Aussöhnung zwischen Philosophie und Naturwissenschaft, derart, daß letztere die Grenzen ihrer Erkenntnis durch jene reflexiv feststellen ließe, und jene die im Rahmen der Wissenschaften gewonnenen Erkenntnisse über die Welt akzeptierte und in ihre Überlegungen aufnähme[26]. Auf der anderen Seite bemächtigte sich die Intelligenz innerhalb und außerhalb der Universitäten der praktischen Vernunft Kants, um die Selbstverantwortung des liberal-aufgeklärten Bürgers zu rechtfertigen und eine von bloßen Nützlichkeitserwägungen gereinigte Moral zu propagieren.

Jedenfalls ist die im Neukantianismus als der bis zum Ersten Weltkrieg dominierenden Richtung der Schulphilosophie immer wieder aufgegriffene und unter vielfältigen Perspektiven behandelte Frage der Bestimmung und gegenseitigen Abgrenzung der Wissenschaften wohl nur zu verstehen auf dem Hintergrund eines vorab ausgehandelten Kompromisses zwischen der Philosophie und den empirischen Wissenschaften. Denn diese Frage berührte in Form und Inhalt die wissenschaftliche *Tätigkeit* (vornehmlich der naturwissenschaftlichen Disziplinen) nicht; sie konnte ja erst im nachhinein den Begründungszusammenhang der wissenschaftlichen *Erkenntnis* – und dies nurmehr mit Maß – thematisieren. So vermochte selbst der Neukantianismus auf die geschichtliche Entwicklung der Realwissenschaften kaum Einfluß nehmen und die tatsächliche Divergenz zwischen der Philosophie und den empirischen Wissenschaften nur noch verbal aufzuheben.

Die Tatsache, daß in einer Fakultät, wo die Philosophie, die Geisteswissenschaften *und* die Naturwissenschaften vertreten waren, eine über den Rahmen der Schulphilosophie hinausgehende Habilitationsschrift wie die von Lewin eingereichte Schwierigkeiten schaffen würde, weil sie mit den Traditionen der äußerlich gewahrten Koexistenz brach, macht das Motiv Stumpfs zur Zurücknahme des Habilitationsantrags wenigstens in Umrissen klar: ihm lag an der erfolgreichen Habilitation seines Schülers mehr als an einem Verfahren, das der diffusen Diskussionslage in Sachen Naturphilosophie und Naturwissenschaften wegen langwierig und umständlich sein würde. Zudem mag dabei auch eine Rolle gespielt haben, daß Lewin in seiner Monographie eine analytisch-wissenschaftstheoretische Methode zur Anwendung brachte, die sich mit der gewohnten philosophischen Arbeitsweise nur schlecht vertrug (vgl. auch unten, S. 29–30), so daß weder die Vertreter der Philosophie noch diejenigen der Naturwissenschaften genau vorhersehen konnten, was von einer derartigen Vorgehensweise für die betroffenen Disziplinen zu erwarten sei.

Am 28. Juni 1920 bewarb sich Lewin erneut zur Habilitation. Die Bewerbung wurde am 9. Juli von der Fakultät registriert. Als Nachweis für die Erfüllung der Habilitationsvoraussetzungen reichte er seine *Experimentellen Untersuchungen zum Grundgesetz der Assoziation* und diverse andere Schriften ein (woraus man schließen kann, daß er eine kumulierte Habilitation anstrebte)[27]. Stumpf – auch an diesem zweiten Vorgang federführend beteiligt – äußerte in seinem Gutachten vom 10. Oktober: «... Sie [die Arbeit über das Grundgesetz der Assoziation] ist eine Erweiterung seiner Dissertation [vgl. LEWIN 1916a], quantitativ umfangreich, qualitativ exakt durchgeführt, ebenso kühn in ihren Zielen wie umsichtlich [sic] in der Anordnung der Versuche. Es handelt sich um nichts Geringeres als [um] die Umstoßung des allgemeinen Assoziationsgesetzes... Vf. [= Verfasser] setzt an Stelle des Assoziationsgesetzes in seiner obigen [sc. bislang akzeptierten] Form die Tatsache der Übung von Tätigkeiten und schließt mit einer Theorie der Übung und des Lernens.»[28] Benno Erdmann votierte am 17. Oktober auch in positivem Sinne. Durch einstimmigen Beschluß der Fakultät vom 4. November wurde Lewin zur Habilitation zugelassen. Die *venia legendi* wurde ihm nach seinem Habilitationsvortrag über *Neuere psychologische Gedächtnistheorien* – von ihm sind weder Notizen noch andere Dokumente erhalten – ohne weitere Komplikationen verliehen.

Nach Abschluß seiner Habilitation stellte Lewin das Manuskript seiner Geneseschrift dem Julius Springer-Verlag (Berlin) zu, mit der Bitte um Aufnahme des Werks ins Verlagsprogramm. Wann das Manuskript in die Hände des Verlegers Ferdinand Springer (1881–1965) gelangte, ist aus den verfügbaren Archivunterlagen nicht zu ermitteln. Jedenfalls wandte sich Springer, der unvorbereitet keine endgültige Entscheidung treffen wollte, mit einem auf den 7. Februar 1921 datierten Brief an Hans Driesch in Köln: «Obwohl ich bisher nicht den Vorzug habe, zu Ihnen in verlegerischer Beziehung zu stehen, möchte ich mir doch die Frage gestatten, ob Sie grundsätzlich bereit wären, mir eine Auskunft zu erteilen oder sogar ein mir eingesandtes Manuskript zu begutachten. Es handelt sich um ein von dem Berliner Privatdozenten Dr. Lewin verfaßtes Buch ‹Der Begriff der Genese in Physik, Biologie und Entwicklungsgeschichte. Eine mathematisch-logische Untersuchung zur vergleichenden Wissenschaftslehre›. Ich glaube, daß kein Gelehrter in Deutschland außer Ihnen in der Lage wäre, diese Arbeit zu beurteilen und mir zu sagen, ob sie in jeder Beziehung der Veröffentlichung wert erscheint. Würden Sie die große Güte haben, meinem Vorschlag zu folgen, so würde ich mir gestatten, Ihnen das Manuskript zu übersenden. Von Wert wäre mir dann aber natürlich auch zu wissen, wer nach Ihrer Meinung als Abnehmer des Buches in Frage käme und wie groß Sie diese Kreise schätzen. / Sollte Ihnen meine Anfrage Unbequemlichkeiten machen, so bitte ich [,] mir das ganz offen zu sagen. / Im übrigen verbleibe ich mit der Bitte, auch Ihrerseits stets über mich verfügen zu wollen, in vorzüglicher Hochachtung / Ihr sehr ergebener [Unterschrift F. Springers].»[29] Bereits am folgenden

Tag antwortete Driesch mit einer Postkarte: «Bitte, mir das erwähnte Manuskript des Dr. L. zu senden. Sollte es kurz sein, so werde ich es ganz durchlesen; ist es sehr lang, so werde ich gewisse Stichproben machen. / Hochachtungsvoll [Unterschrift H. Drieschs].»[30] Am 10. Februar wurde das Manuskript nach Köln aufgegeben. Driesch äußerte sich am 25. Februar in einem Brief an den Verlag über die bei der Lektüre von Lewins Abhandlung gewonnenen Eindrücke: «Die Arbeit von Dr. Lewin geht heute als Wertpaket an Ihre Adresse zurück. Ich habe sie ganz durchgesehen und zum Teil eingehend gelesen. / Es handelt sich um ein ernstes scharfsinniges Werk, das gründlich durchdacht u[nd] der ganzen Problemstellung nach recht original ist. Rein sachlich also kann ich Ihnen rückhaltlos raten, den Verlag zu übernehmen. Wie es freilich mit dem Absatz stehen wird, weiß ich nicht. Das Buch wendet sich ausgesprochenermaßen an den reinen *Logiker* u[nd] Natur*theoretiker*, und deren gibt es nicht allzu viele. Auf keinen Fall würde ich zu einer Auflage über 750 Exemplaren raten; sie dürften sich im Lauf von 8–10 Jahren verkaufen lassen. / Maßgebend kann natürlich mein Urteil nicht sein in diesen praktischen Dingen. Daß Sie ein wirklich wertvolles Werk in dem Lewinschen Buche erwerben würden, sage ich aber noch einmal /...»[31]

Unterdessen suchte Lewin den Entscheidungsprozeß Springers zu erleichtern und zu seinen Gunsten zu beeinflussen. Auf Anraten von Dr. Arnold Berliner, dem naturwissenschaftlichen Berater des Verlags, bewog er seinen früheren Lehrer Alois Riehl[32], eine Empfehlung zu schreiben, die er am 27. Februar mit einem Brief an den Verlag sandte: «Auf Empfehlung von Herrn Dr. Berliner erlaube ich mir, Ihnen eine Empfehlung von Herrn Prof. Riehl für meine Arbeit über den ‹Begriff der Genese in Physik und Biologie› zu übersenden, sowie zwei Besprechungen eines relativ selbständigen und daher gesondert in den ‹Abhandlungen zur theoretischen Biologie› (Prof. Schaxel) erschienenen ursprünglichen Teiles der Arbeit beizufügen. Ich hoffe [,] daß auch die ganze Arbeit, deren Umfang sich, wie bereits geäußert, auf etwa 15 Bogen würde vermindern lassen, nicht nur Philosophen, sondern auch Biologen interessieren dürfte. / Mit der Bitte um gefällige gelegentliche Rückgabe der Anlagen / Ihr sehr ergebener / [Unterschrift Lewins].»[33]

Am 29. März bat Springer um eine Zusammenkunft «im Laufe der nächsten Woche»[34], die Anfang April stattfand. In deren Verlauf wurde so gut wie sicher beschlossen, das Werk ohne nennenswerte Kürzungen zu veröffentlichen; gleichzeitig wurden satztechnische und finanzielle Probleme erörtert, die sich aus der ökonomisch keineswegs erquicklichen Situation ergaben; Springer mußte ja mit unvorhersehbaren Inflationsschüben rechnen und sehr vorsichtig kalkulieren. Die von Lewin benötigten Sonderzeichen wurden anhand eines Musterbuches der Setzerei von H. Berthold ausgesucht und anschließend von der Druckerei bestellt, wobei es zu Kompromissen kam, da Sonderanfertigungen zu kostspielig gewesen wären. Der Text der Geneseschrift wurde im Sommer gesetzt; am 12. September erhielt Lewin die ersten Fahnen zur Korrektur. Anfang 1922 wurde das Buch gedruckt, und am 22. März wandte sich Springer mit folgendem Brief an Lewin: «Sehr geehrter Herr Doktor! / Ich freue mich, Ihnen gleichzeitig heute das erste Exemplar Ihres Werkes ‹Der Begriff der Genese› übersenden zu können und hoffe gern, daß Ihnen die Ausstattung gefällt. Den Preis habe ich nach Zusammenstellung der Gesamtkosten auf M 136,- festsetzen müssen. Auf Grund mündlicher Vereinbarung hatten Sie sich seinerzeit freundlichst bereit erklärt, M 2000,- zu den Herstellungskosten Ihrerseits beizusteuern. Ich möchte hiervor jedoch endgültig absehen, und hoffe, daß Sie damit einverstanden sind. / Von den Ihnen zur Verfügung stehenden 15 Freiexemplaren werde ich Ihnen die restlichen 14 sogleich übersenden, sobald diese von meiner Buchbinderei an mich abgeliefert sind, was in den nächsten Tagen der Fall sein dürfte. / In vorzüglicher Hochachtung / ergeben / [Unterschrift Springers].»[35] In seinem Antwortbrief an Ferdinand Springer aus seinem Geburtsort Mogilno schrieb Lewin unter anderem: «... ich danke Ihnen bestens für Ihren freundlichen Verzicht auf meinen Zuschuß zur Drucklegung der ‹Genese› sowie für das überaus freundliche Eingehen auf meine Wünsche bei der Ausstattung. Die 15 Sonderexemplare habe ich bereits erhalten.»[36]

III

Zu Beginn des Sommersemesters 1921 nahm Lewin seine Lehrtätigkeit am Philosophischen Seminar (und am Psychologischen Institut, das jenem angegliedert war) der Universität Berlin auf – bezeichnenderweise nicht mit einer psychologischen Veranstaltung, sondern mit einer zweistündigen Vorlesung über Erkenntnis- und Wissenschaftstheorie. Vom Wintersemester 1921/22 bis zum Wintersemester 1927/28 verteilte er sein vierstündiges Deputat von Semester zu Semester alternierend auf eine wissenschaftsphilosophische Vorlesung in Verbindung mit einem Seminar über psychologische Themen bzw. eine psychologische Vorlesung, ergänzt durch

Übungen zur Wissenschaftslehre. Von diesem Verteilungsschlüssel wich er ab im Sommersemester 1926 (ausschließlich Erkenntnistheorie), im Wintersemester 1926/27 (ausschließlich Psychologie), im Wintersemester 1927/28 (ausschließlich Kinderpsychologie) und im Sommersemester 1928 (ausschließlich Erkenntnistheorie). In seiner Privatdozentenzeit beteiligte er sich im Sommersemester 1922 und ab Wintersemester 1924/25 an der Leitung wissenschaftlicher Arbeiten und an experimentell-psychologischen Übungen zusammen mit von Allesch, Köhler, Rupp und Wertheimer. Nach seiner Ernennung zum Professor und der damit verbundenen Erhöhung des Lehrdeputats hielt Lewin zumeist an der Gleichwertigkeit der beiden von ihm vertretenen Hauptfächer fest, beteiligte sich dagegen aktiver an experimentell-psychologischen Übungen für Anfänger (zusammen mit Köhler). Im Sommersemester 1932 und im Wintersemester 1932/33 ließ er sich beurlauben – in dieser Zeit unternahm er seine Forschungs- und Studienreise in die USA, von wo er über Japan, Sibirien und Moskau nach Deutschland zurückkehrte[37]. 1933 wurde er zwangsbeurlaubt, aber weiterhin im Personalverzeichnis der Universität als Mitglied des Lehrkörpers angeführt[38].

Es ist nicht zweifelhaft, daß Lewins wissenschaftstheoretischen Arbeiten nach 1922 entweder aus Lehrveranstaltungen hervorgingen oder auf Vorträge zurückzuführen sind, die er im Hinblick auf die Veröffentlichung überarbeitete. Die Tatsache, daß er dieselben Probleme in seinen Vorlesungen und Seminaren wie auch auf Vorträgen wiederholt aufgriff, legt den Schluß nahe, daß er die den Funktionen eines Hochschullehrers innewohnenden Gelegenheiten zu Diskussion und Debatte mit einem von Jahr zu Jahr sich ändernden Publikum wahrnahm, und daß er die Möglichkeit voll ausnutzte, die Kerngedanken seiner Wissenschaftslehre durch eine Reihe von Versuchen auf Stichhaltigkeit und Haltbarkeit hin zu prüfen. Gerade in der Art und Weise, wie er seine wissenschaftstheoretischen Arbeiten über Jahre hinweg organisierte, macht sich eine Parallele zur experimentalpsychologischen Arbeitsweise bemerkbar, auf die in der Literatur bis dahin nicht hingewiesen wurde.

Die in diesem Band erstmals veröffentlichte *Wissenschaftslehre* (zur Datierungsfrage vgl. Anm. a, S. 460 ff.) erweist sich jedenfalls als Resultat einer mehrmaligen Durcharbeitung eines seit der Geneseschrift dominierenden Themas: der Klassifikation und – damit einhergehend – der Abgrenzung der Wissenschaften zueinander. Klassifikation und Abgrenzung der Wissenschaften sind natürlich für die Bestimmung der Psychologie als solcher von entscheidender Bedeutung, da gerade diese Disziplin zur Zeit Lewins keinen allseits akzeptierten Status besaß: einmal wurde sie der Physiologie zugeschlagen, dann wieder der Biologie, oder in Abhebung zu diesen Versuchen schlechthin als autonome Wissenschaft gesetzt. Doch haftete diesen Bestimmungen der Ruch des Dogmatismus an, den unser Autor dadurch zu zerstören versuchte, daß er das *Verhältnis der Wissenschaften zueinander* analysierte – sowohl faktisch wie auch prinzipiell.

Daß bei mehrmaliger Durcharbeitung dieses Hauptthemas von Lehrveranstaltung zu Lehrveranstaltung, von Vortrag zu Vortrag die Gewichte anders gesetzt werden, oder anders: daß die Bedingungen, unter denen das Thema ausgelotet wird, möglichst systematisch und beherrschbar variiert werden, gehört sicherlich zu den arbeitsökonomischen Selbstverständlichkeiten. Die erhaltenen Vorlesungsskripte und die Nachschriften, die in unterschiedlichen Veranstaltungen Lewins angefertigt wurden, zeigen mit aller Deutlichkeit, daß die Ähnlichkeit der Titel, unter denen seine Vorlesungen und Seminare zwischen 1921 und 1932 angekündigt werden, nichts zu tun hat mit der Erfüllung der akademischen Pflichten durch Routine und geringen Arbeitsaufwand, sondern vorwiegend mit der Konzentration auf einen Untersuchungsgegenstand, und damit mit der Übertragung des Modells des wissenschaftlichen Experimentierens auf den Bereich der Wissenschaftstheorie, in der die empirischen Komponenten ja nicht fehlen dürfen (vgl. S. 333–335), obwohl sich letztere wohl in noch geringerem Maße für das Experiment eignen als die schon ohnehin schwer faßbaren psychologischen Gegebenheiten. Trotz dieser Schwierigkeiten kann die Gleichläufigkeit von Lehrveranstaltungen und Publikationen wissenschaftstheoretischer Art – und hier vor allem der für die Veröffentlichung vorgesehene *Wissenschaftslehre* – am besten verständlich gemacht werden durch die Analogie zwischen der Versuchsanordnung in der Psychologie, verstanden als planmäßige Abweichung von den Umständen, unter denen Prozesse ohne unser Zutun ablaufen, und der Versuchsanordnung in der Wissenschaftstheorie, verstanden als planmäßige Variation der Argumentationsbedingungen und der Argumentierenden.

Im Sinne dieser Analogie von psychologischer und wissenschaftstheoretischer Versuchsanordnung wird die Idee der Gesetzmäßigkeit der wissenschaftlichen Entwicklung zuerst in Lehrveranstaltungen, dann im Manuskript der Wissenschaftslehre, dann in einem Vortrag aus unterschiedlichen Perspektiven durchgespielt, bevor sie in einem Aufsatz in verfestigter Form vorgestellt (also auch: wiederholt) wird (vgl. KLW, Bd. 1, 49–79). Ähnlich ergeht es der Unterscheidung zwischen Erkenntnistheorie und Wissenschaftstheorie, die – wie Nachlaßdokumente zeigen – in den Lehrveranstaltungen weiterentwickelt wird, nachdem sie in der Geneseschrift erstmals in Umrissen thematisiert worden war; schließlich wird diese Unterscheidung in der *Wissenschaftslehre* in ausgebauter Form dargestellt. Und wieder ähnlich verhält es sich mit dem Begriffspaar «Verstehen/Erklären», das Lewin in mehreren Durchgängen – um die Konnotationen zum Experiment beizubehalten – bearbeitet und unter verschiedenen Gesichtspunkten angeht, um es sowohl in methodologischer wie auch in wissenschaftstheoretischer Hinsicht auf eine ihn befriedigende Weise zu explizieren.

Daß diese quasi-experimentelle Vorgehensweise nicht unabhängig von der philosophischen Diskussion seiner Zeit konkretisiert wird, versteht sich von selbst. So ist in der Lehrtätigkeit wie auch in den veröffentlichten Schriften anfänglich eine Dominanz neukantianischer Gedanken zu bemerken. Später werden die vom logischen Empirismus ausgehenden Anregungen stärker berücksichtigt, was sich in den Verweisen auf die Arbeiten Schlicks, Carnaps, Reichenbachs u. a. niederschlägt – und die Bekanntschaft Lewins gerade mit dieser neuen Richtung der Philosophie ist mit ein Grund dafür, daß er sich in der Emigration leichter an der wissenschaftstheoretischen Auseinandersetzung beteiligen konnte als mancher europäische Emigrant, ganz gleich, ob philosophisch interessiert oder nicht.

Dagegen bildet die Philosophie Cassirers über die Jahre hinweg ein konstantes Bezugssystem. Von Cassirer hat Lewin die wichtige Monographie über den Substanz- und Funktionsbegriff mit Bestimmtheit ganz rezipiert (vgl. CASSIRER 1910); die Monographie über die Geschichte des Erkenntnisbegriffs (vgl. CASSIRER 1907, 1911, 1920) hat er gelegentlich verwendet. Cassirer scheint ihm das wissenschaftstheoretische Vorbild gewesen zu sein.

Die Offenheit Lewins gegenüber einzelnen Richtungen und Schulen der Philosophie und Wissenschaftstheorie der Moderne mag eine Erklärung dafür sein, warum seine eigene Konzeption nicht eindeutig klassifizierbar ist und mitunter den Anschein einer Mischung von Ideen gibt, die in unterschiedlichsten Philosophemen wurzeln. Plausibler wäre hier aber einmal mehr die Erklärung mit Hilfe des wissenschaftstheoretischen Quasi-Experiments, die darauf hinausläuft, die Verschränkung von Philosophemen im Werk Lewins als Ergebnis einer systematischen Prüfung und Korrektur seiner eigenen Ideen unter variierenden philosophischen Argumentationsbedingungen zu interpretieren.

IV

Die Reaktionen auf Lewins umfangreiche wissenschaftstheoretische Monographie von 1922 waren – an der Zahl der Besprechungen und Zitate in der Sekundärliteratur gemessen – ebenso spärlich wie unterschiedlich. Dies mag auf die ungewohnte Thematik der Geneseschrift zurückzuführen sein, vielleicht auch auf den gelegentlich etwas umständlichen Sprachgebrauch und die damals in der Philosophie noch unübliche Verwendung einer Formalsprache. So heißt es in einer Besprechung, daß Lewin sich eines «übertrieben formalen Apparates» bedient habe, um die Grundgedanken des Buchs zu diskutieren – jene Grundgedanken übrigens, die durch Driesch schon früher geäußert worden seien (vgl. MÜLLER 1925, 196). Das kann man natürlich auch dahin interpretieren, daß der Autor in der Meinung des Rezensenten hier und dort (und besonders bei Driesch) Vorgedachtes nur systematisiert, anhand formalsprachlicher Mittel aber in keiner Weise bereichert habe.

Hans REICHENBACH (1924, 188–190) dagegen, der in den zwanziger Jahren in nicht geringerem Maße als die Mitglieder des frühen Wiener Kreises für die Berechtigung der analytischen Philosophie eintrat, betonte in der wohl interessantesten und ansprechendsten der erschienenen Rezensionen die Modernität der Lewinschen Arbeit. In der Introductio seiner Besprechung heißt es: «Mehr und mehr setzt sich in philosophischen Kreisen die Erkenntnis durch, daß eine Theorie der Erkenntnis nicht auf deduktiv-apriorischem Wege gewonnen werden kann, sondern nur durch eine induktive Methode, welche die positiv vorliegenden Wissenschaften als Material benutzt. So sehr diese philosophische Richtung die Frage *Kants* nach dem Wie der Erkenntnis anerkennt – sie will sie *nicht* durch eine *Kritik der Vernunft*, sondern durch eine *Analyse der Wissenschaften* beantworten. Diese Wendung verspricht nicht nur größere Fruchtbarkeit und Verschärfung der Resultate, sie befreit auch von den traditionellen ‹idola theatri›, welche noch jede Apriotitätsphilosophie zum Dogma erhob. *Lewin* stellt seine Arbeit von vornherein in diese Richtung ein» (a. a. O., 188).

Wie verwirklicht Lewin das von Reichenbach genannte Programm der neuen Richtung, die es in ihrer radikalsten Form auf die Ablösung der traditionellen Vernunftmetaphysik – letztere wird von einzelnen Vertretern der neuen Philosophie nachgerade als sinnlos und somit als überflüssig angesehen[39] – durch eine exakte Wissenschaftstheorie abgesehen hat? Und welche Bedeutsamkeit ist der Lewinschen Arbeit speziell im Hinblick auf die metatheoretische

29

Betrachtung der Psychologie (sei es der Physiologischen, sei es der Persönlichkeits-, der Sozialpsychologie oder einer anderen Spielart dieser Disziplin) begründetermaßen beizumessen? Um die Erwartungen des Lesers vorbeugend etwas zu dämpfen, sei vorweggenommen, daß weder in der Geneseschrift noch in der *Wissenschaftslehre* viel über die Metatheorie der Psychologie steht. Lewins einschlägige Gedanken zu diesem Thema finden sich eher – bei einer vielleicht schon gefährlich liberalen Deutung des Ausdrucks «Metatheorie»[40] – in den klassisch gewordenen Aufsätzen über die aristotelische und galileische Denkweise, über das Gesetz und das Experiment in der Psychologie (vgl. KLW Bd. I, 233–278 bzw. 279–320), in einzelnen Schriften zur Feldtheorie (vgl. z. B. KLW Bd. 4, 41–154) und zur Topologischen und Vektorpsychologie (vgl. KLW Bd. 3). Wer indes Wert darauf legt, sich mit dem methodischen Unterbau vertraut zu machen, auf dem Lewin seine metatheoretischen Ansichten zur Psychologie entwickelt hat, und wer die erst im Rückblick als ziemlich geschlossen erscheinende Konzeption seiner Wissenschaftslehre verstehen möchte, wird allen Grund haben, die beiden in diesen Band aufgenommenen Haupttexte zu konsultieren.

Analytisch oder induktiv (vgl. S. 50, 55 und 79; vgl. auch KLW Bd. 1, 74) nennt Lewin seine Wissenschaftslehre, weil sie einerseits auf die deskriptive Erfassung der in einer oder in mehreren Wissenschaften tatsächlich verwendeten Begriffe abzielt – und nicht darauf, wie diese Begriffe überhaupt möglich sind (vgl. S. 54) –, und weil sie andererseits vergleichend vorgeht (vgl. dazu auch KLW Bd. 1, 233 und 352). Allein schon deshalb besteht für die wissenschaftstheoretische Analyse keinerlei Veranlassung, irgendeine bestehende Disziplin (z. B. die Psychologie) als Untersuchungsobjekt einer anderen (z. B. der Biologie) prinzipiell vorzuziehen. Oder anders: was durch die vergleichende Methode erreichbar ist, läßt sich grundsätzlich an irgendeinem Paar, Tripel oder n-Tupel von Wissenschaften durchführen, sofern *eine* Mindestbedingung erfüllt ist. Diese Mindestbedingung bezeichnet Lewin als die der «wissenschaftstheoretischen Äquivalenz» (vgl. z. B. S. 336). Fruchtbar ist ein metatheoretischer Vergleich zwischen Wissenschaften dann und nur dann, wenn nicht beliebige Begriffe miteinander konfrontiert werden, sondern solche, die sich aus Wissenschaften gleicher Entwicklungsstufe als in theoretischer Beziehung gleichwertig anbieten – in der Geneseschrift ist von «korrespondierenden Begriffen» (S. 57) die Rede, in der *Wissenschaftslehre* davon, daß viele Irrtümer der Metatheorie zustande gekommen seien durch das Ignorieren des «grundlegenden Faktums der *Entwicklung* einer Wissenschaft», und daß man «die Wissenschaften als etwas Stationäres behandelt und häufig ohne Rücksicht auf wissenschaftstheoretische Äquivalenz Disziplinen ganz verschiedener Entwicklungsstufen miteinander verglichen und als gleich» (S. 454) aufgefaßt hat. So wäre es z. B. nicht sonderlich sinnvoll, den Begriff der Erde der hellenistischen Kosmologie mit demjenigen des Gesteins der Geologie des 19. Jahrhunderts zu vergleichen, weil in diesem Falle die wissenschaftstheoretische Äquivalenz nicht gegeben ist (ein derartiger Vergleich hätte lediglich wissenschafts- oder ideengeschichtliche Relevanz).

Doch warum Lewins Wahl anfänglich gerade nicht auf einen prinzipiell möglichen Vergleich zwischen der Psychologie (also des ihm lebensgeschichtlich wohl am nächsten stehenden Faches) und einer oder mehreren anderen Wissenschaften fiel, läßt sich vermutlich am besten deutlich machen, wenn man die *vor* und *nach* der Geneseschrift verfaßten wissenschaftstheoretischen Beiträge zu Rate zieht.

Für unseren Autor war die ihm bekannte Psychologie eine junge Wissenschaft, die auf der induktiv-klassifikatorischen Begriffsbildung beruhte. Sie hatte mithin eine Entwicklungsstufe erreicht, die ungefähr der der aristotelischen Physik entsprach. Die Biologie dagegen hatte, durch die im 19. Jahrhundert in der Erforschung von Phylo- und Ontogenie gemachten Fortschritte, die seit Linné verfestigten Kategorisierungen und Klassifizierungen überwunden und durch Einbeziehung genetischer und anderer (z. B. ökologischer) Gesichtspunkte die aristotelische Denkweise aufzubrechen begonnen. Da Lewin von der Gesetzmäßigkeit der wissenschaftlichen Entwicklung überzeugt war (vgl. S. 335 ff.; vgl. auch KLW Bd. 1, 54–55), konnte ihm nicht daran gelegen sein, die Psychologie durch Auferlegung einer der modernen Physik entsprechenden, resolut konditional-genetischen Begriffsbildung zu einem forcierten Entwicklungssprung zu verhelfen, sondern vorerst nur daran, die allgemeine Gesetzmäßigkeit der wissenschaftlichen Entwicklung, die Bedingungen des Fortschritts einer Wissenschaft, die für jede typische Entwicklungsstufe charakteristischen Vorgehensweisen und dergleichen mehr zu erfassen, um dann – auf der Basis derartiger Erkenntnisse – genau bestimmen zu können, was unter welchen Umständen und in welchem Problembereich für die Verbesserung der psychologischen Forschungstätigkeit zu unternehmen wäre. Unter diesem Blickwinkel erweist sich die Behutsamkeit Lewins gegenüber der Metatheorie der Psychologie als ein wahrer Vorteil: zuerst untersucht er die Physik und die Biologie, und erst später verlagert er den thematischen Schwerpunkt auf das Verhältnis von Biologie und

Psychologie, ohne dabei die übrigen Wissenschaften einfach außer acht zu lassen.

Zum anderen ist in Erinnerung zu rufen, daß Lewins früheste wissenschaftstheoretische Versuche gescheitert waren, in denen die Gegenüberstellung von Physik und Psychologie eine zentrale Rolle spielte. Anscheinend gab es für ihn zwischen diesen Wissenschaften keinen Berührungspunkt, und die Behauptung des Gegenteils lief jeweils entweder zu einer dem Bereich des Mentalen entgegengesetzten Physikalisierung des Psychischen oder zu einer dem Bereich des Physischen entgegengesetzten Mentalisierung des Physikalischen hinaus. Oder anders, die Anwendung des in der Physik entwickelten Prinzips der Erhaltung der Kraft zur Bestimmung des Gegenstands der Psychologie hatte sich endgültig als Fehlschlag entpuppt, so daß neue Wege zu suchen waren[41].

Die relative Randstellung der Psychologie in der Geneseschrift von 1922 erklärt sich *post hoc* ohne allzu große interpretatorische Künste aus dem Fehlschlag der frühen wissenschaftstheoretischen Bemühungen Lewins wie auch aus der Absicht heraus, erst auf einer sicheren Grundlage die Psychologie zum Gegenstand metatheoretischer Arbeit zu machen. Die Beschränkung auf den Vergleich zwischen der wohletablierten Physik und der in vollem Aufbruch befindlichen Biologie erscheint so im nachhinein als plausible Vorsichtsmaßnahme.

Die parallelen wissenschaftstheoretischen Analysen der Geneseschrift betreffen primär das Problem der Existenz: hier des physikalischen Gegenstands, sofern er in der bestehenden Physik (immer unter Einschluß der Chemie[42]) thematisch wird, dort des biologischen Gegenstands, sofern er onto- und phylogenetisch relevant ist.

Lewin geht dabei von einer experimentaltechnischen Fragestellung aus. In beiden Wissenschaftszweigen gilt die *Existenz* der Untersuchungsobjekte als Selbstverständlichkeit. Oder anders: wenn immer Zustände und Veränderungen erforscht werden, handelt es sich um Zustände und Veränderungen von Gegenständen, deren Zugehörigkeit zum physikalischen bzw. biologischen Bereich von Anfang an stillschweigend vorausgesetzt ist. Die Tatsache dieser Voraussetzung zeigt an, daß es sich bei der Lewinschen Fragestellung um eine – in der philosophischen Terminologie gesprochen – transzendentale handelt. Der Existenzbegriff steht für eine notwendige Bedingung der Möglichkeit hier der Physik, dort der Biologie, die in der konkreten Forschungstätigkeit immer schon erfüllt ist, über die Aussagen zu machen aber nicht Aufgabe der Einzelwissenschaften, sondern nur der Wissenschaftstheorie sein kann[43].

Um dies zu veranschaulichen: wenn die in einer Natrium-Wasser-Reaktion freiwerdende Gasmenge gemessen werden soll, muß die Versuchsanordnung so beschaffen sein, daß kein Gas entweichen oder Luft aus der Umgebung sich mit dem Wasserstoff vermischen kann. Ist das System, in dem sich die Reaktion abspielt, nicht vollständig dicht, läßt sich über das Hervorgehen des Wasserstoffs aus dem Wasser, in das Natrium beigegeben wurde, keine unzweideutige Feststellung treffen. Die Abgeschlossenheit des Systems ist damit Bedingung (1) für die Beobachtung, daß Etwas aus Etwas entstanden ist, und (2) für die Feststellung, daß Etwas, weil es aus etwas anderem hervorgegangen ist, zum selben Bereich wie dieses gehört. So hält Lewin konsequent fest, daß sich an den durch die Exaktheit des Experiments gestellten Bedingungen deutlich machen läßt, «wann der Physiker ein Auseinanderhervorgegangensein mehrerer Gebilde annimmt und von welchen Prämissen er sich bei den Schlüssen über diese Beziehungen leiten läßt.» (S. 78; vgl. auch S. 282–284)

In der Biologie wird analog vorgegangen, wenn Aussagen über Gattungen, Individuen, Organe und Zellen gemacht werden – und zwar sowohl All-Aussagen wie Individualaussagen –, nur daß die Gebilde, die aus anderen hervorgehen, es auf eine andere Weise tun als die Gebilde der Physiko-Chemie (vgl. S. 122, 125 und 182). Der Mykologe, der das Wachstum einer Pilzkultur auf einem gegebenen Nährboden beobachtet und untersucht, achtet darauf, die Kultur gegen das Eindringen anderer Pilze, Bakterien und dergleichen abzuschirmen, weil ja sonst über die Gesetzmäßigkeiten der Beziehungen zwischen Nährboden und der Wachstumsrate der Pilzkultur oder über die Stoffwechselprozesse, die zwischen Pilz und Nährboden stattfinden, keine unangreifbare Feststellung getroffen zu werden vermag. Ebenso wird der Biologe, der an nicht gesteuerten Variationsprozessen interessiert ist, Sorge dafür tragen, daß die Zellteilungen jeweils unter Abdichtung gegenüber Außeneinflüssen ablaufen. Und schließlich hält sich der Evolutionist, auch wenn er sich bloß in Gedanken mit der Entstehung einer Art beschäftigt, an den Grundsatz, nach dem Individuen einer Art nur aus Individuen derselben Art hervorgegangen sind, aber nicht durch eine Mischung von Arten (was in der früheren Biologie theoretisch nicht ausgeschlossen war) oder durch bloße Umwandlung von Materie (was beispielsweise von Aristoteles angenommen wurde, als er die Entstehung der Aale durch die Verbindung der von badenden Pferden verlorenen Schwanzhaare mit dem Meerwasser erklärte).

Lewin bringt nun das Auseinanderhervorgehen von Gebilden

zuerst der Physik und Biologie, und später – wie aus der *Wissenschaftslehre* ersichtlich[44] – der Ökonomie, Soziologie usw., auf den Begriff der *Genesereihe* und unterwirft diesen einer je nach wissenschaftlichem Zusammenhang im Ergebnis unterschiedlichen formalen Analyse. Zwar ist der Begriff der Genesereihe, formal betrachtet, komplexer als derjenige der Existenz im damaligen Gebrauch durch Wissenschaftsphilosophen; er eignet sich jedoch, die durch letzteren bedingten Schwierigkeiten zu beheben.

Die Genesereihe weist zwei Besonderheiten auf, ohne deren Kenntnis der Kern des Lewinschen Gedankengangs nicht erfaßt werden kann: (1) sie ist eine Reihe von *Zeitpunkten*, auf die Zustände und Ereignisse beliebiger Art (z. B. Zustandsveränderungen, Entstehung und Zerfall eines Gebildes usw.) abgebildet werden – die Punkte, auf denen Zustände und Ereignisse eingetragen werden, sind als «Schnitt» (vgl. z. B. S. 89) bezeichnet –, und (2) sie ist *konstitutiv* für die Existenz und die Identität eines Gebildes (eines Gegenstandes, einer Kraft, eines Prozesses usw.), nicht aber für die Eigenschaften, die dieses Gebilde besitzt oder zu besitzen vermag (vgl. S. 63–66 und 264–265).

Durch diese Angaben ist der Begriff der Genesereihe (oder: der Genese im spezifisch wissenschaftstheoretischen Sinne) noch nicht vollständig bestimmt.

Lewin selbst gebraucht den Existenzbegriff in zwei unterschiedlichen Zusammenhängen. Im ersten Zusammenhang tritt der Existenzbegriff dann auf, wenn es sich um Fälle handelt, in denen es um die, sei es durch Alltagsbeobachtung, sei es durch wissenschaftliche Hilfsmittel, zu eruierende Anwesenheit einer Sache, eines Dings, einer Kraft, einer Substanz usw. zu einer bestimmten Zeit und an einem bestimmten Ort geht; also um Fälle, in denen Fragen beantwortet werden sollen, ob z. B. in der Aminosäure das Isotop $[^{14}C]$-Kohlenstoff vorkommen kann, ob es im Harzgebirge derzeit Elephanten gibt, ob es ein Element mit der Halbwertszeit von 0,443 sek. gibt, oder ob es einmal auf der Erde ein Lebewesen gab, das «Pegasus» geheißen wurde und das die mit diesem Namen in Zusammenhang gebrachten Eigenschaften aufwies. Mit dem Existenzbegriff in dieser Interpretation (Realexistenz und mögliche Existenz, oder Existenz in einer möglichen Welt[45]) beschäftigt sich ein Teil der *Wissenschaftstheorie* (vgl. z. B. S. 390 und 428–430; vgl. auch KLW Bd. 1, 352 ff.).

Im zweiten Zusammenhang tritt der Existenzbegriff – oder genauer: der an dessen Stelle gesetzte Genesebegriff – dann auf, wenn es um irgendwelche Gebilde und deren Identität in der Zeit geht[46].

Lewins Ausgangspunkt für die Einführung dieses Begriffs sind zwei einfache Beispiele: «Wenn man einen Stein in der Hand hält oder einen Stern mit Hilfe des Fernrohrs eine Zeitlang beobachtet, so pflegt man von dem *einen* Stein, dem *einen* Stern zu sprechen, der innerhalb der beobachteten Zeit wohl irgendwelche Veränderungen erleiden mag, aber abgesehen von diesen Veränderungen der eine ‹identische› Gegenstand ist. Die Grundeigentümlichkeit der physikalischen Gegenstände, als zeitliche Gebilde zu existieren, hat es mit sich gebracht, einen über eine Zeitspanne existierenden Körper begrifflich als einen identischen, eben zeitlich ausgedehnten Körper zu behandeln» (S. 60). Wie soll aber der Stein, wenn er durch die von meiner Hand abgegebene Hitze erwärmt wird und deshalb einem blitzartigen Erosionsprozeß unterworfen wird, noch als «identisch» bezeichnet werden, sobald er sich in kleinere Gebilde geteilt hat? Ist das, was ich in der Hand halte, dann nur noch in der Erinnerung auf einen früheren Zeitpunkt *derselbe* Stein, der sich mir jetzt als ein Häufchen Splitter darbietet? Und sind die Splitter ihrerseits *identisch* nur deswegen, weil sie in einem kategorialen Akt *als identische* beurteilt werden? Um solche Aporien zu vermeiden, schlägt Lewin eine Transformation vor, die über hier nicht weiter zu beschreibende Vermittlungsschritte außerhalb des wissenschaftstheoretischen Kontexts bis in die psychologische Theoriebildung der späteren Jahre (obgleich eben nur implizit) hineinwirkt[47]: «*Physikalische* [und andere] *Gebilde, die zu verschiedenen Zeitmomenten existieren, sollen... allemal als eine Mehrheit von Gebilden aufgefaßt werden...*» (S. 60), so daß sich ein Stern oder ein Stein oder ein Gesteinssplitter (oder ein Lebewesen usw.) nicht durch die Summe von Eigenschaften mehr bestimmt, die ihm zwischen zwei Zeitpunkten zukommen (weil ja gerade die Identitätsbestimmung über Eigenschaftslisten zu Aporien führt), sondern als Mehrheit von Gebilden zu unterschiedlichen Zeitpunkten, zwischen denen eine Identität auf einer gegebenen Analyseebene dann und nur dann besteht, wenn das Gebilde zum Zeitpunkt t_n aus dem Gebilde zum Zeitpunkt t_{n-x} *hervorgegangen* ist. Wenn also ein Gebilde G_{t1} gegeben ist, und wenn sich dieses Gebilde verändert oder unverändert zu irgendeinem späteren Zeitpunkt beobachten läßt, spricht Lewin nicht von *einem* Gebilde, das aufgrund reflexiver Akte (z. B. aufgrund einer Kategorisierung oder eines Urteils) mit sich gleich ist, sondern von verschiedenen Gebilden, die als existent anzusehen sind, weil das spätere aus dem früheren hervorgegangen ist. «Und diese Existenzbeziehung zwischen gerade diesem G_{t1} und gerade diesem G_{t2} wird unabhängig von allen Gleichheiten und Verschiedenheiten der Eigenschaften dieser G_{t1}

und G_{t_2} behauptet und mit Sicherheit auf alle dazwischenliegenden oder späteren G_{tx} ohne Rücksicht auf deren Eigenschaften ausgedehnt...» (S. 55).

Für die vergleichende Wissenschaftslehre stellt sich allerdings die Frage, ob der in der Forschung stets vorausgesetzte Genesebegriff in den einzelnen Wissenschaften auf gleiche Weise interpretiert wird, und, wenn nein, in welcher Hinsicht der allgemeine Genesebegriff unter dem Blickwinkel der Einzelwissenschaften zu spezifizieren ist.

Um von einem Beispiel Lewins auszugehen: Ein Huhn steht zum Ei, aus dem es hervorgegangen ist, in einer empirisch einwandfrei feststellbaren Genesebeziehung (vgl. S. 112–113). Es ist in diesem Ei durch eine Reihe von Zellteilungen entstanden und zu dem Organismus geworden, das es zum Zeitpunkt des Schlüpfens oder zu einem späteren Zeitpunkt ist. Ei und Huhn sind also Schnitte einer einzigen Genesereihe, oder genauer: das Ei befindet sich, wenn es gelegt ist, an einem bestimmten Schnitt der Genesereihe, und das Huhn befindet sich zum Zeitpunkt des Schlüpfens an einem anderen, bestimmten Schnitt, der wiederum unterschieden werden muß vom Schnitt, an dem sich das Huhn einen Monat später befindet. Doch besteht nur unter dem biologischen Gesichtspunkt eine Genesereihe zwischen Ei und Huhn. Physikalisch betrachtet führt die Genesereihe vom Ei zu den Produkten, die aus seiner Substanz entstehen, d. h. zu einem Verband differenzierter Zellen, die, von einem bestimmten Zeitpunkt an, aus der Umwelt Substanzen aufnehmen (Luft, Nährstoffe), diese chemisch verarbeiten und in anderer Form wieder an die Umwelt abgeben, wobei zusätzlich noch zu berücksichtigen ist, daß im Laufe der Zeit so und so viele Zellen dieses Verbands absterben und ausgeschieden werden. Ferner müßte, wenn man die physikalische Genesereihe zum Bezugsrahmen macht, die Entstehung des Eis aus Substanzen im Muttertier, die Entstehung des Muttertieres aus einem Ei usw. zurückverfolgt werden, wie umgekehrt den Zerfall des Huhns (wenn es einmal gestorben ist) in Substanzen, die zum einen Teil von anderen Organismen in Form von Nahrung aufgenommen werden können, zum anderen Teil weiteren chemischen Zerfallsprozessen ausgesetzt sind usw.

Dieses und ähnliche Beispiele machen deutlich, daß der Strukturtypus der Genesereihen zumal in Physik und Biologie unterschiedlich ist, so daß es sich wissenschaftstheoretisch durchaus lohnt, Differenzen möglichst genau zu bestimmen.

Lewin unterscheidet in der Geneseschrift vier Genesereihen, von denen die erste zur Physik, die anderen drei zur Biologie (einschließlich der Entwicklungsgeschichte) gehören, nämlich:

(1) die physikalische Genidentitätsreihe, die stetig, endlos und nicht in sich zurücklaufend ist (vgl. S. 81–109);

(2) die Avalgenidentitätsreihe, die diskret und stufenförmig, zudem einseitig begrenzt ist (vgl. S. 110–180);

(3) die Individualgenidentitätsreihe, die stetig, jedoch beidseitig begrenzt ist (vgl. S. 181–225);

(4) schließlich die Stammgenidentitätsreihe, die stetig, jedoch einseitig begrenzt ist (vgl. S. 241–261).

Schon aus diesen wenigen Angaben über die differenzierenden Merkmale der physikalischen bzw. biologischen Genesereihen – weiterführende Interpretationen müssen dem Leser überlassen sein – kann gefolgert werden, daß die Wahl der wissenschaftlichen Analyseebene jeweils auch eine Wahl zwischen einem der Genesebegriffe ist. Macht man als Biologe z. B. die Ontogenese der Lungen zum Untersuchungsgegenstand, dann hat die physikalische Genesereihe dabei nichts zu besagen (denn letztere betrifft stets das Hervorgegangensein von individuellen, als «Lunge» bezeichneten Gebilden aus anderen, physikalisch beschreibbaren Gebilden, aber nicht den morphologischen Aufbau in stammesgeschichtlicher Perspektive). Und umgekehrt, wenn die Stoffwechselprozesse eines Menschen untersucht werden, läßt sich auf der durch die physikalische Genesereihe bestimmten Analyseebene weder über die Eltern-Kind-Beziehungen noch über andere (zwar nicht in der Geneseschrift, dafür aber in der *Wissenschaftslehre* behandelte) soziale Beziehungen irgendeine Aussage machen.

Wie jede induktive wissenschaftstheoretische Untersuchung ist die Lewins durch empirische Gegenbeispiele partiell widerlegbar und somit in bezug auf den Geltungsbereich gewissen Einschränkungen zu unterwerfen. Ob z. B. der physikalische Genesebegriff in der Lesart der Geneseschrift immer gilt, wie Lewin es behauptet, ist zu bezweifeln, da er primär auf den mechanischen Substanzbegriff zurückgeht, mit dessen Hilfe Felder und Wellen nicht explizierbar sind. Jedenfalls würde die Anwendung dieses Genesebegriffs auf die heutige Kosmologie zu einer Reihe von Aporien führen, die nur durch eine grundlegende begriffliche Transformation aufzulösen wären[48]. Und sogar im Lichte der Biologie des frühen 20. Jahrhunderts wäre zu überlegen, ob die Lewinschen Ausführungen hier und dort mit Vorbehalten zu versehen sind. Als Hauptergebnis der Geneseschrift kann indessen die Erkenntnis angesehen werden, daß zwischen dem Forschungsinteresse, der konkreten Fragestellung, der wissenschaftlichen Analyseebene und dem als existierend anzusetzenden Gegenstand oder Gebilde Beziehungen bestehen, die die

Auffassung einer völlig neutralen, voraussetzungslosen, also gleichsam a-metaphysischen Wissenschaft als Dogma entlarven[49].

V

Die Resultate der Geneseschrift – Teil des Programms der speziellen Wissenschaftslehre, da es sich dabei um *einen* Begriff, nicht jedoch allgemein um die begriffliche, methodische, technische usw. Struktur der Wissenschaften handelt – verwendet Lewin in seiner auf die Zeit zwischen 1925 und 1928 zu datierenden *Wissenschaftslehre,* um bei der Frage der Einteilung und hierarchischen Klassifikation der Wissenschaften ein stichhaltiges und starkes Kriterium abzuleiten. In dieser *Wissenschaftslehre* werden die Wissenschaften sowohl diachron wie synchron betrachtet. Daß beide Betrachtungsweisen in den Augen des Autors miteinander zu verknüpfen sind, ergibt sich aus dem bereits erwähnten Postulat der wissenschaftstheoretischen Äquivalenz (vgl. oben, S. 31): die diachrone Betrachtungsweise bildet die Grundlage für die Feststellung des Entwicklungsstandes von Wissenschaften[50], die synchrone dagegen die Grundlage für die Festlegung der Unterschiede zwischen den Wissenschaften ein und derselben Entwicklungsstufe wie auch für die Begründung dieser Unterschiede.

In der Thematisierung der Klassifikation der Wissenschaften ist Lewin ein Erbe der Philosophie des 19. und des beginnenden 20. Jahrhunderts. Nichts am Problem der notwendigen oder zufälligen oder lediglich pragmatisch gerechtfertigten oder methodologisch zu verstehenden oder einer anderen möglichen Differenz zwischen Wissenschaften und Wissenschaftsgruppen ist neu. Die im 19. Jahrhundert erfolgreich durchgeführten Reduktionen in der Physik (von denen Lewin gelegentlich spricht, vgl. z. B. S. 358) ließ die vorher geltenden Einteilungen der physikalischen Disziplinen (Optik, Elektrizitätslehre, Mechanik usw.) problematisch erscheinen. Das Aufkommen der physiologischen Disziplinen brachte die bislang geltende Einteilung der mit dem Geistesleben befaßten Disziplinen (hier Psychologie, dort Physik am Lebenden) in Verruf, oder warf mindestens für die zur metatheoretischen Reflexion neigenden Wissenschaftler die Frage auf, wie es denn eigentlich mit der Reduzierbarkeit der Psychologie auf eine oder mehrere naturwissenschaftliche Disziplinen bestellt sein möge. Die Anwendung der Evolutionstheorie auf die Erklärung gesellschaftlicher Prozesse ließ eine Spannung neuer Qualität zwischen der Biologie und den Sozialwissenschaften sichtbar werden und machte auf die Problematik der althergebrachten Unterteilung der Wissenschaften in – um in der französischen Fachterminologie zu sprechen – *sciences morales* und *sciences naturelles* oder *physiques* aufmerksam.

An Versuchen, diese Klassifikationsproblematik aufzufangen, hat es denn auch nicht gefehlt. Der Neukantianismus bot mit einem Modell der Trennung der Wissenschaften in idiographische und nomothetische eine Lösung an, die Lewin zu übernehmen nicht bereit war (vgl. S. 451 f.); die Ansätze von Stumpf[51] und Riehl[52] waren, vermutlich weil sie von Lewins Lehrern stammten, für dessen metatheoretische Entwicklung vorübergehend akzeptierte Bezugs- und Ausgangspunkte, mehr jedoch nicht; und die im Wiener Kreis zu beobachtende Tendenz zur Einheitswissenschaft sah er als eine Herausforderung an, auf die er mit einer eigenen Konzeption zu antworten beabsichtigte.

Die *Wissenschaftstheorie* gliedert sich in drei – auch umfangmäßig – unterschiedliche Kapitel, von denen das erste der gesetzmäßigen Entwicklung der Wissenschaften, das zweite der Klassifikationsfrage, und das dritte der Unterscheidung zwischen *Logie* und *Gonie* (zur Begriffsbestimmung vgl. S. 454) gewidmet ist.

Strukturell ist das zweite Kapitel – nur auf dieses wird hier kurz eingegangen, weil es die Einheit der Lewinschen Metatheorie in den Vordergrund treten läßt – so angelegt, daß zuerst einige Klassifikationstypen besprochen und, nachdem ihre Ungereimtheiten identifiziert sind, als unbrauchbar abgelehnt werden. Einer dieser Klassifikationstypen läuft darauf hinaus, die Wissenschaften nach methodologischen Gesichtspunkten zu ordnen (vgl. S. 370–373), d. h. eine eindeutige Beziehung zwischen der Verwendung einer Methode und einer entsprechenden Wissenschaft oder Wissenschaftsklasse zu behaupten. Annehmbar wäre dieser Vorschlag nur unter der Bedingung, daß einerseits über den Begriff der Methode Klarheit bestünde (was ja nicht der Fall ist, da mit diesem Terminus sowohl spezielle Techniken – etwa Filtrierungs-, Ausfällungs-, Färbungstechniken – wie auch ganz allgemeine Erkenntnisregeln bezeichnet werden), und daß andererseits die Wissenschaften spontan oder unter dem Zwang einer bestimmten Problemstellung nicht auf unterschiedlichste Methoden zugleich zurückgriffen, die über die Disziplinen und Fächer ungefähr gleich verteilt sind (vgl. S. 373).

Ein anderer Klassifikationsvorschlag beruht auf der Annahme, daß sich die Wissenschaften erkenntnistheoretisch klar unterscheidbarer Merkmale wegen voneinander abheben, d. h. also dadurch, daß hier die Erkenntnisgewinnung durch Verstehen, Einfühlung oder Intuition, dort durch systematische Beobachtung, Experiment usw. erfolgt. Doch schon die historische Betrachtung verdeutlicht zur Genüge, daß in ein und derselben Wissenschaft sowohl die eine wie auch die andere Erkenntnisform konkretisiert wurde oder noch wird – etwa in der Geschichtswissenschaft, die durch ein ausschließliches methodologisches Merkmal nur in verkürzter Weise erfaßt zu werden vermöchte[53].

Gegen diese und andere Klassifikationstypen entwickelt Lewin ein Klassifikationsschema mit Hilfe des Genesebegriffs. Dabei hält er sich an den schon in der Monographie von 1922 aufgestellten Grundsatz, daß der «Begriff der Genese... im Rahmen einer Wissenschaft stets gleichbleibend [ist]» (S. 418). Doch er räumt ein, daß «sofern mehrere Genesebegriffe [in einer Wissenschaft] auftreten, ... sie in einer engen gegenseitigen Beziehung zu stehen und lediglich Momente eines einheitlichen Genesebegriffs zu bilden» scheinen *(ibid.)*. Mit anderen Worten: der «Genesegebriff kann... nicht als Kriterium für die Klassifikation der Gegenstände innerhalb einer Wissenschaft dienen» *(ibid.)*, doch bildet er dank seiner Strukturdifferenzierungen durchaus ein Kriterium für die Bestimmung der Wissenschaften als Einheiten.

Ist nämlich ein bestimmtes Etwas gegeben, «dann müssen sich Fälle identifizieren lassen, bei denen man zu verschiedenen konkreten Gebilden kommt, wenn man... die Genesebeziehungen nachzeichnet» (S. 419). Das heißt, je nach Zugrundelegung dieses oder jenes Genesebegriffs gelangt man von einem Gebilde zu unterschiedlichen Gebilden, die jeweils einem wissenschaftsspezifischen Gesichtspunkt entsprechen. Ist aber dieser Gesichtspunkt einmal gewählt, dann steht es nicht mehr im Ermessen des Wissenschaftlers, welche konkreten Gebilde sich an den Schnitten der Genesereihe darbieten werden. Mit Lewins Worten: «Ist ein Genesebegriff und ein konkretes Diesda [= Gebilde] gegeben, dann sind die Glieder der Genesekette ohne Möglichkeit willkürlicher Entscheidungen empirisch festgelegt: gerade deshalb ist man gezwungen, unter Umständen von der Wärme zur Elektrizität, vom Sauerstoff zum Wasserstoff überzuleiten, wenn die verschiedenen Glieder ein und derselben Genesekette eben diese und keine anderen Eigenschaftsunterschiede aufweisen. Aber nichts kann mich hindern, statt des physikalischen den biologischen Genesebegriff zu wählen. Dennoch zeigt die Tatsache, daß man bei Beibehaltung eines bestimmten Genesebegriffs genötigt sein kann, von der Optik zur Wärmelehre, von der Theorie der Wasserstoff- zu derjenigen der Sauerstoffverbindungen überzugehen, daß der Genesebegriff in der Tat kein Spezifikum dieser oder jener Disziplin, sondern ganzer Wissenschaften (einschließlich der dort vereinigten Disziplinen) ist» (S. 421).

Daraus folgert Lewin, ohne sich durch anderslautende oder gar gegenteilige Argumente beirren zu lassen, daß Ableitungen jeweils nur innerhalb eines durch einen speziellen Strukturtypus des Genesebegriffs determinierten Wissenschaftsdiskurses möglich sind, nicht aber über verschiedene derartige Diskurse hinweg. Mit dieser Folgerung geht ferner der Schluß einher, daß die Einheit der Wissenschaften oder Wissenschaftsklassen eine ausschließliche ist – will sagen, daß Reduktionen einer Theorie auf eine andere Theorien dann schlechterdings undurchführbar sind, wenn sich diese Theorie in unterschiedlichen Kontexten befinden, die durch verschiedene Genesebegriffe gebunden sind. Dies besagt natürlich nicht, daß sich Theorien oder Wissenschaften mit unterschiedlichen Genesebegriffen methodologisch, formallogisch oder erkenntnistheoretisch ausschließen – eine Einsicht, die gerade für die Metatheorie der Psychologie relevant sein dürfte.

Daß Lewin in seinen metapsychologischen Arbeiten sich nicht mit dem psychologischen Genesebegriff beschäftigt hat, sondern vorwiegend mit dem Thema der Denkweise, der Gesetzlichkeit, des Experiments usw. und dabei bei diesem oder jenem Leser den Eindruck der fehlenden Einheitlichkeit hat wecken mögen, kann bedauert werden. Diese Lücke in seinem Werk, die ja nicht unbedingt mit einer Lücke im durch Lebensumstände abgebrochenen wissenschaftstheoretischen Programm korrespondieren muß, könnte aber in der heutigen Situation zu einer selbständigen, produktiven und kritischen Weiterbeschäftigung mit dem Lewinschen Ansatz gerade im Hinblick auf die Metatheorie der Psychologie motivieren, – einer Weiterbeschäftigung, die nun dank der Vollständigkeit der wissenschaftstheoretischen Textbasis auf keine nennenswerten praktischen Schwierigkeiten stoßen sollte.

Wie ein kompetenter Leser der Geneseschrift von 1922 die Bedeutsamkeit der Lewinschen Wissenschaftslehre beurteilt, und in welchem Maße letztere in der psychologischen Theoriebildung eine Rolle zu spielen vermag, geht aus einem bislang unveröffentlichten Dokument aus der Feder Herbert Feigls hervor, der, nach seinen persönlichen Eindrücken über Person und Werk Lewins gefragt, unter anderem ausführte: «Kurt Lewin und ich befreundeten uns in Iowa recht bald. Ich kannte sein frühes Buch *Der Begriff der Genese* wie auch seine Ansichten über den Übergang von der aristotelischen zur galileischen Denkweise in der Psychologie. Viele unserer Gespräche wie auch Lewins Seminare und Kolloquien, an denen ich während vieler Jahre teilnahm, betrafen die Logik und Methodologie der Wissenschaften im allgemeinen und der Psychologie im besonderen... Wir hatten viele Diskussionen über Begriffsprobleme, die die Valenz, den Lebensraum, die Zeitlichkeit, den Vektor, die hodologische Analyse usw. betrafen. Ich hatte ernsthafte Zweifel an Lewins Art, mathematische Begriffe auf die Motivationspsychologie anzuwenden. Aber ich bewunderte seinen Einfallsreichtum und seine Brillianz, besonders natürlich in bezug auf die Erfindung neuer Versuchsanordnungen. Wir waren uns alles in allem über die allgemeinen wissenschaftstheoretischen Belange einig. Lewins Ansatz half mir, einige Spuren eines allzu engen logischen Positivismus zu überwinden... Lewin war sich im klaren darüber, daß Postulate (implizite Definitionen) in der Bestimmung der Bedeutung theoretischer Begriffe unentbehrlich sind.»[54]

***

Als Herausgeber der beiden wissenschaftstheoretischen Bände dieser Kurt-Lewin-Werkausgabe danke ich Frau Gertrud Weiß-Lewin und Frau Miriam Lewin für die zeitweilige Überlassung der Nachlaßdokumente und für die Erlaubnis, Lewins nachgelassene Arbeiten zur Wissenschaftslehre für die KLW zu edieren; ebenso danke ich dem Leiter des Universitätsarchivs der Humboldt-Universität zu Berlin (DDR) und Herrn Ulrich Jahnke, Sektion Wissenschaftstheorie und Wissenschaftsorganisation der Humboldt-Universität, für die Mitteilung der mit der Habilitation Lewins zusammenhängenden Archivmaterialien; ferner Herrn Heinz Sarkowski, Springer-Verlag Berlin/Heidelberg/New York für die Erlaubnis, aus der im Verlagsarchiv befindlichen Lewin-Akte zu zitieren; schließlich Herrn John A. Popplestone, Archives of the History of American Psychology, University of Acron, Ohio, USA für die Mitteilung der in diesem Band verwendeten Archivdokumente.

Für Hilfe, Hinweise und Unterstützung danke ich folgenden Damen und Herren: Dietrich Albert (Heidelberg), Wolf-Dieter Batz, Jürgen Klüpfel (Heidelberg), Eckardt Scheerer (Oldenburg), Gerhard Schneider (Heidelberg), J. David Seaman (New York), Helga und Lothar Sprung (Berlin, DDR), Boris M. Veličkovskij (Moskau), William R. Woodward (Durham, New Hampshire) und Bluma Zeigarnik (Moskau).

Anmerkungen zu den Seiten 11–42

1   Angesichts der Tatsache, daß in der 1. Auflage der *Großen Sowjetischen Enzyklopädie* kein und in der 2. Auflage von 1953 nur ein knapp vierteiliger Artikel über Lewin zu finden ist (Band 24, 394), darf die Rolle, die Lewin in den Diskussionen der kulturhistorischen Schule der sowjetischen Psychologie (Vygotskij, Leont'ev, Luria u. a. m.) tatsächlich gespielt hat, nicht unterbewertet werden. Ziemlich

ausführlich wird Lewin in der 3. Auflage der genannten Enzyklopädie und in der *Pädagogischen Enzyklopädie* von 1965 (Band 2, Sp. 597–598 = ZEIGARNIK 1965), wenn auch nicht unkritisch, behandelt. Zum Verhältnis zwischen Lewin und Vygotskij vgl. u. a. ZEIGARNIK 1981, 109–113, und BIBRICH & ORLOV 1981, 20–24. Zur Geschichte der Rezeption der Gestalttheorie in der UdSSR vgl. SCHEERER 1980, der dieses Kapitel der Psychologiegeschichte sorgfältig aufgearbeitet hat.

2 Vgl. PEPITONE 1981, 979–981.

3 Wie unterschiedlich die Lewin-Rezeption ausfällt, je nachdem, ob die amerikanische Sozialpsychologie oder die (keineswegs a-soziale) Willens- und Motivationspsychologie vor 1933 den Interpretationsrahmen bildet, zeigt das Beispiel des französischen Arbeitssoziologen und Philosophen Georges Friedmann, der 1956 die «grundlegende Bedeutsamkeit [der Untersuchungen Lewins über das Lösen von Aufgaben] für die Analyse der menschlichen Arbeit» (FRIEDMANN 1956, 109 bis 110) herausgestellt hat.

4 Lewins Konzeption der Wissenschaftsgeschichte ist in der Tat der auf berühmte Personen bezogenen diametral entgegengesetzt. Er konzentriert sich in seinen historiographischen Ausführungen auf «Denkstile» – um mit FLECK 1980 zu sprechen –, nicht aber auf einzelne Forscherpersönlichkeiten, deren Errungenschaften noch so bedeutsam sein mögen. Deshalb die Rede von der «galileischen» und der «aristotelischen Denkweise», und nicht von der Denkweise Galileis, Aristoteles', Einsteins usw.

5 Daß Lewin die ihm bekannten Prinzipien der Funktionstheorie nicht in jedem Fall einhielt, obwohl sie ihm durchaus bekannt waren, mag den Umstand diverser äußerst scharfer Stellungnahmen gegen seine Mathematisierungsversuche verständlich machen, von denen hier lediglich diejenige LONDONS (1944, 277) im Wortlaut zitiert werden möge: «Ein Vorgehen mit Hilfe der Formulierung von Aussagen in einer pseudo-mathematischen Sprache, das z. B. auf die Behauptung hinausläuft, jedes Verhalten V sei eine Funktion des ganzen Lebensraumes L, wobei letzterer sowohl die Person P als auch die Umwelt U umfasse, und das Scheinformeln wie $V = f(L) = f(P,U)$ hervorzaubert, macht noch keinerlei deduktive Feldtheorie aus, mit der man arbeiten könnte.» (Ähnlich auch GARRETT 1939, 519)

6 Zur Unterscheidung zwischen Modellen von Etwas und Modellen für Etwas, vgl. HARRÉ 1970, 32–60.

7 Vgl. BLACK 1962, HESSE 1963 und HESSE 1980, 111–124.

8 Vgl. DESCARTES 1963, 404 ff. und 440 ff.

9 Vgl. HARRÉ 1970, 47–50.

10 Vgl. hierzu die Einführung zu KLW Bd. 3.

11 Zur Problematik des Referenzbereichs vgl. HESSE 1980, 117–120.

12 In der Darstellung einer der drei typischen Konfliktsituationen, in der ein Individuum zwischen zwei positiven Aufforderungscharakteren von annähernd gleicher Stärke steht, setzt Lewin die Richtung der Vektoren als anscheinend beliebig an (vgl. KLW Bd. 6, 120, Abb. 7 und 187, Abb. 7), was eigentlich nur dann sinnvoll ist, wenn es sich bei der Person, auf die die Kräfte wirken, um ein Etwas handelt, das in vollständiger Analogie zum Massenpunkt der Physik begriffen wird. Doch gerade dies kann der hinter der Modellkonstruktion stehenden Absicht nicht entsprechen, weil dann die Analogie zur Physik überbetont und die produktive Funktion des Modells verspielt wird (vgl. auch KLW Bd. 6, 211–212, Anm. i).

13 In der 1930/31 verfaßten Abhandlung über die Entwicklung der höheren psychischen Funktionen gebraucht VYGOTSKIJ (1960, Kap. 2) ungefähr zur gleichen

Zeit wie Lewin auch die poetische Metapher von Buridans Esel, um den psychischen Konflikt zu veranschaulichen, schlägt dann aber ganz andere Wege ein als Lewin – was mit ein Hinweis darauf ist, daß selbst die vektorpsychologische Fassung des interpsychischen Konflikts dann mißverständlich wird, wenn man sie nicht bloß heuristisch interpretiert.

14 Diese Bemerkungen zum heutigen Lewin-Bild bestreiten nicht die für soziale Repräsentationen notwendige Reduktion der Komplexität – um ein Schlagwort der soziologischen Systemtheorie aufzugreifen –, sondern behaupten nur, daß die Reduktion auf ungeeignete, wenn nicht gar irreführende Weise vollzogen wurde.

15 Über den Umfang der Abweichungen zwischen der zur Habilitation eingereichten Arbeit und der Veröffentlichung von 1922 lassen sich kaum konkrete Angaben machen. Vom Originalmanuskript, das der Fakultät vorlag, fehlt bisher jede Spur. Aus dem Gutachten von Stumpf wird ersichtlich, daß Lewin die Sätze über die physikalische Identität (vgl. hier S. 107–109) auf den Seiten 76 ff. des Manuskripts zusammenfaßte, diejenigen der biologischen Genidentität jedoch auf den Seiten 329 ff. des Manuskripts (vgl. hier S. 177–181 und 222–225), was den Schluß erlaubt, daß für die gedruckte Fassung mindestens eine Verschiebung vorgenommen wurde (was über einfache Proportionalitätsrechnungen zu belegen ist). Überarbeitungen in formaler Hinsicht sind also mit Bestimmtheit erfolgt; über inhaltliche Überarbeitungen ist aufgrund der verfügbaren Quellen derzeit keine Aussage möglich.

16 Zu Haberlandt vgl. JAHN, LÖTHER & SENGLAUB 1982, 672–673.

17 Universitätsarchiv der Humboldt-Universität Berlin, Philosophische Fakultät – Dekanat – Nr. 1273, Bl. 129. Verweise auf die in der Lewin-Akte des Universitätsarchiv enthaltenen Dokumente erfolgen nachstehend unter der Abkürzung UAHUB.
Bei der erstgenannten Arbeit handelt es sich um LEWIN 1916a (vgl. KLW Bd. 5); die zweitgenannte Arbeit (LEWIN 1917a) findet sich in KLW Bd. 4, 315–325; der Aufsatz zur Festschrift von Carl Stumpf erschien erstmals in KLW Bd. 1, 127–151 (zur Entstehungsgeschichte vgl. speziell KLW Bd. 1, 149, Anm. a); über Lewins Tätigkeit als Experte für Psychotechnik im Heer ist in der Literatur bislang noch nichts mitgeteilt worden – konkrete Hinweise darauf finden sich im Nachlaß keine; erwähnt werden von Lewin übrigens weder die während der Kriegszeit verfaßten Rezensionen, z. B. LEWIN 1916b, 1916c, 1917d, 1917i, 1918a usw., noch der 1914 erschienene Festschriftbeitrag für Alois Riehl (vgl. KLW Bd. 1, 111–125).

18 UAHUB Bl. 133.
19 UAHUB Bl. 134.
20 UAHUB Bl. 135.
21 UAHUB Bl. 136.
22 UAHUB Bl. 136.
23 UAHUB Bl. 136.
24 UAHUB Bl. 134. Über die Rolle Stumpfs in der Aufbauphase des Berliner Psychologischen Instituts, vgl. die umfassende Darstellung von ASH 1982, 30–45.
25 Vgl. zu diesem Punkt wie auch allgemein zur Geschichte der neukantianischen Bewegungen WILLEY 1978, 24 ff.
26 Bezeichnend hierfür ist etwa der Vorschlag von Friedrich Albert Lange, Kants transzendentale Methode zu ersetzen durch die psychologische Untersuchung des Geisteslebens; vgl. WILLEY a. a. O., 88. Vgl. auch unter den zeitgenössischen Beobachtern des Aufkommens des Neukantianismus ÜBERWEG 1868, 325: «Unter den Naturforschern ist neben Apelt, Schleiden etc. namentlich auch Helm-

holtz zu erwähnen, der die Verwandtschaft zwischen der transscendentalen [sic] Aesthetik Kant's und der heutigen physiologisch-psychologischen Theorie der Sinneswahrnehmung hervorhebt, ferner der Physiologe. C. Rokitansky u. A.»
27 Es handelt sich hierbei aller Wahrscheinlichkeit nach um einen Entwurf zu LEWIN 1922 e oder sogar um das Manuskript dieser Arbeit selbst.
28 UAHUB Bl. 138–139.
29 Lewin-Akte, Springer-Verlag Berlin/Heidelberg/New York, 7. Februar 1921. In diesem wie in den folgenden Zitaten aus den Dokumenten der Lewin-Akte des Verlagsarchivs werden die Anfänge von Abschnitten mit einem Schrägstrich (/) kenntlich gemacht. Zur Identifizierung der Quellen dient das Datum.
30 Lewin-Akte, Springer-Verlag, 8. Februar 1921.
31 Lewin-Akte, Springer-Verlag, 25. Februar 1921.
32 Lewin veröffentlichte 1914 einen Aufsatz in der Festschrift für Alois Riehl (vgl. KLW Bd. 1, 111–125). Zu Riehls Philosophie vgl. die Würdigung von RICKERT 1924/25.
33 Lewin-Akte, Springer-Verlag, 27. Februar 1921.
34 Lewin-Akte, Springer-Verlag, 29. März 1921.
35 Lewin-Akte, Springer-Verlag, 22. März 1922.
36 Lewin-Akte, Springer-Verlag, 12. April 1922.
37 Über diese Episode in Lewins Leben vgl. die Ausführungen in LEWIN 1981 a.
38 Im Personalverzeichnis der Berliner Universität wurde Lewin bis 1939 unter Angabe der Anschrift und der Ergänzung «beurlaubt» angeführt. Dies sei hier lediglich als Beleg für die legalistische Wahrung des Scheins in der nationalsozialistischen Personal-, Beamten- und Universitätspolitik erwähnt.
39 Für die Gewinnung eines ersten, wenn auch oberflächlichen geschichtlichen Überblicks über die Auseinandersetzung zwischen der Philosophie des logischen Positivismus und der traditionellen Metaphysik sei der Leser verwiesen auf RADNITZKY 1970.
40 Zu dieser liberalen Deutung geben die Ausführungen von HENLE 1978 Anlaß.
41 Vgl. KLW Bd. 1, 81–86 und 87–110.
42 Vgl. in diesem Band S. 53.
43 Vgl. in diesem Band S. 61.
44 Vgl. in diesem Band S. 423 ff.
45 Zur Klärung des oft mißverstandenen Begriffs der möglichen Welt vgl. KRIPKE 1980, 15–20.
46 Vgl. hierzu auch KLW Bd. 1, 213–232.
47 So dürfte es nicht allzu schwierig sein, zwischen dem Genesebegriff der zwanziger Jahre und dem Begriff des psychologischen Feldes zu einer bestimmten Zeit (vgl. LEWIN 1943 a; KLW Bd. 4, 133–154) Beziehungen herzustellen. In der Tat, eine in verschiedenen Situationen befindliche Person wird als Mehrheit von Personen unter unterschiedlichen Bedingungen aufgefaßt, woraus sich einer der «Hauptsätze der psychologischen Feldtheorie» (a.a.O., 135) ergibt: «Jedes Verhalten oder jede sonstige Veränderung innerhalb eines psychologischen Feldes ist einzig und allein vom psychologischen Feld *zu dieser Zeit* abhängig.» *(ibid.)* Zu ergänzen ist diese Aussage durch folgende Bemerkung: «Das Verhalten ist nicht zusätzlich noch eine Funktion von vergangenen oder zukünftigen Situationen... Natürlich ist es möglich, ein Verhalten indirekt auf eine vergangene... oder eine künftige Situation... zurückzuführen, jedoch ausschließlich in Fällen, wo die Situationen geschlossene Systeme darstellen und die Veränderungen während der dazwischenliegenden Perioden auf Grund bekannter Gesetzmäßigkeiten erfolgen.» (a.a.O., 138)

48 Ob damit auch die These Lewins hinfällig wird, nach der die einzelwissenschaftliche Forschung an der Konstitution des Genesebegriffs nicht teilnimmt (vgl. z. B. S. 78–79), weil definitionsgemäß der Genesebegriff immer schon vorausgesetzt ist, kann hier nicht weiter untersucht werden; doch wäre gerade angesichts der Kosmologie, die die Begriffe «Raum», «Zeit», «Unendlichkeit», «Materie», «Strahlung» und «Kraft» nicht unter dem Impuls irgendeiner Philosophie, sondern aus der konkreten Forschungssituation heraus problematisiert, die genannte These vermutlich zu revidieren.

49 Dies hat bereits Reichenbach in seiner Besprechung der Lewinschen Monographie erkannt; er schreibt u. a.: «Lewin gibt zu, daß der Weg der Energie von der Kohle über die Dampfmaschine zur Glühlampe in genau demselben Sinne eine genetische Reihe ist wie die zeitliche Dauer eines materiellen Teilchens; aber auch der Energiegesichtspunkt ist nur eines unter vielen möglichen Kriterien einer Reihe... Es scheint, daß das ‹Existierende› auch nach Wahl einer Wissenschaft nicht festgelegt ist, daß auch innerhalb der Physik die Existentialreihe nicht ohne weiteres vorgegeben ist, sondern erst durch Wahl eines Gesichtspunktes der Genidentität (der Materie, der Energie, der Wellengestalt) bestimmt wird. Das gleiche gilt für die Biologie; vom Ei zu den Umsetzungsprodukten führen auch biologische Wirkungsreihen, welche diese Produkte etwa als Sekretionsprodukte betrachten. Dann besteht innerhalb der Einzelwissenschaft schon derselbe Unterschied wie zwischen den Wissenschaften, und das Recht der Abgrenzung einer Wissenschaft durch den Existentialtypus steht in Frage» (REICHENBACH 1924, 190).

50 Zur Problematik der diachronen Betrachtungsweise vgl. auch KLW Bd. 1, 34.

51 Vgl. STUMPF 1907.

52 Vgl. RIEHL 1887.

53 Bezeichnend für Lewins Ansicht zu diesem Punkt sind seine im Verlauf der Vorlesung vom Sommersemester 1931 gemachten Ausführungen zur biologischen Systematisierung. Die Genesereihe sei in der Erklärung und Begründung der botanischen und zoologischen Systematisierung entscheidend. Frühere Klassifikationen gingen nach Ähnlichkeitskriterien vor; doch stießen sie alsbald auf bestimmte Grenzen, als deutlich wurde, daß männliche und weibliche Individuen einer Art in viel stärkerem Maße Ähnlichkeitsunterschiede aufweisen als Individuen ganz verschiedener Arten. Deshalb ging man daran, ein natürliches System zu entwickeln, in dem die Verwandtschaft Angelpunkt der Klassifizierungskriterien ist. Verwandtschaft aber läßt sich nur aufgrund einer Genesereihe klären. Zudem ist die z. B. von Darwin vorgeschlagene Ordnung historisch, denn es geht dabei um historische Stammbäume, die mit den Anforderungen der genetischen, ja auch der konditional-genetischen Denkweise durchaus vereinbar sind. Gerade Darwin ist typisch für die gleichzeitige Verwendung genetischer und historischer Begriffe. (Diese Angaben stützen sich auf die auf S. 463 beschriebene Vorlesungsnachschrift – Manuskript F.)

54 Herbert FEIGL: *Notes on Kurt Lewin (Iowa: 1935–40)*, unveröffentlicht, Archives of the History of American Psychology, University of Acron, Lewin, Folder 31, 8. August 1967.

Wissenschaftstheorie II

Der Begriff der Genese
in Physik, Biologie und Entwicklungsgeschichte
Eine Untersuchung zur vergleichenden Wissenschaftslehre[a]

Vorwort

Die vorliegende Arbeit ist aus allgemeinen Überlegungen über die Struktur einer Wissenschaft und das Wesen der Wissenschaftslehre erwachsen. Aber die Durchführung stieß bald auf eine solche Fülle spezieller Sachverhalte, die eine begriffliche Fassung verlangten, daß die allgemeinen Fragen hinter der Notwendigkeit einer mühsameren Kleinarbeit zurücktraten. Ich habe diesen Weg gerne beschritten und schließlich den Charakter dieser Arbeit als einer *Spezialarbeit* aus der *vergleichenden Wissenschaftslehre* bewußt hervorgekehrt.

Junge Wissenschaften pflegen sich gerne in allgemeinsten Überlegungen über ihr Wesen, ihre Methode und über die Natur ihres Gesamtgebietes zu ergehen. Wenn solche Diskussionen auch meist zu keiner allzu weitgehenden Klärung dieser Probleme selbst führen, so pflegen sie doch den Boden dafür zu bereiten, daß die eigentliche Einzelforschung innerhalb dieser Wissenschaft der mangelnden Kenntnis der allgemeinen Grundlagen zum Trotz kräftig emporblühen kann. Daß in sehr viel späteren Stadien eine Hypertrophie der unphilosophisch «empirischen» Einstellung zur Krisis der Spezialforschung selbst führen und eine erneute, ernsthafte Nachprüfung der Grundbegriffe fordern kann, beweist demgegenüber nicht, daß die «philosophische» Grundlegung einer Wissenschaft vollendet sein muß, bevor die Arbeit in ihr beginnen kann, sondern zeigt nur das enge Aufeinander-Angewiesensein beider Untersuchungskomplexe. Auch die Erforschung der Grundlageprobleme einer Wissenschaft kann nämlich – wie an dieser Arbeit wiederum deutlich wird – gewisse Stadien nur schwer überschreiten, bevor diese Wissenschaft nicht gewisse Entwicklungsstufen erreicht hat. Selbst im Interesse der Grundlagenforschung wird man also bei jugendlichen Wissenschaften (zu denen die meisten philosophischen Disziplinen, sofern man sie als Wissenschaften ansieht, durchaus gehören) auf die Gefahr des überlangen Steckenbleibens im Disput über die Methode hinzuweisen haben, der gegenüber die sachliche Erforschung der aufgegebenen Einzelobjekte entschlossen in Angriff zu nehmen ist. Das gilt auch von den philosophischen

[a] Die Anmerkungen zu diesem Text finden sich auf den Seiten 305–318.

«Grundlagewissenschaften» selbst, obgleich ihre Sonderstellung in dieser Hinsicht häufig betont wird. Gerade in der Erkenntnistheorie und in der Wissenschaftslehre, wo die «Gegenstände» der Untersuchung selbst begriffliche Gegebenheiten (wie Probleme und Theorien) sind, erscheint die Notwendigkeit, die Struktur von Theorien zu erforschen, nicht selten eine Neigung zum Überschätzen des bloßen «Theoretisierens» auch innerhalb der eigenen Wissenschaft mit sich zu bringen. Es kommt hinzu, daß man die philosophischen Disziplinen in einer unglücklichen Terminologie den «Einzel»-Wissenschaften gegenüberzustellen pflegt und sie damit zu verpflichten scheint, bei allgemeinen Erwägungen stehen zu bleiben.

Demgegenüber beginnt sich gegenwärtig in einzelnen erkenntnistheoretischen Arbeiten inhaltlich sehr heterogener Richtung eine wachsende Tendenz zu größerer Gegenstandsnähe geltend zu machen.

Soll die *Wissenschaftslehre*, wie ich es für notwendig halte, bewußt als Sonderdisziplin auftreten, so bedarf sie gewiß einer eingehenden Erörterung ihrer Ziele und Methoden sowie einer klaren Abgrenzung vor allem gegenüber der Erkenntnistheorie – nicht zuletzt im Interesse dieser in mancher Hinsicht fortgeschritteneren Disziplin –. Aber auch ein gerüttelt Maß jener natürlichen Einstellung der «empirischen» Wissenschaften wird man ihr von vornherein wünschen müssen, die bloße Theorien, und zwar auch formal sinnvolle und selbst geistreiche Theorien gering schätzt, sofern nicht ihre Adäquatheit, ihre sachliche Richtigkeit als begriffliche Fassung der untersuchten Gegenstände gewährleistet ist. Ich habe daher geglaubt, eine Spezialarbeit aus der Wissenschaftslehre der Diskussion ihrer allgemeinen Grundlagen voranstellen zu sollen. Handelt es sich doch bei solchen in sich noch ungefestigten Disziplinen weniger darum, eigentliche «Theorien» zu beweisen, als eine bestimmte Betrachtungsweise unverfälscht festzuhalten, d.h. ein bestimmtes Gegenstandsgebiet nicht aus den Augen zu verlieren und die so gefundenen Gegenstände möglichst adäquat schlicht zu beschreiben. Überzeugender aber als alles Reden «über» eine Wissenschaft wirkt für das Aufweisen eines solchen Gegenstandsgebietes schließlich die Arbeit in ihm.

Was der fortgeschrittenen, «erklärenden» Wissenschaft als leitender Zusammenhangswert und zugleich als Gewähr für die Sicherheit der Einzelerkenntnisse die «Theorie» bedeutet, das bedeutet für die junge, «beschreibende» Wissenschaft die *«vergleichende Methode»*. Methode und Ziel dieser Arbeit ist eine vergleichende Gegenüberstellung. Ich bitte den geneigten Leser, dies nicht zu vergessen, wenn ihn das Eingehen auf scheinbar nebensächliche Besonderheiten, zumal im Physikteil, ermüden sollte. Gerade in solchen Eigenheiten, die mir selbst erst spät bei der eingehenden Gegenüberstellung mehrerer Existenzarten aufgefallen sind, scheinen sich nicht selten sehr tiefliegende Sachverhalte anzudeuten. Erst ein Vergleich mit weiteren Wissenschaften und ein Ausbau der in dieser Arbeit nur nebenbei verfolgten axiomatischen Durcharbeitung (deren Hauptleistung neben ihrem heuristischen Nutzen hier die Möglichkeit ist, wesentliche Momente von unwesentlichen zu trennen) kann ihre wirkliche Bedeutung zeigen. Schon jetzt weisen diese bei aller scheinbaren Nebensächlichkeit äußerst komplizierten und schwer zu analysierenden Eigenschaften darauf hin, daß auch in der physikalischen Existentialbeziehung nicht – wie es vielleicht oberflächlicher Betrachtung scheinen könnte – so etwas wie eine Selbstverständlichkeit vorliegt. Dieser Schein würde übrigens nicht entstehen, wenn man nicht noch immer bei wissenschaftlichen Überlegungen über Beziehungen der Existenz geneigt wäre, ausschließlich an physikalische Existentialbeziehungen zu denken und z.B. den juristischen oder ökonomischen, ja selbst den psychischen konkreten Einzelgebilden eine minder «gute» Realität zuzusprechen. Die für die physikalische Existentialbeziehung «selbstverständlichen» Eigenschaften aber gelten ebenso «selbstverständlich» keineswegs für die Existentialbeziehungen einer Aktiengesellschaft, eines Staates, eines Rechtes.

Wenn die Beschreibung der untersuchten genetischen Reihen durch Angabe ihres «Ordnungstypus» geschieht, so soll damit kein erkenntnistheoretischer Subjektivismus vertreten und die Ordnung als eine gemachte Ordnung hingestellt werden. Den speziellen Erkenntnistheorien gegenüber völlig neutral wird der Ordnungstypus vielmehr als Ausdruck einer inneren Geordnetheit aufgefaßt, deren spezifische Eigenart ein wesentliches Charakteristikum der untersuchten Gegenstände ausmacht. Diese Unabhängigkeit gegenüber speziellen Erkenntnistheorien gilt auch von den übrigen, sich innerhalb der Wissenschaftslehre bewegenden Ausführungen dieser Arbeit: Richtigkeit oder Falschheit der gefundenen Sätze bleibt von ihnen unberührt.

Eher ließen sich Beziehungen zu gewissen logisch-mathematischen Problemen aufweisen, wenn sie auch nur die Technik der Untersuchung oder Darstellung betreffen, so z.B. zu den neuerdings geäußerten Bedenken gegen den «Zweischnitt».

Es erscheint mir aus einer ganzen Reihe von Gründen gewiß, daß für die sachlichen Probleme der wissenschaftstheoretischen Systematik, d. h. für das «System der Wissenschaften», die verbreitete Methode des Zweischnitts ein völlig unzureichendes, sachlich verfehltes Verfahren darstellt. Für die begriffliche Formulierung gewisser spezieller Eigenheiten der untersuchten Existentialbeziehungen habe ich jedoch dieses bequeme Mittel vielfach verwendet, wennschon ich mir seiner auch hier noch gefährlichen Fallstricke bewußt bin. (So würde man für eine Untersuchung, die sich nicht auf «Existentialbeziehungen» beschränkt, kaum alle «Nicht-Existentialbeziehungen» zu einer einheitlichen, hier als «Eigenschaftsbeziehungen» bezeichneten Gruppe zusammenfassen dürfen, sondern ihnen wohl zumindest zwei Gruppen, die eigentlichen «Eigenschafts»- und die «Teil-Ganzes»-Relationen, koordinieren müssen.)

Die Möglichkeit, die für eine Existenzart charakteristischen Sätze, die sich mir in der Regel einzeln ergeben haben und deren Richtigkeit wie jede Beschreibung einzelner Sachverhalte zunächst nur «wahrnehmungsmäßig» fundiert war, wenigstens zum Teil in einem einheitlichen «Ableitungszusammenhang» zu vereinigen, habe ich als eine Gewähr und Bestätigung ihrer Richtigkeit um so freudiger begrüßt, als mir dieser Zusammenhang im wesentlichen erst spät, z. T. bei der abschließenden vergleichenden Zusammenstellung, also rein *induktiv* erwachsen ist. Trotzdem kann ich bei der Zahl der formulierten Sätze und der Ausdehnung und Kompliziertheit des Materials kaum hoffen, daß diese erste Bearbeitung die untersuchten Sachverhalte – abgesehen von der selbstverständlichen Unvollständigkeit – in jedem Punkt völlig adäquat wiedergibt. Aber wo einzelne Sätze fehlerhaft sein mögen, da wird man sie dank des induktiven Verfahrens berichtigen oder präzisieren können, ohne zugleich das Gesamtgebäude abbrechen und ganz von vorne beginnen zu müssen. Ich hoffe mit der Formulierung bestimmter greifbarer Sätze über die Existenzart die Klärung eines zentralen Grundlageproblems wenigstens soweit durchgeführt zu haben, daß bei ihm für die Diskussion des Verhältnisses von *Biologie* und *Physik* und der Beziehungen der *organismischen* und *entwicklungsgeschichtlichen* Begriffsbildung eine nicht mehr vage, sondern auf Richtigkeit oder Falschheit eindeutig prüfbare Basis geschaffen ist.

Die Forderung, daß die Wissenschaftslehre nicht in der Erörterung ihrer eigenen Grundlageprobleme stecken bleiben soll, kann nicht bedeuten, daß sie in Verkennung der geforderten Gegenstandsnähe selbst zur Physik, Biologie oder Psychologie werden und der «spekulativen» Psychologie usw. zu einer fröhlichen Auferstehung verhelfen soll. Die speziellen Gegenstände der Wissenschaftslehre sind selbst doch nur Grundlageprobleme der Physik oder Biologie und gehören also auch nicht in ihren «theoretischen» Teil. Gerade wenn man glaubt, daß die Wissenschaftslehre auch den untersuchten Wissenschaften einmal nicht unwesentliches begriffliches Handwerkszeug wird liefern können, wird man zwar auf eine möglichst enge Berührung der Forschungsarbeiten, aber nicht minder auf reinlichstes Auseinanderhalten der verschiedenen Problemkreise Gewicht legen müssen. Was die untersuchten Wissenschaften, hier also Physik und Biologie, von den Resultaten solch wissenschaftstheoretischer Forschung unmittelbar für ihre eigenen Zwecke verwerten können, hängt fast ganz von den Bedürfnissen und Entwicklungen dieser Wissenschaften ab. Die Wissenschaftslehre kann gegenwärtig einer von ihr untersuchten Wissenschaft nur beschreibend, aber kaum fordernd gegenübertreten. Die gegenwärtige Situation in der Biologie, die besonders deutlich auch die rein begrifflichen Schwierigkeiten im Problem des Organismus, der Vererbung, des Typus, des Todes, des Individuums, der Generation u. ä. zeigt, und das Aufgeschlossensein der Biologie für ihre Grundlagenprobleme läßt mich immerhin hoffen, daß der Biologe hier einiges auch für seine eigene Arbeit Verwertbare wird finden können.

Darüber hinaus möge die Arbeit zeigen, daß die bewußte Anwendung einer im eigentlichen Sinne «vergleichenden Methode» in der Wissenschaftslehre, die weder die einzelnen Wissenschaften aus dem Begriff einer «Wissenschaft überhaupt» deduziert, noch in einseitigem «Zweischnitt» eine einzelne Wissenschaft der Gesamtheit aller übrigen Wissenschaften gegenüberstellt, wohl imstande ist, die Diskussion der Grundlagenprobleme einer Wissenschaft einen wesentlichen Schritt von dem Streit um «Standpunkte» weg zu einer in sachhaltiger Erkenntnis stetig fortschreitenden Wissenschaft zu führen.

Für die Durchsicht der Arbeit und der Korrekturen danke ich meiner Frau und Fräulein stud. phil. Eberhardt.

Der Abschnitt S. 228–241 wurde mit unwesentlichen Änderungen bereits in einer Arbeit über die Verwandtschaftsbegriffe (LEWIN 1920a) veröffentlicht. Die Klischees der zugehörigen Abbildungen Nr. 24, 26, 27, 30 bis 33 sind vom Verlag Gebr. Borntränger, Berlin, freundlichst zur Verfügung gestellt.

Ausführungen, die nicht in der Linie der Hauptprobleme liegen, sind, auch wo sie vielleicht allgemeineres Interesse beanspruchen, im Kleindruck wiedergegeben[b].

Charlottenburg, Januar 1922.

Der Begriff der Genese
als Problem der vergleichenden Wissenschaftslehre

I. Die vergleichende Beschreibung wissenschaftstheoretisch äquivalenter Begriffe der Physik und Biologie

Die folgenden Untersuchungen über den Begriff der Existenz in Physik und Biologie entspringen der Absicht, ein Problem der *vergleichenden Wissenschaftslehre*[1] zu erörtern. Physik – diese Bezeichnung umfasse zugleich die Chemie – und Biologie sollen einander gegenübergestellt werden, und zwar als das, was sie für die Wissenschaftstheorie sind: als «gegebene» Gegenstände, als individuelle Wirklichkeiten, denen gegenüber die Wissenschaftslehre zunächst die gleiche Aufgabe zu erfüllen hat wie andere Wissenschaften ihren Gegenständen gegenüber: die Aufgabe nämlich, diese Gegenstände zu beschreiben.

Eine solche charakterisierende Darstellung eines einzelnen Gegenstandes kann dadurch versucht werden, daß man ihn als Spezialfall einer bestimmten Klasse nachweist, womit er vollständig bestimmt erscheint. Oder aber man kann dieses Einzelgebilde mit anderen Einzelgebilden vergleichen, wodurch immer nur einzelne Merkmale bestimmt werden[2]. Die erste Art hat sich gerade bei noch nicht weit fortgeschrittenen Wissenschaften immer wieder als der weniger gangbare Weg erwiesen; abgesehen von anderen Gründen deshalb, weil er mehr deduktive Elemente enthält als der zweite, und weil die für die Deduktion nötige Voraussetzung, nämlich der besondere Klassenbegriff – soll er nicht rein hypothetisch sein – wiederum erst aufgrund von vergleichenden Untersuchungen der einzelnen Gegenstände, also auf mehr induktivem Wege aufgestellt werden kann.

Die vollständige Definition des Einzelgebildes ist immer erst am Ende einer Untersuchung möglich; diese müßte eine vergleichende Bestimmung der Merkmale der Einzelgebilde selbst dann enthalten, wenn die Darstellung des Einzelnen und nicht die Schaffung eines durchgängigen allgemeinen Zusammenhanges das Hauptziel der betreffenden Wissenschaft wäre.

Die induktive Vergleichung einzelner Merkmale erstrebt nicht unmittelbar die vollständige Bestimmung der einzelnen Gegenstände, hier also einer bestimmten Wissenschaft, sondern die Schaffung eines Bezugssystems von Gleichheiten und Verschiedenheiten zwischen den Merkmalen der verschiedenen Untersuchungsgegenstände, das sich schrittweise erweitern und präzisieren läßt. Von der Ansicht ausgehend, daß sich die *vergleichende Methode* auch in der Wissenschaftslehre als die zunächst fruchtbringendere erweisen wird, will ich im folgenden nicht versuchen, den Begriff der Physik oder Biologie allseitig zu bestimmen, sondern nur die bescheidenere Aufgabe der vergleichenden Gegenüberstellung einer einzelnen, wenn auch fundamentalen Eigentümlichkeit beider Wissenschaften in Angriff nehmen: die in ihnen zugrunde liegenden Existenzbegriffe, resp. die für ihren Begriff der *Genese* maßgebenden *Existentialbeziehungen* sollen verglichen werden. Dabei wird nicht zu erörtern sein, welche Begriffe einer Existentialbeziehung «möglich» sind, auch nicht, «wie sie möglich» sind, sondern lediglich, welche Begriffe tatsächlich in Physik und Biologie verwendet werden (vgl. A I, S. 277–280)[3].

Daß ich mich dabei auf einen Vergleich zweier Wissenschaften beschränke, statt, wie es bei einer solchen vergleichenden Untersuchung an und für sich wünschenswert ist, einen größeren Umkreis von Objekten der Wissenschaftslehre in den Kreis des Vergleichs einzubringen, liegt nicht in einer Verkennung des anzustrebenden Zieles, sondern entspringt dem Wunsche, gemäß den Schwierigkeiten, die sich vor allem bei den ersten Gegenüberstellungen einzustellen pflegen, schrittweise vorzugehen[c]. Ich bin mir darüber klar, daß wesentliche Eigentümlichkeiten der Existentialbeziehungen in Biologie und Physik infolge der Beschränkung der Untersuchung auf diese beiden Wissenschaften unbeachtet geblieben sein können, vor allem Bestimmtheiten, die diesen Beziehungen in beiden Wissenschaften gleichermaßen zukommen. Da aber eine induktiv vergleichende, schrittweise vorwärtsgehende Merkmalsbestimmung angestrebt wird, enthält eine mögliche Unvollständigkeit nicht schon als solche die Gefahr der Unrichtigkeit – wie das bei definitorischen Bestimmungen ohne weiteres der Fall sein würde –, sondern läßt die Möglichkeit eines kontinuierlichen Fortbauens unter voller Wahrung der gefundenen Ergebnisse offen.

Gemäß dieser Art des Vorgehens ist – entgegen einer bei «philosophischen» Untersuchungen nicht seltenen, aber, wie mir scheint, durchaus verfehlten Tendenz – nicht darauf Wert gelegt worden, zu möglichst vielen Problemen, die sich mit der behandelten Frage irgendwie in Zusammenhang bringen lassen, entscheidend Stellung zu nehmen. Es besteht im Gegenteil die Tendenz, solche die Untersuchung kreuzenden Probleme soweit wie möglich zu eliminieren[4]. So konnten vor allem die mit dem Begriff der Existenz und der

«Wirklichkeit» zusammenhängenden erkenntnistheoretischen Fragen fast ganz unberührt bleiben. Wenn sich die Methode der vergleichenden Beschreibung auch vorwiegend auf Induktion stützt und diesen induktiven Charakter bewußt betont, so fehlen ihr darum doch nicht alle deduktiven Voraussetzungen.

Auf die erkenntnistheoretischen Voraussetzungen, die in der Auffassung eines Etwas als eines vorliegenden «Gegenstandes» liegen, braucht hier nicht eingegangen zu werden. Doch ist darauf hinzuweisen, daß eine vergleichende Gegenüberstellung nur bei Gegenständen «ein und desselben Gegenstandsgebietes» einen Sinn hat, oder anders ausgedrückt, daß für den ganzen Umkreis der Vergleichung ein und dieselbe «Betrachtungsweise» beibehalten werden muß. Die Grundauffassung der untersuchten Gegenstände als Objekte einer bestimmten Wissenschaft darf innerhalb einer vergleichenden Gegenüberstellung auch dann nicht verlassen werden, wenn diese Wissenschaft die Wissenschaftslehre ist. Ähnlich wie bei den meisten jungen, noch nicht in sicherem Fortschritt begriffenen Wissenschaften, zu denen man die vergleichende Wissenschaftslehre trotz der wissenschaftstheoretischen Elemente in fast aller bisherigen Philosophie rechnen muß, ist die Grundeinstellung der Wissenschaftslehre noch wenig in sich gefestigt und gegen Verwechslungen geschützt. Vor allem liegt hier die Gefahr einer Verquickung wissenschaftstheoretischer mit erkenntnistheoretischer Fragestellungen nahe (vgl. A I, S. 277–280). Daher ist ein bewußtes Festhalten an den Fragestellungen der Wissenschaftslehre nötig.

Für vergleichende Untersuchungen in dieser Wissenschaft ergibt sich daraus unter anderem die Forderung, daß *nur «wissenschaftstheoretisch äquivalente» Gebilde einander im Vergleich gegenübergestellt werden dürfen*[d].

Die Unterschiede zweier Wissenschaften sind gemäß der hier vertretenen Ansicht, die im übrigen in dieser Arbeit unerörtert bleiben kann, in allen ihren Theorien oder sonstigen Bestandteilen wirksam, und es muß im Prinzip möglich sein, Unterschiede von Wissenschaften an der Gegenüberstellung beliebiger Bestandteile aufzuzeigen. Trotzdem ist es praktisch nicht angängig, sofern man überhaupt wissenschaftstheoretische Verschiedenheiten zu untersuchen beabsichtigt, irgendwelche beliebigen Begriffe, die wie Gegensätze anmuten, einander als typische Vertreter der betreffenden Wissenschaften gegenüberzustellen. Es hat z. B. keinen wissenschaftstheoretischen Wert, irgendwelche «entwicklungshafte» Züge an Gegenständen der Physik oder «mechanische» Züge am Lebenden herauszugreifen und diese, wie vielfach üblich, ohne weiteres als Dokumente der Gleichheit beider Wissenschaften anzusetzen. Man kann auch nicht zum Beweis der Verschiedenheit beider Wissenschaften irgendeinen Gegensatz, z. B. den von Sein und Werden, herausgreifen oder, in der Absicht, vergleichende Wissenschaftslehre zu treiben, Reihen wie «Erschaffen, Entwickeln, Geschehen» bilden, ohne jedesmal im einzelnen zu untersuchen, ob die gegenübergestellten Begriffe in beiden Wissenschaften wirklich korrespondieren.

Eine solche Untersuchung der Vergleichbarkeit darf sich nicht damit begnügen, die einschneidende oder grundlegende Bedeutung der in Beziehung gesetzten Begriffe in jeder der verglichenen Wissenschaften für sich zu zeigen, sondern hat darüber hinaus darzutun, daß diese Begriffe in den betreffenden Wissenschaften eine wirklich analoge Stellung einnehmen, daß sie «wissenschaftstheoretisch äquivalent» sind. Ohne daß diese Äquivalenz zweier Begriffe verschiedener Wissenschaften sichergestellt ist, bleiben ihre Gegenüberstellung und das Aufzeigen irgendwelcher Unterschiede oder Gleichheiten für die Wissenschaftslehre in der Regel nichtssagend und sind sogar irreführend – ähnlich wie gewisse Vergleiche in der Biologie ohne Nachweis der Homologie –; denn sie können dazu verleiten, Unterschiede, die auch innerhalb einer der betreffenden Wissenschaften auftreten, als Verschiedenheiten von Wissenschaften anzusehen und andererseits Gleichheiten zu konstatieren, wo wissenschaftstheoretisch ganz unvergleichliche Sachverhalte vorliegen.

Diese Gefahr ist bei dem gegenwärtigen Stand der Wissenschaftslehre so beträchtlich, daß man dem Nachweis der wissenschaftstheoretischen Äquivalenz kaum ein geringeres Gewicht wird beilegen müssen als dem eigentlichen Vergleich der äquivalenten Begriffe. Das Aufsuchen des zu einem bestimmten Begriff einer anderen Wissenschaft äquivalenten Begriffes ist eine Voraussetzung der wissenschaftstheoretischen Relevanz und Gültigkeit aller beim Vergleich gefundenen Unterschiede und Übereinstimmungen. Es schien mir daher im Interesse eines gesicherten Fortschreitens vor allem wichtig, die wissenschaftstheoretische Äquivalenz möglichst weitgehend zu sichern, also Begriffe nebeneinander zu stellen, die vom Standpunkt der Wissenschaftslehre aus wirklich vergleichbar sind. Gelingt es erst einmal, die zu einem bestimmten Begriffe jeweils wissenschaftstheoretisch äquivalenten Begriffe in einer größeren Reihe von Wissenschaften aufzufinden, so muß sich aus ihrer Gegenüberstellung mit jedem neuen Schritt leichter und vollständiger auch die vergleichende Bestimmung ihrer wissenschaftstheoretischen Merkmale gewinnen lassen.

Gemäß diesen Prinzipien ist im folgenden für den Begriff der Existenz und für die durch die Existentialbeziehung konstituierten genetischen Reihen, sowie für die anderen etwa noch in wissenschaftstheoretischen Vergleich gebrachten Gebilde, nirgends die vollständige Bestimmung als das ausschlaggebende Moment angesehen worden. (Ist es doch eine Eigentümlichkeit aller vergleichenden Beschreibung, Gebilde miteinander in Beziehung zu bringen, die nicht in allen ihren Merkmalen vollständig definiert, sondern nur aufgezeigt oder sonst eindeutig bezeichnet sind.) Vielmehr wird nach einer Charakterisierung des Begriffs der Existentialreihe in der Physik der ihm äquivalente Begriff der Biologie aufgesucht, wobei die ganze Stellung dieser Begriffe in den beiden Wissenschaften zu berücksichtigen ist.

II. Zur Technik der vergleichenden Wissenschaftslehre

Gerade weil man bei philosophischen Untersuchungen im Gegensatz zu fast allen anderen Wissenschaften auf bloße Fragen der wissenschaftlichen *Technik* sehr wenig oder gar kein Gewicht zu legen pflegt – scheint es sich doch um reines «Denken» zu handeln –, sei auf die technisch relativ günstigen Umstände hingewiesen, die für die vergleichende Bestimmung der Existentialbeziehung in Physik und Biologie vorliegen.

Eine Hauptschwierigkeit der wissenschaftstheoretisch vergleichenden Untersuchung korrespondierender Begriffe aus zwei verschiedenen Wissenschaften besteht darin, die zu vergleichenden Begriffsgebilde wirklich eindeutig auseinanderzuhalten. Es handelt sich ja in der Regel nicht um Begriffsgebilde, deren Definition man fertig aus den betreffenden Wissenschaften übernehmen kann, und selbst wenn eine derartige Definition vorliegt, so sind die wissenschaftstheoretischen Eigentümlichkeiten dieser Begriffsgebilde jedenfalls erst neu zu bestimmen. Bei der großen Mannigfaltigkeit und Differenziertheit ihrer Eigenschaften und Beziehungen ist es häufig schwer zu entscheiden, ob eine bestimmte Eigentümlichkeit dem einen oder beiden oder keinem von beiden Begriffsgebilden zukommt. Diese Schwierigkeit liegt nicht nur in der Aufgabe einer logisch einwandfreien Formulierung der in Betracht kommenden Eigentümlichkeit, sondern vor allem darin, daß man leicht mit jeder genaueren Bestimmung und feineren Unterscheidung unsicherer wird, ob man die betreffenden Begriffsgebilde wirklich noch so festhält, wie sie in dem Begriffsgefüge der betreffenden Wissenschaft selbst vorliegen.

Als eindringliches Beispiel sei nur an die Schwierigkeiten erinnert, denen die Frage begegnet ist, ob in dem biologischen Begriff des Organismus und dem physikalischen Begriff des Körpers die gleichen oder verschiedene Teil-Ganzes-Beziehungen verwendet werden. Nicht anders verhält es sich mit der als besonderes Kriterium des Organismus benutzten (z. B. von Schaxel 1919, 141) «Autonomie», seiner «inneren» oder «Selbst-Gesetzlichkeit». Auch der Organismus unterliegt «äußeren», fremden Einflüssen, auf die er gesetzmäßig, nicht willkürlich reagiert. Am wenigsten wird der Biologe leugnen wollen, daß das Leben des einzelnen Organismus ebenso wie der physikalische Körper völlig in irgendwelche allgemeinen (wenn auch vielleicht spezifisch biologischen) Gesetze eingespannt ist. Wenn aber die Autonomie nicht Freiheit des Organismus oder nur für das eine Individuum verbindliche Gesetzmäßigkeit bedeutet, worin ist dann noch die «Innerlichkeit» der Gesetzmäßigkeit zu suchen? Daß der Organismus selbst die Art der Reaktion auf eine äußere Einwirkung mitbestimmt, gilt ganz entsprechend auch von der Reaktion einer chemischen Substanz auf eine äußere Einwirkung.

Wie in dem angedeuteten Beispiel von Organismus und physikalischem Körper scheint in der Regel jeder folgende Schritt der Gegenüberstellung die Unterschiede wieder aufzuheben, die der vorhergehende Schritt ergeben hat. Auch eine definitorische Einführung der betreffenden Eigentümlichkeiten (vgl. A XIV, S. 301–303 betreffend Driesch) nützt hier nichts, weil damit die eigentlich wissenschaftstheoretische Frage: ob diese Eigentümlichkeiten den in den untersuchten Wissenschaften vorliegenden Begriffsgebilden wirklich zukommen oder nicht, lediglich hinausgeschoben wird.

So besteht das schließliche Ergebnis der Analyse häufig entweder darin, daß ein wissenschaftstheoretischer Unterschied zwischen den untersuchten Begriffsgebilden überhaupt geleugnet wird, daß also im Organismusbegriff nichts weiter als der physikalische Körperbegriff gesehen wird. Oder aber das Gefühl der tiefliegenden Verschiedenheit der Begriffe drängt, wenn es trotz der Analyse als primär und maßgebend festgehalten wird, zur Einführung eines besonderen realen Gebildes, das der vorhandenen Verschiedenheit gewissermaßen sichtbar Ausdruck verleiht. Im Neovitalismus ist es die «Entelechie», die wohl nicht zuletzt diesem Bedürfnis ihre Anerkennung verdankt.

Die wissenschaftstheoretische Gegenüberstellung der Existenzbeziehung in Physik und Biologie bietet demgegenüber den Vorteil, daß hier in der Tat eine konkrete Handhabe zum Vergleich der beiden Begriffsgebilde vorhanden ist: die Existenzbeziehung konstituiert in der Physik sowohl wie in der Biologie genetische Reihen, und an diesen Existentialreihen lassen sich die Eigentümlichkeiten des zugrunde liegenden Existenzbegriffs sehr viel leichter aufzeigen. Diese genetischen Reihen geben auch ohne weiteres die Möglichkeit an die Hand, wenigstens das Faktum der Verschiedenheit der Existenzbeziehung in Physik und Biologie als solches immer wieder klar und deutlich aufzuzeigen: wenn man von einem bestimmten Einzelgebilde, etwa einem Ei, ausgehend das eine Mal der biologischen Existentialreihe, das andere Mal der physikalischen Existentialreihe folgt, so kommt man zu verschiedenen konkreten Gebilden. Während in der biologischen Reihe aus dem Ei ein erwachsenes Huhn hervorgegangen ist, sind die Substanzen, die physikalisch aus diesem Ei herzuleiten sind, in ganz anderen Gebilden zu suchen, oder allenfalls macht ein Bruchteil von ihnen noch einen Teil des erwachsenen Huhns aus. Dieser Umstand, auf den noch ausführlich einzugehen sein wird, zeigt, daß es für die wissenschaftstheoretische Untersuchung der Existentialreihen Fälle gibt, in denen die Verschiedenheit zu einer sicher aufweisbaren konkreten Sonderung führt. Auf sie läßt sich zurückgreifen, so oft die Unterschiede zu verschwimmen drohen.

Gewiß ist der ganze Gewinn, der in der konkreten Faßbarkeit der Verschiedenheit liegt, lediglich als ein technischer Vorteil zu bewerten. Er besteht darin, die «Anschaulichkeit» zu heben und daher die «subjektiven» Voraussetzungen für das eindeutige Auseinanderhalten und Vergleichen der gegenübergestellten Begriffsgebilde zu verbessern. Wer aber erkannt hat, daß auch die Wissenschaftslehre sich der Aufgabe beschreibender Bestimmung «gegebener» Gegenstände nicht entziehen darf, wird den Fragen der Technik einer solchen Bestimmung Aufmerksamkeit schenken müssen.

Auch die vergleichende Gegenüberstellung der Existentialbeziehung verschiedener Wissenschaften hat, abgesehen von ihrem größeren Wert für eine systematische Ordnung dieser Wissenschaften, eine wesentliche technische Bedeutung: eine vergleichende, «relative» Beschreibung mehrerer Gegenstände ist fast immer leichter ausführbar als eine «absolute» Bestimmung eines einzelnen Gegenstandes. Diesem Sachverhalt, den sich alle Wissenschaften dort, wo es sich um schwierige Beschreibungen handelt, mit Erfolg zunutze gemacht haben, sollte auch zur Erleichterung des gewiß nicht einfachen Geschäfts einer wissenschaftstheoretischen Beschreibung in erhöhtem Maße Rechnung getragen werden. Wie sehr die Methode des Vergleichs die Bestimmung der Untersuchungsobjekte in jeder

Hinsicht erleichtert und das Auffinden mancher Eigenschaften geradezu erst möglich macht, ist im Fortgang der Untersuchung selbst sehr viel stärker zutage getreten, als an der Darstellung sichtbar werden konnte.

III. Der Begriff der genetischen Reihe. Die Genidentität

Es gilt, eine Beziehung zu erörtern, die sowohl im täglichen Leben wie in der experimentellen Physik in der Regel als etwas Selbstverständliches angesehen wird. Als etwas so Selbstverständliches, daß es gewisse Schwierigkeiten macht, die Aufmerksamkeit auf diese Beziehung als besonderes Denkobjekt zu lenken. Daß in einer wissenschaftstheoretischen Arbeit ein Denkgegenstand in Frage gestellt wird, den man im allgemeinen nicht in Frage zu stellen pflegt, bedeutet gewiß nichts Außergewöhnliches. Es kommt aber hinzu, daß hier von einer «Beziehung» und damit von einer Mehrheit von Gegenständen die Rede ist, wo man im allgemeinen nur von «einem» physikalischen Gegenstand zu sprechen pflegt.

Wenn man einen Stein in der Hand hält oder einen Stern mit Hilfe des Fernrohrs eine Zeitlang beobachtet, so pflegt man von dem *einen* Stein, dem *einen* Stern zu sprechen, der innerhalb der beobachteten Zeit wohl irgendwelche Veränderungen erleiden mag, aber abgesehen von diesen Veränderungen der eine «identische» Gegenstand ist. Die Grundeigentümlichkeit der physikalischen Gegenstände, als zeitliche Gebilde zu existieren, hat es mit sich gebracht, einen über eine Zeitspanne existierenden Körper begrifflich als einen identischen, eben zeitlich ausgedehnten Körper zu behandeln.

Es kommt hinzu, daß bloße Verschiedenheiten der Zeitstellen nicht als eigentlich physikalische Unterschiede angesehen zu werden pflegen. Ferner wirkt in dieser Richtung der Umstand, daß momentane Zustände meist nur als unselbständige Bestandteile von Vorgängen auftreten, die «natürliche Einheiten» bilden.

Ja selbst wenn das zeitlich beharrende Gebilde während dieser Zeit irgendwelche physikalischen Veränderungen erleidet, pflegt man nicht von einer Mehrheit physikalischer Gegenstände zu sprechen, sondern von verschiedenen Zuständen ein und desselben Gegenstandes. Im folgenden jedoch soll von einem physikalischen Gebilde nur als einem in einem ganz bestimmten Zeitmoment existierenden Gegenstande die Rede sein. *Physikalische Gebilde, die zu verschiedenen*[5] *Zeitmomenten existieren, sollen also allemal als eine Mehrheit von Gebilden aufgefaßt werden,* nicht anders als gewisse räumlich verschiedene Gebilde. Auch wenn zeitverschiedene Gebilde derart auseinander hervorgegangen sind, daß man von einem in der Zeit beharrenden

Gebilde zu reden pflegt, wird daher von einer Beziehung zwischen mehreren Gebilden zu sprechen sein.

Wenn der Chemiker verschiedene Stoffe gemischt hat und nun im geschlossenen Behälter den Reaktionsvorgang verfolgt, um eine Analyse durchzuführen, oder um eine bekannte Reaktionsweise nachzuprüfen oder ein noch unbekanntes Verhalten zu erforschen, so wird er häufig nicht mit Sicherheit angeben können, welche Reaktion eintreten wird, das heißt, ob und wie die Eigenschaften dessen, was er dort im Behälter vor sich hat, sich im Laufe der Zeit ändern werden; darüber gerade soll ja der Versuch Aufschluß geben. Die Beziehungen der Gleichheit und Verschiedenheit der Eigenschaften des Behälterinhalts zu Beginn und am Ende der Reaktion können unbekannt sein, ohne daß darum eine Beziehung zweifelhaft zu werden braucht: die Beziehung des Auseinanderhervorgehens der in den verschiedenen Zeitmomenten existierenden Behälterinhalte. Die Gesamtheit G_{t2} der komplexen oder einfachen Gebilde im Behälter am Schluß der Reaktion wird zu dem, was sich am Anfang der Reaktion im Behälter befunden hat – es sei hier mit G_{t1} bezeichnet – eindeutig in die Beziehung des existentiellen Auseinanderhervorgegangenseins gebracht. Und diese Existenzbeziehung zwischen gerade diesem G_{t1} und gerade diesem G_{t2} wird unabhängig von allen Gleichheiten und Verschiedenheiten der Eigenschaften dieser G_{t1} und G_{t2} behauptet und mit Sicherheit auf alle dazwischenliegenden oder späteren G_{tx} ohne Rücksicht auf deren Eigenschaften ausgedehnt, sofern nur der Behälter die Abgeschlossenheit gewährleistet.

Es ist offenbar, daß dieser Begriff der *Genese* für alles physikalische Denken große Bedeutung hat. In der Mehrzahl der Fälle, in denen von «einem» während einer bestimmten Zeitspanne existierenden Körper gesprochen wird, ist dieser Begriff maßgebend. Wenn man von der Ruhe, der Bewegung oder dem Sichausdehnen eines Körpers redet, ferner häufig dann, wenn man den Begriff der Konstanz oder Inkonstanz verwendet, hat man Eigenschaftsverhältnisse von Gliedern einer Reihe im Auge, die durch diese Beziehung der existentiellen Herkunft eines Gliedes aus dem andern bestimmt wird. Alle chemischen Gleichungen beruhen auf der Untersuchung derartiger Reihen und lassen sich als das Verhältnis der Eigenschaften zeitverschiedener Gebilde oder Gebildekomplexe auffassen, die in der Beziehung des existentiellen Auseinanderhervorgegangenseins stehen.

Bevor auf die diese Beziehung in der Physik charakterisierenden Sätze eingegangen werden kann, muß zur Vermeidung von Verwechslungen versucht werden, die gemeinte Beziehung genauer kenntlich zu machen und ihre Eigenart gegenüber anderen Beziehungen genügend deutlich zu bezeichnen. Daß dabei nicht eine in jeder Hinsicht vollständige «Definition», sondern nur ein «aufweisendes Bezeichnen» zu erstreben ist, wurde bereits erwähnt.

a) Genidentität und Identität

Zunächst ist zu bemerken, daß es sich bei dem Auseinanderhervorgehen um eine Beziehung handelt, um eine Relation, die zumindest zwei voneinander unterscheidbare Relata voraussetzt. Zwar spricht man häufig bei zwei zeitlich verschiedenen Körpern, die voneinander herstammen, auch von «ein und demselben» oder schlechthin von «einem» Körper; aber eine derartige Selbigkeit ist trotzdem durchaus zu unterscheiden von der logischen Identität. Denn die logische Identität, die WINDELBAND (1910, 7) die «reine ‹Selbigkeit›» nennt, bezeichnet nur das Festhalten eines bestimmten fixierten Gegenstandes im Denken. Die Konstatierung dieser Identität bedeutet, daß nicht eine Mehrzahl gemeinter Gegenstände vorliegt, sondern nur eine Mehrzahl von Denkakten, die alle denselben Gegenstand meinen[6]. Im Gegensatz zu dieser nur eine Verschiedenheit der Denkakte voraussetzenden logischen Identität bedeutet das Auseinanderhervorgehen in der Physik eine Beziehung zwischen mehreren Gegenständen. Sie setzt eine Verschiedenheit der in Beziehung gesetzten Denkgegenstände voraus. *Physikalische Gebilde, die auseinander hervorgegangen sind, müssen*, abgesehen von anderen möglichen Unterschieden, jedenfalls *zeitlich verschieden sein*.

Wir wollen, um Verwechslungen zu vermeiden, die Beziehung, in der Gebilde stehen, die existentiell auseinander hervorgegangen sind, *Genidentität* nennen. Dieser Terminus soll nichts anderes bezeichnen als die genetische Existentialbeziehung als solche.

Zunächst hatte ich versucht, einen neuen Terminus zu vermeiden. Der Fortgang der Arbeit brachte jedoch die Notwendigkeit mit sich, entsprechend den Zeichen, die später in den exakten Formulierungen benutzt werden, besondere sprachliche Ausdrücke einzuführen. Der Terminus «Genidentität», für dessen Verwendung der Gegensatz zu den Eigenschaftsbeziehungen der Gleichheit und Ungleichheit maßgebend war, möge jedoch nicht mit «Identität» verwechselt werden.

Die Genidentität ist also eine gegenständliche Beziehung, im Gegensatz zur logischen Identität (vgl. A II, S. 280–282).

b) Genidentität und Gleichheit

In dieser notwendigen Beziehung auf verschiedene Denkgegenstände stimmt die Genidentität mit der Kategorie der Gleichheit überein. Auch die Gleichheit setzt eine Mehrzahl zeitlich oder sonst irgendwie verschiedener Gegenstände voraus. Also steht sie als eine Gegenstandsbeziehung ebenfalls in Gegensatz zur logischen Identität. Im übrigen aber zeigen die Beziehungen «Gleichheit» und «Genidentität» tiefgehende Unterschiede und sind durchaus auseinanderzuhalten: *Genidentität ist nicht durch eine Gleichung oder Ungleichung ausdrückbar.*

Wenn ein Körper a_1 zu Beginn einer Bewegung «derselbe» genannt wird wie der Körper a_2 im späteren Verlauf der Bewegung, so soll damit in der Regel nicht oder nicht nur einer Beziehung der Gleichheit Ausdruck gegeben werden. Denn eine entsprechende Gleichheit mit a_1 wäre auch dann vorhanden, wenn an Stelle des Körpers a_2 ein mit dessen Eigenschaften übereinstimmender Körper b_2 aufgetreten wäre. Das Urteil, daß ein Körper sich bewegt hat, schließt, abgesehen von allen etwa darin liegenden Angaben über Gleichheiten oder Ungleichheiten der Lage oder anderer Eigenschaften der beiden Körper, die Behauptung ein, daß sie ihrer Existenz nach auseinander hervorgegangen, daß sie genidentisch sind[7].

Die Gleichheiten und Ungleichheiten der Eigenschaften genidentischer Körper können mannigfachster Art sein. Eine Anzahl Körper, etwa eine Reihe von Reagenzgläsern, kann gleich sein, ohne daß darum eine Genidentität vorliegen müßte. Von einer Reihe genidentischer Körper $a_1, a_2, a_3 \ldots$, die z. B. ein sich gleichbleibendes Reagenzglas bedeuten, existiert jeder notwendig in einem anderen Zeitmoment. Die Beziehung der Gleichheit kann dagegen ebensogut zwischen mehreren gleichzeitig existierenden Reagenzgläsern $a_1, b_1, c_1 \ldots$, wie zwischen mehreren zeitlich verschiedenen Gläsern bestehen. Der Sinn der Aussage der Gleichheit bleibt, wenn es sich um die Gleichheit zeitlich verschiedener Gebilde handelt, unberührt davon, ob die verglichenen Gebilde genidentisch miteinander sind oder nicht, ob es sich also um die verschiedenen Stadien $a_1, a_2, a_3 \ldots$ eines sich gleichbleibenden Reagenzglases handelt oder um zeitlich verschiedene Stadien mehrerer gleicher Reagenzgläser $a_1, b_2, c_3 \ldots$.

Genidentität bedeutet keineswegs «vollkommene» Gleichheit. Sie ist vielmehr im Prinzip unabhängig von allen bestimmten Gleichheiten überhaupt. Es sei a_1 genidentisch a_2. Dann kann zwischen a_1 und a_2 sowohl Gleichheit wie Ungleichheit der Lage, der räumlichen Gestalt, der chemischen Struktur bestehen; beide Körper können alle Unterschiede des Aggregatzustandes aufweisen, ja sie können im Prinzip in jeder ihrer physikalischen Eigenschaften Unterschiede zeigen.

Insbesondere ist die quantitative Gleichheit des Gewichtes oder der Masse von a_1 und a_2 nicht mit dem Bestehen einer Genidentitätsbeziehung zwischen ihnen zu verwechseln: nicht alle zeitlich verschiedenen Körper, die massengleich sind, stammen auseinander her. Schon daraus ergibt sich, daß das Gesetz von der Konstanz der Masse – es bleibt hier gleichgültig, ob es in der älteren Form gilt oder gemäß den Prinzipien der Relativitätstheorie zu modifizieren ist – noch etwas anderes behauptet als das Vorhandensein von Genidentitätsreihen. Man könnte, um die Identität der Begriffe «Massengleichheit» und «Genidentität» zu erweisen, etwa darauf hindeuten, daß quantitative Massengleichheit häufig, vor allem in der Chemie, zum Nachweis des restlosen Auseinanderherstammens, also der Genidentität zeitlich verschiedener Gebilde, benutzt wird. Aber schon der Umstand, daß der *Satz von der Konstanz der Masse nicht umkehrbar ist in den Satz von der Genidentität massengleicher Gebilde* – gibt es doch auch gleichzeitige Gebilde, die massengleich sind –, zeigt, daß auch die Massengleichheit zeitlich verschiedener Gebilde noch nicht Genidentität bedeutet, sondern daß hier ein besonderer Schluß von Massengleichheit auf Genidentität vorliegt. *Im Gesetz von der Konstanz der Masse bestimmt überhaupt erst die Beziehung der Genidentität, von welchen Gebilden die quantitative Gleichheit der Masse gilt.* Explizit ausgedrückt besagt nämlich dieses Gesetz: wenn mehrere Gebilde miteinander genidentisch (und zwar «restlos genidentisch» [vgl. S. 81] sind, so sind sie auch massengleich. Dieses Gesetz ist durch Vergleich einer bestimmten Eigenschaft, nämlich der Masse, an Gebilden gefunden worden, deren Genidentität zuvor allemal anderweitig festgestellt werden mußte. Wie Genidentität sich feststellen läßt, wird sogleich zu erörtern sein. Hier ist nur wesentlich, daß die Behauptung einer Genidentität aufgrund von Massengleichheit als ein Rückschluß zu charakterisieren ist; er basiert auf der Umkehrung eines empirisch gefundenen Gesetzes über genidentische Gebilde, das die mögliche Feststellung der Genidentität ohne Benutzung ihrer Massengleichheit voraussetzt.

<small>Der Chemiker schließt aus der Massengleichheit der untersuchten Stoffe am Anfang und am Ende der Reaktion übrigens in der Regel nur darauf, daß kein Teil der betreffenden Substanzen verloren gegangen oder hinzugekommen ist, wenn bereits feststeht, daß die betreffenden Gebilde überhaupt auseinander hervorgegangen sind[e].</small>

Der Begriff der Genidentität und die Behauptung des Vorliegens dieser Beziehung in einem bestimmten Falle bliebe demnach unverändert, auch wenn sich das Gesetz von der Konstanz der Masse als falsch erwiese, d. h. es wäre möglich, daß genidentische Gebilde nicht immer massengleich sind – auch wenn man die Modifikation durch die Relativitätstheorie berücksichtigt –, und es ließe sich, wie jede andere, auch eine solche Ungleichheit genidentischer Gebilde empirisch feststellen. Die Genidentität zweier Gebilde a_1 und a_2 steht also prinzipiell zu ihrer quantitativen Massengleichheit oder -ungleichheit in keinem anderen Verhältnis als zu den quantitativen oder qualitativen Gleichheiten oder Ungleichheiten der anderen Eigenschaften dieser Gebilde: sie ist im Prinzip unabhängig von dem Vorliegen bestimmter Gleichheiten. Dasselbe gilt von den Ungleichheiten mit Ausnahme lediglich der Zeitposition, da Zeitverschiedenheit der Relata eine notwendige Voraussetzung für das Vorliegen der physikalischen Genidentitätsbeziehung zwischen ihnen bildet. Diese Verschiedenheit bezieht sich jedoch nicht auf solche mit der Zeit zusammenhängenden «Eigenschaften» wie die Geschwindigkeit, sondern lediglich auf die Verschiedenheit der Stellung des Gebildes innerhalb der Ordnung des Nacheinander.

Es wird sich später zeigen, daß die Ordnung innerhalb der Reihen genidentischer Gebilde nicht auf die Zeitordnung zurückzuführen ist, sondern daß der Begriff der genetischen Reihe wahrscheinlich fundamentaler ist als der der Zeitordnung.

Wie mit der Massengleichheit verhält es sich überhaupt mit der Beziehung der Konstanz zur Genidentität. Man versteht unter Konstanz oder Inkonstanz die Gleichheit oder Ungleichheit der Eigenschaften einer beliebigen Reihe von Gegenständen. In der Physik wird der Begriff häufig, wenn auch keineswegs ausschließlich, von Reihen gebraucht, die aus genidentischen Gebilden bestehen, so daß dann Konstanz ein «Gleichbleiben», Inkonstanz ein «Sichverändern» der Eigenschaften von Gliedern einer genetischen Reihe bezeichnet. Überdies interessiert sich die Physik in der Regel nicht für die Genidentität als solche, sondern nur für das Verhältnis der Eigenschaften der genidentischen Gebilde, und so mag es kommen, daß der Begriff der Konstanz nicht immer deutlich von dem der Genidentität getrennt wird.

Ein anderer Begriff, der vielleicht zu Irrtümern Anlaß geben könnte, ist der der Äquivalenz. Äquivalenz zweier Gebilde bedeutet in der Physik die Austauschbarkeit dieser Gebilde in einem Wirkungszusammenhang, d. h. ihre Wirkungsgleichheit. Die Äquivalenz läßt sich nicht in derselben Weise unmittelbar wahrnehmen wie qualitative oder quantitative Gleichheiten in Beschreibungszusammenhängen; und es könnte fraglich erscheinen, ob man es überhaupt mit einer Gleichheitsbeziehung zu tun hat. Daß die Äquivalenz jedoch nicht eine Genidentität, sondern eine Gleichheitsbeziehung ist, wird daran deutlich, daß zwei Gebilde sehr wohl äquivalent sein können, ohne auseinander hervorgegangen zu sein: auch mehrere gleichzeitig existierende Gebilde z. B. können äquivalent sein. Die Äquivalenz ist die typische Gleichheit bei «Erklärungszusammenhängen» (vgl. A IV, S. 284–286, und A X, S. 294–295), nämlich diejenige Gleichheitsbeziehung, die sich bei einer auf Ursachen- oder Bedingungszusammenhänge gerichteten Betrachtungsweise ergibt. Äquivalenzbeziehungen kann man im Gegensatz zur Genidentität in der Form einer Gleichung darstellen.

Der Begriff der Genidentität als der Existentialbeziehung von Gebilden, die auseinander hervorgegangen sind, *ist demnach wohl zu unterscheiden von allen qualitativen oder quantitativen, unmittelbar wahrnehmbaren oder nicht unmittelbar wahrnehmbaren Gleichheiten und Ungleichheiten.* Als charakteristisches Zeichen dieses Unterschiedes ergibt sich der Umstand, daß eine Genidentitätsbeziehung als solche sich *nie* durch eine mathematische Gleichung ausdrücken läßt.

c) Die Feststellung der Genidentität

Da Genidentität nicht immer mit Gleichheit und Nicht-Genidentität nicht immer mit Ungleichheit parallel geht, ist es von dem besonderen Einzelfall abhängig, ob der Nachweis einer Genidentität über die Feststellung einer Gleichheit oder einer Ungleichheit führt. Wenn in auseinanderliegenden Zeitabschnitten beobachtet wird, daß ein Stern die gleiche Bahn zurücklegt, und daß er beide Male etwa in Helligkeit und Spektrum wesentlich übereinstimmt, so wird man auf die Genidentität der beiden Sterne schließen, also z. B. davon sprechen, daß der Stern als Komet die gleiche Strecke zum zweiten Male durchläuft. Würde sich jedoch aus der Berechnung der Sternbahn ergeben, daß infolge Einwirkens anderer Körper inzwischen notwendig eine Änderung hätte eintreten müssen, so spricht die Gleichheit der Bahn dafür, daß es sich trotz der vorliegenden großen Übereinstimmungen um zwei verschiedene Himmelskörper handelt, verschieden im Sinne von nichtgenidentisch. Werden zwei ruhende Körper zu verschiedenen Zeiten am gleichen Ort in unveränderter Form und Lage beobachtet, so sprechen die vorhandenen Gleichheiten für die Genidentität der beiden Körper nur dann, wenn kein Vorgang eingetreten ist, der die Form oder die

Lage des Körpers inzwischen hätte ändern müssen. Wenn man z. B. ein Reagenzglas an derselben Stelle des Laboratoriums wiederfindet, an dem man es am Tage zuvor verlassen hat, so wird die Genidentität beider Gläser im allgemeinen nicht zweifelhaft sein. Wenn dagegen inzwischen mit Sicherheit ein Ereignis eingetreten ist, das die Zerstörung des Reagenzglases hätte nach sich ziehen müssen, so ist aus der Gleichheit der Lage und Gestalt der Gläser zu schließen, daß inzwischen ein anderes Reagenzglas an die Stelle des ersten gesetzt worden ist, daß es sich also nicht um genidentische Gläser handelt. In der Tat wird häufig gerade von einer bestimmten Ungleichheit, weil sie gesetzmäßig zu erwarten war, positiv auf die Genidentität zweier Gebilde geschlossen.

Alle diese Beispiele enthalten jedoch Rückschlüsse auf Genidentität, die aufgrund von Erfahrungen über Gleichheit und Ungleichheit genidentischer Gebilde gezogen werden, und es erscheint zweifelhaft, ob sich Genidentität überhaupt so unmittelbar feststellen läßt wie Gleichheit. Man könnte in diesem Zusammenhang an die kontinuierliche Beobachtung des Beharrens denken. Aber wenn man dieses Beharren auf den kontinuierlichen Übergang der wahrnehmbaren Eigenschaften bezieht, so scheint das Vorliegen solcher Kontinuität physikalischer Erscheinungen, wie das Beispiel des Films wenigstens in einem Punkte zeigt – und Entsprechendes wäre ja für die nicht visuell wahrnehmbaren Eigenschaften denkbar –, noch nicht in jedem Falle die Genidentität der physikalischen Körper zu beweisen[8].

Eine wesentliche Rolle bei der Feststellung der Genidentität spielt in der Physik die Benutzung *eingeschlossener Systeme* (vgl. A III, S. 282 bis 284). Durch das Aufrichten physikalischer Grenzen wird dafür Sorge getragen, daß von den eingeschlossenen Gebilden nichts verloren geht und zu ihnen nichts hinzukommt. Der physikalische Abschluß von anderen Gebilden ist das für die experimentelle Physik fundamentale Mittel, die restlose Genidentität zeitlich verschiedener Gebilde sicherzustellen. Sobald feststeht, daß die Grenzen für die betreffenden Gebilde wirklich undurchlässig sind, ist die Genidentität der eingeschlossenen Gebilde auf jeden Fall einwandfrei gesichert, mögen sich die Eigenschaften dieser Gebilde noch so sehr verändert haben. Was im einzelnen Falle als Grenze anzusehen ist, und ob überhaupt ein besonderer Abschließungskörper notwendig ist, ist von den besonderen Umständen abhängig. Das Prinzip der Abschließung und die Bedeutung des Verhaltens solcher abgeschlossenen Systeme als *experimentum crucis* für die Untersuchung der Eigenschaftsbeziehungen genidentischer Gebilde bleibt dadurch unberührt. Gelingt es, eine bestimmte Veränderung an Gegenständen nachzuweisen, die ein eingeschlossenes System bilden, und wäre es selbst die Veränderung ihrer Masse, ist damit die Möglichkeit der Veränderung genidentischer Körper in dieser Hinsicht eindeutig festgestellt.

Es könnte somit scheinen, als ob die Begründung der Genidentität überhaupt unabhängig von dem Nachweis von Gleichheiten oder Ungleichheiten sei (vgl. WINDELBAND 1910, 19). Demgegenüber ist zweierlei zu bedenken: nicht immer wird aus dem Verhalten der in einem System vereinigten Gebilde auf die Eigentümlichkeiten genidentischer Gebilde geschlossen, sondern statt dessen behauptet, daß die abschließenden physikalischen Körper in den betreffenden Fällen keine wirklichen Grenzen, sondern «durchlässig» waren. Schon dies legt nahe, daß hier noch andere Prinzipien mitspielen müssen. Vor allem aber beweist das tatsächliche Abgeschlossensein nur die Restlosigkeit der Genidentität zweier Komplexe, nicht aber die Genidentität dieser Komplexe selbst: die Abschließung des Inhalts a und b zweier Kolben A und B mag vollkommen sein; um aber von der Genidentität der Substanzen a_1 und a_2 und der Substanzen b_1 und b_2 sprechen zu können, muß außerdem feststehen, daß der Kolben A_2 wirklich von A_1 und nicht von B_1 abstammt. Der Nachweis der Genidentität ist nur von den eingeschlossenen Substanzen auf die einschließenden Körper abgeschoben. Der Fortschritt für die Beweisführung der Genidentität besteht lediglich darin, daß, wenn die einschließenden Körper genidentisch sind, die Restlosigkeit der Genidentität der eingeschlossenen Substanzen bewiesen ist. Auf diesen Begriff der Restlosigkeit wird später einzugehen sein. Hier ist wesentlich, daß der Nachweis der Genidentität überhaupt mit der Anwendung des Prinzips der Abgeschlossenheit nicht erledigt ist. Ebenso bietet das Zurückgehen auf kleinste, «unteilbare» Elemente, auf Moleküle, Atome, Elektronen, keine besonderen Hilfsmittel zum Beweis der Genidentität zweier Körper. Bei der Frage, ob ein bestimmtes Elementarteilchen α mit einem zweiten solchen Teilchen β genidentisch ist oder nicht, fällt bei wirklicher Unteilbarkeit lediglich die Möglichkeit teilweiser Genidentität fort[9,f].

In der Praxis des Experiments benutzt man zur Feststellung der Genidentität der einschließenden Körper zweifellos häufig bestimmte Gleichheiten, irgendwelche besonderen «Kennzeichen», die eventuell ausdrücklich zu diesem Zwecke angebracht werden. Ob damit die Notwendigkeit erwiesen ist, Genidentität prinzipiell mit Hilfe irgendwelcher Gleichheiten oder Ungleichheiten zu beweisen, kann hier, wo es sich nicht um diese erkenntnistheoretischen

Fragen als solche handelt, sondern wo der Begriff der Genidentität nur genügend deutlich charakterisiert werden soll, dahingestellt bleiben. Möglich wäre es immerhin, daß etwa der Begriff des «kontinuierlichen Beobachtens» einen Ausweg öffnete, der mit der Befreiung von der durchgängigen Notwendigkeit eines indirekten Beweisganges der Genidentität zugleich die Loslösung ihrer Begründung von dem Eingehen auf Gleichheitsbeziehungen mit sich brächte. Jedenfalls müßte man sich dann zur Behauptung der unmittelbaren Wahrnehmbarkeit der Genidentität entschließen. Denn man wird kaum annehmen können, daß die Begründung der Genidentität überhaupt unabhängig von Gleichheit und Ungleichheit ist, und zugleich an der lediglich indirekten Erkenntnis, an der bloßen Erschließbarkeit der Genidentität festhalten (vgl. A V, S. 287–289).

d) Existentialbeziehung und Eigenschaftsbeziehung

Unberührt von allen Erwägungen über ihre Feststellung bleibt die völlige Trennung der Beziehung der Genidentität als einer besonderen Gegenstandsbeziehung von den Beziehungen der Gleichheit und der Ungleichheit. Selbst wenn die Feststellung der Genidentität im konkreten Falle notwendig an ein Schlußverfahren, das Gleichheitsbeziehungen verwendet, gebunden sein sollte, so wäre damit der Begriff der Genidentität dem Begriff der Gleichheit in keiner Weise angenähert. Es würde sich damit nämlich ergeben haben, daß Genidentität im Gegensatz zu den zum Teil unmittelbar wahrnehmbaren Gleichheiten prinzipiell nur erschließbar ist.

In diesem Sinne spricht man von der Gleichheit als einer *«reflexiven»* Kategorie (vgl. WINDELBAND 1910), der gegenüber die Genidentität als *«konstitutive»* Kategorie zu bezeichnen wäre[g]. Auch wenn sich jedoch die Behauptung einer geringeren Unmittelbarkeit der Erkenntnis, die ja in ähnlicher Weise von der Beziehung «Ursache-Wirkung» seit Hume immer wieder hervorgehoben wird, bei der Genidentität nicht durchgehend aufrechterhalten ließe, bliebe noch ein anderer Unterschied anzuerkennen, der mit der Gegenüberstellung dieser Kategorie ausgedrückt zu werden pflegt: die Gleichheit ist eine Beziehung der «Eigenschaften» von Dingen, während die Genidentität eine Beziehung der «Dinge» selbst ist. Das hängt damit zusammen, daß Genidentität im Gegensatz zur Gleichheit auf Existenz geht und Existenz keine «Eigenschaft» eines Dinges ist. Genidentität läßt sich nie von irgendwelchen Eigenschaften aussagen, sie bedeutet auch nicht die Bezogenheit verschiedener Eigenschaften auf ein einziges Ding, wie sie für die Unterscheidung von

«Substanz» und «Akzidenz» maßgebend zu sein pflegt, sondern ist eine Beziehung zwischen verschiedenen existierenden Dingen als solchen, eine «Existentialbeziehung»[10]. Umgekehrt läßt sich die Gleichheit oder Ungleichheit immer nur von den Eigenschaften und nicht von der Existenz aussagen; sie sind «Eigenschaftsbeziehungen». Dieser Unterschied – der übrigens nicht zu verwechseln ist mit dem Unterschied von Substanz- und Funktionsbegriffen und den dabei in Betracht kommenden «Ding»- und «Eigenschafts»-Begriffen (vgl. A IV, S. 284–286) – macht sich mit Rücksicht auf das, was durch Genidentität und was durch Gleichheit aufeinander bezogen wird, in mehrerer Hinsicht bemerkbar:

1. Wenn man an der gebräuchlichen Ansicht festhält, daß nur die Eigenschaften, nicht aber die Dinge unmittelbar erfaßbar sind, ist, wie erwähnt, die Genidentität gegenüber der wahrnehmbaren Gleichheit immer nur als indirekt erkennbar anzusehen (vgl. A V. S. 287–289).

2. Ferner kommen einem Gebilde in einem bestimmten Zeitpunkt eine große Anzahl verschiedener Eigenschaften zu, aber – jedenfalls für die Betrachtung innerhalb einer bestimmten Wissenschaft – immer nur eine Existenz. Daher bietet ein Gegenstand in der Regel für das Vergleichen eine reichere Bezugsmöglichkeit; und zwar nicht wegen der Anzahl der Gebilde, die mit ihm in Beziehung gebracht werden können, denn diese Anzahl ist auch bei der Genidentität unbeschränkt; wohl aber bleibt selbst für zwei gegebene Gebilde die Vergleichsmöglichkeit noch mannigfaltig, gemäß der Mannigfaltigkeit der Eigenschaften, während die Genidentitätsbeziehung zweier gegebener Gebilde nur eine ist. Alle gleichen Gegenstände müssen notwendig in irgendeiner Hinsicht verschieden sein, wie alle ungleichen Gebilde in irgendeiner Hinsicht notwendig gleich sein müssen. Gebilde, die genidentisch sind, brauchen dagegen in keiner Weise auch irgendwie nichtgenidentisch zu sein oder umgekehrt.

3. Bei der Gleichheit lassen sich ferner quantitative und qualitative Gleichheit unterscheiden; sie besitzt Grade, während diesem Sachverhalt auf seiten der Genidentitätsbeziehung z. B. in der Physik nur allenfalls der Unterschied zwischen der «Genidentität überhaupt» und der «restlosen Genidentität», d. h. der Genidentität der Gesamtheit aller Bestandteile der in Beziehung gebrachten Gebilde, gegenüberzustellen ist (vgl. S. 82).

Will man die Gleichheit oder Ungleichheit nicht auf die Eigenschaften, sondern auf die Dinge selbst beziehen, so wäre der Unterschied so zu formulieren: die Gleichheit zwischen zwei physikalischen Gebilden bedarf, um eine eindeutige Beziehung zu sein, noch einer «Hinsicht», in bezug auf die die Gleichheit resp. Ungleichheit besteht. Die Existentialbeziehung der Genidentität ist bereits durch die beiden physikalischen Gebilde eindeutig bestimmt, ohne daß eine Hinsicht der Beziehung nötig oder möglich wäre.

4. Die ganze Mannigfaltigkeit der einzelnen Gegenstände wie der Gesetze einer Wissenschaft und deren Anordnung gehen auf Unterschiede zurück, die sich bei der Anwendung der Gleichheits- und Ungleichheitsbeziehung ergeben. Alle Abgrenzung verschiedener Konstanz- und Variationsbereiche leitet sich von diesen «reflexiven» Relationen her. Denn die Genidentität stellt kein solches in Ober- und Untergruppen klassifizierendes oder spezialisierendes Element dar, obschon sie häufig bei Gesetzen der Konstanz und Inkonstanz benutzt wird und gerade sie oft die Reihe von Gebilden bestimmt, die das Gesetz in Beziehung zueinander bringt, wie z. B. beim Gesetz von der Konstanz der Masse. Gemäß dem Willen zur Systematik und Ordnung geht das Interesse der einzelnen Wissenschaft, auch wo sie sich mit Gebilden beschäftigt, die in Genidentitätsbeziehung stehen, nicht auf diese Genidentität, sondern auf die Gleichheiten und Ungleichheiten der genidentischen Gebilde. Die Erkenntnis der Genidentitätsbeziehung, sofern sie einmal als besondere Aufgabe angestrebt wird, ist immer nur Mittel zum Zweck, es sei denn, daß sie «idiographischen» Zielen dient.

e) Genidentität und Kausalität

In der Eigentümlichkeit, auf Dinge und nicht auf Eigenschaften zu gehen, stimmt die Genidentität zum Teil mit der Beziehung der Wechselwirkung überein. Unterschieden ist sie von ihr einmal dadurch, daß die Wechselwirkung eine Beziehung gleichzeitiger Gebilde darstellt, während die Genidentität eine Existentialbeziehung der Gebilde im Nacheinander ist. Ferner dadurch, daß die Wechselwirkung keine eigentliche «Existentialbeziehung», sondern eine «funktionelle Abhängigkeit» ausdrücken will.

Das gleiche gilt von der der Wechselwirkung im allgemeinen gegenübergestellten Beziehung von *Ursache* und *Wirkung*, die sich ebenfalls nicht mit der Genidentität deckt, wenn auch der häufig recht vage gebrauchte Ursachenbegriff in der Regel irgendwelche Genidentitätsbeziehungen mitumfassen soll. Der Unterschied liegt einmal darin, daß man von Ursache und Wirkung nur bei einer Reihe von Geschehnissen zu sprechen pflegt, die auseinander hervorgegangen sind. Man pflegt z. B. zwar eine Bewegung a_1 die Ursache einer Wärmeenergie a_2 zu nennen[11], aber man pflegt nicht einen Stein b_1 die Ursache «desselben» Steines b_2 in einem späteren Moment zu nennen, obgleich gerade in diesem Falle ein besonders einfaches Beispiel einer Genidentitätsbeziehung vorliegt. Dinge, die auseinander hervorgegangen sind, bezeichnet man im allgemeinen nicht als Ursache und Wirkung. Der Begriff der Genidentität drückt demgegenüber die Beziehung des existentiellen Auseinanderhervorgegangenseins unabhängig davon aus, ob es sich um Geschehnisse oder um Dinge handelt.

Es kommt hinzu, daß im Begriff von Ursache und Wirkung die Behauptung einer *funktionellen Abhängigkeit* der Wirkung von der Ursache enthalten ist, derart, daß der eine Faktor als der bestimmende, der andere als der abhängige Faktor betrachtet wird. Der Begriff der Genidentität dagegen läßt diese Abhängigkeitsverhältnisse offen (vgl. A VI, S. 289). Der Begriff der Ursache im Sinne des bestimmenden Faktors ist denn auch nicht auf Fälle beschränkt, bei denen eine Genidentitätsbeziehung vorliegt; das zeigt z. B. die Definition der Kraft als Ursache einer Veränderung (vgl. A VIII, S. 291–293). Der Begriff der Ursache und Wirkung hebt ferner, auch wo er auf genidentische Gebilde angewendet wird, in der Regel weniger die Beziehung der Existenz hervor als die funktionelle Abhängigkeit der Eigenschaften dieser genidentischen Gebilde. Er faßt seine Beziehungsstücke als «Größen» auf, die in qualitativen und quantitativen Gleichheitsbeziehungen stehen.

In dieser Hinsicht steht der auf genidentische Gebilde bezogene Ursachenbegriff der Genidentität ähnlich gegenüber wie der Konstanzbegriff, sofern dieser auf genidentische Gebilde angewandt wird: er befaßt sich mit dem «Gleichbleiben» oder der «Veränderung» (dem Ungleichwerden) genidentischer Gebilde, deren funktionelle Abhängigkeit er behauptet.

f) Genidentität und Erklärungszusammenhang

Schließlich soll zur Charakteristik des Genidentitätsbegriffs kurz auf die Rolle eingegangen werden, die er in der fortschreitenden Entwicklung einer Wissenschaft spielt. Die Genidentitätsbeziehung entfaltet ihre volle Bedeutung in einer Wissenschaft erst dann, wenn es dieser nicht mehr vorwiegend auf einen Beschreibungs-, sondern auf einen Erklärungszusammenhang ankommt. Unter Erklären verstehen wir hierbei nicht das Schaffen einer Ordnung, das Hineinstellen eines einzelnen Faktums in den Zusammenhang einer Theorie, als was das Erklären häufig aufgefaßt wird[12]. Denn ebenso wie Erklärungs- gibt es auch Beschreibungstheorien. Der mit der Gegenüberstellung von Beschreiben und Erklären hier gemeinte Unterschied liegt vielmehr darin, daß bei Beschreibungszusammenhängen die Eigenschaften der Untersuchungsobjekte unabhängig von den Ursachen-Wirkungszusammenhängen dieser Gebilde in Beziehung gebracht werden, während die Erklärungsbegriffe gerade die Besonderheiten betreffen, die an den genetischen Reihen und funktionellen Abhängigkeiten dieser Gebilde zutage treten. In der Entwicklung der Physik und neuerdings in der der Biologie läßt sich verfolgen, wie die Forschung von einer Bevorzugung der Beschreibungszusammenhänge zur Bevorzugung der Erklärungszusammenhänge fortschreitet (vgl. A X, S. 294–295). Erst wenn diese typische Wandlung eintritt, die zugleich dem Gesetzesbegriff eine zentrale Stellung im System gibt und unter den reflexiven Beziehungen des Vergleichs besonders die Beziehung der Äquivalenz in den Vordergrund schiebt, macht sich die Bedeutung des Genidentitätsbegriffs im Erkenntnisprozeß voll geltend.

Insofern ist es nicht zufällig, wenn sich erst jetzt, nachdem die Biologie diese Entwicklungsstufe erreicht hat, eine vergleichende wissenschaftstheoretische Gegenüberstellung des Genidentitätsbegriffes in Physik und Biologie in Angriff nehmen läßt. Denn der Ausbau des Erklärungssystems bedeutet eine große technische Erleichterung für die Durchführung eines derartigen wissenschaftstheoretischen Vergleichs. Auch so noch macht sich der immerhin relativ geringe Ausbau des biologischen Erklärungssystems erschwerend bemerkbar.

Zusammenfassend wäre als charakterisierende Kennzeichnung des Genidentitätsbegriffs, wie er sich an dem Beispiel der Genidentitätsbeziehung von physikalischen Dingen ergeben hat, folgendes zu erwähnen: die Genidentität, die genetische Beziehung, ist im Gegensatz zur logischen Identität, die auf einer Mehrheit von Denkakten beruht, eine Beziehung zwischen mehreren Gegenständen. Sie setzt zumindest zwei verschiedene Gebilde voraus, und zwar müssen genidentische Gebilde der Physik jedenfalls zeitverschieden sein. Abgesehen von dieser Stellenverschiedenheit in der Zeit hat der Begriff der Genidentität keine prinzipielle Beziehung zu irgendwelchen bestimmten Gleichheiten oder Ungleichheiten. Er läßt sich nicht durch eine Gleichung ausdrücken, und auch die Feststellung der Genidentität ist unabhängig von allen oder jedenfalls von bestimmten Gleichheiten und Ungleichheiten. Insbesondere ist sie nicht mit der quantitativen Massengleichheit oder sonst einem Konstanzbegriff zu verwechseln. Sie betrifft im Gegensatz zu diesen «reflexiven» Kategorien nicht Eigenschaften, sondern ist eine Existentialbeziehung zwischen Dingen, und zwar die Existentialbeziehung im Nacheinander. Von der Ursache-Wirkungsbeziehung unterscheidet sich die Genidentität unter anderem dadurch, daß sie keine funktionelle Abhängigkeit zwischen einem unabhängigen und einem abhängigen Faktor bedeutet. Ob Genidentität direkt oder nur indirekt erkennbar ist, steht mit der Frage der Wahrnehmbarkeit der existierenden Dinge als solcher in Zusammenhang.

IV. DIE GENIDENTITÄT
VON DINGEN UND VON GESCHEHNISSEN

Bei der Anwendung des Genidentitätsbegriffes in der Physik werden in der Regel zwei verschiedene Arten von Reihen auseinander hervorgehender Glieder unterschieden. Verfolgt man, was aus einer physikalischen Gegebenheit, z. B. einer verbrennenden Kohle, hervorgeht, so kommt man einmal zu bestimmten Gasen oder Bestandteilen von Gasen und Rückständen, die später etwa in irgendwelchen Teerprodukten wiederzufinden sind. Andererseits führt die Reihe des Auseinanderhervorgehens über die Erwärmung des Wassers und die Erhitzung des Dampfes, über die Drehung des Schwungrades der geheizten Maschine zum Licht der elektrischen Birne. Diese beiden Arten von Reihen werden herkömmlich als Verwandlung der Materie und der Energie bezeichnet. Die Möglichkeit, sich in mehrere Zweige zu spalten und mit anderen solchen Reihen zu vereinigen, wie sie beim Zerfall eines Körpers in mehrere Bestandteile vorliegt, und wie sie auch gegeben ist, wenn eine Bewegung sich zum Teil in eine andere Bewegung, zum Teil in Wärme umsetzt, ist eine wesentliche Bestimmung der Genidentitätsreihen der Physik, auf die noch ausführlich einzugehen sein wird (vgl. S. 97 ff.). Aber bei der Unterscheidung der beiden Arten von Genidentitätsreihen, die hier als die Existentialreihe der «Dinge» und die Existentialreihe der «Geschehnisse» bezeichnet werden sollen[13, h], scheint es sich um mehr als um eine derartige Spaltung zu handeln. Auch wo eine Spaltung der Dingreihe nicht eintritt, etwa bei einem fallenden Stein, der, ohne zu zerspringen, auf einer Unterlage zur Ruhe kommt, verläuft daneben die Reihe der auseinander hervorgehenden Geschehnisse, die in irgendwelchen sich fortleitenden Wärmeprozessen zum Ausdruck kommt. Diese Geschehnisse, zu denen die relative «Ruhe» ebenso zu rechnen ist wie die relative Bewegung, zeigen sich zugleich immer «an» irgendwelchen Dingen. Die Verschiedenheit beider Reihen tritt besonders darin zutage, daß man von demselben Anfangsglied, z. B. einem bewegten Körper, aus zu verschiedenen gleichzeitigen Gliedern kommt. Diese Reihen sind vielleicht insofern völlig voneinander getrennt, als aus Dingen nicht Geschehnisse hervorgehen können oder umgekehrt.

Die Frage, ob die Zweiheit der Genidentitätsreihen endgültig aufrechtzuerhalten und ihr Unterschied ein prinzipiell anderer ist als etwa der zwischen Elektrizität und Wärme, ist in diesem Zusammenhang nicht so wesentlich, daß hier ausführlich auf die zahlreichen Versuche, die eine Reihe auf die andere zurückzuführen, eingegangen werden müßte. Hervorzuheben ist nur, daß auch bei den Geschehnisreihen die Genidentität zweier Geschehnisse, d. h. die Tatsache ihres Auseinanderhervorgegangenseins, nicht mit der quantitativen Gleichheit ihrer Energie zu verwechseln ist. Ebensowenig wie aus der Gleichheit der Masse oder chemischen Valenz verschiedener Dinge eindeutig auf ihre Genidentität geschlossen werden kann, folgt aus der Gleichheit der Energie zweier Geschehnisse eindeutig, daß sie auseinander hervorgegangen sind. Das Gesetz von der «Erhaltung» der Energie, das besser das *Gesetz der Konstanz der Energie* genannt wird, da es ja Gleichheitsbeziehungen ausdrückt, besagt: wenn verschiedene Geschehnisse existentiell restlos auseinander hervorgegangen («restlos genidentisch») sind, so sind ihre Energiemengen gleich. Dieses Gesetz ist ebenso wie das Konstanzgesetz der Masse nicht umkehrbar. Denn auch gleichzeitig existierende, d.h. im gleichen Zeitabschnitt verlaufende Geschehnisse können in bezug auf ihre Energie quantitativ gleich sein. Das Gesetz der Konstanz der Energie ist daher analog dem Gesetz von der Konstanz der Masse ein empirisches Gesetz über die Gleichheit und Verschiedenheit genidentischer Geschehnisse, das aufgrund von Untersuchungen an Geschehnissen aufgestellt ist, deren Genidentität bereits unabhängig von ihrer Energiegleichheit feststehen mußte. Auch hier hat das Schaffen eingeschlossener Systeme eine wesentliche Rolle gespielt – es sei nur an die Experimente von Joule über das mechanische Äquivalent der Wärme erinnert –. Die abschließenden physikalischen Grenzen müssen jedoch bei Geschehnissen häufig von anderer physikalischer Beschaffenheit sein als bei Dingen. Ebenso wie bei den Dingen hat man demnach die existierenden Geschehnisse als solche von ihren Eigenschaften, z. B. der Richtung und Geschwindigkeit einer Bewegung, zu unterscheiden. Die Energie ist in diesem Zusammenhang als eine «Eigenschaft» anzusehen, die potentielle Energie z. B. als Eigenschaft einer Ruhelage.

Wiederum soll übrigens, wie bei der Bezeichnung der Masse als Eigenschaft eines Dinges, diese Auffassung nicht bedeuten, daß hier irgendwelche Reihenbegriffe zu isolierten «Eigenschaften» verdinglicht, daß Funktionsbegriffe wiederum in Substanzbegriffe zurückverwandelt werden sollen (vgl. A IV, S. 284–286). Vielmehr handelt es sich auch bei den Beziehungen zwischen Geschehnissen um die notwendige Unterscheidung der Existentialbeziehung von den reflexiven Relationen der quantitativen oder qualitativen Vergleichung. Daß bei physikalischen Geschehnissen die «Eigenschaften» im engeren Sinne, wie sie bei «Beschreibungs»zusammenhängen betrachtet werden, zugunsten der durch Ursache- oder Wirkungseigentümlichkeiten definierten Äquivalenzbeziehungen vielleicht noch stärker zurücktreten als bei Dingen, ändert nichts an der Notwendigkeit, auch hier die Unterscheidung der Gleichheits- und der Existentialbeziehungen durchzuführen. Denn die Äquivalenz, die zwei Gegenstände als gleichbedeutend in einem Wirkungszusammenhange bezeichnet, gehört, wie erwähnt, nicht weniger eindeutig zu den Gleichheitsbeziehungen als irgendeine andere quantitative oder qualitative Gleichheit (vgl. A IV, S. 284–286).

Ebenso wie bei den Dingen geht das Interesse der Physik bei den Geschehnissen in der Regel nicht auf die Genidentitätsbeziehungen als solche, sondern auf die meßbaren oder sonst vergleichbaren Eigentümlichkeiten der genidentischen Geschehnisse; sie fragt wiederum nach Konstanz oder Inkonstanz, nach Äquivalenz, kurz nach allen in eine Gleichung einsetzbaren Faktoren, auch wo sie sich mit genidentischen Geschehnissen befaßt. Dadurch mag es bedingt sein, daß häufig der Terminus «Energie», analog dem der Masse, nicht im Sinne einer meßbaren Eigentümlichkeit eines Geschehens, sondern im Sinne eines existierenden Etwas selbst gebraucht wird. Die gelegentlich der Existentialreihen von Dingen erwähnten Eigentümlichkeiten des Genidentitätsbegriffes werden also durch die Unterscheidung von Dingen und Geschehnissen nicht berührt, gleichgültig, ob die beiden Arten von Genidentitätsreihen schließlich aufeinander zurückzuführen sind oder nicht.

Der Unterschied von Dingreihen und Geschehnisreihen ist für die Gegenüberstellung von Chemie und Physik wesentlich und besteht in analoger Weise innerhalb der Biologie, wo er für die Gegenüberstellung von Morphologie und Physiologie wesentlich ist (vgl. LEWIN 1920a, 15). Da im folgenden nicht die Chemie und die Physik im engeren Sinne, sondern die Biologie und die Physik im weiteren Sinne einander gegenübergestellt werden sollen, braucht jedoch auf diese Unterscheidung im allgemeinen nicht eingegangen zu werden. Es soll deshalb bei Genidentitätsreihen einfach von genidentischen «Gebilden» gesprochen werden. Dieser Terminus soll offen lassen, ob es sich in dem betreffenden Falle um eine Reihe genidentischer Dinge oder genidentischer Geschehen handelt, und ferner, ob diese beiden Arten von Genidentitätsreihen prinzipiell zu trennen sind oder nicht. Der Begriff des Gebildes bedeutet hier einen physikalischen Gegenstand, sofern ihm die Stellung als Glied einer Existentialreihe (Bezugspunkt einer Existentialbeziehung) zukommt (vgl. A VIII, S. 291–293), während die besonderen Eigenschaften, das «Sosein» und damit die Gesamtheit der Gleichheitsbeziehungen – abgesehen von den Verschiedenheiten des Zeitpunktes der Existenz – unbestimmt bleiben.

V. Die Sätze über Genidentität und die physikalischen Gesetze
(Die einzelnen Eigentümlichkeiten der Genidentitätsbeziehung und ihr Zusammenhang)

Wenn man nach den Sätzen fragt, die von der im Vorhergehenden charakterisierten Genidentitätsbeziehung physikalischer Gebilde gelten, so darf man nicht erwarten, als Antwort irgendwelche besonderen oder allgemeinen Gesetze der Physik vorzufinden. Denn die gesamte Über-, Unter- und Nebenordnung der physikalischen und ebenso der biologischen Gegenstands- und Gesetzesbegriffe gründet sich auf die Mannigfaltigkeit der durch Eigenschaftsgleichheiten und -ungleichheiten bestimmten Beziehungen. Die Berücksichtigung von Genidentitätsbeziehungen ist zwar für die übergroße Mehrzahl aller Gesetze durchaus wesentlich, aber diese Existentialbeziehung bildet keinen bestimmenden Faktor für die Zusammenfassung und Gliederung des Systems. Die immer neu wiederholte Anwendung desselben Begriffes der Genidentität vermag wohl eine eindeutige Beziehung zwischen einzelnen Gegenständen oder Reihen von Gegenständen zu schaffen und sie von anderen abzusondern; dies aber erzeugt innerhalb der Physik nicht einen aufbauenden Zusammenhang von Klassen und Gesetzen, wie es bei der Anwendung von Gleichheitsbeziehungen der Fall ist.

Genidentitätsbeziehungen pflegen, so wesentlich sie bei der Begriffsbildung in der Physik auch sind, in die Formeln und Gesetze der Physik ebensowenig explizit einzugehen wie die bestimmten Zeitindizes der untersuchten physikalischen Gebilde.

Daß die theoretische Physik an den Fragen über die Genidentitätsbeziehung im ganzen vorbeigegangen ist, mag allerdings – abgesehen von ihrem Interesse am «System» – auch dadurch veranlaßt sein, daß es sich hier, von der theoretischen Physik aus gesehen, um eine Frage experimenteller Technik handelt.

Da die Physik – und das gleiche gilt von der Biologie – also nirgends die Eigentümlichkeiten der Genidentitätsbeziehung als solcher untersucht, ist von ihr auch keine formulierte Antwort über die Sätze, die von der physikalischen Genidentität gelten, zu erwarten. Für die

Forschung innerhalb der Physik und der Biologie ist die Benutzung des betreffenden Genidentitätsbegriffes eine Selbstverständlichkeit, eine gegebene Voraussetzung. Daher hat man sich zur Untersuchung des Begriffs der Genidentität, den die physikalische Forschung verwendet, vor allem an ihre Technik, an die Art und Weise ihres Experimentierens zu halten. An ihr vor allem kann es deutlich werden, wann der Physiker ein Auseinanderhervorgegangensein mehrerer Gebilde annimmt und von welchen Prämissen er sich bei Schlüssen über diese Beziehung leiten läßt.

Es soll im folgenden versucht werden, die in der Schlußweise der Physik liegenden Sätze über die Genidentitätsbeziehung aufzuweisen. Diese Untersuchung erhebt jedoch keineswegs den Anspruch, Physik oder Biologie, speziell theoretische Physik oder Biologie zu sein. Es soll auch *nicht versucht werden, mit philosophischen Mitteln «allgemeinste» oder «oberste» physikalische Gesetze aufzustellen*. Weder bei der «induktiven Ableitung» allgemeiner Gesetze aus speziellen Gesetzen noch bei der «deduktiven Ableitung» der speziellen aus den allgemeinen Gesetzen tritt der Begriff der Genese in der physikalischen Erkenntnis in Funktion, sondern lediglich bei dem direkten, empirisch experimentellen «Beweis» (der experimentellen Technik) des einzelnen individuellen Gesetzes, mag es sich nun um ein «allgemeines» oder «spezielles» Gesetz handeln. Die hier erörterten Sätze über Genidentität sind keineswegs allgemeinste physikalische Gesetze, aus denen sich irgendwelche speziellen physikalischen Gesetze ableiten lassen.

Gerade weil der Begriff der Genese keinen Einteilungsgrund der physikalischen Gegenstände oder Gesetze abgibt, noch selbst als allgemeines oder spezielles physikalisches Gesetz auftritt, kommt er als Charakteristikum «des» Gegenstandsbegriffes der Physik überhaupt, d. h. also der Wissenschaft «Physik» gegenüber anderen Wissenschaften, und damit als spezieller Gegenstand der vergleichenden Wissenschaftslehre in Frage. Nicht die physikalische Forschung, sondern erst die wissenschaftstheoretische Gegenüberstellung verschiedener Wissenschaften vermag verschiedene Arten von Genidentität zu unterscheiden und damit zu einer begrifflichen Ordnung und wirklichen Erkenntnis der Besonderheit auch der einzelnen Genidentitätsart zu kommen.

Wenn es auch richtig ist, daß es nicht die Aufgabe der Physik sein kann, die hier in Betracht kommenden Begriffe und Sätze über Genidentität zu beweisen oder zu widerlegen, so liegt trotzdem der Gedanke völlig fern, der Physik irgendwelche Normen vorzuschreiben: vielmehr gilt es zu erforschen, welchen Begriff die Physik selbst benutzt. Die Richtigkeit der gefundenen Sätze ist im wesentlichen nicht durch Nachprüfen irgendwelcher «Denkmöglichkeiten» zu sichern, sondern ein «gegebenes», wenn auch in einer «Wissenschaft» vorliegendes Faktum ist beschreibend zu konstatieren. Wo daher im folgenden darüber hinaus versucht wird, verschiedene Sätze über die Genidentität durch einen theoretischen Zusammenhang zu verknüpfen, soll die Gültigkeit der einzelnen Sätze nicht von der Richtigkeit dieses Zusammenhanges abhängen. Unter Betonung des vorwiegend induktiven Charakters dieser Untersuchung sei vielmehr darauf hingewiesen, daß, auch wo etwa dieser theoretische Zusammenhang irrig ist, die Gültigkeit der einzelnen Sätze als beschreibungsmäßig konstatierbarer Eigentümlichkeiten des Genidentitätsbegriffes in der Physik und Biologie anzuerkennen sein könnte. Zwar hat auch die Wissenschaftslehre das Ziel, einen schließlich zur Deduktion brauchbaren Zusammenhang ihrer Untersuchungsobjekte zu schaffen. Trotzdem wird in ihren Einzeluntersuchungen zunächst die Induktion vorherrschen müssen. Denn auch *die Wissenschaftslehre kann so wenig wie irgendeine andere Wissenschaft die Stufen des allmählichen Aufbaues aus speziellen, aufs einzelne gerichteten Erkenntnissen zugunsten einer reinen Deduktion überspringen,* und erst mit der fortschreitenden Induktion wird sich auch die Deduktion für ihre Einzeluntersuchungen stärker heranziehen lassen.

Gemäß der wenig fortgeschrittenen Erforschung der in Betracht kommenden Gegenstände hat sich die Darstellung im folgenden häufig mit einem Nebeneinanderstellen nur wenig oder gar nicht verbundener Fakten begnügen müssen. Aber selbst dort, wo die Darstellung einer gewissen inneren Ordnung folgen konnte, wurde der Zusammenhang im wesentlichen induktiv gefunden. Er bringt bisweilen zwar eine gewisse Sicherung mit sich und ist mir vor allem als heuristisches Mittel wertvoll gewesen, soll hier aber das selbständige Gewicht der Einzelfakten nicht schmälern.

Der Gedanke, daß alle Erkenntnis ihren Wert und ihre Begründung notwendig aus einem Zusammenhang schöpft, wird bei einer «philosophischen» Wissenschaft bisweilen dahin mißdeutet, daß sie rein deduktiv zu verfahren habe. Um eine falsche Einstellung gegenüber dem Folgenden zu vermeiden, war daher darauf hinzuweisen, daß auch in der Wissenschaftslehre zunächst durch beschreibende Darstellung der «gegebenen» einzelnen Untersuchungsgegenstände ein gesicherter Unterbau zu schaffen ist[14, i].

Erster Teil
Die genetischen Reihen in der Physik

I. Der Begriff der «restlosen Genidentität»

Wenn man verfolgt, was aus einem gegebenen physikalischen Gebilde physikalisch hervorgeht, so stößt man häufig nicht mehr auf ein einzelnes, sondern auf eine Mehrzahl physikalischer Gebilde: ein fester Körper a_1 etwa ist in Teile a_2', a_2'', a_2''', ... zerfallen, deren jeder nun eine gesonderte Veränderung durchmacht. Es ist hier gleichgültig, ob die Auffassung des früheren Körpers a_1 als *eines* Körpers derart willkürlich ist, daß für seine Abgrenzung gegen die Umwelt nicht mehr innere physikalische Berechtigung vorliegt als beim Herausgreifen irgendeiner Flüssigkeits- oder Gasmenge und ihrer Auffassung als *ein* Gebilde. Selbst wenn, was keineswegs der Fall ist, die Abgrenzung eines für die experimentelle Untersuchung herausgegriffenen physikalischen Gebildes allemal willkürlich wäre, so bleibt jedenfalls seine Einheit und Geschlossenheit nicht ohne weiteres gewahrt. Es lösen sich chemische oder physikalische Teile im Laufe der Zeit von ihm ab, bleiben relativ selbständig oder vereinigen sich mit anderen Gebilden zu neuen physikalischen oder chemischen Einheiten, in denen die ursprünglichen Bestandteile sich häufig nicht mehr eindeutig bestimmen lassen. Ein solches durch Spaltung entstandenes Teilgebilde a_2', etwa ein abgesprengter Bestandteil eines festen Körpers, der Wasserdampf einer zum Teil verdampften Wassermenge oder der Sauerstoff, der aus einer Verbindung frei geworden ist, wäre also aus dem zeitlich früheren komplexen Gebilde a_1 existentiell hervorgegangen. Es wäre daher auch a_2' als genidentisch mit a_1 zu bezeichnen – gemäß der gegebenen Definition der Genidentität als der Beziehung von Gebilden, die existentiell auseinander hervorgegangen sind. Ebenso wäre eine durch eine Verbindung verschiedener Gebilde a_1', a_1'', a_1''', ... entstandene einheitliche chemische Substanz a_2 mit jedem einzelnen Teilgebilde a_1', a_1'' und a_1''' genidentisch zu setzen: a_2 genidentisch a_1'; a_2 genidentisch a_1''; a_2 genidentisch a_1'''.

In der Physik begnügt man sich in der Regel nicht mit einer derartigen Genidentitätsbeziehung; vielmehr pflegt man sich mit den Eigenschaftsverhältnissen von Gebilden zu befassen, die in einer weniger unbestimmten Beziehung des Auseinanderhervorgegangenseins stehen. Zu einem abgesprengten Stück z. B. setzt man nicht den ganzen früheren Körper in eindeutige Existentialbeziehung, sondern nur einen bestimmten Teil desselben; der Dampf, der sich entwickelt hat, ist in exakterem Sinne nur aus einer gewissen Reihe von Wassertropfen hervorgegangen. Und umgekehrt wird in den Fällen, wo zwei Gebilde eine chemische Vereinigung eingegangen sind, nicht das gesamte resultierende Gebilde, sondern nur ein Bestandteil dieses Gebildes mit einem der früheren Gebilde in eine eindeutige Existentialbeziehung gebracht, auch wenn dieser Bestandteil im einzelnen nicht bekannt oder nicht ohne weiteres kenntlich zu machen ist.

Der eindeutige Begriff des existentiellen Auseinanderhervorgehens ist in der Physik also folgendermaßen gekennzeichnet: auf beiden Seiten der Relation stehen ein oder mehrere gleichzeitig existierende Gebilde; die einen existieren in einem bestimmten späteren, die anderen in einem bestimmten früheren Zeitmoment. Gleichzeitig mit den im späteren Zeitmoment existierenden Gebilden, die auf der einen Seite der Relation genannt werden, darf es kein weiteres teilfremdes Gebilde geben, das mit irgendeinem der auf der anderen Seite der Relation genannten Gebilde in Genidentitätsbeziehung steht. Umgekehrt darf es gleichzeitig mit diesen im früheren Zeitmoment existierenden Gebilden kein teilfremdes physikalisches Gebilde geben, welches mit einem Gebilde oder einem Teil eines Gebildes genidentisch ist, das als zeitspäteres Relatum genannt wird. Alle in jedem der beiden Zeitmomente existierenden Gebilde, die mit der anderen Seite der Relation überhaupt genidentisch sind, müssen restlos ergriffen werden. Erst dann wird diese Beziehung in der Physik als eine *eindeutige* Existentialbeziehung angesprochen.

Diese in der Physik maßgebende eindeutige Beziehung des existentiellen Auseinanderhervorgehens sei «restlose Genidentität» genannt im Gegensatz zu der unbestimmteren physikalischen «Genidentität überhaupt».

Die restlose Genidentität ließe sich dann folgendermaßen definieren:

(1) (Def.) Ein physikalisches Gebilde a_1 ist restlos genidentisch a_2, wenn 1) im Zeitpunkt 1 kein zu a_1 teilfremdes physikalisches Gebilde (Teil eines Gebildes) existiert, das mit a_2 in Genidentitätsbeziehung steht, und wenn 2) im Zeitpunkt 2 kein zu a_2 teilfremdes physikalisches Gebilde (Teil eines Gebildes) existiert, das mit a_1 in Genidentitätsbeziehung steht.

Die Bedingung 1 oder 2 allein genügt, wie man sich unschwer überzeugen kann, noch nicht. Diese Definition führt also die restlose Genidentität auf die physikalische Genidentität überhaupt als deren Spezialfall zurück.

Die restlose Genidentität zweier Gebilde wird im Experiment, wie erwähnt, mit

Hilfe des Prinzips des eingeschlossenen Systems sichergestellt, d. h. durch vollständigen physikalischen Abschluß der untersuchten Gegenstände von der Umwelt. Insofern ist diese Definition der restlosen Genidentität nichts anderes als eine Beschreibung des Vorgehens der Physik beim Experimentieren. Daß sich die Beziehung der Restlosigkeit des existentiellen Auseinanderhervorgehens nicht durch eine qualitative oder quantitative Gleichheit irgendwelcher Eigenschaften, wie der Masse oder der räumlichen Ausdehnung, definieren läßt, hat sich bereits ergeben.

Als Zeichen für physikalisch «restlos genidentisch» werde $^p\equiv$ verwendet unter Einschränkung auf diese eindeutige Beziehung, während die unbestimmtere Beziehung der physikalischen «Genidentität überhaupt» durch $^p=$ ausgedrückt werde. $^p\not\equiv$ bedeutet dann «nicht restlos genidentisch» und $^p\neq$ «physikalisch überhaupt nicht in Genidentitätsbeziehung stehend».

Man kann die physikalische restlose Genidentität unter Ausschluß des Begriffs «gleichzeitiges teilfremdes Gebilde» auch so definieren: die je in einem Zeitmoment existierenden physikalischen Gebilde a_1 und a_2 sind restlos genidentisch, wenn 1) a_1 mit jedem beliebigen Teil von a_2 physikalisch überhaupt genidentisch ist, und wenn 2) a_2 mit jedem beliebigen Teil von a_1 physikalisch überhaupt genidentisch ist (vgl. Satz 3a, S. 107).

Welche von diesen sachlich vollständigen, logisch aber durchaus nicht gleichwertigen Definitionen vorzuziehen ist, hängt vor allem von ihrer Stellung in der Gesamtheit der Sätze über die physikalische Genidentität und von der Geschlossenheit der möglichen Ableitungen, sowie von etwaigen Parallelen zur Definition der Genidentitätsbegriffe anderer Wissenschaften ab. Da die Fragen des systematischen Zusammenhangs der einzelnen Sätze hier erst an zweiter Stelle stehen, bin ich bei der ersten Definition geblieben.

Der eindeutige Begriff des existentiellen Auseinanderhervorgehens ist in der Physik durch eine Relation gekennzeichnet, die zugleich das Vorhandensein mehrerer solcher eindeutiger Beziehungen eines Gebildes zu verschiedenen, untereinander gleichzeitigen Gebilden ausschließt. Von einem in einem bestimmten Zeitmoment existierenden Gebilde kann zu Gebilden eines bestimmten anderen Zeitmoments – es wird sich später zeigen, daß es sich dabei um ein charakteristisches Merkmal des physikalischen Genidentitätsbegriffes handelt – immer nur eine einzige Beziehung der restlosen Genidentität bestehen. Darüber hinaus schließt die Restlosigkeit jedoch auch die «Genidentität überhaupt» mit weiteren gleichzeitigen teilfremden Gebilden aus. Will man diesen zur Definition der Restlosigkeit benutzten Sachverhalt als besonderen «Satz der Ausschließung» formulieren, so würde er lauten:

(2) *Die physikalisch eindeutige Genidentitätsbeziehung («restlose Genidentität») eines gegebenen Gebildes (Teilgebildes, Gebildekomplexes) mit einem bestimmten anderen Gebilde (Teilgebilde, Gebildekomplex) schließt das Beste-*

hen von Genidentitätsbeziehungen zwischen gleichzeitig mit letzterem existierenden teilfremden Gebilden und dem gegebenen Gebilde aus:

Ist $a_1{}^p \equiv a_2$, so ist 1) $a_1{}^p \neq x_2$ und 2) $a_2{}^p \neq x_1$ für alle x_2 (x_1), die nicht ganz oder teilweise identisch ($\equiv$) mit a_2 (a_1) sind.

Daß dieser die Definition der Restlosigkeit begründende Satz durchaus nicht selbstverständlich oder eine Tautologie ist, ergibt sich auch aus S. 90 ff. und aus den eindeutigen Genidentitätsbeziehungen der Biologie.

Die so charakterisierte Beziehung der restlosen Genidentität, die in den eingeschlossenen Systemen der physikalischen Experimente zum Ausdruck kommt, erweist sich in der Physik als die eigentlich zugrundeliegende Beziehung, auf der alle Beziehungen des existentiellen Auseinanderhervorgehens letzthin beruhen. Es gilt nämlich der Satz:

(3) *Wenn a überhaupt genidentisch mit b ist, so enthalten a und b mindestens je einen Teil α und β derart, daß α restlos genidentisch β ist.*

Ist $a^p = b$, so gibt es mindestens je ein $(.., α, ..) \equiv a$ und $(.., β, ..) \equiv b$ derart, daß $α^p \equiv β$ ist[15].

Fällt z. B. ein Stückchen Metall *a* in eine Flüssigkeit, so weiß ich, daß diese Substanz in irgendeiner Form in der Flüssigkeit vorhanden sein muß, auch wenn sie Verbindungen mit ihr eingegangen ist. Werden jedoch der Flüssigkeit Teile entnommen, so setzt man die verbleibenden Reste *b* nur dann zu dem Metallstückchen *a* in Existentialbeziehung, wenn es feststeht, daß nicht alle von dem Metall «herrühren», d. h. mit irgendwelchen Teilen α des Metalls «restlos genidentischen» Bestandteile β dabei mit entfernt worden sind. Nur in diesem Falle vermag man aus der «Genidentität überhaupt» irgendwelche Schlüsse auf bestimmte, mit der «Anwesenheit» einer solchen Substanz zusammenhängende Eigenschaften der Flüssigkeit zu ziehen.

Jede Behauptung einer Genidentität überhaupt enthält in der Physik den Gedanken der restlosen Genidentität irgendwelcher Teile, worunter hier als Grenze auch jener Fall gerechnet wird, wo ganz *a* mit einem Teil von *b* restlos genidentisch ist. An dieser Idee einer restlosen Genidentität von Teilen wird selbst dann festgehalten, wenn die betreffenden Teile praktisch nicht isoliert werden können. Im folgenden wird daher in der Regel nur auf die «restlose Genidentität» eingegangen werden. Es sei jedoch hervorgehoben, daß auch die weniger eindeutigen Genidentitätsbeziehungen in der Physik, zumal in der qualitativen chemischen Analyse, eine recht beträchtliche Rolle spielen.

II. Die Genidentität als symmetrische Relation

Die physikalische Genidentität ist im vorhergehenden zugleich als eine *symmetrische Relation* behandelt worden[16]. D.h. es gilt: wenn $a^p = b$, ist auch $b^p = a$; und ebenso für die restlose Genidentität: wenn $a^p \equiv b$ ist, so ist $b^p \equiv a$. Eine solche Festsetzung als symmetrische Relation enthält zweifellos eine gewisse Willkür. Aber sie ist unvermeidbar und betrifft im Grunde nur die Schreibweise; d.h. bei anderer Festsetzung, nämlich der Benutzung zweier asymmetrischer Relationen statt einer symmetrischen Relation, würden zwar die Formulierungen der folgenden Sätze verändert werden müssen, aber ihr Sinn bliebe davon unberührt.

Auch so bleibt die zu beantwortende Zweckmäßigkeitsfrage noch wesentlich genug. Der einsinnige Zeitablauf legt es ja nahe, unter Berücksichtigung der Zeitrichtung die Genidentität als asymmetrische Relation zu definieren und, wenn 1 der zeitlich frühere, 2 der spätere Zeitpunkt bedeutet, etwa festzusetzen $a_2{}^p \equiv a_1$, aber $a_1{}^p \not\equiv a_2$. Auch die Tatsache, daß die Physik in ihren Gesetzen zum Teil auf die Zeitrichtung Rücksicht nimmt, könnte vielleicht zugunsten einer derartigen Definition angeführt werden. Ich habe mich jedoch aus Zweckmäßigkeitsgründen für die Definition der Genidentität als einer symmetrischen Relation entschieden: einmal, weil sonst die Formulierungen der folgenden Sätze sehr viel umständlicher werden würden, da man dann eine besondere zweite, der rückwärts gerichteten entgegengesetzte, vorwärts gerichtete Genidentitätsbeziehung einführen müßte; und ferner, weil mir diese einfachere, nicht von vornherein so viele verschiedene Fälle unterscheidende Festsetzung für die Darstellung der behandelten Sachverhalte überall auszureichen schien. Die Genidentität ist hier also als eine symmetrische Relation angesetzt, die als solche auf das Früher oder Später der auseinander hervorgehenden Gebilde keine Rücksicht nimmt. Zugleich kommt damit deutlicher zum Ausdruck, daß hier nirgends die *funktionelle Abhängigkeit* der Wirkung von der Ursache in Frage steht.

III. Die Genidentitätsreihe

Die physikalische genetische Beziehung zeigt folgende Grundeigentümlichkeit:

(4) *Zu zwei restlos genidentischen Gebilden gibt es immer ein in einem dazwischenliegenden Zeitpunkt existierendes Gebilde, das mit jedem der beiden Gebilde in restloser Genidentitätsbeziehung steht:*

Ist $a_1{}^p \equiv a_2$, so gibt es ein a_x (x zeitlich zwischen 1 und 2) derart, daß $a_1{}^p \equiv a_x$ und $a_x{}^p \equiv a_2$ ist.
Das gleiche gilt bereits von der Genidentität überhaupt ($^p=$).

Eine physikalische Genidentitätsbeziehung setzt also zugleich eine ganze Verbindungsreihe von untereinander durchgehend wechselseitig in Genidentitätsbeziehung stehenden Gebilden voraus. Sie unterscheidet sich darin typisch von einer solchen Beziehung des Auseinanderhervorgehens, wie sie z. B. bei der Eltern-Kind-Relation vorhanden ist.

Diese Verbindungsreihe ist durch den angeführten Satz zunächst als eine überall dichte Reihe bestimmt, gemäß der Definition der dichten Menge als einer geordneten Menge von der Eigenschaft, daß zwischen je zwei Elementen immer noch andere Elemente gefunden werden[17]. Als geordnet kann man die Reihe restlos genidentischer Gebilde deshalb ansprechen, weil gemäß der Unmöglichkeit der Genidentitätsbeziehung zwischen gleichzeitig existierenden Gebilden von irgend zwei unterschiedenen, restlos genidentischen Gebilden immer eins früher existiert als das andere, und weil ferner aus «*a* früher als *b*» und «*b* früher als *c*» immer «*a* früher als *c*» folgt[18]. Die Genidentität überhaupt ordnet dagegen ihre Relata noch nicht eindeutig (vgl. S. 154).

Durch Satz 4 noch nicht gefordert ist die Stetigkeit der Genidentitätsreihe. Trotzdem kann es nicht zweifelhaft sein, daß die Physik eine solche Reihe von auseinander hervorgehenden Gebilden als eine stetige Reihe ansieht, in der jeder Schnitt durch ein bestimmtes Element der Reihe erzeugt wird. Nicht nur der Parameter der Zeit gilt in der Physik als stetig, sondern es existiert auch zu zwei gegebenen genidentischen Gebilden in jedem dazwischenliegenden Zeitpunkte ein physikalisches Gebilde, das der verbindenden Genidentitätsreihe angehört:

(5) *Ist $a^p \equiv b$, so gibt es in jedem zwischen t_a und t_b liegenden Zeitmoment t_x ein x derart, daß $a^p \equiv x^p \equiv b$ ist.*

Die Ableitung der Stetigkeit der Genidentitätsreihen aus den bisher angeführten Eigentümlichkeiten der Genidentitätsbeziehung ist nicht möglich. Die Stetigkeit dieser Reihe ist als eine besondere neue Eigentümlichkeit anzusehen, die sich aus der unmittelbaren Beschreibung der physikalischen Begriffsbildung ergibt. Ähnlich wie bei der Zahlenreihe bildet sie ein neues Axiom (vgl. DEDEKIND 1892, 9 ff.), und zwar muß diese Eigentümlichkeit so lange als unverbundenes, neu hinzukommendes Axiom angesehen werden, als man überhaupt von der Genidentitätsbeziehung zwischen einzelnen Gebilden ausgeht und nicht von dem Begriff der stetigen Genidentitätsreihe, in denen die einzelnen Gebilde Reihenschnitte darstellen. Dieser Umstand legt es nahe, für eine deduktive Ableitung der einzelnen Eigentümlichkeiten von der Genidentitätsreihe oder dem Begriff des Auseinanderhervorgehens als dem «zugrunde liegenden» Begriff auszugehen. Diese «logische Priorität» des Begriffs der Genidentitätsreihe gegenüber dem Begriff der Existenz des einzelnen Gegenstandes macht sich auch fernerhin bemerkbar.

IV. Die restlose Genidentität als transitive Relation

Die physikalische restlose Genidentität ist eine transitive Relation[19], d.h. es gilt in der Physik für beliebige verschiedene[20] Gebilde a, b und c folgender Schluß:

(6) *Ist* $a^p \equiv b$ *und* $b^p \equiv c$, *so ist* $a^p \equiv c$.

Das gleiche gilt nicht mehr von der physikalischen Genidentität überhaupt, da trotz $a^p = b$ und $b^p = c$, $a^p \neq c$ sein kann.

Dies ist immer dann der Fall, wenn *der* Teil (β') von b, der mit einem Teil α von (a) «restlos genidentisch» ist, nicht ganz oder teilweise derselbe ist wie der Teil (β'') von b, der mit einem Teil (γ) von c restlos genidentisch ist; wenn also $\alpha^p \equiv \beta'$ und $\gamma^p \equiv \beta''$ ist, ohne daß ganz oder teilweise $\beta' \equiv \beta''$ ist.

(Vgl. den Satz 3 auf S. 84 und das zugehörige Beispiel, wobei das Metall als a, die zunächst sich ergebende Flüssigkeit als b und der Flüssigkeitsrest als c anzusetzen ist.)

Die Transitivität der restlosen Genidentität ist zunächst ein Beschreibungsfaktum. Unzählige Male wird dieser Schluß beim Experimentieren in der Physik gezogen, ohne daß er allerdings im allgemeinen als solcher hervorgehoben wird. Immer, wenn in zeitlichen Abständen Gebilde beobachtet werden, deren restlose Genidentität für jede einzelne Zwischenzeit gesichert ist, wird ohne weiteres auch die restlose Genidentität des ersten mit dem letzten Reihenglied behauptet. In diesem Falle liegt das die Verbindung vermittelnde Glied b zeitlich zwischen den beiden anderen Gebilden. Der Schluß behält in der Physik im Gegensatz z. B. zur Biologie seine Gültigkeit auch dann, wenn b zeitlich vor oder nach a und c existiert. Die Transitivität ist also unabhängig von der Reihenfolge der Zeitindizes.

IVa. Die Ableitung der Transitivität

Versucht man, die in Satz 6 ausgedrückte Eigentümlichkeit der restlosen Genidentität, eine transitive Relation zu sein, in einen systematischen Zusammenhang mit anderen Eigentümlichkeiten dieser Beziehung zu bringen, sie also irgendwie abzuleiten, so findet man die folgenden auffallenden Voraussetzungen:

1) Die Transitivität läßt sich nur ableiten, wenn die bisherige Definition der Genidentität als Beziehung einzelner Gebilde verlas-

sen und statt dessen von dem Begriff einer Genidentitätsreihe ausgegangen wird, wobei dann die Genidentität als Beziehung beliebiger Glieder einer solchen Reihe zueinander zu definieren ist.

2) Die Transitivität in der hier angegebenen uneingeschränkten Form setzt die vorwärts- und rückwärtsgerichtete Unendlichkeit der Reihen restlos genidentischer Schnitte voraus, d. h. die Gültigkeit des Satzes: zu jedem Schnitte einer physikalischen Genidentitätsreihe gibt es in jedem beliebigen früheren und späteren Zeitmoment ein Gebilde, das mit ihm restlos genidentisch ist.

Für die Ableitung des Schlusses:

$$\frac{\begin{array}{l}a^p \equiv b\\ b^p \equiv c\end{array}}{a^p \equiv c}$$

sind drei Fälle zu unterscheiden.

Fall 1: b liegt zeitlich *zwischen* a und c.

Da a und b einerseits und b und c andererseits gemäß Satz 5 (vgl. S. 86) durch eine kontinuierliche Reihe genidentischer Gebilde miteinander verbunden sind, stehen auch a und c in kontinuierlicher Verbindung. Trotzdem ist es ohne Einführung eines neuen Axioms noch nicht gestattet, von der Genidentität von a und c zu sprechen. Denn solange man von der Beziehung der Genidentität als Grundbegriff ausgeht, behalten die genidentischen Gebilde die Stellung als Endpunkte einer Reihe. Es bedarf dann besonderer Axiome sowohl für die Berechtigung, Teilreihen dieser Reihe selbst wiederum als eine ganze Reihe aufzufassen, d. h. beliebige Schnitte als Endpunkte von Reihen, als auch dafür – und das kommt bei Fall 1 in Betracht –, mehrere Reihen, die aneinanderstoßen oder ein Grenzglied gemeinsam haben, als eine einzige Reihe anzusehen.

Daß hier in der Tat keine Denknotwendigkeit vorliegt, zeigt z. B. die Beziehung des Auseinanderhervorgehens bei der intransitiven Relation «Vater von...» Denn wenn a Vater von b und b Vater von c ist, so ist darum noch nicht a Vater von c.

In diesem Beispiel allerdings erzeugt die Relation auch keine Zwischenreihe von Gliedern, von denen immer das eine zum anderen in der Beziehung «Vater von...» steht. Aber auch das Vorhandensein einer solchen Zwischenreihe bringt noch nicht, wie man vielleicht vermuten könnte, notwendig die Transitivität der erzeugenden Beziehung mit sich. Dies erläutere ein bestimmter Entwicklungsbegriff: es ist eine kontinuierliche Reihe von Schnitten vorhanden, von denen innerhalb gewisser Strecken jeder Schnitt zum vorhergehenden in der gleichen Beziehung steht; eine solche Strecke wird so als ein Entwicklungsprozeß aufgefaßt, daß er mit einem anderen derartig einheitlichen Entwicklungsprozeß zusammen, auch wenn dieser sich an den ersten anschließt, nicht in demselben Sinne als *eine* Entwicklung erscheint; und ebenso lassen sich nicht beliebige Teile eines solchen Entwicklungsprozesses ohne Sinnänderung als ganze Entwicklungsprozesse auffassen[21]. Auch in der Physik übrigens werden z. B. den chemischen «Prozessen» solche ausgezeichneten Anfangs- und Endpunkte zugesprochen; denn selbst wenn man die Grenzen als willkürlich gesetzt ansehen wollte, bleibt die logische Struktur des benutzten Begriffes unverändert.

Wenn man also Satz 6 (vgl. S. 87) nicht selbst als Axiom aufstellen will, so wäre für den Fall 1 als Axiom jedenfalls noch der Satz nötig:

Restlose Genidentitätsreihen, die einen Grenzschnitt gemeinsam haben, lassen sich als eine Genidentitätsreihe ansehen.

Aber auch dann hätte man die Genidentität zuvor als Beziehung der Schnitte einer genidentischen Reihe zu definieren. Die Ableitung der Schlußfolgerung gemäß Satz 6 setzt also allemal eine Definition der Genidentität mit Hilfe des Begriffs der Genidentitätsreihe voraus. Es mag daher für den Ableitungszusammenhang zweckmäßig sein, bei der Definition der verschiedenen Begriffe so vorzugehen:

Zugrunde zu legen ist der Begriff der Reihe physikalischer «restlos genidentischer Schnitte», die bestimmt ist 1) durch die Kontinuität des existentiellen Auseinanderhervorgehens ihrer Schnitte und 2) dadurch, daß kein Schnitt mit einem Gebilde physikalisch überhaupt genidentisch ist, das teilfremd zu einem gleichzeitig mit ihm existierenden Reihenschnitte ist.

Um Umständlichkeiten des Ausdrucks zu vermeiden, wird im folgenden häufig von «restloser Genidentitätsreihe» gesprochen, obwohl sich die Restlosigkeit nicht auf die Reihe, sondern die Genidentität bezieht.

Die Beziehung der «restlosen Genidentität» ließe sich dann so definieren: restlos genidentisch heißen Gebilde, die einer restlosen Genidentitätsreihe als Schnitte angehören. Damit wären der «restlosen Genidentität» vier Bestimmungen zuerkannt:

1) Vorhandensein eines kontinuierlichen Übergangs zwischen den aufeinander bezogenen Gebilden;

2) Unabhängigkeit der Beziehung von der Reihenrichtung (Symmetrie der Relation);

3) Unabhängigkeit der Beziehung von dem Abstand der Schnitte in der Reihe;

4) Ausschließung eines gleichzeitig mit einem von zwei restlos genidentischen Schnitten existierenden teilfremden Gebildes, das mit dem anderen Schnitte genidentisch überhaupt ist.

Eine derartige Bestimmung würde alle bisher erwähnten Eigentümlichkeiten der restlosen Genidentität enthalten mit Einschluß der Transitivität der Beziehung im Fall 1. Es läßt sich nämlich die Reihe $a-b-c$ als eine restlose Genidentitätsreihe auffassen, da die von der Definition geforderte Kontinuität durch die Identität des Grenzgliedes gewahrt ist. Infolge der Unabhängigkeit der Genidentität von dem Abstand innerhalb der Reihe ist dann $a^p \equiv c$.

Fall 2: b liegt zeitlich später als a und c.

Auch für den Fall, daß der vermittelnde Schnitt b zeitlich vor oder nach den Schnitten a und c liegt, scheint zunächst die Möglichkeit der Schlußfolgerung mit der veränderten Definition mitgesetzt. Denn wenn z. B. c zeitlich zwischen a und b liegt, läßt sich $a \ldots b$ als eine restlose Genidentitätsreihe auffassen, die durch den Schnitt c in die beiden Teile $a-c$ und $c-b$ geteilt wird. Aus der Möglichkeit einer solchen Auffassung scheint ohne weiteres $a^p \equiv c$ zu folgen gemäß der Unabhängigkeit der restlosen Genidentitätsbeziehung vom Abstand der Schnitte in der Reihe. Trotzdem wird diese Schlußfolgerung durch die gegebene Definition noch nicht gedeckt.

Daß die bisher angeführten Bestimmungen der Genidentität für die Schlußfolgerung im Fall 2 nicht ausreichen, kann man an folgendem Beispiel veranschaulichen. Man verfolge die Entwicklung einer Zelle zu zwei Tochterzellen, von denen die eine sterbe, und wende den Begriff der physikalischen Restlosigkeit auf diese Reihe wie folgt an[22] (Abb. 1): von a_1 ausgehend spalte sich die Genidentitätsreihe in zwei Zweige, so daß im Zeitpunkt 2 als genidentisch mit a_1 die Gebilde c_2 und x_2 existieren; der x-Zweig breche zwischen den Zeitpunkten 2 und 3 ab, während der andere Zweig über c_2 nach b_3 führt. Dann ist zwar definitionsgemäß $a_1{}^p \equiv b_3$ und $b_3{}^p \equiv c_2$, da beide Male gleichzeitig kein anderes Gebilde existiert, das in Genidentitätsbeziehung zu den in Betracht kommenden Gebilden steht. Trotzdem gilt $a_1{}^p \not\equiv c_2$; vielmehr ist $a_1{}^p \equiv (c_2, x_2)$.

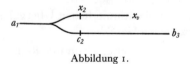

Abbildung 1.

Solange man die Möglichkeit des Abbrechens einer restlosen Genidentitätsreihe offen läßt, gilt die Schlußfolgerung im Fall 2 nicht eindeutig. Sie gilt jedoch mit Notwendigkeit, wenn man den Satz der Unendlichkeit jeder restlosen Genidentitätsreihe hinzunimmt, und zwar hier den der vorwärts gerichteten Unendlichkeit. Mit Hilfe dieser Unendlichkeit läßt sich nämlich folgender indirekte Beweis führen: angenommen, es sei $c_2{}^p \not\equiv a_1$; dann müßte im Zeitpunkt 2 ein von c_2 verschiedenes $x_2{}^p \equiv a_1$ existieren, gemäß dem Satz der Unendlichkeit (wobei x_2 und c_2 allerdings gemeinsame Teile enthalten dürfen), und ferner im Zeitpunkt 3 ein $x_3{}^p \equiv x_2$ gemäß demselben Satz. Dieses x_3 müßte von b_3 verschieden sein, weil sonst $b_3{}^p \not\equiv c_2$ wäre, da b_3 dann nicht nur mit c_2, sondern auch mit x_2 in Genidentitätsbeziehung stehen würde. Ferner wäre $a_1{}^p \equiv x_3$, gemäß der Folgerung: wenn $a_1{}^p \equiv x_2$ und $x_2{}^p \equiv x_3$ ist, so ist auch $a_1{}^p \equiv x_3$ (Fall 1). Folglich gäbe es im Zeitpunkt 3 außer b_3 ein von b_3 verschiedenes Gebilde x_3, das mit a_1 restlos genidentisch wäre. Dies widerspricht jedoch der Voraussetzung. Damit ist die Richtigkeit der Schlußfolgerung für den Fall 2 mit Hilfe des Satzes der Unendlichkeit der restlosen Genidentitätsreihen indirekt bewiesen.

Es ist nicht uninteressant festzustellen (vgl. S. 64 f.), daß die rückwärts gerichtete Unendlichkeit der Genidentitätsreihen nach der bisherigen Definition der Restlosigkeit keine Voraussetzung der Transitivität im Fall 2 ist. Nimmt man nämlich an, eine Genidentitätsreihe könne ohne vorausgehenden Schnitt «aus dem Nichts» anfangen (Zweig $c^2 \ldots\ldots b$ in Abb. 2), so würde nicht nur $a^p \equiv b$ und

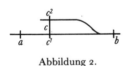

Abbildung 2.

$b^p \equiv c$, sondern nach der gegebenen Definition in der Tat auch $a^p \equiv c$ zu setzen sein. Denn es gibt «neben» a, b und c keine teilfremden Gebilde, die in Genidentitätsbeziehung zu einem der anderen Schnitte stehen. Wollte man diese offensichtlich nicht im Sinne der Physik liegende Möglichkeit schon hier vermeiden, so müßte man zu den bisherigen Bestimmungen der Restlosigkeit noch ein neues Axiom hinzufügen, nämlich den Satz:

(4 b) *Ein physikalisches Gebilde a kann nicht zugleich mit einem Gebilde b und einem Teil von b restlos genidentisch sein.*

Ist $a \equiv (\alpha^1, \alpha^2, \ldots)$ und $b \equiv (\beta^1, \beta^2, \ldots)$, ferner $a^p \equiv b$, so ist $a^p \not\equiv (\ldots, \beta, \ldots)$ und $b^p \not\equiv (\ldots, \alpha, \ldots)$.

Aus diesem Satz würde sich nämlich in Abb. 2 die Folgerung $a^p \not\equiv c$ ergeben, da ja $a^p \equiv c^1$ und $c \equiv (c^1, c^2)$ ist, und damit wäre die rückwärts gerichtete Unendlichkeit der restlosen Genidentitätsreihen indirekt abgeleitet. Allerdings wäre dann von vornherein $a^p \not\equiv b$ anzusetzen, falls nämlich ferner die Gültigkeit des Satzes 11 (S. 97) vorausgesetzt wird, aus dem die Zerlegbarkeit von b auf Grund der Zerlegbarkeit von c folgt.

Da Satz 4 b (S. 91) jedoch zur Ableitung der Transitivität infolge der durch die Wechselseitigkeit des Ausschlusses im Satz 2 (S. 83–84) bedingten Gleichwertigkeit der Richtungen in der Genidentitätsreihe nicht notwendig ist (vgl. Fall 3), so kann er hier als besonderes Axiom vermieden werden.

Andererseits ist es nicht möglich, den Satz 4 b an Stelle von Satz 2 zur Definition der Restlosigkeit zu verwenden. Denn er bildet nur ein negatives Kriterium der Restlosigkeit. Er schafft lediglich eine Beziehung zwischen $^p\equiv$ und $^p\not\equiv$, aber nicht wie Satz 2 eine Beziehung zwischen $^p\equiv$ und $^p=$ und verbürgt daher nicht, daß a überhaupt genidentisch mit b ist.

Fall 3: b liegt zeitlich *früher* als a und c.

Die Folgerung stützt sich wiederum auf den Satz der Unendlichkeit der restlosen Genidentitätsreihen, ohne den sie nicht gilt. Der Beweis läßt sich analog dem Beweisgang im Falle 2 führen; nur kommt diesmal die rückwärts gerichtete Unendlichkeit der Reihen in Frage.

Die Transitivität der restlosen Genidentität ist damit uneingeschränkt abgeleitet aus 1) dem Begriff der restlosen Genidentitätsreihe, wie er in der obigen Definition (S. 89) bestimmt ist, und 2) aus dem Satz der Unendlichkeit der restlosen Genidentitätsreihen.

Welch innerer Grund dafür vorliegt, daß der Satz der Unendlichkeit für die Schlußfolgerung im Fall 1 nicht notwendig ist, und warum umgekehrt die Definition der restlosen Genidentitätsreihe in den Fällen 2 und 3 nicht ausreicht, sondern eine andere Gesetzmäßigkeit hinzukommen muß, soll hier nicht näher untersucht werden. Es ist an und für sich nicht ausgeschlossen, daß eine geeignetere Definition der Restlosigkeit eine weniger zwiespältige Ableitung der Transitivität ermöglichen würde, wenn auch einige noch zu erwähnende Sätze dagegen sprechen. Die Ableitung sämtlicher Sätze über die physikalische Genidentität aus einem einzigen als Definition benutzten Axiom erscheint mir jedenfalls ausgeschlossen.

Es sei übrigens darauf hingewiesen, daß sich außer dem Satze der Unendlichkeit der restlosen Genidentitätsreihen auch andere Voraussetzungen als logisch ausreichend für die Ableitung der Transitivität angeben ließen, die jedoch in der Physik keine Gültigkeit haben, so z. B. der Satz «Restlose Genidentitätsreihen, die ein Glied gemeinsam haben, brechen im selben Moment ab und setzen im gleichen Zeitmoment ein» (vgl. S. 168).

Die Gültigkeit des Satzes der Unendlichkeit ist im übrigen abgesehen von diesem Zusammenhang rein beschreibungsmäßig gesichert.

V. Die beiderseitige Unendlichkeit der physikalischen restlosen Genidentitätsreihen

In der Physik gilt der Satz der Unendlichkeit der restlosen Genidentitätsreihen:

Zu jedem Schnitte a_0 einer restlosen Genidentitätsreihe gibt es in jedem vorhergehenden und späteren Zeitmoment $\pm\, x$ ein (und nur ein) restlos genidentisches Gebilde (Teil oder Komplex von Gebilden) a_x; $(a_0{}^p \equiv a_x)$.

Dieser Satz läßt sich auch so formulieren:

(7) *Die Reihen physikalisch restlos genidentischer Schnitte gehen beiderseits ins Unendliche* (vgl. auch A VIII, S. 291–293).

Dieser Satz der «Erhaltung» ist nicht zu verwechseln mit irgendwelchem Konstanzgesetz. Er sagt nicht die «unveränderliche Gleichheit» irgendwelcher meßbarer Eigenschaften aus, wie etwa das Gesetz der Konstanz der Masse oder Energie. Die Unendlichkeit einer Genidentitätsreihe schließt noch in keiner Weise in sich, daß alle dieser Reihe angehörenden physikalischen Gebilde bestimmte physikalische Gleichheiten aufzuweisen haben. Es wurde bereits darauf hingewiesen, daß das Gesetz der Konstanz der Masse ein nicht umkehrbares empirisches Gesetz der Physik ist, das aufgrund von Untersuchungen restlos genidentischer Gebilde, nämlich physikalisch eingeschlossener Systeme, aufgestellt worden ist und das besagt, daß, wenn zwei Gebilde a_x und a_y restlos genidentisch sind, sie auch massengleich sind. Dieses Gesetz allerdings läßt sich als ein Gesetz der «Unveränderlichkeit» bezeichnen; es behauptet, daß die Eigenschaften bestimmter, zu verschiedenen Zeitmomenten existierender Gebilde sich ebenso zueinander verhalten wie die Eigenschaften gewisser gleichzeitig miteinander existierender Gebilde. Aber dieses Gesetz bestimmt nicht selbst die Existentialbeziehung. Es besagt nicht, daß es unter den in einem Zeitmoment existierenden physikalischen Gebilden immer ganz bestimmte Gebilde gibt, die in eindeutiger Existentialbeziehung (des restlosen Auseinanderhervorgegangenseins) mit ganz bestimmten Gebilden eines andern Zeitmomentes stehen – denn Gebilde, die mit einem bestimmten zeitverschiedenen Gebilde massengleich sind, gilt es für jeden Zeitmoment unendlich viele –. Es besagt vielmehr nur, daß die in solch eindeutiger Existentialbeziehung stehenden Gebilde auch massengleich sind. Umgekehrt sagt der Satz der Unendlichkeit aller restlosen Genidentitätsreihen lediglich etwas über die Existentialbeziehungen aus und läßt alle Veränderungen völlig dahingestellt. Es ist daher zu vermeiden, von den Gliedern einer Genidentitätsreihe als von einer «unveränderlich sich erhaltenden Substanz des Geschehens», von einem unveränderlich Existierenden oder von etwas «Realem» zu reden, «welches nach diesem seinem reinen Begriff notwendig zu denken ist als in seinem Grundbestand immer sich selbst identischer, also ungewordener und unzerstörlicher, nicht vermehrbarer noch verminderbarer, auch keiner Qualitätsänderung unterliegender, dagegen im Raume beweglicher Raum*inhalt*» (NATORP 1910, 349). Genidentische Gebilde zeigen vielmehr, wie erwähnt, durchaus qualitative und quantitative Verschiedenheiten, nicht etwa nur «scheinbare» Verschiedenheiten, sondern physikalische Veränderungen, die in den einzelnen Fällen ebensogut meßbar und genau feststellbar sind wie ihre quantitativen Gleichheiten, etwa die der Masse.

«Restlose Genidentität» ist ferner nicht gleichbedeutend mit «eindeutiger Bestimmtheit» (A VII, S. 289–291). Eindeutig bestimmen lassen sich auch die biologischen Gebilde, obwohl sie, wie sich zeigen wird, als solche nicht einer beiderseitig ins Unendliche gehenden Existentialreihe angehören.

Auch der von DRIESCH häufig hervorgehobene Satz: «Im Laufe des Werdens kann sich der Grad der Mannigfaltigkeit eines Systems nicht von selbst erhöhen» (1911, 15) hat, wenn ihm überhaupt in der Physik ein gültiger Sinn zukommt (vgl. dazu S. 102 und A IX, S. 293–294), jedenfalls nichts mit dem Satz der Unendlichkeit der restlosen Genidentitätsreihen zu tun. Denn auch der von Driesch angegebene Satz behauptet eine Gleichheit, und zwar in bezug auf den «Grad der Mannigfaltigkeit» gewisser «Systeme» in verschiedenen Zeiten.

Gegenüber diesem und ähnlichen, meist unklaren Sätzen über die Beharrung der «Menge» oder «Materie» ist immer wieder darauf hinzuweisen, daß die Genidentitätsbeziehung nicht durch eine Gleichung ausdrückbar ist. Ebensowenig ist der Satz, daß zu einem physikalischen Gebilde in jedem anderen Zeitmoment immer ein und nur ein bestimmtes einfaches oder komplexes physikalisches Gebilde existiert, das mit ihm in eindeutiger Beziehung des Auseinanderhervorgehens stehe, durch eine Gleichung ausdrückbar. Auch ein «allgemeines Konstanzgesetz», das etwa besagte, daß jedenfalls irgendeine Eigenschaft an den genidentischen Gebilden quantitativ und qualitativ gleichbliebe, wobei es eine Aufgabe der empirischen Forschung wäre, fortschreitend immer genauer zu bestimmen, welche Eigenschaft dies ist (vgl. RIEHL 1921, 92 und CASSIRER 1910,

253 ff.), würde noch eine Gleichung ausdrücken und wäre damit von dem Satz der unendlichen Existenz alles Physischen deutlich geschieden. Der in diesem Satz vorkommende Begriff des «Existierenden» steht nicht als allgemeinste Konstante am Ende einer Reihe von Invarianten, die fortschreitend für einen immer größeren Kreis gelten, wie etwa der Begriff des Unzerlegbaren in der Physik, der immer nur als relativer Abschluß, als Ausdruck eines bestimmten Ausmaßes der Variation aufzufassen wäre. Auch nicht die Idee eines solchen schrittweisen Vorwärtsgehens überhaupt, wie es vielleicht neukantischer Auffassung naheliegen würde, kommt in ihm zum Ausdruck, sondern er steht als Existentialbegriff außerhalb dieser ganzen, für die reflexiven Kategorien des Vergleichs typischen Relativität von physikalischen Varianten und Invarianten.

Auch der Satz, daß jede Wirkung notwendig eine Ursache hat und umgekehrt jede Ursache eine Wirkung, und daß beide «gleich» oder «äquivalent» sind, ist mindestens z. T. nicht gleichbedeutend mit dem Satz von der Unendlichkeit aller physikalischen restlosen Genidentitätsreihen. Denn für den Begriff von Ursache und Wirkung und der durch sie bestimmten unendlichen Reihen ist die funktionelle Abhängigkeit von Veränderungen wesentlich: Gleichheits- und Ungleichheitsverhältnisse werden andern Gleichheits- und Ungleichheitsverhältnissen eindeutig zugeordnet, auch wenn dabei restlos genidentische Gebilde in Beziehung gebracht werden. Hier ist in der Tat Drieschs Ausdruck «Änderungsübertragung» treffend. Der Satz, daß jede Ursache eine Wirkung hat, und daß zwischen beiden eine durchgängige, notwendige, eindeutige Abhängigkeit besteht, gilt auch in der Biologie und ist dort die Voraussetzung für alle Gesetzesuntersuchung (oder könnte es zumindest sein), obwohl die in der Biologie in Betracht kommenden Existentialreihen nicht beidseitig ins Unendliche gehen.

Mit Satz 7 ergibt sich zugleich folgender nicht weniger charakteristische Satz:

(8) *Die physikalischen Existentialreihen als solche enthalten keine ausgezeichneten Schnitte.*

Jeder Schnitt steht vielmehr zu jedem andern in restloser Genidentität, ohne daß in bezug auf Existentialbeziehung irgendein Schnitt vor den anderen Schnitten ausgezeichnet wäre. Jeder beliebige Schnitt bestimmt die ganze beidseits unbegrenzte Reihe eindeutig.

Wo daher, wie etwa beim Begriff des Anfangs oder Endes eines chemischen Prozesses, besondere Schnitte einer Genidentitätsreihe hervorgehoben werden, geschieht dies lediglich aufgrund von

Gleichheits- oder Ungleichheitsbeziehungen, also von irgendwelchen Eigenschaftsverhältnissen dieser Gebilde, z. B. aufgrund des im Vergleich zum Mittelstadium langsamen Tempos oder der Richtungsänderung der «Veränderung». Besondere Existentialbeziehungen zwischen den hervorgehobenen Schnitten werden in diesem Falle nicht gesetzt, und der häufig betonte Charakter der «Willkürlichkeit» oder Relativität, die einem derartigen Hervorheben bestimmter Schnitte anzuhaften scheint, ist jedenfalls z. T. auf diesen Umstand zurückzuführen.

Eine solche Abgrenzung kann übrigens ebensogut innere physikalische Berechtigung haben und sogar auf Maß und Zahl zurückführbar sein wie sonst irgendeine meßbare Beziehung, einer reflexiven und daher «subjektiv» zu bestimmenden Kategorie (vgl. A VII, S. 289–291).

Im folgenden seien noch einige Sätze angeführt, die von der Genidentitätsbeziehung in der Physik gelten. Diese Sätze enthalten nicht durchweg neue Bestimmungen, sondern lassen sich zum Teil mehr oder weniger vollständig aus bereits angegebenen Sätzen ableiten; sie sollen aber, weil sich an ihnen der Gegensatz zur Biologie deutlich formulieren läßt, gesondert erwähnt werden.

VI. Die Bedingungen
der Identität restloser Genidentitätsreihen

(9) *Erweist sich ein Glied einer restlosen Genidentitätsreihe als identisch mit einem Glied einer anderen Reihe, so sind beide Reihen in allen gleichzeitig miteinander existierenden Gliedern identisch.*

Ist $a_x{}^p \equiv a_y$ und $b_x{}^p \equiv b_y$, ferner $a_x \equiv b_x$, so ist auch $a_y \equiv b_y$.

Gelingt es z. B., die Identität zweier Sterne für einen bestimmten Zeitmoment nachzuweisen, indem etwa von der für einen bestimmten Zeitmoment berechneten Gleichheit der Raumlage auf Identität geschlossen wird – der Schluß geht hier also von der Gleichheit nicht auf Genidentität, sondern auf Identität –, so ist damit die Identität dieser Sterne auch für die anderen Zeitmomente sichergestellt.

Dieser Satz, der ausdrückt, daß jedes physikalische Gebilde nur Schnitt einer einzigen restlosen Genidentitätsreihe ist, und daß eine restlose Genidentitätsreihe bereits durch ein Glied eindeutig bestimmt ist, gilt nicht von den Genidentitätsreihen überhaupt; aus der Definition der «Restlosigkeit» in Verbindung mit dem Satz 4b läßt er sich jedoch leicht ableiten.

Die beiden restlosen Genidentitätsreihen seien a_n-a_m und b_r-b_s; die identischen Glieder seien $a_e \equiv b_e$. Angenommen, das Glied a_x der Reihe a_n-a_m sei mit dem gleichzeitig existierenden Gliede b_x der Reihe b_r-b_s nicht identisch. Dann wäre $a_e \equiv b_e{}^p \equiv a_x$

und $a_t \equiv b_t$, $^p \equiv b_x$. Das aber widerspricht der Gleichzeitigkeit von a_t und b_t, und zwar im Falle der Teilfremdheit von a_x und b_x gemäß der Definition der Restlosigkeit, im Falle der Teilgemeinsamkeit von a_x und b_x gemäß Satz 4 b.

Der Satz sagt noch nicht die Unendlichkeit aller restlosen Genidentitätsreihen aus und gilt unabhängig von ihr.

VII. Die Spaltung und Vereinigung von restlosen Genidentitätsreihen

a) Die begriffliche Unterscheidung physikalischer Teile

Es ist bereits erwähnt worden, daß ein physikalisches Gebilde, sei es ein Ding oder ein Geschehen, nicht immer mit einem als einheitliches Ganzes anzusehenden, in einem andern Zeitmoment existierenden Gebilde restlos genidentisch ist, sondern auch mit einem Teil oder einem Komplex von Gebilden restlos genidentisch sein kann. Restlose Genidentitätsreihen können sich also in mehrere Zweige spalten, und umgekehrt können mehrere Reihen sich vereinigen. Den hierüber in der Physik geltenden Sätzen, an denen die Unterschiede zur Biologie besonders deutlich zutage treten, sei der schon genannte Satz an die Spitze gestellt:

(10) *Jeder reale Teil eines physikalischen Gebildes und jeder Komplex von Gebilden läßt sich, soweit Genidentitätsbeziehungen in Frage stehen, wiederum als physikalisches Gebilde betrachten.*

Wendet man diesen Satz, auf den gelegentlich des biologischen Genidentitätsbegriffes noch zurückzukommen sein wird, auf die Genidentitätsreihen an, so ergibt sich das Vorhandensein von nebeneinander laufenden Teilreihen:

(11) *Zu jedem realen Teil eines Schnittes einer restlosen Genidentitätsreihe gibt es in jedem anderen Schnitte dieser Reihe ein Teilgebilde (oder einen Komplex von Teilgebilden), das mit ihm restlos genidentisch ist.* Ist $a_n \equiv (\alpha_n, \beta_n, \ldots, \xi_n)$ und $a_n{}^p \equiv a_x$, so gibt es eine Zerlegung $a_x \equiv (\alpha_x, \beta_x, \ldots, \xi_x)$ derart, daß $\alpha_n{}^p \equiv \alpha_x$, $\beta_n{}^p \equiv \beta_x$, $\ldots$, $\xi_n{}^p \equiv \xi_x$ ist (wobei die Teile von β_x selbst aus mehreren Teilen $[\beta_x{}', \beta_x{}'' \ldots]$ bestehen können)[23].

Dieser Satz wird in der Physik festgehalten, auch wenn sich die einzelnen Teilgebilde nicht jedesmal als selbständige Gebilde isolieren lassen. Die Physik hat im allgemeinen nur dort ein Interesse, den besonderen restlos genidentischen Teilreihen einer komplexen Genidentitätsreihe nachzugehen, wo sie auch der Art und dem Verhalten ihrer Gebilde nach verschieden sind. Innerhalb von in sich gleichartigen Genidentitätsreihen, deren Teilgebilde also untereinander äquivalent sind, kann die Physik, infolge der Möglichkeit der wechselseitigen Subsumption der Teilgebilde, die einzelnen Genidentitätszusammenhänge bei der Feststellung von «Gesetzmäßigkeiten» unbeachtet lassen. Wo die Physik getrennte Genidentitätsreihen festhalten will, muß sie zur Herstellung besonderer, gegen die Umwelt abgeschlossener Systeme greifen.

Es ist ein wesentliches Charakteristikum der physikalischen Genidentitätsreihe, daß jeder beliebige Schnitteil wiederum einer beidseitig unendlichen restlosen Genidentitätsreihe als Schnitt angehört, derart, daß es in jedem beliebigen Zeitmoment ein gerade mit ihm restlos genidentisches Teilgebilde (Gebilde oder Komplex von Gebilden) gibt. Enthält also irgendein Glied einer restlosen Genidentitätsreihe Teile – was nur bei einem wirklich «elementaren», im Sinne von «unzerlegbaren» Gebilde nicht der Fall wäre –, so läßt sich die ganze restlose Genidentitätsreihe als eine Gesamtheit mehrerer beidseitig unbegrenzter restloser Genidentitätsreihen auffassen.

In Zusammenhang mit Satz 11 steht folgender Satz, der sich zur «vollständigen Induktion» einer restlosen Genidentitätsbeziehung verwenden läßt.

(12) *Sind alle einzelnen Teile zweier physikalischer Gebilde wechselweise restlos genidentisch, so sind auch die Gesamtgebilde restlos genidentisch miteinander.*

Ist $a_n \equiv (\alpha_n, \beta_n, ..., \xi_n)$[24] *und* $a_m \equiv (\alpha_m, \beta_m, ..., \xi_m)$, *ferner* $\alpha_n^p \equiv \alpha_m$, $\beta_n^p \equiv \beta_m; ...; \xi_n^p \equiv \xi_m$, *so ist auch* $a_n^p \equiv a_m$.

Dieser Satz gilt unabhängig davon, ob die einzelnen Teile physikalisch real verbunden sind oder nicht (vgl. S. 212).

Eine Anwendung desselben Satzes in anderer Form bedeutet es, wenn bei gegebener Genidentität zweier Gesamtkomplexe a_n und a_m aus der wechselseitigen Genidentität gewisser Teile $\alpha_n, \beta_n ...$ und $\alpha_m, \beta_m ...$ auf die restlose Genidentität der beiden Restteile ξ_n und ξ_m geschlossen wird.

Ein Beispiel möge dies erläutern:

Gegeben ist ein Gebilde a_n, dessen Zusammensetzung aus verschiedenen, im einfachsten Falle also zwei Bestandteilen, α_n und β_n, bekannt ist, sei es, weil es aus diesen Bestandteilen im Laboratorium selbst zusammengesetzt worden ist, sei es aufgrund der Bestimmung seiner physikalischen oder chemischen Eigenschaften mit Hilfe irgendwelcher «Reagenzien». a_n sei z. B. Wasser, das durch Verbrennen von Wasserstoff in Sauerstoff gewonnen oder das als Wasser auf andere Weise bestimmt ist. Gelingt es nun, den einen der Bestandteile (α_n), etwa den Sauerstoff, abzusondern, ohne daß dabei die restlose Genidentitätsbeziehung der ersten Flüssigkeit a_n mit der

Gesamtheit der resultierenden getrennten Substanzen ($a_m \equiv [\alpha_m, \beta_m]$) zweifelhaft wird, so erachtet man damit auch die restlose Genidentität der übrigbleibenden Substanz β_m mit dem anderen Bestandteil β_n der ursprünglich unzerlegten Flüssigkeit a_n als gesichert. Aufgrund dieser angenommenen Genidentitätsbeziehung kann man dann auf gewisse Eigenschaften der verbleibenden Substanz β_m schließen, falls die Konstanz dieser Eigenschaft unter den in Betracht kommenden Umständen bereits empirisch festgestellt ist. Daß bei derartigen Fällen in der Tat immer ein Schluß von Genidentität auf Gleichheit vorliegt, auch wenn dieser Schluß nicht so umständlich explizit gezogen zu werden pflegt, wird an folgendem deutlich: der Schluß läßt sich 1) nicht mehr eindeutig ziehen, sobald die Genidentitätsbeziehung infolge Undichtigkeit der abschließenden Gefäße nicht gesichert ist, und 2) muß empirisch bekannt sein, daß durch die in Betracht kommende Vereinigung und Trennung die Eigenschaften der betreffenden Substanz nicht verändert werden, daß also z. B. nicht eine der ersten Teilsubstanz nur isomere Substanz aus der Trennung hervorgeht.

Ergibt sich, daß die übrigbleibende Substanz andere als die erwarteten Eigenschaften besitzt, so wird trotzdem die restlose Genidentitätsbeziehung dieser Substanz zu gewissen Teilen der Ausgangssubstanz nicht in Frage gezogen. In diesen Fällen schließt man vielmehr, daß es sich um eine der erwarteten Substanz «isomere» Substanz handelt. Trifft ein solcher Fall chemischer Eigenschaftsverschiedenheit «chemisch unzusammengesetzte» Substanzen, so würde auch dann die restlose Genidentität nicht in Frage gestellt werden, sofern nur die übrigen Voraussetzungen zweifellos feststehen. Vielmehr wäre es dann geglückt, ein chemisches Element in ein anderes zu verwandeln. *Die Gültigkeit des oben angeführten Satzes bleibt also unabhängig von allen Gleichheiten oder Verschiedenheiten bestehen.*

Daß die Genidentitätsbeziehung der zeitlich verschiedenen, bei solchen Experimenten benutzten Gebilde selbst nicht explizit in den Beweisgang einzugehen pflegt, obwohl sie in der mannigfachsten Weise die Voraussetzung der benutzten Schlußverfahren bildet, liegt vor allem daran, daß die Wahrung der Genidentitätsbeziehung eine unmittelbare Aufgabe des Laboratoriums ist, der die experimentelle Hantierung selbst genügen muß. Sie ist eine selbstverständliche Voraussetzung, die zu Diskussionen nur bei der Besprechung der «Versuchsanordnungen» oder dann Anlaß gibt, wenn ein Ergebnis als fehlerhaft und auf einem Mangel der Technik beruhend hingestellt wird.

b) Die reale Vereinigung und Trennung

Die eindeutige Beziehung des existentiellen Auseinanderhervorgehens in der Physik wird durch das Einschließen in undurchlässige Grenzen gesichert. Werden nun verschiedene solche Systeme real vereinigt, indem die betreffenden Gebilde räumlich zusammengebracht werden und die Grenze zwischen ihnen beseitigt wird, so setzt man das nunmehr entstandene allseitig begrenzte System restlos genidentisch mit der Gesamtheit der in dem früheren Zeitmoment existierenden einzelnen System. Es gilt also folgender Satz der realen Verbindungen:

(13) *Werden mehrere physikalische Gebilde a_1, b_1, c_1, ... real miteinander vereinigt, so ist das aus dieser Vereinigung hervorgehende Gebilde v_2 restlos genidentisch mit der Gesamtheit der unverbundenen Gebilde; $(a_1, b_1, c_1, ...)^p \equiv v_2$.*

Wesentlich an dieser Existentialbeziehung ist hier, daß das Produkt der realen Vereinigung nicht zu den einzelnen Gebilden, sondern zu ihrer Gesamtheit in restlose Genidentitätsbeziehung gesetzt wird (A IX, S 293–294).

Wenn z. B. zwei Flüssigkeiten a_1 und b_1 zu einer Flüssigkeit v_2 vereinigt werden, schließt man etwa gemäß dem Satz von der Gewichtsgleichheit restlos genidentischer Körper auf die Gewichtsgleichheit zwischen v_2 und der Summe der Gewichte von a_1 und b_1 $(G_{v_2} = G_{a_1} + G_{b_1})$[25]. Auch hier ist nicht der Schluß von Gleichheit auf Genidentität ursprünglich, sondern er setzt den empirischen Nachweis des Satzes von der Gleichheit genidentischer Gebilde voraus und damit den Ansatz des bei der Vereinigung resultierenden Gebildes als restlos genidentisch mit der Gesamtheit der unvereinigten Gebilde.

Daß die Anwendbarkeit des Satzes von der Konstanz der Masse (ergänze: restlos genidentischer Gebilde) auf chemische Vereinigungen eine empirische Untersuchung der Gewichtsverhältnisse der als restlos genidentisch betrachteten Gebilde vor und nach der Vereinigung zur Voraussetzung hat – wie denn auch historisch eine solche empirische Untersuchung der Anerkennung dieses Satzes vorausgegangen ist –, braucht kaum besonders ausgeführt zu werden (vgl. S. 64 f.). Aber auch auf irgendwelche chemische Eigenschaftsgleichheiten kann man den in der Formel $v_2{}^p \equiv (a_1, b_1, ...)$ ausgedrückten Ansatz der restlosen Genidentitätsbeziehung nicht zurückführen. Gelingt etwa eine neue Zusammensetzung, so ist das neue Gebilde zunächst lediglich definiert als dasjenige, welches aus den und den Substanzen unter ganz bestimmten Bedingungen «entsteht», ohne daß darum seine physikalischen und chemischen Eigenschaften (sein Verhalten bei verschiedenen Temperaturen, seine Einwirkung auf andere Substanzen, die Bedingungen seines chemischen Zerfalls usw.) im einzelnen bekannt zu sein brauchen.

Die Sätze über die Genidentität sind also keine allgemeinen oder speziellen physikalischen Gesetze. Auch die Überlegungen über die «möglichen» physikalischen

Eigenschaftsbeziehungen gehören in die theoretische Physik, aber nicht in die Wissenschaftslehre.

So kann ein Gebilde *vor* Feststellung irgendwelcher Eigenschaftsgleichheit oder -ungleichheit durch die restlose Genidentitätsbeziehung zu der Gesamtheit bestimmter anderer Gebilde definiert werden. In der Tat werden sehr häufig die Eigenschaften der zunächst auf solche Weise definierten Gebilde erst sekundär erforscht; erst später gelingt es, ihre genaue Konstitutionsformel, ihr Verhalten unter verschiedenen Bedingungen usw. im einzelnen festzustellen.

Eine derartige Definition ist auch keine Bestimmung durch Äquivalenz, die ja durchaus zu den Eigenschaftsgleichungen zu rechnen ist. Denn die betreffende zusammengesetzte Substanz wird hier nicht dadurch definiert, daß sie irgendwelche andere Substanzen bei bestimmten chemischen Prozessen zu vertreten vermag.

Ebenso kann, um diesen Fall sogleich vorweg zu nehmen, ein Gebilde zunächst als das eine von mehreren Gebilden definiert sein, die bei der Trennung einer bestimmten Ausgangssubstanz entstehen. Zusammen mit einer Reihe anderer Gebilde ist es restlos genidentisch mit demjenigen Gebilde, das unter bestimmten Bedingungen in jene Reihe zerfällt. Es ist nur als ein x_2 einer Genidentitätsbeziehung $v_1{}^p \equiv (x_2, a_2, \ldots, n_2)$ definiert, ohne daß seine Eigenschaften schon festzustehen bräuchten. Gewisse chemische Elemente z. B. sind auf diese Weise gefunden und definiert worden. Erst die weitere Eigenschaftsuntersuchung führte dann zu deren Bestimmung als chemischer Elemente.

Jedenfalls erweist sich – und das allein ist hier wesentlich – die besondere Art des Ansatzes der Genidentitätsbeziehung im Falle der realen Vereinigung oder Trennung physikalischer Gebilde als unabhängig von ihren besonderen Eigenschaftsbeziehungen und zugleich als ein fundamentaler Sachverhalt, der bei der experimentellen Arbeit der Physik immer von neuem von wesentlicher Bedeutung ist.

Es darf bei der Betrachtung der für die physikalische Vereinigung geltenden Genidentitätsformel $v_2{}^p \equiv (a_1, b_1, c_1, \ldots)$ keinesfalls aus den Augen gelassen werden, daß nur eine Seite der Genidentitätsbeziehung mathematisch zusammengefaßt ist. Die mathematische Beziehung besteht nur zwischen den einzelnen Gebilden $a_1, b_1, \ldots$ und der Gesamtheit eben dieser identischen Gebilde $(a_1, b_1, c_1, \ldots)$, die sich im Verhältnis von Teilmenge und Vereinigungsmenge gegenüberstehen. *Keinerlei mathematische* Beziehungen jedoch werden durch die Formel zwischen dem zeitlich späteren Gebilde v_2 einerseits und den zeitlich früheren Gebilden $a_1, b_1, c_1, \ldots$ oder der Gesamtheit dieser Gebilde andererseits geknüpft – mag man nun die Formel $v_2{}^p \equiv (a_1, b_1, c_1, \ldots)$ oder die Formel $v_2{}^p \equiv (a_1 + b_1 + c_1 + \ldots)$ benutzen (A IX, S. 293–294).

Satz 13 (S. 100) behauptet keine Gleichheit zwischen v_2 einerseits und $a_1, b_1, c_1, \ldots$ oder deren Gesamtheit andererseits und läßt sich also nicht durch die Formel $v_2 = a_1 + b_1 + c_2 + \ldots$ ausdrücken, auch wenn man am Sinn von «+» als dem «Mengenplus» festhält.

Daß das Verhältnis der qualitativen und quantitativen, physikalischen und chemischen Eigenschaften wie Gewicht, Dichte, Valenzverhältnisse usw. durch die restlose Genidentitätsbeziehung an und für sich offen gelassen wird, wurde schon wiederholt hervorgehoben. Daß die räumliche Ausdehnung, das Volumen, ebenfalls zu diesen offengelassenen Bestimmungen gehört, ist um so weniger zu leugnen, als dieses Verhältnis bei restlos genidentischen Gebilden in der Tat variabel ist. Aber Formulierungen wie die, daß bei chemischen Veränderungen «stets die Menge der Materie nach der Veränderung die gleiche wie vor derselben» (REMSEN-SEUBERT 1906, 3) ist, scheinen den Gedanken nahezulegen, daß man doch von Größen- oder Mengenverhältnissen der in Genidentität stehenden Gebilde als solcher sprechen kann, ohne auf ihre «Eigenschaften» einzugehen. Aber inwiefern sind denn die restlos genidentischen Gebilde mengengleich? Sind es die Anzahl ihrer Volumeneinheiten, die Anzahl ihrer Moleküle oder ihrer Atome oder ihrer Ionen oder welcher Einheiten sonst? Man sieht, erst eine empirische Untersuchung genidentischer Gebilde kann Aufschluß darüber geben, welches denn jene Einheit ist, deren Anzahl jedesmal konstant bleibt. Zugleich wird damit deutlich, daß es, abgesehen von Konstanz und Inkonstanz, überhaupt jeden Sinn verliert, von den Mengenverhältnissen mehrerer Gebilde zu reden, ohne zuvor eindeutig festzulegen, ob man von den Anzahlen der Atome oder Moleküle oder welchen Einheiten sonst spricht. Immer also ist es eine bestimmte Hinsicht des Vergleichs, eine Anwendung reflexiver Beziehungen – denn auch solche Begriffe wie Atom und Molekül und ihre Unterschiede sind mit Hilfe reflexiver Beziehungen definiert –, die die Voraussetzung bildet für irgendwelche angebbaren Mengenbeziehungen zwischen restlos genidentischen Gebilden, und ohne welche man genidentischen Gebilden ein bestimmtes Mengenverhältnis mit Sinn nicht zusprechen kann.

Der Ausdruck $v_2{}^p \equiv (a_1, b_1, c_1, \ldots)$ setzt also noch kein bestimmtes Größen- oder Mengenverhältnis zwischen v_2 und der «Menge» $(a_1, b_1, c_1, \ldots)$ an. Die in ihm formulierte Genidentitätsbeziehung ist vollends nicht zu verwechseln mit jenen Beziehungen, die in Formeln wie $H_2SO_4 = H_2O + SO_3$ ihren Ausdruck finden. Denn hier handelt es sich in der Tat um chemische Gleichungen, um eine Darstellung nicht von Existentialbeziehungen als solchen, sondern von Gleichheits- oder Äquivalenzbeziehungen, die allerdings häufig die Äquivalenz-Verhältnisse restlos genidentischer Gebilde wiedergeben oder doch nur durch eine Untersuchung solcher Gebilde gefunden sind. Die chemischen Formeln sind im allgemeinen Molekularformeln und kennzeichnen schon dadurch ihre Verwendung reflexiver Kategorien. Sie geben Auskunft über die qualitative Beschaffenheit der in Beziehung gebrachten Gebilde, d. h. über die Art der Stoffe, ferner über ihre quantitativen Gewichtsverhältnisse, die Volumenverhältnisse, evtl. die Konstitutionsverhältnisse, und bringen diese Bestimmungen in funktionelle Abhängigkeit voneinander. Vor allem drücken chemische Gleichungen in der Regel keine Existentialbeziehungen bestimmter im Zeitpunkt n existierender Gebilde zu ganz bestimmten im Zeitpunkt m existierenden Gebilden aus. Sie bezeichnen nicht die Gleichheitsbeziehungen zwischen individuellen Gebilden, die von irgendwelchen anderen nur qualitativ und quantitativ gleichen Gebilden unterschieden werden. Vielmehr enthalten chemische Formeln nur die generelle Behauptung, daß «solche» Stoffe mit Hilfe gewisser anderer Stoffe und, wie die thermochemische Gleichung angibt, unter gewissen Wärmevorgängen in Stoffe bestimmter anderer Art umgewandelt werden können und zwar in ganz bestimmten quantitativen Verhältnissen[k]. In den chemischen Formeln verlieren daher die betreffenden Gebilde ihre Zeitindizes. Die chemische Gleichung selbst legt also keine Genidentitätsbeziehung fest. Auch wenn die Gleichung gelegentlich einen bestimmten individuellen Reaktionsvorgang darstellen soll, werden durch sie allemal die Eigenschaftsveränderungen ausgedrückt; es wird die Reihe genidentischer Gebilde als eine Reihe untereinander in Beziehung stehender «Größen» aufgefaßt. Die «Umsatzgleichung» geht, auch wenn sie etwa nicht ein Gleichheitszeichen, sondern ein zugleich die Richtung der Veränderung zum Ausdruck bringendes Zeichen benutzt, ebenso wie der Ausdruck aller Gesetzmäßigkeit in der Physik, stets auf eine Darstellung irgendwelcher qualitativer oder quantitativer «funktioneller Abhängigkeiten» aus; wesentlich für sie sind die Begriffe «Konstanz» und «Variation», «Größe», «Veränderung», «Prozeß» und ähnliche, deren reflexiver Charakter bereits hervorgehoben wurde. Die Umsatzgleichung setzt also, um die anfangs benutzte Terminologie zu gebrauchen, nicht eine Existentialbeziehung zwischen den «Dingen», sondern Gleichheits- oder Ungleichheitsbeziehungen zwischen ihren «Eigenschaften». Mit dem Sinn der chemischen Gleichungen haben daher die hier benutzten Formeln, die die Genidentitätsbeziehungen bei einer realen Vereinigung oder Spaltung ausdrücken sollen, nichts zu tun. Allenfalls ließe sich sagen, daß hier die Existentialbeziehung zwischen Gebilden ausgedrückt wird, deren Eigenschaften durch chemische Gleichungen in reflexive Beziehungen zueinander gebracht werden können.

Dieselbe Formel, die die restlose Genidentitätsbeziehung bei der Vereinigung zum Ausdruck bringt, läßt sich unter Veränderung der

Zeitindizes auch im Falle der Spaltung einer Reihe verwenden. Analog zum Satz der realen Vereinigung gilt in der Physik folgender Satz der realen Spaltung:

(14) *Spaltet sich ein physikalisches Gebilde v_1 real in mehrere Gebilde a_2, b_2, c_2, ..., so ist das unzerlegte Gebilde restlos genidentisch mit der Gesamtheit aller physikalischen Gebilde, die durch die Spaltung entstanden sind; $v_1{}^p \equiv (a_2, b_2, c_2, ...)$.*

Wesentlich ist hier wiederum, daß nicht jedes der entstandenen Gebilde für sich in eindeutige Existentialbeziehung zu dem früheren Gebilde gesetzt wird, wie etwa jedes von mehreren Kindern für sich zu den gemeinsamen Eltern, sondern daß das frühere Gebilde nur mit der Gesamtheit der späteren Gebilde eindeutig genidentisch ist.

Es könnte scheinen, als ob Satz 13 (vgl. S. 100) und 14 ohne weiteres aus der Definition der Restlosigkeit folgten. Sie lassen sich in der Tat aus ihr ableiten, wenn einmal feststeht, daß jeder reale Teil, der bei dem Zerfall eines physikalischen Ganzen entsteht, überhaupt genidentisch mit dem unzerlegten Ganzen zu setzen ist. Das aber ist eine neue Bestimmung. Sie betrifft nicht das Verhältnis der restlosen Genidentität zur physikalischen Genidentität überhaupt, sondern die Beziehung der physikalischen Genidentität zur physikalischen realen Ganzheit, und zwar konstatiert sie die Unabhängigkeit beider voneinander; für die Stellung eines Gebildes als Schnitt einer restlosen Genidentitätsreihe ist es gleichgültig, ob es aus getrennten physikalischen Teilgebilden besteht oder ein physikalisches Ganzes bildet. Diese Unabhängigkeit ist ein wesentliches Charakteristikum der physikalischen Genidentität z. B. gegenüber der biologischen Genidentität.

Gemäß der Unabhängigkeit der restlosen Genidentität vom Zeitabstand ergibt sich über die reale Trennung und Vereinigung folgender Satz:

(15) *Die restlose Genidentitätsbeziehung eines physikalischen Gebildes zu einer Gesamtheit anderer Gebilde wird durch die zeitliche Reihenfolge der realen Vereinigung oder Trennung dieser Gebilde nicht berührt.*

Die Formel $v_m{}^p \equiv (a_n, b_n, c_n, ...)$ (m früher oder später als n) also bleibt bestehen unabhängig davon, 1) ob eine reale Vereinigung oder Trennung stattgefunden hat oder nicht (wobei dann die Gebilde a_n, b_n, c_n ... als nur begrifflich getrennte Teile anzusehen sind), 2) wann in der Zwischenzeit die Vereinigung oder Trennung stattgefunden hat, 3) in welcher Reihenfolge die Vereinigung oder Trennung der einzelnen Teile stattgefunden hat.

Würde, was offengelassen war, der Satz gelten, daß die Beziehungen existentiellen Auseinanderhervorgehens nur zwischen Dingen oder Geschehnissen, aber nicht zwischen Dingen und Geschehnissen bestehen, so wäre eine reale Verbindung von genidentischen Dingreihen mit genidentischen Geschehnisreihen nicht in derselben Weise möglich wie zwischen verschiedenen Dingreihen untereinander. Auf diese Frage braucht jedoch hier nicht näher eingegangen zu werden.

VIII. Die weniger eindeutig bestimmenden physikalischen Genidentitätsbeziehungen

Die Physik beschäftigt sich nicht nur mit den Eigenschaften der Glieder restloser Genidentitätsreihen, sondern häufig auch mit Gebilden, die in weniger eindeutig bestimmter Existentialbeziehung stehen. Allerdings genügt fast nie die Beziehung der Genidentität überhaupt, wohl aber bisweilen der Umstand, daß in der Zwischenzeit entweder nichts hinzugekommen oder nichts verloren gegangen ist; bei der «qualitativen Analyse» der Chemie stehen die untersuchten Gebilde häufig in solchen Beziehungen.

Auch von diesen Beziehungen, die ihre Relata weniger eindeutig bestimmen, gelten bestimmte Sätze.

Bezeichne ich z. B. $a_n{}^p > a_m$, wenn a_n außer mit a_m auch mit einem gleichzeitigen x_m genidentisch ist, während im Zeitpunkt n außer a_n kein Gebilde existiert, das mit a_m genidentisch ist, und definiere analog $a_n{}^p < a_m$, so gelten folgende Schlußfolgerungen:

1.) $a^p < b$
$b^p < c$
$\overline{a^p < c}$

2.) $a^p > b$
$b^p > c$
$\overline{a^p > c}$

Diese Schlußfolgerung gilt wiederum für beliebige Reihenfolgen der Zeitindizes.

Auf die Modifikationen der bisher angeführten Sätze im Falle solcher, nur teilweise bestimmter Genidentitätsbeziehung sei hier nicht eingegangen. Nur erwähnt sei, daß es die experimentelle Physik selten mit wirklich restlos genidentischen Gebilden zu tun hat, und zwar infolge der meist nicht idealen Zuverlässigkeit der abschließenden Grenzen, und daß daher bei der Formulierung des Ergebnisses der Untersuchung solcher restlos genidentischer Gebilde diskutiert wird, wie groß die durch die Mangelhaftigkeit des Abschlusses bedingten Verschiebungen sein können.

IX. Zur Frage allgemeinster Konstanzgesetze von Eigenschaften restlos genidentischer Gebilde

Die Untersuchung der Sätze über die physikalisch restlose Genidentität sei damit ohne Anspruch auf Vollständigkeit abgebrochen. Die Verwendung der induktiven Methode wissenschaftstheoretischer

Untersuchung läßt auch so auf einige Sicherheit der Ergebnisse hoffen. Auf die in der Physik vielleicht durchgängig bestehenden Gleichheitsbeziehungen der restlos genidentischen Gebilde soll nicht eingegangen werden, ohne daß damit behauptet sei, daß es allgemeine Sätze über reflexive Beziehungen genidentischer Gebilde nicht gibt.

Hierher würde z. B. der von RIEHL (1921, 92) angegebene Satz gehören: «Daß die Masse beharrt, ist ein empirisches Gesetz, daß irgend etwas notwendig beharrt, ein Gesetz des Empirischen. Angenommen, die Masse zeigte sich veränderlich..., so könnte sie nur das Veränderliche von etwas Unveränderlichem sein.» Ein solcher Satz widerspräche nicht der Unabhängigkeit des Begriffs der Existentialbeziehung vom Begriff der Gleichheitsbeziehung. Vertritt man die Ansicht, daß eine Existentialbeziehung nie direkt erkennbar ist, so müßte es sogar notwendig solche den Schluß auf die Existentialbeziehung vermittelnden allgemeinen Sätze reflexiver Natur über genidentische Gebilde geben.

Es wäre zunächst sogar denkbar, daß es besondere derartige Sätze gibt, die nur für die Physik charakteristisch sind. Doch sei darauf hingewiesen, daß folgender Satz, den man als besonderes Charakteristikum der physikalischen gegenüber den biologischen Gebilden hingestellt hat, auch in der Physik nicht gilt:

Ist $a_n{}^p \equiv a_m$, so ist auch in allen Eigenschaften $a_n = a_m$, wenn nicht in der Zeit zwischen n und m eine äußere Einwirkung auf ein Glied der restlosen Genidentitätsreihe a_n bis a_m stattgefunden hat.

Tritt nämlich trotz des Vermeidens äußerer Einwirkungen in der Zwischenzeit eine Veränderung der Glieder einer restlosen Genidentitätsreihe ein, so wird auch in der Physik auf eine «innere Ursache» der Veränderung geschlossen.

X. Zusammenstellung der Sätze
über die «restlose Genidentität» als die eindeutige Existentialbeziehung in der Physik

Als *Grundbegriff* des eindeutigen existentiellen Auseinanderhervorgehens in der Physik hatte sich der Begriff der *Reihe restlos genidentischer Schnitte* ergeben. Diese erwies sich als eine geordnete, kontinuierliche, beidseitig unbegrenzte Reihe.

Der Beziehung der restlosen Genidentität kommen vier Grundbestimmungen zu, in denen sich eine größere Anzahl der entwickelten Sätze zusammenfassen läßt:

1) Vorhandensein eines kontinuierlichen Übergangs zwischen den bezogenen Gebilden;

2) Unabhängigkeit der Beziehung von der Zeitrichtung;
3) Unabhängigkeit der Beziehung von dem Abstand der Schnitte in der Reihe;
4) Ausschließung eines gleichzeitig mit einem von zwei restlos genidentischen Schnitten existierenden, teilfremden Gebildes, das mit dem anderen Schnitte genidentisch überhaupt ist.

Sätze

Symmetrie der Relation

(1) Ist $a^p \equiv b$, so ist auch $b^p \equiv a$. (Bestimmung 2 des Grundbegriffes.)

Restlosigkeit

(2) Ist $a_1{}^p \equiv a_2$, so ist 1) $a_1{}^p \neq x_2$ und 2) $a_2{}^p \neq x_1$ für alle x_1 resp. x_2, die nicht ganz oder teilweise identisch mit a_1 resp. a_2 sind. (Bestimmung 4 des Grundbegriffes.)

Zusammenhang zwischen «restloser Genidentität» und «Genidentität überhaupt»

(3a) Jeder Teil des einen von zwei restlos genidentischen Gebilden ist mit dem zweiten Gebilde genidentisch überhaupt:
Ist $a^p \equiv b$ und $a \equiv (\ldots, \alpha, \ldots)$, so ist $a^p \equiv b$. (Vgl. Satz 3c, S. 137.)

(3) Ist a überhaupt genidentisch mit b, so enthalten a und b mindestens je einen Teil der mit dem anderen in restloser Genidentität steht:
Ist $a^p = b$, so gibt es mindestens je ein $(\ldots, \alpha, \ldots) \equiv a$ und $(\ldots, \beta, \ldots) \equiv b$ derart, daß $\alpha^p \equiv \beta$ ist. (Entspricht Satz 3, S. 84.)

(3b) Sind zwei Gebilde überhaupt physikalisch genidentisch, so lassen sie sich durch gleichzeitig existierende weitere Gebilde zu restlos genidentischen Gebilden ergänzen.
Ist $a_m{}^p = a_n$, so gibt es weitere $x_m, y_m \ldots$ und $x_n, y_n \ldots$ derart, daß $(a_m, x_m, y_m, \ldots)^p \equiv (a_n, x_n, y_n, \ldots)$ ist. (Vgl. S. 144.)

Zusammenhang zwischen «Restlosigkeit» und «Nicht-Restlosigkeit»

(4a) Zwei gleichzeitig existierende nicht identische Gebilde können nicht mit ein und demselben Gebilde restlos genidentisch sein.
Ist $a_m{}^p \equiv a_n$ und $x_n \not\equiv a_n$, so ist $a_m{}^p \not\equiv x_n$. (Vgl. Satz 4d, S. 166.)

(4c) Ist ein Gebilde a mit einem Gebilde b restlos genidentisch, so ist es nicht mit einem Teil von b restlos genidentisch.
Ist $a^p \equiv b$, ferner $b \equiv (\ldots, \beta, \ldots)$, so ist $a^p \not\equiv (\ldots, \beta, \ldots)$. (Vgl. S. 91.)

Kontinuität der Reihe

(5) In jedem zwischen den Existenzmomenten zweier restlos genidentischer Gebilde liegenden Zeitpunkt gibt es ein physikalisches Gebilde, das mit den beiden Gebilden restlos genidentisch ist:

Ist $a_1{}^p \equiv a_2$, so gibt es für alle Zeitpunkte x zwischen den Zeitpunkten 1 und 2 ein a_x derart, daß $a_1{}^p \equiv a_x$ und $a_x{}^p \equiv a_2$ ist. (Bestimmung 1 des Grundbegriffes; entspricht Satz 4 u. 5, S. 85.)

Transitivität der Relation

(6) Für beliebige verschiedene Gebilde a, b und c gilt unabhängig von der Reihenfolge der Zeitindizes folgender Schluß: Ist

$$a^p \equiv b$$
$$b^p \equiv c$$
$$\overline{a^p \equiv c}$$

Unendlichkeit der restlosen Genidentitätsreihen

(7) Eine Reihe restlos genidentischer Schnitte ist beiderseits unbegrenzt.

Homogenität der Reihe

(8) Eine Reihe physikalisch restlos genidentischer Schnitte enthält als solche keinen ausgezeichneten Schnitt.

Die Bedingungen der Identität von Reihen restlos genidentischer Schnitte

(9) Erweist sich irgend ein Glied einer Reihe restlos genidentischer Schnitte als identisch mit einem Gliede einer andern Reihe, so sind beide Reihen in allen gleichzeitig miteinander existierenden Gebilden identisch:

Ist $a_x{}^p \equiv a_y$ und $b_x{}^p \equiv b_y$, ferner $a_x \equiv b_x$, so ist auch $a_y \equiv b_y$.

Teil und Ganzes

(10) Jeder reale Teil eines physikalischen Gebildes und jeder Komplex von Gebilden läßt sich, sofern Genidentitätsbeziehungen in Frage stehen, wiederum als physikalisches Gebilde betrachten.

Teilreihen im Längsschnitt

(11) Zu jedem Teil eines Schnittes einer restlosen Genidentitätsreihe gibt es in jedem anderen Schnitte dieser Reihe ein Teilgebilde (einen Komplex von Teilgebilden), das mit ihm restlos genidentisch ist:

Ist $a_n \equiv (\alpha_n, \beta_n, \ldots, \xi_n)$ und $a_x{}^p \equiv a_x$, so gibt es auch eine Zerlegung

$a_x \equiv (\alpha_x, \beta_x, ..., \xi_x)$ derart, daß $\alpha_n{}^p \equiv \alpha_x$; $\beta_n{}^p \equiv \beta_x$; ...; $\xi_n{}^p \equiv \xi_x$ ist (wobei die Teile von a_x, z. B. β_x, selbst aus mehreren Teilen [β'_x, β''_x, ...] bestehen können).

(12) Sind alle einzelnen Teile zweier physikalischer Gebilde wechselweise restlos genidentisch, so sind auch die Gesamtgebilde restlos genidentisch miteinander:

Ist $a_n \equiv (\alpha_n, \beta_n, ..., \xi_n)$ und $a_m \equiv (\alpha_m, ..., \xi_m)$, ferner $\alpha_n{}^p \equiv \alpha_m$; $\beta_n{}^p \equiv \beta_m$; ...; $\xi_n{}^p \equiv \xi_m$, so ist auch $a_n{}^p \equiv a_m$.

Reale Trennung und Vereinigung

(13) Wird ein physikalisches Gebilde v_1 in die Gebilde a_2, b_2, c_2 ... real zerlegt oder werden die Gebilde a_1, b_1, c_1 ... zu v_2 vereinigt, so ist das vereinigte Gebilde mit der Gesamtheit der unvereinigten Gebilde restlos genidentisch, und zwar unabhängig von dem Zeitpunkt und der Reihenfolge der realen Vereinigung resp. Trennung der einzelnen Glieder:

$v_m{}^p \equiv (a_n, b_n, c_n, ...)$ für m früher oder später als n, besteht unabhängig davon, 1) ob eine reale Vereinigung resp. Trennung stattgefunden hat oder nicht, 2) wann und 3) in welcher Reihenfolge die Vereinigung resp. Trennung stattgefunden hat. (Entspricht den Sätzen 13, 14, 15.)

Zugehörigkeit zu einer Reihe restlos genidentischer Schnitte

(14) Ein physikalisches Gebilde (Komplex von Gebilden) kann nicht mehreren Reihen restlos genidentischer Schnitte angehören oder in einer Reihe mehrmals als Schnitt oder Schnitteil vorkommen. (Vgl. Satz 32, S. 52.)

Von den weniger eindeutig bestimmten Genidentitätsbeziehungen gilt unabhängig von der Reihenfolge der Zeitindizes der Schluß:

1. $a^p < b$
   $b^p < c$
   ___
   $a^p < c$

2. $a^p > b$
   $b^p > c$
   ___
   $a^p > c$

Restlose Genidentität und Eigenschaftsgleichheit

Ist $a_n{}^p \equiv a_m$, so ist darum noch nicht notwendig $a_n = a_m$, auch wenn in der Zeit zwischen n und m keine äußere Einwirkung auf ein Glied der restlosen Genidentitätsreihe $a_n ... a_m$ stattgefunden hat.

Zweiter Teil
Die genetischen Reihen in der Biologie

Die Selbständigkeit der biologischen Existentialreihen

I. Genetische Definitionen in der Biologie

Ebenso wie die experimentelle Physik beschäftigt sich die experimentelle Biologie ausgiebig mit den Eigenschaftsbeziehungen von Gebilden, die in einer genetischen Beziehung zueinander stehen. Wenn die Wachstumsvorgänge von Wurzel und Sproß oder die Bildung eines Organs verfolgt wird, wenn dem Reifungsprozeß eines Eies, den Furchungsvorgängen, überhaupt der Embryonalentwicklung nachgegangen wird, aber auch wenn die Vererbbarkeit von Eigenschaften aufgrund von Bastardierungen untersucht oder «reine Linien» erzeugt werden, in allen diesen Fällen handelt es sich vor allem darum, die Eigenschaftsbeziehungen solcher Gebilde zu untersuchen, die in der Beziehung des existentiellen Auseinanderhervorgehens zueinander stehen. Der Darwinismus hat mit der Betonung des Abstammungsbegriffs, durch den er die Gleichheits- und Ähnlichkeitsbeziehungen begründet, zugleich die Existentialbeziehung gegenüber diesen reflexiven Beziehungen in den Vordergrund geschoben. Die Embryologie, die Entwicklungsmechanik, kurz die gesamte Biologie, sofern sie sich mit phylogenetischen oder ontogenetischen Entwicklungsvorgängen morphologischer oder physiologischer Natur beschäftigt, geht vor allem auf Untersuchung biologischer Gebilde, die existentiell auseinander hervorgehen.

Dieses Eingehen auf die Existentialreihen und die Berücksichtigung der Stellung eines Objektes in irgendwelchen Bildungszusammenhängen tritt bei der Definition biologischer Begriffe immer stärker zutage. Wenn man, um nur einige Beispiele zu nennen, bei der Verzweigung Dichotomie und falsche Dichotomie, die Form des Monopodiums und die des Sympodiums trennt, wenn man analoge und homologe Gebilde unterscheidet und nur den homologen Gebilden denselben «morphologischen Wert» zuspricht (Strassburger 1908, 6), wenn man den Phänotypus und den Genotypus eines Organismus unterscheidet und den Genotypus zum ausschlaggebenden Moment erhebt, so tritt daran gleichermaßen zutage, wie in allen Zweigen der Biologie, so verschieden und verschieden gerichtet sie im übrigen sein mögen, die bloß beschreibungsmäßigen, auf das Entstandensein nicht Rücksicht nehmenden Gegenüberstellungen von Gleichheiten und Ungleichheiten zurücktreten gegenüber einer Begriffsbildung, die von den Entwicklungsreihen selbst ausgeht. Wenn diese Art der Begriffsbildung in der Biologie noch nicht annähernd dieselbe Ausbreitung wie in der Physik erreicht hat, so machen sich doch auch hier immer stärker neben den «Beschreibungszusammenhängen» die «Erklärungszusammenhänge» bemerkbar[26]. Das einzelne Gebilde wird immer mehr durch eine Stellung in oder zu einem Entwicklungsverlauf definiert (vgl. A X, S. 294–295).

Diese Tendenz zur fortschreitenden Bevorzugung «genetischer»[27] Begriffe, wie sie sich auch sonst in der Entwicklung einer Wissenschaft beobachten läßt, bleibt unberührt von der Stellung der betreffenden biologischen Theorien zum Darwinismus. Auch wenn die Biologie wieder stärker zu Gedankengängen der «idealistischen» Morphologie zurückkehren und «systematische» Biologie wieder unter anderen als bloß entwicklungsgeschichtlichen Gesichtspunkten betreiben sollte, wozu eine wachsende Tendenz vorzuliegen scheint, so würde damit vielleicht eine Herabminderung der Rolle bestimmter Hypothesen oder der Hypothesenbildung überhaupt Hand in Hand gehen zugunsten der Verstärkung des induktiven Elements der Theorienbildung[28]; keinesfalls aber würde eine solche Umkehr bedeuten, daß man die einzelnen Zellen, Organe, Gebilde und Funktionen nunmehr einander gegenüberstellen sollte, wie sie, abgesehen von ihrem individuellen Entwicklungsprozeß, also als isolierte Gebilde eines bestimmten Zeitmoments sich darbieten. Es ist nicht die Rede davon, die ganzen durch Vergleich von Entwicklungsprozessen gefundenen Begriffe – seien sie nun morphologischer oder physiologischer Natur – über Bord zu werfen, sondern allenfalls davon, gewisse hypothetische Entwicklungsreihen der Phylogenie bei der Begriffsbildung auszuschalten zugunsten einer Beschränkung auf die beobachtbaren ontogenetischen Zusammenhänge. Die Unterscheidung der Biologie als einer «beschreibenden» Wissenschaft von der Physik als einer «erklärenden» Wissenschaft würde in einer solchen Entwicklung jedenfalls keine Stütze finden.

In der Tat lassen sich dieselben typischen Arten der erklärungsmäßigen Begriffsbildung, wie in der Physik, auch in der Biologie unterscheiden: das *betreffende Gebilde wird als Endprodukt einer bestimmten Bildungsreihe definiert;* z.B. das Sympodium als eine Verzweigungsart, die so und so zustande gekommen ist; oder ein Gebilde wird als Anfangsglied einer wirklichen oder möglichen Reihe von Gebilden oder Vorgängen definiert, wie z.B. der Genotypus eines Organismus definiert ist durch die Eigentümlichkeiten der «reinen

Linien», die sich aus ihm gewinnen lassen; oder wie die Spermatozoidmutterzelle eben als Mutterzelle des Spermatozoids definiert ist. Aufgrund der biologischen Untersuchungen wird dann häufig einem zunächst etwa als Anfangsglied definierten Gebilde auch die gesetzmäßige Stellung als Endglied bestimmter anderer Prozesse zugesprochen, z. B. Fortpflanzungszellen entwickeln sich immer aus dem mittleren Keimblatt.

Nicht also nur in jenen Gedankengängen, die sich speziell mit den «Bildungsgesetzen» als solchen befassen, sondern in dem gesamten Begriffsgefüge der Biologie spielt ähnlich wie in der Physik der Begriff des existentiellen *Hervorgehens* der einzelnen Gebilde oder «Funktionen» auseinander eine Rolle und entwickelt sich immer stärker zu einem beherrschenden Element.

Es fragt sich nun, ob diese genetischen Reihen identisch sind mit den physikalischen genetischen Reihen.

II. Die Verschiedenheit der genetischen Reihen in Physik und Biologie

Die Eigentümlichkeit des Begriffs des Auseinanderhervorgehens, gewisse *Reihen* zu konstituieren, gibt ein einfaches technisches Mittel an die Hand, die Frage der Identität oder Verschiedenheit der beiden Reihen-Begriffe in Biologie und Physik eventuell schon zu entscheiden, bevor die Eigentümlichkeiten der beiden Begriffe im einzelnen vollkommen erforscht und sichergestellt sein müßten. Ergibt sich nämlich, daß man von demselben Anfangsglied ausgehend bei gleichartiger Anwendung beider Beziehungsbegriffe zu verschiedenen Endgliedern kommt, so ist damit unbeschadet der sonstigen Eigentümlichkeiten der verwendeten Reihentypen jedenfalls ihre Verschiedenheit offensichtlich.

In der Tat läßt sich auf diesem Wege unschwer zeigen, daß im Begriff der biologischen Entwicklungsreihen nicht einfach der Begriff der physikalischen Reihen restlos genidentischer Schnitte übernommen ist, sondern daß in der Biologie ein anderer Existentialreihentypus verwendet wird.

Geht man z. B. von einem bestimmt bezeichneten Ei aus und verfolgt die biologische Reihe von Gebilden, die im Laufe der Entwicklung aus ihm hervorgegangen sind, so kommt man etwa über Blastula und Gastrula, über das aus dem Ei schlüpfende junge Hühnchen schließlich zu einem bestimmten erwachsenen Huhn. Folgt man jedoch, mit diesem selben (identischen) Ei beginnend, der Reihe der aus ihm physikalisch hervorgegangenen Gebilde, so ist nicht nur die Eischale liegen geblieben, sondern auch die Substanzen des Protoplasmas sind die verschiedensten chemischen Verbindungen eingegangen und haben infolge Muskelarbeit, bei der Verdauung, als abgestorbene Epidermiszellen oder auf einem der vielen anderen Wege den Körper des Huhnes jedenfalls zum Teil längst verlassen. Die von dem Ei zeitlich vorwärts gehenden physikalischen Genidentitätsreihen führen zu den verschiedensten Gebilden, und wenn überhaupt eine physikalische Genidentitätsbeziehung zwischen Ei und Huhn besteht, so gehören jedenfalls zum erwachsenen Huhn nur noch Gebilde, die mit einem Bruchteil des Eies physikalisch genidentisch sind. Ebenso führen die vom Huhn nach rückwärts gehenden physikalischen Genidentitätsreihen jedenfalls noch zu sehr vielen anderen Gebilden als zu diesem Ei.

Dieser Satz bleibt gültig, mag man nun der von Liebig[l] ausgehenden Theorie des dauernden Zerfalls und der Wiederneubildung des lebenden Plasmas, insbesondere des organisierten Eiweiß folgen, oder der Theorie von Voit[m], die die lebende Substanz beim Eiweißstoffwechsel als relativ stabil ansieht (vgl. TIEGERSTEDT 1913, 170ff.).

Von einer eindeutigen Beziehung des existentiellen Hervorgehens des Huhnes aus dem Ei im Sinne der physikalischen «restlosen Genidentität» kann vollends nicht die Rede sein. Wenn die Biologie daher hier trotzdem von einer Entwicklung des Huhnes aus einem bestimmten Ei spricht und damit eine eindeutige Beziehung der Herkunft behauptet, so zeigt dies, daß sie eine andere Beziehung des Auseinanderhervorgehens meint als die Physik.

Und wie bei der Entwicklung des Huhns aus dem Ei verhält es sich mehr oder minder deutlich bei allen biologischen Entwicklungsreihen. Es ist gleichgültig, ob man die Entwicklung eines Organs oder eines Gewebes verfolgt oder selbst der Entwicklung der biologischen Elementarorganismen, der Zellen und ihrer Bestandteile, nachgeht. Sofern man nur die Entwicklungsspanne, die die beiden in Existentialbeziehung gebrachten Gebilde trennt, nicht allzu klein wählt, ergibt sich immer wieder, daß dieselben Gebilde, die *biologisch eindeutig* als voneinander abstammend angesetzt werden, *physikalisch durchaus nicht* in eindeutiger Genidentitätsbeziehung stehen. Geht man endlich einer Entwicklung über mehrere Generationen nach, so kann von einer physikalisch eindeutigen Existentialbeziehung eines Einzellers etwa mit einem Nachkommen der zehnten Generation keine Rede sein; und zwar auch dann nicht, wenn dieser Nachkomme durch einfache Teilung ohne dazwischenliegende Kopulation aus dem ersten Einzeller hervorgegangen ist, so daß der Nachkomme gerade zu diesem Einzeller in biologisch eindeutiger Abstammungsbeziehung steht. Physikalisch wären jedenfalls mit mindestens gleicher Berechtigung eine ganze Reihe anderer, mit dem ersten Einzeller gleichzeitig existierender physikalischer Gebilde als genidentische Ausgangspunkte für den späteren Einzeller anzusetzen.

Ähnlich verhält es sich in jenen (relativ seltenen) Fällen, in denen von einer ontogenetischen Entwicklung biologischer Funktionen des Wachstums, der Atmung, des Stoffwechsels die Rede ist. Keineswegs besteht eine solche Entwicklungsreihe aus verschiedenen Stadien einer in Umwandlung begriffenen physikalischen «Energiemenge», also einer Reihe physikalisch genidentischer Geschehnisse.

Vollends jeden Sinn als physikalische Existentialbeziehung verliert der Begriff der Entwicklung, wenn man an phylogenetische Entwicklungsreihen denkt. Wenn eine geschichtliche Abstammung bestimmter Pflanzenstämme aus bestimmten primitiveren Pflanzenstämmen behauptet wird, so wird damit in keiner Weise eine physikalische restlose Genidentität der späteren mit den früheren Organismen postuliert.

Wo immer von einem biologischen Auseinanderhervorgehen bestimmter Gebilde oder Funktionen in der Biologie gesprochen wird, besagt dieser Begriff etwas anderes als die physikalische Existentialbeziehung. Auch wenn irgendwelche Moleküle oder selbst umfassendere Bestandteile der in Beziehung gebrachten Gebilde physikalisch wirklich genidentisch sein sollten, so ist der Ansatz dieser Gegenstände als entwicklungsmäßig auseinander hervorgegangener Gebilde im Sinne der Biologie nicht identisch mit der Behauptung ihrer physikalischen teilweisen Genidentität.

Trotzdem handelt es sich auch bei dem Auseinanderhervorgehen in der Biologie um eine durchaus *bestimmte* Beziehung der betreffenden Gebilde zueinander. Wenn behauptet wird, daß die gesamten Chlorophyllkörner eines entwickelten Blattes biologisch auf die Chromatophoren einiger weniger Zellen des ursprünglichen Vegetationspunktes zurückzuführen sind, wenn die Gesamtheit der Zellkerne eines erwachsenen Tieres gerade zu dem Kern der befruchteten Eizelle in genetische Beziehung gebracht wird, so ist damit zugleich abgelehnt, daß dieselbe Beziehung auch etwa zwischen den späterem Chlorophyllkörnern oder den Zellkernen einerseits und dem Protoplasma der früheren Zelle besteht. Die Zusammenhänge des Auseinanderhervorgehens, die die Biologie hier ansetzt, haben für sie einen ganz bestimmten Sinn. Daß gewisse biologische Gebilde mit bestimmt bezeichneten anderen Gebilden in eine derartige Beziehung zu setzen sind, bedeutet eine positive Erkenntnis, die häufig erst in komplizierter Arbeit gewonnen wird und die lange ungewiß und heftig umkämpft sein kann. Die Frage, welche Gebilde zu gegebenen Gebilden in dieser biologischen Beziehung des Auseinanderhervorgehens stehen, beschäftigt die Biologie immer wieder von neuem. Sie ist eine andere Frage als die nach der physikalisch eindeutigen Existentialbeziehung, aber darum nicht minder eindeutig. Die Chlorophyllkörner des fertigen Blattes stehen zu den Chloroplasten der Keimzellen zwar nicht in physikalisch bestimmter Genidentitätsbeziehung, aber darum doch in einer bestimmten Beziehung des Auseinanderhervorgegangenseins.

III. Die wissenschaftstheoretische Äquivalenz des biologischen und des physikalischen Begriffs der genetischen Beziehung

Für den wissenschaftstheoretischen Wert der angegebenen Unterscheidung ist von ausschlaggebender Wichtigkeit, ob es sich bei den beiden gegenübergestellten Beziehungen des Auseinanderhervorgehens um *wissenschaftstheoretisch äquivalente* Beziehungen handelt (vgl. oben, S. 55 f.).

Zur Entscheidung dieser Frage ist vor allem zu prüfen, ob man es auch bei dem biologischen Begriff mit einer Existentialbeziehung der betreffenden Gebilde zu tun hat, oder ob es gewisse Ähnlichkeits- oder Gleichheitsbeziehungen als solche sind, z. B. irgendwelche Ähnlichkeiten der Form, die die gemeinten Reihen konstituieren. Handelt es sich hier ebenso wie bei den betreffenden physikalischen Reihen um ein existentielles Auseinanderhervorgehen der biologischen Gebilde, das die Gleichheits- und Ungleichheitsbeziehungen der Eigenschaften dieser Gebilde im Prinzip offen läßt? Oder handelt es sich um eine bestimmte Konstanz- oder Variationsbeziehung, um das Auseinanderhervorgehen gewisser Eigenschaften, also um eine «Veränderung», die sich durch irgendwelche Gleichheits- oder Ungleichheitsbeziehungen ausdrücken ließe?

a) Die verschiedenen Begriffe von Entwicklung und Werden in ihrer gebräuchlichen Bedeutung von Reihen, die durch Eigenschaftsgleichheiten und -ungleichheiten ihrer Glieder bestimmt sind

Sowohl der Physiker wie der Biologe ist gewohnt, seine Untersuchungsgegenstände mit Hilfe irgendwelcher Gleichheits- oder Ungleichheitsbeziehungen ihrer Eigenschaften zu bestimmen und in sein Theoriengefüge einzuordnen, sei es durch direkt wahrnehmbare Zustandsgleichheiten oder aufgrund irgendwelcher Gleichheiten oder Verschiedenheiten des Verhaltens unter bestimmten Bedingungen, also mit Hilfe des Äquivalenzbegriffes. Man hat sich immer wieder bemüht, auch die Besonderheit des Lebenden durch das Herausstellen irgendwelcher gemeinsamer Eigenschaften, die es von den Eigenschaften des Unbelebten trennen, eindeutig zu bestimmen. Es kann im folgenden nicht unsere Aufgabe sein, den bisherigen Bemühungen, einen eindeutigen Trennungsstrich der Eigenschaften des Lebenden und Unbelebten aufzufinden, einen neuen Versuch anzureihen (A XI, S. 295–298 und A XIV, S. 301–303). Vielmehr sei offen gelassen, ob und welche Eigenschaftsunterschiede hier tatsächlich bestehen, und auf diese Gedankengänge sei nur soweit eingegangen, als in ihnen die Auffassung des Lebens, d. h. der Entwicklungsreihe als einer Reihe von Gebilden enthalten ist, die durch bestimmte Eigenschaftsbeziehungen und nicht durch Existentialbeziehungen miteinander verknüpft sind.

Soweit der Begriff der Organisation im Sinne eines besonderen Verhältnisses der Teile zum Ganzen bei den lebenden Gebilden als typisches Unterscheidungsmerkmal angesetzt wird, kann er hier unberücksichtigt bleiben. Denn er betrifft nicht Eigenschaftsverhältnisse zeitlich verschiedener Gebilde einer Reihe. Dasselbe gilt, wenn man anstelle solcher «morphologischer» Unterschiede die Funktionen des Lebenden irgendwelchen physikalischen Geschehnissen vergleichend gegenüberstellt. Je nach dem Standpunkt wird dann entweder eine prinzipielle Gleichheit oder eine Verschiedenheit zwischen dem Funktionieren einer Maschine und den Lebensvorgängen behauptet, oder man nimmt auch einen vermittelnden Standpunkt ein dahingehend, daß die Verhaltensweisen des Lebenden einerseits und die verschiedenen möglichen Eigentümlichkeiten physikalischer Gebilde andererseits noch nicht genügend erforscht worden sind, um hier die Behauptung einer prinzipiellen Verschiedenheit oder prinzipiellen Gleichheit mit Sicherheit aufstellen zu können (Roux[n]). Diese, die prinzipiellen Erörterungen über das Wesen des Lebens immer wieder aufs tiefste bewegenden Fragestellungen betreffen in ihrer Gegenüberstellung von Lebendem, Maschine, Kristall überall «reflexive» Beziehungen, Gleichheiten oder Ungleichheiten der Eigenschaften, sei es des Zustandes, sei es des Verhaltens.

Hier ist vor allem wesentlich, daß auch die Entwicklung selbst häufig als ein durch bestimmte reflexive Eigenschaften charakterisiertes Geschehen aufgefaßt wird.

Wenn Rickert sieben Arten des Entwicklungsbegriffes unterscheidet, so sind sie doch alle für ihn besondere «Arten» von «Veränderungsreihen» (RICKERT 1913, 402), und zwar Veränderungsreihen durchaus in dem angegebenen Sinne (vgl. S. 65) des Charakterisiertseins durch Gleichheits- und Ungleichheitsbeziehungen. Wenn er z. B., seinen zweiten vom ersten Begriff unterscheidend, sagt, dieser Werdegang dürfe «kein Kreislauf sein, keine Wiederholung, es muß eine Veränderung mit der Abfolge verbunden sein», wenn er schließlich fragt, «welches Neue und welche Reihen von aufeinanderfolgenden Veränderungen die Geschichte darzustellen hat»[29], so mag schon an diesem Begriff des Neuen und der «Veränderung» genügend deutlich werden, wie sehr solche Gleichheits- und Ungleichheitsbeziehungen der die Reihe bildenden Gebilde für die von Rickert benutzten Entwicklungsbegriffe und ihre Einteilung maßgebend sind. Auch wenn die bloße Veränderung von der «zielstrebigen» Veränderung, der Entwicklung im engeren Sinne, geschieden wird und diese wiederum dem Fortschritt, der auf ein wertvolles Ziel hinführenden Veränderung, gegenübergestellt wird, so bilden hier nicht irgendwelche Existentialbeziehungen, sondern gewisse Eigenschaftsverhältnisse der verschiedenen Phasen der Veränderungen das ausschlaggebende Moment[30]. In der Tat spricht Rickert auch von diesen Entwicklungen immer wieder als von besonderen Arten von Veränderungsreihen.

Nicht anders verhält es sich im allgemeinen, wenn «echte Entwicklung» und «bloße Kumulation» unterschieden wird (vgl. DRIESCH 1909, 303 ff. und 1917, 192). Daß hier keine Existentialbeziehung gemeint ist, wird vor allem deutlich an der Redewendung von den «entwicklungshaften Zügen», nach denen vor allem Driesch bei allen möglichen Werdevorgängen immer wieder sucht. Auch wenn man Evolution und Epigenesis unterscheidet, pflegt man irgendwelche Eigenschaftsbeziehungen der Reihengebilde oder Geschehensabschnitte im Auge zu haben, indem man etwa von Epigenesis dann spricht, wenn das spätere Gebilde einer Entwicklungsreihe gegenüber dem früheren eine größere «Mannigfaltigkeit» besitzt, während man unter Evolution ein bloßes Wachsen vorgebildeter Teile versteht. ROUX (1895b) verlegt diesen Unterschied aus dem beschreibungsmäßig Wahrnehmbaren in die Sphäre der nur indirekt feststellbaren Eigentümlichkeiten und stellt «die wirkliche Produktion von Mannigfaltigkeit» der «bloßen Umbildung von nicht wahrnehmbarer Mannigfaltigkeit in wahrnehmbare, sinnfällige» gegenüber. Aber auch so bleibt im Verhältnis der «Mannigfaltigkeitsgrade» des Anfangs- und des Endgliedes der Reihen eine bestimmte Gleichheits- oder Ungleichheitsbeziehung und keine besondere Existentialbeziehung die ausschlaggebende Bestimmung von Evolution und Epigenesis°.

Wenn WIESNER (1916, 21), Entstehung und Entwicklung durch die Begriffe «plötzlich» und «allmählich» unterscheidend, ausführt: dieses «gewöhnliche Entstehen» ist wohl durch die gewöhnliche Plötzlichkeit seines Eintritts, wie durch das stets darauf folgende Beharren charakterisiert; und wenn er (vgl. WIESNER a. a. O., 29) von der Entwicklung u. a. sagt: «es gehört zu den Eigentümlichkeiten der wahren Entwicklung, den individuellen Charakter des sich Entwickelnden festzuhalten», so sind dies wiederum Definitionen verschiedener Arten von «Veränderungen», nur daß hier nicht die Eigenschaften der einzelnen Reihenglieder zueinander in Beziehung gebracht werden, sondern das Tempo des Gleich- resp. Ungleichwerdens.

Auch von der phylogenetischen Entwicklung sagt z. B. SCHMIDT (1918, 103), daß sie nicht nur Veränderung, sondern bestimmt gerichtete Veränderung sei.

In dem physikalischen Geschehen, in Erschaffung und Entstehung, in der biologischen Entwicklung und Degeneration, in Evolution und Epigenesis, im historischen Fortschritt und Rückschritt pflegt man gleichermaßen verschiedene Arten von Veränderungen zu sehen. Der Blick bleibt überall auf die Eigenschaften und Eigenschaftsbeziehungen der zu zeitlichen Reihen zusammengefaßten Gebilde gerichtet, und es wird versucht, mit Hilfe irgendwelcher Gleichheits- oder Ungleichheitsbeziehungen die Unterschiede dieser Reihen zu bestimmen.

Wie innerhalb der einzelnen Wissenschaften wird bei der Gegenüberstellung von Gegenständen verschiedener Wissenschaften das Augenmerk auf die Eigenschaftsgleichheiten oder -ungleichheiten und deren Beziehungen zueinander gerichtet. Bezeichnenderweise pflegt denn auch bei dem Grundbegriff dieser verschiedenen Reihen, beim Begriff des Werdens, nicht die Existentialbeziehung der zur Reihe geordneten, zeitlich verschiedenen Gebilde im Vordergrund zu stehen, sondern die Gleichheits- und Ungleichheitsbeziehungen der Eigenschaften dieser Gebilde. Das Werden wird durchaus als eine «Veränderung» der Eigenschaften gefaßt. Es wird dem beharrenden «Sein» (vgl. z. B. RICKERT 1913, 389) im Sinne der Gleichheit der Reihenglieder, also einer Konstanz, gegenübergestellt als eine Reihe mit ungleichen Gliedern, die also eine Variation ihrer Eigenschaften aufzuweisen haben. «Zwischen zwei dem Sosein nach verschiedenen Zuständen eines Naturausschnittes setzen wir ein Werden dieses Ausschnittes.»[31] Hier wird durch den Rückgang auf das Sosein völlig deutlich, wie sehr der Begriff der Konstanz und Variation von Eigenschaften den Werdebegriff bestimmt; und die Existentialbeziehung tritt, sofern sie überhaupt in der Definition durch den Begriff des «einen Naturausschnittes» noch aufrechterhalten werden soll, jedenfalls so weit in den Hintergrund, daß es zweifelhaft wird, ob der Werdebegriff nicht auch dann auf zeitlich verschiedene Gebilde, die sich aufgrund ihrer Eigenschaftsgleichheiten und -ungleichheiten in eine fortschreitende Reihe bringen lassen, anwendbar ist, wenn diese Gebilde nicht in der Existentialbeziehung des Auseinanderhervorgegangenseins stehen. Veränderungen und «Änderungsübertragungen» sind es, die beim Grundbegriff des Werdens wie bei den verschiedenen Arten des Entwicklungsbegriffes im Mittelpunkt zu stehen pflegen.

Demgegenüber sind im folgenden, wo von Entstehen, von Bildung, von Entwicklung zu sprechen ist, Reihen gemeint, die durch das existentielle Auseinanderhervorgehen ihrer Glieder bestimmt sind, und nur, sofern sie durch diese Existentialbeziehung bestimmt sind. Offen gelassen wird überall, welche Gleichheits- und Ungleichheitsbeziehungen der Eigenschaften den die Reihe ausmachenden Gebilden zukommen, vor allem also, ob es sich um Fortschritt oder Rückschritt, um Entwicklung oder Degeneration handelt. Offen bleibt ferner, ob Evolution oder Epigenesis, jedenfalls in dem oben angeführten, durch reflexive Beziehungen bestimmten Sinne, vorliegt. Unberücksichtigt kann bleiben, ob und in welchem Sinne den Entwicklungsreihen Zweckmäßigkeit oder Zielstrebigkeit zuzusprechen sind. Endlich bleibt dahingestellt, ob bei den betrachteten Existentialreihen die funktionelle Abhängigkeit der Eigenschaften der Reihenglieder voneinander teleologisch im Sinne einer *causa finalis* aufzufassen ist, so daß das spätere Glied der bestimmende Faktor und das zeitlich frühere der abhängige Faktor ist, oder ob bei der biologischen Entwicklung ebenso wie bei den physikalischen Vorgängen das zeitlich vorangegangene Reihenglied als das bestimmende Moment anzusehen ist. Lediglich die Existentialbeziehung als solche und die durch sie bestimmte Reihenform stehen hier zur Erörterung.

Ebenso wie für die Physik soll versucht werden, die Eigenart der in der Biologie verwendeten Existentialbeziehung aufzuweisen, ohne dabei auf das «Sosein», auf die Eigenschaftsgleichheiten und -ungleichheiten der betreffenden Gebilde einzugehen. Es soll also wiederum vermieden werden, in die Fragen der eigentlichen experimentellen oder theoretischen Biologie überzugreifen, die es überall gerade mit Gleichheits- oder Ungleichheitsbeziehungen der Eigenschaften biologischer Gegenstände zu tun hat. Denn derartige Fragen sind für die Biologie prinzipiell ebensowenig wie für die Physik mit wissenschaftstheoretischen Mitteln zu entscheiden (vgl. A XIV, S. 301–303).

Mit der Beschränkung auf die Existentialbeziehung soll übrigens nicht behauptet werden, daß den durch sie bestimmten Reihen in der Biologie auf keinen Fall irgendwelche durchgehende Besonderheit reflexiver Art gegenüber den physikalischen Existentialreihen zukommen kann, oder daß die Beziehung des existentiellen Auseinanderhervorgehens das einzig unterscheidende Kriterium biologischer und physikalischer Begriffsbildung ist. Die induktive Methode dieser Arbeit schließt derartige Behauptungen ohne weiteres aus.

b) Die durch Existentialbeziehungen definierten Reihen der Biologie

Nachdem deutlich geworden ist, nach was für biologischen Reihen gefragt wird, läßt sich unschwer aufzeigen, daß es in der Tat auch in der Biologie Begriffe von Reihen gibt, die durch eine Genidentitätsbeziehung, durch ein *existentielles* Hervorgehen ihrer Glieder auseinander, bestimmt sind.

Jede *Entwicklung* eines biologischen Individuums stellt eine solche durch eine Existentialbeziehung ihrer Glieder bestimmte Reihe dar.

Daß ein Huhn a_2 und ein Ei a_1, aus dem es entstanden ist, nicht aufgrund einer völligen Gleichheit als ein und dasselbe Individuum betrachtet werden, ist in der Biologie ohne weiteres offensichtlich. Man wird hier von vornherein weniger als in der Physik geneigt sein, die eindeutige Genidentität auf eine absolute Konstanz zurückzuführen, hat man doch in der ständigen Veränderung geradezu das Wesen des Lebens sehen wollen.

Immerhin könnte versucht werden, das Verhältnis eines bestimmten Individuums in einem unentwickelten zu demselben Individuum in einem erwachsenen Stadium als eine Gleichheitsbeziehung zu deuten. Man könnte etwa daran denken, daß beide die gleiche Chromosomenzahl in ihren Zellen besitzen. Wie die Transplantationsfähigkeit von Geweben, die Überpflanzbarkeit von Pseudopodien oder das biochemische Verhalten des Blutes eventuell ein Anzeichen für nahe Verwandtschaft von Individuen sind, so könnte es ja der fortschreitenden Wissenschaft gelingen, ganz allgemein irgendwelche Konstanten zu finden, die wie die Form des Fingerabdruckes beim Menschen nur ein und demselben Individuum zukommen und sich daher als unterscheidende Konstante individueller Entwicklungsreihen verwenden lassen. Aber ganz analog den bei den physikalischen Genidentitätsreihen besprochenen Verhältnissen würde ein derartiger Schluß von einer Gleichheit zweier Gebilde auf ihr existentielles Auseinanderhervorgegangensein allemal einen Rückschluß aufgrund eines speziellen biologischen Gesetzes bedeuten und demnach eine empirische Untersuchung von Gebilden voraussetzen, deren Existentialzusammenhang bereits unabhängig von der betreffenden Gleichheit feststehen müßte.

Daß die Beziehung zweier biologischer Gebilde a_1 und a_2, welche Glieder einer Individualentwicklung sind, eine nicht als Eigenschaftsgleichheit auffaßbare Relation darstellt, wird an folgendem Beispiel deutlich. Man beginne mit einer Reihe von untereinander an wahrnehmbaren Eigenschaften und potentiellen Fähigkeiten gleichen befruchteten Eizellen $a_1, b_1, c_1 \ldots$ und komme dank übereinstimmender Lebensbedingungen zu einer Reihe Gastrulae^p a_2, b_2, c_2 ..., die ihren Eigenschaften nach ebenfalls nicht unterscheidbar sein mögen. Dann wird man trotzdem an dem Gedanken einer eindeutigen Beziehung des Auseinanderhervorgegangenseins jeder der Gastrulae zu immer nur einer bestimmten Eizelle festhalten, selbst dann, wenn wirklich eine völlige Gleichheit der jeweils gleichzeitig existierenden biologischen Gebilde anzunehmen wäre. Auch wenn man verschiedene Stadien a_1, b_1 und a_2, b_2 zweier Einzeller betrachtet, die aus demselben Protozoon durch Teilung entstanden sind, so daß man selbst von Ursprungsidentität der betreffenden Gebilde reden kann, bleibt doch jedes der beiden im Zeitpunkt 2 existierenden Einzeller nur mit einem bestimmten der Gebilde im Zeitpunkt 1 durch Entwicklung verbunden. Die völlige Gleichheit als solche beweist auch in der Biologie die gemeinte Beziehung des Auseinanderhervorgehens ebensowenig, wie Ungleichheit prinzipiell das Fehlen einer derartigen Beziehung bedeutet.

In der Entwicklung eines biologischen Individuums hat man also eine Reihe vor sich, die ganz analog den physikalischen Genidentitätsreihen nicht durch eine reflexive Beziehung der Eigenschaften, eine Eigenschaftskonstanz oder -variation, sondern durch eine Existentialbeziehung ihrer Glieder bestimmt ist (vgl. S. 69f.). Auch hier wiederum handelt es sich nicht um Identität, d. h. um die Selbigkeit eines nur in verschiedenen Denkakten gemeinten Gegenstandes (vgl. S. 62 f.), sondern um eine Relation zwischen verschiedenen Gegenständen. Dabei sind allerdings ebenso wie bei den Genidentitätsreihen in der Physik die einzelnen biologischen Gebilde als in einem bestimmten Zeitmoment existierende Gebilde aufzufassen. Die Existentialbeziehung, die für die Individualreihen maßgebend ist, stimmt auch darin mit der physikalischen Genidentität überein, daß sie nur zwischen biologischen Gebilden, die zu verschiedenen Zeitmomenten existieren, bestehen kann. Gleichzeitig existierende Gebilde können nicht Schnitte einer individuellen Entwicklung ausmachen.

Es sei sogleich hervorgehoben, daß die Biologie neben der Individualentwicklung noch andere biologische Beziehungen des existentiellen Auseinanderhervorgehens kennt: die Elter-Kind-Beziehung und die in der Stammesgeschichte maßgebende Genidentitätsbeziehung. Diese biologischen Genidentitätsbeziehungen seien jedoch zunächst noch nicht besonders behandelt.

c) Die Feststellung von Genidentitätsbeziehungen in der Biologie

Wie das Vorliegen einer biologischen Genidentitätsbeziehung erkennbar ist, ob sie durch Beobachtung direkt wahrzunehmen oder ob sie unbeschadet dessen, daß sie nicht eine Gleichheitsbeziehung von Eigenschaften bedeutet, doch nur aufgrund von Gleichheits- oder Ungleichheitsbeziehungen indirekt erschließbar ist, hängt im Prinzip von denselben Sachverhalten ab wie bei der physikalischen Genidentität. Diese Frage sei daher nicht noch einmal erörtert (vgl. S. 67 ff. und AV, S. 287–289); die Richtung über Beantwortung mag wiederum offen bleiben.

In der Praxis des biologischen Experiments spielt, soweit es sich nicht um zu lange Zeitstrecken handelt, die *kontinuierliche Beobachtung* des Entwicklungsvorganges eine wesentliche Rolle, bei der ein besonderer Schluß auf Genidentität, jedenfalls explizit, nicht vorzuliegen scheint. Für Untersuchungen, die sich über längere Zeiten erstrecken, werden vor allem relativ bewegliche Lebewesen vermittels besonderer Behälter isoliert, und diese nach Art der Etikettierung der physikalischen Behälter «gekennzeichnet». Daß z. B. auf die Gesetzmäßigkeiten der Vererbung bei freilebenden Tieren so selten geschlossen werden kann, liegt daran, daß eben die Genidentitätsbeziehungen in der Regel nicht sicher feststehen, sondern daß man allemal von irgendwelchen natürlichen Ähnlichkeiten auf Genidentitätsbeziehungen rückschließen muß. Die Vererbungslehre aber fragt gerade nach der Berechtigung eines solchen Rückschlusses. Erst wo zufällig ein wirklicher Abschluß vorhanden gewesen ist, kann die Genidentitätsbeziehung der Lebewesen im abgegrenzten Bezirke als sicher angesehen werden[32, q]. Wie bei der Sicherung der Genidentitätsbeziehung in der Physik muß auch im biologischen Experiment, z. B. bei der Untersuchung vieler beweglicher Einzeller, der Behälter insofern praktisch «undurchlässige» Grenzen besitzen, als sie das Entweichen des betreffenden Gebildes wie das Eindringen verwechselbarer Gebilde verhindern müssen. Die Kennzeichnung kann, ähnlich wie bei festen Körpern in der Physik, bisweilen am Lebewesen selbst erfolgen. Der Hufbrand bei Pferden z.B. soll den eindeutigen Schluß auf individuelle biologische Genidentität ermöglichen.

Die Entwicklung einzelner Zellen oder Zellkomplexe läßt sich bisweilen ebenfalls aufgrund bestimmter Eigenschaften, z.B. besonderer Formeigentümlichkeiten verfolgen, so bei gewissen Geweben. Oder die Genidentitätsbeziehungen werden aufgrund der Farbe der Zellen erschlossen[33,r] und ihre Entwicklungsreihen so selbst noch bei Abkömmlingen aufgedeckt[34,s]. Der Biologie kommt es jedoch im allgemeinen nicht auf die Feststellung der Genidentitätsbeziehung des individuellen untersuchten Lebewesens an, sondern auf die Eigenschaftsverhältnisse der in Genidentitätsbeziehung stehenden Gebilde «solcher Art» oder auf die Eigenart der Gebilde, die von solchen Organismen abstammen (vgl. S. 77).

Dies Interesse an dem «Sosein» tritt besonders deutlich an dem Verfahren zutage, das z.B. die histologischen Untersuchungen von Entwicklungsreihen gewöhnlich anwenden. Eine Anzahl von Präparaten, die von verschiedenen Gebilden in verschiedenen Entwicklungsstadien stammen, werden derart zu einer Reihe geordnet, daß ihre Gesamtheit das Bild einer wirklichen Entwicklung wiedergibt. So sagt SCHAXEL von der Methode der Zytomorphologie (1919, 187): «Die durch das Präparationsverfahren sichtbar gemachten Substanzen werden nach Aussehen, Lage und Menge möglichst vielseitig gekennzeichnet, die einzelnen Substanzen also nach optischen Kriterien voneinander unterschieden. Dann wird das gegenseitige Lageverhältnis der Substanzen in jedem der zu vergleichenden Momentbilder festgestellt. Der Vergleich der Lageverhältnisse der Bilderreihe ergibt zunächst die Bewegungen, dann auch die Vermehrung oder Verminderung und endlich die Umbildung der Substanzen.» Zwischen den Gliedern der so entstandenen Reihe besteht also in keinem Falle eine Genidentitätsbeziehung. Vielmehr sind sie lediglich aufgrund von Eigenschafts-, insbesondere von Formbeziehungen in eine bestimmte Reihe gebracht. Hier liegt in der Tat das vor, was Driesch und andere zum Wesen des Entwicklungs- und Werdebegriffes erheben: eine lediglich durch bestimmte Gleichheits- und Ungleichheitsbeziehungen bestimmte Reihe, eine «Veränderungsreihe». Trotzdem soll diese Reihe eine Entwicklungsreihe oder genauer: die Eigenschaften der Glieder einer solchen Genidentitätsreihe darstellen. Auf die zahlreichen Schwierigkeiten und Fehlerquellen, die durch den Aufbau solcher Reihen aufgrund der bloßen Eigenschaftsbeziehungen bedingt sind, ist wiederholt hingewiesen worden[35]. Daß ihnen überhaupt ein Erkenntniswert zukommt, hängt damit zusammen, daß es der Biologie in diesen Fällen nur um die Eigenschaftsbeziehungen in «derartigen» Genidentitätsreihen zu tun ist, d. h. in Genidentitätsreihen, die den gleichen Ausgangspunkt und gleichen Endpunkt haben wie die darzustellende Reihe.

Daß entwicklungsgeschichtliche Untersuchungen, wenn sie von morphologischen oder physiologischen Ähnlichkeiten der Lebewesen und ihrer Autogenese auf gewisse Abstammungsreihen schließen, ganz bestimmte Voraussetzungen anwenden, ist ihnen gerade in neuer Zeit wiederholt vorgehalten worden. Selbst die Paläontologie verwendet hier noch Schlüsse von Gleichheiten auf Abstammungsbeziehungen. Immerhin steht ihr in der feststellbaren Zeitverschiedenheit ein Hilfsmittel zu Gebote, das wenigstens in negativer Hinsicht eindeutige Schlüsse auf Genidentitätsbeziehungen ermöglicht.

Wirklichen Genidentitätsreihen geht das Experiment bei der Erforschung der Eigenschaften gewisser Entwicklungsreihen in den Fällen nach, wo bestimmte Zellen oder Zellkomplexe des Lebewesens getötet oder, etwa zur Feststellung «organbildender Keimbezirke», abgetrennt werden und dann die Ausfallserscheinungen, die bei der Entwicklung auftreten, beobachtet werden. Bei dieser in der Entwicklungsmechanik häufig angewandten Methode bleibt die Genidentitätsbeziehung des verbleibenden Restes in den verschiedenen Zeitmomenten eindeutig gesichert. Der Schluß auf die Eigenschaftsbeziehungen der ausgefallenen Teilreihe sowie der normalen Entwicklungsreihen bleibt allerdings von gewissen Voraussetzungen abhängig, so vom Ausschalten etwaiger «postgenerativer» Vorgänge (Roux[1]).

Trotz der zweifellos vorhandenen bedeutenden Unterschiede der Methoden, mit denen Biologie und Physik die für sie wesentlichen Genidentitätsbeziehungen feststellen, zeigen beide also auch sehr wesentliche prinzipielle Gemeinsamkeiten. Vor allem sind die in beiden Wissenschaften häufig gezogenen Schlüsse von gewissen Gleichheiten auf gewisse Genidentitätsbeziehungen in jedem Einzelfall von besonderen empirischen Voraussetzungen abhängig und unterliegen im Prinzip in beiden Wissenschaften den gleichen Gefahren.

Die Sicherheit und die Schwierigkeit der Feststellung von Genidentitätsbeziehungen schwankt sowohl in der Biologie wie in der Physik sehr beträchtlich.

d) Zusammenfassung der Faktoren wissenschaftstheoretischer Äquivalenz der physikalischen und der biologischen Genidentität

Analog der physikalischen Genidentitätsreihe sind die Glieder der biologischen Entwicklungsreihe durch existentielles Auseinanderhervorgehen unter sich verbunden. Es handelt sich um eine gegenständliche Relation von Gliedern, die jedenfalls in den Individualentwicklungsreihen, auf die wir uns zunächst beschränkt haben, notwendig zeitlich verschiedene Gebilde darstellen. Wiederum ist diese die Reihen bestimmende Relation keine Gleichheits- oder Ungleichheitsbeziehung der Eigenschaften, sondern eine Existentialbeziehung der Gebilde. Unberücksichtigt bleibt bei ihr vor allem der Gegensatz von Fortschritt und Rückschritt, von Entwicklung und Degeneration. Diese Existentialbeziehung macht sich als konstituierendes Element der biologischen Begriffe um so stärker bemerkbar, je mehr die *«genetischen» Begriffsbestimmungen* gegenüber den «ontischen» Definitionen rein «beschreibungsmäßig» gegebener Gebilde in den Vordergrund treten. Das zeigt sich vor allem beim Gebrauch des Experimentes[u].

Wenn das Auffinden einer biologischen Existentialbeziehung auch durchaus eine bestimmte Erkenntnis bedeutet, der bisweilen große Schwierigkeiten im Wege stehen, so interessiert die Biologie, sofern sie Gesetze aufsucht, doch nicht die Tatsache der Genidentitätsbeziehung als solche; sie sucht vielmehr die Eigenschaftsbeziehungen der biologischen Genidentitätsreihen zu erforschen. Ebenso wie in der Physik ist die Feststellung und Sicherung bestimmter Genidentitätsbeziehungen in der Biologie vor allem Sache der experimentellen Technik. Auch die Methoden und die Fehlerquellen, denen die Schlüsse von irgendwelchen Gleichheiten und Ungleichheiten auf Genidentität unterliegen, zeigen in beiden Wissenschaften prinzipielle Gemeinsamkeiten. Daß trotzdem in den biologischen Entwicklungsreihen eine andere als die physikalische Genidentitätsbeziehung maßgebend ist und beidemal durchaus verschiedene Reihen vorliegen, wird an den einzelnen Reihen immer wieder deutlich. Nicht eine Identität beider Beziehungen, sondern nur eine wissenschaftstheoretische *Äquivalenz* besteht hier.

IV. Die Frage nach den fundamentalen Bestimmungen der biologischen Genidentität und die Methode ihrer Untersuchung

Der Versuch, den Eigentümlichkeiten der biologischen Genidentitätsbeziehungen und den von ihnen geltenden Sätzen nachzugehen, begegnet ungleich größeren Schwierigkeiten als die entsprechende wissenschaftstheoretische Aufgabe bei der Physik.

Daß sich die Biologie nicht selbst eingehender mit einer Definition des Elter-Kind-Verhältnisses beschäftigt, sondern sich sogleich der Frage der Eigenschaftsbeziehungen der in einem derartigen Existentialverhältnis stehenden Gebilde, also dem Problem der Vererbung, zuwendet, ist bei der erwähnten notwendigen Einstellung der experimentellen und auch der theoretischen Biologie auf die Gleichheits- und Ungleichheitsbeziehungen nicht verwunderlich. Hat doch auch die Physik ohne wesentlichen Schaden für ihren Fortschritt den ihren Genidentitätsreihen zugrunde liegenden Begriff der Existentialbeziehung nicht eindeutig zu bestimmen brauchen.

Aber der allgemein geringere Grad systematischer Durchgebildetheit des biologischen Theoriengefüges bringt eine Erschwerung der wissenschaftstheoretischen Untersuchung solcher Fragen mit sich. Sieht man sich doch in der Biologie einem durchaus nicht einheitlichen Fragegefüge gegenüber. «Biologie recht eigentlich gibt es noch nicht, wohl aber biologische Disziplinen sehr ungleicher Art und Absicht» (SCHAXEL 1919, 119). Ja, die *Heterogenität* der Theorien in der gegenwärtigen Biologie ist so stark, daß man von einer ausgesprochenen Krisis dieser Wissenschaft gesprochen hat.

Es ist jedoch nicht eigentlich der Mangel allgemein anerkannter Theorien oder der Grad der Fortgeschrittenheit an sich, der sich für die wissenschaftstheoretische Untersuchung so störend bemerkbar macht. Konnten doch die sich innerhalb der Physik gegenüberstehenden Theorien, z.B. die Relativitätstheorie und die klassische Mechanik, die energetische und die atomistische Auffassung, die Annahme oder Ablehnung von Fernwirkungen usw. für die hier zu erörternden Fragen völlig offengelassen werden. Nicht nur von den Erörterungen methodologischer, sondern auch wissenschaftstheoretischer Fragen gilt, daß sie nie beginnen könnten, wenn sie auf eine Vollendung der zu untersuchenden Wissenschaft angewiesen wären; ja die relative Unabhängigkeit von einer Entscheidung der Fragen innerhalb der untersuchten Wissenschaften läßt sich geradezu als Kennzeichen der Reinheit einer solchen wissenschaftstheoretischen Untersuchung ansehen. Auch in bezug auf die Biologie dürfte es bei dem hier in Frage kommenden Problem nicht nötig sein, innerhalb der eigentlich biologischen Theorien selbst Stellung zu nehmen. Nicht die Unfertigkeit der biologischen Erkenntnis ist es, die die wissenschaftstheoretischen Untersuchungen über Biologie besonders erschwert, wohl aber die geringere Reinheit ihrer Begriffsbildung, d. h. die mangelnde Einheitlichkeit der Fragestellung und die geringere Konsequenz und Durchsichtigkeit der praktischen Verfahren. Vergegenwärtigt man sich die Morphologie, die Entwicklungsmechanik, den Wissenschaftsbetrieb der zoologischen Physiologie, die Paläontologie, so scheinen hier allerdings Verschiedenheiten vorhanden zu sein, denen tiefere als bloß im äußeren Sinne technische oder methodologische Unterschiede zugrunde liegen. Daß in der Physik überall im Prinzip derselbe Begriff des existentiellen Auseinanderhervorgehens benutzt wird, kann kaum bezweifelt werden. Ob aber im Stammbaum und in der Ahnentafel, im Verhältnis von Eltern und Kind und innerhalb einer Individualentwicklung überall derselbe, nur auf verschiedene Gegenstände angewendete Begriff des biologisch existentiellen Auseinanderhervorgehens vorliegt, erscheint von vornherein fraglich.

Hier sollen nach induktiver Art zunächst einzelne dieser Verhältnisse herausgegriffen und die zugrunde liegende Existentialbeziehung besprochen werden. Wiederum soll beschreibend vorgegangen und nicht eine Untersuchung der verschiedenen «logisch möglichen» Genidentitätsbeziehungen zugrunde gelegt werden (vgl. S. 57 f. und S. 79 ff.). Nicht eine vollständige Bestimmung, die bereits alle Merkmale der biologischen Genidentitätsbeziehung eindeutig festsetzt, bildet das unmittelbare Ziel der Untersuchung; sondern die einzelnen Eigentümlichkeiten der Genidentitätsbeziehung, die zunächst nur als gemeinter Gegenstand kenntlich gemacht wird, sollen nach Möglichkeit festgestellt werden, so wie sie in der Schlußweise und an der experimentellen Technik der Biologie zutage treten. Erst in zweiter Linie soll der theoretische Zusammenhang der verschiedenen Eigentümlichkeiten berücksichtigt werden, der mir vor allem heuristisch und als Bestätigung wertvoll gewesen ist. Die biologische Genidentität wird dabei als selbständiger Gegenstand wissenschaftstheoretischer Untersuchung behandelt, der der physikalischen Genidentität nur vergleichend gegenübergestellt werden soll.

Das leitende Prinzip der Untersuchung bildet auch in der Biologie die Frage, welche Eigentümlichkeiten die eindeutige Genidentitätsbeziehung zeigt. Wie in der Physik nach dem der unbestimmteren «Genidentität überhaupt» zugrunde liegenden exakteren Begriff gesucht und dieser Begriff in der Beziehung der physikalischen «restlosen Genidentität» herausgestellt wurde, so soll in der Biologie nach der eindeutigen Existentialbeziehung des Auseinanderhervorgehens gefragt werden[36]. Es wird also nicht nach einer «restlosen» Genidentität in der Biologie gesucht, sondern nach einer Beziehung, der in der Biologie eine analoge Funktion zukommt, ohne daß sonst bereits bestimmte Eigentümlichkeiten dieser Beziehung vorausgesetzt würden.

Ferner soll dieser exaktere Begriff der biologischen Genidentität nicht unmittelbar zu der physikalischen Genidentität in Beziehung gebracht werden; denn damit würde bereits die Zurückführbarkeit der biologisch eindeutigen Genidentitätsbeziehungen auf physikalische Genidentitätsbeziehungen vorausgesetzt. Vielmehr soll ohne bestimmte Voraussetzung in dieser Hinsicht, analog der Untersuchung der physikalischen eindeutigen Genidentität, zunächst lediglich innerbiologisch die Beziehung der bestimmten zur unbestimmten biologischen Genidentität untersucht werden.

Es mag vorausgeschickt werden, daß in der Biologie mehrere derartige Beziehungen nebeneinander bestehen.

Aus Gründen der Eindeutigkeit und Exaktheit des Ausdruckes sollen die Eigentümlichkeiten der biologischen Existentialbeziehung wiederum durch das Formulieren von Sätzen dargestellt werden, die von dieser Beziehung oder von den durch sie bestimmten Reihen gelten. Wenn dabei Sätze sich wiederholen sollten, die entsprechend von den physikalischen Existentialreihen gelten, so würde das nur auf gewisse übereinstimmende Eigentümlichkeiten beider Beziehungen hinweisen.

V. Die «Physik am Lebenden»
und die Frage nach physikalischen Genidentitätsreihen in der Biologie

Nicht noch einmal eingegangen sei auf jene in der Biologie bisweilen untersuchten Existentialreihen, bei denen es sich offensichtlich um physikalische Genidentitätsreihen handelt. Vor allem befaßt sich die gegenwärtige Physiologie vielfach mit dem Verlauf physikalischer Genidentitätsreihen bei den Lebensprozessen. Wenn z. B. untersucht wird, ob das in der Nahrung aufgenommene Eiweiß oder die lebendige Substanz beim Stoffwechsel in erster Linie zugrunde geht, so sind es rein physikalische Existentialreihen, nach denen gefragt wird. Ob man es hier lediglich mit «Physik am Lebenden» im Sinne von Problemen zu tun hat, die völlig in das Theoriengebäude der Physik zu verweisen sind, oder ob die Auffassung der untersuchten Prozesse als «Mittel organischer Umbildung» zugleich eine begriffliche Umformung mit sich bringt, die das Einordnen dieser Probleme in das Fragegefüge der Physik verbieten, kann hier offen bleiben. Die bei solchen physiologischen Untersuchungen maßgebende Existentialbeziehung zeigt jedenfalls keinerlei Besonderheiten gegenüber der physikalischen Genidentitätsbeziehung. Alle über sie angeführten Sätze gelten auch hier.

VI. Die Dualität von Lebendem und Totem
Der Begriff des Toten als Begriff der Biologie

Die teilweise Verwendung anscheinend physikalischer Genidentitätsreihen in der Biologie berührt bereits einen Umstand, der mit der Dualität von Lebendem und Totem zusammenhängt, und der zunächst ein wesentliches Charakteristikum der Verwendung biologischer Genidentitätsreihen in der Biologie überhaupt zu sein scheint. Abgesehen von der zeitlichen Begrenztheit biologischer Genidentitätsreihen, also der Tatsache der Geburt und des Sterbens, auf die später einzugehen sein wird, scheinen sich nämlich Physik und Biologie darin zu unterscheiden, daß in der Physik *jeder* überhaupt von der physikalischen Betrachtung betroffene «wirkliche» Gegenstand einer physikalischen Genidentitätsreihe angehört, während die Biologie den in ihrem Entwicklungsbegriff enthaltenen Begriff der Existentialbeziehung nicht auf die toten Gebilde anwendet.

Dieses Verhalten läßt sich jedenfalls nicht dahin deuten, daß die spezifisch biologische Begriffsbildung sich überhaupt nur mit lebenden Gebilden befaßt. Selbst wenn keine anderen Bedenken einer solchen Auffassung im Wege ständen, würde allein der Umstand, daß die Biologie es ist, die diese Gebilde als «tote» Gebilde bezeichnet und von den lebenden Gebilden begrifflich trennt, die Unzulässigkeit dieser Deutung beweisen. Es ist gewiß keine Selbstverständlichkeit, sondern eine vielfach nur schwer zu entscheidende Frage, ob ein gegebenes, in einem bestimmten Moment existierendes Gebilde als lebend oder tot anzusehen ist. Die Begriffe «lebend» und «tot» aber sind dem Theoriengebäude der Physik gleichermaßen fremd[37]. Die Kennzeichnung als tot bedeutet allemal eine Anwendung biologischer Kategorien, nicht anders als die Unterscheidung «lebender» und «überlebender» Gebilde in der Physiologie.

Auch über diese allgemeine Klassifikation hinaus ist die spezifisch biologische Begriffsbildung nicht auf die lebenden Gebilde beschränkt. Wir sehen hier ausdrücklich von allen panvitalistischen Gedankengängen[v] ab und ferner von allen begrifflichen Darstellungsversuchen, die tote Gebilde so betrachten, «als ob» sie lebten, sondern meinen lediglich Begriffsbildungen, die die gegenwärtige Biologie auf tote Gebilde als tote Gebilde anwendet. Gerade jene Disziplin, die man im engeren Sinne als die Biologie der Pflanzen und Tiere zu bezeichnen pflegt, die «Ökologie», die sich mit den Lebensbedingungen der Tiere und Pflanzen, ihrem Zusammenleben in Kampf und gegenseitiger Hilfe, mit den Einflüssen des Milieus u. ä. m. befaßt, kommt vielfach zu besonderen Begriffsbestimmungen auch *toter* Gebilde, und Darwins Theorie der Zweckmäßigkeit und Anpassungsfähigkeit der Organismen hat eine große Anzahl spezifisch biologischer Klassifikationen und begrifflicher Fassungen toter Gegenstände gezeitigt. Von Schutzwaffen ist die Rede, von Nestern, Wohnungen, von besonderen biologischen Charakteristiken der «Umwelt» und der «Reize». Daß derartige Klassifikationen «toter» Gegenstände zum Teil je nach der Art der Lebewesen, zu denen sie in Beziehung gesetzt werden, verschieden zu erfolgen haben, macht das Unphysikalische derartiger Begriffsbildungen um so deutlicher. Auch die in der Biologie verwendeten Farbenbegriffe zeigen, wie z. B. an einer solchen Einteilung wie «Tigerstreifung, Apfelung, Tigerfleckung, Schimmelung» deutlich wird, unphysikalische Merkmale und werden dabei nicht nur auf Lebendes, sondern, wie das Problem der Mimikri zeigt, in derselben Weise auch auf *Totes* angewendet[38].

Man hat, vor allem als Reaktion gegen gewisse Lehren des Darwinismus, den wissenschaftlichen Wert einer großen Reihe ökologischer Begriffsbildungen neuerdings stark angegriffen und sie als willkürliche «Deutungen» hingestellt. So berechtigt derartige Einwendungen gegen Ökologismen im einzelnen sein mögen, die Notwendigkeit, überhaupt spezifisch biologische Begriffe auch in bezug auf tote Gebilde anzuwenden, bleibt davon unberührt. Begriffe wie Nahrung, Gift, Reize oder ähnliche, deren unphysikalischer Charakter, obwohl sie nicht lebende Gebilde bezeichnen, unverkennbar ist, können und wollen auch von diesen Theorien, ebensowenig wie der Begriff des «Mittels» organischen Geschehens[39, w], vermieden werden.

Obwohl also die Biologie mit ihrer Begriffsbildung über den Kreis der lebenden Gebilde hinausgreift, scheint sie den Begriff der Entwicklung, des spezifisch biologischen existentiellen Auseinanderhervorgehens, nur auf lebende Gebilde anzuwenden. Es wäre eine die Physik wissenschaftstheoretisch wesentlich von der Biologie unterscheidende Eigentümlichkeit, wenn die Biologie die von ihrer Begriffsbildung erfaßten Gebilde in zwei Gruppen, die lebenden und die toten, teilte, von denen die einen in gewissen Existentialzusammenhängen, den biologischen Genidentitätsreihen, stehen, wogegen die anderen nicht einer ebensolchen Reihe angehören, während alle von der Physik erfaßten Gebilde als solche derselben physikalischen Genidentitätsbeziehung unterworfen sind.

Daß ein Teil der toten Gebilde früher ebenfalls solchen Reihen angehört hat oder später angehören kann, gibt einen wesentlichen Einteilungsgrund der toten Gebilde für die Biologie ab, ändert aber nichts an der die einzelnen Gebilde in einem bestimmten Zeitmoment betreffenden Charakteristik.

Eine derartige Behauptung schiene mir jedoch voreilig. Eine ausführliche Erörterung dieses Problems kann hier unterbleiben, da man sich für die Beschreibung des Typus der genetischen Reihen in der Biologie zunächst jedenfalls an die Lebewesen zu halten hat.

Die Schnittführung verläuft in mancher Beziehung anders, wenn der Begriff des *Lebenden* durch den des *Organismus* ersetzt wird und nun Organisiertes und Unorganisiertes einander gegenübergestellt werden. Daß viele tote Gebilde, seien es abgestorbene oder noch nicht lebende oder solche, die überhaupt nicht in lebende «Substanz» verwandelt werden, trotzdem einen durchaus wesentlichen und auch begrifflich nicht zu übergehenden Bestandteil des Organismus ausmachen, bringt eine abweichende Gruppierung mit sich – ein Sachverhalt, dem wir noch wiederholt begegnen werden.

Erster Abschnitt
Die genetischen Reihen in der organismischen Biologie

A. Die Avalgenidentität (Die Ahnen)

I. Das Vorhandensein verschiedener
Genidentitätsbeziehungen in der Biologie

Nach vergeblichem Bemühen, die eindeutige biologische Genidentitätsbeziehung aufzufinden, hat mich der Verlauf der Untersuchung zur Einsicht geführt, daß man mehrere Grundbegriffe biologischer Genidentität zu unterscheiden hat. Ohne auf die verschiedenen mühsamen Irrwege der Analyse einzugehen, behandle ich die einzelnen Genidentitätsarten, die sich mir schließlich ergeben haben, sogleich gesondert nach ihren immanenten Eigentümlichkeiten.

Daß sich dabei Reihenverschiedenheiten ergeben, die der neuerdings stärker betonten Trennung der entwicklungsgeschichtlichen, «historischen» Denkweise von der «organismischen» Grundauffassung (vgl. SCHAXEL 1919, 203; in diesem Sinne werde ich von «Organismik» sprechen) in manchem parallel gehen, habe ich als eine gewisse Bestätigung der getroffenen Unterscheidungen gewertet. Immerhin verliefe eine auf der Reihenverschiedenheit begründete Schnittführung nicht durchgängig in der Weise, wie es aufgrund der Parallelität vielleicht zu erwarten wäre.

Aber auch innerhalb der «organismischen» Betrachtungsweise lassen sich zwei verschiedene Beziehungsbegriffe des existenziellen Auseinanderhervorgehens aufzeigen: die Existentialbeziehung zwischen den Altersschnitten eines Organismus und die Existentialbeziehung zwischen Angehörigen verschiedener Generationen.

Begonnen sei mit der Erörterung der Elter-Kind-Beziehung und der durch sie bestimmten biologischen Existentialreihe.

II. Die biologische Avalgenidentität

Jedes biologische Individuum stammt von einem oder mehreren Eltern ab, je nachdem, ob es durch ungeschlechtliche oder geschlechtliche, nicht auf Selbstbefruchtung beruhende Fortpflanzung entstanden ist. Die Vererbungslehre fragt nach den Eigenschaftsbeziehungen, in denen derartige Abkömmlinge zu ihren Eltern, Großeltern usw. stehen; sie sucht nach den *funktionellen Abhängigkeiten* der Angehörigen einer Filialgeneration von der Parentalgeneration. Diese Fragen der Vererbungslehre selbst sollen uns hier nicht beschäftigen, betreffen sie doch durchweg die «Konstanz» oder «Variation» von «Merkmalen», seien es nun morphologische Eigentümlichkeiten oder Eigentümlichkeiten der individuellen Entwicklung oder des «Genotypus», d. h. der reinen Linien, die von dem betreffenden Gebilde ausgehen würden.

Aber die Beziehung des Abkömmlings zu seinem Vorfahr ist nicht nur durch die funktionellen Abhängigkeiten definiert, nach deren genauer Bestimmung die Vererbungslehre fragt. Denn der Abkömmling steht ja noch zu mannigfachen anderen toten und lebenden Gebilden, den Einflüssen seiner «Umwelt», in funktioneller Abhängigkeit. Auch wenn bei einem Individuum etwa die Einflüsse der Nahrung oder Erziehung sich stärker erweisen sollten als die der Vorfahren, so besteht doch unabhängig von aller Größe oder Geringfügigkeit ihres Einflusses *eine* bestimmte Art der Beziehung dieses Individuums *nur* zu *den* Lebewesen, die seine Vorfahren sind.

Eben diese Beziehung zwischen Abkömmling und Vorfahr sei Avalgenidentität (Ahnengenidentität) genannt und mit $^a=$ bezeichnet. Daß es sich dabei in der Tat um ein existentielles Auseinanderhervorgehen handelt, braucht kaum nochmals ausführlich nachgewiesen zu werden. Es sind immer ganz bestimmte einzelne Individuen, die als Vorfahren eines gegebenen Individuums zu bezeichnen sind, unabhängig von allen Gleichheiten oder Ungleichheiten zwischen ihnen; und es können in dieser Relation die speziellen Vorfahren nicht durch andere, ihnen völlig gleiche Individuen ersetzt werden, auch wenn es sich um weiter zurückliegende Generationen und etwa um leicht miteinander verwechselbare Protozoenindividuen handelt.

Zu fragen ist nun: welche Eigentümlichkeiten kommen dieser Avalgenidentität als Existentialbeziehung zu? Gibt es eine ihre Beziehungsglieder eindeutig bestimmende Avalgenidentität, und wie ist sie und die Reihe, die durch sie bestimmt wird, zu charakterisieren?

Abgesehen wird dabei von allen biologischen Eigenschaftsverschiedenheiten. Also zunächst davon, ob es sich um Metazoen oder Protozoen, um Tiere oder Pflanzen, oder um welche besondere Art es sich handelt. Ferner bleibt offen, ob ganze Organismen oder einzelne Zellen eines Organismus in Rede stehen, sofern nur wirklich nach den Abstammungsverhältnissen gefragt wird. Endlich kann hier dahingestellt bleiben, welche *Art von Fortpflanzungsvorgängen* das betreffende Gebilde mit seinen Eltern verbinden; ob es sich also um vegetative oder sexuelle Fortpflanzung, um Sprossung oder Vermehrung durch besondere Einzelzellen handelt; ferner, ob das betreffende Gebilde, z. B. eine bestimmte Zelle, einer Teilung oder einer Verschmelzung anderer Zellen seine Entstehung verdankt. Irrelevant muß es ferner sein, ob das betreffende Gebilde durch einen natürlichen oder einen künstlichen, im Laboratorium gesetzten Vorgang entstanden ist, sei es, daß es sich um eine einzelne Zelle handelt, die aus dem Vierzellenstadium eines Embryo durch künstliche Trennung hervorgegangen ist, oder um ein Gebilde, das aus einem erwachsenen Organismus, etwa einer Hydra, herausgeschnitten und wieder zur Regeneration gebracht worden ist, oder endlich um ein Gebilde, das auf die künstliche Vereinigung solcher Teile zurückzuführen ist, wie das bei Regenerationsversuchen häufig der Fall ist. Schließlich bleibt es gleichgültig, ob die Eltern oder Voreltern untereinander von gleicher oder ungleicher Art waren, ob es sich um Bastarde handelt oder nicht, ob eine Selbstbefruchtung oder Fremdbefruchtung vorgelegen hat, und wiederum alle Unterschiede der Normalität und Anormalität.

Als Voraussetzung festgehalten wird nur, daß das betreffende Gebilde als ein biologisches Gebilde betrachtet und daß nach seinen Ahnen (avi) gefragt wird.

Es handelt sich hier also um eine ganze Reihe von Fällen, die, soweit es auf die funktionellen Anhängigkeitsbeziehungen ankommt, durchaus zu unterscheiden sind und daher von der biologischen Gesetzes- und Eigenschaftsforschung gesondert behandelt werden. Denn die Vererbungstheorien z.B. fragen ja nicht danach, was heißt: «Elter-sein», sondern nur: «Welche Gleichheiten und Ungleichheiten bestehen zwischen a und b, wenn a ein Elter von b ist?»

III. Die Unabhängigkeit der Avalgenidentität vom Generationsabstand und ihr Charakter als symmetrische Relation

Zu jedem biologischen Individuum a_n gibt es eine ganze Reihe bestimmter anderer Individuen, zu denen es in Avalgenidentität steht. Schon als Eltern kommen zum Teil mehrere Individuen in Betracht, bei der geschlechtlichen Fortpflanzung z.B. zwei Individuen b_m und c_m, so daß sowohl $a_n{}^a = b_m$ als auch $a_n{}^a = c_m$ gilt. Auch über die unmittelbar vorhergehende Generation hinaus sind bestimmte Individuen (x_y) früherer Generationen als die speziellen Vorfahren des betreffenden Individuums anzusetzen, so daß für ein gegebenes a_n der Ausdruck $a_n{}^a = x_y$ für eine Reihe x und y gilt.

Entsprechend der Unabhängigkeit der physikalischen Genidentitätsbeziehung vom Abstand der Glieder in der Reihe werde also – denn dadurch müssen die etwa vorhandenen Gleichheiten und Unterschiede beider Relationen nur um so deutlicher hervortreten – die Avalgenidentität nicht auf das Vorliegen *eines* Schrittes beschränkt. Auch die über *mehrere* Generationsschritte greifende Beziehung zwischen Abkömmling und Vorfahre sei als Avalgenidentität bezeichnet.

Über die darin liegende «Willkürlichkeit» wäre dasselbe zu sagen, was gelegentlich der Symmetrie der physikalischen Genidentitätsbeziehung ausgeführt wurde (vgl. S. 86). Gerade weil die biologische Avalgenidentität tiefgreifende Unterschiede gegenüber den besprochenen und noch zu besprechenden Genidentitätsbeziehungen aufweist, ist der Ansatz der Formulierung so ausgewählt worden, daß ein vergleichendes Inbeziehungbringen der gefundenen Sätze zulässig wird.

Nicht behauptet wird durch diesen Ansatz das Vorliegen irgendwelcher bestimmter Gleichheitsbeziehungen, insbesondere nicht das Vorliegen einer bestimmten gleichen funktionellen Abhängigkeit eines biologischen Gebildes von den einzelnen Vorfahren in verschiedenen Parentalgenerationen. Die Frage der Vererbung bleibt unberührt.

Aus Gründen der Vergleichbarkeit der folgenden Sätze mit den bei der physikalischen Genidentität angewandten Formulierungen sei die Avalgenidentität auch als symmetrische Relation angesetzt. Es soll also nicht nur der Nachkomme als avalgenidentisch mit den Vorfahren, sondern auch der Vorfahre als avalgenidentisch mit den Nachkommen bezeichnet werden, obschon wiederum nicht unwesentliche Momente für einen Ansatz als asymmetrische Relation sprechen.

Es gilt also: ist $a^a = b$, so ist auch $b^a = a$. Statt von zwei asymmetrischen Relationen, nämlich «Ahne-sein» und «Abkömmling-sein», wird also von einer symmetrischen Relation gesprochen werden.

Im folgenden wird in der Regel das der jüngeren Generation angehörende Individuum an den Anfang gestellt und demnach $a_n{}^a = b_m$ geschrieben, wenn m eine ältere, in der Regel also zeitlich weiter zurückliegende Generationen ausdrückt als n.

IV. Die vollständige Avalgenidentität

Ist ein biologisches Individuum a durch geschlechtliche Fortpflanzung entstanden, ohne daß Selbstbefruchtung vorgelegen hat, so gibt es zwei Individuen (a^1_{-1} und a^2_{-1}) der ersten Parentalgeneration, mit denen a_0 avalgenidentisch ist (Abb. 3). Außer diesen beiden

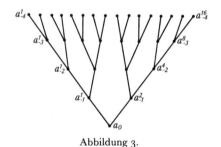

Abbildung 3.

bestimmten Individuen a^1_{-1} und a^2_{-1} gibt es kein biologisches Individuum der ersten Parentalgeneration, das mit ihm in Avalgenidentität steht. In der dritten Parentalgeneration sind bei durchgängig geschlechtlicher, nicht auf Selbstbefruchtung beruhender Fortpflanzung acht Gebilde ($a^1_{-3}, a^2_{-3}, \ldots, a^8_{-3}$) die einzigen Gebilde dieser Generation, die mit a_0 avalgenidentisch sind. Bei ungeschlechtlicher Fortpflanzung wäre es in beiden Fällen immer nur ein Gebilde a_{-1} resp. a_{-3}, von dem $a_0{}^a = a_{-1}$ gilt (vgl. Abb. 4). Umgekehrt sind, sofern man ein Synzytium als Einheit betrachtet – die Berechtigung einer solchen Betrachtung steht hier nicht in Frage –, nicht nur wie bei der Vereinigung von Gameten zwei, sondern sogleich eine größere Anzahl von Zellen als gleichberechtigt nebeneinanderstehende

Gebilde anzusehen, zu denen das Synzytium[x] avalgenidentisch ist. Erst wenn die mit einem bestimmten Individuum a_0 avalgenidentischen Gebilde $a^1_{-x}, a^2_{-x}, a^3_{-x}, \ldots, a^\varrho_{-x}$ die Gesamtheit der mit diesem Individuum avalgenidentischen Gebilde darstellen, die auf der von a_0 aus gerechnet gleichen Generationsebene $-x$ liegen, ist die Abstammungsbeziehung des Individuums zu der betreffenden Generation vollständig angegeben. Die Existentialbeziehung des biologischen Gebildes a zu der Gesamtheit dieser Gebilde $a^1_{-x}, a^2_{-x}, \ldots, a^\varrho_{-x}$ sei als vollständige Avalgenidentität bezeichnet und dafür das Zeichen $^a\equiv$ gesetzt. Es ist dann $a_0{}^a\equiv (a^1_{-x}, a^2_{-x}, a^3_{-x}, \ldots, a^\varrho_{-x})$, wofür auch geschrieben werden mag: $a_0{}^a\equiv S^\varrho_{-x}$. Der Gesamtkomplex S^ϱ_{-x} sei dabei als Schnitt, a^1_{-x} usw. als Glied des Schnittes bezeichnet. Auch bei der vollständigen Avalgenidentität wird an der Unabhängigkeit der Beziehung vom Generationsabstand festgehalten.

Wiederum ist zu erwähnen, daß, wenn a_0 sowohl zu der Gesamtheit der avalgenidentischen Glieder der ersten Parentalgeneration, etwa (a^1_{-1}, a^2_{-1}), wie auch zu der entsprechenden Gesamtheit der Glieder einer älteren Generation etwa $(a^1_{-3}, a^2_{-3}, \ldots, a^8_{-3})$, vollständig avalgenidentisch gesetzt wird, damit in keiner Weise behauptet wird, daß die Schnitte S^2_{-1} und S^8_{-3} als äquivalent zu betrachten sind, sofern es sich um die Vererbung von Eigenschaften handelt. Das Ausmaß und die Art der funktionellen Abhängigkeit von a_0 auch gegenüber der Gesamtheit S^2_{-1} und S^8_{-3} kann durchaus verschieden sein. Nimmt man z.B. durchgängig eine Vererbung erworbener Eigenschaften an, so wäre die funktionelle Abhängigkeit von a_0 zu jedem der mit ihm vollständig avalgenidentischen Schnitte $S_{-1}, S_{-2} \ldots$ notwendig verschieden. Selbst eine funktionelle Abhängigkeit nur zu dem letztvorhergehenden Schnitte, wie sie nach einigen Autoren für die ontogenetische «Entwicklung» charakteristisch ist, bleibt durchaus möglich.

Ist der Ausgangspunkt einer solchen Beziehung vollständiger Avalgenidentität nicht ein einzelnes Gebilde, sondern ein Komplex von biologischen Gebilden $(a^1_0, a^2_0, \ldots, a^\lambda_0)$, so behält auch für einen derartigen Komplex S^λ_0 der Ausdruck $S^\lambda_0{}^a\equiv S^\varrho_{-x}$ seinen eindeutigen Sinn; denn immer ist eine ganz bestimmte Reihe von $a^1_{-x}, a^2_{-x}, \ldots, a^\varrho_{-x}$ als die einzigen Glieder des in einem bestimmten Generationsabstand liegenden Schnittes zu bezeichnen, die mit den Gliedern des Schnittes S^λ_0 in Abstammungsbeziehungen stehen.

Die vollständige Avalgenidentität ($^a\equiv$) wäre demnach so zu bestimmen:

(Def.) Der aus einem oder mehreren biologischen Gebilden bestehende Schnitt S^λ_0 ist vollständig avalgenidentisch mit dem generationsälteren Schnitt S^ϱ_{-n}, wenn alle zu S^ϱ_{-n} gehörigen Gebilde, außer diesen aber keine im selben Generationsabstand von S^λ_0 stehenden biologischen Gebilde überhaupt avalgenidentisch ($^a=$) mit einem der S^λ_0 angehörenden Gebilde sind.

Als Satz der «Ausschließung» formuliert, würde diese Definition lauten:

(17) *Ist* $S_o^{\lambda a} \equiv S_{-n}^{\varrho}$ ($S_o^{\lambda} \equiv [a_o^1, a_o^2, ..., a_o^{\lambda}]$; $S_{-n}^{\varrho} \equiv [a_{-n}^1, a_{-n}^2, ..., a_{-n}^{\varrho}]$) *und* S_{-n}^{ϱ} *generationsälter als* S_o^{λ}, *so ist* $x_{-n}{}^a \neq a_o$ *für jedes* x *teilfremd* S_{-n}^{ϱ}, *das zu* S_o^{λ} *im selben Generationsabstand wie* S_{-n}^{ϱ} *steht, und für jedes* a_o, *das* S_o^{λ} *als Glied angehört.*

Zur Definition der Vollständigkeit wird ferner der Satz herangezogen:

(17a) *Ist* $S_x{}^a \equiv S_y$ *und* $S_x \equiv (..., a_x, ...)$, *so ist* $a_x{}^a = S_y$ *unabhängig davon, ob* S_x *oder* S_y *der generationsältere Schnitt ist.*

Für die Definition der Vollständigkeit wird dieser Satz nur in einer Richtung verwendet: die Vollständigkeit ist bereits bestimmt, sobald außer der Gültigkeit des Satzes 17 die «Avalgenidentität überhaupt» jeden Gliedes des generationsälteren Schnittes mit dem jüngeren Schnitte feststeht. Trotzdem gilt der Satz 17a in beiden Richtungen, ohne daß er aus der Definition der Vollständigkeit ableitbar wäre.

Ähnlich liegen die Verhältnisse bei der physikalischen restlosen Genidentität. Auch dort gilt der bisher nicht erwähnte Satz:

(3c) (vgl. S. 107) *Ist* $a_m{}^p \equiv a_n$ *und* $a_n \equiv (..., \alpha_n, ...)$, *so ist* $a_m{}^p = \alpha_n$.

Für die Definition der physikalischen restlosen Genidentität brauchte dieser Satz infolge der Gültigkeit des Satzes der Ausschließung in beiden Richtungen nicht herangezogen zu werden. Trotzdem läßt auch er sich nicht aus der Definition der Restlosigkeit ableiten.

Auch die vollständige Avalgenidentität sei als symmetrische Relation angesetzt:

(18) *Ist* $a^a \equiv b$, *so ist auch* $b^a \equiv a$.

IVA. Regelmässige Eineltrigkeit und regelmässige Zweieltrigkeit

Verfolgt man von einem bestimmten Schnitt aus die Schnitte zurück, mit denen er vollständig avalgenidentisch ist, so bestehen im einfachsten Fall, nämlich bei der ungeschlechtlichen Entstehung eines einzelnen Individuums a_o sowie all seiner Vorfahren, auch die vorangehenden Schnitte aus einem Gliede (Abb. 4):

$a_o{}^a \equiv a_{-1}$,
$a_o{}^a \equiv a_{-2}$,
$a_o{}^a \equiv a_{-3}$,
. .
. .
. .

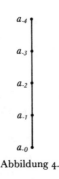

Abbildung 4.

Als allgemeine Formel für diesen Fall kann man daher den Ausdruck $a_0{}^a \equiv a_{-x}$ gebrauchen. Die gleiche Formel gibt die vollständigen Abstammungsverhältnisse bei Parthenogenese und bei Fortpflanzung vermittels Selbstbefruchtung wieder, gilt also für den Fall der «reinen Linien»[40]. Man kann bei dieser Reihenform von «regelmäßiger Eineltrigkeit» sprechen.

Fragt man allerdings umgekehrt nach der Gesamtheit der Lebewesen, die sich von dem Gebilde a_{-x} biologisch ableiten, so kommt man in der Regel durchaus nicht nur zu den Gebilden a_{-2}, a_{-1} und schließlich zu a_0, sondern zusätzlich auch zu einer ganzen Reihe anderer Lebewesen $a_0{}^1$, $a_0{}^2$, ... Es gilt also nicht der Satz, daß in der Filialgeneration außer a_0 kein anderes Gebilde existiert, das zu a_{-x} in Abstammungsgenidentität steht. Vielmehr kann sogar von mehreren, derselben Filialgeneration angehörenden Gebilden a_0^1, a_0^2, ... jedes vollständig avalgenidentisch mit a_{-x} sein: $a_0{}^a \equiv a_{-x}$, $a_0^{1\,a} \equiv a_{-x}$, $a_0^{2\,a} \equiv a_{-x}$ usw.

Trotzdem ist, wenn man von a_0, a_0^1 oder a_0^2 ausgeht, in der Richtung auf die Parentalgenerationen die Beziehung völlig eindeutig: zu *jedem* dieser Gebilde a_0, a_0^1, a_0^2 ... steht in der Generation $-x$ das Gebilde a_{-x} und nur dieses eine Gebilde in Abstammungsgenidentität.

Die Umstände liegen hier also durchaus anders als bei der physikalischen restlosen Genidentität, wo zur Definition der Restlosigkeit die vollständige Angabe aller, sowohl im früheren wie im späteren Zeitmoment existierenden Gebilde zu fordern war, die mit einem auf der anderen Seite der Relation stehenden Gebilde überhaupt in physikalischer Genidentität stehen (vgl. S. 82). Wollte man in analoger Weise erst die *Gesamtheit* der resultierenden biologischen Gebilde zu der Gesamtheit der erzeugenden in eindeutige biologische Genidentitätsbeziehung setzen, so würde das keine Vervollständigung oder Präzisierung der Avalgenidentität, sondern das Hineinziehen einer durchaus anderen Genidentitätsbeziehung bedeuten, auf die später noch ausführlich einzugehen ist. Die vollständige Avalgenidentität, so wie sie oben charakterisiert ist, läßt sich in der angegebenen Richtung nicht ergänzen. Doch bevor das deutlicher werden kann, ist noch weiter auf den Bau der durch die vollkommene Avalgenidentität bestimmten Reihen einzugehen.

Als zweiter Fall einer derartigen Reihe sei auf die Reihen in vollständiger Avalgenidentität zueinander stehender Schnitte eingegangen, bei denen jedes Glied eines jeden Schnittes durch geschlechtliche Fortpflanzung zweier verschiedener Gebilde entstanden ist, also auf Reihen mit *regelmäßig zweieltrigen* Gliedern.

Geht man wiederum von dem einfachsten Fall aus, bei dem der o-Schnitt nur durch ein Glied a_0 gebildet wird, so ergibt sich:

$a_0{}^a \equiv (a_{-1}^1, a_{-1}^2),$
$a_0{}^a \equiv (a_{-2}^1, a_{-2}^2, a_{-2}^3, a_{-2}^4),$
.   .
.   .
.   .

Es ist die als *Ahnentafel* (Abb. 3) bekannte Form der Reihe, die durch diese Beziehung bestimmt wird. Ihr allgemeiner Ausdruck, auf den o-Schnitt bezogen, lautet: $a_0{}^a \equiv (a_{-x}^1, a_{-x}^2, \ldots, a_{-x}^{2x})$. Wiederum steht jeder Schnitt dieser Reihe in vollständiger Avalgenidentität mit jedem anderen Schnitte unabhängig von ihrem Abstand. Die allgemeine Formel für die Gliedzahl eines Schnittes ist S_{-n}^{2n} und für die Beziehung der Schnitte zueinander $S_{-n}^{2n}{}^a \equiv S_{-x}^{2x}$, wenn n und x die von dem eingliedrigen o-Schnitt aus erfolgten Generationsschritte bezeichnen.

Schreitet man von dem Glied a_0 zeitlich vorwärts zu jüngeren Generationen fort und hält dabei die vollständige Avalgenidentität als Leitfaden fest, so kann bei lediglich geschlechtlicher, nicht auf Selbstbefruchtung beruhender Fortpflanzung der für die erste Filialgeneration in Betracht kommende Ausdruck nur lauten: $(a_0, a_0{}^2)^a \equiv a_{+1}$ (Abb. 5). Das heißt, sucht man nach einer Beziehung vollständiger Avalgenidentität, in die das Gebilde a_0 derart eingeht, daß die auf der anderen Seite der Relation stehenden Gebilde einer jüngeren als der o-Generation angehören, so bleibt unter den gegebenen Voraussetzungen der Fortpflanzungsart nur die Möglichkeit,

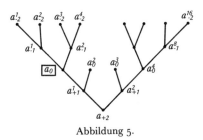

Abbildung 5.

a_0 so mit anderen Gebilden zusammenzufassen, daß ihre Gesamtheit die eine Seite der Relation ausmacht. Denn das Gebilde a_0 kann zwar für sich allein zu einer ganzen Reihe von jüngeren Generationen angehörenden Gebilden a_x^1, a_x^2, ... in «Avalgenidentität überhaupt» ($^a=$) stehen, für sich allein aber kann es bei den angenommenen Fortpflanzungsverhältnissen in keiner «vollständigen Avalgenidentität» ($^a\equiv$) zu generationsjüngeren Gebilden stehen, auch wenn es in mehrfacher Beziehung avalgenidentisch überhaupt zu derartigen Gebilden ist. Vielmehr muß das Gebilde a_0 als ein Glied a_0^1 eines mehrgliedrigen Schnittes aufgefaßt werden. Beim Fortschreiten zu den Filialgenerationen lauten daher die in Betracht kommenden Ausdrücke:

$a_{+1}{}^a \equiv (a_0, a_0^2)$,
$a_{+2}{}^a \equiv (a_0, a_0^2, a_0^3, a_0^4)$.

. .
. .
. .

oder in allgemeiner Form: $a_x{}^a \equiv (a_0, a_0^2, a_0^3, ..., a_0^{2x})$.

Die Abbildung 5 stellt diesen Sachverhalt graphisch dar. Sie besagt: will man zunächst über einen als 0-Schnitt angesetzten Schnitt S_0^1, der nur *ein* Glied a_0 enthält, in *Deszendenzrichtung* vorwärtsschreiten, so muß der Schnitt S_0^1 eine *Erweiterung* erfahren, die mit der Anzahl der Schritte in dem angegebenen Verhältnis wächst. Wenn gewahrt bleiben soll, daß jeder Schnitt in dieser Reihe mit jedem anderen der Reihenschnitte vollständig avalgenidentisch ist, so sind die neu hinzukommenden Glieder des 0-Schnittes auch nach rückwärts vollständig zu ergänzen (in der Abb. nur für a_0^4 durchgeführt).

Damit wird zugleich deutlich, daß ein derartiges Vorwärtsgehen von einem ursprünglichen 0-Schnitt zu jüngeren Generationen gar nicht analog dem Rückwärtsschreiten erfolgt, sondern in Wirklichkeit auf ein Vorverlegen des 0-Schnittes hinauskommt, so daß schließlich der Aufbau der Reihe immer durch den generationsjüngsten Schnitt bestimmt ist[41]. (In Abb. 5 wäre demnach a_{+2} als «a_0» und a_0 als «a_{-2}^1» zu bezeichnen.) Auch wenn man in beiden Richtungen vorwärtsschreitet, kann man also als Ausdruck einer Reihe vollständig avalgenidentischer Schnitte, deren Glieder immer durch geschlechtliche Fortpflanzung zweier verschiedener Individuen entstanden sind, die Formel S_{-x}^{2x} benutzen (so daß also $a_0{}^a \equiv S_{-x}^{2x}$ und $S_{-x'}^{2x'}{}^a \equiv S_{-x}^{2x}$ ist für beliebige positive x und x'); dann nämlich, wenn man als 0-Schnitt wiederum den verwendeten generationsjüngsten Schnitt ansetzt und dieser Schnitt nur *ein* Glied hat.

Rein formal mathematisch ließe sich der Ausdruck für einen Schnitt einer derartigen Reihe auch unabhängig von der Wahl des Bezugsschnittes allgemein so fassen: $S_{-x}^{n\cdot 2x}$, wobei n die Anzahl der Glieder des willkürlich gewählten Bezugsschnittes angibt und die von ihm ausgehenden Schnitte in der Richtung der Filialgenerationen negativ zu rechnen sind. Trotzdem wäre ein derartiger, keinen Schnitt bevorzugender Ausdruck keine adäquate Darstellung einer Reihe vollständig avalgenidentischer Schnitte, sofern man sie als eine eindeutig bestimmte Reihe auffassen will. Geht man nämlich von dem ursprünglichen eingliedrigen o-Schnitt a_0 aus in der Richtung der Filialgenerationen der Beziehung vollständiger Avalgenidentität nach, so besteht dabei in mehrfacher Hinsicht eine Freiheit. Erstens ist man unter den angegebenen Fortpflanzungsvoraussetzungen immer genötigt, den o-Schnitt durch irgendwelche Glieder, zumindest durch *ein* Glied $a_0{}^2$, zu erweitern, und es können nun durchaus verschiedene biologische Gebilde $b, c, d\ldots$ gleichermaßen als ergänzendes Glied $a_0{}^2$ in Betracht kommen. Bei Metazoen z.B. kann dasselbe Gebilde a_0 einmal mit b zusammen vollständig abstammungsgenidentisch zu b_{+1} sein ($[a_0, b]^a \equiv b_{+1}$) und ferner mit c in der gleichen Beziehung zu c_{+1} stehen ($[a_0, c]^a \equiv c_{+1}$). Die Gebilde, die zur Erweiterung des o-Schnittes zu verwenden sind, brauchen selbst bei gegebenem a_0 nicht eindeutig bestimmt zu sein. Im Gegenteil steht es häufig in der Macht des Experimentators, eine derartige Beziehung nach eigenem Willen neu zu erzeugen. Auch bei künstlicher Teilung von Protozoen und Vereinigung verschiedener Teilgebilde können derartige Beziehungen eintreten.

Als zweite Unbestimmtheit bei dem Fortschreiten in der Richtung der Abkömmlinge kommt hinzu, daß es, selbst wenn ein bestimmtes Gebilde b als dasjenige ausgewählt ist, das mit a_0 zusammen einen Schnitt bildet, wiederum noch verschiedene derselben Filialgeneration angehörende Gebilde geben kann, die zu diesem Schnitt vollständig avalgenidentisch sind:

$$(a_0, b)^a \equiv b'_{+1};\ (a_0, b)^a \equiv b_{+1};\ \ldots$$

Es können eben *verschiedene* Individuen mit demselben Individuum gemeinsame Abkömmlinge haben und ferner *jedesmal* eine *Mehrzahl* von Abkömmlingen vorhanden sein.

Geht man also der Beziehung vollständiger Avalgenidentität von einem gegebenen Gebilde a_0 aus in der Richtung der Filialgenerationen nach, so kann (unter Voraussetzung einer regelmäßigen Zweieltrigkeit) in mehrfacher Hinsicht unbestimmt sein, welche Gebilde als Glieder in die Reihe einzusetzen sind. Ist dagegen einmal ein bestimmtes Gebilde a_x als Glied einer Filialgeneration gewählt, so sind damit auch alle gegenüber a_x generationsälteren vollständig avalgenidentischen Schnitte eindeutig bestimmt, d.h. es gibt nur eine Möglichkeit, die Reihe in der Richtung auf die Vorfahren zu ergänzen, und es steht von jedem beliebigen biologischen Gebilde fest, ob es dieser Reihe als Glied angehört oder nicht.

Dieselbe Unbestimmtheit wie bei dem ursprünglichen a_0-Glied besteht bei jedem biologischen Gebilde, das als Glied in eine derartige Reihe eingegangen ist; sobald man von ihm aus in der Richtung auf die Filialgenerationen der vollständigen Avalgenidentität nachgeht, können mehrere Wege möglich sein, während alle Glieder der generationsälteren Schnitte eindeutig bestimmt sind.

Die vollständige Avalgenidentität erweist sich also als eine Beziehung, die nur die Glieder der generationsälteren Schnitte eindeutig bestimmt, während die Glieder der generationsjüngeren Schnitte durch sie nicht eindeutig festgelegt zu sein brauchen. Auch wenn man die Reihenschnitte als Ganzes betrachtet, sind durch einen gegebenen Schnitt immer nur die generationsälteren, aber nicht notwendig die generationsjüngeren Schnitte eindeutig festgelegt. Bezeichnet man unabhängig von der Anzahl der Glieder den generationsjüngsten Schnitt als den o-Schnitt dieser Reihe, so gilt für Reihen mit regelmäßig zweieltrigen Gliedern der Satz:

Nicht jeder beliebige, sondern nur der o-Schnitt einer Reihe von untereinander völlig avalgenidentischen Schnitten bestimmt die Reihe eindeutig.

Für die Schnitte einer Reihe, die von einem generationsjüngsten Glied (a_o) ausgeht und überall geschlechtliche Fortpflanzung ohne Selbstbefruchtung aufweist, ist daher S^{2x}_{-x} und die Zählung der Generationsschritte x von a_o aus der adäquate Ausdruck.

Geht man unter im übrigen gleichen Voraussetzungen von einem mehrgliedrigen, z. B. s-gliedrigen o-Schnitt aus, so lautet der allgemeine Ausdruck für die vollständig avalgenidentischen Schnitte: $S^{s \cdot 2x}_{-x}$. Auch hier wieder ist s nicht als eine variable Größe gemäß der Gliedzahl eines beliebigen Schnittes anzusehen, sondern als die Gliedzahl des o-Schnittes, da dieser allein die Reihen eindeutig bestimmt.

V. Die bevorzugte Stellung des generationsjüngsten Schnittes einer Reihe vollständig avalgenidentischer Schnitte

Die bevorzugte Bedeutung des o-Schnittes, oder anders formuliert: die Eigentümlichkeit der vollständigen Avalgenidentität, nur in der Richtung auf die älteren Generationen Eindeutigkeit mit sich zu bringen, kam bereits den auf vegetativer Fortpflanzung beruhenden Reihen zu, sowie den übrigen Reihen, bei denen nach Art der reinen Linien die völlig avalgenidentischen Reihenschnitte immer nur durch ein Glied gebildet werden; also allen Reihen mit regelmäßiger Eineltrigkeit. Derselbe Unterschied der Bestimmtheit in den beiden Richtungen hatte sich für die regelmäßige Zweieltrigkeit ergeben. Er erweist sich überhaupt als eine allgemeine Eigentümlichkeit der Reihen vollständig avalgenidentischer Schnitte; er ist auch in dem Fall gültig, wo der Fortpflanzungsmodus irgendwie regelmäßig oder unregelmäßig wechselt oder wenn Verschmelzungen einer größeren

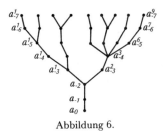

Abbildung 6.

Anzahl von Gliedern vorkommen, so daß die Reihe z. B. die in Abb. 6 dargestellte Form annimmt. Auch wenn sich die Anzahl der Glieder der verschiedenen Schnitte nicht mehr allgemein durch einen mathematischen Ausdruck angeben läßt, bleibt bestehen, daß es eine Mehrzahl von zur gleichen Filialgeneration gehörenden Schnitten geben kann, die jede für sich vollständig avalgenidentisch mit ein und demselben generationsälteren Schnitte sind, während eine derartige Unbestimmtheit bei den Parentalgenerationen ausgeschlossen ist. Nur wenn die biologischen Gebilde selbst zu einem neuen Gebilde verschmelzen oder Individuen nur einen Nachkommen aufweisen, ist faktisch auch das generationsjüngere Glied eindeutig bestimmt. Für alle im Experiment erzeugbaren, regelmäßigen oder unregelmäßigen Reihen gilt der Satz:

(19) *Zu einem gegebenen biologischen Gebilde oder Komplex von Gebilden werden durch die Beziehung der vollständigen Avalgenidentität die generationsälteren Schnitte derart eindeutig bestimmt, daß es nicht zwei in irgendwelchen Gliedern verschiedene Schnitte im selben Generationsabstand gibt, zu denen das gegebene Gebilde (Komplex von Gebilden) vollständig avalgenidentisch ist;* und:

zu einem gegebenen biologischen Gebilde (Komplex von Gebilden) kann es verschiedene generationsjüngere Schnitte im selben Generationsabstand geben, die mit den gegebenen Gebilden (Komplex von Gebilden) vollständig avalgenidentisch sind.

Ist $S_0{}^a \equiv S_{-n}$ und S_{-n} generationsälter als S_0, so ist $S_0{}^a \not\equiv X_{-n}$ für alle $X_{-n} \not\equiv S_{-n}$, die zu S_0 im selben Generationsabstand wie S_{-n} stehen.

Dieser Schluß läßt sich nicht ziehen, wenn S_{-n} generationsjünger als S_0 ist.

Satz 19 läßt sich aus den Sätzen 17 und 17a (S. 137) ableiten: angenommen nämlich, es wäre außer S_{-n} auch $X_{-n}{}^a \equiv S_0$, so wären zwei Fälle zu unterscheiden: 1) Es wäre X_{-n} teilfremd S_{-n}, dann widerspräche $S_0{}^a \equiv S_{-n}$ dem Satz 17. 2) Hätten X_{-n} und S_{-n} gemeinsame Teile, so gäbe es ein ξ_{-n}, das nur S_{-n} (oder X_{-n}) als Teil angehört. Dann gälte: $\xi_{-n}{}^a = S_0$ gemäß Satz 17a. Das aber widerspräche $X_{-n}{}^a \equiv S_0$ (resp. $S_{-n}{}^a \equiv S_0$) gemäß Satz 17.

Ferner reicht jedes beliebige biologische Gebilde (Relatum einer Avalgenidentität) als generationsjüngster Schnitt zur eindeutigen Bestimmung einer Reihe vollständig avalgenidentischer älterer Schnitte aus, während ein einzelnes Gebilde als generationsälterer Schnitt nicht zur Bestimmung irgendwelcher vollständig avalgenidentischer jüngerer Schnitte zu genügen braucht.

Dieser Satz gibt zugleich über das Verhältnis der «Avalgenidentität überhaupt» zu der «vollständigen Avalgenidentität» Aufschluß:

(20) *Sind zwei Gebilde überhaupt avalgenidentisch, so läßt sich das generationsältere derartig durch andere Gebilde ergänzen, daß es mit ihnen zusammen vollständig avalgenidentisch zu dem jüngeren Gebilde ist.*

Ist $a^a = b$ und a generationsälter als b, so gibt es ein $x, y, \ldots$ derart, daß $(a, x, y, \ldots)^a \equiv b$ ist.

In der Physik hat der Satz entsprechenden Inhalts keine Gültigkeit. Denn a könnte Teile enthalten, die überhaupt nicht genidentisch mit b sind. Daß diese Möglichkeit bei Satz 20 nicht in Betracht zu ziehen ist, liegt an der noch zu erörternden, den physikalischen Gebilden nicht zukommenden Eigentümlichkeit der Relata der Avalbeziehung, una und individua zu sein.

Ein Satz, der lediglich die Ergänzung physikalisch überhaupt genidentischer zu restlos genidentischen Gebilden heranziehen will, müßte sich daher auf die wechselseitige Ergänzbarkeit beschränken:

(3b) (vgl. S. 107): *Sind zwei Gebilde überhaupt physikalisch genidentisch, so lassen sie sich durch gleichzeitig existierende weitere Gebilde zu restlos genidentischen Gebilden ergänzen.*

Ist $a_m{}^p = a_n$, so gibt es weitere $x_m, y_m \ldots$ und $x_n, y_n \ldots$ derart, daß $(a_m, x_m, y_m, \ldots)^p \equiv (a_n, x_n, y_n, \ldots)$ ist.

Diese Sätze bedeuten alle ein Ausgezeichnet-sein des generationsjüngsten Schnittes in der Reihe und lassen sich als Spezialfall des bereits angeführten Satzes betrachten:

(21) *Eine Reihe untereinander vollständig genidentischer Schnitte ist durch ihren generationsjüngsten Schnitt (0-Schnitt) und nur durch ihn notwendig eindeutig bestimmt.*

Va. Die biologische Avalreihe und der Begriff der Zielstrebigkeit

Man könnte in der Betonung des zeitlich[42] spätesten Gliedes eine Parallele zu dem Begriff der *Zielstrebigkeit* sehen wollen und aus den angeführten Sätzen die Behauptung herauslesen, Entwicklungsprozesse würden durch ihr zeitlich spätestes Stadium bestimmt.

Eine solche These ist in ihnen jedoch keineswegs enthalten. Denn der jüngste Schnitt der Avalreihen erhält seine bestimmende Rolle nicht dadurch, daß, wenn man von mehreren gleichzeitigen Gebilden aus in bestimmter Weise zeitlich vorwärts schreitet, man dann übereinstimmend zu ein und demselben späteren Gebilde geführt wird. In diesem Falle wäre nämlich als «bestimmender» Faktor der Reihe entweder überhaupt kein Schnitt vor dem anderen ausgezeichnet oder – falls die reihenerzeugende Relation Eindeutigkeit nur in zeitlich vorwärtsschreitender Richtung mit sich führt – allenfalls der zeitlich zurückliegendste Schnitt. Die Bevorzugung des zeitlich letzten Schnittes kommt umgekehrt gerade dadurch zustande, daß die erzeugende Relation in zeitlich vorwärtsschreitender Richtung keine eindeutige Bestimmung ihrer Glieder mit sich bringt; weil die Glieder von sich aus gerade nicht «zu einem bestimmten Ziele streben».

Es kann hier auch nicht das Vorhandensein einer «funktionellen Abhängigkeit» der Eigenschaften mehrerer zeitlich verschiedener Gebilde behauptet werden, bei denen eins, etwa das zeitlich späteste, der bestimmende Faktor ist. Obwohl die vollständige Avalgenidentität nur in der Richtung auf die älteren Generationen die betreffenden Gebilde eindeutig bestimmt, könnten durchaus die Eigenschaften der durch die Abstammungsrelation «bestimmten» älteren Gebilde ihrerseits als die die Eigenschaften der jüngeren Gebilde «bestimmenden Faktoren» anzusehen sein.

Die in der Auszeichnung des generationsjüngsten Gliedes liegende scheinbare Parallele zum Begriff der Zielstrebigkeit wird durch die naheliegende Verwechslung von «generationsjünger» mit «zeitlich später» sowie durch das sogleich zu erwähnende Zusammenlaufen dieser Reihen zu einem jüngsten Gliede noch verstärkt (vgl. S. 146f.).

VI. Die Bedingungen der Identität zweier vollständig avalgenidentischer Reihen

Gegenüber der eigentümlichen Bevorzugung, die dem generationsjüngsten Schnitt in den durch biologische Avalbeziehung bestimmten Existentialreihen zukommt, kennt die physikalische Genidentitätsreihe keine Bevorzugung irgendeines Schnittes. Dieser Unterschied tritt besonders hervor, wenn man die Frage nach den Voraussetzungen der Eindeutigkeit analog zu Satz 9 (vgl. S. 96) so formuliert: welche Voraussetzungen müssen erfüllt sein, damit zwei zunächst als verschieden betrachtete Reihen vollständig avalgenidentischer Schnitte identisch sind?

Bei den Reihen physikalisch restlos genidentischer Gebilde hatte dafür die Identität eines beliebigen Reihenschnittes genügt. Dagegen gilt hier:

(22 a) *Ist ein Schnitt einer Reihe vollständig avalgenidentischer Schnitte mit einem bestimmten Schnitte einer anderen derartigen Reihe identisch, so ist damit die Identität beider Reihen nur für die generationsälteren Schnitte sichergestellt, während die Identität beider Reihen in ihren generationsjüngeren Schnitten offen bleibt.*

Ist $S_{-m}{}^a \equiv S_{-n}$ und $S'_{-m}{}^a \equiv S'_{-n}$, ferner $S_{-m} \equiv S'_{-m}$, so ist auch $S_{-n} \equiv S'_{-n}$ für alle S_{-n} und S'_{-n}, die untereinander generationsgleich und generationsälter als $S_{-m}(S'_{-m})$ sind.

Dieser Schluß gilt nicht für S_{-n} generationsjünger als S_{-m}.

Als einfaches Beispiel für die Nichtidentität der generationsjüngeren Schnitte mag man an die durch zwei Geschwister bestimmten Reihen vollständig avalgenidentischer Schnitte denken (Abb. 7): obwohl die erste Parentalgeneration identisch ist, sind nur die gegenüber dieser Generation älteren Generationen, aber nicht die jüngeren Generationen identisch. Dies gilt sowohl dann, wenn der Elternschnitt aus einem, als auch dann, wenn er aus mehreren Gebilden besteht, überhaupt unabhängig von den Fortpflanzungsmodis in der betreffenden Reihe.

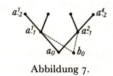

Abbildung 7.

Dies Bevorzugtsein der Richtung auf die älteren Schnitte läßt sich wiederum durch eine Auszeichnung des jüngsten Reihenschnittes formulieren:

(22 b) *Sind die generationsjüngsten Schnitte (0-Schnitte) zweier Reihen vollständig avalgenidentischer Schnitte identisch, so sind alle im gleichen Generationsabstand von ihnen liegende Schnitte der beiden Reihen identisch.*

VII. Die Zerlegung der Avalreihen in der Längsrichtung

Der eigentliche Sinn der Bevorzugung des generationsjüngsten Schnittes scheint mir deutlicher zu werden, wenn man die *Zerlegbarkeit* der Reihen vollständig avalgenidentischer Schnitte in der Längsrichtung untersucht.

Es gilt von derartigen Reihen unabhängig von ihrer speziellen Form der Satz:

(23) *Besteht ein Schnitt einer Reihe vollständig avalgenidentischer Schnitte aus λ Gliedern (g_{-m}), so läßt sich jeder generationsältere Schnitt derartig in λ*

ganzgliedrige Schnitteile (T_{-n}) *zerlegen, daß jedes der* λ *Glieder des jüngeren Schnittes zu einem der* λ *Schnitteile des älteren Schnittes vollständig avalgenidentisch ist:*

Ist $S_{-m}^{\lambda\,a} \equiv S_{-n}^{\varrho}$ *und* $m < n$, *ferner* $S_{-m}^{\lambda} \equiv (g_{-m}^1, g_{-m}^2, \ldots, g_{-m}^{\lambda})$, *so gibt es auch eine ganzgliedrige Zerlegung* $S_{-n}^{\varrho} \equiv ({}^1T_{-n}, \ldots, {}^2T_{-n}, \ldots, {}^{\lambda}T_{-n})$ *derart, daß* $g_{-m}^{1\,a} \equiv {}^1T_{-n}$; $g_{-m}^{2\,a} \equiv {}^2T_{-n}$; $\ldots$; $g_{-m}^{\lambda\,a} \equiv {}^{\lambda}T_{-n}$ *ist.*

Dieser Satz läßt sich an einem beliebigen Beispiel unabhängig von der Regelmäßigkeit und der Art der Fortpflanzung aufweisen (Abb. 8) und ist ohne weiteres deutlich, sobald durchgängig unter-

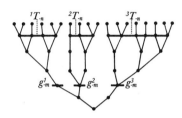

Abbildung 8.

einander verschiedene biologische Gebilde als Glieder in die Reihe eingehen. Er läßt sich auch als allgemeingültiger Satz aussprechen, sobald man mit der Forderung der Ganzgliedrigkeit nicht die Forderung der Gliedfremdheit der Schnitteile verbindet oder aber, wenn man ein Gebilde, das in verschiedenen Generationsschnitten oder im selben Schnitte mehrmals als Relationspunkt einer Abstammungsbeziehung zu nennen wäre, tatsächlich mehrmals als Glied ansetzt. Daß eine derartige Darstellungsweise, wie sie bei der Aufstellung von Ahnentafeln durchaus üblich ist, den darzustellenden Sachverhalt wirklich adäquat wiedergibt, und daß der Sinn des angeführten Satzes nicht an diese Darstellungsweise gebunden ist, wird noch wiederholt deutlich werden.

Wendet man diesen Satz auf den generationsjüngsten Schnitt (o-Schnitt) an und benutzt ihn nun zum Zerlegen der ganzen Reihe in der Längsrichtung, so ergibt sich:

(24) *Enthält der generationsjüngste Schnitt* ($S_0^{\lambda} \equiv [g_0^1, g_0^2, \ldots, g_0^{\lambda}]$) *einer Reihe vollständig avalgenidentischer Schnitte mehrere Glieder* ($\lambda > 1$), *so ist die ganze Reihe in verschiedene ganzgliedrige Teilreihen vollständig avalgenidentischer Schnitte zerlegbar, deren generationsjüngste Schnitte* (${}^1T_0, {}^2T_0, \ldots, {}^{\lambda}T_0$) *immer nur ein Glied enthalten* (${}^1T_0 \equiv g_0^1$; $\ldots$; ${}^{\lambda}T_0 \equiv g_0^{\lambda}$).

Ist $S_0^{\lambda a} \equiv S_{-x}^{\mu}$ *und* $\lambda > 1$, *so ist für beliebige positive* x S_{-x}^{μ} *und* S_0^{λ} *so in ganzgliedrige Teile* ${}^1T_{-x}^{\mu'}$; ${}^2T_{-x}^{\mu''}$; $\ldots$; ${}^{\lambda}T_{-x}^{\mu'''}$ *und* ${}^1T_0^{\lambda'}$, ${}^2T_0^{\lambda''}$, $\ldots$; ${}^{\lambda}T_0^{\lambda'''}$ *zerlegbar, daß* ${}^1T_{-x}^{\mu'\,a} \equiv {}^1T_0^{\lambda'}$, ${}^2T_{-x}^{\mu''\,a} \equiv {}^2T_0^{\lambda''}$; $\ldots$; ${}^{\lambda}T_{-x}^{\mu'''\,a} \equiv {}^{\lambda}T_0^{\lambda'''}$ *und für alle* $T_0^{\lambda'}$ $\lambda' = 1$ *ist.*

Eine Reihe vollständig avalgenidentischer Schnitte, deren generationsjüngster Schnitt (o-Schnitt) S_o^λ nur ein Glied enthält ($\lambda = 1$), heiße «vollständige Avalreihe» (v. A.-Reihe) im Gegensatz zu einer Reihe vollständig avalgenidentischer Schnitte, deren o-Schnitt S_o^λ mehrere Glieder enthält ($\lambda > 1$), und die «unvollständige Avalreihe» genannt werde. Im Gegensatz also zu der bei der «physikalischen restlosen Genidentitätsreihe» angewandten Ausdrucksweise sei die Vollständigkeit als Prädikat der ganzen Reihe von der Vollständigkeit als Prädikat der Beziehung einzelner Schnitte unterschieden; auch die «unvollständige Avalreihe» besteht aus Schnitten, die vollständig avalgenidentisch miteinander sind.

Dann läßt sich der angegebene Satz auch so formulieren:

(24a) *Unvollständige Avalreihen sind ganzgliedrig restlos zerlegbar in eine Anzahl vollständiger Avalreihen (v. A.-Reihen).*

Damit hat sich als Grundtyp der Existentialreihe, für die der Begriff der Ahnen (*avi*) maßgebend ist, eine Reihe von untereinander vollständig avalgenidentischen Schnitten ergeben, deren generationsjüngster Schnitt nur ein Glied enthält. Von diesem Grundtyp, der uns als solcher noch öfter begegnen wird, gilt der bereits erwähnte Satz 21 (vgl. S. 144):

Eine vollständige Avalreihe (v. A.-Reihe) ist durch ein Glied (ihr generationsjüngstes Glied) eindeutig bestimmt (zugleich Definition der v. A.-Reihe).

Ferner ergibt eine allgemeine Anwendung der Sätze 24 und 24a auf die Glieder beliebiger Schnitte einer Reihe:

(25) *Jedes Glied eines Schnittes, der einer Reihe vollständig avalgenidentischer Schnitte angehört, läßt sich als generationsjüngster Schnitt einer vollständigen Avalreihe (v. A.-Reihe) betrachten. Diese bildet einen Teil der ersteren.*

Endlich gilt für die Biologie wahrscheinlich der Satz:

(26) *Durch ein biologisches Individuum wird eindeutig eine vollständige Avalreihe (v. A.-Reihe) bestimmt, deren generationsjüngsten Schnitt es darstellt.*

Ob jedes biologische Individuum eine v. A.-Reihe bestimmt, ist nicht ohne weiteres deutlich; jedenfalls gilt dieser Satz nicht von jedem biologischen Gebilde überhaupt. In welchem Sinne ihm wahrscheinlich allgemeine Gültigkeit zukommt, wird später erörtert.

Es besteht also eine mehrfache Beziehung der v. A.-Reihen zum Begriff des *Individuums*, sofern es *eins* ist.

Daß der o-Schnitt des Grundtyps der Reihe eingliedrig ist, steigert zugleich die scheinbare Parallelität zum Begriffe der Zielstrebigkeit, die in dem Zusammenlaufen aller Zweige dieser Reihen in einem generationsjüngsten Gliede liegt (vgl. S. 144f.).

Auch bei der Zerlegbarkeit von Reihen vollständig avalgenidentischer Schnitte in der Längsrichtung erscheint die Richtung auf die generationsälteren Schnitte bevorzugt. Geht man nun von einem mehrgliedrigen Schnitt einer Reihe innerhalb der Reihe zu einem generationsjüngeren Schnitt fort, so ergibt sich:

(23 a) *Besteht ein bestimmter Schnitt einer Reihe vollständig avalgenidentischer Schnitte aus ϱ Gliedern, so braucht darum noch nicht jeder generationsjüngere Schnitt ($-m$) dieser Reihe derart in ϱ ganzgliedrige*[43] *Schnitteile zerlegbar zu sein, daß jedes der ϱ Glieder (g_{-n}) zu einem der Schnitteile (S_{-m}) vollständig avalgenidentisch ist.*

Ist $S_{-m}^{\lambda}{}^a \equiv S_{-n}^{\varrho}$ und $m < n$, ferner $S_{-n}^{\varrho} \equiv (g_{-n}^1, g_{-n}^2, \ldots, g_{-n}^{\varrho})$, so braucht es darum noch keine Zerlegung $S_{-m}^{\lambda} \equiv ({}^1T_{-m}, \ldots, {}^{\varrho}T_{-m})$ derart zu geben, daß ${}^1T_{-m}{}^a \equiv g_{-n}^1$; ${}^2T_{-m}{}^a \equiv g_{-n}^2$; $\ldots$; ${}^{\varrho}T_{-m}{}^a \equiv g_{-m}^{\varrho}$ ist.

Eine solche Zerlegung ist dann nicht möglich, wenn irgendein Glied der Schnitte S_{-m} bis $S_{-(n-1)}$ von mehr als einem Elter abzuleiten ist[44] (Abb. 9).

Abbildung 9.

Diese Nichtzerlegbarkeit der generationsjüngeren Schnitte besteht ausnahmslos bei der «vollständigen Avalreihe» (v. A.-Reihe), die bereits aus einem anderen Grunde als Grundtyp der Reihen vollständig avalgenidentischer Schnitte bezeichnet wurde.

(27) *Enthält ein Schnitt S_{-n}^{ϱ} einer vollständigen Avalreihe (v. A.-Reihe) mehrere Glieder ($\varrho > 1$), so gibt es zu jedem dieser Glieder einen generationsjüngeren Schnitt $S_{-m}^{\lambda}(n > m \geqq 0)$, der keinen ganzgliedrigen Teil enthält, welcher mit diesem Gliede vollständig avalgenidentisch ist. Das gleiche gilt von allen generationsjüngeren Schnitten als S_{-m}^{λ}.*

Dieser Satz folgt ohne weiteres daraus, daß der generationsjüngste Schnitt (o-Schnitt) einer v.A.-Reihe nur *ein* Glied enthält und daß dieses Glied (g_0) jedenfalls nicht zu einem einzelnen Gliede (g_{-n}^{ξ}) eines mehrgliedrigen Schnittes (S_{-n}^{ϱ}; $\varrho > 1$) dieser Reihe in vollständiger Avalgenidentität stehen kann, da das Glied $g_0 \equiv S_0^1$ ja zu dem ganzen Schnitte S_{-n}^{ϱ} vollständig avalgenidentisch ist ($g_0{}^a \equiv S_{-n}^{\varrho}$; $S_{-n}^{\varrho} \equiv [\ldots, g_{-n}^{\xi}, \ldots]$; $\varrho > 1$; folglich ist $g_0{}^a \not\equiv g_{-n}^{\xi}$).

(28) *Liegt in einer v.A.-Reihe regelmäßige Mehreltrigkeit vor, so ist der durch Satz 27 bestimmte nicht ganzgliedrig zerlegbare Schnitt (S_{-m}) immer der nächstjüngere Schnitt von S_{-n}^{ϱ} ($m=n-1$).*

Die angeführten Sätze besagen nicht, daß eine Zerlegung der

biologischen Gebilde, die als Glied in diese Reihen eingehen, in jedem Fall biologisch sinnlos ist. Wie betont, bleibt es bei diesen Erörterungen gleichgültig, ob nach der Avalgenidentität vielzelliger Individuen oder einzelner Zellen eines Metazoon gefragt wird. Es wird auch nicht behauptet, daß irgendwelche «Eigenschaften», z. B. die «Lebensfähigkeit» (vgl. FRITSCH 1920, 609) mit der weiteren Teilung verloren gehen. Nur in bezug auf die Existentialbeziehung wird konstatiert, daß es zu jedem Glied eines Schnittes einer Avalreihe in jedem generationsälteren Schnitte einen ganzgliedrigen Schnitteil gibt, der mit diesem Gliede vollständig avalgenidentisch ist, während eine entsprechende Zerlegbarkeit bei den generationsjüngeren Schnitten nicht vorzuliegen braucht.

Die Frage der Zerlegbarkeit der Reihen vollständig avalgenidentischer Schnitte führt also nicht nur zum Begriff des *Individuums als einer Einheit* (im Gegensatz zur Vielheit), sondern auch zum Begriff des Individuums als eines unzerlegten *Ganzen*, und zwar in einem bestimmten, durchaus faßbaren Sinne:

Die «Unteilbarkeit» der Glieder der Avalreihen besagt hier, daß die Ganzheit der Glieder nicht in Frage gestellt wird, sobald man in bestimmter Weise von generationsjüngeren zu generationsälteren Gliedern fortschreitet.

In dem Grundtyp der Reihen, die durch die Elter-Kind-Beziehung bestimmt werden, kommt zugleich diese Ausgezeichnetheit der «Einzahl» wie der «Ganzheit» der Reihenglieder besonders deutlich zum Ausdruck. Die Rolle, die die v. A.-Reihe spielt (Satz 26), erlaubt ferner folgende Verallgemeinerung:

(29) *Die Bezeichnung als Unum und als Individuum in dem angegebenen Sinne kommt jedem Gliede einer Avalgenidentitätsbeziehung als solchem zu.*

Die Einheit (Unum) liegt darin, daß jede durch eine Mehrheit von Gebilden bestimmte Reihe vollständig avalgenidentischer Schnitte sich, ohne daß irgendwelche Glieder zerlegt werden müßten, in eine Mehrzahl von selbständigen, immer nur durch ein Glied bestimmten Reihen (v. A.-Reihen) zerlegen läßt. Die Unzerlegbarkeit (Individuum) liegt darin, daß bei einer Längszerlegung nach Maßgabe der Glieder eines generationsjüngeren Schnittes jedes Glied einer solchen Reihe als Ganzes in die entstehenden Schnitteile eingeht.

Überall aber führt die Avalgenidentität eindeutige Bestimmtheit nur beim Fortgang von den generationsjüngeren zu den generationsälteren Gliedern mit sich, und auch über den Charakter der Reihenglieder als Unum und Individuum wird nichts Bestimmtes ausgesagt, sobald man sie als Elemente einer in Deszendenzrichtung fortschreitenden Reihe betrachtet.

VIII. Die Stellung biologischer Gebilde in v. A.-Reihen

Wir haben bereits mehrere Sätze erwähnt, die unter besonderen Bedingungen von dem Verhältnis der Gliedzahl der Schnitte gelten. Als allgemein geltend wäre hier der bereits in Satz 24a (vgl. S. 148) und 28 (vgl. S. 149) enthaltene Satz zu nennen:

(30) *Bei einer Reihe vollständig avalgenidentischer Schnitte kann die Anzahl der Glieder eines Schnittes beim Fortschreiten in der Richtung auf die generationsälteren Schnitte nicht abnehmen.*

Ist $S^\lambda_{-m}{}^a \equiv S^\varrho_{-n} (S^\lambda_{-m} \equiv [g^1_{-m}, g^2_{-m}, \ldots, g^\lambda_{-m}]; S^\varrho_{-n} \equiv [g^1_{-n}, g^2_{-n}, \ldots, g^\varrho_{-n}])$
und $n > m$, *so ist* $\varrho \geqq \lambda$.

Dieser Satz und ebenso die für die regelmäßige Zweieltrigkeit angegebenen Formeln gelten jedoch nur, wenn man in der üblichen Weise ein biologisches Gebilde jedesmal als besonderes Glied der Reihe ansetzt, so oft es als Relatum einer Abstammungsbeziehung zu irgendeinem anderen Gliede der Reihe auftritt.

Diese Schreibweise wird vor allem durch die Gültigkeit des folgenden Satzes nahegelegt:

(31) *Ein biologisches Gebilde (Komplex von Gebilden) kann als Glied mehrerer generationsverschiedener Schnitte einer vollständigen Avalreihe auftreten.*

Das heißt, geht man von einem bestimmten $(^a \equiv g_0;$ Abb. 10) in der Richtung der generationsälteren avalgenidentischen Schnitte fort, so kann dasselbe biologische Gebilde b sowohl nach m wie daneben auch nach n ganzen Generationsschnitten $(m \neq n)$ als Bezugspunkt einer Avalgenidentität auftreten $(b \equiv g^\xi_{-m}$ und $b \equiv g^\xi_{-n})$. Dies tritt z. B. ein, wenn a der Abkömmling zweier Individuen (b, c) ist, deren eines (b) wiederum ein Ahn des anderen (c) ist.

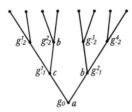

Abbildung 10.

Eine derartige Möglichkeit ist allerdings ausgeschlossen bei regelmäßiger Eineltrigkeit.

Dieser Sachverhalt läßt die angegebene Schreibweise zweckmäßig erscheinen, selbst wenn man von ihrer Brauchbarkeit für die

Zwecke der Vererbungslehre absieht (vgl. O. HERTWIG 1918). Es ist daher nur konsequent, an dieser Schreibweise auch festzuhalten, wenn dasselbe biologische Gebilde mehrmals als Glied eines Schnittes einer solchen Reihe auftritt. Sobald überhaupt mehrgliedrige Schnitte einer Reihe vorkommen, gilt nämlich unabhängig von der Fortpflanzungsart der Satz:

(32) *Ein biologisches Gebilde kann in einer vollständigen Avalreihe mehrmals als Glied desselben Schnittes auftreten.*

Das heißt, geht man von verschiedenen Gliedern (g^1_{-1} und g^2_{-1}; Abb. 11) des generationsjüngeren Schnittes zum nächstälteren Schnitte fort, so kann für jedes dieser Glieder ein und dasselbe biologische Gebilde ($b \equiv g^2_{-2} \equiv g^1_{-2}$) als das andere Relatum der Abstammungsbeziehung anzusetzen sein.

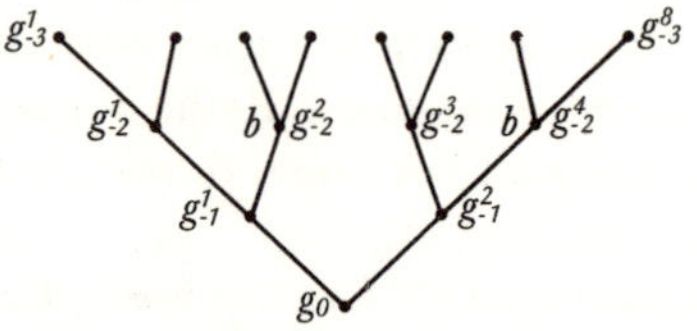

Abbildung 11.

Man hat sich daher bei den Formeln, die die Anzahl der Glieder eines Schnittes zu seiner Stellung in einer Avalreihe in Beziehung setzen, gegenwärtig zu halten, daß die Anzahl der Glieder noch nicht die Existenz ebenso vieler verschiedener biologischer Gebilde bedeutet. Da die Zahl der Glieder der vollständig avalgenidentischen generationsälteren Schnitte nicht abnehmen kann (vgl. Satz 30, S. 151), dagegen in jedem Fall, wo ein Glied eines Schnittes von mehr als einem Elter abstammt, wächst; und da ferner die Mehreltrigkeit wahrscheinlich bei allen Lebewesen bisweilen vorkommt, für eine ganze Reihe von Arten sogar ausschließlich in Frage kommt, so wären als Glieder der mit den gegenwärtig lebenden Gebilden vollständig avalgenidentischen in früherer Zeit existierenden Schnitte eine mit dem Zeitabstand ständig wachsende Anzahl von Lebewesen anzusetzen. Die Erde müßte ehedem viel reicher an Lebewesen gewesen sein. Auch wenn man die Möglichkeit, daß man von verschiedenen Ausgangsgliedern aus zu denselben Vorfahren kommen kann, in Betracht zieht, würde die Gliedzahl eines generationsälteren Schnittes einer von einem einzigen Gebilde einer bestimmten Art ausgehenden vollständigen Avalreihe schon nach einem relativ geringen Generationsabstand so groß sein, daß die Erde für so viele verschiedene Lebewesen dieser Art nicht hätte ausreichen können.

Aber die Gliedverschiedenheit bedeutet eben noch nicht die Existenz ebensovieler verschiedener Lebewesen. Für ein Lebewesen z. B., das einem von zwei Urahnen ausgegangenen «Stamm» angehört, kann es sogar einen generationsälteren vollständig avalgenidentischen Schnitt geben, dessen sämtliche Glieder, soviel es auch sein mögen, immer nur das eine oder das andere dieser beiden Gebilde darstellen. Man bezeichnet den Fall, daß verschiedene Glieder eines Schnittes ein biologisches Gebilde darstellen, in der Genealogie als *Ahnenverlust*.

Ebensowenig wie das Wachsen der Glieder der generationsälteren Schnitte die Existenz einer steigenden Anzahl Lebewesen in der Vergangenheit bedeutet, besagt die Eingliedrigkeit des generationsjüngsten Schnittes der vollständigen Avalreihen, daß es nicht noch andere biologische Gebilde geben kann, die zu einem generationsälteren Schnitt einer solchen Reihe als generationsjüngster Schnitt vollständig avalgenidentisch sind.

Die Stellung der *biologischen* Gebilde zu dem Grundtyp der Avalreihen ist also in bestimmter Hinsicht verschieden von der Stellung der *physikalischen* Gebilde zum Grundtyp der physikalischen Existentialreihen:

(16) *Ein bestimmtes physikalisches Gebilde oder ein Komplex von Gebilden kann nur in eine einzige Reihe «restlos genidentischer» Schnitte als Schnitt eingehen und in derselben Reihe nur einmal als Schnitt oder Schnitteil vorkommen.*

Dagegen gilt:

(33) *Ein biologisches Gebilde (ein Komplex von Gebilden) kann verschiedenen vollständigen Avalreihen als Schnitt angehören.*

In derselben Reihe kann ein Gebilde oder Komplex von Gebilden jedoch nicht mehrmals als Schnitt auftreten – die Reihe der Schnitte einer v. A.-Reihe ist eindeutig geordnet (Satz 35) –; dagegen kann es in derselben Reihe sehr wohl mehrmals als Schnitteil auftreten (Satz 31 und 32).

Eine Sonderstellung gegenüber den übrigen Reihengliedern nehmen auch bei den Sätzen 32, 32 und 33 die *eingliedrigen generationsjüngsten Schnitte* der vollständigen Avalreihen ein:

(34) *Ein biologisches Gebilde gehört nur einer einzigen vollständigen Avalreihe als 0-Schnitt an (Satz 26) und kann in ihr nicht nochmals als Glied auftreten.*

Will man diesem Sachverhalt auch in der Schreibweise Ausdruck verleihen, so kann man das generationsjüngste Glied mit a_0 bezeichnen, die Glieder der übrigen Reihen dagegen mit g^{γ}_{-x}.

IX. Die durch die vollständige Avalgenidentität bestimmten Reihen als geordnete Reihen

Mit Hilfe der Begriffe «zeitlich später» und «zeitlich früher» hat sich die physikalische restlose Genidentitätsreihe als eine geordnete Reihe ansehen lassen, d. h. es galt, daß von zwei beliebigen Reihenschnitten immer einer zeitlich früher als der andere ist. Und daß, wenn a früher als b und b früher als c ist, dann auch a früher als c ist (vgl. S. 87).

Die Begriffe «generationsälter» und «generationsjünger» ermöglichen eine entsprechende Auffassung auch bei den durch die vollständige Avalgenidentität bestimmten Reihen:

(35) *Die vollständigen Avalreihen sind geordnete Reihen.*

Denn von zwei beliebigen Schnitten dieser Reihen ist immer einer generationsälter als der andere und wenn von irgend drei Schnitten (S_{-m}, S_{-n}, S_{-q}) einer Reihe S_{-q} generationsälter als S_{-n} und S_{-n} generationsälter als S_{-m} ist, so ist auch S_{-q} generationsälter als S_{-m}.

Daß sich hier die Begriffe «generationsälter» und «generationsjünger» nicht durch die Begriffe «zeitlich später» und «zeitlich früher» ersetzen lassen, wird noch zu erörtern sein.

Die Eigentümlichkeit der beiden Existentialbeziehungen, zu geordneten Reihen zu führen, zeigt sich auch darin als gleich, daß weder die physikalische «Genidentität überhaupt» ($^p=$) noch die biologische «Avalgenidentität überhaupt» ($^a=$) zum Erzeugen einer eindeutig geordneten Reihe ausreicht.

Wenn a früher als b früher als c ist ($a^p=b$, $b^p=c$), so gilt zwar a früher als c; und wenn a generationsälter als b generationsälter als c ist ($a^a=b$, $b^a=c$), so ist auch a generationsälter als c. Aber es gibt trotzdem verschiedene schnittgleiche Gebilde, die mit demselben Gebilde genidentisch ($^p=$ resp. $^a=$) sind. Es bilden zwar die Schnitte, nicht aber die Schnitteile einer Reihe physikalisch restlos genidentischer oder vollständig avalgenidentischer Schnitte eine geordnete Menge (vgl. S. 87).

Trotzdem besteht noch ein Unterschied zwischen der physikalischen Genidentität überhaupt und der Avalgenidentität überhaupt. Für die physikalische Genidentität nämlich gilt: aus a früher als b früher als c ($a^p=b$, $b^p=c$) folgt eindeutig a früher als c, und a nicht gleich oder später als c. Dagegen folgt für die Avalgenidentität aus a generationsälter als b generationsälter als c ($a^a=b$, $b^a=c$) zwar ebenfalls a generationsälter als c, aber außerdem kann a generationsgleich oder generationsjünger als c sein. Der Avalgenidentität überhaupt ($^a=$) fehlt also eine Ausschließungsfunktion, die der physikalischen Genidentität überhaupt ($^p=$) zukommt[45].

X. Die Diskontinuität und die Undichtigkeit der Avalgenidentitätsreihen. Die Generation

In einer physikalischen restlosen Genidentitätsreihe gab es zwischen zwei beliebigen Reihenschnitten immer noch einen Reihenschnitt, der mit jedem der beiden anderen Schnitte physikalisch restlos genidentisch war (S. 85 f.). Eine derartige Reihe ist «überall dicht». Von den biologischen Reihen vollständig avalgenidentischer Schnitte gilt ein entsprechender Satz nicht, obgleich die vollständige Avalgenidentität hier als eine symmetrische Relation bestimmt ist, so daß die verschiedene Bezugsrichtung vom Mittelglied aus kein Hindernis bedeuten würde, gibt es «zwischen» gewissen Schnitten einer Reihe vollständig avalgenidentischer Schnitte keinen Schnitt mehr, der zu ihnen vollständig avalgenidentisch ist.

Diese Eigentümlichkeit ist eine Grundtatsache, die bereits der unbestimmteren «Avalgenidentität überhaupt» ($^a=$) zukommt. «Zwischen» einem Kinde a und seinem Elter b gibt es kein biologisches Gebilde (x), zu welchem das Kind und welches selbst wiederum zu den Eltern in derselben Beziehung steht wie das Kind zu seinen Eltern oder diese wiederum zu ihren generationsälteren Vorfahren[46]. Das Fehlen eines solchen Zwischengliedes ist unabhängig davon, ob es sich um Eineltrigkeit oder Mehreltrigkeit, ob es sich um Metazoen oder Einzeller oder um die Abstammungsbeziehungen der einzelnen Zellen eines Vielzellers, also um das Verhältnis von Tochter- und Mutterzelle handelt. Immer gilt der Satz:

(36) *Zwischen zwei generationsfolgenden Gebilden a_{-m} und b_{-n} ($n=m+1$), die avalgenidentisch miteinander sind ($a_{-m}{}^a= b_{-n}$), gibt es kein biologisches Gebilde x_{-r} ($m<r<n$) derart, daß x_{-r} genidentisch mit a_{-m} und a_{-n} ist ($a_{-m}{}^a\neq x_{-r}$; $x_{-r}{}^a \neq b_{-n}$ für alle r zwischen m und n).*

Dasselbe gilt von der Beziehung der vollständigen Avalgenidentität ($^a\equiv$). In seiner allgemeinen Anwendung auf die Abstammungsbeziehung, die ja nicht an die Stellung der Relata als Angehörige aufeinanderfolgender Generationen gebunden ist, sondern unabhängig von dem Generationsabstand der bezogenen Gebilde gilt, lautet dieser Satz – ich wende ihn der Kürze halber sogleich auf die durch die vollständige Avalgenidentität gebildeten Reihen, und zwar auf deren Grundtyp, an –:

(36a) *Eine vollständige Avalreihe läßt sich so in verschiedene Schnitte zerlegen, daß es zu jedem dieser Schnitte S_{-m} einen generationsälteren[47] Schnitt S_{-n} derart gibt, daß kein weiterer Reihenschnitt S_{-x} zugleich generationsälter als S_{-m} und generationsjünger als S_{-n} ist ($S_{-m}{}^a\not\equiv S_{-x}$ und $S_{-x}{}^a\not\equiv S_{-n}$ für alle Reihenschnitte $m<x<n$).*

Und zwar gibt es zu jedem ihrer Schnitte nur einen generationsälteren Schnitt, der auf diese Weise bestimmt ist. Dieser Schnitt heißt die «nächstältere», «benachbarte»[48] oder «folgende» Generation, und der Abstand zwischen zwei derartigen Schnitten ein ganzer Generationsabstand oder ein Generationsschritt.

Der erwähnte Satz besagt dann also, daß eine vollständige Avalreihe aus lauter im Generationsabstand 1 einander folgenden Schnitten besteht, oder anders formuliert:

(36b) *Eine vollständige Avalreihe ist (diskontinuierlich und) überall undicht (diskret)*[49].

Das gleiche gilt von allen überhaupt durch die Avalgenidentität ($^a=$) gebildeten Reihen.

Ich stelle noch einmal zusammen: die *physikalische*, «restlose Genidentitätsreihe» ist geordnet (überall dicht), kontinuierlich; die *biologische*, «vollständige Avalreihe» ist geordnet (diskontinuierlich), überall undicht.

Es könnte scheinen, als ob die Diskontinuität der Avalreihen und um so mehr ihre Undichtigkeit dem Begriff des existentiellen Auseinanderhervorgehens widerspricht und vor allem nicht mit der Begriffsbildung der Biologie übereinstimmt.

Wenn die Biologie ein bestimmtes Individuum zu einem bestimmten anderen in Abstammungsbeziehung bringt und zum Beispiel behauptet, das eine Gebilde sei ein Elter des andern, so behauptet sie damit doch offenbar gerade einen kontinuierlichen Zusammenhang zwischen diesen beiden Gebilden. Ja die Möglichkeit, die Gebilde, die in Abstammungsbeziehung zueinander stehen, von irgendwelchen anderen Gebilden zu unterscheiden, die mit diesen nur eigenschaftsgleich sind, wird völlig aufgehoben, wenn man die Forderung eines kontinuierlichen Überganges zwischen avalgenidentischen Gebilden fallen läßt.

Wenn trotzdem – so könnte man vielleicht schließen – die Biologie von verschiedenen Generationen spricht, so ist eine solche Unterscheidung nicht anders zu bewerten als etwa die Unterscheidung verschiedener aufeinanderfolgender Prozesse, wie sie der Chemiker vornimmt. Soweit dabei die Schnittführung nicht völlig willkürlich geschieht, ist sie jedenfalls lediglich Ausdruck gewisser Gleichheits- und Ungleichheitsbeziehungen und betrifft «Eigenschaftsveränderungen» (vgl. S. 117f.), etwa das Tempo dieser Veränderung, aber keine Schnitte der Existentialreihe als solcher. Geht man von einem biologischen Gebilde nach rückwärts über das befruchtete Ei hinaus, so hat man auch bei Metazoen eben nicht die *ganzen* als Elter bezeichneten Organismen, sondern immer nur jene einzelnen Zellen, die die Mutterzellen der späteren Eizelle oder Spermazelle bilden, und wiederum deren Mutterzelle und so fort immer die einzelnen Mutterzellen der betreffenden Tochterzelle als die wirklich eindeutig in existentiellem Zusammenhang stehenden biologischen Gebilde anzusetzen. Auch so kommt man ja schließlich wieder zu der befruchteten Eizelle, aus der sich das gemeinhin als «Elter» bezeichnete Lebewesen entwickelt hat, und von dort rückwärts bei geschlechtlicher, auf Fremdbefruchtung beruhender Fortpflanzung wiederum zu den beiden Individuen der vorhergehenden Generation und so weiter die ganze Reihe der Vorfahren hindurch. Die so gewonnenen Zellenreihen, welche sich ja durchaus nach jeder Ahnentafel verzweigen, hätte man dann also als die eigentlichen «Ahnenreihen» anzusehen, die im exakten Sinne als die biologischen Existentialreihen zu bezeichnen wären.

Einer derartigen Auffassung stände die Biologie nicht einmal ganz fremd gegenüber, wie der vor allem im Anschluß an die Keimplasmatheorie Wiedmanns aufgetauchte Gedanke, daß die Vielzeller im Grunde nur als Träger der Keimzellen aufzufassen sind (vgl. S. 258f.), beweist. Und solche Ahnenreihen, deren Glieder, abgesehen von dem Metazoon, von dem bei ihrer Aufstellung ausgegangen wurde, nur aus einzelnen Zellen bestehen, ließen sich nicht nur bei geschlechtlicher, sondern auch bei vegetativer Fortpflanzung aufstellen.

Es soll nicht versucht werden, die logische Möglichkeit einer derartigen Begriffsbildung überhaupt zu leugnen. Wir werden später einem Typus der Existentialreihe, dem «Stammbaum», begegnen, dem diese Begriffsbildung zugrunde liegt und dessen Erörterung den eigentlichen Sinn der beschriebenen Reihenbildung durchsichtiger macht. Ohne zu behaupten, damit den einzigen in der Biologie benutzten Begriff des existentiellen Auseinanderhervorgehens zu untersuchen, wird hier lediglich gefragt, welchen Reihenbegriff die Biologie verwendet, wenn sie von «Eltern» und «Kind», von «Tochterzelle» und «Mutterzelle» spricht, oder welchen Begriff von «Abstammung» sie zugrundelegt, wenn sie die Frage der «Vererbung» bei aufeinanderfolgenden «Generationen» behandelt.

Zunächst ist zu konstatieren, daß die Generationsverschiedenheit als wesentliche Voraussetzung für die Anwendbarkeit des Vererbungsbegriffes auch von biologischen Vererbungstheorien, die einander im übrigen bekämpfen, festgehalten und als ausdrücklich unterscheidendes Merkmal für die Abgrenzung verschiedener Begriffe benutzt wird (vgl. A XIII, S. 300–301).

Wenn die Biologie die Eigenschaften, sei es des Baues, der Arten oder der Ontogenese von bestimmten Gebilden verschiedener Generationen in funktionelle Abhängigkeit zueinander bringt, so setzt sie z. B. die Blätter eines bestimmten Pflanzenindividuums nicht zu einzelnen im Leben der Mutter aufgetretenen Zellen, von denen die in Betracht kommende Eizelle in der vorgegebenen Weise abzuleiten ist, in Beziehung, sondern zu der Blattform der Mutterpflanze; oder es wird z. B. – da bei dem vorigen Beispiel etwa der Begriff der Anlage verwirren könnte – die Ontogenese des Kindes jedenfalls nicht zur Ontogenese der betreffenden einzelnen Zellen des Muttertieres in Beziehung gebracht, sondern zur Ontogenese des Muttertieres. Vor allem aber werden bei Metazoen als verschiedene aufeinanderfolgende Filial- resp. Parentalgenerationen ($P, F_1, F_2, F_3 \ldots$ oder in der umgekehrten Richtung $F, P_1, P_2, P_3, \ldots$), deren Auffassung als in verschiedenem Abstand zum Ausgangsglied stehende Generationen z. B. für die Vererbungsgesetze sehr wesentlich ist, nicht die im Muttertier sich folgenden einzelnen Mutter- und Tochterzellen jedesmal als eine *neue* Generation angesetzt; sondern das ganze vielzellige Lebewesen wird als *ein* Individuum immer nur *einer* Generation zugeschrieben.

Selbst wenn man tatsächlich von den Abstammungsbeziehungen vielzelliger Individuen auf die *einzelner Zellen*, sei es von Protozoen oder von einzelnen Zellen eines Metazoon übergeht, wird das im Generationsbegriff liegende Problem allenfalls hinausgeschoben, aber in keiner Weise aufgehoben. Auch hier nämlich unterscheidet die Biologie wiederum *gesonderte Generationen* von Zellen: die Beziehung zwischen der *Tochter-* und *Mutterzelle* ist eine andere als die zwischen verschiedenen *Altersschnitten* der Tochterzelle. Auch in bezug auf einzelne Zellen wird der Begriff der Individualentwicklung, der Begriff «jung» oder «alt» angewandt. Vor allem sieht man nicht in irgendwelchen beliebigen Zeitschnitten bereits ebenso viele Generationsschnitte. Das Vorwärtsgehen in ganz bestimmten «Schritten» derart, daß zwischen den durch einen Schritt bestimmten Gliedern kein weiteres Glied steht, welches zu den beiden andern Gliedern in derselben Beziehung steht wie diese zueinander, ist auch für die Relation «Tochter-/Mutterzelle» kennzeichnend. Das aber bedeutet, daß in der Biologie mit dem Begriff der Abstammung von Generationen durchgehend eine Existentialbeziehung verwendet wird, durch die eine diskontinuierliche und zwar überall undichte Reihe konstituiert wird. Eben jene Generationen unterscheidende Existentialbeziehung ist es, die als Avalgenidentität bezeichnet wurde, und für die sich als Grundtyp der erzeugten Reihe die «vollständige Avalreihe» (v.A.-Reihe) ergeben hat.

Die Zerlegung der v. A.-Reihen in der Querrichtung führt also ebenso wie die Zerlegung in der Längsrichtung schließlich zu unzerlegten Ganzheiten (vgl. S. 150). Der durch die Undichtigkeit gegebene Begriff eines Generationsschrittes, von dessen Teilschritten zu sprechen keinen Sinn mehr gibt, enthält denselben Ganzheitsbegriff für das Nacheinander, der bei der Längszerlegung für das Nebeneinander wesentlich war. *Erschienen dort die einzelnen Schnittglieder als «Unum» und «Individuum», so ergibt sich nun das gleiche von dem Abstand der aufeinanderfolgenden Reihenschnitte.* Das «Unum» des Generationsabstandes erscheint als «Individuum» gegenüber der Absicht, die Reihe durch weitere Querschnitte zu zerlegen[50].

Es läßt sich denn auch ein direkter Zusammenhang der Unteilbarkeit eines Unum in beiden Richtungen aufweisen:

Alle angeführten Sätze, die die Anzahl der Glieder eines Schnittes mit dem Abstand der Generationsschnitte vom generationsjüngsten Schnitt der Reihen in Beziehung bringen, wie etwa der, daß ihre Anzahl mit steigendem Generationsabstand nicht abnehmen kann (Satz 30, S. 151), wären sinnlos, wenn es nicht sowohl für die Zerlegung der Reihe in Querschnitte wie in Längsschnitte ein Unum und Individuum gäbe. Diese Sätze sind daher zugleich eine Bestätigung des Charakters der vollständigen Avalgenidentitätsreihen als «überall undichter» Reihen. Die Möglichkeit, Anzahlen im Nebeneinander mit Anzahlen im Nacheinander einer Reihe in eindeutige Beziehung zu bringen, bedeutet einen nicht minder großen Unterschied der biologischen Avalgenidentitätsreihen von den physikalischen Genidentitätsreihen und ruht auf demselben Grunde wie ihr Gegensatz als «überall undichte» und als «kontinuierliche» Reihen.

XI. Die Avalgenidentität als zeitfremde Relation

Wie die Forderung eines zeitlich lückenlosen Zusammenhanges zwischen Gebilden verschiedener Generationen, die in genetischer Beziehung zueinander stehen, sich zu der im Begriff der Avalgenidentität vorausgesetzten Diskontinuität und Undichtigkeit der erzeugten Reihen verhält, wird deutlicher, wenn man überhaupt einmal die Zeitverhältnisse in den durch die Avalgenidentität bestimmten Reihen betrachtet.

Wir hatten ein Gebilde g_0 dann vollständig avalgenidentisch mit einem generationsälteren Schnitte S_{-n}^λ (der die von g_0 im gleichen Generationsabstand stehenden Gebilde $g_{-n}^1, g_{-n}^2, \ldots, g_{-n}^\lambda$ enthält) genannt, wenn alle seine Glieder (g_{-n}) und außer ihnen kein Gebilde, das im selben Generationsabstand zu g_0 steht, überhaupt avalgenidentisch mit dem generationsjüngeren Gebilde g_0 ist (S. 136). Zur Definition der «Vollständigkeit» wurde also die Zugehörigkeit zur selben Generation benutzt, die ihrerseits durch die Gleichheit des Generationsabstandes von einem gegebenen Gebilde bestimmt wurde. Abgesehen von der Bevorzugung der einen Reihenrichtung war also an Stelle des bei der Definition der Restlosigkeit in der Physik verwandten Begriffs der *Gleichzeitigkeit* der Begriff der *Generationsgleichheit* getreten. In der Tat läßt sich für die Darstellung der eindeutigen biologischen Avalgenidentität die Generationsgleichheit nicht durch die Zeitgleichheit ersetzen.

Daß Generationsverschiedenheit trotz gleichzeitiger Existenz möglich ist, zeigt bereits das einfachste Beispiel eines nach der Erzeugung eines Nachkommens fortbestehenden Metazoon, also die mögliche Gleichzeitigkeit von Elter und Kind. Man könnte versuchen, auf die wenigstens teilweise andere zeitliche Lage ihrer Lebenszeit zurückzugreifen. Aber geht man auch nur wenige Generationen zurück, so wird man in der Regel sehr bald auf biologische Gebilde stoßen, die derselben Parentalgeneration angehören, ohne auch nur in irgendeinem Moment gleichzeitig gelebt zu haben. Und zwar trifft dies für Protozoen ebenso zu wie für Metazoen. Damit ist gesagt:

(37) *Generationsgleiche Glieder einer vollständigen Avalgenidentitätsreihe können zeitverschieden sein, generationsverschiedene Glieder zeitgleich.*

Die Zeit läßt sich als Parameter selbst nicht für den Grundtyp der Avalgenidentitätsreihen, für die «vollständige Avalreihe» (v.A.-Reihe), verwenden, deren generationsjüngster Schnitt durch ein biologisches Gebilde dargestellt wird. (Vgl. zum Begriff der Generationsgleichheit S. 172 ff.)

Die biologischen Gebilde gehen in derartige Reihen eben nicht als in einem einzigen Zeitmoment existierende Gebilde als Glieder ein. Die Biologie bringt z. B. in den Vererbungsgesetzen den Nachkommen nicht nur zu einem bestimmten Moment im Leben seines Vorfahren in Beziehung, etwa zu der Beschaffenheit des Vorfahren in dem Moment, wo das Ei sich aus dem Individualzusammenhang mit dem Muttertier löste, oder wo der Sprößling zuerst als selbständiges Individuum erkennbar war, sondern die gesamte Individualentwicklung des Ahnen[51] wird zu den Nachkommen in Beziehung gesetzt. Wiederholt ist z. B. der Grundsatz verkündet worden, daß bei Vererbungsuntersuchungen immer nur gleichaltrige Zustände verglichen werden dürfen. Daß hier die gesamte Lebensdauer des Vorfahren als Bezugsglied anzusetzen ist, wird vor allem an jenen Fällen deutlich, wo ein Lebensvorgang des Vorfahren, der nach der

Loslösung des Gameten oder des Sprößlings aufgetreten ist, einem Vorgang in der Lebensgeschichte des Abkämmlings vergleichend gegenübergestellt wird. Fast alle Vererbungen irgendwelcher Erscheinungen des Alterns, des reinen Seniums (Roux[y]), gehören hierher. Auch die Forderung, daß nicht von der Vererbung erworbener «Eigenschaften», sondern der Vererbung von «Anlagen» zu reden sei (vgl. O. HERTWIG 1918[z]), ist zum Teil ein Ausdruck dafür, daß das generationsjüngere biologische Gebilde nicht zu dem generationsälteren Gebilde, so wie dieses in einem einzelnen Zeitmoment existiert hat, in Abstammungsbeziehung gebracht wird, sondern daß es dem generationsälteren Gebilde als einem zeitlich ausgedehnten, eine Individualentwicklung besitzenden Organismus zugeordnet wird.

Wenn man entgegen dem tatsächlichen Gebrauch der Biologie versuchen wollte, nur einen bestimmten Moment des Elter mit dem generationsjüngeren Gebilde in Existentialbeziehung zu setzen, so würde jedenfalls nicht zu übersehen sein, daß das generationsjüngere Gebilde nicht als ein in einem bestimmten Moment existierendes Gebilde, sondern als Inbegriff eines ganzen, zeitlich ausgedehnten Lebens in Abstammungsbeziehung zu seinen Ahnen gebracht wird. In einer vollständigen Avalreihe (v. A.-Reihe) aber stellt, wie wir sahen, nicht nur das generationsjüngste Glied, sondern jedes Glied der Reihe den Ausgangspunkt (o-Schnitt) einer vollständigen Avalreihe dar. Auch so wird deutlich:

(38) *Die Glieder einer Avalgenidentitätsreihe stellen nicht in einem einzigen Zeitmoment existierende, sondern zeitlich ausgedehnte, eine Individualentwicklung besitzende Gebilde dar.*

Ein Ausdruck desselben Sachverhalts ist es, wenn ein Elter, zu dem verschiedene Kinder avalgenidentisch sind, als ein und dasselbe (identische) Gebilde in diese Abstammungsbeziehung eingesetzt wird, auch wenn die Entstehung der einzelnen Kinder in verschiedene Zeiten fällt.

Die Ausdehnung der Avalreihen im Nacheinander läßt sich also nicht auf die Ausdehnung der Glieder «in sich» zurückführen. Die Schnitte dieser Reihen sind nicht Schnitte der «Individualreihen», und die Avalreihen lassen sich auch nicht als Fortsetzung der Individualentwicklung ihrer Glieder auffassen. Mit dieser Ausdehnung ihrer Glieder «in sich» führt die Avalreihe zu einer zweiten biologischen Beziehung des existentiellen Auseinanderhervorgehens, die ihr selbst fremd ist. Es ist die «Individualgenidentität», die sich hier als die Existentialbeziehung innerhalb jener Reihen bestimmt, die als Ganze die Glieder die vollständigen Avalgenidentitätsreihen bilden. Auf diese Genidentitätsbeziehung wird noch an anderer Stelle ausführlich einzugehen sein. Hier ist nur hervorzuheben, daß die Individualgenidentitätsreihen auch nicht etwa quer zu den Abstammungsreihen verlaufen, so daß sie dort als Nebeneinander erscheinen; vielmehr sind die Richtungen beider Reihen völlig unorientiert gegeneinander:

(39) *Die in den Avalgenidentitätsreihen auftretenden Beziehungen des Nacheinander und Nebeneinander sind nicht durch die Beziehungen des Nacheinander und Nebeneinander der Individualgenidentitätsreihen, deren Inbegriff ihre Glieder darstellen, ausdrückbar, und umgekehrt.*

Mit dem Vorhandensein eines Nacheinander innerhalb der Glieder der Avalreihen scheint mir auch der eigentliche Sinn ihrer Diskontinuität und Diskretheit deutlicher zu werden:

Die *Diskretheit der Reihe* ist nicht ein Ausdruck dafür, daß die einzelnen Glieder in einzelnen Zeitmomenten existierende, unverbundene Gebilde darstellen, sondern ihre Undichtigkeit ist im Gegenteil ein positiver Ausdruck dafür, daß die Glieder dieser Reihe *zeitlich ausgedehnte*, sich vielfach zeitlich überschneidende biologische Gebilde darstellen.

Für die Ableitung der Undichtigkeit bleibt hier einiges noch ungeklärt. Hängt die Diskretheit z. B. damit zusammen, daß die Glieder eines Schnittes ihrer Ausdehnung und ihrer Stellung in der Zeit nach verschieden sind oder damit, daß die Individualentwicklungen aufeinanderfolgender Generationsschnitte sich teilweise überdecken können? Für die letztere Annahme scheint zu sprechen, daß in dem einfachsten unter diesen Fällen, nämlich bei den reinen Linien von Vielzellern, die Darstellung als kontinuierliche Reihe bereits auf Ungereimtheit stößt (Abb. 12).

Abbildung 12.

Dagegen scheinen zunächst die Avalreihen der Einzeller, bei denen ein solches zeitliches Überschneiden nicht eintritt, als kontinuierliche Reihen darstellbar (vgl. Abb. 4). Trotzdem ist auch in diesem Falle eine solche Auffassung absolut inadäquat, sofern man überhaupt Abstammungsbeziehungen ausdrücken will. Denn wenn die Verbindungslinien die Individualentwicklung darstellen, so bezeichnen auch alle anderen als die durch die Treffpunkte dieser Linien gehenden Schnitte ein konkretes Gebilde, während, wie wir gesehen haben, für die Darstellung der Avalgenidentität auch einzelner Zellen die Zwischenschnitte zwischen zwei aufeinanderfolgenden Generationen keinen Generationssinn ergeben. Endlich könnte man versuchen, die Diskretheit der Avalreihen lediglich darauf zurückzuführen, daß diese Reihen in ihren Schnittgliedern Elemente enthalten, die selbst den Inbegriff von Reihen darstellen, die durch eine der Avalreihe gegenüber reihenfremde Beziehung bestimmt werden. Ob und wie die Diskretheit der Avalreihen von anderen Eigentümlichkeiten mathematisch ableitbar ist, interessiert jedoch in dieser Arbeit nur indirekt.

Wenn im vorhergehenden die «Zeitlichkeit» der Glieder ihrer zeitfremden Beziehung in den Avalreihen gegenübergestellt wurde, so ist dazu zu bemerken, daß wohl auch für die Individualentwicklung nicht die «Zeitlichkeit» im Sinne der physikalischen Zeit das Wesentliche ist (vgl. S. 215–217). Es kommt hier aber nur darauf an, daß die Glieder «in sich» eine Ausdehnung im Nacheinander besitzen, die durch eine der Avalreihe «fremde» Beziehung bestimmt wird.

Dagegen hat umgekehrt der Abstand zwischen den Gliedern, auch wenn sie verschiedenen Schnitten angehören, keine zeitliche Bedeutung.

(40) *Das «Zwischen» zwischen den verschiedenen vollständig abstammungsgenidentischen Schnitten ist kein zeitliches «Zwischen».*

Der Generationsschritt hat keinen bestimmten zeitlichen Abstandssinn. Er läßt sich nicht einmal als «zeitlich unausgedehnt» bezeichnen. Die Bezugsschnitte der Ahnentafel drücken also keinen zeitlichen Verlauf aus und bedeuten nicht einen Zeitabstand der Generationen, sondern stehen der Zeitausdehnung beziehungslos gegenüber[52]. Dagegen kommt gerade den Relationspunkten die Bedeutung zeitlich ausgedehnter, wenn auch untereinander nicht in bestimmter Zeitbeziehung stehender Glieder zu. In die Ahnentafeln geht nicht ein und kann nicht eingehen die Individualentwicklung der Glieder.

Da die Avalreihen aus «überall undicht» (diskret) liegenden Schnitten bestehen, für die sich die Zeit als Parameter nicht verwenden läßt, fragt es sich, ob es überhaupt einen allgemeinen Parameter für die Avalreihen gibt. Bevor auf diese Frage eingegangen wird, sei analog dem Vorgehen bei der Betrachtung der physikalischen restlosen Genidentitätsreihen zunächst die Transitivität oder Intransitivität der vollständigen Avalgenidentität erörtert.

XII. Die Bedingungen für die Transitivität der vollständigen Avalgenidentität

Gilt von der Relation der vollständigen Avalgenidentität die Schlußweise: ist aRb und bRc, so ist auch aRc?

Bei der «Avalgenidentität überhaupt» ($^a=$) ist diese Schlußfolgerung ebenso wie bei der «physikalischen Genidentität» ($^p=$) nicht zwingend.

Immerhin besteht hier ein beachtenswerter Unterschied: die Transitivität der biologischen Avalgenidentität überhaupt ist gewahrt, falls das gemeinsame Glied *b zwischen a* und *c* liegt und nur aus *einem* biologischen Gebilde besteht. Der Rekurs auf die

Einheit des Gebildes, wie er in der Physik nicht möglich ist, schafft hier also einen Sonderfall.

Von der biologischen Beziehung der «vollständigen Avalgenidentität» gilt der Satz[53, aa]:
(41) *Ist $S_{-m}{}^a \equiv S_{-n}$ und $S_{-n}{}^a \equiv S_{-q}$, so ist auch $S_{-m}{}^a \equiv S_{-q}$*
1) *wenn S_{-n} als Generation zwischen S_{-m} und S_{-q} liegt ($m < n < q$ oder $m > n > q$), und*
2) *wenn S_{-n} der generationsjüngste der drei Schnitte ist ($n < m$ und $n < q$).*

Die Transitivität gilt jedoch nicht notwendig, wenn S_{-n} den relativ generationsältesten Schnitt darstellt ($n > m$ und $n > q$).

Die Ungültigkeit der Transitivität im letzteren Falle ist uns bereits mehrfach begegnet. Kinder, die zu demselben Elternpaar vollständig avalgenidentisch sind, stehen darum noch nicht selbst miteinander in vollständiger Avalgenidentität (Abb. 13). Verschiedene

Abbildung 13.

Einzeller, die zu derselben «Stammzelle» vollständig avalgenidentisch sind, brauchen darum noch nicht untereinander vollständig avalgenidentisch zu sein, gleichgültig, ob die gemeinsame Stammzelle in dem gleichen oder in einem verschiedenen Generationsabstand zu ihnen steht.

Auch für die Metazoen ist die Ungültigkeit des Schlusses nicht etwa auf die Fälle von Generationsgleichheit der generationsjüngeren Schnitte beschränkt (übrigens ist es, wie sich zeigen wird, fraglich, ob hier überhaupt von «Generationsgleichheit» gesprochen werden kann).

Dagegen gilt der Schluß immer dann, wenn der gemeinsame Schnitt (*b*) ein mittlerer Generationsschnitt ist, und zwar unabhängig von der Ein-, Zwei- oder Mehreltrigkeit der Schnittglieder (Abb. 14).

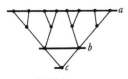

Abbildung 14.   Abbildung 15.

Ferner gilt der Schluß stets, wenn der gemeinsame Schnitt der generationsjüngste von den drei Schnitten ist, unabhängig von dem Generationsabstand und der Anzahl der Glieder der Schnitte. Bilden z. B. zwei biologische Gebilde die Eltern eines bestimmten Individuums und gewisse andere biologische Gebilde die Gesamtheit der Großeltern dieses Individuums, so sind auch die Eltern die Kinder dieser und nur dieser Großeltern (Abb. 15). Ganz allgemein gilt:

Ist $S^{\lambda}_{-m}{}^{a} \equiv S^{\varrho}_{-n}$ und $S^{\lambda}_{-m}{}^{a} \equiv S^{\pi}_{-q}$ ($S^{\lambda}_{-m} \equiv [g^1_{-m}, ..., g^{\lambda}_{-m}]$; $S^{\varrho}_{-n} \equiv [g^1_{-n}, ..., g^{\varrho}_{-n}]$, $S^{\pi}_{-q} \equiv [g^1_{-q}, ..., g^{\pi}_{-q}]$) und S^{λ}_{-m} der generationsjüngste der drei Schnitte ($m < n$ und $m < q$), so ist auch $S^{\varrho}_{-n}{}^{a} \equiv S^{\pi}_{-q}$ (gleichgültig, ob $n < q$ oder $n > q$ ist)[54].

Hier, wo das generationsjüngste Glied gemeinsam ist, erweist sich auch die im entgegengesetzten Falle bestehende Möglichkeit, daß die beiden anderen Schnitte derselben Generation angehören, ohne weiteres als aufgehoben.

Diese zunächst vielleicht überraschende Tatsache ist durch die «Ausschließungsfunktion», die dem Begriff der Vollständigkeit zukommt (vgl. S. 137), bedingt.

XII A. Die Ableitung der Transitivitätsbedingungen

Geht man den Gründen dieser auffallenden Unsymmetrie nach, so stößt man auf einen Zusammenhang zwischen der Schlußmöglichkeit und der *Unendlichkeit* der Reihe, wie er uns analog bei der Ableitung der Transitivität der physikalisch restlosen Genidentität begegnet ist (vgl. S. 86ff.).

Für die Schlußfolgerung

$$\frac{\begin{array}{c} a^a \equiv b \\ b^a \equiv c \end{array}}{a^a \equiv c}$$

sind gemäß der Lage des gemeinsamen Generationsschnittes b wiederum drei Fälle zu unterscheiden, deren Sonderung hier bereits für die Formulierung der Transitivitätsbedingungen selbst notwendig war.

Fall 1: Der gemeinsame Schnitt (b) liegt *zwischen* den beiden anderen Schnitten (a und c).

Dann ist die Schlußmöglichkeit nur an die Unabhängigkeit der vollständigen Avalgenidentität ($^a\equiv$) vom Generationsabstand geknüpft (vgl. S. 87).

Fall 2: Der *gemeinsame* Schnitt (b) ist generations*jünger* als die beiden anderen Schnitte (a und c).

Zunächst allerdings scheint auch hier die Forderung der Vollständigkeit der Avalgenidentität zur Begründung der Schlußfolgerung zu genügen.

Bildet man ein Beispiel, das der in der Physik beim Transitivitätsfall 2 benutzten Figur (Abb. 1, S. 90) entspricht, wie in Abb. 16, so folgt aus $a^a \equiv b$ und $b^a \equiv c$ hier in der Tat $a^a \equiv c$. Dieser Unterschied zur Physik hängt mit der Verwendung nur einer Reihenrichtung bei der Definition der vollständigen Avalgenidentität zusammen. Er beruht auf dem Fehlen einer Bestimmung, die der Bestimmung 2 der Definition der physikalischen Restlosigkeit (vgl. S. 82, Satz 1) entsprechen würde.

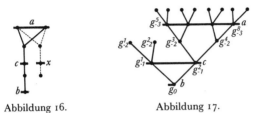

Abbildung 16.   Abbildung 17.

Die Transitivität bleibt aus der bisherigen Definition der «Vollständigkeit» selbst dann ableitbar, wenn man die Möglichkeit offen läßt, daß die Zweige der Reihe in der Richtung auf die generations*älteren* Schnitte nicht ins Unendliche gehen oder in unterschiedlichem Generationsabstand abbrechen. Denn auch in einem solchen in Abb. 17 veranschaulichten Falle würde nach der bisherigen Definition sowohl b mit a wie c mit a vollständig avalgenidentisch sein.

Es ist hier jedoch folgendes zu überlegen: nimmt man mit dem gegebenen Beispiel (Abb. 17) an, daß die biologischen Gebilde g^1_{-2} und g^2_{-2} ihr Entstehen einer «generatio spontanea» verdanken, daß es also nichts gibt, was man als ihre «vorausgehende Generation» im biologischen Sinne bezeichnen könnte, so würde es der von der vollständigen Avalgenidentität zu fordernden Eindeutigkeit nicht entsprechen, wollte man den Schnitt a trotzdem mit dem Schnitt c genidentisch setzen. Denn es wäre dann sowohl $(g^5_{-3}, g^6_{-3}, g^7_{-3}, g^8_{-3})$ $^a \equiv (g^1_{-1}, g^2_{-1})$ wie auch $(g^5_{-3}, g^6_{-3}, g^7_{-3}, g^8_{-3})$ $^a \equiv g^2_{-1}$. Nun widerspricht es zwar nicht dem Begriff der Vollständigkeit, daß ein Schnitt S_{-n} sowohl mit einem jüngeren Schnitte S_{-m} als auch mit einem diesem jüngeren Schnitte generationsgleichen Schnitte S'_{-m} vollständig abstammungsidentisch ist ($S_{-n}{}^a \equiv S_{-m}$ und $S_{-n}{}^a \equiv S'_{-m}$). Aber es widerspricht der Eindeutigkeit der vollständigen Avalgenidentität, für irgendeinen Schnitt S_{-n} sowohl $S_{-n}{}^a \equiv S_{-m}$ als auch $S_{-n}{}^a \equiv (S_{-m}, S'_{-m})$ anzusetzen. Die gegebene Definition (S. 136) der biologischen vollständigen Avalgenidentität ist also durch folgenden Satz zu erweitern:

(42) *Ist $a^a \equiv (\ldots, r, \ldots)$, so ist $a^a \not\equiv r$ unabhängig davon, ob a der älteren oder jüngeren Generation angehört.*

Das Nebeneinanderbestehen der vollständigen Avalgenidentitäten:
$$a^a \equiv (r, x) \text{ und } a^a \equiv (r, y)$$
bleibt jedoch möglich (vgl. Abb. 18).

Fügt man diese Bestimmung, die bisher unerwähnt geblieben ist[55], der Definition der vollständigen Avalgenidentität hinzu, so zeigt sich nun allerdings für den Fall 2 die Abhängigkeit der Transitivität davon, daß keiner der Zweige, die von dem generationsjüngsten der drei in der Schlußfolgerung genannten Schnitte in der Richtung auf die generationsälteren Schnitte ausgehen, vor der Generation abbricht, der der generationsälteste der drei Schnitte angehört.

Trotz der in Satz 42 eingeführten Bestimmung wäre zwar in dem angeführten Beispiel (Abb. 17) zunächst nicht nur $c^a \equiv b$, sondern auch $b^a \equiv a$ zu setzen, da alle Voraussetzungen der vollständigen Avalgenidentität zwischen b und a erfüllt sind. Aus $a^a \equiv b$ und $b^a \equiv c$ folgt aber nicht, daß $a^a \equiv c$ ist, da ja $a^a \equiv g^2_{-1}(c \equiv [g^1_{-1}, g^2_{-1}])$ ist.

Erst wenn man voraussetzt, daß kein von dem jüngsten der drei Schnitte a, b, c ausgehender Zweig vor der Generation, dem der älteste der drei Schnitte angehört, abbricht, gilt die Schlußfolgerung für Fall 2 notwendig. Angenommen nämlich, es wäre $a^a \equiv b$ und $b^a \equiv c$ (für b als generationsjüngsten, a als generationsältesten Schnitt), aber $a^a \not\equiv c$, dann müßte es in der Generation, der a angehört, ein von a verschiedenes $x^a \equiv c$ geben (nach Voraussetzung), (wobei x und a gemeinsame Teile haben könnten); aus $x^a \equiv c$ und $c^a \equiv b$ folgte dann: $x^a \equiv b$ (nach Fall 1). Also wäre $b^a \equiv x$ und $b^a \equiv a$, und a und x gehörten derselben, und zwar einer gegenüber b älteren Generation an. Dies aber widerspräche der Voraussetzung, daß a vollständig avalgenidentisch b ist. Damit ist die Gültigkeit der Schlußfolgerung für Fall 2 indirekt bewiesen.

Es ist nicht uninteressant, die Ableitungsmöglichkeiten des Satzes 42 (zumal in ihrer Gegenüberstellung zu dem entsprechenden in der Physik geltenden Satz 4b, vgl. S. 91) zu verfolgen.

Sofern man nur den Fall des Satzes 42 berücksichtigt, daß S_y generationsälter als S_x ist, stellt Satz 42 lediglich einen Spezialfall des Satzes 19 (vgl. S. 143) dar und läßt sich aus der Definition der Vollständigkeit ableiten. Satz 42 zeigt aber darüber hinausgehend keine verschiedene Behandlung der verschiedenen Richtungen und ist daher als Ganzes nicht aus der Definition der Vollständigkeit ableitbar. Er läßt sich auch nicht mit Hilfe des über die Definition bereits hinausgehenden Satzes 17a ableiten, obwohl dieser Satz ebenfalls beide Richtungen gleichmäßig behandelt. Satz 42 ist also als ein *neues Axiom* neben der Definition und dem Satz 17a einzuführen.

In der Physik gilt, wie bereits erwähnt, ein dem Satz 42 vollkommen entsprechender Satz 4b (vgl. S. 91). Dieser Satz läßt sich jedoch dort uneingeschränkt als Spezialfall eines bisher nicht genannten Satzes 4d ansehen, der dem Satz 19 entspricht und so lautet:

(4d) *Ist $a_m{}^p \equiv a_n$ und $x_m \not\equiv a_m$, so ist $x_m{}^p \not\equiv a_n$.*

Dieser Satz läßt sich aus der Definition der physikalischen restlosen Genidentität in Verbindung mit dem auf S. 107 angeführten Satz 3a leicht ableiten (analog der Ableitung des Satzes 19 auf S. 143). Damit ist im Gegensatz zu Satz 42 der völlig entsprechende Satz 4b der Physik aus der Definition der Restlosigkeit und dem Satz 3a vollkommen ableitbar.

Stellt man die Verhältnisse der physikalischen Genidentität und der Avalgenidentität einander gegenüber, so ergibt sich:

Für die *Definition der physikalisch restlosen Genidentität* genügt der Satz der Ausschließung (2), während für die *Definition der vollständigen Avalgenidentität* infolge der Einseitigkeit des Ausschlusses (1) auf «die Genidentität überhaupt» jeden Teiles eindeutig genidentischer Schnitte zu dem anderen Schnitt zurückgegriffen werden muß (1a).

An Axiomen zur Ableitung der hier in Betracht kommenden Sätze sind notwendig: nur Satz 2 und Satz 3a, da sowohl die Sätze 4a wie 4d sich aus ihnen ableiten lassen; ferner ist außer Satz 17 und 17a auch Satz 42 (entspricht dem Satz 4b) als besonderes Axiom aufzustellen, obwohl (oder gerade weil) auch bei der Avalgenidentität weder Satz 17a noch Satz 42 eine Einschränkung auf eine bestimmte Richtung zeigen.

Daß die Definitionsaxiome der eindeutigen Genidentitätsbeziehungen zur Ableitung aller Sätze über die betreffende Genidentitätsart nicht ausreichen, ist bereits wiederholt deutlich geworden. Aber selbst die inhaltliche Verschiedenheit entsprechender Axiome zweier Genidentitätsarten darf nicht zu dem Schluß verführen, daß nun alle Sätze, die von diesen Axiomen ableitbar sind, dementsprechende Verschiedenheit zeigen. Vielmehr können Sätze, die aus den Axiomen für die eine Genidentitätsart ableitbar, aber entsprechend der inhaltlichen Verschiebung der betreffenden Axiome für die andere Genidentitätsart nicht mehr ableitbar sind und deren Ungültigkeit daher zu erwarten wäre, für diese Genidentitätsart als besondere, selbständige Axiome auftreten.

Fall 3: Der gemeinsame Schnitt (*b*) ist generations*älter* als die beiden anderen Schnitte (*a* und *c*).

Die Schlußfolgerung gilt, wie erwähnt, in diesem Falle nicht notwendig. Dafür gibt es mehrere Gründe, deren jeder bereits ausreichen würde, so z. B. die Möglichkeit verschiedener vollständig avalgenidentischer jüngerer Schnitte im selben Generationsabstand. Wiederum besteht eine auffallende Parallele zwischen der Ungültigkeit der Schlußfolgerung und der Möglichkeit, daß die jüngeren Generationen abbrechen können, und zwar in unterschiedlichem Generationsabstand. Auch wenn die Definition der vollständigen Avalgenidentität beide Reihenrichtungen analog der physikalischen restlosen Genidentität im übrigen gleich behandeln würde, müßte die Anwendbarkeit der Transitivitätsformel an dieser Möglichkeit scheitern.

Daß zwischen der Intransitivität und der Möglichkeit des Abbrechens der Filialgenerationen ein Zusammenhang besteht, wird auch dadurch dokumentiert, daß unter gewissen Voraussetzungen über das Abbrechen der vollständig avalgenidentischen Schnitte in der Richtung der jüngeren Generationen auch im Fall 3 die Schlußfolgerung gilt:

(43) *Ist $a^a \equiv b$ und $b^a \equiv c$ (b generationsältester, a mittlerer Schnitt), gibt es ferner im gleichen Generationsabstand wie a keinen weiteren Schnitt[56] $x^a \equiv b$, so ist $a^a \equiv c$.*

Man kann also aus dem Abbrechen generationsjüngerer Schnitte unter Umständen positiv auf die vollständige Avalgenidentität zweier Schnitte schließen.

XIII. Die Unendlichkeit der Avalreihen in der Richtung der generationsälteren Schnitte

Die Schlußfolgerung gemäß der Transitivität im Falle 2, die in der biologischen Forschung allgemein als gültig angesetzt wird, hat zur Voraussetzung, daß kein vom generationsjüngsten der drei vollständig avalgenidentischen Schnitte ausgehender Zweig vor Erreichen der Generation, die durch den generationsältesten Schnitt bezeichnet wird, abbricht. Dieser Voraussetzung kann auf zweierlei Weise Genüge geschehen:

1) Durch die Annahme der Unendlichkeit der vollständigen Avalreihen in der bezeichneten Richtung oder

2) durch die Annahme, daß alle vom generationsjüngsten Schnitt einer vollständigen Avalreihe ausgehenden Zweige in demselben Generationsabstand abbrechen, daß eine solche Reihe also immer einen vollständig avalgenidentischen «ältesten» Schnitt besitzt.

Auch bei der physikalisch «restlosen Genidentität» bestanden diese beiden Möglichkeiten (vgl. S. 92). Nur konnte es nicht zweifelhaft sein, daß die Physik die *Unendlichkeit* der restlosen Genidentitätsreihen voraussetzt. Bei den biologischen vollständigen Avalreihen liegt der Sachverhalt weniger offen zutage.

Die Biologie scheint zunächst nicht annehmen zu können, daß alle jene Glieder, die einen solchen ältesten Schnitt einer vollständigen Avalreihe ausmachen und deren Anzahl gemäß Satz 30 (vgl. S. 151) in der Regel sehr groß ist, in derselben Generation durch «generatio spontanea» entstanden sind, zumal das generationsgleiche Abbrechen für jede durch ein beliebig gewähltes jüngstes Glied bestimmte Reihe gelten müßte. Es darf jedoch nicht übersehen werden, daß dadurch, daß infolge der Möglichkeit des «Ahnenverlustes» dasselbe biologische Gebilde mehrmals als Glied desselben vollständig avalgenidentischen Generationsschnittes auftreten kann, ein gut Teil der Absurdität beseitigt wird. Es ist bereits der Fall erwähnt worden, daß die Ahnen eines biologischen Gebildes sich alle von einem Ahnenpaar herleiten; dann kann es einen generationsalten Schnitt geben, in dem alle Glieder, so viele es sein mögen, nur zwei verschiedene Individuen darstellen (vgl. S. 153). Zieht man ferner vollständige Avalreihen in Betracht, die sich aus einem Stammvater ableiten, was bei der Vermehrung der Protozoen durch Teilung nahe liegt, so scheint sich eine Möglichkeit zu zeigen, statt der Unendlichkeit der Avalreihen in biologisch sinnvoller Weise das Vorhandensein eines vollständig avalgenidentischen ältesten Schnittes jeder Reihe anzunehmen. Denn sämtliche Glieder dieses Schnittes wären einfach deshalb in derselben Generation durch «generatio spontanea» entstanden, weil sie alle nur ein biologisches Gebilde darstellen. Man wäre nicht einmal gezwungen, ein einziges Individuum als gemeinsamen Urahnen aller v. A.-Reihen anzusetzen, da ja nur sämtliche Zweige derselben v. A.-Reihe in einem generationsältesten Schnitt abbrechen müßten; es blieben daher noch verschiedene «generationes spontaneae» zu verschiedenen Zeiten möglich. Aber selbst der Gedanke eines gemeinsamen Urahnen aller Lebewesen ist den biologischen Theorien nicht fremd, sondern auch in neuerer Zeit vertreten worden.

Trotzdem läßt sich durch die Berücksichtigung des Ahnenverlustes die für die Transitivität im Fall 2 geforderte Voraussetzung nicht allgemein erfüllen: zwischen dem generationsjüngsten eingliedrigen Schnitt (0-Schnitt) der vollständigen Avalreihen und dem in den verschiedenen Zweigen immer wieder auftretenden, als Endpunkt gedachten Urahnen liegen in der Regel auf den verschiedenen Zweigen verschieden viele Zwischengenerationen.

Ein einfaches Beispiel (Abb. 18) möge das veranschaulichen: aus einem biologischen Gebilde p (Parens) von einer Art, die sich sowohl

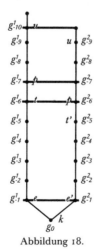

Abbildung 18.

durch Sprossung wie auf geschlechtlichem Wege fortpflanzen kann, seien zunächst zwei Tochtergebilde t und t' durch Sprossung hervorgegangen; von t leite sich immer durch Sprossung in der fünften Generation das Individuum e ab, auf dieselbe Weise von t' in der vierten Generation das Individuum e'. Diese beiden Gebilde e und e' mögen ein gemeinsames, auf geschlechtlichem Wege entstandenes Tochterindividuum k besitzen, was z. B. infolge verschieden rascher Generationsfolge leicht eintreten kann. Die v. A.-Reihe sieht dann so aus: es ist $g_0 \equiv k$; $g^1_{-1} \equiv e$; $g^2_{-1} \equiv e'$; $g^1_{-6} \equiv t$ und $g^2_{-5} \equiv t'$. Endlich tritt der gemeinsame Ahne p zweimal und zwar als g^1_{-7} und g^2_{-6} auf ($g^1_{-7} \equiv p$ und $g^2_{-6} \equiv p$). Fragt man nach den Schnitten, die vollständig avalgenidentisch mit $k (\equiv g_0)$ sind, so ergibt sich zwar für den Schnitt S_{-1}: $k^a \equiv (e, e')$, jedoch für Schnitt S_{-6}: $k^a \equiv (t, p)$ und für Schnitt S_{-7}: $k^a \equiv (p, x)$[57], wobei x notwendig ein anderes biologisches Gebilde als p darstellt. Gerade weil die von g^1_{-7} zurückgehende Reihe dieselben Gebilde darstellt wie die von g^2_{-6} zurückgehende Reihe und diese Reihen nur gegenüber k um eine Generation verschoben sind, muß jeder zu k vollständig avalgenidentische Generationsschnitt, der älter als S_{-6} ist, notwendig aus mehreren verschiedenen Gebilden bestehen. Nehme ich also an, daß p selbst oder irgendein Urahne (u) von k durch generatio spontanea entstanden ist, so müssen die von k ausgehenden Zweige der v. A.-Reihe in unterschiedlichem Generationsabstand abbrechen[58]. D. h. es würde notwendig jener Fall eintreten, der die Gültigkeit der Transitivitätsformel aufhebt.

Ähnlich liegen die Verhältnisse in folgendem Falle: die gleichzeitig lebenden, einzelnen Zellen eines erwachsenen Metazoon sind von der befruchteten Eizelle in der Regel durch eine verschiedene Anzahl von Zellgenerationen getrennt. Würde es von zwei derartigen Zellen gemeinsame Abkömmlinge geben, etwa durch Verschmelzung dieser Zellen, so würde die befruchtete Eizelle nicht vollständig avalgenidentisch mit einem solchen Abkömmling sein. Es würde vielmehr zwei die Eizelle treffende vollständig genidentische Schnitte geben, von denen der eine durch die Eizelle und eine spätere (generationsjüngere) Zelle, der andere durch die Eizelle und eine generationsältere Zelle gebildet wird.

Allgemein gilt: Gehört irgendein biologisches Gebilde einer vollständigen Avalreihe als Glied verschiedener Generationsschnitte an[59], so müssen im Falle der generatio spontanea eines Ahnen einzelne Zweige der v. A.-Reihe in verschiedenem Abstand vom generationsjüngsten Schnitt abbrechen. Wollte man daher versuchen, die Allgemeingültigkeit der Transitivität für den Schlußmodus 2 auf die Annahme eines «generationsältesten», vollständig avalgenidentischen Schnittes der v. A.-Reihen zu stützen, so müßte man in den angegebenen Fällen behaupten, daß ein bestimmtes Gebilde (u) keine um einen Generationsschritt ältere Ahnen besitzt – sofern es nämlich diesem «ältesten» Schnitte angehört –, aber andererseits doch solche Ahnen besitzt – sofern es nämlich auch einem jüngeren als dem «ältesten» Schnitt angehört –.

Falls die Verschiebung der beiden in Betracht kommenden Zweige größer als ein Generationsabstand ist, wäre dieser Widerspruch noch krasser.

Da die angeführten Bedingungen in Wirklichkeit häufig erfüllt sind und sich im übrigen leicht experimentell erzeugen lassen, scheint mir erwiesen, daß sich die Allgemeingültigkeit der Schlußfolgerung im Falle 2 nicht durch die Annahme «ältester» Generationsglieder, d. h. eine Begrenzung der v. A.-Reihen sichern läßt. Diese Schlußfolgerung hat also die Unendlichkeit der vollständigen Avalreihen in der Richtung auf die älteren Generationen zur Voraussetzung.

Ich fasse zusammen: Fall 2 der Transitivität (d. h. die Schlußfolgerung: ist $a^a \equiv b$ und $b^a \equiv c$, ferner b generationsjünger als a und c, so ist auch $a^a \equiv c$) und ebenso der Satz 30 setzen die Unendlichkeit der v. A.-Reihen in der Richtung der generationsälteren Schnitte voraus. Es gilt also von der durch die biologische Abstammungsbeziehung bestimmten Reihe existentiell auseinander hervorgegangener Gebilde:

Zu jedem biologischen Gebilde a_{-m}, das als Glied in eine v. A.-Reihe eingeht[60], gibt es mindestens ein um einen Generationsschnitt älteres Gebilde (oder einen Komplex von Gebilden) b_{-n} ($n = m+1$), mit dem es vollständig avalgenidentisch ist: $a_{-m}{}^a \equiv b_{-n}$. Oder anders formuliert:

(44) *Alle Zweige einer vollständigen Avalreihe gehen in der Richtung der generationsälteren Schnitte ins Unendliche.*

Endlich läßt sich dieser Sachverhalt auch so formulieren:

Eine vollständige Avalreihe besitzt *keinen generationsältesten* Schnitt.

Aus dieser Unendlichkeit der Avalreihen kann man nicht ohne weiteres auf ihre *zeitlich unendliche* Ausdehnung nach rückwärts schließen. Denn die Beziehung der verschiedenen Generationsschnitte ist keine Zeitbeziehung, sondern eine zeitfremde Beziehung.

Allerdings ist ihren Gliedern eine «Ausdehnung in sich» zuzusprechen (vgl. S. 160). Man könnte daher den Satz aufzustellen versuchen:

Zwischen dem «Entstehen» aufeinanderfolgender Generationen liegt immer ein Zeitabstand.

So ließe sich indirekt doch schließen, daß mit dem einseitig unendlichen Fortgang der Generationsschnitte notwendig eine unendliche Folge von Zeitschritten parallel geht. Aber auch innerhalb einer endlichen Zeitspanne können unendlich viele aufeinanderfolgende Zeitschritte enthalten sein, wenn man annimmt, daß die Schnittfolge irgendeine «dichte» Stelle besitzt (ein in der Biologie allerdings unwahrscheinlicher Fall). Endlich ist es fraglich, ob als Parameter die «Ausdehnung der Glieder in sich», also der Individualreihen, wirklich die physikalische Zeit anzusetzen ist (vgl. S. 215–217). Vor allem aber wäre hier noch folgendes Problem zu erörtern: die generatio spontanea war in diesem Zusammenhang lediglich durch das Abbrechen der Avalreihe nach rückwärts definiert. Im allgemeinen handelt es sich bei diesem Begriff jedoch um die Frage des Entstehens von «Lebendem» aus «Totem» ohne Hilfe von Lebendem. Es wäre also zunächst die Beziehung der Begriffe «Organismus» und «Leben» zu untersuchen, insbesondere die Frage, ob auch Totes als Organismus und damit als Bezugsglied einer Avalgenidentität auftreten kann. Dieses Problem ist in dieser Arbeit jedoch möglichst weitgehend ausgeschaltet worden.

XIV. Das Nebeneinander in den Avalreihen und die Frage nach einem allgemeinen Parameter verschiedener Avalreihen

Da die Zeit, sofern man darunter den in der Physik verwendeten Parameter des Nacheinander versteht, sich wiederholt als ungeeignet erwiesen hat, die Ordnung der Glieder und Schnitte einer biologischen vollständigen Avalreihe eindeutig zu bestimmen, fragt es sich, ob es überhaupt ein Ordnungssystem gibt, das gestattet, verschiedene v. A.-Reihen als Neben- oder Nacheinander so in eindeutige Beziehung zu bringen, wie es bei der Gesamtheit der physikalischen Gegenstände mit Hilfe der physikalischen Zeit möglich ist.

Man hat dabei zwei Fragen zu unterscheiden:

a) Welches ist der Begriff des Nacheinander und Nebeneinander in einer vollständigen Avalreihe? und

b) wie stehen *mehrere* v. A.-Reihen im Neben- und Nacheinander zueinander?

a) Die erste Frage ist bereits vielfach gestreift worden, so daß eine kurze Zusammenfassung genügen mag.

Für die Definition der eindeutigen Beziehung des existentiellen Auseinanderhervorgehens in der Physik, der physikalischen «restlosen Genidentität» ($^t\equiv$), war der Begriff der Gleichzeitigkeit benutzt worden: ein physikalisches Gebilde kann nicht mit jedem von zwei in demselben Zeitmoment existierenden Gebilden restlos genidentisch sein (vgl. S. 82).

Für die Definition der eindeutigen Beziehung des biologisch existentiellen Auseinanderhervorgehens von Elter und Kind ließ sich der Begriff der Gleichzeitigkeit *nicht* verwenden. Abgesehen von der Bevorzugung der einen Reihenrichtung war jedoch auch für die Definition der «vollständigen Avalgenidentität» die Ausschließung eines «Nebeneinander» mehrerer biologischer Gebilde maßgebend (vgl. Satz 17 und 42).

An Stelle der Gleichzeitigkeit in den physikalischen restlosen Genidentitätsreihen steht in den vollständigen Avalreihen die «Generationsgleichheit», an Stelle des Zeitbegriffs im Neben- und Nacheinander der Generationsbegriff. Die «Generationsgleichheit» ist durch den «Generationsabstand» von einem bestimmten generationsjüngeren Gebilde definiert. Der Abstand zweier beliebiger, untereinander vollständig avalgenidentischer Schnitte läßt sich derart in eine Anzahl von Schnitten zerlegen, daß zwischen dem jüngeren und dem als nächstälter bezeichneten Schnitt kein weiterer Generationsschnitt liegt; ferner hat sich ergeben, daß so eindeutig je *ein* Schnitt bestimmt wird (vgl. S. 155f.). Infolge dieser Eigentümlichkeit, sowohl Individuen als auch eindeutig bestimmend und allgemein anwendbar zu sein, lassen sich die Grundschritte als «Unum» zur Bestimmung eines Generationsabstandes und damit der Generationsgleichheit benutzen:

(45) *Generationsgleich sind Gebilde, wenn sich ihr Generationsabstand zu demselben generationsjüngeren Gebilde, das mit ihnen avalgenidentisch ist, in die gleiche Anzahl unzerlegbarer Generationsschritte zerlegen läßt.*

Es hat sich wiederholt gezeigt, daß ein und dasselbe Gebilde zugleich in unterschiedlichem Generationsabstand zu einem bestimmten Gebilde stehen kann. Daraus ergibt sich:

(46) *Einer bestimmten Generation gehört ein biologisches Gebilde nur als Glied eines bestimmten Zweiges einer bestimmten vollständigen Avalreihe an.*

Durch diesen Satz wird die «Generationsgleichheit» an das Vorhandensein eines gemeinsamen avalgenidentischen generationsjüngeren Gebildes geknüpft, d. h. an die Zugehörigkeit der betreffenden generationsgleichen Gebilde zu einer v.A.-Reihe, deren generationsjüngster Schnitt (o-Schnitt) durch *ein* Gebilde dargestellt wird. Dieses generationsjüngste Glied bildet zugleich den Bezugspunkt und die unentbehrliche Voraussetzung für die Generationsgleichheit.

Damit ist gesagt: setzt man einen mehrgliedrigen Schnitt als generationsjüngsten Schnitt einer Reihe vollständig avalgenidentischer Schnitte an, bildet man also eine «unvollständige» Avalreihe (vgl. S. 148), so hat die darin liegende Betrachtung der verschiedenen Glieder des o-Schnittes als «generationsgleich» nur dann einen Sinn, wenn man diese Reihe tatsächlich als eine «unvollständige» Reihe ansieht, die in Wirklichkeit einen noch jüngeren, gemeinsamen, vollständig avalgenidentischen Schnitt mit nur einem Gliede besitzt. Die Diskussion des Begriffes der Generationsgleichheit führt also zu derselben Auszeichnung der «vollständigen Avalreihen» (v.A.-Reihen), die sich bereits früher ergeben hat (vgl. S. 148). (Dort folgte sie daraus, daß sich die Avalreihen mit einem mehrgliedrigen jüngsten Schnitt [o-Schnitt] ohne Teilung irgendwelcher Glieder in eine Anzahl vollständiger Avalreihen mit nur einem generationsjüngsten Gliede zerlegen ließen.)

Da in den angeführten Sätzen fast überall der Begriff der Generationsgleichheit verwendet wird, setzt die Biologie die Reihen, die durch die im Elter-Kind-Begriff liegende Genidentitätsbeziehung bestimmt werden, als einseitig begrenzte Reihen mit einem jüngsten, und zwar eingliedrigen Schnitt an:

(47) *Die durch die Avalgenidentität bestimmten Reihen besitzen einen jüngsten eingliedrigen Schnitt.*

Damit ist nicht gesagt, daß dieses generationsjüngste Glied nicht irgendwelche «Nachkommen» besitzen kann. Außerhalb einer durch ein bestimmtes Gebilde eindeutig definierten v. A.-Reihe hat die Avalgenidentität in der Richtung auf generationsjüngere Gebilde keine bestimmende Kraft. Zwar gibt es für jedes beliebige biologische Individuum irgendwelche als vollständig avalgenidentisch anzusetzende generationsältere Gebilde; ob es aber avalgenidentische generationsjüngere Gebilde besitzt oder ohne Nachkommen «ausstirbt», ist vollkommen unbestimmt und ohne Relevanz für die durch dieses Gebilde bestimmte v. A.-Reihe.

b) Auch die Frage, ob und wie sich der Parameter der Avalreihen, der Begriff der Generation, als Mittel der Beziehung verschiedener Reihen zueinander benutzen läßt, ist zum Teil durch das Vorhergehende beantwortet:

Gleichzeitig existierende Gebilde sind noch nicht generationsgleich zu nennen. Sowohl der Begriff der Generationsgleichheit wie der der Generationsverschiedenheit läßt sich nur dann auf sie anwenden, wenn sie gemeinsame Abkömmlinge besitzen. Je nach dem Abstand von solchem gemeinsamem Abkömmling sind die einzelnen Gebilde untereinander generationsgleich oder -ungleich zu nennen. Die Generationsgleichheit beruht allemal auf der Zeugung. *Nicht das Vorhandensein eines gemeinsamen Vorfahren, sondern eines gemeinsamen Nachkömmlings ist das entscheidende Merkmal der Avalgeneration.* Immer erst von dem Zukünftigen zurückgerechnet läßt sich Generationsgleichheit feststellen, so daß man geradezu von der notwendigen Unbestimmtheit der Generationsverhältnisse aller jeweils gegenwärtig lebenden biologischen Gebilde, die keine Kinder besitzen, reden kann.

Hier tritt wieder ein eigentümliches Moment, das wohl bisweilen im Begriff der *Zielstrebigkeit* mit gemeint wird, zutage: das Gegenwärtige gewinnt als «Generation» Bestimmtheit erst durch das Zukünftige. Nicht die Verwandtschaft der Geschwister und ähnliche auf der Gemeinsamkeit von Vorfahren beruhende Verwandtschaftsbeziehungen (Blutsverwandtschaft) sind für den Generationsbegriff der Avalgenidentität maßgebend, sondern die Verwandtschaftsbeziehungen im Nebeneinander der Generation ist die «Gattenschaft» (vgl. S. 228f.); sie besteht zwischen Eltern, zwischen Großeltern usw., beruht also auf gemeinsamen Abkömmlingen.

Um Mißverständnissen vorzubeugen, sei hier noch einmal betont: ebensowenig wie behauptet wurde, daß der Begriff der Avalgenidentität der einzige Begriff des existentiellen Auseinanderhervorgehens in der Biologie ist, soll der Begriff der Generation als der einzige biologische Begriff des Nach- und Nebeneinander hingestellt werden; das gleiche gilt vom Begriff der biologischen Verwandtschaft (vgl. S. 226 ff.). Es sollen hier nur die Eigenarten der einzelnen Grundbegriffe aufgezeigt und ihr Bereich abgesteckt werden.

Der Begriff der Generation scheint also auf die Verwendung innerhalb vollständiger Avalreihen beschränkt zu sein. Man könnte versuchen, die Zahl der ohne Generationsbeziehung einander gegenüberstehenden biologischen Gebilde dadurch zu vermindern, daß man auch die durch den «Stammbaum» bestimmten Generationszusammenhänge für eine Zuordnung verschiedener Avalreihen zueinander heranzieht. Aber gerade dies scheint nicht möglich zu sein, ohne den bisher benutzten Begriff der Generation aufzugeben.

Ein derartiger Versuch würde darauf hinauskommen, mehrere Kinder derselben Eltern aufgrund ihres «gleichen» Abstandes von «gemeinsamen» Vorfahren als generationsgleich zu erklären. Daß dieselben Kinder etwa aufgrund eines verschiedenen Abstandes zu einem gemeinsamen Abkömmling auch generationsungleich gesetzt werden müßten, wäre noch kein Einwand. Denn auch gemäß dem bisher gebrauchten Generationsbegriff kann ein und dasselbe Individuum mehreren Generationen zuzurechnen sein. Trotzdem stehen einer solchen allgemeineren Generationsbestimmung wesentliche Schwierigkeiten entgegen (vgl. S. 233 ff.), von denen hier nur folgende erwähnt werde: setzt man die beiden Tochterzellen t und t' einer Mutterzelle m generationsgleich, so ließe sich dieser Sachverhalt jedenfalls nicht durch Abb. 19 darstellen. Denn nach der bisherigen Schreibweise ist ein Gebilde, bei dem verschiedene Beziehungsstriche zusammenlaufen, vollständig avalgenidentisch mit der Gesamtheit der durch die anderen Endpunkte dieser Striche bezeichneten Gebilde. Nach dieser Darstellung wäre $m^a \equiv (t, t')$, während tatsächlich $m^a \equiv t$ ist, außerdem $m^a \equiv t'$, aber nicht $m^a \equiv (t, t')$. t und t' sind eben nicht Glieder eines vollständig avalgenidentischen Schnittes. Sollte man also den Begriff der Generationsgleichheit in der angegebenen Weise erweitern, so müßte man zu einer mehrdimensionalen Darstellung übergehen. Ob dieser Ausweg tatsächlich gangbar ist, mag dahingestellt bleiben.

Abbildung 19.

Mit der Frage nach dem gemeinsamen Parameter mehrerer v. A.-Reihen ist der Rahmen dieser Arbeit bereits überschritten. Denn es handelt sich nicht mehr um einen Begriff des existentiellen Auseinanderhervorgehens, sondern um einen dem physikalischen Zeitbegriff entsprechenden Begriff der Biologie. Dieser aber würde eine besondere Untersuchung erfordern. Daß es überhaupt Bedingungen gibt, unter denen sich mehrere selbständige Avalreihen miteinander in Beziehung bringen lassen, wird an den Fällen deutlich, wo die eine dieser Reihen einen Teil der anderen bildet (vgl. z. B. S. 148). Ob sich über den Verband einer die übrigen Reihen als Teilreihen umfassenden v. A.-Reihe hinaus eine derartige Beziehung herstellen läßt (etwa durch eine geeignete 0-Punktsverschiebung), kann offen bleiben.

Nur auf eine Parallele sei hingewiesen: das Ordnungsprinzip der Generationsschnitte kann je nach dem gewählten Grund-Bezugsglied zu verschiedenen Anordnungen führen. Ebenso wie die physikalische Zeitgleichheit gemäß der Relativitätstheorie einen bestimmten Sinn erst durch Angabe eines bestimmten physikalisch realen Bezugsgebildes bekommt, läßt sich Generationsgleichheit nur in bezug auf eine durch ein bestimmtes biologisches Gebilde (Probandus) definierte vollständige Avalreihe aussagen.

XV. Zusammenstellung der Sätze
über die «vollständige Avalgenidentität»

Als Grundbegriff der im Elter-Kind-Begriff enthaltenen, biologisch eindeutigen Beziehung des existentiellen Auseinanderhervorgehens hatte sich der Begriff der «vollständigen Avalreihe» (v. A.-Reihe) ergeben. Diese Reihe erwies sich als geordnete, überall undichte, einseitig unendliche Reihe.

Als Grundbestimmungen der vollständigen Avalgenidentität sind zu nennen:

1) Diskretheit (überall Undichtigkeit) der Schnittfolge (trotz einer kontinuierlichen Verbindung zwischen den die Glieder verschiedener Schnitte darstellenden Gebilden).

2) Unabhängigkeit der Beziehung von der Reihenrichtung.

3) Unabhängigkeit der Beziehung von dem Abstand der Schnitte in der Reihe.

4a) Avalgenidentität jeden Gliedes des generationsälteren Schnittes mit einem Gliede des jüngeren Schnittes und Ausschließung weiterer mit dem jüngeren Schnitte überhaupt avalgenidentischer Gebilde im selben Generationsabstand wie der ältere Schnitt, die teilfremd mit ihm sind.

4b) Ausschließung der vollständigen Avalgenidentität eines Schnittes mit einem Teil eines mit ihm vollständig avalgenidentischen Schnittes.

Sätze[61]

Symmetrie der Relation

(18) Ist $a^a \equiv b$, so ist auch $b^a \equiv a$.

Vollständigkeit

(17) Ist $S^\lambda_{-m}{}^a \equiv S^\varrho_{-n}$ ($S^\lambda_{-m} \equiv [g^1_{-m}, g^1_{-m}, \ldots, g^\lambda_{-m}]$; $S^\varrho_{-n} \equiv [g^1_{-n}, \ldots, g^\varrho_{-n}]$) und S^ϱ_{-n} generationsälter als S^λ_{-m}, so ist $x_{-n}{}^a \not\equiv g_{-m}$ für alle x_{-n} teilfremd S^ϱ_{-n}, die zu S^λ_{-m} im selben Generationsabstand wie S^ϱ_{-n} stehen und für alle g_{-m}, die S^λ_{-m} als Glied angehören.

Dieser Satz gilt nicht notwendig für die umgekehrte Reihenrichtung.

Ferner gehört zur Definition der Vollständigkeit z. T. Satz 17a.

Zusammenhang zwischen «vollständiger Avalgenidentität» und «Avalgenidentität überhaupt»

(17a) Ist $S_x{}^a \equiv S_y$ und $S_x \equiv (\ldots, a_x, \ldots)$, so ist $a_x{}^a = S_y$ unabhängig davon, ob S_x oder S_y der generationsältere Schnitt ist.

Sind zwei biologische Gebilde überhaupt avalgenidentisch miteinander, so läßt sich das generationsältere von beiden immer derart durch andere Gebilde ergänzen, daß es mit ihnen zusammen vollständig avalgenidentisch mit dem generationsjüngeren Gebilde ist.

(20) Ist $a^a = b$ und a generationsjünger als b, so gibt es ein $x, y, \ldots$ derart, daß $a^a \equiv (b, x, y, \ldots)$ ist.

Zusammenhang zwischen «vollständiger Avalgenidentität» und «nicht-vollständiger Avalgenidentität»

(19) Zu einem gegebenen biologischen Gebilde (einem Komplex von Gebilden) gibt es nicht zwei in irgendwelchen Gliedern verschiedene generationsältere Schnitte, zu denen es vollständig avalgenidentisch ist (dagegen kann es mehrere generationsgleiche vollständig avalgenidentische jüngere Schnitte geben).

Ist $S_{-m}{}^a \equiv S_{-n}$ und S_{-n} generationsälter als S_{-m}, so ist $S_{-m}{}^a \not\equiv X_{-n}$ für alle $X_{-n} \not\equiv S_{-n}$, die zu S_{-m} im selben Generationsabstand wie S_{-n} stehen.

(42) Ist $S_x{}^a \equiv S_y$ und $S_y \equiv (\ldots, g_y, \ldots)$, so ist $S_x{}^a \not\equiv g_y$, unabhängig davon, ob S_x generationsälter oder -jünger als S_y ist.

(42a) $S_{-m}{}^a \equiv S_{-n}$ und $S'_{-m}{}^a \equiv S_{-n}(S_{-m} [S'_{-m}]$ generationsjünger als S_{-n}), so ist $S_{-m} \not\equiv (\ldots, S'_{-m}, \ldots)$ und $S'_{-m} \not\equiv (\ldots, S_{-m}, \ldots)$ (vgl. S. 203).

Undichtigkeit der Reihe; Definition eines Generationsschrittes

(36, 36a, 36b) Eine vollständige Avalreihe läßt sich derart in verschiedene Schnitte zerlegen, daß es zu jedem dieser Schnitte einen nächstälteren Generationsschnitt gibt (so daß also zwischen diesen beiden Schnitten kein weiterer Reihenschnitt liegt).

Ist S_{-m} ein Schnitt einer vollständigen Avalreihe, so gibt es einen generationsälteren Schnitt S_{-n} ($n=m+1$) dieser Reihe derart, daß für alle übrigen Schnitte $S_{-x}{}^a \equiv S_{-m}$, bei denen $x > m$ ist, auch $x > n$ ist.

Die so bestimmten Schnitte stehen in Generationsabstand 1.

Die Fälle von Transitivität der vollständigen Avalgenidentität

(43) Der Schluß: Ist $S_{-m}{}^a \equiv S_{-n}$
$$\frac{S_{-n}{}^a \equiv S_{-q}}{S_{-m}{}^a \equiv S_{-q}} \text{ gilt,}$$

1) wenn S_{-n} als Generation zwischen S_{-m} und S_{-q} liegt,
2) wenn S_{-n} der generationsjüngste der drei Schnitte ist.

Er gilt nicht notwendig, wenn S_{-n} der generationsälteste der drei Schnitte ist (vgl. Satz 41). Der Schluß gilt auch in diesem Falle, wenn einer der beiden anderen Schnitte mittlerer Schnitt ist und wenn es neben ihm keinen generationsgleichen vollständig avalgenidentischen Schnitt zu S_{-n} gibt.

Einseitige Unendlichkeit der Reihen

(44) Zu jedem Gliede einer vollständigen Avalreihe gibt es ein generationsälteres Gebilde (Komplex von Gebilden), das mit ihm vollständig avalgenidentisch ist.

(47) Die durch die Beziehung der biologisch vollständigen Avalgenidentität bestimmten Reihen besitzen einen jüngsten eingliedrigen Schnitt. (Ob es weitere generationsjüngere Schnitte gibt, bleibt unbestimmt und für die betreffende Reihe irrelevant.)

Ausgezeichnetheit des generationsjüngsten Schnittes der Reihe und der Richtung auf die generationsälteren Schnitte

(21) Eine Reihe vollständig avalgenidentischer Schnitte ist durch ihren generationsjüngsten Schnitt und nur durch ihn ausnahmslos eindeutig bestimmt.

Eindeutigkeit führt die vollständige Avalgenidentität nur beim Fortschreiten in der Richtung auf die generationsälteren Schnitte mit sich (vgl. Satz 19). (Die Mehrdeutigkeit in der entgegengesetzten Richtung kann sowohl die vollständige Avalgenidentität [$^a\equiv$] wie die Avalgenidentität überhaupt [$^a=$] betreffen [vgl. S. 198].)

Identitätsbedingungen zweier Reihen

(22a) Ist ein Schnitt einer vollständigen Avalreihe mit einem Schnitte einer anderen derartigen Reihe identisch, so sind alle generationsgleichen älteren Schnitte beider Reihen identisch (die Identität der generationsjüngeren Schnitte bleibt fraglich).

Ist $S_{-m}{}^a \equiv S_{-n}$ und $S'_{-m}{}^a \equiv S'_{-n}$, ferner $S_{-m} \equiv S'_{-m}$, so ist auch $S_{-n} \equiv S'_{-n}$ für alle untereinander generationsgleichen Schnitte S_{-n} und S'_{-n}, die generationsälter als S_{-m} (S'_{-m}) sind.

(22b) Sind die generationsjüngsten Schnitte zweier Reihen vollständig avalgenidentischer Schnitte identisch, so sind alle im gleichen Generationsabstand von ihnen liegenden Schnitte dieser Reihen identisch.

Ist $S_n{}^a \equiv S_m$ und $S'_n{}^a \equiv S'_m$; ferner $S_n \equiv S'_n$, so kann nur dann $S_m \not\equiv S'_m$ sein, wenn von diesen beiden Schnitten kein Schnitt ein Teil des anderen ist (vgl. auch S. 166 und 202f.).

Die Zerlegung von vollständigen Avalreihen

(25) Jedes Glied eines Schnittes einer vollständigen Avalreihe läßt sich als generationsjüngster Schnitt einer vollständigen Avalreihe betrachten. (Die letztere Reihe bildet einen Teil der ersteren.)

Zerlegung im Längsschnitt

(23) Besteht ein Schnitt einer Reihe vollständig avalgenidentischer Schnitte aus λ Gliedern, so läßt sich jeder generationsältere Schnitt derart in λ ganzgliedrige Schnitteile zerlegen, daß jedes der λ Glieder (g_{-m}) zu einem der λ Schnitteile (T_{-n}) vollständig avalgenidentisch ist.

Ist $S_{-m}^\lambda {}^a \equiv S_{-n}^\varrho$ und S_{-n}^ϱ generationsälter als S_{-m}^λ, ferner $S_{-m}^\lambda \equiv (g_{-m}^1, \ldots, g_{-m}^\lambda)$, so gibt es auch eine ganzgliedrige Zerlegung $S_{-n}^\varrho \equiv ({}^1T_{-n}, {}^2T_{-n}, \ldots, {}^\lambda T_{-n})$ derart, daß $g_{-m}^1 {}^a \equiv {}^1T_{-n}; g_{-m}^2 {}^a \equiv {}^2T_{-n}; \ldots; g_{-m}^\lambda {}^a \equiv {}^\lambda T_{-n}$ ist.

(8, 8a) Unvollständige Avalreihen sind ganzgliedrig restlos zerlegbar in eine Anzahl vollständiger Avalreihen (v.A.-Reihen).

Ist $S_0^\lambda {}^a \equiv S_{-x}^\mu$ ($\lambda > 1$), so ist für beliebige positive x S_{-x}^μ derart in ganzgliedrige Teile: ${}^1T_{-x}^{\mu'}, {}^2T_{-x}^{\mu''}, \ldots, {}^\lambda T_{-x}^{\mu'''}$ zerlegbar, daß ${}^1T_{-x}^{\mu'} {}^a \equiv {}^\lambda T_0^{\lambda'};$ $\ldots; {}^\lambda T_{-x}^{\mu'''} {}^a \equiv {}^\lambda T_0^\lambda$ und für alle T_0^λ $\lambda' = 1$ ist.

(27) Enthält ein Schnitt S^ϱ_{-n} einer vollständigen Avalreihe mehrere Glieder ($\varrho > 1$), so gibt es zu jedem Glied einen generationsjüngeren Schnitt S^λ_{-m} ($n > m \geqq 0$), der keinen ganzgliedrigen Schnitteil enthält, welcher mit diesem Gliede vollständig avalgenidentisch ist. (Das gleiche gilt von allen generationsjüngeren Schnitten als S^λ_{-m}.)

(28) Liegt regelmäßige Mehreltrigkeit vor, so ist der so bestimmte Schnitt (S^λ_{-m}) immer der nächstjüngere Schnitt von S^ϱ_{-n} ($m = n - 1$).

Die Anzahl der Glieder eines Schnittes

(30) In einer Reihe vollständig avalgenidentischer Schnitte kann die Anzahl der Glieder eines Schnittes beim Fortschreiten in der Richtung auf die generationsälteren Schnitte nicht abnehmen.

Ist $S^\lambda_{-m}{}^a \equiv S^\varrho_{-n}$ ($S^\lambda_{-m} \equiv [g^1_{-m}, g^2_{-m}, \ldots, g^\lambda_{-m}]$; $S^\varrho_{-n} \equiv [g^1_{-n}, g^2_{-n}, \ldots, g^\varrho_{-n}]$) und $n > m$, so ist $\varrho \geqq \lambda$.

Der allgemeine Ausdruck für den Schnitt einer v. A.-Reihe mit regelmäßiger Eineltrigkeit der Glieder lautet $a_0{}^a \equiv a_{-x}$.

Der allgemeine Ausdruck für den Schnitt einer v. A.-Reihe mit regelmäßiger Zweieltrigkeit der Glieder lautet: $a_0{}^a \equiv S^{2x}_{-\mu}$.

Das *Nacheinander* und *Nebeneinander* der vollständigen Avalreihen

Die Avalreihen als geordnete Reihen

(35) Von zwei beliebigen Schnitten einer v. A.-Reihe ist immer der eine generationsälter als der andere, und wenn von irgend drei Schnitten einer Reihe S_{-q} generationsälter als S_{-n} und S_{-n} generationsälter als S_{-m} ist, so ist auch S_{-q} generationsälter als S_{-m}.

Die Ausdehnung der Schnittglieder «in sich»

(38) Die Glieder einer Avalreihe stellen nicht in einem einzigen Zeitmoment existierende, sondern «in sich» ausgedehnte, eine Individualentwicklung zeigende biologische Gebilde dar.

(39) Die in den Avalreihen auftretenden Beziehungen des Nacheinander und Nebeneinander sind nicht durch die Beziehungen des Nacheinander und Nebeneinander der Individualreihen, deren Inbegriff ihre Glieder darstellen, ausdrückbar, und umgekehrt.

Die Zeitfremdheit der Avalgenidentität

(40) Der Abstand zwischen verschiedenen vollständig avalgenidentischen Schnitten als solcher ist zeitfremd.

(37) Generationsgleiche Glieder einer vollständigen Avalreihe können zeitverschieden sein, generationsverschiedene Glieder zeitgleich.

Zugehörigkeit zu einer vollständigen Avalreihe

(26) Ein biologisches Individuum bestimmt eindeutig eine vollständige Avalreihe (v. A.-Reihe), deren generationsjüngsten Schnitt es darstellt.

(31, 32, 33) Ein biologisches Individuum (ein Komplex von Individuen) kann verschiedenen, vollständigen Avalreihen als Schnitt angehören und in derselben Reihe als Glied (oder als Schnitteil) zugleich an mehreren Stellen, sowohl in einem Schnitte wie in verschiedenen Schnitten, auftreten, jedoch nicht mehrmals als Schnitt.

(34) Das generationsjüngste Glied einer vollständigen Avalreihe kommt in dieser Reihe nicht nochmals als Glied vor.

Zugehörigkeit zu einer Generation

(46) Einer bestimmten Generation gehört ein biologisches Gebilde nur als Glied eines bestimmten Zweiges einer bestimmten vollständigen Avalreihe an.

(45) Generationsgleich sind Gebilde, wenn sich ihr Generationsabstand zu ein und demselben generationsjüngeren Gebilde, das mit jedem von ihnen avalgenidentisch ist, in die gleiche Anzahl unzerlegbarer Generationsschritte zerlegen läßt.

B. Die Individualgenidentität (Der Organismus)

I. Individualzusammenhang und Lebenszusammenhang

Die Ausdehnung «in sich» der Glieder der Avalreihen hatte auf eine diesen Reihen fremde Beziehung des biologischen existentiellen Auseinanderhervorgehens hingewiesen (vgl. S. 160f.): auf die Existentialbeziehung innerhalb der «Individualentwicklung», des Lebenslaufes des Organismus. Daß in dem Verhältnis einer Anzahl zeitverschiedener biologischer Gebilde, die das Leben eines Organismus ausmachen, in der Tat eine Existentialbeziehung im Nacheinander, eine Genidentität, vorliegt, wurde bereits ausgeführt (vgl. S. 120f.).

Gerade beim Organismus ist es besonders deutlich, daß die Ungleichheit der einen Lebenslauf darstellenden, zeitverschiedenen Schnitte ihre «Individualgenidentität» noch nicht ausschließt, und daß andererseits zwei biologische Gebilde trotz aller Gleichheiten nicht «dasselbe» Individuum sein müssen. Wenn es auch in einer Reihe von Fällen möglich ist, von Gleichheiten auf die Individualgenidentität zu schließen, so ist ein derartiger Schluß von Konstanz auf Genidentität ebenso wie in der Physik und bei der Avalgenidentität als Rückschluß zu werten. Er setzt allemal eine Erfahrung über die Konstanz gewisser Merkmale an anderen gleichartigen Gebilden voraus, deren Individualgenidentität bereits anderweitig feststehen muß. Als direktere Methoden der Feststellung von Individualgenidentität kommen wiederum kontinuierliche Beobachtung, Einschließen in gekennzeichnete «undurchlässige» Grenzen und «direkte» Kennzeichnung in Betracht (vgl. S. 122 f.).

Analog zum bisherigen Vorgehen soll versucht werden, die Eigentümlichkeiten der Individualgenidentität an der Form der durch sie bestimmten Reihen aufzuweisen.

Wiederum wird dabei abgesehen von allen «funktionellen Abhängigkeitsbeziehungen», in denen die Eigenschaften der verschiedenen Glieder dieser Reihen zueinander stehen. Es bleibt gleichgültig, ob in der Individualentwicklung ebenso wie in der Physik die zeitlich früheren Glieder die funktionell bestimmenden sind oder ob dieser Prozeß als «zielstrebige» Entwicklung aufzufassen ist, bei der die früheren Glieder von den späteren funktionell abhängen; oder ob endlich die einzelnen Teile einer Gesamtentwicklung überhaupt nicht zu anderen einzelnen Teilen, sondern immer nur zur Gesamtentwicklung selbst in eindeutige funktionelle Abhängigkeit zu setzen sind.

Selbst wenn man zu den sich in diesem Punkte widersprechenden Meinungen nicht Stellung zu nehmen braucht, bleibt es schwierig, ohne in den Streit der im engeren Sinne biologischen Theorien einzugreifen, beschreibend festzustellen, was denn die Biologie unter der Zugehörigkeit zweier Gebilde zu derselben Individualentwicklung versteht.

Die Behandlung der Fragen, wie der biologische Entwicklungsbegriff von dem des Entstehens, der Kumulation oder ähnlichen Begriffen zu trennen ist, wie «echte» Entwicklung sich von «entwicklungshaften Zügen» unterscheidet, ist bereits abgelehnt worden. Ebenso sollte die Anwendbarkeit des Entwicklungsbegriffes auf einen Staat, auf einen Planeten o. ä. dahingestellt bleiben. Es soll nur auf den Typus der Existentialreihen, und zwar nur da eingegangen werden, wo die Biologie mit Sicherheit von einer Individualentwicklung spricht und wo sie derartige Reihen als ganze in Avalbeziehung setzt.

Aber selbst diese hier allein interessierende Frage ist für die gegenwärtige Biologie schwer rein beschreibend zu beantworten. Nicht die mathematische Kompliziertheit des in Betracht kommenden Reihentypus oder die Unvollkommenheit der biologischen Erkenntnisse machen die Behandlung dieses Problems so schwierig, sondern die Fragestellung der Biologie selbst erscheint undurchsichtig und von wechselnden Grundauffassungen ausgehend. Häufig ist es zweifelhaft, ob die Biologie zwei bestimmte Gebilde ein und derselben Individualgenidentitätsreihe als Glieder im Nacheinander (oder Nebeneinander) zurechnen würde. Hierher gehören zum

Beispiel die bekannten «Scherzfragen» der Biologie: verliert ein Nagetier einen Zahn, so wird seine Individualität damit noch nicht zweifelhaft, selbst wenn einige lebende Zellkomplexe damit verloren gegangen sein sollten. Auch der Verlust eines Gliedes beeinträchtigt die Individualgenidentität noch nicht. Wieviel seines Körpers kann ein Lebewesen einbüßen, ohne aufzuhören, dasselbe Lebewesen zu sein[bb]?

Die Untersuchungen über das Regenerationsvermögen haben dazu geführt, z. B. bei den Planarien festzustellen, wie groß ein abgetrenntes Stück eines solchen Tieres sein muß, wenn es noch die Fähigkeit zur Regeneration eines ganzen Individuums besitzen soll. Auch allgemeinere Gesetze über die Größenverhältnisse derartiger Teile hat man aufzustellen versucht. Wie aber die Individualbeziehungen in derartigen Fällen liegen, unter welchen Bedingungen noch von demselben Individuum zu sprechen ist, und wann jedes der durch die Teilung entstandenen Stücke einer Hydra als neues Individuum zu bezeichnen ist, bleibt offen. Offen bleibt ferner, ob die abgetrennten Stücke, falls sie nicht dasselbe Individuum darstellen, als Tochtergeneration zu bezeichnen sind. Eine nachträgliche Teilung eines abgetrennten Stückes würde dann eine Enkelgeneration ergeben. Damit aber würde es von der Zeitgleichheit oder Zeitverschiedenheit der Trennungsschnitte abhängen, ob man die vier Stücke, in die ein ursprünglich einheitliches Individuum zerlegt wird, als Tochter- oder als Enkelindividuen aufzufassen hat. Hier scheint man wiederum auf offensichtlich biologische Unsinnigkeiten zu stoßen, und die Biologie würde vielleicht die ganze Fragestellung als müßig ablehnen, weil eine Antwort, wie auch immer sie lautet, die Kenntnisse der Biologie nicht bereichern würde.

Es schiene mir völlig verfehlt, die Aufgabe der «Philosophie» hier darin zu sehen, «tiefer» als die Biologie zu schürfen und eine in der Biologie «ungelöst» gebliebene Frage ihrerseits in Angriff zu nehmen. Scheinfragen der Biologie werden nicht dadurch zu sinnvollen Fragen, daß man sie anderwärts wiederholt[cc].

Die Ablehnung der Frage nach den Individualitätszusammenhängen würde aber aufs deutlichste dokumentieren, daß in diesen Fällen eine andere Existentialbeziehung vorliegt, daß eine andere Grundauffassung maßgebend ist als bei den Problemen, in denen die Begriffe «Generation» und «Individualentwicklung» konstituierend sind.

Andererseits ist deutlich genug, daß der Begriff des Individuums und des *Individualzusammenhanges* in seiner Gegenüberstellung zum *Generationszusammenhang* für einen großen Fragekomplex der Biologie eine ausschlaggebende Rolle spielt. Auch bei der ungeschlechtlichen Vermehrung mittels Teilung spricht die Biologie von der «jüngeren Generation» und konstatiert etwa bei Mikrostoma, daß die Organanlagen der Enkelgeneration bereits vor vollendeter Durchschnürung des ursprünglichen Individuums zu Tochterindividuen auftreten. Auch pflegt man eine *Vermehrung durch Teilung* von der Knospung dadurch zu unterscheiden, daß hier der eine Teil den «Bau des Muttertieres» weiterführt (vgl. z. B. R. HERTWIG 1916[dd]), während dort kein Muttertier übrig bleibt, dem die anderen sich ergebenden Teile als Tochtertiere zuzurechnen sind. Diese Begriffsbildung beruht also wiederum auf der Gegenüberstellung von Individuum und Generation.

Die Schwierigkeit der Feststellung dessen, was die Biologie unter Individualentwicklung versteht, scheint mir wesentlich auf der Beziehung der Begriffe *Organismus* und *Leben* zu beruhen. Der Satz «nur im Organismus kommt Leben vor» (SCHAXEL 1919, 143) wendet sich vor allem gegen eine mechanistische, rein physikalische Auffassung sowohl des Organismus wie auch der Lebensprozesse. Aber es könnte sehr wohl zutreffen, daß weder der Begriff des Organismus noch der des Lebens in die Physik gehörte, ohne daß darum beidemal ein und dieselbe Begriffsbildung vorzuliegen brauchte. Die Beantwortung der Fragen, die für die nähere Bestimmung des Begriffes der Individualgenidentität wesentlich sind, fällt in vielen Fällen verschieden aus, je nachdem, ob der Begriff des Lebens oder der des «unteilbaren», typisch «ganzen» Organismus zur Entscheidung benutzt wird; ob also beim Begriff des Lebewesens der Ton auf das Leben oder auf die im Ausdruck «Wesen» meist mitklingende Charakteristik als Ganzheit gelegt wird.

Ist erst das «Totsein» aller zu einem Lebewesen gehörenden Zellen als Ende der Individualgenidentitätsreihe anzusetzen oder kann dies Ende schon erreicht sein, wenn einzelne Zellkomplexe noch leben?

Wiederum scheinen wir auf bekannte Spezialfragen der Biologie zu stoßen, deren Lösung abzuwarten wäre – denn wie sollte eine wissenschaftstheoretische Untersuchung die Kriterien des Sterbens feststellen –, oder aber auf «Scheinfragen». Denn angenommen, die Antwort würde schließlich dahin lauten, daß die überlebenden Teilkomplexe nicht in dieselbe Existentialbeziehung zu dem ursprünglich einheitlichen Individuum zu setzen seien wie die verschiedenen Altersstadien dieses Individuums zueinander, so wäre doch insofern nichts gewonnen, als die «überlebenden» Teile jedenfalls in irgendeine Beziehung des existentiellen Auseinanderhervorgegangenseins zu dem ursprünglichen Organismus zu setzen sind, und zwar, wie sich leicht zeigen läßt, in eine unphysikalische Existentialbeziehung. Die entgegengesetzte Antwort andrerseits würde dadurch, daß sie die letzte überlebende Epithelzelle mit dem gesamten früheren Organismus individualgenidentisch setzt, den bei der Klassifizierung von Entwicklungsprozessen sonst angewandten Begriffen des biologischen Auseinanderhervorgehens widersprechen[62].

Beide Arten der Begriffsbildung aber führen zu verschiedenen Reihentypen angehörenden Existentialbeziehungen.

Im folgenden soll weder versucht werden, die biologische Spezialfrage nach den Kriterien des Sterbens einer Zelle zu behandeln, noch eine Entscheidung in der Frage des Endes eines Lebewesens zu fällen. Vielmehr will ich lediglich aufzuweisen versuchen, was für ein Reihentypus in diesem und in analogen Fällen durch jenen Begriff des existentiellen Auseinanderhervorgehens konstituiert wird, der bei der Beantwortung und im Grunde bereits bei der Fragestellung in der einen und in der anderen Richtung benutzt wird. Nach vergeblichem Bemühen, den Begriff des existentiellen Auseinanderhervorgehens in der Biologie aufzusuchen, schien mir nichts anderes übrigzubleiben, als wiederum induktiv die Genidentitätsbegriffe, die in der Biologie auftreten, gesondert zu verfolgen und es der Untersuchung zu überlassen, ob die sich ergebenden Eigentümlichkeiten das Zurückführen auf einen einzigen biologischen Existentialbeziehungsbegriff möglich machen oder ausschließen.

II. Die vollständige Individualgenidentität

Die eindeutige Beziehung der biologischen Individualgenidentität, die mit $^i\equiv$ bezeichnet werde ($^i=$ bedeute «Individualgenidentität überhaupt»), läßt sich analog den bisher besprochenen eindeutigen Genidentitätsbeziehungen durch die Ausschließung eines gewissen Nebeneinander mehrerer solcher Beziehungen charakterisieren. Es liegt nahe, diese eindeutige Beziehung des existentiellen Auseinanderhervorgehens verschiedener Stadien eines Individuums so zu formulieren: es ist $a^i\equiv b$, wenn es «neben» b (d. h. im selben Altersabstand von a) kein biologisches Gebilde gibt, das überhaupt individualgenidentisch mit a ist, und wenn es «neben» a (im selben Altersabstand von b) kein biologisches Gebilde gibt, das überhaupt individualgenidentisch mit b ist. Die eindeutige Individualgenidentität wäre dann ebenso wie die physikalisch «restlose Genidentität», durch ein wechselseitiges Ausschließen bestimmt, also durch eine gleichmäßige Berücksichtigung beider Reihenrichtungen.

Schon die «Einzigkeit» aller Individualreihen, die man vielfach besonders betont, scheint auszuschließen, daß es mehrere nebeneinander existierende Gebilde gibt, die mit ein und demselben Gebilde individualgenidentisch sind. Auch abgesehen von der «absoluten» Einmaligkeit, die man dem Individuum zuzusprechen pflegt, scheint kein Grund vorzuliegen, die eine Reihenrichtung vor der anderen zu bevorzugen, wie das bei den Avalreihen geschah. Denn während diese Reihen einseitig begrenzt waren, sind die Individualreihen, wie es sich zeigen wird, beiderseits begrenzt.

In der Tat gilt von der «vollständigen Individualgenidentität» ($^i\equiv$), wie wir die eindeutige Existentialbeziehung nennen wollen, der in der Definition liegende *Satz der Ausschließung häufig in beiden Richtungen*. Ja wenn die biologischen Gebilde *a* und *b* verschiedene Stadien derselben Individualentwicklung darstellen, so scheint es prinzipiell ausgeschlossen, daß neben dem einen dieser Gebilde gleichzeitig ein weiteres Gebilde existiert, das mit dem anderen individualgenidentisch ist.

Treten nämlich mehrere biologische Gebilde nebeneinander auf, die sich aus einem Individuum etwa durch Knospung oder Teilung ableiten, so gehören sie nicht alle einer Individualentwicklung, sondern verschiedenen Generationen an: im Falle einer Vermehrung durch Teilung sind beide Organismen «Abkömmlinge» des ungeteilten Individuums. Im Falle der Knospung ist der eine Teil avalgenidentisch mit dem anderen. Jedenfalls aber gibt es gleichzeitig nicht mehr als einen Organismus, der biologisch als «dasselbe» Individuum wie ein vorhergehender oder späterer Organismus bezeichnet wird.

Allerdings könnten hier Bedenken auftreten: eine Generation umfaßt in der Regel einen vollen *Entwicklungskreislauf* derart, daß in jeder der Tochter- und Elterngenerationen die ganze Reihenfolge der Entwicklungsstadien durchlaufen wird. Hält man dieser Forderung des vollen Kreislaufes des Entwicklungsprozesses als Definition der zu einer Individualentwicklung gehörenden Reihe fest, so gilt die angeführte Einzigkeit des ein Individuum ausmachenden Organismus nicht durchgehend. Beim «Generationswechsel», bei Metagenesis sowohl wie Heterogonie[ee], wenn also mehrere verschiedenartige Lebewesen (Bionten) miteinander abwechseln, treten nämlich infolge der Vermehrung sowohl der «Ammen» wie der «Geschlechtstiere» auch innerhalb eines Entwicklungskreislaufs mehrere, von einem Biont ausgehende Lebewesen auf. Definiert man daher eine Individualentwicklung durch einen Entwicklungskreislauf, so wäre ebenso wie bei der Avalgenidentität in späteren Zeitmomenten eine Mehrheit gleichzeitiger Gebilde, z.B. von Geschlechtstieren, möglich, die alle eindeutig individualgenidentisch mit derselben Amme zu setzen wären[63]. Der Satz der Ausschließung würde dann nicht allgemein gelten.

Ein derartiger, auf den Begriff des vollen Entwicklungskreislaufes gestützter Einwand wäre jedoch nicht berechtigt. Denn ob hier der Begriff des Individuums oder

der des vollen Entwicklungskreislaufes zur Begrenzung der Individualgenidentitätsreihe heranzuziehen ist, ist insofern vorgeschrieben, als die Gleichheiten und Ungleichheiten der Eigenschaften und Anlagen der betreffenden Gebilde nicht ausschlaggebend sein dürfen. Es steht hier nicht in Frage, ob es zweckmäßig oder unzweckmäßig ist, zur Formulierung irgendwelcher biologischer Gesetze den ganzen Entwicklungskreislauf oder nur das Leben eines Bionten als Einheit zusammenzufassen. Es kommt lediglich darauf an, die verschiedenen Reihentypen festzustellen, denen die in der Biologie benutzten Existentialbeziehungen angehören. Die Schnitte der v. A.-Reihen waren nicht dadurch charakterisiert, daß ihre Glieder allemal einen gleichen Entwicklungskreislauf vollenden und in dem Sinne «Generationen» darstellen, wie man das von der Genealogie her gewohnt ist, sondern sie waren dadurch gekennzeichnet, daß sie als Schnitte einer biologischen Existentialreihe auftreten, die dem in den v. A.-Reihen charakterisierten Ordnungstypus angehören, also z. B. eine «überall undichte» Reihe bilden. Ebenso handelt es sich bei der Individualgenidentitätsreihe nicht um einen nur durch Eigenschaftsgleichheiten definierbaren Entwicklungskreislauf, sondern um den Typus der Reihen, die als ganze die «in sich ausgedehnten» Glieder der Avalreihen ausmachen.

Die Generationen eines «Generationswechsels» lassen sich jedenfalls als Schnitte einer Reihe vom Ordnungstypus der Avalreihen insofern betrachten, als die Beziehung der das Leben der Amme (oder des Geschlechtstieres) ausmachenden Schnitte untereinander sich nicht anders auffassen läßt wie die Existentialbeziehung zwischen Amme und Geschlechtstier: auch zwischen den aufeinanderfolgenden Bionten, etwa der Großamme, Amme und dem Geschlechtstier, gibt es wiederum nicht unendlich weitere Bionten, die zu ihnen in derselben Beziehung stehen wie sie selbst zueinander. Und wie die «Diskretheit» der erzeugten Reihe, so gelten von der Existentialbeziehung der Generationen des Generationswechsels auch die übrigen Merkmale der Avalgenidentität, obschon die Gleichheits- und Ungleichheitsbeziehungen ihrer Glieder sich nicht entsprechend verhalten.

Zieht man zur Entscheidung darüber, ob zwei Gebilde in Aval- oder in Individualgenidentität stehen, im einzelnen Fall den Ordnungstypus der Existentialbeziehung ohne Rücksicht auf die Eigenschaftsgleichheiten oder Ungleichheiten der Bezugsglieder heran, wie es nach den prinzipiellen Erörterungen über das Verhältnis von Gleichheit und Genidentität im Anfang dieser Arbeit notwendig ist, so scheint der Satz der Ausschließung für die eindeutige Individualgenidentität in der Tat in beiden Reihenrichtungen zu gelten. Ich habe denn auch zunächst den Versuch durchgeführt, die Individualbeziehung der Biologie mit Hilfe einer derartigen Grundbestimmung der vollständigen Individualgenidentität darzustellen. Die Folgerungen schienen sich in vieler Hinsicht in Übereinstimmung mit der in der Biologie vorliegenden Begriffsbildung zu bewegen oder jedenfalls keine offensichtlichen Verkehrtheiten und Widersprüche zu ergeben. Schließlich jedoch haben mich einzelne, aber, wie mir scheint, entscheidende Sachverhalte zu der Überzeugung geführt, daß die Biologie auch bei der Existentialbeziehung der Individualgenidentität eine in den beiden Richtungen ungleichwertige

Reihenrelation benutzt. Von ihnen seien hier zunächst folgende hervorgehoben:

1) Für die von der Avalgenidentität geltenden Sätze blieb es gleichgültig, ob ein Metazoon, ein Protozoon oder eine einzelne Zelle eines Vielzellers als Bezugsglied in die Reihen einging. Es ist nur folgerichtig, wenn auch als Schnitte der Individualgenidentitätsreihe sowohl ganze Organismen als auch einzelne Zellen eines Metazoon in Betracht gezogen werden. In diesem Falle aber ergeben sich Schwierigkeiten, die besonders bei der befruchteten Eizelle hervortreten.

Die befruchtete Eizelle gehört zwei verschiedenen Individualgenidentitätsreihen an, von denen die eine die Entwicklung der Eizelle, die andere die des Vielzellers darstellt. Diese beiden Reihen beginnen mit demselben Schnitte und haben eine Anzahl von Schnitten gemeinsam. Die bei einer Zellteilung auftretenden neuen Zellen pflegt man allerdings beide als Tochterzellen (b und c) der ursprünglichen Zelle (a) aufzufassen ($b_0{}^a \equiv a_{-1}$; $c_0{}^a \equiv a_{-1}$) und nicht wie bei einem Knospungsvorgange nur die eine Zelle (b) als abgespaltete Tochterzelle, die andere dagegen noch als «dasselbe» Individuum (a') anzusehen ($b_0{}^a \equiv a_{-1}$; $a'{}^i \equiv a$). Daher bilden die Schnitte der vollständigen Individualgenidentitätsreihe, die die Eizelle ausmachen, nie Teilschnitte, sondern immer ganze Schnitte der umfassenderen Individualgenidentitätsreihe, die das Metazoon darstellt. Es ist jedoch vielleicht auch bei einer Zelle eine Spaltung nach Art einer Knospung möglich; vor allem aber ergibt sich die Notwendigkeit, hier zwei verschiedene Reihen vollständig individualgenidentischer Schnitte zu unterscheiden, daraus, daß bei derselben Eizelle als zeitlich spätester, «ältester», vollkommen individualgenidentischer Schnitt das eine Mal die Spaltung der Eizelle, das andere Mal der Tod des Vielzellers anzusetzen ist. Auch steht zu demselben, die Eizelle treffenden Schnitt (a_n) eine spätere Zelle (b_{n+x}) des Metazoon einerseits als Filialgeneration in Avalgenidentität, und ist daher notwendig nicht individualgenidentisch mit ihm ($b_{n+x}{}^a \equiv a_n$; $b_{n+x}{}^i \neq a_n$); andererseits ist dieselbe Zelle (b_{n+x}) als Teil eines das ganze Metazoon darstellenden Schnittes ($B_{n+x} \equiv [\ldots, b_{n+x}, \ldots]$) doch in «Individualgenidentität überhaupt» zu dem früheren Schnitte zu setzen ($B_{n+x}{}^i \equiv a_n$; daher $b_{n+x}{}^i = a_n$). Somit ergibt sich eine Mehrdeutigkeit der vollständigen Individualgenidentität beim Fortschreiten in der Richtung auf die zeitspäteren Schnitte.

Man könnte diese Vieldeutigkeit dadurch zu vermeiden suchen, daß man als Bezugspunkte einer Individualgenidentität nur «ganze» Organismen ansetzt, so daß einzelne Zellen im Organismusverband nicht eine vollständige Individualgenidentitätsreihe ausmachen würden und der durch die erste Furchung geschaffene Endschnitt wegfiele. Ein derartiger Ansatz wäre geboten, wenn sich so Eindeutigkeit erzielen ließe, zumal der Zusammenhang der Individualgenidentität mit der organismischen Grundauffassung bereits betont wurde.

Aber die im Organismusbegriff liegende Teil-Ganzes-Beziehung ist ähnlich wie die Gleichheits- und Größenbeziehung eine relative Bestimmung: auch die den Organismus charakterisierende «Selbständigkeit» oder «Autonomie» führt zu keiner eindeutigen Abgrenzung, so daß ein bestimmtes Gebilde immer nur in einen einzigen Organismuszusammenhang einordenbar ist. Zunächst bliebe es fraglich, ob sich nicht einzelne Zellen eines Metazoon bereits als «Organismen» ansprechen lassen. Aber auch bei Zellenkomplexen kann Zugehörigkeit zu Organismen mehrdeutig sein. (Vgl. zum Begriff der «relativen Individualität» FRITSCH 1920, 612). Es soll hier nicht auf Tierstöcke[ff] oder ähnliche Bildungen eingegangen, sondern nur das Beispiel der Knospung erwähnt werden.

2) Man wird die Individualgenidentitätsreihe eines durch *Knospung* entstandenen Individuums kaum erst mit der Loslösung der Knospe beginnen lassen, sondern bereits die am Mutterindividuum sitzende Knospe in diese Reihe einbeziehen:

Die Entwicklung der Knospe am Mutterindividuum wird zur Ontogenese und nicht zur Phylogenese des Tochtertieres gerechnet. Für diese Betrachtung also zerfällt das Mutterindividuum mit der Knospe bereits in zwei Individuen, denen besondere Individualgenidentitätsreihen mit zeitlich verschieden liegenden, jüngsten Schnitten zukommen und die als ganze in Avalgenidentität stehen, also nicht individualgenidentisch miteinander sind. Anderseits ist es kaum zweifelhaft, daß sich eine jugendliche Knospe mit dem Mutterindividuum zusammen mindestens mitunter als ein Gesamtorganismus betrachten läßt: die junge Knospe steht nicht nur im Stoffwechselzusammenhang mit dem Mutterindividuum und kann gemeinsame Organe mit ihm besitzen, sondern sie kann von dem Muttertier eventuell wieder zur Rückbildung gebracht werden. Wenn man an die Möglichkeit, Zweige einer Pflanze als Stecklinge zu verwenden, denkt, so kann ein Individuum im Verlauf seiner Ontogenese sogar als normales Organ (Organkomplex) eines anderen Individuums Verwendung gefunden haben[64]. Es kann also dieselbe Knospe, die einerseits mit dem Mutterindividuum zusammen als ein einziger Gesamtorganismus – dessen erster Schnitt mit der Entstehung des Mutterindividuums zusammenfällt – in Frage kommt, anderseits für sich bereits als vollständiger Schnitt einer Ontogenese und also einer Individualgenidentitätsreihe anzusehen sein.

Auch wenn also der Satz als gültig angesehen wird: nur ganze Organismen können vollständig individualgenidentisch sein, so würde doch eine Mehrdeutigkeit in der Zuordnung biologischer

Gebilde zu einem Organismuszusammenhang und damit eine Mehrdeutigkeit der Individualgenidentität bestehen bleiben.

An dem Beispiel der Knospung (Abb. 20) wird zugleich deutlich, daß die Bestimmung der «vollständigen Individualgenidentität»

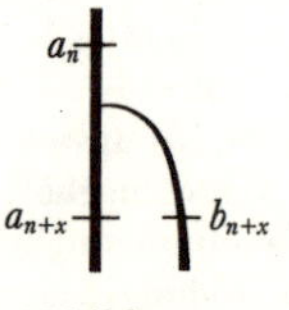

Abbildung 20.

mit Hilfe des wechselseitigen Ausschließens anderer schnittgleicher individualgenidentischer Gebilde nicht statthaft ist. Faßt man nämlich die Knospe bereits als ein besonderes Tochterindividuum auf, so ist das Mutterindividuum (a_n) vor Beginn der Knospung vollständig individualgenidentisch mit dem späteren Individuum (a_{n+x}) unter Ausschluß der Knospe (b_{n+x}): $a_n{}^i \equiv a_{n+x}$ und $b^a \equiv a$. Dagegen ergibt die Auffassung des Mutterindividuums mit Knospe als eines Gesamtindividuums (a_{n+x}, b_{n+x}) die vollständige Individualgenidentität eben dieses Gesamtindividuums mit dem Mutterindividuum (a_n) vor der Knospenbildung: $a_n{}^i \equiv (a_{n+x}, b_{n+x})$ und $b_{n+x} = a_n$. Geht man also von dem jüngeren[65] Schnitt aus, so ergeben sich zwei verschiedene, im selben Abstand liegende ältere Schnitte als vollständig individualgenidentisch mit dem jüngeren Schnitt ($a_n{}^i \equiv a_{n+x}$ und $a_n{}^i \equiv [a_{n+x}, b_{n+x}]$). Die beiden verschiedenen älteren, vollständig individualgenidentischen Schnitte sind zwar nicht, wie bei der Avalreihe, vollständig voneinander getrennt, sondern besitzen einen gemeinsamen Teil; aber der Tatbestand der Mehrdeutigkeit beim Fortschreiten in der Richtung auf die zeitlich späteren Reihenschnitte wird dadurch nicht aufgehoben.

In der Richtung auf die zeitlich früheren Schnitte besteht die Mehrdeutigkeit im Nebeneinander für die vollständige Individualgenidentität nicht: geht man von einem gegebenen Organismus aus, so ist seine zurückliegende Ontogenese eindeutig vorgeschrieben. Auch bei der Individualgenidentitätsreihe also erscheint die zeitlich zurückführende Reihenrichtung vor der entgegengesetzten bevorzugt. Die «vollständige Individualgenidentität» ist daher in Analogie zur «vollständigen Abstammungsgenidentität» so zu charakterisieren:

Def.: Ein älteres (zeitlich späteres) biologisches Gebilde a_n ist mit einem jüngeren (zeitlich früheren) Gebilde a_m ($m=n-x$) vollständig individualgenidentisch, wenn alle Teile von a_m individualgenidentisch mit a_n sind, und wenn es kein mit a_m teilfremdes, im selben Altersabstand von a_n liegendes biologisches Gebilde gibt, das überhaupt individualgenidentisch mit a_n ist.

Als Satz der Ausschließung lautet diese Bestimmung:

(48) *Ist $a_n{}^i \equiv a_m$ und bezeichnet n einen älteren (zeitlich späteren) Schnitt als m, so ist $a_n{}^i \not\equiv x_m$ für beliebige x_m, die im selben Altersabstand von a_n liegen wie a_m, ohne ein Teil von a_m zu sein.*

Bei der «vollständigen Avalgenidentität» hatte neben dieser einseitigen Ausschließung ein wechselseitiger Ausschluß derart bestanden, daß keiner von zwei vollständig avalgenidentischen Schnitten (*a* und *b*) überdies mit einem dritten Schnitte, der den anderen Schnitt als Teil enthält, vollständig avalgenidentisch war: ist $a^a \equiv b$, so ist $a^a \not\equiv (\ldots, b, \ldots)$ und $(\ldots, a, \ldots)^a \not\equiv b$ (vgl. Satz 42, S. 166). Für die *vollständige Individualgenidentität besteht ein derartiger wechselseitiger Ausschluß nicht*, vielmehr kann, wie aus dem Beispiel der Knospung hervorging, ein zeitlich früherer Schnitt a_m sowohl mit einem Schnitt a_{m+x} wie mit einem umfassenderen Schnitt (a_{m+x}, b_{m+x}) vollständig individualgenidentisch sein. Für die Individualgenidentität gilt also nur beim Fortschreiten von den älteren zu den jüngeren (zeitlich früheren) Schnitten:

(49) *Ist $a_n{}^i \equiv a_m$ (a_m jünger als a_n), so ist $a_n{}^i \not\equiv x_m$ für alle $(\ldots, x_m, \ldots) \equiv a_m$.*

Für *m* älter als *n* gilt dieser Schluß aber nicht notwendig.

Dieser Satz ist nur ein Spezialfall des bereits in der Definition der vollständigen Individualgenidentität enthaltenen (dem Satz der Avalgenidentität entsprechenden) Satzes:

(49 a) *Ist $a_n{}^i \equiv a_m$ (a_m jünger als a_n), so ist $a_n{}^i \not\equiv x_m$ für alle $x_m \not\equiv a_m$.*

III. Die «Individualgenidentität überhaupt» und ihre Beziehung zur «vollständigen Individualgenidentität»

Bei der Bestimmung der «vollständigen Avalgenidentität» und der physikalischen «restlosen Genidentität» wurde von einer Beziehung der «Avalgenidentität überhaupt» und der physikalischen «Genidentität überhaupt» ausgegangen, und diese Begriffe wurden auch späterhin festgehalten und zur eindeutigen Genidentität in Beziehung gebracht. So enthielten z. B. Gebilde, die überhaupt physikalisch genidentisch sind, immer restlos genidentische Teile (Satz 3 b, S. 107). Auch bei der Bestimmung der «vollständigen Individualgenidentität» ist auf den Begriff der «Individualgenidentität überhaupt» zurückgegriffen worden. Es könnte jedoch bei dieser Beziehung zweifelhaft erscheinen, ob es überhaupt einen Sinn hat, die vollständige Individualgenidentität von einer «Individualgenidentität überhaupt» zu unterscheiden. Gerade in jüngerer Zeit ist wieder besonders eindringlich die «nicht summenhafte» Ganzheit der Organismen betont worden, die es verbietet, ein Individuum so als Summe seiner Teile aufzufassen, wie das bei physikalischen Gebilden in der Regel möglich ist. Nicht nur der Neovitalismus ist der Ansicht, daß dem Organismus eine besondere Art unteilbarer Ganzheit zukommt. Es fragt sich daher, ob es überhaupt einen Sinn ergibt, von einem Teil eines Individuums zu sagen, es sei «individualgenidentisch überhaupt» mit dem ganzen, in einem früheren oder späteren Zeitmoment existierenden Individuum.

Selbst wenn jedoch der Ansicht beizupflichten wäre, daß ein besonderer Ganzheitsbegriff auf den Organismus anzuwenden ist, ließe sich der Begriff des Teiles nicht aus der organismischen Biologie verbannen. Das Betonen des besonderen Ganzheitscharakters kann nicht bedeuten, daß es überhaupt sinnlos ist, am Organismus Teile zu unterscheiden, sondern nur, daß die Teil-Ganzheits-Beziehung hier von anderer Art ist als die in der Physik gebräuchliche; hinzukommen mag der Gedanke, daß hier das Ganze *prior* den Teilen sei. Jedenfalls ist damit der Teilbegriff in bezug auf den Organismus als legitim anerkannt, auch wenn seine Sonderart behauptet und er irgendwie, z. B. auf «Organe», eingeschränkt wird. (Vgl. den Begriff des «Individuums höherer Ordnung» z. B. bei O. Hertwig[gg].) Ist es aber für die organismische Grundauffassung sinnvoll, Teile am Organismus zu unterscheiden, so kommt auch dem Begriff der «Individualgenidentität überhaupt» ein Sinn zu; ja die Aufstellung dieses Begriffes als Existentialbeziehung des Organes zu dem «ganzen Individuum» in einem früheren oder späteren Zeitmoment ist dann nicht zu umgehen[66]. Unter Bezugnahme auf diesen Begriff der «Individualgenidentität überhaupt» ist denn auch die «vollständige Individualgenidentität» bestimmt worden: ist $a_n{}^i \equiv a_m$ ($m = n-x$), so ist nicht nur $a_n{}^i \not\equiv x_m$, sondern auch $a_n{}^i \neq x_m$ für alle auf demselben Altersschnitt liegenden, aber nicht zu a_m gehörenden biologischen Gebilde.

Der Zusammenhang zwischen «vollständiger Individualgenidentität» ($^i\equiv$) und «Individualgenidentität überhaupt» ($^i=$) entspricht nicht Satz 3 b (vgl. S. 107) der physikalischen Genidentität. Denn Gebilde, die überhaupt individualgenidentisch sind, brauchen darum noch nicht irgendeinen vollständig individualgenidentischen Teil zu besitzen: es ist zwar gelungen, die Ausbildung gewisser späterer Zellkomplexe auch zu Teilen des befruchteten Eies in funktionelle Beziehung zu bringen. Aber es scheint zumindest zweifelhaft, ob mit der funktionellen Abhängigkeit der Ausbildung gewisser Zellkomplexe von einzelnen Regionen des ungefurchten Eies überhaupt eine solche Existentialbeziehung zwischen Eiregion und Zellkomplex angesetzt wird wie die als «vollständige Individualgenidentität» bezeichnete Beziehung zwischen dem befruchteten Ei und dem erwachsenen Individuum. Man wird kaum jeder der Zellen eines erwachsenen Metazoon einen bestimmten Bestandteil des Protoplasma und des Kernes der Eizelle derart zuordnen wollen, daß nur dieser Bestandteil in eindeutiger Beziehung des biologisch existentiellen Auseinanderhervorgehens zu der Zelle des erwachsenen Metazoon steht.

Schwierig ist auch die Entscheidung der Frage, ob entsprechend Satz 3c (vgl. S. 137) der Satz gilt:

(50) *Ist $a^i = \beta$, so lassen sich a und β derart durch gleichzeitig existierende Bestandteile zu a und b ergänzen ($a \equiv [..., a, ...]$; $b \equiv [..., \beta, ...]$), daß $a^i \equiv b$ ist.*

Dieser Satz trifft für die Fälle zu, in denen a und β die unselbständigen Teile eines Gesamtorganismus bilden. Dagegen ist seine Gültigkeit für «überlebende» Organe oder für lebende Bestandteile, die von dem Organismus getrennt wurden, zweifelhaft, wenn man jeden vollständig individualgenidentischen Schnitt als Organismus will ansprechen können. Es fragt sich jedoch, ob man in diesen Fällen überhaupt von Individualgenidentität sprechen darf, d.h. ob man die biologische Existentialbeziehung eines «überlebenden» Organs zu dem früheren Organismus in Parallele zu stellen hat mit der Beziehung eines Bestandteiles eines Gesamtorganismus zu einem früheren Stadium dieses Individuums. Zweifellos gibt es Fälle, wo die Biologie solche selbständig gewordenen Teile in eine andere Existentialbeziehung bringt: die abgelösten Gameten und die durch Sprossung entstandenen Nachkommen werden nicht mehr individualgenidentisch mit den Eltern gesetzt. Es mag hier daher von «Individualgenidentität überhaupt» ($^i =$) nur bei Bestandteilen, die noch im Zusammenhang mit vollständig individualgenidentischen Gesamtorganismen stehen, die Rede sein. Die Anwendbarkeit des Begriffes der Individualgenidentität überhaupt ($^i =$) soll also zunächst wenigstens durch die Annahme der Gültigkeit des Satzes 50 beschränkt werden.

Satz 50 entspricht dem Satz 3c über physikalische Genidentität, während der entsprechende Satz 20 (vgl. S. 144) über die Avalgenidentität aus bereits genannten Gründen (vgl. S. 144) modifiziert auftritt. Die Schnitt-Teile der Individualgenidentitätsschnitte sind als solche nicht wiederum individua und una in dem Sinne wie die Glieder der Avalgenidentitätsschnitte. Trotzdem zeigt sich die Eigentümlichkeit der Individualreihenschnitte, una zu sein (vgl. S. 212), auch hier: es gilt von den überhaupt individualgenidentischen Gebilden zwar die Ergänzbarkeit zu vollkommen individualgenidentischen Gebilden entsprechend Satz 3 c, aber es gilt nicht ihre Zerlegbarkeit zu vollkommen individualgenidentischen Gebilden entsprechend Satz 3 b.

IV. Die Individualgenidentität als symmetrische Relation

Die Beziehung der vollständigen Individualgenidentität ist unabhängig vom Abstand der bezogenen Gebilde in der Individualreihe: das jugendliche sowie das erwachsene Individuum sind gleichermaßen vollständig individualgenidentisch mit dem befruchteten Ei.

Sowohl die «Individualgenidentität überhaupt» wie die «vollständige Individualgenidentität» werden ferner sogleich als symmetrische Relation angesetzt.

(51) *Ist $a^i \equiv b$, so ist auch $b^i \equiv a$.*

Trotz der bevorzugten Bedeutung der einen Reihenrichtung wird nicht nur die Beziehung vom jüngeren zum älteren, sondern auch die vom älteren zum jüngeren Gebilde vollständige Individualgenidentität genannt. Die Relation ist also unabhängig 1) vom Abstand und 2) von der Richtung in der Reihe.

Über die Willkürlichkeit eines solchen Ansatzes wäre dasselbe zu sagen wie bei der physikalischen Genidentität und der Avalgenidentität (vgl. S. 84f. u. S. 134f.). Jedenfalls besteht kein besonderer Grund, diesmal einen anderen Ansatz zu wählen. Wiederum sagt die Symmetrie der Relation nichts über die funktionellen Abhängigkeitsbeziehungen, insbesondere die Ursache-Wirkungsbeziehung aus. Es bleibt offen, ob die Eigenschaften des zeitlich früheren oder späteren Gliedes als abhängige Größen zu betrachten sind, ob *causa finalis* oder *causa efficiens* für die Individualentwicklung maßgebend ist.

V. Die Individualgenidentitätsreihe als kontinuierliche Reihe

Eine Reihe vollständig individualgenidentischer Gebilde, die als Angehörige einer solchen Reihe «Reihenschnitte» genannt seien, ist ebenso wie die physikalische Genidentitäts- und die Avalreihe eine geordnete Reihe.

(52) *Von irgend zwei vollständig individualgenidentischen Schnitten ist allemal der eine älter als der andere, und wenn $a^i \equiv b$, $b^i \equiv c$ und a älter als b und b älter als c ist, so ist auch a älter als c.*[67]

Ebenso wie bei den Avalreihen läßt sich also der Begriff des «Alters» zur Ordnung der Reihenschnitte verwenden. Aber die Begriffe «alt» und «jung» sind hier zeitlich entgegengesetzt orientiert in Vergleich zu denjenigen der Avalreihen: die ältere Generation lag im allgemeinen zeitlich zurück, während bei den Individualreihen der «jüngere» Schnitt zeitlich zurückliegt.

Im Gegensatz zur Avalgenidentität bestimmt die Individualgenidentität eine kontinuierliche Reihe: die Individualgenidentitätsreihe ist überall dicht, denn zwischen zwei beliebigen Schnitten einer Reihe gibt es immer noch einen weiteren Reihenschnitt, der zu jedem dieser beiden Schnitte in derselben Beziehung vollständiger Individualgenidentität steht wie diese beiden Schnitte zueinander. Die Reihe ist darüber hinaus auch kontinuierlich:

(53) *Auf jedem beliebigen zwischen zwei individualgenidentischen Gebilden liegenden Schnitte gibt es ein Gebilde, das mit den anderen Gebilden vollständig individualgenidentisch ist.*

Ist $a^i \equiv b$, so gibt es in jedem Zeitmoment zwischen t_a und t_b ein $x^i \equiv a^i \equiv b$.

Bevor auf die Frage der Begrenztheit dieser Reihen eingegangen wird, sei entsprechend dem Vorgehen bei den anderen Genidentitätsarten nach der Transitivität der vollständigen Individualgenidentität gefragt.

VI. Die Bedingungen der Transitivität der vollständigen Individualgenidentität

Die Schlußfolgerung «Ist $a^i \equiv b$ und $b^i \equiv c$, so ist auch $a^i \equiv c$» scheint zunächst für beliebige Reihenfolgen der Altersindizes gültig zu sein. Hat sich ergeben, daß zwei Organismen vollständig individualgenidentisch mit einem dritten Organismus sind, so sind anscheinend allemal auch die beiden ersten Organismen untereinander vollständig individualgenidentisch. Denn die «Einzigkeit» alles Individuellen scheint notwendig auch die eindeutige Bestimmtheit der Individualreihen, der Ontogenese, mit sich zu führen.

Trotzdem ergibt eine genauere Untersuchung, daß die Transitivität nicht durchgehend, sondern nur in bestimmten Fällen gilt, entsprechend dem Umstand, daß die Individualgenidentität nur in einer Richtung Eindeutigkeit mit sich führt:

(54) *Der Schluß:* $a^i \equiv b$
$b^i \equiv c$

$a^i \equiv c$ *gilt 1) wenn b zwischen a und c liegt, und 2) wenn b älter (zeitlich später) als a und c ist; jedoch nicht notwendig, wenn b jünger als a und c ist.*

VI A. Ableitung der Transitivität

Fall 1: b liegt zwischen *a* und *c*.

Die Schlußfolgerung bedeutet in diesem Falle, wenn man vom ersten und letzten Schnitte der Reihe absieht, wiederum nur die Unabhängigkeit der «vollständigen Individualgenidentität» vom Abstand der Schnitte in der Reihe und die «Priorität» der Individualgenidentitätsreihe (im folgenden kurz «Individualreihe» genannt) vor der Beziehung zweier einzelner Gebilde. Wenn die vollständige Individualgenidentität eines alten und eines jungen mit einem Organismus mittleren Alters bekannt ist, so wird damit dieselbe Beziehung auch zwischen dem alten und dem jungen Gebilde als erwiesen angenommen.

Aber so einleuchtend und selbstverständlich eine derartige Schlußfolgerung im späteren Verlauf der Individualgenidentitätsreihe ist, so wesentliche Folgerungen ergeben sich aus ihr für die Auffassung der bei der «Entstehung» eines Individuums auftretenden Vorgänge. Die Möglichkeit der Schlußfolgerung setzt nämlich eine Trennungslinie zwischen Eltern und Nachkommen voraus. Für sie wird nicht eine ganz bestimmte Stelle vorgeschrieben. Bei einer geschlechtlichen Fortpflanzung etwa mag die Befruchtung oder die Entstehung des Eies als Trennungslinie anzusetzen sein, die Eimutterzelle mag zur jungen oder zur alten Generation gerechnet werden, und die Trennungslinien mögen in verschiedenen Fällen verschieden liegen. Aber in jedem einzelnen Falle muß irgendwo ein Trennungsstrich derart bestehen, daß jedes Gebilde entweder zur alten oder zur neuen Generation zu rechnen ist. Kein Gebilde darf zwei aufeinanderfolgenden Individualreihen angehören. Denn in diesem Falle würde das gemeinsame Glied gemäß der Transitivitätsformel dazu zwingen, die Scheidung verschiedener Individualreihen und damit verschiedener Generationen überhaupt fallen zu lassen. Die Transitivität der Individualgenidentität führt also vom Individuumbegriff aus zu derselben Forderung einer Trennung der Generationen wie die Eigentümlichkeiten der Avalgenidentität (vgl. S. 156ff.).

Bereits die Gültigkeit der Transitivität im Falle 1 setzt also die Begrenztheit der Reihen vollständig individualgenidentischer Schnitte durch einen «jüngsten», zeitlich frühesten Schnitt (a_j) voraus: jede derartige Reihe besitzt einen Schnitt, vor dem es kein Gebilde gegeben hat, das in vollständiger Individualgenidentität zu den Schnitten dieser Reihe steht.

(55) *Ist $a_n{}^i \equiv a_m$, so gibt es ein $a_j{}^i \equiv a_n{}^i \equiv a_m$ derart, daß für alle x_y jünger als a_j $x_y{}^i \not\equiv a_j$ ist.*

Von diesem jüngsten Reihenschnitte ab gibt es einen ununterbrochenen Übergang zu sämtlichen anderen dieser Reihe angehörenden Schnitten. Die Trennung zwischen zwei Generationen hat also derart zu erfolgen, daß von einem gegebenen Schnitt aus alle jüngeren (zeitlich früheren) Schnitte bis zu einem «jüngsten» Schnitt zum Individuum der jüngeren (zeitlich späteren) Generation gehören, während alle zeitlich noch früheren Schnitte nicht zu dieser Individualreihe gehören.

Eine eindeutige Bestimmtheit des jüngsten Schnittes einer Individualgenidentitätsreihe und damit eine eindeutige Trennung der Generationen ist jedoch nur gefordert, wenn innerhalb der Reihe des generationsjüngeren Individuums aufgestiegen wird. Die eindeutige Bestimmtheit des frühesten Schnittes der jüngeren Generation ist jedoch nicht gewährleistet, wenn von dem generationsälteren Individuum aus innerhalb dessen Individualreihe in der Richtung auf die späteren Schnitte zu dem jüngsten Schnitte des generationsjüngeren Individuums fortzuschreiten versucht wird. Die Individualreihe der jüngeren Generation schließt sich ja durchaus nicht immer an den ältesten Schnitt des Mutterindividuums an. Der jüngste Schnitt der neuen Generation läßt sich also nicht zu einem ältesten Schnitt der vorhergehenden Generation in eindeutige Beziehung bringen. Die Ablösung einer Eizelle bildet für ein Metazoon keinen ausgezeichneten Schnitt seiner Individualgenidentitätsreihe.

Der jüngste Schnitt der folgenden Generation läßt sich nicht einmal auf die Weise von der älteren Generation her bestimmen, daß die späteren Schnitte der jüngeren Generation nicht individualgenidentisch mit den Schnitten der generationsälteren Individualreihe sind. Das Beispiel der Knospung hat gezeigt, daß sich die Knospe zusammen mit dem Muttertier als ein Gesamtorganismus vollständig individualgenidentisch mit dem Muttertiere vor Entstehung der Knospe setzen läßt, andererseits die Knospe allein eine besondere Individualreihe ausmacht. Während also von dem Tochterindividuum aus gesehen zwei besondere Individualreihen zu unterscheiden sind, die durch einen jüngsten Schnitt so getrennt werden, daß die Schnitte beider Reihen überhaupt nicht in Individualgenidentität stehen – handelt es sich doch um verschiedene Generationen –, läßt sich daneben eine andere einheitliche Individualreihe so bestimmen, daß Muttertier und Knospe als ihre Schnitte oder Schnitteile auftreten.

Beim Fortschreiten von den früheren zu den späteren Schnitten kann es also unbestimmt bleiben, ob an einer bestimmten Stelle ein jüngster Schnitt einer folgenden Generation so anzusetzen ist, daß die späteren

Schnitte nicht mehr individualgenidentisch mit den vorhergehenden Schnitten sind oder ob eine derartige Trennung nicht besteht. Das Beispiel der Individualgenidentitätsreihe eines befruchteten Eies, die einerseits selbständig ist, andererseits als jüngster Abschnitt in die Individualreihe des ganzen Metazoon eingeht, zeigt, daß bei einem solchen Fortschreiten nicht nur die «Individualgenidentität überhaupt», sondern auch die Beziehung der «vollständigen Individualgenidentität» unbestimmt sein kann.

Dieser Sachverhalt bringt eine wesentliche Erweiterung eines bei den vollständigen Avalreihen erwähnten Satzes mit sich: die Fortsetzung einer Avalreihe in absteigender Richtung konnte mehrdeutig sein, insofern als verschiedene biologische Individuen als vollständig avalgenidentische generationsjüngere Schnitte in Frage kommen konnten ($a_n{}^a \equiv a_{n+1}$; und $a_n{}^a \equiv a'_{n+1}$;) (vgl. S. 138). Nunmehr ergibt sich, daß es beim Fortschreiten in absteigender Richtung sogar unbestimmt sein kann, ob ein Gebilde noch als dieselbe Generation oder als jüngere Generation anzusprechen ist ($a_n{}^a \equiv a_{n+x}$ oder $a_n{}^i \equiv a_{n+x}$)[68]. Beim Fortschreiten in aufsteigender Richtung besteht eine derartige Unbestimmtheit dagegen nicht. Nicht nur die Zugehörigkeit eines biologischen Individuums zu einem bestimmten Avalreihenschnitt, sondern auch die Abgrenzung der Generationen und die Bestimmung dessen, was als Glied einer Avalreihe in Frage kommt, *ist nur beim Fortschreiten von einem gegebenen spätesten Schnitt in aufsteigender Richtung eindeutig festgelegt.*

Ebenso wie die vollständige Avalgenidentität führt die vollständige Individualgenidentität nur in der Richtung der früheren Schnitte Eindeutigkeit mit sich. Hier zeigt sich auch ein besonderer Sinn der «Selbständigkeit» (Autonomie) der Individualreihen:

(56) *Der jüngste Schnitt einer Individualgenidentitätsreihe läßt sich nur von dieser Reihe selbst, aber nicht von anderen Reihen her bestimmen.*

Wo der «jüngste» Schnitt im einzelnen anzusetzen ist, ist eine spezielle Frage der Biologie, so gut wie das Bestimmen physikalischer Genidentitätsbeziehungen konkreter Gebilde in die Physik und nicht in die Wissenschaftslehre gehört. Diese Frage kann und muß daher hier offen bleiben.

Es ist nicht festgelegt, ob bei der Aufeinanderfolge eines Elterntieres und eines Tochtertieres nur zwei Generationen oder ob nicht auch in den Fällen, wo kein «Generationswechsel» (Metagenesis oder Heterogonie) vorliegt, mehr als zwei Generationen zu unterscheiden sind. Es wäre zum Beispiel möglich, daß, wenn man lediglich den Reihentypus der Existentialbeziehung berücksichtigt, die Entwicklung der Gameten bis zu ihrer Vereinigung weder der Individualgenidentitätsreihe des Elter- noch des Tochtertieres zuzurechnen, sondern als eine oder gar mehrere selbständige Individualgenidentitätsreihen zu werten wären, die als Ganze in Avalgenidentität zu dem

Elter- und dem Tochtertiere stehen. In dem einen Generationswechsel einschließenden vollen Entwicklungskreislauf wären also möglicherweise zwei oder drei Individualgenidentitätsreihen zu unterscheiden, die untereinander avalgenidentisch sind. Von diesen würde die eine Individualreihe ein «zweieltriges» Glied, die übrigen Reihen würden «eineltrige» Glieder einer vollständigen Avalreihe darstellen. Geht man von einem zweieltrigen Gliede als o-Schnitt der vollständigen Avalreihen aus und wechseln, wie das z. B. für die Pflanzen von den Archegoniaten ab typisch ist, die Generationen in der angegebenen Weise regelmäßig ab, so wäre die allgemeine Formel für die Gliederzahl der Schnitte einer solchen Reihe S^{2r}_{-x}, wobei r die bei der Division $(x+1):2$ sich ergebende ganze Zahl darstellt (Abb. 21). Die früher angegebene Formel S^{2x}_{-x} würde also nicht die Verhältnisse wiedergeben, wie sie bei der gewöhnlichen geschlechtlichen Fortpflanzung vorliegen, und zwar deshalb nicht, weil nicht jede der auftretenden Generationen wirklich «zweieltrig» ist. Für regelmäßige Zweieltrigkeit bleibt die Formel S^{2x}_{-x} gültig; jedoch wäre sie biologisch nicht ohne weiteres zur Darstellung der Ahnentafel des Menschen zu verwenden. Nicht nur im Falle von Metagenesis kann also die Einheit des Entwicklungskreislaufes und die Einheit der Individualgenidentitätsreihe auseinanderfallen.

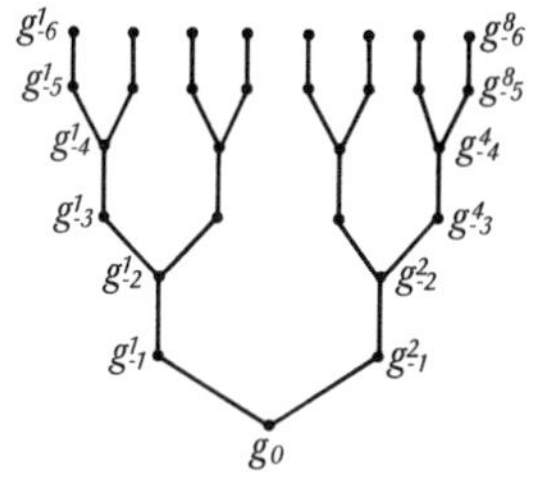

$$g^1_6 \quad g^8_6$$
$$g^1_5 \quad g^8_5$$
$$g^1_4 \quad g^4_4$$
$$g^1_3 \quad g^4_3$$
$$g^1_2 \quad g^2_2$$
$$g^1_1 \quad g^2_1$$
$$g_0$$

Abbildung 21.

Es ist hier nicht darauf einzugehen, ob etwa bei den Moosen zwar Eizelle und Sporogonium zu verschiedenen, aber Spore und Moos zu derselben Individualgenidentitätsreihe zu rechnen sind. Es wäre auch möglich, daß man in manchen Fällen eine noch größere Anzahl besonderer Individualreihen zu unterscheiden, dagegen im Falle einer Sprossung nur von zwei Generationen zu sprechen hätte. Die Sätze über die «Undichtigkeit» der Avalreihen werden hierdurch nicht berührt. Wenn auch zwischen «Elter» und «Kind» noch ein oder mehrere Generationen liegen können, so gibt es zu jeder Generation doch eine nächstfolgende Generation. Die Glieder des als vollständige Avalreihe bezeichneten biologischen Existenzialreihentypus mögen eine andere Interpretation zu erfahren haben; der Reihentyp und das Faktum seiner Anwendung in der Biologie bleibt unverändert.

Die Transitivität der vollständigen Individualgenidentität im Falle 1 setzt nur voraus, daß jede Individualgenidentitätsreihe einen jüngsten Schnitt derart besitzt, daß von den älteren Schnitten bis zu ihm alle Schnitte dieser Individualgenidentitätsreihe angehören, während es weiter zurück keine reihenzugehörigen Schnitte gibt.

Fall 2: b ist älter als a und c.

Ist a der jüngste und b der älteste der drei Schnitte und ergibt sich, daß sowohl a wie c vollständig individualgenidentisch mit dem späteren Gebilde b sind, so steht in der Biologie der Berechtigung der Schlußfolgerung in der Regel außer Zweifel. Wird dieser Schlußfolgerung jedoch ausnahmslose Gültigkeit zugesprochen, so ergeben sich wiederum nicht unwesentliche Folgerungen für den Beginn der Individualgenidentitätsreihen. Diese Allgemeingültigkeit würde nämlich nicht bestehen, wenn man bei geschlechtlicher Fortpflanzung einen Schnitt, der dem Leben des «Tochtertieres» angehört, vollständig individualgenidentisch mit einem sowohl die unbefruchtete Eizelle wie die Spermazelle treffenden Schnitt ansetzen wollte.

Wenn nämlich die Eizelle früher entstanden wäre als die Spermazelle, würde es einen die Eizelle darstellenden Schnitt a geben, der vollständig individualgenidentisch mit dem späteren Tochtertier b wäre ($a^i \equiv b$) (Abb. 22). Ferner wäre ein die Eizelle in einem späteren Stadium a und die Spermazelle s enthaltender Schnitt c ($c \equiv [a', s]$) vorhanden, der ebenfalls vollständig individualgenidentisch mit b ist ($b^i \equiv [a', s]$). Trotzdem würde sich die Folgerung $a^i \equiv c$ nicht ziehen lassen, da ja $a^i \neq s$ ist und daher gemäß der Definition der vollständigen Individualgenidentität nicht $a^i \equiv (a', s)$ sein kann.

Abbildung 22.

Wie bei der Transitivität der physikalischen Genidentität (S. 91 f.) und der Avalgenidentität (S. 164 f.) wird bei der vollständigen Individualgenidentität vorausgesetzt, daß kein Zweig einer Individualreihe weiter zurückführt als ein anderer. Unter dieser Voraussetzung läßt sich die Transitivität der «vollständigen Individualgenidentität» für den Fall 2 mit Hilfe eines indirekten Beweises analog dem Beweis des Transitivitätsfalls 2 (S. 166 f.) der Avalgenidentität ableiten.

Die geforderte Voraussetzung läßt sich auf zweierlei Weise erfüllen (vgl. S. 91): 1) durch eine Unbegrenztheit der Reihe nach rückwärts oder 2) dadurch, daß alle nach rückwärts gehenden Zweige der Reihe in demselben Schnitte abbrechen. Bei den physikalisch «restlosen Genidentitätsreihen» sowie bei den «vollständigen Avalreihen» war die erste der beiden Möglichkeiten verwirklicht; hier kommt nur die zweite in Frage. Denn daß die vollständigen Individualgenidentitätsreihen nach rückwärts begrenzt sind, hatte sich bereits ergeben (Satz 55). Die Schlußfolgerung gemäß der Transitivität im Fall 2 setzt also voraus:

Zu einem Schnitt einer Reihe vollständig individualgenidentischer Schnitte gibt es eine kontinuierliche Reihe individualgenidentischer Gebilde ($^i=$) bis zurück zu einem jüngsten vollständig individualgenidentischen Schnitt a_j dieser Reihe, und zu keinem Teil dieses Schnittes a_j gibt es ein weiter zurückliegendes Gebilde, mit dem er individualgenidentisch ist.

Es bedeutet dies eine Erweiterung des Satzes 55:
Ist $a_n{}^i \equiv a_m$, so gibt es ein $a_j{}^i \equiv a_n{}^i \equiv a_m$ derart, daß für alle x_y jünger als a_j $x_y{}^i \neq a_j$ ist.

Dieser Satz mag so formuliert werden:

(57) *Eine Reihe vollständig individualgenidentischer Schnitte besitzt einen vollständig individualgenidentischen «jüngsten» Schnitt.*

Die Stellung dieses jüngsten Schnittes der vollständigen Individualgenidentitätsreihe ist nicht mit der Stellung des «jüngsten» Schnittes der vollständigen Avalreihen zu verwechseln. Denn während dort der «jüngste» Schnitt zeitlich am spätesten liegt, liegt er in der Individualreihe zeitlich am weitesten zurück. Für die Avalreihe war es der bestimmende erste Schnitt, von dem man bei der Aszendenz auszugehen hatte. Der reihenjüngste Schnitt der Individualreihe ist dagegen der letzte Schnitt, zu dem man beim Fortschreiten in der Aszendenzrichtung gelangt. Er ist hier nicht ein die ganze Reihe bestimmender Schnitt, sondern wird selbst durch die Reihe bestimmt.

Die unbeschränkte Gültigkeit der Transitivitätsformel im Falle 2 setzt also voraus, daß man bei geschlechtlicher Fortpflanzung das unbefruchtete Ei und das Spermatozoid nicht zu derselben Individualgenidentitätsreihe rechnet, die das spätere Metazoon ausmacht. Denn die Möglichkeit, nur die unbefruchtete Eizelle als individualgenidentisch mit dem erwachsenen Lebewesen anzusetzen, kommt nicht in Betracht, weil sonst auch der vollständig avalgenidentische generationsältere Schnitt zum Tochtertier nur den einen Elter umfassen würde. Ei und Spermatozoid lassen sich unter den angegebenen Voraussetzungen also nicht als jüngere Stadien derselben Individualreihe auffassen, der das befruchtete Ei angehört, sondern nur als ihre ältere avalgenidentische Generation.

An diesem den Sinn des «jüngsten» vollständig individualgenidentischen Schnittes veranschaulichenden Beispiel wird zugleich folgende Bestimmung deutlich:

(58) *Ist $a_n{}^i \equiv a_m$, und besteht a_n nicht aus einem Komplex vollständig teilfremder (selbständiger) Individuen, so enthalten auch die jüngeren vollständig individualgenidentischen Schnitte nicht mehrere teilfremde (selbständige) Individuen.*

Fall 3: b ist jünger als *a* und *c*.

Sind die Individuen *a* und *c* mit einem jüngeren Individuum *b* vollständig individualgenidentisch, so scheint damit zunächst auch die vollständige Individualgenidentität der beiden älteren Gebilde *a* und *c* sichergestellt. Aber der Umstand, daß die vollständige Individualgenidentität nur in der zu den jüngeren Schnitten aufsteigenden Richtung Eindeutigkeit mit sich führt, dagegen in der absteigenden Richtung mehrdeutig sein kann, nimmt auch der Transitivitätsformel ihre Allgemeingültigkeit, wenn das jünste der drei Glieder als Vergleichsglied auftritt. Bezeichnet man (Abb. 23) ein Mutterindividuum mit Knospe als *a* ($a \equiv [m, k]$), das Mutterindividuum vor Bildung der Knospe mit *b* und das Mutterindividuum nach Bildung der Knospe, jedoch ohne die Knospe als *c*, so ist zwar $a^i \equiv b$, und auch $b^i \equiv c$ läßt sich ansetzen; trotzdem ist $a^i \not\equiv c$.

Abbildung 23.

Typischerweise besteht hier wie im entsprechenden Falle bei der «vollständigen Avalgenidentität» die Möglichkeit, daß die beiden späteren (älteren), mit dem Vergleichsschnitt vollständig individualgenidentischen Schnitte auf ein und derselben Schnittebene liegen, also abstandsgleich sein können. Schon aus diesem Grunde können *a* und *c* nicht vollständig individualgenidentisch miteinander sein, da ja das schnittgleiche Nebeneinanderexistieren von Gebilden Genidentitätsbeziehungen ausschließt. Lediglich die Bezeichnung als «älter» und «jünger» ist in den Avalreihen entgegengesetzt orientiert. Liegt der Vergleichsschnitt *b* an ältester Stelle, so ist eine Schnittgleichheit von *a* und *c* ohne weiteres ausgeschlossen.

Trotzdem besteht in diesem Punkte ein wesentlicher Unterschied zwischen den beiden Reihenarten: zwar kann es beide Male verschiedene schnittgleiche spätere Gebilde geben, die vollständig genidentisch mit demselben früheren Gebilde sein können. Aber bei der vollständigen Avalgenidentität ist das nur möglich, wenn von den abstandsgleichen Schnitten nicht der eine ein Teil des anderen ist, während bei der vollständigen Individualgenidentität das eine Gebilde vollkommen ein Teil des anderen sein muß.

(59) *Ist $a_n{}^i \equiv a_{n+x}$ und $a_n{}^i \equiv a'_{n+x}$ (a_{n+x} und a'_{n+x} schnittgleich und älter [später] als a_n), so ist $a_{n+x} \equiv (\ldots, a'_{n+x})$ oder $a'_{n+x} \equiv (\ldots, a_{n+x})$.*

In der Schreibweise der Mengenlehre würde dieser Satz so lauten[69, hh]: ist $a_n{}^i \equiv a_{n+x}$ und $a_n{}^i \equiv a'_{n+x}$, so ist $a_{n+x} \cdot a'_{n+x} = a_{n+x}$ oder $a_{n+x} \cdot a'_{n+x} = a'_{n+x}$. Eine solche Schreibweise könnte jedoch irreführen, da nicht eine bestimmte Gleichheit, sondern reale teilweise Identität in Frage steht.

Für die «vollständige Avalgenidentität» wäre hier dagegen der aus Satz 42a (vgl. S. 177f.) unmittelbar folgende Satz nachzutragen:

(42b) *Ist $S_n{}^a \equiv S_{n+x}$ und $S_n{}^a \equiv S'_{n+x}$ (S_{n+x} und S'_{n+x} generationsgleich und jünger [später] als S_n), so ist $S_{n+x} \not\equiv (\ldots, S'_{n+x})$ und $S'_{n+x} \not\equiv (\ldots, S_{n+x})$.*

In der Schreibweise der Mengenlehre: ist $S_n{}^a \equiv S_{n+x}$ und $S_n{}^a \equiv S'_{n+x}$, so ist $S_{n+x} \cdot S'_{n+x} \neq S_{n+x}$ und $S_{n+x} \cdot S'_{n+x} \neq S'_{n+x}$.

VII. Die beiderseitige Begrenztheit der vollständigen Individualreihen

Eine Reihe vollständig individualgenidentischer Schnitte besitzt, wie wir sahen, einen zeitlich am weitesten zurückliegenden, «jüngsten» Schnitt. Wie ist die Ausdehnung dieser Reihen in der Richtung auf die älteren Schnitte beschaffen?

Eine ausnahmslose Unbegrenztheit der Reihen vollständig individualgenidentischer Schnitte kommt nicht in Frage. Es gibt das Faktum des Sterbens, und die toten Gebilde stehen zum Organismus, dessen Leib sie ausgemacht haben, nicht in derselben biologischen Existentialbeziehung wie die altersverschiedenen Schnitte des Organismus untereinander. Verfolgt man die physikalisch restlosen Genidentitätsreihen, denen der tote Körper angehört, nach rückwärts, so kommt man bald zu ganz anderen Gebilden als zu dem betreffenden lebenden Individuum.

Aber auch eine notwendige Begrenztheit der vollständigen Individualgenidentitätsreihen in der absteigenden Richtung liegt nicht vor. Es wäre möglich, daß zum Beispiel die Individualgenidentitätsreihen gewisser Früchte unter geeigneten Bedingungen zeitlich vorwärts nicht begrenzt sind.

Ebenso wie bei den «vollständigen Avalreihen» ist es für ein gegebenes Gebilde unbestimmt, ob die Reihe der «vollständig individualgenidentischen» Gebilde eine Fortsetzung in der Richtung auf die älteren Schnitte haben wird, und bis wohin sie sich erstrecken wird. Diese Unbestimmtheit der Ausdehnung ist eine wesentliche Bestätigung des schon begründeten Satzes, daß die vollständige Individualgenidentität nur in der Richtung auf die jüngeren Schnitte Eindeutigkeit mit sich führt.

Die «vollständigen Avalreihen» hatten gezeigt: führt allein die Richtung auf die älteren avalgenidentischen Schnitte eindeutige Bestimmtheit mit sich, so wird damit der generationsjüngste Schnitt zu dem allein bestimmenden Schnitte der ganzen Reihe erhoben.

Dieselbe Erscheinung tritt bei den Reihen «vollständig individualgenidentischer» Schnitte auf. Dadurch, daß das Fortschreiten in der Richtung auf die späteren, hier «älter» genannten Reihenschnitte Unbestimmtheiten zeigt, muß, wenn die Reihe in sich völlig bestimmt sein soll, ein «ältester» Schnitt gegeben sein. Man kann hier ebensowenig wie bei den Reihen vollständig avalgenidentischer Schnitte positiv behaupten, daß eine Reihe mit einem «ältesten» Schnitte keine Fortsetzung in der Richtung auf die späteren Schnitte besitzt. Aber man kann ihr auch nicht positive Unendlichkeit zuerkennen. Der Fortgang in dieser Richtung bleibt unbestimmt, und es muß daher eine Reihe vollständig individualgenidentischer Schnitte, wenn sie eine in sich bestimmte Reihe sein soll, einen bestimmten «ältesten», spätesten Schnitt besitzen. Durch den «ältesten» (spätesten) Schnitt, aber auch nur durch ihn, ist die ganze Reihe bestimmt.

Def.: *Eine solche, einen «ältesten» Schnitt besitzende Reihe vollständig individualgenidentischer Schnitte sei als eine «vollständige Individualreihe» (v. I.-Reihe) bezeichnet.*

Dem generationsjüngsten (zeitlich spätesten) Schnitt einer Reihe vollständig avalgenidentischer Schnitte entspricht also nach Stellung und Funktion ein «ältester» (zeitlich spätester) Schnitt der Reihe vollständig individualgenidentischer Schnitte. Beide sind die bestimmenden Schnitte und für den Aufbau der Reihen als Ausgangspunkt, als «erster» Schnitt zu werten.

Der Sinn und die Bedeutung des «ältesten» und des «jüngsten» Schnittes einer Individualreihe ist daher durchaus verschieden. Der jüngste, zeitlich früheste, vollständig individualgenidentische Schnitt bedeutet die notwendige Begrenztheit der Reihe in dieser Richtung und war eine Voraussetzung der Gültigkeit der Transitivität im Falle 1 und 2. Er ist nicht ein die übrigen Reihenschnitte bestimmender, sondern durch die Reihe selbst bestimmter Schnitt.

Der älteste Schnitt der Individualreihe dagegen ist kein Ausdruck einer notwendigen Begrenztheit. Er ist ebenso wie bei den Avalreihen ohne Beziehung zur Transitivität; denn in dem entsprechenden Fall 3 gilt die Transitivität bei beiden Genidentitätsarten nicht. Der «älteste» Schnitt ist vielmehr ein Ausdruck der Bevorzugung der Richtung auf die jüngeren Schnitte; er und zwar er allein bestimmt die übrigen Reihenschnitte eindeutig. Eine beiderseitige Begrenztheit läßt sich also nur einer «vollständigen Individualreihe» (v. I.-Reihe) zusprechen.

VIII. Die «Zielstrebigkeit» der Ontogenese

Die verschiedene Bedeutung des Anfangs- und des Endgliedes einer vollständigen Individualreihe scheint den Begriff der *Zielstrebigkeit* in einem wesentlichen Punkt zu klären.

Nicht der zeitlich früheste, «jüngste» Schnitt der Reihe, sondern der zeitlich späteste, «älteste» Schnitt der Reihe ist der bevorzugte Schnitt, der gegeben sein muß, wenn man bestimmen will, ob ein bestimmtes Gebilde zu der betreffenden Reihe existentiell auseinander hervorgegangener Gebilde gehört oder nicht. Ebenso wie für die Avalreihen ist für die ontogenetischen vollständigen Individualreihen nicht das zeitlich früheste, sondern das späteste Glied als das ausschlaggebende Anfangsglied zu bewerten. Wollte man jedoch in diesem Zusammenhang den Begriff der «Zielstrebigkeit» verwenden, so dürfte zweierlei nicht außer acht gelassen werden:

Zunächst ist mit der Auszeichnung des spätesten Schnittes als des bestimmenden Faktors der Genidentitätsreihe noch nicht gesagt, daß er auch für die Ursache-Wirkungsbeziehungen das bestimmende Glied innerhalb der Reihe ist. Die funktionellen Abhängigkeiten der Eigenschaften der zu einer vollständigen Individualreihe gehörenden Gebilde bleiben von der Genidentitätsbeziehung, wie bereits bei der physikalischen restlosen Genidentität erörtert, unberührt. Auch wenn der älteste, zeitlich späteste Schnitt bestimmt, welche Gebilde zu einer Reihe gehören, so könnte trotzdem sehr wohl das «jüngste» Gebilde der so bestimmten Reihe den bestimmenden Faktor für die funktionellen Eigenschaftsabhängigkeiten innerhalb der Reihe abgeben. Die «Anlagen» des jüngsten und nicht des ältesten Gebildes werden als verursachende, wenn auch nicht allein wirkende Faktoren in der Biologie angesetzt. *Die Auszeichnung des ältesten Schnittes einer vollständigen Individualreihe fordert nicht eine «causa finalis».*

Auch abgesehen von den Eigenschaftsbeziehungen der Glieder darf nicht übersehen werden, daß das Hervorheben des ältesten Schnittes keine Auszeichnung der Richtung auf diesen Schnitt, also eine Zielstrebigkeit von dem jüngsten Schnitte her auf den älteren hin bedeutet. Im Gegenteil bedeutet das Hervorheben des ältesten Schnittes gerade eine Auszeichnung der Richtung auf den jüngsten Schnitt; ja der Begriff des «ältesten Schnittes» ist nichts anderes als ein Ausdruck dafür, daß die vollständige Individualgenidentität nur in der Richtung auf die jüngeren Schnitte Eindeutigkeit mit sich führt. Für das Fortschreiten vom Früheren zum Späteren ergibt die vollständige Individualgenidentität dagegen Unbestimmtheiten; man könnte hier also eher von «Ziellosigkeit» sprechen (vgl. S. 144f.).

IX. Anfang und Ende der vollständigen Individualreihen und der Begriff des Lebens Der Todesschnitt

Es ist der Biologie geläufig, den Entwicklungsgang eines Lebewesens mit dem «Akt der Zeugung» (R. Hertwig 1916, 141) beginnen zu lassen. Allderdings läßt sich eine «Zeugung» nur dann allgemein an den Anfang der Individualreihen setzen, wenn man darunter nicht einen «Lebensvorgang» bestimmter Art versteht, sondern nur die Tatsache eines «jüngsten» Schnittes. Denn der «Vorgang», der zur «Entstehung» dieses jüngsten Reihenschnittes führt, kann recht verschiedener Natur sein, kann normal und anormal, aus «natürlichen» inneren Gründen hervorgerufen oder ein künstlicher Eingriff sein. Fragt man nach den «Lebenszusammenhängen», so liegt überhaupt nicht ein letzter Schnitt vor, es sei denn im Falle der «Urzeugung». Der jüngste Schnitt bedeutet nicht einen Beginn des Lebens. Faßt man die betreffenden Gebilde «als lebende Substanz» schlechthin auf, so besteht kein Grund, ja nicht einmal die Möglichkeit, in der Existentialbeziehung der lebenden Gebilde hier irgendwo eine Diskontinuität, einen ausgezeichneten, ersten Schnitt anzusetzen. Erst jene Begriffsbildung der Biologie, die sich um den Begriff des Organismus gruppiert, setzt für das «Individuum» einen Anfang und ordnet die Existentialbeziehung der Schnitte der «Individualentwicklung» einem anderen Reihentypus ein als die Existentialbeziehungen der Individuen als Gliedern von Generationen. Auch die Individualreihe weist über sich hinaus, aber das bedeutet kein Fortführen der Reihe, sondern sie bildet als Ganzes das generationsjüngste Glied einer vollständigen Avalreihe und kann noch in weitere derartige Reihen als Glied eingehen (vgl. S. 151f.).

Noch deutlicher tritt die Diskrepanz zwischen den Begriffen «Leben» und «Individuum» am Begriffe des Todes zutage. Der Begriff des Todes fällt durchaus nicht mit dem Begriff des «ältesten» Schnittes einer vollständigen Individualreihe (v. I.-Reihe) zusammen. Denn der älteste Schnitt ist lediglich ein Ausdruck der Notwendigkeit, für die Individualreihe, die ihre Schnitte nur zeitlich rückwärts eindeutig bestimmt, einen bestimmenden Ausgangsschnitt zu bezeichnen. Ob aber eine derartige Reihe in der Richtung auf noch ältere Schnitte eine Fortsetzung besitzt oder nicht, bleibt trotz des «ältesten» Schnittes unbestimmt. Der Begriff des Todes steht also in keiner eindeutigen Beziehung zu dem Grundtyp der Individualgenidentitätsreihen, der v. I.-Reihe.

Trotzdem läßt sich fragen, ob und wann eine Reihe vollständig individualgenidentischer Schnitte beim Fortgang zu den älteren Schnitten so abbricht, daß es keinen noch älteren vollständig individualgenidentischen Schnitt gibt. Der so charakterisierte Schnitt sei als der «Todesschnitt» (a_t) der Individualgenidentitätsreihe bezeichnet.

Def.: *Ist $a_n{}^i \equiv a_t$ und gibt es keine Gebilde a_{t+x} älter als a_t, derart, daß $a_t{}^i \equiv a_{t+x}$ ist, so ist a_t der Todesschnitt der Reihe $a_n, \ldots, a_t$.*

Der Todesschnitt ist also nicht wie der «älteste» Schnitt einer v. I.-Reihe als ein «erster», sondern als ein «letzter» Schnitt definiert, und zwar für den Fortgang von den jüngeren zu den älteren Schnitten. Er ist der letzte Schnitt für die Richtung, die der die Reihenschnitte eindeutig bestimmenden Grundrichtung entgegengesetzt ist. Der Todesschnitt ist nicht wie der älteste und jüngste Schnitt von dem durch die eindeutige Existentialbeziehung individuellen Auseinanderhervorgehens gesetzten Reihentyp notwendig gefordert. Er ist in einer gewissen Analogie zum jüngsten Schnitt definiert; aber jede vollständige Individualreihe (v. I.-Reihe) besitzt zwar einen «jüngsten Schnitt», jedoch nicht einen «Todesschnitt». Andererseits bestimmt ein Todesschnitt allemal eine vollständige Individualreihe, dessen ältesten Schnitt er ausmacht.

Für die Beziehung der Begriffe «Leben» und «Organismus» ist es wichtig, daß ein derartiger Begriff des Todes eines Individuums nicht der einzige biologische Begriff des Todes ist. Die Frage nach dem Tode ist sowohl im Falle des «Absterbens» wie im Falle der «Vermehrung durch Teilung» oder der künstlichen Trennung bereits in sich mehrdeutig. Sie hat einen unterschiedlichen Sinn je nachdem, ob man den Begriff des Lebens oder den des Organismus zugrunde legt.

In dem bekannten Streit um den Begriff des Sterbens entspricht z. B. die Forderung, daß ein Kadaver vorliegen muß, wenn von «Sterben» die Rede sein soll, der Untersuchung von «Lebensreihen». Es ist dieselbe Grundauffassung, die dazu führt, den Tod eines Metazoon erst mit dem Absterben der letzten überlebenden Einzelzelle des Zellverbandes anzusetzen.

Für die Feststellung des «Todes» des Organismus, d. h. für die Feststellung des Schnittes, über den hinaus ein Fortgehen zu noch älteren vollständig individualgenidentischen Schnitten möglich ist, bedeutet das Fehlen eines Kadavers dagegen keinen Beweis der Möglichkeit, zu älteren derartigen Schnitten fortzuschreiten. Denn der Todesschnitt einer Individualreihe kann z. B. bei der Vermehrung durch Teilung zugleich den Beginn einer neuen Generation mit sich bringen, von deren Individuen jedes als Tochterindividuum vollständig avalgenidentisch mit der ganzen Individualgenidentitätsreihe ist, die das Muttertier darstellt. Die entstandenen Teile sind also sämtlich nicht-individualgenidentisch mit dem ursprünglichen Gebilde. Und ebensowenig lassen sich einzelne «überlebende» Organe oder eine Vielzahl noch lebender Zellkomplexe, in die ein sterbendes Metazoon zerfällt, als vollständig individualgenidentisch mit dem ursprünglichen Individuum setzen. Eine Reihe vollständig individualgenidentischer Schnitte kann demnach in der Richtung auf die älteren Schnitte abbrechen, ohne daß ein solcher «letzter» Schnitt ein vollkommenes oder teilweises Aufhören der Lebensvorgänge bedeutet. Der Todesschnitt einer solchen Reihe setzt ebensowenig einen Kadaver voraus, wie der «jüngste», also eigentlich «letzte» Schnitt das Vorliegen einer Urzeugung fordert.

Allerdings bedeutet das Sterben sämtlicher Zellen eines Vielzellers auch den Tod im organismischen Sinne. Aber es ist zweifelhaft, ob der Satz gilt «Sterben bedeutet allemal auch den Todesschnitt einer Reihe vollständig individualgenidentischer Schnitte». Das hängt davon ab, ob in der Tat jedes biologische Gebilde, also auch irgendein überlebender Zellkomplex, wiederum als ein vollständiger Schnitt einer solchen Reihe auffaßbar ist[70].

Analog der Zeugung, und damit zusammenhängend, der Vererbung (vgl. SCHAXEL 1919, 51 f.), läßt sich der Tod für die organismische Auffassung nicht als zeitlich ausgedehnter Vorgang betrachten, sondern bedeutet das Vorhandensein eines letzten, «vollständig individualgenidentischen» Reihenschnittes. Es wäre durchaus nicht sinnlos, wenn etwa der «Tod» im Sinne der organischen Grundauffassung zu konstatieren sein könnte, auch wenn kein Prozeß des «Sterbens» vorausgegangen wäre (vgl. S. 259f.).

X. Die Teilung und Vereinigung von Individualreihen

Es liegt, wie erwähnt, nahe, eine vollkommene Unzerlegbarkeit der Individualreihen im Längsschnitt anzunehmen. Es könnte den Anschein haben, als ob jedes Abspalten lebender Bestandteile von einem Individuum das Ende der Individualgenidentitätsreihe bedeute. Das ist jedoch sicher nicht der Fall. Trotz des Abspaltens z. B. von Ei, Sperma oder des Abspaltens eines Sprößlings kann die Individualreihe fortgehen und das verbleibende Individuum als das ältere Stadium zu dem Individuum vor Bildung z. B. des Eies erscheinen.

Man hat bei den Beziehungen, die zwischen den durch die Spaltung entstandenen Gebilden und den Schnitten der Individualgenidentitätsreihe vor der Spaltung bestehen können, zwei Fälle zu unterscheiden:

1) Einer von den entstandenen Teilen ist vollständig individualgenidentisch mit den Schnitten der ursprünglichen Reihe.

2) Keiner von den entstandenen Teilen ist individualgenidentisch mit den Schnitten der ursprünglichen Reihe.

Im ersten Falle ist das Gebilde a_n in die Bestandteile a'_{n+x}, a''_{n+x}, ... zerlegt, und es gibt unter diesen Teilen einen Teil, etwa a'_{n+x}, der vollständig individualgenidentisch mit a_n ist ($a_n{}^i \equiv a'_{n+x}$; $a_n{}^i \neq a''_{n+x}$; $a_n{}^i \neq a'''_{n+x}$; ...). Hierzu gehört alles Abstoßen von Geschlechtszellen oder sonstigen Fortpflanzungszellen bei Metazoen; ferner alles Abtrennen irgendwelcher unwesentlicher Zellkomplexe, zum Beispiel irgendwelcher Epidermis-Stücke, sei es infolge äußeren Eingriffs oder aus inneren Ursachen. Auch bei der Vermehrung durch Knospung wird der eine Teil, das Muttertier, als Fortsetzung der Individualreihe angesehen. Der andere Teil kann ebenfalls einer vollständigen, aber einer anderen Individualreihe angehören. Diese steht dann als Tochterindividuum in vollständiger Avalgenidentität zu der vor und nach der Abspaltung sich erstreckenden Individualreihe, welche das Elternindividuum ausmacht.

Im zweiten Falle wird ein Lebewesen a_n in die Bestandteile a'_{n+x}, a''_{n+x}, a'''_{n+x}, ... zerlegt, und es ist $a_n{}^i \not\equiv a'_{n+x}$; $a_n{}^i \not\equiv a''_{n+x}$; $a_n{}^i \not\equiv a'''_{n+x}$; ... (und ebenso $a_n{}^i \neq a'_{n+x}$, ...). Dies trifft z. B. bei einer Vermehrung durch «Teilung» sowohl bei Protozoen wie bei Metazoen zu; ferner dann, wenn ein sterbendes Lebewesen in mehrere, nebeneinander bestehende Zellkomplexe zerfällt. Bei der Vermehrung durch Teilung stellen alle resultierenden Lebewesen wiederum andere Individualreihen dar und stehen zum Ausgangsindividuum sämtlich als Tochtergebilde im Verhältnis «vollständiger Avalgenidentität».

Daß sowohl *einer* wie *keiner* der entstandenen Teile individualgenidentisch mit dem ursprünglichen Gebilde sein kann, wird durch die Fälle sichergestellt, in denen von jedem der entstandenen Teile positiv die Beziehung als individualgenidentisch oder avalgenidentisch feststeht. Es sind jedoch bereits eine Reihe vor allem experimentell herstellbarer Teilungsmodi erwähnt worden, bei denen es zweifelhaft sein kann, ob Individualgenidentität oder Avalgenidentität vorliegt. Sind z. B. die regenerationsfähigen Teile einer Planarie, die in ungleiche, aber nicht allzu verschiedene Stücke zerlegt ist, beide nicht individualgenidentisch mit der ursprünglichen Planarie? Ist ein Paramäcium nach Austausch der einen Kernhälfte bei der Konjugation noch als vollständig individualgenidentisch oder ist es als vollständig avalgenidentisch mit den beiden in Betracht kommenden Paramäcien[ii] vor der Konjugation anzusehen; ist es also gemäß der Kernzusammensetzung zweieltrig oder gemäß der Plasmazusammensetzung einëltrig?

Es fragt sich überhaupt, ob jeder der bei einer Trennung entstandenen lebenden Bestandteile notwendig entweder avalgenidentisch oder individualgenidentisch mit dem ursprünglichen Individuum zu setzen ist. Das hängt aufs engste damit zusammen, ob man die entstandenen lebenden Bestandteile notwendig als Individuen, als Schnitte jedenfalls irgendeiner «vollständigen Individualreihe» anzusehen hat. Es ist nicht ohne weiteres offensichtlich, wie die Biologie hier vorgeht; ob sie z. B. den herausgeschnittenen Stücken einer Planarie nach ihrer Trennung jene «Ganzheit» als Individuum zuerkennt, die ihnen, solange sie ungetrennt waren, gerade wegen ihrer Stellung als unvollständige Teile aberkannt wurde. Daß sie als einheitliche

Träger von Regenerationsprozessen angesehen werden, spricht dafür. Bei nichtregenerationsfähigen Teilen erscheint die Richtigkeit einer derartigen Auffassung noch zweifelhafter. Beide Male aber führt sie zu der Folgerung, entweder alle, auch noch so unwesentlichen abgetrennten, noch lebenden Bestandteile und ebenso die überlebenden Zellkomplexe als Tochtergenerationen zu dem ursprünglichen Individuum anzusetzen, oder aber gerade hier «ahnenlose» Individuen anzunehmen, für die es keine eindeutige, nach rückwärts gehende Avalreihe gibt.

Welche Bedingungen auch immer dafür maßgebend sind, ob die Biologie ein lebendes Gebilde als einen Komplex einzelner Zellen oder als einheitliches Individuum ansieht, ob sie ferner alle entstandenen Teile als Tochterindividuen oder einen dieser Teile als «dasselbe» Individuum auffaßt, jedenfalls kann nicht mehr als eins der entstandenen teilfremden Gebilde vollständig individualgenidentisch mit dem ursprünglichen Gebilde sein. Dagegen kann eine an sich unbegrenzte Anzahl von Teilen, wie erwähnt, vollständig avalgenidentisch mit dem ursprünglichen Individuum sein.

(60) *Von den bei einer Teilung eines biologischen Gebildes a_n entstandenen teilfremden biologischen Gebilden $\alpha'_{n+x}, \alpha''_{n+x}, \ldots$ ist höchstens ein Gebilde individualgenidentisch mit dem ursprünglichen Gebilde a_n; dieses ist dann auch «vollständig individualgenidentisch» mit ihm.*

Ist a_n in die Teile $\alpha'_{n+x}, \alpha_{n+x}, \alpha'''_{n+x}, \ldots$ zerlegt worden, so ist entweder
1) $a_n{}^i \neq \alpha'_{n+x}, a_n{}^i \neq \alpha''_{n+x}, a_n{}^i \neq \alpha'''_{n+x}, \ldots$; oder 2) $a_n{}^i = \alpha'_{n+x}$ und dann auch $a_n{}^i \equiv \alpha'_{n+x}$, sowie $a_n{}^i \neq \alpha''_{n+x}, a_n{}^i \neq \alpha'''_{n+x}, \ldots$

Die entstandenen Gebilde können auch vollständig avalgenidentisch mit dem ursprünglichen Individuum sein. Es wird nicht deutlich, ob in der Biologie notwendig eine von beiden Existentialbeziehungen als vorliegend angenommen wird.

Ein analoger Satz gilt von der Vereinigung von biologischen Gebilden zu einem Gesamtgebilde. Auch hier kann man wiederum zwei Fälle unterscheiden:

1) Es steht das entstandene Gebilde mit keinem der vorangehenden Gebilde in Individualgenidentität. Dieser Fall liegt z. B. bei der Vereinigung von Sperma und Ei zum befruchteten Ei vor, sobald «Zweieltrigkeit» angenommen wird. Denn dann ist das neue Gebilde zu der Gesamtheit der beiden vorhergehenden Gebilde vollständig avalgenidentisch. Ähnlich verhält es sich wohl, wenn eine größere Anzahl von Zellen $\alpha'_n, \alpha''_n, \alpha'''_n, \ldots$ zu einer einzelnen Zelle a_{n+x} verschmilzt. Es könnte dann $(\alpha'_n, \alpha''_n, \ldots)\ {}^a \equiv a_{n+x}$ sein, und in diesem Falle wäre $\alpha'_n{}^i \neq a_{n+x}; \alpha''_n{}^i \neq a_{n+x}; \ldots$

2) Das aus der Vereinigung hervorgegangene Gebilde (a_{n+x}) ist individualgenidentisch mit einem der ursprünglichen Gebilde (a_n). Dies ist der Fall z. B. bei einer Plantation eines Hautstückes oder eines Organes, die die vollständige Individualgenidentität des Individuums vor und nach der Plantation nicht berühit. Aber bei der

Vereinigung wird es, ebenso wie bei der realen Trennung, häufig nicht deutlich, ob noch Individualgenidentität von der Biologie angenommen wird oder nicht. Bleibt z. B. bei einer Pfropfung die Individualgenidentitätsreihe ungestört? Findet in diesem Falle überhaupt eine Vereinigung zu einem Gebilde statt, das als ein Schnitt einer Individualgenidentitätsreihe angesetzt werden kann? Ist das durch Vereinigung der Hälften zweier Planarien gewonnene Gebilde als vollständig individualgenidentisch mit einer der Hälften aufzufassen, oder ist es avalgenidentisch mit beiden, oder weder das eine noch das andere?

Jedenfalls gilt der Satz:

(61) *Das durch die Vereinigung einer Mehrzahl von biologischen Gebilden $\alpha'_n, \alpha''_n, \alpha'''_n, \ldots$ entstandene Gebilde a_{n+x} ist nicht mit der Gesamtheit, sondern höchstens mit einem der getrennten Gebilde individualgenidentisch; mit diesem jedoch auch vollständig individualgenidentisch*

Sind $\alpha'_n, \alpha''_n, \alpha'''_n, \ldots$ zu einem Organismus a_{n+x} vereinigt worden, so ist entweder 1) $a_{n+x}{}^i \neq \alpha'_n, a_{nx+}{}^i \neq \alpha''_n, \ldots$; *oder* 2) *es ist* $a_{n+x}{}^i = \alpha'_n$, *dann ist auch* $a_{n+x}{}^i \equiv \alpha'_n$ *und zugleich* $a_{n+x}{}^i \neq \alpha''_n, a_{n+x}{}^i \neq \alpha'''_n, \ldots$, *also auch* $a_{n+x}{}^i \not\equiv (\alpha'_n, \alpha''_n, \ldots)$.

Für die Teilung vollständiger Individualreihen gilt der Satz:

(62) *Eine vollständige Individualreihe (v.I.-Reihe) läßt sich nicht durch einen die ganze Reihe spaltenden Längsschnitt in mehrere vollständige Individualreihen zerlegen.*

Ist $a_{\ddot{a}}{}^i \equiv a_j$, so gibt es keine untereinander teilfremden Teile $\alpha_{\ddot{a}}$ und α_j ($a_{\ddot{a}} \equiv [\ldots, \alpha_{\ddot{a}}, \ldots]; a_\beta \equiv [\ldots, \alpha_j, \ldots]$) derart, daß $\alpha_{\ddot{a}}{}^i \equiv a_j$ ist.

Bei den Avalreihen war zunächst von Schnitten ausgegangen worden, die eine Mehrzahl von Gliedern enthielten. Später zeigten die Zerlegbarkeit unvollständiger Avalreihen in v.A.-Reihen und die Bedingungen der Vergleichbarkeit der Generationszugehörigkeit, daß nur eingliedrige Schnitte als generationsjüngste Schnitte Sinn haben. Der Umstand, daß sich verschiedene «vollständige Individualreihen» nicht mit demselben Altersparameter eindeutig ordnen lassen, scheint so offensichtlich, daß die Bildung eines aus mehreren Individuen bestehenden Schnittes einer v.I.-Reihe gekünstelt erscheinen könnte. Damit aber wäre implizit eine Einschränkung vorgenommen, die durch die Definition der vollständigen Individualgenidentität noch nicht bedingt ist. Als Satz formuliert lautet sie:

(63) *Für jede einen ältesten und einen jüngsten Schnitt besitzende Reihe vollständig individualgenidentischer Schnitte gibt es eine alle Schnitte treffende Zerlegung in vollständig individualgenidentische teilfremde Teilreihen derart, daß eine weitergehende Zerlegung in derartige Teilreihen nicht möglich ist.*

Ist $A_{\ddot{a}}{}^i \equiv A_j$, so gibt es eine Zerlegung $A_{\ddot{a}} \equiv (a_{\ddot{a}}, b_{\ddot{a}}, c_{\ddot{a}}, \ldots, n_{\ddot{a}})$ und $A_j \equiv (a_j, b_j, c_j, \ldots, n_j)$ derart, daß $a_{\ddot{a}}{}^i \equiv b_j$; $.b_{\ddot{a}}{}^i \equiv b_j \ldots$; $n_{\ddot{a}}{}^i \equiv n_j$ ist und eine weitergehende derartige Zerlegung nicht möglich ist.

Als «vollständige Individualreihe» (v. I.-Reihe, sei gemäß dem bisherigen Gebrauch *nur eine derartige unzerlegbare Reihe* bezeichnet.

In Übereinstimmung mit der «Individualität» der Schnittglieder einer v. A.-Reihe erweisen sich die Schnitte der diese Glieder ausmachenden v. I.-Reihen gegenüber einer Trennung im Längsschnitt als «Unum» und «Individuum». Als Unum dadurch, daß sie sich als Grundelemente erweisen, in die man komplexere Reihen zerlegen kann, und dadurch, daß sie Ganze sind, zu denen sich noch kleinere Teile müssen ergänzen lassen, wenn sie «individualgenidentisch überhaupt» sein sollen. Als Individuum erweist sich die v. I.-Reihe dadurch, daß eine solche Reihe sich nicht mehr in teilfremde v. I.-Teilreihen zerlegen läßt. Kam bei den Avalreihen das Prädikat «Unum» und «Individuum» den Gliedern der Reihenschnitte zu, so zeigen bei den vollständigen Individualreihen die Schnitte selbst diese Eigentümlichkeit.

Diese Unteilbarkeit im Nebeneinander gilt jedoch nur von «vollständigen Individualreihen», nicht von allen Reihen vollständig individualgenidentischer Schnitte. Wählt man z. B. zwei einen Vielzeller darstellende Schnitte genügend dicht, so läßt sich die zwischen den beiden Schnitten liegende Reihe in eine Anzahl die einzelnen Zellen darstellende vollständig individualgenidentische Teilreihen zerlegen. Erst die Reihen, die einen jüngsten Schnitt besitzen, also die v. I.-Reihen, sind für einen ganzen Längsschnitt in der angegebenen Weise unteilbar.

Daß kleinere biologische Gebilde als solche, die zu einem vollständig individualgenidentischen Schnitte ausreichen, herangezogen werden, ist durch die Fassung des Begriffes «individualgenidentisch überhaupt» (vgl. Satz 50, S. 193) ausgeschaltet.

Der Grundtyp der durch die biologische Existentialbeziehung der Altersschnitte eines Individuums bestimmten Reihen wird also durch eine Reihe repräsentiert, deren Nacheinander als etwas in bestimmter Hinsicht unzerlegbar Ganzes zu betrachten ist, und deren Schnitte insofern ein Ganzes auch im Nebeneinander bilden, als sie sich nicht durch einen alle Reihenquerschnitte treffenden Längsschnitt in ebensolche Teilreihen zerlegen lassen. Diese Reihe heißt v. I.-Reihe.

Der Unterschied zu der physikalischen Genidentität ist ohne weiteres deutlich. Nochmals sei hervorgehoben, daß von einer derartigen Unteilbarkeit nur die Rede sein kann, wenn nicht nach der «Lebensreihe» als solcher, sondern unter Zugrundelegung der organismischen Betrachtungsweise nach den Existentialbeziehungen gefragt wird, und wenn nicht eine morphologische (A. Braun[jj]) oder physiologische «Eigenschaft», z. B. die «Lebensfähigkeit» (vgl. Fritsch 1920, 609) zum Kriterium der Individualität gemacht wird.

Analog den Verhältnissen bei der physikalisch restlosen Genidentität ist auffallenderweise auch bei der Individualgenidentität der Begriff des Teiles noch einmal von dem der «realen Trennung» zu unterscheiden. Das Ungetrenntsein erweist sich nicht als ausschlaggebend für die Individualität. Im Falle eines Parasiten, einer Knospung, der einzelnen Zellen eines Metazoon erweist sich bereits ein Teil eines ungetrennten Komplexes als Schnitt einer v. I.-Reihe auffaßbar. Andererseits läßt sich ein überlebender zusammenhängender Zellkomplex nicht als Schnitt einer derartigen Reihe auffassen.

Umgekehrt allerdings wird das reale Getrenntsein zweier Gebilde in der Biologie meist als Beweis der Nichtzugehörigkeit zu einem Schnitt einer v. I.-Reihe angesehen (vgl. KÜSTER 1921, 24). Danach würde der Satz gelten «Die Bestandteile eines Schnittes einer v. I.-Reihe sind ungetrennt».

In dieser Hinsicht würde sich die v. I.-Reihe von der vollständigen Avalreihe, wo dieser Satz nur vom generationsjüngsten Schnitte gilt, und von den Reihen physikalisch restloser Gebilde unterscheiden. Es fragt sich jedoch, ob die Biologie nicht den gleichen Ordnungstyp des existentiellen Auseinanderhervorgehens auch auf Insektenstaaten und ähnliche Gebilde anwendet.

Schließlich sei bei der Frage der Teilung der vollständigen Individualreihen noch einiges über das Verhältnis der einzelnen Zellen eines Vielzellers zum Gesamtindividuum bemerkt. Ebenso wie der Begriff der Avalgenidentität ist der Begriff der Individualgenidentität auch auf Zellen anwendbar. Für die Protozoen ergeben sich daraus keine besonderen Probleme. Für die Metazoen ist fraglich, ob eine Zerlegung der v. I.-Gesamtreihe in die Individualreihen ihrer einzelnen Zellen möglich ist. Man könnte daran denken, die vollständige Individualreihe eines Metazoon als das Nebeneinander und Nacheinander einer großen Anzahl vollständiger Individualreihen einzelner Zellen darzustellen, die miteinander nur in Avalgenidentität stehen. Eine solche Darstellung ist jedoch nicht möglich. Es war bereits bei der Besprechung der vollständigen Avalreihen einzelner Zellen darauf hingewiesen worden, daß derartige von einem Metazoon in einem bestimmten Zeitmoment ausgehende Reihen in der Regel aus lauter nebeneinander bestehenden «regelmäßig eineltrigen» v. A.-Reihen bestehen. Diese v. A.-Reihen besitzen zwar alle einen Schnitt, dem das befruchtete Ei allein oder mit anderen Zellen zusammen als Glied angehört (S. 169 f.), aber darum lassen sich die Schnitte der das Metazoon ausmachenden vollständigen Individualreihe noch nicht als eine vollständige Avalreihe darstellen. Ja die Eizelle liegt zu den gleichzeitig existierenden Zellen des Metazoon in einem späteren Moment nicht einmal im selben Generationsabstand. Die Darstellung der v. I.-Reihe eines Metazoon durch eine Summe von v. A.-Reihen oder v. I.-Reihen seiner Zellen würde die Frage nach der «Abstammung» des Metazoon und das Zuweisen zu einer bestimmten Generation gegenüber anderen Metazoen sowie die ausgedehnte biologische Begriffsbildung, in der das Metazoon als ein Individuum auftritt, als sinnlos erscheinen lassen. Der Begriff der vollständigen Individualgenidentität läßt sich also auf Einzeller und auf die einzelnen in dem Individualverband eines Vielzellers auftretenden Zellen anwenden. *Aber die Schnitte einer v. I.-Reihe eines Metazoon bestehen nicht aus einer Summe von «Gliedern», die ihrerseits die Schnitte von v. I.-Reihen einer Anzahl einzelner Zellen ausmachen.*

(Für die Darstellung der Existentialbeziehung der Zellen eines Individuums zueinander mit Hilfe des «historischen» Begriffes des «Stammes» vgl. S. 258 ff.).

XI. Die Voraussetzung der Identität
von Individualreihen

Die Art, wie eine vollständige Individualreihe ihre Glieder bestimmt, wird besonders deutlich, wenn man nach den Bedingungen fragt, unter denen zwei zunächst als verschieden angesetzte Individualreihen als identisch zu betrachten sind. Es gilt der Satz:

(64) *Erweist sich ein Schnitt einer vollständigen Individualreihe als identisch mit einem Schnitt einer anderen derartigen Reihe, so sind die jüngeren (zeitlich zurückliegenden) Teile der beiden Reihen identisch.*

Ist $a_n^{\;i} \equiv a_{n-x}$ und $a_n'^{\;i} \equiv a_{n-x}'$, ferner $a_n \equiv a_n'$, so ist auch $a_{n-x} \equiv a_{n-x}'$ für alle a_{n-x}, (a_{n-x}') jünger als a_n (a_n').

Dagegen braucht keine Identität der zeitlich vorwärtsführenden Reihenteile zu bestehen, wie an der Möglichkeit verschiedener Reihenführung im Falle einer Knospung deutlich wird (vgl. Abb. 20, S. 190). Die vollständigen Individualreihen verhalten sich in dieser Hinsicht ebenso wie die vollständigen Avalreihen und unterscheiden sich von den Reihen physikalisch restlos genidentischer Gebilde. Wie bei den vollständigen Avalreihen nimmt auch hier der zeitlich späteste Schnitt eine ausgezeichnete Stellung ein:

(65) *Sind die «ältesten» Schnitte zweier vollständigen Individualreihen identisch, so sind die ganzen Reihen identisch miteinander.*

Das gleiche gilt jedoch nicht von dem «jüngsten», zeitlich frühesten Schnitt der Reihen. Die Möglichkeit z. B., die befruchtete Eizelle einmal als abgeschlossene Individualreihe, andererseits als jüngsten, also «letzten» Teil einer die ganze Entwicklung des Vielzellers darstellenden Individualreihe aufzufassen, zeigt, daß es sich trotz der Identität des jüngsten Schnittes nicht um identische Reihen zu handeln braucht. Wie bereits erwähnt, besteht jedoch folgender Unterschied zwischen der Avalgenidentität und der Individualgenidentität: von zwei in einem Schnitte identischen Avalreihen kann keiner der späteren Schnitte der einen Reihe ein Teil des abstandsgleichen Schnittes der anderen Reihe sein:

Ist $S_n^{\;a} \equiv S_{n-x}$ und $S_n'^{\;a} \equiv S_{n-x}'$, ferner $S_n \equiv S_n'$, so kann nur dann $S_{n-x} \not\equiv S_{n-x}'$ sein, wenn weder S_{n-x} ein Teil von S_{n-x}' noch S_{n-x}' ein Teil von S_{n-x} ist.

Dagegen gilt: Ist $a_n^{\;i} \equiv a_{n+x}$ und $a_n'^{\;i} \equiv a_{n+x}'$, ferner $a_n \equiv a_n'$, so kann nur dann $a_{n+x} \not\equiv a_{n+x}'$ sein, wenn entweder a_{n+x} ein Teil von a_{n+x}' oder a_{n+x}' ein Teil von a_{n+x} ist (Satz 59, S. 203).

Ebenso wie bei der vollständigen Avalreihe kann dasselbe Gebilde in verschiedenen vollständigen Individualreihen als vollständiger Schnitt vorkommen, aber nur in einer v. I.-Reihe als «ältester»

(zeitlich späterer) Schnitt (jedoch in verschiedenen Reihen als
«jüngster Schnitt»). Dagegen besteht folgender Unterschied:
In derselben vollständigen Avalreihe kann ein Individuum mehrmals als Bestandteil von Schnitten auftreten.

(66) *In derselben vollständigen Individualreihe kann ein Schnitteil nur einmal vorkommen.*
Schon der Umstand, daß die Altersschnitte der Individualreihen im Gegensatz zu den Altersschnitten der Abstammungsreihe auch eindeutig in der Zeit geordnet sind, schließt ein wiederholtes Auftreten aus.

Es fragt sich endlich, ob jedes lebende Gebilde auch einer vollständigen Individualreihe angehört. Daß nicht jeder Komplex biologischer Gebilde als vollständiger Schnitt einer Individualgenidentitätsreihe aufgefaßt werden kann, ist bereits mehrfach deutlich geworden. Man könnte nun einen Ausweg in der Annahme suchen, daß wenigstens «jedes biologische Individuum einen vollständigen Schnitt einer v.I.-Reihe bildet». Dann aber ist ein bestimmter Begriff des Individuums gefordert. Definiert man das Individuum durch das ungetrennte Beisammen seiner Bestandteile und das Getrenntsein von anderen biologischen Gebilden, so gilt dieser Satz, wie sich am Beispiel des Parasiten, der Knospe, der «überlebenden» Zellkomplexe und eventuell auch des Bienenstockes ergeben hatte, nicht uneingeschränkt. *Der Begriff des Individuums scheint in der Biologie umgekehrt als der ganze Schnitt einer vollständigen Individualgenidentitätsreihe definiert zu sein.*

Man könnte ferner vermuten, daß etwa folgender Satz den Begriff des Lebenden und der Individualreihe verbindet: «Jedes lebende Gebilde läßt sich durch andere gleichzeitig existierende Gebilde zu ganzen Schnitten einer v.I.-Reihe ergänzen oder in derartige Schnitte zerlegen». Aber es erscheint zweifelhaft, ob z.B. irgendein abgetrennter Bestandteil eines Protozoon, der noch eine Zeitlang fortlebt, von der Biologie als eine v.I.-Reihe angesehen wird.

Auch die Beziehung der v.I.-Reihen zur Avalgenidentität erscheint infolge der Unsicherheit über die Abgrenzung der v.I.-Reihen, z.B. im Falle einer Regeneration eines abgetrennten Teiles zu einem vollständigen Individuum, nicht immer durchsichtig.

XII. Der Parameter der v.I.-Reihen

Es war zweifelhaft, ob das innerhalb einer vollständigen Avalreihe verwandte Ordnungsprinzip, die Generationsfolge, über den Rahmen einer v.A.-Reihe hinausreicht und gestattet, verschiedene Reihen in eine durchgehende Ordnungsbeziehung des Nacheinander und Nebeneinander zu bringen. Die Ordnung verschiedener vollständiger Individualreihen gegeneinander mit Hilfe des in den Reihen selbst waltenden Ordnungsprinzips ist, wenn überhaupt, so nur in besonderen Fällen möglich. Denn nicht-identische Reihen besitzen in der Regel keinen gemeinsamen Schnitt, der die Ordnungsbeziehung vermitteln könnte.

Jener Ausschnitt der biologischen Welt, der mit Hilfe der Individualgenidentität in eine eindeutige Ordnung des Nach- und Nebeneinander zu bringen ist, ist also noch bedeutend beschränkter als der durch die Avalgenidentität in eine Ordnung zu bringende Umkreis: sie erfaßt in der Regel nur das Leben eines Individuums. Es erscheint daher durchaus inadäquat, die Ordnung innerhalb einer Individualgenidentitätsreihe als Zeitfolge zu deuten. Denn unter Zeit versteht man einen Parameter, der die gesamte «Wirklichkeit» einer Wissenschaft in eine durchgehende, alle Gegenstände umfassende Ordnung zu bringen vermag. Mag auch die Ordnung verschiedener physikalischer Genidentitätsreihen gemäß der Relativitätstheorie verschieden ausfallen, je nachdem, welcher wirkliche Gegenstand als Bezugspunkt gewählt wird, so ist sie nach Wahl des Bezugspunktes jedenfalls eindeutig und allumfassend. Die in den Individualreihen benutzte Ordnung des «Älter-» und «Jüngerseins» gestattet dagegen, auch wenn sie jedes Individuum für sich erfaßt, keine durchgehende eindeutige Ordnung aller Individuen im Nacheinander.

Man kann diesen Unterschied so ausdrücken: *der innerhalb einer physikalisch «restlosen Genidentitätsreihe» gültige Parameter der in Existentialbeziehung stehenden Gebilde gestattet es, diese Gebilde auch zu allen außerhalb dieser Reihe stehenden Gebilden in eine Ordnung des Nacheinander zu bringen. Für die «vollständigen Individualreihen» trifft diese Möglichkeit nicht zu.* Obgleich die Aufeinanderfolge der Schnitte einer v. I.-Reihe nicht, wie die Aufeinanderfolge der Schnitte in einer v. A.-Reihe, der Zeitfolge direkt widersprechen kann, scheint für die Individualgenidentitätsreihen nicht die Zeit, sondern eine «Alters»-Ordnung als Parameter anzusetzen zu sein. Dabei wären dann allerdings die Altersstufen nicht durch bestimmte Eigenschaften, durch «Alterserscheinungen», sondern durch die Abstandsverschiedenheiten vom «ältesten» Schnitt bestimmt, also nur innerhalb einer Reihe vergleichbar. In dieser Altersordnung werden die Schnitte als «jünger» oder «älter» relativ zur Zeitfolge in der umgekehrten Richtung gezählt wie bei den Avalreihen.

Die über die «Ausdehnung in sich» der Glieder einer Avalreihe früher gemachten Bemerkungen (S. 160f.) werden durch die «Unzeitlichkeit» auch dieser Ausdehnung nicht berührt, da die Gegenüberstellung der Undichtigkeit dieser Reihen zu der reihenfremden kontinuierlichen Ausdehnung ihrer Glieder «in sich» und die daraus sich ergebenden Folgerungen richtig bleiben.

Selbst wenn verschiedene v. I.-Reihen einen Schnitt oder eine Reihe von Schnitten gemeinsam haben, kann man vielleicht für beide Reihen nicht eine Altersordnung verwenden. Selbst wenn eine v. I.-Reihe vollkommen in einer umfassenderen I.-Reihe enthalten ist, wie z. B. die Reihe einer einzelnen Zelle eines Vielzellers in der den ganzen Vielzeller darstellenden Reihe, sind die Schnittlagen in beiden Reihen kaum mit demselben Parameter meßbar. Auch die Gemeinsamkeit des jüngsten Schnittes, wie er im Falle des befruchteten Eies verwirklicht ist, ermöglicht wohl nicht einen «Altersvergleich». Nur wenn zwei Individualgenidentitäten den ältesten Schnitt vollkommen gemeinsam haben, ist auch die Ordnung ihrer Schnitte gemäß der eindeutigen Bestimmung der jüngeren Schnitte durch die vollständige Individualgenidentität mit Sicherheit kommensurabel. Handelt es sich dabei aber um v. I.-Reihen, so sind die beiden Reihen überhaupt identisch.

XIII. Der Begriff der Entwicklung und die vollständigen Individual- und Avalreihen

Es liegt nahe, den Begriff einer vollständigen Individualgenidentitätsreihe mit dem Begriff eines «ganzen Entwicklungsprozesses» zu identifizieren. Wird es doch verschiedentlich als typisch für eine Entwicklung bezeichnet, in Schritten vorwärts zu gehen, die in sich einen einheitlichen Aufbau zeigen, die jedoch beim Fortgehen über den Umkreis eines Schrittes sich nur als Ganze zu den vorhergehenden Schritten in Beziehung bringen lassen. Hier also scheint zumindest eine weitgehende Parallele zu den Individual- und Avalreihen zu bestehen: eine kontinuierliche Reihe verbindet einen ersten und einen letzten Schnitt und unter Durchbrechung der Kontinuität wird immer eine Reihe als Ganzes zu der vorhergehenden in Beziehung gebracht.

Zweifellos besteht insofern eine Beziehung des biologischen *Entwicklungsbegriffes* zu den beiden biologischen Genidentitätsreihen, als es für ihn durchaus wesentlich ist, auf in biologischer Existentialbeziehung stehende Gebilde angewendet zu werden. Eine Charakterisierung des biologischen Entwicklungsbegriffes, die bei seiner Gegenüberstellung zu physikalischen Begriffen den Unterschied des Existentialreihentypus der bezogenen Gebilde übersieht, vergißt das Wesentlichste. Trotzdem liegt in der früher erörterten (vgl. S. 115 ff.) Auffassung der Entwicklung als eines besonderen «Veränderungstypus», als einer Art des «Werdens» im Sinne des Gleichbleibens oder Ungleichwerdens, insofern ein richtiges Moment, als der Entwicklungsbegriff nicht nur das Vorliegen einer Existentialbeziehung bestimmter Art ausdrücken will.

Es wurde bereits erwähnt, daß die Biologie neben der Individual-

und Avalgenidentität noch eine andere Art von Genidentitätsbeziehung kennt. Nicht nur die «organismische», sondern auch die «historische» Grundauffassung erstreckt sich auf Genidentitätsreihen. Auch sie führt zu einem Begriff der Entwicklung: der «Entwicklungsgeschichte». Zur Erläuterung der Beziehung von Entwicklungsbegriff und Genidentität sei jedoch nur die Aval- und Individualgenidentität herangezogen.

Während die Existentialbeziehung der Genidentität gleich welcher Art die Eigenschaftsverhältnisse unbestimmt läßt, will der Entwicklungsbegriff gerade eine Reihe von Gleichheiten und Ungleichheiten, irgendwelche Eigenschaftsveränderungen im Nacheinander zusammenfassen.

Der Entwicklungsbegriff in der Biologie ordnet jedoch nicht beliebige durch Gleichheits- und Ungleichheitsbeziehung bestimmte Gebilde. Wenn bei der Untersuchung von Entwicklungsvorgängen, z. B. bei den Präparationsverfahren der Histologie, verschiedene Stadien verschiedener nicht in Genidentitätsbeziehung stehender Gebilde zu einer Reihe geordnet werden, so soll eine solche Reihe einen Entwicklungsprozeß nur darstellen. Wo von bestimmten Eigentümlichkeiten von Entwicklungsprozessen die Rede ist, da meint die Biologie nicht solche Reihen, sondern eine Reihe von Gebilden, die in Genidentitätsbeziehung zueinander stehen.

Der Entwicklungsbegriff der Biologie faßt die Eigenschaftsbeziehungen von Gebilden zusammen, die in biologischer Genidentitätsbeziehung stehen: die Genidentitätsbeziehung bestimmt die Gebilde, deren Eigenschaftsveränderung als Entwicklung aufgefaßt wird. Wenn jedoch der Entwicklungsbegriff auch an das Vorliegen von Genidentitätsbeziehungen gebunden ist und nur analogiehaft, aber unabhängig von diesen gebraucht werden kann, so kommt ihm doch auch eine Beziehung zu den «reflexiven Kategorien» von «Gleichheit» und «Ungleichheit» zu. *Die Einheit eines Entwicklungsprozesses fällt keineswegs notwendig mit der Einheit einer vollständigen Individualgenidentitätsreihe zusammen.*

Es ist vielleicht notwendig, jede Eigenschaftsreihe der Gebilde einer Individualgenidentitätsreihe als Entwicklung aufzufassen; aber der Verlauf, das Tempo, selbst die Richtung einer Eigenschaftsänderung kann innerhalb einer Individualgenidentitätsreihe durchaus wechseln. Die Reife eines Eies kann erreicht und diese Entwicklung daher abgeschlossen sein geraume Zeit, bevor die durch die Befruchtung bestimmte vollständige Individualgenidentitätsreihe ein Ende hat. Trotz des «Stillstandes» der Entwicklung braucht kein Todesschnitt der Individualgenidentitätsreihe vorzuliegen. Umgekehrt kann ein plötzlicher Tod, der die Individualgenidentitätsreihe beendet, die Entwicklung unvollendet abbrechen. Ferner können eine ganze Reihe von Entwicklungsprozessen innerhalb einer Individualgenidentitätsreihe aufeinander folgen, z.B. innerhalb der Embryonalentwicklung als Larven-, als Puppenstadium. Auch die Richtung der Veränderung kann wechseln: der aufsteigenden «Entwicklung» kann eine «Degeneration» folgen. Selbst über eine vollständige Individualreihe hinaus scheinen sich Veränderungen durch mehrere Generationen bisweilen als eine Entwicklungsreihe zusammenfassen zu lassen; man pflegt die geschlechtliche und die ungeschlechtliche Generation als einen Entwicklungskreislauf zu bezeichnen. Endlich greift man nicht nur die Eigenschaften ganzer Schnitte einer vollständigen Individualreihe, sondern auch einzelner Schnitteile, z.B. von Organen bei der Betrachtung von Entwicklungsprozessen heraus.

Der Charakter der Veränderungsreihen erfordert überhaupt in der Regel eine gewisse «Relativität» der Zusammenfassung. Man muß als eine Entwicklung ansetzen, was sich noch in einzelne wiederum als Entwicklung anzusprechende Teilprozesse zerlegen läßt (etwa die Eireife in die Vorreife und den eigentlichen Reifungsprozeß), und andererseits kann eine solche Entwicklung wieder einen Teil einer umfassenderen Entwicklung ausmachen. Vielleicht läßt sich sogar prinzipiell jede Entwicklung wiederum in Teilentwicklungen zerlegen. Diese für die Eigenschaftsbeziehungen typische «Relativität» der Ordnung[71], die auch im Begriff der «relativen Individualität» zutage tritt, liegt für die Existentialbeziehungen zumindest nicht in dem gleichen Maße vor: eine v.I.-Reihe läßt sich nicht durch Querschnitte in eine Reihe teilfremder v.I.-Reihen zerlegen.

Die Entwicklung bezeichnet also nicht eine Genidentitätsreihe als solche. Vielmehr entspricht der Begriff der *«Entwicklung»* in der *Biologie* wissenschaftstheoretisch dem Begriff des *«Prozesses»* in der *Physik*[kk]. Der Begriff eines chemischen Prozesses z.B. zeigt dieselben Eigentümlichkeiten: ein gewisser Abschnitt einer physikalischen Genidentitätsreihe wird als ein Prozeß mit einem gewissen Anfang und Ende herausgehoben, und zwar aufgrund der stattfindenden Eigenschaftsveränderungen. Wiederum kann das Tempo des Gleich- oder Ungleichwerdens zur Begrenzung benutzt und etwa ein relativer Stillstand der Veränderung als Ende des Prozesses angesetzt werden. Oder aber eine Richtungsänderung der Eigenschaftsverschiebung wird zur Begrenzung verwendet. Aber ein Anfang oder Ende des Prozesses bedeutet darum noch nicht einen Anfang oder ein Ende der physikalischen Genidentitätsreihen, denen die diesen Prozeß «durchmachenden» Gebilde angehören. Ebensowenig bedeutet das Ende einer bestimmten biologischen Entwicklung, die ein biologisches Gebilde «durchmacht», schon notwendig das Ende der biologischen Genidentitätsreihe, der es angehört. Auch die Relativität der Abgrenzung, die es häufig gestattet und fordert, die zunächst als Einheit aufgefaßten Prozesse wiederum in Unterprozesse einzuteilen, gleichgültig, ob es sich dabei um «summative» oder «nicht-summative», «echte» Ganzheit handelt, ist dem chemischen Prozeß und dem biologischen Entwicklungsprozeß gemeinsam.

Trotzdem soll hier nicht positiv behauptet werden, daß beidemal der gleiche «Veränderungstypus» vorliegt. Der Begriff des physikalischen Prozesses und des biologischen Entwicklungsprozesses sind wissenschaftstheoretisch äquivalent, aber darum ebensowenig identisch, wie die physikalischen und biologischen Genidentitätsbeziehungen. Die Möglichkeit bleibt bestehen, daß beide Begriffe, abgesehen von der Verschiedenheit der Existentialbeziehung, auch verschiedene Eigenschaftskategorien verwenden.

So wird häufig behauptet, daß der Veränderungsbegriff in der Biologie andere «Teil-Ganzes»-Beziehungen benutzt als in der Physik. Das biologische Ganze sei nicht in dem Sinne wie das physikalische Ganze etwas «Summenhaftes». Während in der Physik die Beziehung von Teil zu Teil im wesentlichen die Ganzheit bestimme, liege der Hauptton der Beziehung in der Biologie auf dem Verhältnis jedes der Teile zum Ganzen. Und dasselbe Verhältnis, das im Nebeneinander der Organe im Organismus maßgebend ist, könnte auch die Teil-Ganzes-Struktur im Nacheinander der Entwicklung bestimmen: es wäre der Sinn des «Schrittweisen» in der Entwicklung, daß nicht die Teilschritte zueinander, sondern jeder Teilschritt zum Gesamtschritt in Beziehung zu setzen ist, unabhängig davon, ob es der erste oder letzte der Teilschritte ist.

Es kann hier offen bleiben, ob wirklich beim Begriff des physikalischen Prozesses und der biologischen Entwicklung auch verschiedene reflexive Kategorien verwendet werden, oder ob der Unterschied lediglich auf der Verschiedenheit der zugrunde liegenden Existentialbeziehungen beruht – wofür mir wesentliche Argumente zu sprechen scheinen (vgl. A III, S. 282–284, und die Betonung der Verwendung nichtsummenhafter Ganzesbegriffe in der Physik durch KÖHLER 1920). Auch im Falle der Heterogeneität beider Begriffe bliebe ihre wissenschaftstheoretische Äquivalenz bestehen.

Sowohl der Begriff des physikalischen Prozesses wie der der biologischen Entwicklung faßt die Eigenschaftsveränderungen der Gebilde eines gewissen Abschnittes einer Genidentitätsreihe als etwas Einheitliches zusammen.

Diese Begriffe müssen daher in den beiden Wissenschaften fortschreitend eine um so größere Rolle spielen, je mehr diese Wissenschaften von der Schaffung bloßer «Beschreibungssysteme» zur Schaffung von «Erklärungssystemen», d. h. zur Definition ihrer Gegenstände durch einen Existenzialzusammenhang übergehen. Denn damit tritt das Prinzip in den Vordergrund, die einzelnen physikalischen oder biologischen Gegenstände nicht durch ihre momentanen, wahrnehmbaren Eigenschaften, sondern durch ihre Stellung als Ausgangspunkt, Endpunkt oder Zwischenprodukt eines bestimmt gearteten Prozesses bzw. einer bestimmten Entwicklung zu definieren. Ferner sind auch die Beziehungen zwischen den so definierten Gebilden wiederum mit Hilfe des Begriffs des Prozesses bzw. des Entwicklungsprozesses zu bestimmen, d. h. durch Angabe der physikalischen resp. biologischen Gesetze, die von ihnen gelten.

Die Begriffe «Prozeß» und «Entwicklung» also bilden in Physik und Biologie die Brücke zwischen den Begriffen der Eigenschafts-

und der Existentialbeziehungen; denn er betrifft die Gleichheits- und Ungleichheitsbeziehungen von genidentischen Gebilden. Er ist also ein Grundbegriff der Physik und Biologie, sofern dies «erklärende» Wissenschaften sind.

Bei dem Nachweis der wissenschaftstheoretischen Äquivalenz des Prozeß- und Entwicklungsbegriffes brauchte die Frage nach den in der Ursache-Wirkungsbeziehung enthaltenen funktionellen Abhängigkeiten nicht erörtert zu werden. Es bleibt dahingestellt, ob die Zielstrebigkeit als Abhängigkeit des Früheren vom Späteren oder als Abhängigkeit der späteren und früheren Teile vom Ganzen zu bestimmen sei, oder ob auch in der Biologie immer nur das Frühere das Spätere bedingt. Nur auf einen hierher gehörenden Unterschied von Physik und Biologie sei kurz eingegangen.

Die zwiespältige Stellung des Entwicklungsbegriffes, Eigenschaftsbeziehungen von Gebilden zu ordnen, die durch Genidentitätsbeziehungen bestimmt werden, ist ein wesentlicher Grund für die Ungeklärtheit der biologischen Zielstrebigkeits- und Ursachen-Begriffe. Der Entwicklungsbegriff und ebenso der Prozeßbegriff in der Physik zeichnet, wenn man von der Ursache-Wirkungsbeziehung absieht, in den Reihen, die er zusammenfaßt, den ersten Schnitt kaum vor dem letzten Schnitt aus und betrachtet daher auch die eine Reihenrichtung nicht als bestimmender als die andere. Biologische und physikalische Gegenstände bestimmter Art werden sowohl als Anfangs- wie als Endglied einer solchen Reihe definiert. Ein «reversibler» chemischer Prozeß kann sowohl «vorwärts» wie «rückwärts» verlaufen, und auch in der Biologie gibt es «Bildung» und «Rückbildung». In der Physik geht eine derartige Gleichwertigkeit der Reihenrichtungen im Prozeß mit der Gleichwertigkeit der Reihenrichtungen der Genidentitätsreihen als solcher parallel. In der Biologie führt die Genidentitätsreihe dagegen eindeutige Bestimmtheit nur in der Richtung von den späteren zu den früheren Schnitten mit sich.

Faßt man bei den Prozessen in Analogie zum Zeitbegriff die Richtung von dem Früheren zum Späteren als bestimmend auf, so werden die Diskrepanz zwischen Prozeßreihe und Genidentitätsreihe und der Grund der in den Begriffen «Entwicklung» und «Zielstrebigkeit» liegenden Schwierigkeit noch deutlicher. Während bei den Eigenschaftsveränderungen im physikalischen und biologischen Prozesse der zeitlich früheste Schnitt als bestimmendes Anfangsglied angesehen wird, so daß die Entwicklung eines Individuums vom jüngeren Schnitt zum älteren geht, wird die Reihe der genidentischen Gebilde, deren Eigenschaftsbeziehungen die Entwicklung ausmachen, durch den älteren (späteren) Schnitt bestimmt.

Sobald man den Begriff des Prozesses von dem der Existentialreihe unterscheidet, scheint mir darin auch kein Widerspruch zu liegen.

Die hier angenommene Art der Verknüpfung beider Begriffe macht die Schwierigkeit verständlich und bedeutet zugleich einen Schritt zu ihrer Beseitigung: als die zugrunde liegende Reihe ist in beiden Wissenschaften die Existentialreihe anzusehen, die in der Physik in beiden Richtungen, in der Biologie bei organismischer Grundauffassung jedoch nur in aufsteigender Richtung vom Späteren zum Früheren eindeutige Bestimmtheit zeigt. Die Eigenschaften der durch die Genidentitätsbeziehungen bestimmten Gebilde werden nun mit Hilfe des Prozeß- resp. Entwicklungsbegriffes zusammengefaßt, ohne daß dabei durchgehend eine Reihenrichtung (allenfalls die Richtung vom Früheren zum Späteren) ausgezeichnet wird. Als dritter Faktor wäre die Ursache-Wirkungs-Beziehung zu berücksichtigen, und es wäre zu erörtern, ob die ausgezeichnete Richtung dieser Beziehung in beiden Wissenschaften dieselbe ist. Eine derartige Untersuchung würde jedoch über den Rahmen dieser Arbeit hinausführen.

XIV. Zusammenstellung der Sätze
über die «vollständige Individualgenidentität»

Als Grundbegriff der biologisch eindeutigen Beziehung des existentiellen Auseinanderhervorgehens, in der verschiedene Altersschnitte eines Individuums zueinander stehen, hatte sich der Begriff der «vollständigen Individualreihe» (v. I.-Reihe) ergeben. Diese Reihe erwies sich als geordnete, kontinuierliche, beidseitig begrenzte Reihe.

Als Grundbestimmungen der vollständigen Individualgenidentität sind zu nennen:
1) Kontinuität der Schnittfolge.
2) Unabhängigkeit von der Reihenrichtung.
3) Unabhängigkeit von dem Abstand der Schnitte in der Reihe.
4) Individualgenidentität jeden Teiles des jüngeren Schnittes mit dem älteren Schnitte und
   Ausschließung weiterer mit dem älteren Schnitte überhaupt individualgenidentischer, mit dem jüngeren Schnitte teilfremder Gebilde im selben Altersabstand wie dieser.

Sätze

Symmetrie der Relation

(51) Ist $a^i \equiv b$, so ist auch $b^i \equiv a$.

Vollständigkeit

(48) Ist $a_n{}^i \equiv a_m$ (a_n älter als $a_m [m = n - x]$), so ist 1) $a_n{}^i = x_m$ für alle x_m, die ein Teil von a_m, und 2) $a_n{}^i \neq x_m$ für alle x_m, die teilfremd mit a_m sind.

Für a_n jünger als a_m ($m = n + x$) gilt die Folgerung nicht notwendig.

Zusammenhang
zwischen «vollständiger Individualgenidentität» und «Individualgenidentität überhaupt»

(50) Ist $\alpha'{}^i = \beta$, so lassen sich α und β derart durch gleichaltrige Gebilde zu a und b ergänzen ($a \equiv [\ldots, \alpha, \ldots]$; $b \equiv [\ldots, \beta, \ldots]$), daß $a^i \equiv b$ ist.

Zusammenhang
zwischen «vollständiger Individualgenidentität» und «nicht-vollständiger Individualgenidentität»

(49 a) Ist $a_n{}^i \equiv a_m$ (a_m jünger als a_n), so ist $a_n{}^i \not\equiv x_m$ für alle $x_m \not\equiv a_m$.

(49) Ist $a_n{}^i \equiv a_m$ (a_m jünger als a_n), so ist $a_n{}^i \not\equiv x_m$ für alle $(\ldots, x_m, \ldots) \equiv a_m$.

(59) Ist $a_n{}^i \equiv a_m$ und $a_n'{}^i \equiv a_m$ ($a_n [a_n']$ älter als a_m; $a_n \not\equiv a_n'$), so ist entweder $a_n \equiv (\ldots, a_n', \ldots)$ oder $a_n' \equiv (\ldots, a_n, \ldots)$.

Kontinuität der Reihe

(52, 53) Auf jedem beliebigen zwischen zwei individualgenidentischen Gebilden liegendem Altersschnitt gibt es ein Gebilde, das mit den anderen Gebilden vollständig individualgenidentisch ist.

Ist $a^i \equiv a$, so gibt es auf jedem Reihenschnitte zwischen a und b ein x derart, daß $a^i \equiv x^i \equiv b$ ist.

Die Fälle von Transitivität der Relation

(54) Der Schluß $a^i \equiv b$
$b^i \equiv c$
$\overline{a^i \equiv c}$ gilt,

1) wenn b zwischen a und c liegt,
2) wenn b älter (zeitlich später) als a und c ist.

Er gilt nicht notwendig, wenn b jünger als a und c ist. In diesem Falle gilt die Transitivität, wenn es kein mit dem mittleren der drei Gebilde teilgemeinsames Gebilde gibt, das vollständig individualgenidentisch mit dem jüngsten der drei Gebilde ist (folgt aus Satz 59).

Beiderseitige Begrenztheit der v. I.-Reihen

a) Der jüngste (früheste) Schnitt

(55, 57) Zu einer Reihe vollständig individualgenidentischer Schnitte gibt es einen vollständig individualgenidentischen «jüngsten» (zeitlich frühesten, letzten) Schnitt (bis zu dem es eine kontinuierliche Reihe derartiger Schnitte, über den hinaus es aber keine jüngeren individualgenidentischen Gebilde gibt).

Ist $a_n{}^i \equiv a_m$, so gibt es ein $a_j{}^i \equiv a_n{}^i \equiv a_m$ derart, daß für alle x_y jünger als a_j $x_y{}^i \neq a_j$ ist.

(56) Der jüngste Schnitt einer v. I.-Reihe ist nur von dieser Reihe selbst her bestimmbar.

b) Der älteste (späteste) Schnitt; die v. I.-Reihe

(67) Die durch die Beziehung der vollständigen Individualgenidentität eindeutig bestimmten Reihen besitzen einen ältesten (zeitlich spätesten, ersten) Schnitt. Ob es weitere ältere Schnitte gibt, bleibt unbestimmt. (Der älteste Schnitt der v. I.-Reihen entspricht dem jüngsten Schnitt der v. A.-Reihen.)

Eine solche, einen ältesten und jüngsten Schnitt besitzende Reihe heißt, wenn sie nicht durch einen durchgehenden Längsschnitt in eine Mehrzahl derartiger Reihen zerlegbar ist, «vollständige Individualreihe» (v.I.-Reihe) (vgl. S. 143–144).

c) Der Todesschnitt

(68) Ist $a_t{}^i \equiv a_n$ und gibt es kein Gebilde a_{t+x} älter als a_t derart, daß $a_t{}^i \equiv a_{t+x}$ ist, so heißt a_t der Todesschnitt der Reihe $a_n \ldots a_t$.

Ausgezeichnetheit des ältesten Schnittes und der Richtung auf die jüngeren Schnitte

(69) Eine v. I.-Reihe ist durch ihren ältesten Schnitt und nur durch ihn notwendig eindeutig bestimmt (vgl. S. 143–144).

(69a) Eindeutigkeit führt die vollständige Individualgenidentität nur beim Fortgang in der Richtung auf die jüngeren (früheren) Schnitte mit sich (vgl. S. 138–139).

Die Bedingungen der Identität von v. I.-Reihen

(64) Ist ein Schnitt einer v. I.-Reihe identisch mit dem Schnitt einer anderen v. I.-Reihe, so sind alle abstandsgleichen jüngeren Schnitte identisch miteinander. Die Identität der älteren Schnitte bleibt fraglich.

Ist $a_n{}^i \equiv a_{n-x}$ und $a'_n{}^i \equiv a'_{n-x}$, ferner $a_n \equiv a'_n$, so ist auch $a_{n-x} \equiv a'_{n-x}$ für alle a_{n-x} (a'_{n-x}) jünger als a_n (a'_n).

(65) Sind die ältesten Schnitte zweier v. I.-Reihen identisch, so sind die ganzen Reihen identisch miteinander.

(59) Ist $a_n{}^i \equiv a_{n-x}$ und $a'_n{}^i \equiv a'_{n+x}$, ferner $a_n \equiv a'_n$, jedoch $a_{n+x} \not\equiv a'_{n+x}$,

so ist $a_{n+x} \equiv (\ldots, a'_{n+x})$ oder $a'_{n+x} \equiv (\ldots, a_{n+x})$ für alle a_{n+x} (a'_{n+x}) älter als a_n (a'_n).

Teilung und Vereinigung von v. I.-Reihen

(60) Von den bei einer Teilung eines biologischen Gebildes a_n entstandenen teilfremden Gebilden $a'_{n+x}, a''_{n+x}, a'''_{n+x}, \ldots$ ist höchstens ein Gebilde individualgenidentisch mit dem ursprünglichen Gebilde. Dieses eine Gebilde ist auch «vollständig individualgenidentisch» mit ihm.

Ist a_n in die Teile $a'_{n+x}, a''_{n+x}, a'''_{n+x}, \ldots$ zerlegt worden, so ist entweder 1) $a_n{}^i \neq a'_{n+x}, a_n{}^i \neq a''_{n+x}, a_n{}^i \neq a'''_{n+x}, \ldots$; oder 2) $a_n{}^i = a'_{n+x}$ und dann auch $a_n{}^i \equiv a'_{n+x}$, sowie $a_n{}^i \neq a''_{n+x}, a_n{}^i \neq a'''_{n+x}, \ldots$.

(61) Das durch eine Vereinigung einer Mehrzahl von getrennten biologischen Gebilden $a'_n, a''_n, \ldots$ entstandene Gebilde a_{n+x} ist nicht mit der Gesamtheit, sondern höchstens mit einem Gebilde a'_n individualgenidentisch, mit diesem aber vollständig individualgenidentisch.

Ist a_{n+x} durch Vereinigung von $a'_n, a''_n, a'''_n, \ldots$ entstanden, so ist entweder 1) $a'_n{}^i = a_{n+x}$, dann aber auch $a'_n{}^i \equiv a_{n+x}$ und zugleich $a''_n{}^i \not\equiv a_{n+x}; a'''_n{}^i \not\equiv a_{n+x}; \ldots$ (also auch $[a'_n, a''_n, a'''_n, \ldots]{}^i \not\equiv a_{n+x}$); oder 2) $a'_n{}^i \not\equiv a_{n+x}; a''_n{}^i \not\equiv a_{n+x}; \ldots$ und $(a'_n, a''_n, \ldots){}^i \not\equiv a_{n+x}$.

(63) Für jede einen ältesten und einen jüngsten Schnitt besitzende Reihe vollständig individualgenidentischer Schnitte gibt es eine alle Schnitte treffende Zerlegung in vollständig individualgenidentische, untereinander teilfremde Teilschnitte derart, daß eine weitergehende Zerlegung in derartige Teilschnitte nicht möglich ist.

Ist $A_{\ddot{a}}{}^i \equiv A_j$, so gibt es eine Zerlegung $A_{\ddot{a}}{}^i \equiv (a_{\ddot{a}}, b_{\ddot{a}}, c_{\ddot{a}}, \ldots, n_{\ddot{a}})$ und $A_j{}^i \equiv (a_j, b_j, \ldots, n_j)$ derart, daß $a_{\ddot{a}}{}^i \equiv a_j; \ldots; n_{\ddot{a}}{}^i \equiv n_j$ ist und eine weitergehende derartige Zerlegung nicht möglich ist.

(63a) Eine vollständige Individualreihe (v. I.-Reihe) läßt sich nicht durch einen die ganze Reihe spaltenden Längsschnitt in mehrere v. I.-Reihen zerlegen.

Zugehörigkeit zu einer vollständigen Individualreihe

(65) Dasselbe Gebilde kann in verschiedenen v. I.-Reihen als vollständiger Schnitt vorkommen; aber nur in einer v. I.-Reihe als ältester Schnitt. (Dagegen in verschiedenen Reihen als jüngster Schnitt.)

(66) In derselben v. I.-Reihe kann ein Gebilde nur einmal als Schnitt oder Schnitteil vorkommen.

Zweiter Abschnitt
Die genetischen Reihen in der Entwicklungsgeschichte

Die Verwandtschaft

I. Verwandtschaft als Eigenschaftsbeziehung

a) Verwandtschaftsbegriffe der Physik

In der Physik bedeutet «Verwandtschaft» die «chemische Affinität», also den Intensitätsfaktor der chemischen Energie. Sie bezeichnet die Ursache der chemischen Vereinigung.

Daneben benutzt die Physik den Terminus «Verwandtschaft» zur Bezeichnung von Gleichheiten, Ähnlichkeiten oder «Ableitbarkeiten» verschiedener Gebilde, insbesondere als Ausdruck ihrer nahen Stellung im periodischen System, also im Sinne von «Systemverwandtschaft» bei Elementen oder Verbindungen[72].

b) Verwandtschaftsbegriffe der Biologie

Der chemischen Affinität entspricht in der Biologie in gewisser Hinsicht die «Vereinigungsneigung» von Ei und Sperma, wie sie z. B. für Bastardierungsversuche wesentlich ist, oder die Plantationsfähigkeit von Geweben (vgl. Collier 1920[II]).

Dem Begriff der Eigenschaftsähnlichkeit als Systemverwandtschaft ist in der Biologie nach Sinn und Funktion der Begriff der «Typenverwandtschaft»[73] (vgl. Lewin 1920a, 10ff.) wissenschaftstheoretisch vollkommen äquivalent. Auf ihm baut sich das «System» der biologischen Gebilde auf. Der Begriff der Systemverwandtschaft in Physik und Biologie entspricht sich auch darin, daß beidemal nicht nur die unmittelbar wahrnehmbaren Gleichheiten und Ungleichheiten der Eigenschaften für den Verwandtschaftsgrad maßgebend sind, sondern die Gleichheiten oder Verschiedenheiten der Reaktionsweise, Äquivalenzbeziehungen und die Möglichkeit der «Ableitung».

Dieses «genetische» Moment der analytischen oder synthetischen «Herleitung» verschiedener Gebilde auseinander kommt in den Strukturformeln der Chemie zum Ausdruck und beherrscht dort die «Systematik» der zusammengesetzten Stoffe und neuerdings auch eines Teiles der Elemente oder der «Elementtypen» (Fajans 1919, 35). Es tritt auch in der Biologie gemäß ihrer allgemeinen

Entwicklung von einer «Beschreibungs-» zu einer «Erklärungswissenschaft» (vgl. S. 294–295) gegenüber den «äußeren Ähnlichkeiten» immer stärker in Erscheinung. Diese Ableitung der biologisch überhaupt möglichen «Typen» aufgrund ihrer «inneren Konstitution» ist, so sehr diese sich von einer bloß äußeren Ähnlichkeit unterscheidet, nicht mit den «historischen» Verwandtschaftsbeziehungen der gegenwärtig vorhandenen oder ausgestorbenen Arten zu verwechseln, mit denen sich der Darwinismus beschäftigt[74]. Zieht man die «idioplasmatischen Ähnlichkeiten» (O. HERTWIG 1916, 74) oder die etwa in der Vereinbarkeit des Erbgutes zutage tretende «innere Konstitution» zur Bestimmung der Stellung verschiedener Typen zu einander heran (vgl. das System der Hühnervölker bei POLL 1920, 426), so ist eine solche Ordnung wissenschaftstheoretisch der Ableitung z. B. der Methanderivate aus dem Methan in der Chemie parallel zu setzen[75]. Bei der phylogenetischen Verwandtschaft handelt es sich um existentielle Beziehungen zwischen individuellen, in der historischen Zeit eindeutig bestimmten Lebewesen (oder bestimmter Gruppen individueller Lebewesen), hier jedoch um eine ahistorische Möglichkeit der Ableitung «so-beschaffener» Gebilde, also einer nur als Typus bestimmten Klasse. Aus dem Umstand, daß Spiritus (C_2H_5OH) in der chemischen Systematik von Äthan (C_2H_6) als dessen Derivat abgeleitet wird, kann man nicht ohne weiteres folgern, daß C_2H_5OH historisch später als C_2H_6 aufgetreten und daß alles gegenwärtig existierende C_2H_5OH aus C_2H_6 durch Substitution entstanden ist.

Unter gewissen Umständen oder bestimmten uns hier nicht näher berührenden Voraussetzungen mag sich allerdings in der Physik und entsprechend in der Biologie ein genereller Schluß von Konstitutionsgemeinsamkeiten auf die «Geschichte» sämtlicher der betreffenden Klasse angehörender Gebilde ziehen lassen. Jedenfalls aber liegt dann ein besonderer Schluß vor[76].

Die genetische Ableitungsmöglichkeit gehört also nicht zu den «Existentialbeziehungen», sondern zu den «Eigenschaftsbeziehungen» im Sinne dieser Arbeit – obwohl es sich nicht um äußere Ähnlichkeiten handelt –.

Die unhistorischen, «systematischen Stammbäume», die über Ableitungsmöglichkeiten Auskunft geben sollen, bedürfen daher, sofern sie überhaupt in eine einheitliche graphische Darstellung zu bringen und nicht wie in der Chemie durch die Konstitutionsformeln auszudrücken sind, einer anderen Darstellung als die «phylogenetischen Stammbäume», die in einer Ebene darstellbar sind und deren Verzweigungsstellen ein (mehr oder weniger eng umrissener) Zeitsinn zukommt[77].

II. Die Verwandtschaft als Existentialbeziehung

Neben dieser Typen- oder Systemverwandtschaft und der Verwandtschaft als Vereinigungsfähigkeit, die beide Eigenschaftsbeziehungen ausdrücken, gibt es in der Biologie jedoch noch weitere Verwandtschaftsbegriffe: die Verwandtschaft der Vorfahren mit den Nachkommen und die der Geschwister untereinander bedeutet eine Existentialbeziehung zwischen Gebilden, unabhängig von allen Eigenschaftsgleichheiten und -ungleichheiten.

Die Existentialbeziehung, die biologisch «Verwandtschaft» genannt wird, kann einmal zwischen Gebilden bestehen, die auseinander hervorgegangen sind, z. B. zwischen Kind und Eltern oder Großeltern, oder zwischen Gebilden, die gemeinsame Vorfahren oder Nachkommen besitzen. Die Existentialbeziehung zwischen Vorfahren und Nachkommen, das existentielle Auseinanderhervorgehen im Nacheinander ist hier als Genidentität bezeichnet worden. Für die Verwandtschaft als Existentialbeziehung im Nebeneinander von Genidentitätsreihen sind zwei Grundfälle zu unterscheiden: die *Geschwisterbeziehung,* bei der gemeinsame Vorfahren, und die *Gattenbeziehung,* bei der gemeinsame Nachkommen vorhanden sind.

a) Die Gattenschaft (Connubialverwandtschaft)

Die Physik besitzt keine Existentialbeziehung, die der Verwandtschaft als Existentialbeziehung im Nebeneinander der Genidentitätsreihen äquivalent ist.

Dies hängt damit zusammen, daß es bei den physikalischen Reihen restlos genidentischer Schnitte zu jedem beliebig herausgegriffenen Schnitteil eine nach vorwärts und rückwärts unbegrenzte Reihe restlos genidentischer ($^p\equiv$) Schnitteile gibt. Dagegen gibt es bei einer vollständigen Avalreihe der Biologie, z. B. im Falle regelmäßiger Zweieltrigkeit (Abb. 24), zu einem Gebilde eines Schnittes schon in der nächstjüngeren Generation kein Gebilde mehr, das mit ihm vollständig avalgenidentisch ($U2a\equiv$) ist (vgl. S. 149f.).

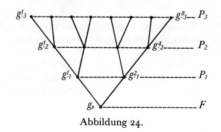

Abbildung 24.

Die vollständigen Avalreihen lassen in diesem Falle keine Zerlegung der jüngeren Generationsschnitte in vollständig avalgenidentische Teilschnitte nach Maßgabe der Glieder der älteren Generationsschnitte zu. Die Angabe des vollständig avalgenidentischen generationsälteren Schnittes eines mehreltrigen Individuums macht daher eine Zusammenfassung mehrerer biologischer Gebilde notwendig, die der Physik fremd ist. *So wird durch die Unzerlegbarkeit der generationsjüngeren Glieder eine Zusammenfassung bestimmter Glieder der generationsälteren Schnitte aufgrund der Existentialbeziehung herbeigeführt.* Die so zusammengefaßten Gebilde, d. i. Gatten oder Gameten, werden als «verwandt» bezeichnet, und zwar sei eine derartige Verwandtschaftsbeziehung «Gattenschaft» genannt.

Auch die Verwandtschaft zwischen dem einen Elter und dem Kind, die eine Beziehung «unvollständiger Avalgenidentität» ($^a=$) darstellt, ist durch diese Unzerlegbarkeit des Kindes und durch die Ganzheit schon des einen Elter von der physikalischen «Genidentität überhaupt» ($^t=$) unterschieden. Die Verwandtschaft im Nacheinander besagt, daß die verwandten Gebilde nicht nur avalgenidentisch überhaupt, sondern auch beide «Individuen», Ganzheiten sind.

Auch die vollständigen Individualreihen der Biologie ließen sich im Längsschnitt nicht in vollständige Individualteilreihen zerlegen. Aber Gebilde, die individualgenidentisch überhaupt ($^i=$) sind, sind nicht in demselben Sinne, wie bei den Avalreihen una, sondern gerade unselbständige Teile. Derartige Teile werden auch nicht als biologisch verwandt im Sinne der bei den Avalreihen auftretenden Verwandtschaft bezeichnet.

Zu dem Begriff der Verwandtschaft als einer unabhängig von allen Eigenschaftsgleichheiten oder -ungleichheiten bestehenden Existentialbeziehung der Biologie gibt es also in der Physik im Gegensatz zu den beiden vorhergenannten Verwandtschaftsbegriffen der «Vereinigungsfähigkeit» (oder Vereinigungsneigung) und der «Eigenschaftsähnlichkeit» (Typenverwandtschaft) keinen wissenschaftstheoretisch äquivalenten Begriff.

Die «Gattenschaft» bedeutet die Zugehörigkeit mehrerer Gebilde zu demselben Schnitt einer vollständigen Avalreihe und ist bedingt durch die besonderen Gesetze der Zerlegbarkeit dieser Reihen im Längsschnitt. Die vier Großeltern stehen also ebenfalls in Gattenschaft zueinander, wenn auch in einer Gattenschaft geringeren Grades. Ausschlaggebend ist lediglich das Vorhandensein gemeinsamer Nachkommen.

Je nach dem Generationsabstand von den direkten gemeinsamen Nachkommen könnte man Gatten, Großgatten, Urgroßgatten usw. unterscheiden.

Die Beziehung der Gattenschaft zur Avalreihe macht es ohne weiteres verständlich, warum hier eine besondere Auszeichnung des Nebeneinander gemeinsamer Vorfahren, aber nicht gemeinsamer Nachkommen besteht: die Unzerlegbarkeit gemäß den Gliedern eines Schnittes besteht nur für die generationsjüngeren, aber nicht für die generationsälteren mehreltrigen Glieder einer v. A.-Reihe. Denn die Geschwisterbeziehung (Kollateralverwandtschaft) geht nicht in die Ahnentafel ein, sondern ist ein spezieller Fall von «Blutsverwandtschaft».

Obgleich es sich bei der Gattenschaft um eine Existentialbeziehung handelt – die also nicht mit der Eigenschaft biologischer Gebilde, vereinigungsfähige Geschlechtsprodukte zu besitzen, oder mit irgendwelchen anderen Gleichheiten und Ungleichheiten selbst der Konstitution verwechselt werden darf –, kommt diese Beziehung den betreffenden Gebilden nicht jedem für sich genommen fest zu, sondern nur unter Bezugnahme auf ganz bestimmte Abkömmlinge. In bezug auf einen bestimmten Organismus a können zwei Organismen in Gattenbeziehung stehen, während sie in bezug auf den Organismus b in keiner Gattenbeziehung zu stehen brauchen. Es kann nämlich entweder keiner oder nur einer von ihnen der Ahnentafel von b angehören oder es können beide auf verschiedenen Schnitten dieser Tafel liegen (vgl. S. 151 f.).

Damit stimmt überein, daß die *Gattenverwandtschaft keine transitive* Relation ist.

Da die biologische Forschung demgemäß vorwiegend, wenn nicht ausschließlich, die Existentialbeziehung im Nacheinander der Ahnentafel interessiert, sei davon abgesehen, die logische Struktur dieses «organismischen» Begriffes der Gattenverwandtschaft eingehender zu erörtern als zur Abgrenzung gegen den im folgenden zu besprechenden «historischen» Verwandtschaftsbegriff erforderlich ist.

b) *Die Blutsverwandtschaft (Consanguinitas)*

Durch die in einer vollständigen Avalreihe vorkommenden Beziehungen wird der Begriff der Verwandtschaft als Existentialbeziehung keineswegs erschöpft. Unter «Verwandtschaft» als Existentialbeziehung versteht man in der Biologie im allgemeinen nicht das Vorhandensein gemeinsamer Vorfahren. Nicht nur die «Ahnentafel», also die Avalgenidentität, sondern auch der «Stammbaum» definiert Verwandtschaftsbeziehungen, die nicht Eigenschaftsähnlichkeiten ausdrücken sollen.

Es ist von entscheidender Wichtigkeit, daß diese beiden Arten von Verwandtschaft, die «Gattenschaft» und die «Blutsverwandtschaft» (consanguinitas), nicht durch dieselbe Art biologischer Genidentitätsreihen bestimmt werden. Das Übersehen des Umstandes, daß bei den beiden Verwandtschaftsbegriffen nicht eine bloße Richtungsverschiedenheit, sondern eine durch eine völlig andere Grundbeziehung definierte Reihenart vorliegt, mußte zu scheinbar unlösbaren Schwierigkeiten führen.

O. HERTWIG (1917, 230) hat es zum erstenmal unternommen, «alle Beziehungen der Deszendenz und Aszendenz, also Stammbaum und Ahnentafel, in einem Bild zusammenzufassen», das er das «genealogische Netzwerk» nennt (vgl. Abb. 25). «Die von den einzelnen Familien abstammenden Nachkommen sind durch Deszendenzlinien angegeben; dabei sind solche weggelassen worden, die vor dem zeugungsfähigen Alter gestorben oder zu keiner Eheschließung gelangt sind. Sollte auch ihre Aufnahme zur Vervollständigung erwünscht sein, so könnte es durch Linien geschehen, die auf verschiedener Höhe je nach dem früher oder später erfolgten Tod des Nachkommens abbrechen. Ein Beispiel hierfür ist bei der Familie c zu finden. Die Deszendenzlinien sind im Schema teils in punktierten, teils in gestrichelten, teils in ausgezogenen dickeren oder feineren Linien wiedergegeben. Es ist dies geschehen, um in dem

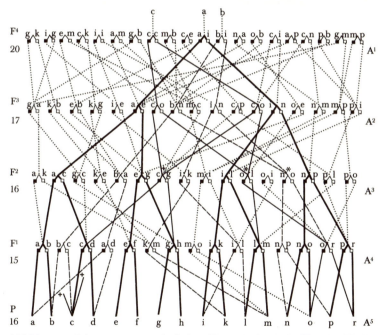

Abbildung 25. Schema vom genealogischen Netzwerk. Nach O. Hertwig. Um im Netzwerk die Ahnen von Probandus a oder c oder b rascher aufzufinden, sind die Deszendenzlinien von a als dickere Striche, von c als feinere Striche, von b als gestrichelte Linien hervorgehoben. Alle übrigen Linien des Netzwerkes sind punktiert gezeichnet.

Netzwerk der sich kreuzenden und durchlaufenden Deszendenzlinien die Ahnen von dem in der obersten Reihe verzeichneten Probandus *c* oder *a* oder *b* rascher aufzufinden. Sie liefern uns nämlich drei Beispiele für verschiedene Arten des sogenannten *Ahnenverlust*.

In dem Netzwerk sind die Personen, zwischen denen Ehen stattfinden, als kleine Quadrate besonders markiert und zwar als schwarze Quadrate für das männliche und als weiße für das weibliche Geschlecht. Die zu neuen Familien verbundenen Personen, zu denen die Deszendenzlinien von der Elterngeneration hinziehen, sind paarweise dicht zusammengestellt und als ein Zeichen der Eheschließung durch zwei kurze Linien verbunden, die einen Winkel bilden, von dessen Spitze die neuen Deszendenzlinien der nächsten Generation ausgehen. Wie bei der üblichen Anfertigung der Ahnentafeln finden in allen Paaren die männlichen Personen immer links von der weiblichen ihren Platz.

Obwohl die Eheschließungen zwischen den Deszendenten der zum Ausgang gewählten Familien *a−r* zu verschiedenen Zeiten stattfinden, sind sie zur Vereinfachung der graphischen Darstellung und Gewinnung einer besseren Übersicht zeitlich zusammengezogen, also gleichsam auf eine Ebene projiziert, und ebenso ist es bei den Eheschließungen in der zweiten, dritten und vierten Generation geschehen».

Das «genealogische Netzwerk», das zum erstenmal die gesamten Verwandtschaftsbeziehungen einer bestimmten Gruppe von Organismen darzustellen unternimmt, also sowohl die «Gattenschaft» (Konnubialverwandtschaft) als auch die «Blutsverwandtschaft» (Consanguinitas) scheint mir bei näherem Eingehen die wesentlichen Verschiedenheiten der Existentialbeziehung in Ahnentafel und Stammbaum deutlich machen zu können.

Dabei ist jedoch nicht die Absicht maßgebend, die praktische Brauchbarkeit dieser Darstellungsweise für bestimmte Zwecke einer Kritik zu unterziehen. Hier mag das Urteil des Biologen allein entscheiden. Es seien lediglich die in einem solchen Ansatz liegenden Ordnungstypen einer Analyse unterzogen. Aus diesem Grunde braucht auch nicht auf die zahlreichen anderen Darstellungsweisen von Ahnentafel und Stammbaum eingegangen zu werden, da sie für die hier in Betracht kommenden Grundordnungsprinzipien nichts Neues bieten.

Die Anordnung der Ahnen eines Probandus in der Ahnentafel (Abb. 24) (der «vollständigen Avalreihe»; v.A.-Reihe) besitzt, wie wir sahen, keinen eindeutigen Zeitsinn. Das Medium in dieser Darstellung ist nicht als kontinuierliche Zeit aufzufassen, sondern als eine «überall undichte» Folge von «in sich» ausgedehnten Generationen. Nur als solche sind die Schnitte eindeutig in Nacheinander «geordnet». Zeitlich überschneiden sich die Generationen jedoch fast immer; ja Glieder jüngerer Generationen können zeitlich vollkommen vor Gliedern älterer Generationen liegen, da die Generationsfolge in den verschiedenen Zweigen der Ahnenreihe zeitlich sehr verschieden dicht liegen kann (vgl. S. 158f.). Die Verbindungslinien zwischen den Gliedern der aufeinanderfolgenden Generationen sind also unzeitliche Bezugnahmen und stellen nicht Lebewesen dar. Ein zwischen zwei folgenden Generationen geführter Querschnitt durch die Verbindungslinien bestimmt nicht etwa irgendwelche Organismen in irgendwelchen Momenten ihres Lebens, sondern hat, wie wir sahen, überhaupt keinen Organismen darstellenden Sinn (dies gerade definierte einen Generationsschritt). Die gesamte, den Organismus ausmachende Individualgenidentitätsreihe wird vielmehr durch die Schnittpunkte der Linien dargestellt.

Fragt man nach dem Sinn der Verbindungslinien im «genealogischen Netzwerk», so hat man zwei Arten von Linien zu unterscheiden. Die kurzen, einen Winkel bildenden Linien zwischen den Ehegatten stellen nicht selbst Organismen dar, sondern sind nur ein «Zeichen der Eheschließung». Die übrigen sind dagegen «Deszendenzlinien», die Nachkommen jedenfalls insofern angeben, als jeder Deszendenzlinie immer nur ein Individuum zugeordnet ist und umgekehrt. Zur äußeren Vereinfachung der Analyse sollen hier die Eheschließungen durch Querstriche dargestellt werden, von deren Mitte die neuen Deszendenzlinien ausgehen (Abb. 26). Damit ist insofern eine Einheitlichkeit erreicht, als nun alle Linien, die eine Ausdehnung in der Längsrichtung der Reihe besitzen (= verschiedene Reihenquerschnitte schneiden), Nachkommen bezeichnen resp. «Deszendenzlinien» sind.

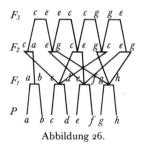

Abbildung 26.

Die im genealogischen Netzwerk am Endpunkt der Deszendenzlinien gezeichneten Quadrate sind in den folgenden Zeichnungen als unwesentlich für die hier unternommene Analyse weggelassen. Man kann sie sich, ohne daß dadurch etwas geändert würde, am Anfang oder Ende jeder Deszendenzlinie angefügt denken.

Im genealogischen Netzwerk ist trotz des unterschiedlichen Zeitpunktes der Eheschließungen in einer Generation die Darstellung in Generationen analog der Darstellungsweise der Ahnentafeln beibehalten worden. Dabei fällt jedoch eine Schwierigkeit auf: ein Individuum heiratete ein Geschwisterkind, ein gewiß häufig vorkommender Fall. Von den Eltern des Parens l im Beispiel (Abb. 25) gehe etwa ein weiterer Deszendent l' aus, der mit dem ersten i (von links) der F_2-Generation eine Ehe schließe (Abb. 27). Dann wird es zweifelhaft, ob die Eheschließung zwischen l' und i in die F_1- oder in die F_2-Generation gehört. Denn sie ist von der P-Generation einerseits nur eine, andererseits jedoch zwei Generationsschritte entfernt.

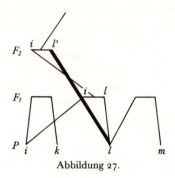

Abbildung 27.

Man könnte sich zunächst mit der willkürlichen Regel zu helfen suchen, derartige Eheschließungen in die spätere Filialgeneration zu verlegen. Ein solcher Ausweg versagt jedoch bei einer Eheschließung eines Individuums mit verschiedenen anderen Individuen. Gehören die beiden Gatten g' und g'' des Individuums i derselben Generation an, so müßten entweder von dem Parens i eine Linie in die Nähe von g' und eine zweite in die Nähe von g'' gezogen werden (Abb. 28 a); oder aber es müßte von dem neben g' befindlichen i eine Querlinie zu g gezogen werden (Abb. 28 b). Der erste Ausweg würde die Grundsetzung, daß jede Längslinie einem besonderen Nachkommen zugeordnet ist, aufheben. Die zweite würde auch den Querstrichen den Sinn von Individuen geben, und machte besonde-

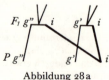

Abbildung 28 a

Abbildung 28 b

re Regeln über die Zugehörigkeit der Kinder von g' und g'' notwendig. Sie versagt jedoch, wenn ein Individuum zwei zu verschiedenen Generationen gehörende Individuen heiratet (Abb. 29). Dann würde die von dem i der F_1-Generation ausgehende und nach dem i von F_2 führende Linie dasselbe Individuum bedeuten wie das vom Parens i ausgehende Individuum[78].

Alle diese Schwierigkeiten entstammen demselben Motiv: die Anordnung der Eheschließungen nach Analogie der Generationen der Ahnentafel gerät mit dem zeitlichen Moment in Konflikt, das in den den Nachkommen eindeutig zugeordneten Deszendenzlinien liegt. Daß trotz der (je nach dem Geschlecht schwarzen oder weißen) Quadrate am Ende der Linien im «genealogischen Netzwerk» auch in den Deszendenzlinien ein zeitliches, den Lebensprozeß der Individuen darstellendes Moment enthalten ist, wird besonders deutlich an der Darstellungsweise unverheirateter Nachkommen. Sie werden durch Linien veranschaulicht, die auf verschiedener Höhe je nach dem früher oder später erfolgten Tod der Nachkommen abbrechen (Abb. 25 und 30). Damit erhalten die Deszendenzlinien nicht nur einen unzweideutigen, dem Leben der Individuen zugeordneten Zeitsinn, sondern die Abstände von der Grundlinie, das heißt, die kontinuierliche Folge der Querschnitte im Netzwerk wird zugleich zu einer zeitlichen Ordnung erhoben.

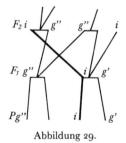

Abbildung 29.   Abbildung 30.

Das Leben der Individuen pflegt mit der Eheschließung keineswegs abzubrechen. Nimmt man daher überhaupt Nachkommen, die keine Ehe eingehen, in die Darstellung auf, so muß man konsequenterweise auch das Leben der Ehegatten nach der Eheschließung mit anführen: d. h. es sind die Deszendenzlinien über die Eheschließung hinaus bis zum Tode der Individuen fortzuführen (Abb. 31).

Was vom Tode der Individuen gilt, gilt analog von der Darstellung ihrer Geburt. Gibt man den Querschnitten in der Reihe über-

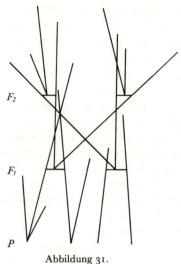

Abbildung 31.

haupt einmal einen Zeitsinn, so erscheint es unberechtigt, alle Nachkommen einer Ehe, deren Geburt um ein ganzes geschichtliches Geschlecht auseinander liegen kann, in einem Punkte, also auf demselben Querschnitt der Reihe, beginnen zu lassen. Ja es fragt sich, warum das, was juristisch-soziologisch eine Ehe heißt, hier jedoch biologisch durch die Erzeugung gemeinsamer Nachkommen charakterisiert ist, nicht gemäß der Anzahl der Zeugungen jedesmal neu als eine biologische Eheschließung dargestellt wird. Mit einem derartigen Zurückgehen auf die einzelnen Zeugungen würden auch die erwähnten besonderen Schwierigkeiten der Darstellung von Eheschließungen eines Individuums mit einer Mehrzahl verschiedener Individuen fortfallen.

Bringt man das in den Deszendenzlinien des genealogischen Netzwerks und nicht minder in anderen Stammbaumdarstellungen enthaltene Zeitmoment rein zur Durchführung, so kommt man zur Benutzung eines Bezugssystems, dessen Querschnitte eine eindeutige Zeitordnung darstellen, dessen Längsschnitte dagegen keine bestimmte Ordnung bedeuten. Die einfache, aber trotzdem alle überhaupt möglichen Fälle umfassende Regel für die Darstellung des «vollständigen Stammbaumes» («Chronologische Stammtafel», Abb. 32 und 33) lautet dann:

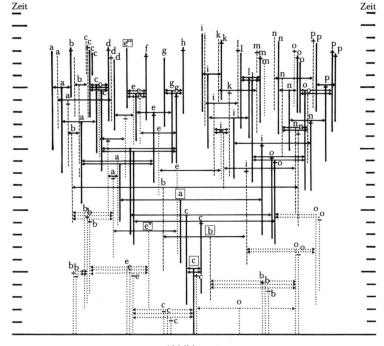

Abbildung 32
Chronologische Stammtafel. Die Individuen werden durch Längsstriche dargestellt gemäß der Zeitdauer ihres Lebens. Querstriche am oberen Ende verbinden sie mit den Eltern. Die weiblichen Individuen sind an einem kurzen Querstrich am Kopf kenntlich. Die Buchstaben bezeichnen den Familiennamen.
Die Stammbäume, denen die Probandi $\boxed{a}$, $\boxed{b}$ und $\boxed{c}$ des «genealogischen Netzwerks» angehören, sind schematisch dargestellt. Probandus *a* liegt infolge der rascheren Aufeinanderfolge der zu ihm führenden Generationen um ein volles geschichtliches Geschlecht früher als *c*. Der Stammbaum des Probandus $\boxed{e^+}$ liefert ein Beispiel für den Generationsverlust der zum Parens $\boxed{e^{++}}$ führenden männlichen gegenüber der weiblichen Linie.

Die einzelnen Individuen werden als Längsstriche dargestellt gemäß der Zeitdauer ihres Lebens. Durch Pfeilspitzen verdeutlichte Querstriche geben die Zeugungen an und verbinden zugleich die Nachkommen mit den Vorfahren.

Zurückgreifend auf die allgemein gebräuchliche Stammbaumdarstellung bedeutet die Richtung nach unten die Deszendenz-, die Richtung nach oben die Aszendenzrichtung. Die weiblichen Individuen sind gegenüber den männlichen durch einen kurzen Querstrich am Kopf ausgezeichnet. Die Buchstaben bezeichnen den Familiennamen.

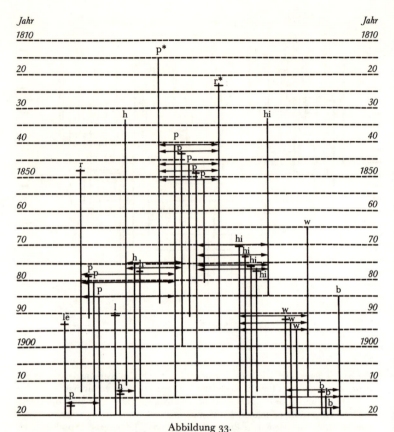

Abbildung 33.
Chronologische Stammtafel (unvollständig). Reales Beispiel verschieden rascher Generationsfolgen. Die eine weibliche Linie der Nachkommen der Parentes p^* und r^* ist bereits bis zur vierten Filialgeneration (Probandi b), die anderen Linien sind erst bis zur dritten Filialgeneration (Probandi p und h) gelangt.

Bei einer derartigen konsequenten Durchführung des Zeitsinnes der Reihen muß allerdings die Anschaulichkeit der Generationsfolgen aufgegeben werden. Aber gerade dieses Ineinandergreifen und selbst Durcheinandergehen der verschiedenen Generationen entspricht ja durchaus den biologisch-entwicklungsgeschichtlich gegebenen Tatsachen. Zudem bestätigt die Notwendigkeit des Verzichtes auf eine generationsweise Darstellung nur eine bereits von LORENZ (1898, 106f.) ausgesprochene Erkenntnis, zu der sich das «genealogische Netzwerk» in Widerspruch setzt, «daß es nämlich überhaupt undenkbar wäre, eine generationsweise Darstellung auf einer

Tafel zu geben, wenn man jedesmal die gesamten weiblichen und männlichen Deszendenten nebeneinanderstellen wollte.»

Eine solche *chronologische Stammtafel* veranschaulicht zugleich eine ganze Reihe von in einer Generationsdarstellung notwendig verloren gehenden Sachverhalten:

1) Die ganze *Lebensdauer* des Individuums nach ihrer Ausdehnung und Lage im Verhältnis zu den anderen Individuen ist dargestellt.

Es lassen sich daher, was für die Praxis der Vererbungslehre wichtig sein dürfte, auch das Eintreten biologisch wesentlicher Ereignisse, wie Krankheitsfälle u. ä., in die Darstellung aufnehmen.

2) Ob und wie oft *Zeugungen* während des Lebensprozesses eines Individuums stattgefunden haben, wird an der Zahl der den Längsstrich berührenden Pfeile deutlich. Zugleich geben diese Pfeile die zeitlichen Abstände der verschiedenen Zeugungen und das jeweilige Alter des Individuums bei der Zeugung an.

3) Die andere Spitze des Querstriches bezeichnet den Gatten bei der Eheschließung und läßt die Zahl der Gatten eines Individuums erkennen. Ferner sind die *Altersverhältnisse* der Gatten bei der Eheschließung ersichtlich.

4) Es ist ersichtlich, als *wievieltes* Kind jedes Elter ein Nachkomme erzeugt ist.

5) Die *Verwandtschaftsverhältnisse* sind vollzählig dargestellt. Es lassen sich sowohl die in den genealogischen Stammtafeln auf der Sukzession der männlichen Nachkommen beruhenden Familienbeziehungen wie die Verhältnisse der Ahnen der einzelnen Probandi ablesen. Es läßt sich das Aussterben einer Familie oder eines Geschlechtes verfolgen, seine Fruchtbarkeit und das Verhältnis von weiblichen und männlichen Individuen. Auch der Ahnenverlust ergibt sich. Soll derartigen speziellen Beziehungen eines Individuums, sei es eines Parens, sei es eines Probandus, nachgegangen werden, so ist es zweckmäßig, die betreffende Reihe in der Darstellung besonders hervorzuheben (im Beispiel Probandus *c*) oder auszuschreiben. Die Ahnentafel allerdings ist, ganz ebenso wie im «genealogischen Netzwerk», nicht eigentlich selbst dargestellt, sondern es wird nur die Unterlage zu ihrer Konstruktion gegeben.

6) Betrachtet man die zwischen zwei bestimmten Zeitschnitten liegenden Generationen, so ergibt sich die *verschieden rasche Aufeinanderfolge* der Generationen in den verschiedenen Familien (bei *a* um eine Generation rascher als bei *c*). Dabei kommt auch eine in den Stammbaumdarstellungen sonst verloren gehende, schon mehrfach erwähnte Erscheinung zum Ausdruck, die man als «Generationsverlust» bezeichnen könnte: zwischen einem Probandus und einem

bestimmten Ahnen können auf den verschiedenen, beide Individuen verbindenden Linien eine unterschiedliche Anzahl von Zwischengenerationen auftreten. Auch der Unterschied der männlichen und weiblichen Linien in dieser Hinsicht – LORENZ (1898, 106) rechnet auf drei männliche vier weibliche Generationen – kommt so zum Ausdruck. (Zwischen dem Probandus e^* und dem Parens e^{**}, vgl. Abb. 32, liegen auf der männlichen Linie drei, auf der weiblichen vier Generationen.)

Endlich sei erwähnt, daß eine derartige Darstellung des Stammbaums nicht auf die Fälle regelmäßiger Zweieltrigkeit beschränkt ist, sondern ohne weiteres auch für die Fälle regelmäßiger Eineltrigkeit oder wechselnder Fortpflanzungsweise verwendet werden kann (Abb. 34), was von Stammbaumdarstellungen, die für die biologi-

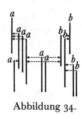

Abbildung 34.

sche Entwicklungsgeschichte relevant sein sollen, zu fordern ist. Die Eineltrigkeit wäre hier von der Zweieltrigkeit dadurch unterschieden, daß von dem Anfangspunkt der betreffenden Nachkommenlinie nicht zwei Pfeile zu den beiden Eltern, sondern nur ein Pfeil zu einem Elter hinführt (es stände auch nichts im Wege, die verschiedenen Generationen eines «Generationswechsels» tatsächlich als verschiedene, teils eineltrige, teils zweieltrige Individuen darzustellen).

Wenn hier auf die Darstellungsweise von Verwandtschaftsverhältnissen und Stammbäumen eingegangen wurde, so geschah das, wie bereits erwähnt, *nicht* in der Absicht einer *Kritik biologischer Theorien*. Lediglich eine Analyse der in den Darstellungsweisen der Biologie enthaltenen *Grundordnungsprinzipien*, soweit sie zum Auffinden etwaiger Verschiedenheiten ihrer konstituierenden Elemente notwendig ist, war angestrebt.

Als wesentliches Ergebnis wäre dabei folgendes zu nennen. Auch wenn man von den Stammbäumen der «Genealogie» im engeren Sinne ausgeht, die von der aus den Ahnentafeln herrührenden Anordnung der Individuen nach Generationen, also von einem diskontinuierlichen Ordnungstypus beherrscht werden, führt das Verfolgen der Deszendenz zu jener in der Phylogenie gebräuchlichen Anschauung, die den Stamm als einen zeitlichen Strom, als «Lebensprozeß der Art» (O. HERTWIG 1917, 239) ansieht und damit zur Anwendung eines kontinuierlichen Grundordnungstypus. Auf diesen für die Phylogenie und die in ihr auftretenden Blutsverwandtschaftsbeziehungen maßgebenden Grundordnungstypus sei im folgenden näher eingegangen.

Wiederum wird nicht nach irgendwelchen speziellen Theorien über die Entwicklungsgeschichte oder nach den einzelnen Verzweigungen zu fragen sein. Gleichgültig bleiben die Veränderung der Eigenschaften, Konstanz und Variation; ferner die Auffassung der Veränderung als Kumulation, Evolution, Epigenesis; endlich die biologischen Gesetze der Eigenschaftsveränderungen und deren Ursachen. Vielmehr soll lediglich untersucht werden, welcher Reihentypus von der in der Phylogenie gemeinten Beziehung des existentiellen Auseinanderhervorgehens bestimmt wird, und welche immanenten Eigentümlichkeiten dieser Reihenform sich feststellen lassen.

Der Grundordnungstypus der Phylogenie und die ihn konstituierende Existentialbeziehung sei hier jedoch weniger ausführlich als die bisher besprochenen Genidentitätsreihen und nur soweit erörtert, daß ihre Verschiedenheit von der durch die Avalgenidentität bestimmten Ahnentafel deutlich wird.

Die Stammgenidentität (Der Stamm)

I. DIE STAMMGENIDENTITÄT

Leitet man eine Klasse oder Art aus einer anderen phylogenetisch ab, oder führt man mehrere Klassen, z.B. die Conjugatae und die Diotomeae auf einen gemeinsamen Stamm zurück, so faßt man die Art oder Klasse als einen durch die Zeit hinfließenden Strom biologischer Gebilde auf. Ein solcher Strom kann sich von einem anderen abzweigen, kann wiederum selbst Teilströme derart aussenden, daß der Hauptstrom erhalten bleibt, oder er kann sich ganz in verschiedene Teilströme auflösen. Die gegenwärtig lebenden Organismen primitiverer Typen werden als der unverändert gebliebene Zweig eines Stammes angesehen, dessen andere Zweige sich zu höheren Typen «entwickelt» haben. Eine Art – und das gleiche gilt von einer Gattung oder Varietät – stellt für die entwicklungsgeschichtliche Betrachtungsweise eine sich durch die Zeit kontinuierlich erstreckende Folge dar, die von einer gewissen anderen Art zu einer bestimmten mehr oder weniger genau umgrenzbaren Zeit ihren Ausgang genommen hat und, sich verändernd oder unverändert beharrend, bis zu ihrem «Aussterben» durch die Zeit hin fortdauert. Die einen solchen zeitlichen Strom in einem bestimmten Zeitmoment darstellenden Schnitte sind es, die von der entwicklungsgeschichtlichen Betrachtung als existentiell auseinander hervorgegangene Gebilde angesehen werden. Die Eigenschaftsveränderung der so bestimmten Schnitte macht die «Entwicklung» im Sinne der Phylogenie aus. Von ihr z. B. wird behauptet (oder geleugnet), sie sei vom Einfachen zum Komplizierten fortgeschritten, sei durch den Kampf ums Dasein mitbedingt u. ä. m.

Die Existentialbeziehung zeitlich verschiedener Schnitte eines phylogenetischen Stammes sei als «Stammgenidentität» (Gentilgenidentität) bezeichnet. Daß die Entwicklungsgeschichte hier in der Tat eine «Genidentität», d. h. eine Beziehung des existentiellen Auseinanderhervorgehens unabhängig von allen Eigenschaftsgleichheiten und Ungleichheiten ansetzt, braucht nach dem bereits Angeführten kaum besonders aufgezeigt zu werden. Ist es doch die Idee, die verschiedenen Arten und Gattungen unabhängig von den besonderen Eigenschaftsbeziehungen nach den Abzweigungsstellen des existentiellen Auseinanderhervorgehens ordnen zu wollen, die der entwicklungsgeschichtlichen Auffassung gegenüber der «idealistischen», auf Eigenschaftsähnlichkeiten gehenden Systematik den Vorteil einer eindeutigen Anordnung zu verschaffen schien (vgl. LEWIN 1920a, 11 ff.).

Es ist nicht leicht festzustellen, was die Entwicklungsgeschichte als eine eindeutige Existentialbeziehung des phylogenetischen Auseinanderhervorgehens ansieht, d. h. wodurch sich der exakte Begriff der «Stammgenidentität», der durch $^{st}\equiv$ bezeichnet sei, von der «Stammgenidentität überhaupt» ($^{st}=$) unterscheidet. Werden nur die gesamten Querschnitte eines phylogenetischen Stammes in verschiedenen Zeitmomenten in eindeutige Beziehung gesetzt, so daß die Gesamtheit aller Nachkommen in einem bestimmten Zeitmoment eindeutig stammgenidentisch mit einem bestimmten Querschnitt zeitlich koexistierender Vorfahren ist? Und hat man entsprechend die gesamten stammeszugehörigen Vorfahren eines bestimmten Zeitmomentes als die andere Seite der Relation anzusetzen, auch wenn die Nachkommen sich nur aus einem Teil dieser Gebilde ableiten, also einzelne Linien des Stammes ausgestorben sind? Gewisse Theorienbildungen, wie die der Ökologie über die Vermehrung von Lebewesen, scheinen in der Tat eine solche «Vollständigkeit» zumindest der Nachkommen zu fordern. Ohne eine eingehende Begründung vorauszuschicken, die ja, soweit sie nicht beschreibungsmäßig ohne weiteres deutlich ist, doch immer nur auf der späteren Verwendbarkeit der definierten Beziehung beruhen kann;

und ohne ferner mit Sicherheit behaupten zu wollen, damit bereits den wirklichen Grundbegriff der entwicklungsgeschichtlichen Existentialbeziehungen herauszustellen, soll hier von einer Beziehung ausgegangen werden, die die Vollständigkeit der Nachkommen nicht fordert.

Def.: Als «reine Stammgenidentität» ($^{st}\equiv$) sei eine Genidentitätsbeziehung zwischen zwei zeitlich[79] verschiedenen Schnitten bezeichnet, die je in einem bestimmten Zeitmoment existierende Lebewesen darstellen, wenn

1) jedes Glied des zeitlich früheren Schnittes mit einem Glied der späteren Schnitte «stammgenidentisch überhaupt» ($^{st}=$) ist, und wenn es

2) außer den schnittzugehörigen Gebilden des früheren Schnittes keine zeitgleichen Gebilde gibt, die «stammgenidentisch überhaupt» zu einem Gebilde des späteren Schnittes sind.

$S_a{}^{st}\equiv S_b$ ($S_a \equiv [g'_a, g''_a, \ldots]; S_b \equiv [g'_b, g''_b, g'''_b, \ldots]$) für a früher als b wenn 1) jedes $g_a{}^{st}=$ einem g_b ist und 2) $x_a{}^{st}\neq g_b$ ist für alle im Zeitpunkt a existierenden nicht zu S_a gehörenden Lebewesen.

Die «Reinheit» einer Stammgenidentität ist also dadurch definiert, daß, wenn man von einem Schnitte S_a ausgeht, die späteren überhaupt stammgenidentischen Schnitte S_x (x später als a) nur mit diesem Schnitte S_a, aber mit keinen anderen gleichzeitig existierenden Gebilden stammgenidentisch sind. Es dürfen zwischen den Nachkommen der zum Schnitte S_a gehörenden Gebilde einerseits und Gebilden, für die es im Zeitpunkt a nicht zu S_a gehörende Vorfahren gibt, andererseits keine «Kreuzungen» stattgefunden haben. Dagegen können unter den nur von S_a abstammenden Nachkommen beliebig Kreuzungen vorgekommen sein.

Eine Reihe solcher rein stammgenidentischer Schnitte sei als «reine Stammreihe» (r. St.-Reihe) bezeichnet. Ausschlaggebend für die Reinheit ist also die Exklusivität der Reihe nach außen. Dagegen können nicht nur beliebige Vermischungen innerhalb der Reihe, sondern auch beliebige Spaltungen und Verzweigungen eingetreten und auch einzelne Linien ganz ausgestorben sein, ohne daß dadurch die «reine Stammgenidentität» der späteren Schnitte beeinträchtigt würde.

Trotz der formalen Ähnlichkeiten der Definition stimmt die «reine Stammreihe» (r. St.-Reihe) der Entwicklungsgeschichte keineswegs mit der «vollständigen Avalreihe» (v. A.-Reihe) der organismischen Biologie überein.

Zwei Schnitte S_a und S_b, die «rein stammgenidentisch» ($^{st}\equiv$) sind, brauchen darum noch nicht «vollständig avalgenidentisch» ($^a\equiv$) zu sein, auch wenn man von Verschiedenheiten der Darstellung, also vor allem von dem mehrfachen Vorkommen eines Gebildes in demselben Schnitt der v. A.-Reihe absieht.

Es mögen, um ein einfaches Beispiel herauszugreifen, von einem Elternpaar p und p' drei Kinder f_1, f_1' und f_1'' abstammen (Abb. 35). Von f_1' und f_1'' leite sich ein Kind f_2 ab, das mit f_1 einen gemeinsamen Nachkommen f_3 erzeuge, ein bei Pflanzen und Tieren häufig vorkommender Fall. Dann ist zwar f_3 rein stammgenidentisch mit p und p' ($[p, p']^{st} \equiv f_3$), aber nicht «vollständig avalgenidentisch» mit ihnen ($[p, p']^a \not\equiv f_3$). Denn es gibt in einem derartigen Fall verschieden vieler Zwischengenerationen in den verschiedenen Linien zwar noch für f_2, aber nicht mehr für f_3 einen Schnitt der v. A.-Reihe, der nur aus den Gebilden p und p' besteht (Abb. 36) (vgl. S. 169–171 f.).

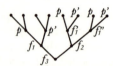

Abbildung 35.   Abbildung 36.

Auch die Struktur der beiden Reihen ist durchaus verschieden. Die Anzahl der Schnittglieder kann bei einer v. A.-Reihe in der Richtung auf die zeitlich späteren Schnitte nur abnehmen, während die Gliederzahl der späteren Schnitte einer r. St.-Reihe beliebig wachsen oder abnehmen kann. Eine r. St.-Reihe braucht also nicht in einen eingliedrigen «jüngsten» o-Schnitt zusammenzulaufen, sondern kann divergierende, ins Unendliche fortschreitende Stammzweige besitzen.

Einer der wesentlichsten Unterschiede beider Reihen liegt ferner in der Kontinuität der r. St.-Reihe gegenüber der «Undichtigkeit» der v. A.-Reihe.

II. Die Kontinuität der «reinen Stammreihe»

Eine Reihe rein stammgenidentischer ($^{st}\equiv$) Schnitte ist eine geordnete Reihe, denn von zwei Schnitten S_a und S_b ($S_a{}^{st} \equiv S_b$) einer solchen Reihe ist immer einer zeitlich früher als der andere, und wenn S_a früher als S_b und S_b früher als S_c ist ($S_a{}^{st} \equiv S_b{}^{st} \equiv S_c$), so ist auch S_a früher als S_c.

Die Reihe ist ferner überall dicht. Denn zwischen zwei beliebigen Schnitten S_a und S_b ($S_a{}^{st} \equiv S_b$) gibt es immer noch einen weiteren Schnitt S_x derart, daß $S_a{}^{st} \equiv S_x{}^{st} \equiv S_b$ ist. Da es ferner in jedem beliebigen Abstand zwischen S_a und S_b, also in jedem beliebigen, zwischen den Zeitmomenten a und b liegendem Momente x einen derartigen

Schnitt S_x gibt, so ist die phylogenetische Reihe stammgenidentischer Schnitte als kontinuierlich anzusprechen.

Die Eigentümlichkeit der r. St.-Reihe, kontinuierlich zu sein, und die Eigenschaft ihrer Schnitte, Zeitschnitte zu sein, ist ein entscheidender Unterschied zwischen diesem entwicklungsgeschichtlichen Ordnungstypus und der organismischen «vollständigen Avalreihe» (v. A.-Reihe), die eine «überall undichte (diskrete)» Reihe ist (S. 155 f.) und deren Schnitte keinen eindeutigen Zeitsinn haben. Die Undichtigkeit und Zeitfremdheit der v. A.-Reihen hing damit zusammen, daß den Gliedern ihrer Schnitte eine «Ausdehnung in sich» zukam. Die Schnitte der r. St.-Reihe sind selbst zeitlich ausdehnungslos, und gerade darum kann die Reihe eine zeitlich eindeutig geordnete Folge darstellen.

Die Abstände der überall undicht sich folgenden Schnitte der v. A.-Reihen waren zeitlose Generationsabstände, jeder Schnitt stellte eine bestimmte Generation dar. Die Zeitschnitte der phylogenetischen r. St.-Reihen sind nicht derartige Generationen, sondern mögen allenfalls als Geschlechter im Sinn der Historie bezeichnet werden. Sie treffen die stammzugehörigen Lebewesen in sehr verschiedenen Lebensaltern; nur zum Zweck des Eigenschaftsvergleichs, etwa zur Feststellung des Entwicklungsstadiums des ganzen Stammes, mögen gleichaltrige Lebewesen auf den verschiedenen Schnitten der Reihe herausgesucht werden.

LORENZ (1898, 104) allerdings verlangt, so klar er im übrigen die Heterogeneität von Ahnentafel und Stammbaum herausstellt, auch für die «Stammtafel die deutliche Kennzeichnung der Geschlechtsreihen oder der Generationen» aus Gründen der Übersichtlichkeit. Diese Forderung aber zwinge die Genealogie, lediglich die «männlichen» (oder weiblichen) Deszendenten zu registrieren. (Vgl. das Zitat auf S. 238–239). Eine derartige unvollständige Darstellung ist jedoch, wie nicht besonders ausgeführt zu werden braucht, für die biologische Entwicklungsgeschichte ohne wesentlichen Wert[80]. Schon daraus folgt, daß die Entwicklungsgeschichte die Stammbäume der Phylogenie nicht als eine diskontinuierliche Reihe von Generationsschnitten auffassen kann, wie das bei den «Stammtafeln» der Genealogie, die sich damit als Zusammenfügung und Umformung von Ahnentafeln erweisen, für gewisse Zwecke, z. B. der «Erbfolge», notwendig sein mag.

Die immanente Gesetzlichkeit der r. St.-Reihe macht eine eindeutige Ordnung der Generationen nach ihrem Abstand von den Stammeltern nicht möglich. Dies geht bereits aus dem in Abb. 35 wiedergegebenen Beispiel hervor, wo f_3 sowohl als zweite wie als dritte Familiengeneration angesprochen werden kann. Für die r. St.-Reihe, bei der man von den zeitlich früheren zu den zeitlich späteren Schritten fortschreitet, fehlt auch der Ausweg der wiederholten Darstellung desselben Gebildes, wie er bei den v. A.-Reihen möglich ist. In einer entwicklungsgeschichtlichen «reinen Stammreihe» kann ein in einem bestimmten Zeitmoment existierendes Lebewesen immer nur einmal vorkommen.

III. Die Blutsverwandtschaft (Consanguinitas) «Selbständigkeit» und «Zugehörigkeit»

Für die Querbeziehung innerhalb einer r. St.-Reihe ist der Begriff der Verwandtschaft und zwar, wie bereits erwähnt, der der Blutsverwandtschaft maßgebend, d. h. einer Verwandtschaft, die nicht, wie bei den v. A.-Reihen, durch gemeinsame Nachkommen, sondern durch gemeinsame Vorfahren definiert ist (vgl. S. 230 ff.). Wo im folgenden ohne genauere Bezeichnung von «Verwandtschaft» gesprochen wird, ist immer dieser Begriff der «Blutsverwandtschaft» gemeint.

Dabei ist noch einmal zweierlei zu unterscheiden. 1) Als «verwandt» im Sinne der Phylogenie werden einmal Gebilde angesehen, die verschiedenen Stämmen angehören, deren Stammreihen jedoch nach rückwärts irgendwie zu einer einzigen solchen Reihe zusammenlaufen. Gebilde, die ein und demselben Zweige angehören, wären demnach nicht als «verwandt», sondern als «demselben Stamm zugehörig» zu bezeichnen[81]. 2) Aber nicht nur verschiedene Stämme und verschiedenen Stämmen angehörige Lebewesen werden als verwandt bezeichnet, sondern auch Gebilde, die demselben Stamm angehören.

Die phylogenetische *«Verwandtschaft»* von Stämmen *enthält allgemein zwei wesentliche Elemente: die «Zugehörigkeit» und die «Selbständigkeit».*

Ausschlaggebend für die Zugehörigkeit verschiedener Gebilde oder Stämme zu derselben Stammreihe ist das Zusammenlaufen der einzelnen Stammgenidentitätsreihen nach rückwärts. Die beiden Gebilde (Komplexe von Gebilden) S_n und S'_m (Abb. 37[82]) gehören demselben Stamm an, wenn es einen Schnitt $S_x^{st} \equiv S_n$ und einen Schnitt $S_x'^{st} \equiv S'_m$ im Zeitpunkt x früher als n und m derart gibt, daß $S_x \equiv S'_x$ ist.

Die Selbständigkeit der beiden phylogenetisch verwandten Stämme oder Gebilde S_n und S'_m ist dadurch gekennzeichnet, daß es einen Schnitt $S_y^{st} \equiv S_n$ und einen Schnitt $S_y'^{st} \equiv S'_m$ im Zeitpunkt y früher als n und m derart gibt, daß $S_y \not\equiv S_y'$ ist.

Die «Zugehörigkeit» berücksichtigt, daß zwei frühere Schnitte und damit alle noch früheren stammgenidentischen Schnitte, die im gleichen Zeitmoment existieren, identisch sind; die «Selbstän-

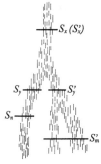

Abbildung 37.

digkeit» besagt, daß zwei frühere gleichzeitig existierende Reihenschnitte verschieden sind. Dies letztere ist nur dann möglich, wenn auch alle zwischen dem Zeitmoment y und dem späteren der beiden Zeitmomente m und n liegende $S_{y'}$ und $S'_{y'}$ ($S_{y'}{}^{st} \equiv S_{y'}{}^{st} \equiv S_n$; $S'_{y'}{}^{st} \equiv S'_m$; y früher als y' früher als m oder n) verschieden sind. Ob es weiter zurück einen gemeinsamen rein stammgenidentischen Schnitt gibt, bleibt für die «Selbständigkeit» gleichgültig.

Da die «Zugehörigkeit» hier durch eine Identität definiert wird, ist für die «Selbständigkeit» keine vollkommene Teilfremdheit, sondern nur «Nicht-Identität» vorangehender gleichzeitiger Reihenschnitte zu fordern, so daß also gemeinsame Reihenteilschnitte vorhanden sein können.

Der Grundfall der phylogenetischen «vollkommenen Verwandtschaft», die infolge ihres Charakters als einer Querbeziehung in einer Genidentitätsreihe mit $^v|||$ bezeichnet sei ($^v\not\equiv$ bedeutet: nicht vollkommen verwandt), ist also folgendermaßen gekennzeichnet:
  Es ist $S_n{}^v ||| S'_m$, wenn es einen Schnitt $S_a{}^{st} \equiv S_n$ und einen Schnitt $S'_a{}^{st} \equiv S'_m$ in einem Zeitpunkt a früher als n und m derart gibt, daß für alle x früher als a $S_x \equiv S'_x$ und für alle x später als b (b gleichzeitig oder später als a) und früher als m oder n: $S_x \not\equiv S'_x$ ist ($S_x{}^{st} \equiv S_n$ und $S'_x{}^{st} \equiv S'_n$).

Es bedürfte einer genaueren Untersuchung, ob eine allgemeingültige Definition der «vollkommenen Verwandtschaft» bei prinzipieller Gleichsetzung von a und b möglich bleibt.

Ist S_a der zeitlich späteste, gemeinsame, rein stammgenidentische Schnitt, so kann man S_n und S'_m «vollkommen verwandt durch Schnitt S_a» ($^v|||_a$) nennen.

Es fragt sich allerdings, ob bei der Kontinuität der Stammreihen von einem zeitlich «spätesten» gemeinsamen Schnitte, dem also kein späterer gemeinsamer Schnitt folgen dürfte, im exakten Sinne die Rede sein darf.

Geht man von zwei Zweigen (Gebilden) zu einer Mehrheit «vollkommen verwandter» Zweige (Gebilde) über, so kann der die vollkommene Verwandtschaft der Zweige (Gebilde) begründende gemeinsame Schnitt (S_a) von mehreren die «Selbständigkeit» der speziellen einzelnen Linien oder Gebilde begründenden Schnitten (S_b, S_c ...) (oder Schnitteilen) zu unterscheiden sein.

Im Fall der «unvollkommenen Verwandtschaft» ($^v\|_a$) zweier Gebilde S_n und S'_m gibt es zwei Schnitte $S_a{}^{st} \equiv S_n$ und $S'_a{}^{st} \equiv S'_m$ in einem Zeitpunkt a früher als n und m derart, daß S_a und S'_a gemeinsame Teile besitzen, ohne vollkommen identisch zu sein.

Es ist möglich, daß $S_n{}^v\|_a S'_m$ (oder $S_n{}^v\#_a S'_m$), und zugleich $S_n{}^v\|\|_{a'} S'_m$ ist, d.h. daß S_n und S'_m nur unvollständig (oder gar nicht) verwandt sind, wenn man einen Zeitpunkt a berücksichtigt; dagegen vollkommen verwandt sind, wenn man einen früheren Zeitpunkt a' berücksichtigt. Dies kann jedoch nur eintreten, wenn a' zeitlich früher als a liegt; das Umgekehrte ist nicht möglich.

Gibt es nur einen phylogenetischen Ursprung alles Lebens, so sind schließlich alle Lebewesen vollkommen verwandt, und die Entwicklungsgeschichte hat es mit Stammbäumen zu tun, die sich als eine einzige Stammgenidentitätsreihe auffassen lassen.

Abgesehen von «vollkommener» und «unvollkommener» Verwandtschaft gibt es auch «einfache» und «mehrfache» Verwandtschaft; doch seien diese Begriffe hier nicht näher erörtert.

Nur das sei noch bemerkt: *der historische Begriff der Verwandtschaft, die «Blutsverwandtschaft», ist symmetrisch* und (im Gegensatz zum organismischen Begriff der Verwandtschaft, der «Gattenschaft» [vgl. S. 230ff.]) *transitiv:*

Ist $a^v\|\|\,b$ und $b^v\|\|\,c$, so ist auch $a^v\|\|\,c$.

IV. Der Stamm und die Stammeltern

Fragt man nach den Verwandtschaftsbeziehungen der Gebilde, die einer «reinen Stammreihe» angehören, so ergibt sich, daß durch die gegebene Definition der r. St.-Reihe vermittels ihrer Exklusivität, also des Ausschlusses von «Kreuzungen» nach «außen», weder die «vollkommene» noch auch nur die «unvollkommene Verwandtschaft» der Reihenglieder gesichert ist.

Es ist zunächst ohne weiteres deutlich, daß die Exklusivität nach außen die Möglichkeit offen läßt, daß im Innern der reinen Stammreihe (r. St.-Reihe) eine Spaltung in verschiedene Zweige oder «Linien» derart eintritt, daß von dem Spaltungspunkte ab nur noch innerhalb jeder Linie Kreuzungen vorkommen, aber nicht mehr

zwischen Gebilden verschiedener Linien. Ein Schnitt S_n einer r. St.-Reihe kann aus einer Anzahl Teilschnitte T_n', T_n'' ... bestehen, von denen jeder einer anderen r. St.-Teilreihe angehört (vgl. den Schnitt S_m' der Abb. 37).
Die Definition der r. St.-Reihe wird auch nicht verletzt, wenn die Zerlegung der r. St.-Reihe in verschiedene r. St.-Teilreihen die ganze Länge der Reihe nach rückwärts bis zum Ausgangsschnitt S_a trifft (Abb. 38). Denn die Zahl der Glieder dieses Schnittes war nicht beschränkt und auch das Vorhandensein gemeinsamer Nachkommen oder Vorfahren nicht gefordert worden. In einer derartigen r. St.-Reihe sind viele Gebilde nicht miteinander verwandt.

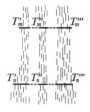

Abbildung 38.

Abbildung 39.

Es liegt daher die Vermutung nahe, daß man als Grundtyp einer Stammreihe, die die «Reinheit» mit der «Verwandtschaft» aller ihrer Glieder verbindet, eine r. St.-Reihe anzusehen hat, deren Ausgangsschnitt S_a nur ein Gebilde (u) darstellt (Abb. 39[83]). Man kann an eine r. St.-Reihe denken, die mit einem Einzeller oder einem sich selbst befruchtenden Individuum beginnt und deren Nachkommen nur unter sich Kreuzungen eingehen. Auf diese Weise ergibt sich eine Stammgenidentitätsreihe, deren Glieder alle miteinander vollkommen verwandt ($^v|||$) sind. Ihre Verwandtschaft ist durch gemeinsame Vorfahren innerhalb dieser Reihen selbst gesichert. Und «neben» dem «Stammvater» der Reihe gibt es kein Gebilde, mit dem irgendein Glied der Reihe überhaupt stammgenidentisch ist.

Eine Stammgenidentitätsreihe, deren sämtliche Glieder, oder, was dasselbe besagt, sämtliche demselben Schnitt zugehörige Glieder miteinander vollkommen verwandt ($^v|||$) sind, sei ein «Stamm» genannt:

Def.: *Eine Menge biologischer Gebilde g_m', g_m'', g_m''', g_n', g_n'', g_p' ... bildet einen «Stamm», wenn jedes dieser Gebilde (g_x^y) mit jedem anderen Gebilde ($g_{x'}^{y'}$) «vollkommen verwandt» ist ($g_x^y\,|||\,g_{x'}^{y'}$).*

Dann gibt es zu zwei Gebilden (g_x^y und $g_{x'}^{y'}$) immer einen gemeinsamen «vollständig stammgenidentischen», zeitlich früheren

Schnitt (S_ξ). Es gibt ein $S_\xi{}^{st} \equiv g_x^y$ und $S'_\xi{}^{st} \equiv g_x^y$ (ξ früher als x und x') derart, daß $S_\xi \equiv S'_\xi$ ist.

Es fragt sich, ob ein solcher «Stamm», dessen Glieder alle miteinander vollkommen verwandt sind, notwendig auf einen einzigen Stammvater zurückgeht. Dies ist nicht der Fall, denn es gibt «Stämme», in denen regelmäßige Zweieltrigkeit aller Glieder herrscht: von zwei «Stammeltern» (u^1, u^2) treten eine Anzahl Kinder auf, von denen sich durch Kreuzung die gesamte Nachkommenschaft herleitet (Abb. 40). Auch eine solche Menge ist als ein «Stamm» anzuse-

Abbildung 40.

hen, da von der ersten Filialgeneration ab alle Glieder «vollkommen verwandt» miteinander sind, obwohl der früheste Schnitt der reinen Stammgenidentitätsreihe zwei beliebige heiratsfähige biologische Gebilde darstellt. Allerdings ist dabei ein wesentliches Moment zu beachten. Obgleich die «Stammeltern», die «vollkommene Verwandtschaft» ($^v|||$) im Stamme begründen, gehören sie selbst nicht zum Stamm; denn sie selbst brauchen miteinander nicht vollkommen verwandt zu sein.

Und wie zwei, so kann es auch vier und mehr Stammeltern eines Stammes geben. Besitzen z. B. (Abb. 41) zwei Elternpaare (u^1, u^2; u^3, u^4) je drei Kinder, von denen jedes mit einem Kinde des anderen Elternpaares gemeinsame Nachkommen erzeugt, so sind von der zweiten Filialgeneration an die unter sich kreuzenden Nachkommen miteinander vollkommen verwandt, da sie einen gemeinsamen,

Abbildung 41.

wenn auch aus mehreren Gebilden bestehenden vollständig stammbaumgenidentischen Schnitt besitzen. Die vollkommene Verwandtschaft der Glieder des Stammes beruht hier also auf einer «vollkommenen Kreuzung» von Stämmen; d. h. die Glieder von Mengen, die sich als «Stämme» auffassen lassen, gehen eine Verbindung derart ein, daß jedes Glied des einen Stammes sich mit einem Glied des anderen Stammes kreuzt. Dabei können mehrere Glieder des einen Stammes mit demselben Gliede des anderen Stammes eine Kreuzung eingehen.

Ähnlich ist es möglich, von sechs oder acht nicht-verwandten Eltern zu einem in sich vollkommen verwandten Stamme z. B. durch vollkommene Kreuzung der Glieder der beiden folgenden Filialgenerationen zu gelangen (Abb. 42), so daß von der dritten Filialgeneration ab alle Nachkommen einen Stamm bilden.

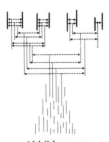

Abbildung 42.

Die Gebilde, die bei der Begründung der Verwandtschaft in einem Stamme mitwirken, ohne selbst diesem Stamm anzugehören, seien als Stammeltern bezeichnet, ihr Inbegriff als «Elternschaft» des Stammes. Der älteste Schnitt der Elternschaft, d. h. jene Gebilde, die den gemeinsamen Ausgangsschnitt (S_a) für die vollkommene Verwandtschaft ($^v|||$) aller Stammglieder (g_x^y) bilden, seien als «Stamm-Urelterm» bezeichnet ($g_x^{yv}||| g_{x'}^{y'}$, da $S_a^{st} \equiv g_x^y$ für alle dem Stamm angehörende Glieder g_x^y ist). Dann gilt der Satz:

Die Anzahl der «Stammurelterm» wie die der Glieder der «Elternschaft» eines Stammes sind nicht beschränkt.

Überhaupt steht die *Anzahl* der Glieder des Stammes *nicht* in eindeutiger Beziehung zu der Anzahl der Glieder der *Elternschaft* und der *Urelterm*. Eine beliebig große Anzahl Urelterm kann, ohne daß irgendeine Linie ausstirbt, einen aus nur zwei Gliedern bestehenden Stamm hervorbringen, und umgekehrt kann sich von einem einzigen Urelter ein beliebig großer Stamm ableiten; auch das Verhältnis der Elternschaft zu der Anzahl der Urelterm kann verschieden sein.

Auch wenn man den Stamm und seine Elternschaft als eine «reine Stammreihe» ansieht und die Glieder der verschiedenen Zeitschnitte betrachtet, bleibt das Verhältnis ihrer Anzahl unbestimmt. Sie kann sowohl im Stamm wie in der Elternschaft in den verschiedensten Verhältnissen und in wechselnder Richtung zu- und abnehmen. Diese Unbestimmtheit bleibt auch bei gleichmäßigem Fortpflanzungsmodus, etwa im Falle regelmäßiger Zweieltrigkeit aller Glieder, bestehen. Auch der früheste Schnitt der r. St.-Reihe, die nur vollkommen verwandte Gebilde enthält, braucht nicht nur ein Glied, sondern kann beliebig viele Glieder enthalten. (Der Zeitpunkt dieses Schnittes ist übrigens nicht identisch mit dem Zeitpunkt der Existenz des zeitlich frühesten Gliedes des «Stammes».)

Es liegt nahe zu fragen, ob sich nicht wenigstens die Beziehungen der Elternschaft eines Stammes durch die biologische Ahnentafel darstellen lassen. Einen Anreiz dazu könnte z. B. der Umstand geben, daß mit wachsender Zahl der Ureltern auch die Zahl der aufeinanderfolgenden Generationen innerhalb der «Elternschaft» im allgemeinen zunimmt. Es besteht hier allerdings nur eine gewisse Regelmäßigkeit der Minima von Generationen, die den Stammgenerationen vorausgehen müssen. Im Falle «regelmäßiger Zweieltrigkeit» liegt dieses Minimum
  für 2 Ureltern bei der 1. Filialgeneration
  für 3–4 Ureltern bei der 2. Filialgeneration
  für 5–8 Ureltern bei der 3. Filialgeneration
  für 9–16 Ureltern bei der 4. Filialgeneration
Die Maxima der Ureltern steigen also im Verhältnis zu den Minima der Filialgenerationen in derselben Weise wie die Anzahl der Ahnen bei den Schnitten der biologischen vollständigen Avalreihen (v. A.-Reihen) im Falle regelmäßiger Zweieltrigkeit. Aber abgesehen davon, daß hier nur eine «Regel», aber keine eindeutige Beziehung wie bei den Ahnenreihen aufgefunden ist, macht es die angeführte Vieldeutigkeit des Verhältnisses, in dem die Gliedzahlen der aufeinanderfolgenden Schnitte innerhalb der Elternschaft und des Stammes zu den Ureltern stehen, unmöglich, die Beziehungen der Schnitte und der Schnittglieder der r. St.-Reihe durch die Ahnentafel, also durch die v. A.-Reihe, auszudrücken.

Immerhin ist eine Möglichkeit zu erwähnen, die Verhältnisse der Stammelternschaft mit Hilfe der Ahnentafel darzustellen. Man kann, wenn durchgehend «vollkommene Kreuzungen» zu der Stammeinheit geführt haben, die r. St.-Gesamtreihe, die den Stamm und die Elternschaft umfaßt, in eine Reihe selbständiger Stämme (G^y_{-x}) restlos zerlegen (Abb. 43[84]). Diese Stämme bestehen aus verschieden vielen Gebilden, und ein einzelner solcher Stamm (z. B. G^2_{-1}) kann mehrere Generationen umfassen. Faßt man nun diese Stämme als «Individuen» auf, so kann man den Zusammenhang als eine Ahnenreihe (v. A.-Reihe) darstellen, deren Glieder aus Stammindividuen bestehen und deren (als Stammindividuum) «eingliedriger» 0-Schnitt von dem ursprünglich betrachteten Stamm gebildet wird. Von dieser Ahnentafel gilt dann alles, was von den regelmäßig zweieltrigen v. A.-Reihe gesagt worden ist. Insbesondere können sich die einzelnen aufeinanderfolgenden «Generationen» von Stämmen zeitlich überschneiden und «generationsgleiche» Stämme zeitlich vollkommen verschieden liegen.

Geht man in dieser Ahnentafel zeitlich zurück, so muß man schließlich auf eine Generation von Stämmen treffen, die alle nur ein Gebilde als Glied enthalten; auf

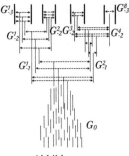

Abbildung 43.

jene «Ureltern», die die Verwandtschaft der Glieder im «generationsjüngsten» Stamm begründen und nunmehr als «Stämme mit einem Glied» auftreten. (Wollte man jedoch die «Ureltern» als den generationsjüngsten unter den Stämmen definieren, die der aus «Stämmen» bestehenden v. A.-Reihe angehören und deren Glieder sämtlich nur eingliedrige Stämme darstellen, so würde eine derartige Bestimmung deshalb nicht mit der ursprünglichen Definition übereinstimmen, weil diese Generation von Stämmen nicht gleichzeitig zu existieren braucht [oder die gleichzeitigen Stammahnen nicht «generationsgleich» zu sein brauchen] und daher der mit den Gliedern des Grundstammes vollkommen stammgenidentische Schnitt S_a nicht auch «rein avalgenidentisch» [$^a\equiv$] mit diesem Stamm als ganzem zu sein braucht).

Daß mit einer derartigen Darstellung als Ahnenreihe von Stämmen eine der entwicklungsgeschichtlichen Betrachtung im Grunde fremde Auffassung an diesen Sachverhalt herangebracht wird, geht ferner aus folgendem hervor.

Der «Stamm», um dessen vollkommene Verwandtschaft in sich es sich handelt, wird bei der Zerlegung seiner Elternschaft in Stammahnen notwendig als ein ganzes Individuum und als ausgezeichneter «jüngster» Schnitt betrachtet, während die «reine Stammreihe», die der Stamm mit seiner Elternschaft darstellt, in der Richtung auf die späteren Schnitte keinen ausgezeichneten «jüngsten» (zeitlich spätesten), die Reihe bestimmenden Schnitt, sondern höchstens im Falle des Aussterbens des Stammes einen «letzten» Schnitt besitzt.

Dem entspricht für die entgegengesetzte Richtung, daß der entwicklungsgeschichtliche Begriff des Stammes den Begriff der die vollkommene Verwandtschaft der Stammglieder begründenden «Stammureltern» fordert. Die vollkommene Verwandtschaft der Glieder eines Stammes bestimmt rückwärts einen ausgezeichneten Schnitt: die Ureltern als den «Beginn» der Reihe; sie setzt einen «ältesten» Schnitt. Die Ahnenreihe dagegen geht rückwärts ohne ausgezeichneten Schnitt ins Unendliche, und es wäre daher unangebracht, innerhalb einer solchen Reihe von Ureltern zu reden und damit einen Schnitt als «ältesten» herauszuheben.

An beiden Sachverhalten wird zugleich der Unterschied der Grundrichtung der biologisch-organismischen und der entwicklungsgeschichtlichen Genidentitätsreihen deutlich: die v. A.-Reihen gehen von einem generationsjüngsten Schnitt rückwärts. Sie besitzen einen bestimmten, zeitlich (in der Regel) spätesten Ausgangspunkt, während sie rückwärts unbegrenzt sind. Die r. St.-Reihen dagegen gehen von einem zeitlichen frühesten Schnitt als Ausgangsschnitt vorwärts, ohne in dieser Richtung notwendig begrenzt zu sein. Schreitet man zu den zeitlich früheren Schnitten fort, so geht man nicht, wie bei den v. A.-Reihen, von einem Gebilde aus und fragt nach Ahnen, also nach Existentialbeziehungen im Nacheinander, sondern man geht von einem Mehrzahl von Gebilden aus und fragt nach ihrer Verwandtschaft, also nach einer Existentialbeziehung des Nebeneinander; man sucht nach einer Gemeinsamkeit des Ausgangspunktes.

Daß die v. A.-Reihen in überall undicht liegenden Generationsschnitten fortgeht, während die r. St.-Reihen kontinuierlich sind, wurde bereits erwähnt.

Die Darstellung der Elternschaft eines Stammes als Ahnentafel von Stämmen ist gewiß eine wesentliche Erkenntnis darüber, was sich als Individuum im Sinne der organismischen Biologie auffassen läßt. Sie ist vielleicht auch für die Begriffsbildung der Organismik bei der Bearbeitung des Gebietes verwendbar, das sonst die Entwicklungsgeschichte zu behandeln pflegt. Die Heterogenität der entwicklungsgeschichtlichen und der organismischen Genidentitätsreihen, der r. St.-Reihen und der v. A.-Reihen, wird dadurch nur um so deutlicher.

Unter den Bezugssystemen der Existentialrelationen, die für die phylogenetischen Verwandtschaftsbeziehungen der Entwicklungsgeschichte benutzt werden, stellt der «Stamm» den Grundtypus dar.

Der «Stamm» ist eine Menge untereinander «vollkommen verwandter» Gebilde. Diese können sich miteinander beliebig kreuzen oder sich in verschiedene r. St.-Reihen darstellende Linien, sei es von Anfang an, sei es in einem späteren Zeitmoment spalten. Ein solcher Stamm besitzt eine Elternschaft und als deren ältesten Schnitt Ureltern, deren Anzahl zwischen 1 und einer beliebigen positiven ganzen Zahl (unabhängig von der Anzahl der Glieder des Stammes) schwanken kann.

V. Spaltung und Kreuzung von reinen Stammreihen

Wie bei der Zerlegung im Querschnitt macht sich die Verschiedenheit der v. A.-Reihen und der r. St.-Reihen, der organismischen und der entwicklungsgeschichtlichen Auffassung, auch bei der Zerlegung der beiden Reihentypen im Längsschnitt geltend.

Auch die v.A.-Reihen kennen eine Zerlegung in v.A.-Teilreihen (vgl. S. 146f.). Aber sie hat dort einen durchaus anderen Sinn als die reale Kreuzung oder Spaltung der r.St.-Reihen. Eine v.A.-Reihe kann sich nicht in mehrere Zweige spalten, deren Gesamtheit wiederum vollständig avalgenidentisch ($^a\equiv$) mit den Schnitten der ursprünglichen Reihe ist. Ja es fragt sich, ob neben der bloßen «begrifflichen Zerlegung» auch dem Begriff der «realen Trennung oder Vereinigung» von v.A.-Reihen überhaupt ein gültiger Sinn zukommt. Dagegen kann eine r.St.-Reihe sich in eine Anzahl «Linien» spalten, von denen sowohl jede einzelne wie ihre Gesamtheit «rein stammgenidentisch» mit den Schnitten der ursprünglichen r.St.-Reihe ist ($S_n^{st}\equiv[T_c, T_c', T_c'']$; $S_n^{st}\equiv T_c$; $S_n^{st}\equiv T_c'$; ...) (Abb. 44).

a) Die Spaltung

Die reale Spaltung einer r.St.-Reihe ist durch die «Selbständigkeit» in dem bei der Verwandtschaft (vgl. S. 246–248) erwähnten Sinne definiert, und zwar durch die Selbständigkeit der in der Deszendenzrichtung, also zeitlich vorwärts divergierenden «Linien». Die «Zugehörigkeit» dieser Linien (T_c, T_c', ...) im Zeitpunkt c zu derselben r.St.-Reihe ist dadurch gewährleistet, daß es einen zeitlich früheren, mit den Schnitten der verschiedenen Linien rein stammgenidentischen Schnitt (S_a) gibt, der allen Linien gemeinsam ist (Abb. 44).

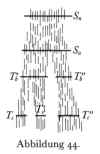

Abbildung 44.

($S_a^{st}\equiv T_c'$; $S_a''^{st}\equiv T_c''$; a früher als c; $S_a\equiv S_a''$.) Auch alle früheren rein stammbaumgenidentischen Schnitte (S_n) sind dann beiden Linien gemeinsam. Die Linien und ihre Glieder sind mithin miteinander «vollkommen verwandt» ($^v|\!|\!|_a$). Die Selbständigkeit der Linien im Zeitpunkt b ist dadurch gewährleistet, daß es zeitlich frühere «rein stammgenidentische» Schnitte gibt, die untereinander zeitgleich sind und zeitlich später als S_a liegen, die aber nicht-identisch sind

($T'^{st}_b \equiv T'_c$; $T''^{st}_b \equiv T''_c$; a früher als b früher als c; $T'_b \not\equiv T''_b$). Besitzen diese nicht-identischen zeitgleichen Schnitte überhaupt keine gemeinsamen Teile, d. h. sind sie «teilfremd», so ist eine «vollkommene Spaltung», andernfalls eine «unvollkommene Spaltung» eingetreten.

b) Die Kreuzung

Der Spaltung von r. St.-Reihen entspricht die Kreuzung als reale Vereinigung von r.St.-Reihen. (Man hat der Deszendenztheorie bisweilen vorgeworfen, daß sie diese Möglichkeit bei der Untersuchung der Phylogenie nicht genügend berücksichtigt.) Auch die Kreuzung ist durch die «Selbständigkeit» definiert, aber nicht durch die Selbständigkeit der zeitlich vorwärts, sondern der zeitlich rückwärts divergierenden Zweige einer r. St.-Reihe. Die Glieder der diese Zweige (K', K'') darstellenden r. St.-Reihen (Abb. 45) sind in

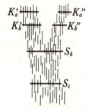

Abbildung 45.

einem bestimmten Abschnitt, etwa im Zeitpunkt a, nicht verwandt ($K'_a \stackrel{v}{\not\Vdash} K''_a$). Aber die Glieder der Gesamtreihe nach der Kreuzung, z.B. auf dem Schnitte S_c, sind miteinander verwandt, und zwar beruht ihre Verwandtschaft auf der Gemeinsamkeit eines zeitlich vor dem Kreuzungspunkt liegenden, beide Zweige treffenden Schnittes ($[K'_a, K''_a]^{st} \equiv S'_c$; $[K'_a, K''_a]^{st} \equiv S''_c$; wobei S'_c und S''_c beliebige Teile von S_c darstellen; a früher als c). In der «Elternschaft» eines Stammes war ein Beispiel einer solchen Verwandtschaft der Stammesglieder erwähnt, die nicht auf Verwandtschaft durch Kreuzungen im Stamm beruhte (vgl. Abb. 40, 41, 42). *Bei jeder Kreuzung gibt es mindestens einen[85] Schnitt nach dem Kreuzungspunkt, bei dem die Verwandtschaft der Glieder lediglich auf der Gemeinsamkeit voraufgehender rein stammgenidentischer Schnitte, die mehrere nichtverwandte, «selbständige» Zweige umfassen, beruht.* Die Selbständigkeit dieser Zweige im Zeitmoment a ist dadurch gewährleistet, daß es zeitlich spätere, jedoch vor der Kreuzung liegende, rein stammgenidentische Schnitte gibt, die nicht-identisch sind ($K'^{st}_a \equiv K'_b$; $K'^{st}_a \equiv K''_b$; a früher als b; $K'_b \not\equiv K''_b$).

Zeigen diese Schnitte überhaupt keine gemeinsamen Teile, und sind die Gebilde nach der Kreuzung «vollkommen verwandt», so ist eine «vollkommene Kreuzung», andernfalls eine «unvollkommene Kreuzung» eingetreten.

Trotz aller Übereinstimmungen bedeuten die Kreuzung und die Spaltung nicht gleichwertige, nur richtungsverschiedene Abzweigungen von der r.St.-Reihe. Denn während bei einer «vollkommenen Spaltung» jede einzelne Linie rein stammgenidentisch ($^{st}\equiv$) mit einem Schnitt der ungespaltenen r.St.-Reihe ist, sind die einzelnen rückwärts gehenden Zweige bei einer Kreuzung nicht rein stammgenidentisch ($^{st}\not\equiv$) mit der Reihe nach der Vereinigung, sondern nur «stammgenidentisch überhaupt» ($^{st}=$) mit ihr. Der Unterschied der Bedeutung der beiden Reihenrichtungen der r.St.-Reihe tritt also auch an Spaltung und Kreuzung hervor.

Sowohl für den Begriff der Kreuzung wie für den der Spaltung sind die Elemente des Verwandtschaftsbegriffes, die «Zugehörigkeit» und die «Selbständigkeit» grundlegend. Die überragende Rolle, die der Verwandtschaftsbegriff auch bei der Frage der Zerlegbarkeit der r.St.-Reihen spielt, deutet darauf hin, daß für die entwicklungsgeschichtliche Existentialbeziehung nicht die «reine Stammgenidentität» ($^{st}\equiv$) (und dementsprechend die «reine Stammreihe»), sondern die vollkommene Verwandtschaft ($^v|||$) und damit der «Stamm» den fundamentalen Ordnungstypus abgibt. Denn die Darstellung der realen Vereinigung und Trennung von r.St.-Reihen, deren Glieder, wie wir sahen, noch keineswegs vollkommen verwandt zu sein brauchen, läßt sich erst mit Hilfe des Verwandtschaftsbegriffes adäquat durchführen.

Die Fundamentalität dieses Begriffes, der nicht eine existentielle Längsbeziehung, oder jedenfalls nicht nur eine Längsbeziehung, sondern vor allem eine Querbeziehung darstellt, innerhalb einer «geschichtlichen» Grundauffassung wäre gewiß auffallend und würde im Falle einer allgemeinen Bewährung einen wesentlichen Einblick in den Charakter der Geschichtswissenschaft[86] bedeuten. Nicht auf die Reihen existentiell auseinander hervorgehender Gebilde als solche, ihre Eigenschaften und Gesetze wäre die Grundfrage gerichtet, sondern auf die Gemeinsamkeit der Herkunft, auf Trennung und Vereinigung.

VI. «Organismisches» und «Entwicklungsgeschichtliches» Individuum

Da hier keine über die allgemeine Abgrenzung hinausgehende Erörterung der entwicklungsgeschichtlichen Existentialbeziehung beabsichtigt ist, sei auf die mannigfachen, sich an den Begriff des «Stammes» knüpfenden Fragen, z. B. darauf, ob Stämme nur durch «vollkommene Kreuzung» oder auch durch eine Anzahl «unvollkommener Kreuzungen» entstehen können, nicht näher eingegangen, sondern nur die Beziehung der entwicklungsgeschichtlichen Grundbegriffe zum organismischen Individualbegriff berührt.

Ein biologischer Organismus läßt sich in der Regel als ein «Stamm» auffassen, dessen Glieder die einzelnen Zellen des Individuums darstellen. Das älteste Glied eines solchen Stammes stellt eine einzelne Zelle, in der Regel die befruchtete Eizelle dar. Als Ureltern kommen, je nachdem, ob Eineiigkeit oder Zweieiigkeit vorliegt, ein oder zwei Zellen (die beiden Gameten) in Betracht. Oder aber man könnte die vollkommene Verwandtschaft der Zellen des Organismus bereits auf die befruchtete Eizelle beziehen und dann die besondere Einheit des Individuums etwa dadurch hervorzuheben versuchen, daß man es als einen «Stamm» definiert, dessen Elternschaft nur ein Glied enthält. Für ein derartig definiertes, *«entwicklungsgeschichtliches Individuum»* würde der Satz gelten: omnium vivum ex uno ovo.

Es scheint also zunächst, als ob die Bezeichnung eines Organismus als eines aus Zellen bestehendes «Stammes» eine durchaus treffende Charakteristik darstellt, im Gegensatz etwa zu der Unmöglichkeit, den Organismus als eine v. A.-Reihe von Zellen darzustellen (vgl. S. 170). Ein genaueres Eingehen macht jedoch die Heterogenität des Ordnungstyps des «Stammes» (oder der r. St.-Reihe) auch mit der einen Organismus darstellenden «vollständigen Individualgenidentitätsreihe» (v. I.-Reihe) ohne weiteres deutlich:

Bildet sich ein Organismus durch Regeneration aus einem abgetrennten Zellkomplex, so lassen sich die Zellen dieses Organismus nur dann als «Stamm» ansehen, wenn man als ihre «Elternschaft» eine Reihe von Zellen des Mutterindividuums ansetzt, die eventuell bis auf die Eizelle des Mutterindividuums zurückreicht. Hat sich endlich ein Organismus aus Zellkomplexen gebildet, die aus verschiedenen Individuen herrühren, etwa im Fall von Plantationen oder Pfropfbastarden, so wird die Möglichkeit der Betrachtung des Organismus als eines Stammes vollends hypothetisch.

Aber bereits im Falle der einfachen Regeneration eines Organismus aus einem Zellkomplex ist die Unterscheidung des neu entstandenen Individuums von dem Mutterindividuum bei der entwicklungsgeschichtlichen Betrachtung als «Stamm» unbegründet. Denn die Verwandtschaft der Glieder dieser Stämme ist jedenfalls nicht durch ein Glied des Stammes selbst begründet, und dann bedeutet die Spaltung in verschiedenen Linien[87] und deren Trennung kein Hindernis für die Auffassung als ein Stamm. Was an lebenden Bestandteilen, als Sperma oder Ei oder sonst irgendwie sich vom organismischen Individuum trennt, ohne eine Kreuzung einzugehen, läßt sich für die entwicklungsgeschichtliche Betrachtung durchaus noch diesem Individuum zurechnen.

Die Auffassung von Gallesio und Huxley[mm], daß alles, was einem Geschlechtsakt seine Entstehung verdankt, zu einem Individuum gehört (also z. B. ein Sporogonium und sämtliche Moospflanzen, die aus seinen Sporen hervorgehen), haben hier ihre eigentliche Wurzel (FRITSCH 1920, 612; vgl. ferner LIPSCHÜTZ 1915, 169). Auch der Begriff des Genotypus faßt die gesamte, sich ohne Kreuzung mit anderen Individuen ergebende Nachkommenschaft als Ausdruck eines Individuums auf.

Die Heterogenität des «entwicklungsgeschichtlichen» und des «organismischen» Individualitätsbegriffes wird auch am Begriff des Todes deutlich. Für den Organismus blieb bei einer Zerlegung immer nur einer der entstandenen selbständigen Teile «vollkommen individualgenidentisch» ($^i\equiv$) mit dem ursprünglichen Organismus, oder aber die Individualreihe (v. I.-Reihe) brach mit der Trennung der Teile ganz ab. Der «Todesschnitt» des Organismus war nicht erst durch das Sterben des letzten überlebenden Zellenkomplexes, sondern schon durch den Zerfall des Organismus gesetzt. Der Zerfall des Organismus in verschiedene Zellkomplexe verändert dagegen nicht ihre entwicklungsgeschichtliche Verwandtschaftsbeziehung und also auch nicht die Zugehörigkeit zu demselben, das Individuum ausmachenden Stamm. Der Stamm als solcher ist nicht ausgestorben, ja es ist im Prinzip immer noch eine neue «Blüte» desselben Stammes möglich, solange nicht alle seine Linien ausgestorben sind. Der Tod des Individuums im entwicklungsgeschichtlichen Sinne tritt in der Tat erst mit dem Sterben der letzten überlebenden Zelle ein.

Das Sterben im entwicklungsgeschichtlichen Sinne ist also im Gegensatz zum organismischen Begriff des Todes ein Prozeß, eben jener Zerfall und das Aussterben der einzelnen Linien (ebenso läßt sich der Inbegriff der Kreuzungen innerhalb der «Elternschaft» als ein Prozeß des Entstehens eines Stammes auffassen, vgl. S. 255).

Das «entwicklungsgeschichtliche Individuum» braucht selbst mit dem Tode dieser den Körper des Organismus ausmachenden

Linien noch nicht völlig auszusterben. Andere Linien, die darum nicht minder lediglich aus Gebilden bestehen, die eindeutig zu demselben Stamm gehören (z. B. die Stecklinge eines Baumes), können das durch ihn definierte «entwicklungsgeschichtliche Individuum» als neue Organismen fortsetzen, sofern sie ohne Kreuzung mit anderen solchen «Stämmen» entstanden sind. Die Rede vom «Fortleben eines Individuums in seinen Kindern» ist also (sofern man die Existentialbeziehung berücksichtigt) zwar durchaus unorganismisch, hat aber ihren guten entwicklungsgeschichtlichen Sinn. Ebenso bedeutet die Ansicht, die bei der Vermehrung von Einzellern oder Vielzellern durch Teilung nicht vom Tode des Muttertieres sprechen will, weil kein Kadaver vorliegt, und die, wie erwähnt (S. 207 f.), mit der organismischen Begriffsbildung unvereinbar ist, lediglich eine Anwendung des entwicklungsgeschichtlichen Begriffs des Individuums. Das Aussterben der Linien eines Stammes setzt nämlich in der Tat das Vorhandensein eines Kadavers voraus.

Wie das Individuum im Sinne der Entwicklungsgeschichte nicht an die Einheit des Organismus gebunden ist, kann auch umgekehrt *ein Organismus sich aus Gliedern verschiedener entwicklungsgeschichtlicher Individualstämme zusammensetzen.* Der bereits erwähnte Fall des Pfropfbastardes und des durch Verschmelzung zweier Gameten entstandenen Eies sind Beispiele dafür[88]. Ja, die Begriffsbildung, die in den Vererbungstheorien maßgebend ist, zerlegt prinzipiell auch die Organismen, die aus einem befruchteten Ei hervorgegangen sind, in ein Aggregat von Anlagen gemäß den in die Amphimixis eingehenden «Stämmen». «Die Zerfällung des Organismus in das Aggregat seiner Eigenschaften ist hier [bei der modernen Vererbungslehre] noch weiter als dort [im Darwinismus] geführt, indem die Auflösung nicht bei der Erscheinung des ‹Phänotypus› haltmacht, sondern zu den Elementen des ‹Genotypus› fortschreitet.» (SCHAXEL 1919, 62.) Die organismische Betrachtung fragt nach dem typischen, ganzen «Individuum» im Sinne einer «vollständigen Individualreihe» (v. I.-Reihe). Für die entwicklungsgeschichtliche Betrachtung dagegen ist nicht die Organisation (vgl. O. HERTWIG 1918, 23), sondern das Lebende gegenüber dem Toten das Grundproblem. Umgekehrt ergibt sich: die Frage nach dem «Wesen des Lebens» läßt sich nicht, wie dies geschehen ist, als typisches Grundproblem der organismischen Biologie ansehen. Sie hat überhaupt nicht hier ihre Heimat, sondern entspringt der entwicklungsgeschichtlichen Grundauffassung.

Ebenso wie bei der Einheit im Längsschnitt zeigt sich der Unterschied des Ordnungstypus der Existentialbeziehungen im Querschnitt der Genidentitätsreihen. Die v. I.-Reihe, die ein Organismus darstellt, ist eine geschlossene, beidseitig begrenzte Reihe. Ihre bestimmende Grundrichtung geht von dem zeitlich spätesten Schnitt aus rückwärts. Die r. St.-Reihe und ebenso der als «entwicklungsgeschichtliches Individuum» bezeichnete «Stamm» gehen von einem zeitlich jüngsten Ausgangsschnitt aus vorwärts und sind in dieser Richtung unbeschränkt.

VII. Zusammenfassung
Entwicklungsgeschichte und Geschichtswissenschaft

Faßt man diese kurze abgrenzende Charakteristik der für die entwicklungsgeschichtlichen Probleme grundlegenden Existentialbeziehungen zusammen, so ergibt sich:

Als der Grundordnungstyp entwicklungsgeschichtlicher Existentialbeziehungen ist der «Stamm» anzusehen, d. h. eine Menge untereinander «vollkommen verwandter» (^{v}|||) *Lebewesen.* Die «vollkommene Verwandtschaft» ist dabei durch die Gemeinsamkeit der Vorfahren, die Identität zweier zeitgleicher Schnitte der «reinen Stammreihe» bestimmt, denen die verwandten Gebilde angehören.

Der so charakterisierte Begriff der Blutsverwandtschaft (Consanguinitas) ist wohl zu unterscheiden von dem Begriff der Gattenschaft (Konnubialverwandtschaft), in der generationsgleiche Glieder einer vollständigen Avalreihe (v.A.-Reihe) stehen. Ferner ist sie als Existentialbeziehung verschieden von den «Ähnlichkeitsbeziehungen der Eigenschaften», des Verhaltens oder der Ontogenese und von der Übereinstimmung der Konstitution, wie sie für die «Typenverwandtschaft», d. h. Stellung des Gebildes in einem «System», maßgebend sind. Endlich ist die Blutsverwandtschaft nicht gleichbedeutend mit der der chemischen Affinität entsprechenden «Vereinigungsfähigkeit».

Die «vollkommene Verwandtschaft» ist eine symmetrische, transitive Relation.

Der durch die «vollkommene Verwandtschaft» seiner Glieder definierte «Stamm» kann eine beliebige Anzahl biologischer Gebilde umfassen. Er besitzt eine nicht zum Stamme selbst gehörende «Elternschaft» und als deren frühesten Schnitt eine Reihe von Stamm-«Ureltern», die die vollkommene Verwandtschaft der Glieder des Stammes begründen. Die Anzahl der Ureltern und der Glieder der Elternschaft sowie ihr Verhältnis zu der Anzahl der Stammglieder ist nicht eindeutig bestimmt.

Die Grundelemente der «Verwandtschaft» sind die «Zugehörigkeit» und die «Selbständigkeit». Sie sind zugleich ausschlaggebend für die Begriffe der Kreuzung und der Spaltung, d. h. der realen Vereinigung und Trennung von r. St.-Reihen.

Die «reinen Stammreihen» (r. St.-Reihen [$^{st}\equiv$]) sind kontinuierliche Reihen, die zeitlich vorwärts nicht notwendig beschränkt sind. Sie gehen von einem zeitlich rückwärts liegenden Ausgangsschnitt, den Ureltern, aus. Ihre Grundrichtung ist die vom Früheren zum Späteren.

In diesen Punkten unterscheidet sich die r. St.-Reihe von der v. A.-Reihe, mit deren Beziehungen die ihrigen inkommensurabel sind. Im Gegensatz zur «vollständigen Avalreihe» (v. A.-Reihe [$^{a}\equiv$]) wie zur vollständigen Individualreihe (v.I.-Reihe [$^{i}\equiv$]) der organismischen Biologie ist in der entwicklungsgeschichtlichen Genidentitätsreihe (r. St.-Reihe [$^{st}\equiv$]) nicht der Begriff der «Organisation», sondern der des «Lebens» maßgebend. Das Ende einer r. St.-Reihe ist mit dem Aussterben aller ihrer Linien gegeben. (Dies ist nicht gleichbedeutend mit dem «Todesschnitt» des individuellen Organismus.) Das Aussterben ist allemal mit dem Vorhandensein eines Kadavers verknüpft.

In einer r. St.-Reihe kommt ein bestimmtes Gebilde immer nur einmal vor (vgl. demgegenüber Satz 39, S. 161).

Ein besonders deutlicher Ausdruck der Inkommensurabilität des Ordnungstypus der organismischen Avalreihen mit den entwicklungsgeschichtlichen Stammreihen ist die Unvereinbarkeit ihrer Darstellungen, d. h. die Notwendigkeit, «Ahnentafel» und «Stammtafel» scharf auseinanderzuhalten (vgl. S. 232 ff.).

Es liegt nahe und erscheint verlockend, nunmehr die Frage zu erörtern, ob der Grundtyp der Existentialbeziehung in der Entwicklungsgeschichte, der Begriff des «Stammes» und der Stammverwandtschaft, über den Rahmen der entwicklungsgeschichtlichen Biologie hinaus Geltung besitzt und etwa den Grundordnungstyp genetischer Beziehungen in der «Geschichtswissenschaft» überhaupt bildet. Die Möglichkeit, Stammtafeln staatlicher, gesellschaftlicher, kultureller, literarischer, sprachwissenschaftlicher Verhältnisse aufzustellen, deren Übereinstimmung als Ordnungstyp mit dem der Entwicklungsgeschichte in die Augen springt, spricht für eine Bejahung dieser Frage. Allemal sind die Folgen der Vereinigungen und Trennungen, die «Verwandtschaft» im Sinne von Abkunftsgemeinsamkeit, ausschlaggebend.

Trotzdem wäre es voreilig, aufgrund einer solchen Übereinstimmung den Schluß zu ziehen, daß die «historischen» Teile der verschiedenen Wissenschaften insgesamt in demselben Sinne eine in sich zusammengehörige Wissenschaft darstellen wie die Physik oder Biologie. Ebenso ist davor zu warnen, aufgrund der bisherigen Erörterungen die Verschiedenheiten der organismischen und historischen Existentialbeziehungen mit den Unterschieden der physikalischen und organismischen Genidentitätsreihen zu koordinieren. Schon der Umstand, daß die fundamentale Existentialbeziehung in Physik und organismischer Biologie eine Längsbeziehung, in der Entwicklungsgeschichte dagegen eine Querbeziehung ist, macht die Verschiedenheiten in gewissem Sinne unvergleichbar. Diese Diskrepanz würde sich noch steigern, falls eine eingehendere Untersuchung der entwicklungsgeschichtlichen Existentialbeziehungen ergeben sollte, daß sie sich mit Hilfe bestimmter Querbeziehungen ohne Einführung besonderer Arten von Längsbeziehungen darstellen lassen.

Wir wollen uns ein Eingehen auf diese Probleme, das zugleich die Frage nach dem Vorhandensein eines allgemeinen Parameters des Neben- und Nacheinander geschichtlich existierender Gebilde klären müßte, versagen, da es eine eindringendere Analyse des Ordnungstypus und die Berücksichtigung eines umfassenderen Kreises von Theorien voraussetzen würde.

Dritter Teil
Vergleichende Gegenüberstellung der genetischen Reihen in Physik, organismischer Biologie und Entwicklungsgeschichte

I. Die Genidentität

Der zusammenfassenden Gegenüberstellung der Ordnungstypen[89] der Existentialbeziehung in der Physik, der organismischen Biologie und der Entwicklungsgeschichte sei eine nochmalige Angabe der wesentlichen Eigentümlichkeiten des Genidentitätsbegriffes vorausgeschickt.

Die genetische Beziehung, die hier als Genidentität bezeichnet wird, ist als Beziehung zwischen Gebilden bestimmt, die existentiell auseinander hervorgegangen sind. Sie ist also eine gegenständliche Relation, die eine Mehrheit verschiedener Gegenstände als Bezugspunkte voraussetzt und sich dadurch von der nur auf eine Mehrheit von Denkakten Bezug nehmenden «Identität» unterscheidet. Genidentische Gebilde sind allemal nicht-identisch.

Als *Existential*beziehung zwischen «Dingen» oder «Geschehnissen» steht die Genidentität der «reflexiven» Kategorie der Gleichheit und Ungleichheit der «Eigenschaften» von Dingen oder Geschehnissen gegenüber. Sie ist im Prinzip unabhängig von bestimmten qualitativen oder quantitativen Eigenschaftsgleichheiten und -ungleichheiten. Für die Sicherung der Genidentität zweier Gebilde sind nicht besonders weitgehende Eigenschaftsgleichheiten, sondern vor allem «technische» Maßnahmen, z. B. die Einschließung in «undurchläßliche Grenzen» ausschlaggebend.

Die Genidentität als solche setzt keine bestimmten Maßbeziehungen zwischen ihren Bezugspunkten fest. Sie faßt die Gebilde nicht als «veränderliche» oder «konstante» Größen auf. Sie bedeutet keine bestimmte funktionelle Eigenschaftsabhängigkeit und unterscheidet sich darin von der Ursache-Wirkungsbeziehung, die sich auf Genidentitätsbeziehungen stützt, aber darüber hinausgreifend die Eigenschaften genidentischer Gebilde in funktionelle Abhängigkeit zueinander bringt.

Der Wechselwirkung gegenüber ist die Genidentität, abgesehen vom Fehlen der Eigenschaftsbeziehung, als Existentialbeziehung im «Nacheinander» charakterisiert. «Nebeneinander» existierende Gebilde können nicht genidentisch sein.

Die Genidentität ist die Beziehung von Schnitten einer Genidentitätsreihe. Diese Reihe ist jedoch nicht durch eine Variation oder Konstanz, also als eine Eigenschaftsveränderung («Werden», «Entwicklung», «Prozeß») definiert, sondern als eine Reihe existentiell auseinander hervorgehender Gebilde, bei der die Eigenschaftsänderungen nach Art, Richtung und Wechsel offen bleiben.

Die Rolle, die der Begriff der Genidentität für die Begriffsbildung einer Wissenschaft spielt, ist durch folgenden Sachverhalt gekennzeichnet:

Genidentitätsreihen sind jene Reihen, kraft derer die «genetischen Definitionen» von Dingen und Geschehnissen innerhalb einer Wissenschaft durch die definierenden die definierten Gebilde bestimmen.

Die besonderen Eigentümlichkeiten der in den genetischen Definitionen der Physik und Biologie enthaltenen Existentialbeziehung sind anhand der durch sie bestimmten Ordnungstypen beschrieben worden, und zwar durch Aufzeigen der von diesen Ordnungstypen geltenden Sätze.

II. Die Ordnungstypen der genetischen Reihen in Physik, Organismik und Entwicklungsgeschichte

Stellt man die Grundtypen der Existentialbeziehungen in Physik, organismischer Biologie und Entwicklungsgeschichte einander gegenüber, so ergeben sich folgende wesentliche Gleichheiten und Verschiedenheiten. Allemal wird der Typus einer geordneten Reihe benutzt, und zwar kennt jede der Wissenschaften eine kontinuierliche Grundform der Genidentitätsreihe.

a) Physik und Organismik

Diese kontinuierliche, ihre Glieder eindeutig bestimmende Reihe des Auseinanderhervorgehens geht in der *Physik* beidseitig ins Unendliche. Sie besitzt keinen ausgezeichneten Schnitt (Reihe physikalisch restlos genidentischer Schnitte; $^p\equiv$).

Die kontinuierliche Reihe in der *organismischen Biologie*, die «vollständige Individualreihe» (v. I.-Reihe; $^i\equiv$), ist dagegen beidseitig begrenzt. Sie besitzt einen ausgezeichneten «ältesten» (spätesten) und einen «jüngsten» (frühesten) Schnitt. Diese Schnitte sind jedoch nicht gleichwertig: während es keinen, früher als der jüngste Schnitt existierenden Organismus gibt, der vollständig individualgenidentisch mit den Reihenschnitten ist, kann es ein später als der älteste Schnitt existierendes derartiges Gebilde geben. Der älteste Schnitt ist nur ein Ausdruck dafür, daß die Reihenrichtungen in dem organismischen Reihentypus ungleichwertig sind, daß nämlich nur die Richtung rückwärts, die vom spätesten zum jüngsten Schnitt geht, eine eindeutige Bestimmung der Reihenschnitte mit sich führt. Der älteste Schnitt wird damit zum «ersten», bestimmenden Schnitt der ganzen Reihe. (Es ist auf den Zusammenhang dieses Sachverhaltes mit dem Begriff der Zielstrebigkeit hingewiesen worden.) Die Existentialreihe der Physik dagegen besitzt keine ausgezeichnete Richtung; jeder Reihenschnitt bestimmt eindeutig die ganze Reihe.

Die beidseitige Begrenztheit der kontinuierlichen Genidentitätsgrundreihe der organismischen Biologie führt zu einer zweiten Ordnung von Existentialbeziehungen in derselben Wissenschaft. Die Darstellung von Existentialbeziehungen rückwärts über die begrenzte v. I.-Reihe hinaus geschieht durch die «vollständige Avalreihe» (v. A.-Reihe; $^a\equiv$), deren Darstellung man im Falle regelmäßiger Zweieltrigkeit aller Glieder als Ahnentafel bezeichnet. In dieser Reihe wird jedoch nicht das Ordnungsprinzip der v.I.-Reihe unverändert fortgeführt, sondern es werden die v.I.-Reihen als Ganze in Existentialbeziehung gebracht. Die v. A.-Reihe ist nicht kontinuierlich, sondern überall undicht (diskret). Sie stellt eine Folge von Generationen dar, die einander zeitlich überschneiden; sie läßt sich nicht mit Hilfe des Parameters der v.I.-Reihen eindeutig ordnen, sondern ist diesen gegenüber inkommensurabel. Die v. A.-Reihe hat keinen eindeutigen Zeitsinn; ihr Zwischen ist kein Zeit-Zwischen, vielmehr besitzen ihre Glieder eine «Ausdehnung in sich».

Trotz dieser Unterschiede zeigen die v.I.-Reihe und die v.A.-Reihe wesentliche Gemeinsamkeiten, an denen ihre Zugehörigkeit zu derselben Wissenschaft (der Organismik) und ihre gegenseitige Ergänzung deutlich wird: auch die v. A.-Reihen bestimmen allein in der Rückwärtsrichtung die Reihenglieder eindeutig. Die v.A.-Reihen besitzen daher ebenfalls nur einen, die Reihe eindeutig bestimmenden Schnitt, den Ausgangsschnitt, der hier generationsjüngster Schnitt heißt (Probandus). Dieser Schnitt entspricht in seiner Bedeutung für die v. A.-Reihe dem «ältesten» Schnitt der v. I.-Reihe auch insofern, als durch ihn wiederum die Möglichkeit späterer eindeutig genidentischer Schnitte nicht ausgeschlossen, sondern nur die Unbestimmtheit des Fortschreitens in der Richtung auf die «jüngeren» (späteren) Generationen ausgedrückt wird. Diese Unbestimmtheit zwingt auch hier dazu, einen bestimmten Schnitt als «Ausgangsschnitt» auszuzeichnen. In der Richtung auf die früheren, «generationsälteren» Schnitte geht die v. A.-Reihe dagegen im Gegensatz zu der v. I.-Reihe ins Unendliche.

Der generationsjüngste Schnitt einer v. A.-Reihe wird durch ein organismisches Individuum gebildet. Ein Individuum also bestimmt die ganze Reihe eindeutig und die Beziehung zu ihm gibt der ganzen v. A.-Reihe ihren Sinn. Denn die übrigen in die Reihe als Glieder eingehenden Individuen sind insofern nicht eindeutig geordnet, als dasselbe Individuum in derselben Reihe mehrmals, und zwar sowohl in derselben wie in verschiedenen Generationen vorkommen kann. Einen bestimmten Sinn bekommt die Anordnung erst als Ahnentafel des generationsjüngsten Individuums. *Damit erweist sich die kontinuierliche «vollständige Individualreihe» als der Fundamentalordnungstypus der Genidentitätsbeziehungen in der organismischen Biologie, der infolge seiner Begrenztheit nach rückwärts eine Ergänzung durch die überall undichte «vollständige Avalreihe» fordert, in die die v. I.-Reihen als Glieder eingehen.* Es bedeutet einen wesentlichen Unterschied der organismischen Biologie von der Physik, der mit der Unbegrenztheit der kontinuierlichen Genidentitätsreihe der Physik nach rückwärts zusammenzuhängen scheint, daß diese Wissenschaft eine entsprechende Dualität der Existentialordnungstypen nicht kennt.

Die Beziehung der organismischen Ordnungstypen zur «Individualität» zeigt sich besonders deutlich an den für die Zerlegung der Grundreihen maßgebenden Sätzen.

Eine physikalische «restlose Genidentitätsreihe» kann im durchgehenden Längsschnitt in eine Mehrheit vollkommen teilfremder «restloser Genidentitätsreihen» restlos zerlegbar sein. Tritt in der Physik eine Spaltung einer restlosen Genidentitätsreihe oder eine Vereinigung mehrerer solcher Reihen ein, so sind die Schnitte der vereinigten Reihen «restlos genidentisch» ($^p\equiv$) mit der Gesamtheit der Schnitte der Teilreihen vor der Vereinigung resp. nach der Trennung.

Die Genidentitätsgrundreihen der organismischen Biologie, die v. I.-Reihen und die v. A.-Reihen, lassen dagegen eine restlose Zerlegung durch einen durchgehenden Längsschnitt in eine Mehrheit vollkommen teilfremder Reihen desselben Ordnungstypus nicht zu. In diesem Sinne sind beide Reihen also «individua». Findet eine Spaltung einer «vollständigen Individualreihe» statt, oder vereinigen sich mehrere Teile zu einer derartigen Reihe, so ist damit entweder zugleich Anfang oder Ende der v. I.-Reihe gesetzt, oder aber die Schnitte eines der Zweige sind «vollständig individualgenidentisch» ($^i\equiv$) mit den Schnitten der vereinigten Reihe. Nicht die Gesamtheit der Zweige, wie in der Physik, und auch nicht jeder der Zweige, wie in der Entwicklungsgeschichte, sondern immer höchstens ein Zweig bildet die Fortsetzung einer v. I.-Reihe. Die einen Organismus darstellende v. I.-Reihe zeigt sich also als ein «unum».

Diese Eigentümlichkeit, ein «unum» und «individuum» zu sein, bewahren die v. I.-Reihen auch als Glieder der «vollständigen Avalreihen». Sie äußert sich gegenüber der Zerlegung im Querschnitt in der Einheit und Unzerlegbarkeit der Generationsschritte, gegenüber der Zerlegung im Längsschnitt in der Unzerlegbarkeit der Schnittglieder. Diese Individualität der Glieder ermöglicht es unter gewissen Bedingungen, die Gliedzahl eines Schnittes einer solchen überall undichten v. A.-Reihe zu der Lage des Schnittes in der Reihe in Beziehung zu bringen, was bei der kontinuierlichen physikalisch «restlosen Genidentitätsreihe» und der kontinuierlichen «v. I.-Reihe» nicht angängig ist.

Noch einmal sei erwähnt, daß die Genidentitätsbeziehungen in beiden Wissenschaften die Eigenschaftsbeziehungen der Gleichheit und Ungleichheit sowie die funktionellen Eigenschaftsabhängigkeiten offen lassen. Wenn daher bei den Genidentitätsbeziehungen in der Organismik die Begriffe «unum» und «individuum» auftreten, so besagt das z. B. nichts über die «Lebensfähigkeit», auch nichts darüber, ob die durch die funktionellen Eigenschaftsabhängigkeiten charakterisierte «Einheitlichkeit», die bei der Abgrenzung «eines» Dinges oder Prozesses maßgebend ist, in Biologie und Physik verschieden ist. Ebenso ist die «Unzerlegbarkeit» hier nicht in einem absoluten, sondern in dem bestimmt angegebenen Sinne zu verstehen.

Das besondere Verhalten der organismischen Genidentitätsreihen gegenüber einer Zerlegung kommt endlich auch darin zum Ausdruck, daß bei den Reihen «vollständig avalgenidentischer» ($^a\equiv$) Schnitte und «vollständig individualgenidentischer» ($^i\equiv$) Schnitte nochmals je zwei Spezialfälle zu unterscheiden sind (die I.- und v. I.-Reihe; die A.- und v. A.-Reihe). Von ihnen stellen nur die «v. I.-Reihe» und «v. A.-Reihe», die durch ihre Individualität gegenüber der Zerlegung charakterisiert sind, die eigentlichen Grundtypen dar. In der Physik dagegen bestimmt schon die Reihe «restlos genidentischer» ($^p\equiv$) Schnitte den Grundtyp eindeutig.

Die Eigentümlichkeiten des Ordnungstypus der Existentialreihe sind zugleich maßgebend für die Eigenart der betreffenden Existentialbeziehung. (Es ist hier irrelevant, ob man die Reihe oder die Beziehung in ihr als bestimmendes Moment ansieht.)

In der Physik und in der organismischen Biologie sind die Genidentitätsbeziehungen unabhängig von dem Abstand der Bezugsglieder in der Reihe.

Innerhalb jeder Genidentitätsart ist die «eindeutige Genidentitätsbeziehung» von der «Genidentitätsbeziehung überhaupt» zu unterscheiden, ohne daß die Beziehungen der einen Existentialart auf die der anderen zurückführbar wären. Die «eindeutige Genidentitätsbeziehung» läßt sich durch das Vorhandensein und durch die

Ausschließung gewisser, zur selben Existentialart gehörender «Genidentitätsbeziehungen überhaupt» bestimmen. Von zwei eindeutig genidentischen ($^p\equiv$, $^i\equiv$, $^a\equiv$) Schnitten muß allemal jeder Teil des einen Schnittes mit einem Teil des anderen Schnittes genidentisch überhaupt ($^p=$, $^i=$, $^a=$) sein. In der Physik gibt es wechselweise keine teilfremden Gebilde auf derselben Schnittebene, die «überhaupt genidentisch» ($^p=$) mit dem durch die eindeutige Genidentitätsbeziehung bezeichneten Gegenschnitte sind. In der organismischen Biologie ist dieser Ausschluß nur einseitig, und zwar sind sowohl bei den v. A.-Reihen wie bei den v. I.-Reihen nur auf der zurückliegenden (also reihenspäteren) Schnittebene weitere vollkommen teilfremde schnittgleiche Gebilde ausgeschlossen, die «genidentisch überhaupt» ($^i=$, resp. $^a=$) mit dem zeitlich späteren (reihenfrüheren) Schnitt sind. Dagegen kann es im späteren Zeitmoment oder in der jüngeren Generation eine Mehrzahl eindeutig genidentischer ($^i\equiv$, resp. $^a\equiv$) Gebilde nebeneinander geben.

Den Unterschied der Beziehung zwischen der eindeutigen Genidentität und der Genidentität überhaupt in den beiden Wissenschaften tritt ferner darin zutage, daß physikalisch «überhaupt genidentische» Gebilde immer je einen restlos genidentischen Teil besitzen und sich außerdem zu restlos genidentischen Schnitten ergänzen lassen. In der organismischen Biologie ist nur eine entsprechende Ergänzung, aber nicht immer eine solche Zerlegung möglich.

Die eindeutige Genidentitätsbeziehung ist allemal als symmetrische Relation bestimmt.

In der Physik erweist sich die eindeutige Genidentitätsbeziehung ($^p\equiv$) für eine Anzahl verschiedener Gebilde als transitiv. Diese Transitivität ist für eine beliebige Reihenfolge der Glieder in der Reihe gültig, d. h. unabhängig davon, ob das gemeinsame Glied der verschiedenen Relationen das früheste, mittlere oder späteste Glied darstellt. Die Ableitung der Transitivität im ersten und letzten Falle ergibt einen Zusammenhang mit der beidseitigen Unendlichkeit der Reihe. In der organismischen Biologie gilt die Transitivität der eindeutigen Genidentitätsbeziehungen ($^a\equiv$ und $^i\equiv$) nicht durchgehend, sondern nur, wenn das gemeinsame Glied den mittleren oder den spätesten (individualältesten resp. generationsjüngsten) der drei verschiedenen Schnitte bildet. Im letzteren Falle ergibt sich bei der v. A.-Reihe ein Zusammenhang mit der nach rückwärts gehenden Unendlichkeit der Reihe, bei der v. I.-Reihe mit dem Abbrechen aller rückwärts führenden, überhaupt individualgenidentischen Zweige in einem «jüngsten» (letzten) Schnitte.

b) Entwicklungsgeschichte

Verschieden vom Ordnungstypus der Existentialbeziehung in der Physik und in der organismischen Biologie ist der Ordnungstypus in der Entwicklungsgeschichte. Wiederum handelt es sich um eine kontinuierliche Reihe, die «reine Stammreihe» (r. St.-Reihe; $^{st}\equiv$), die einen «Stamm» mit «Elternschaft» darstellt. Sie ist nicht wie die Grundreihe der Physik notwendig beiderseits unendlich, noch wie die kontinuierliche Grundreihe der organismischen Biologie zeitlich vorwärts durch einen ausgezeichneten Ausgangsschnitt und rückwärts durch einen letzten (jüngsten) Schnitt notwendig begrenzt. Auch sie besitzt einen ausgezeichneten Schnitt, der dem Ausgangsschnitt der v. I.-Reihen entspricht, der aber nicht am weitesten vorn (zeitlich zuletzt), sondern zurück liegt: die «Stammureltern». Auch bei der r. St.-Reihe gibt es im Gegensatz zur Physik eine ausgezeichnete Richtung. Aber diese weist nicht, wie bei den Genidentitätsreihen, von einem zeitlich spätesten Schnitt rückwärts, sondern von einem zeitlich früheren Schnitt vorwärts. Die entgegengesetzte Lage des Ausgangsschnittes entspricht dieser Entgegengesetztheit der Grundrichtung. Die Ausdehnung der r. St.-Reihe in der Richtung zeitlich vorwärts ist nicht eindeutig bestimmt.

Auch bei der Vereinigung und Trennung von r. St.-Reihen kommt die Ungleichwertigkeit der Reihenrichtung zum Ausdruck. Nach der Vereinigung (Kreuzung) sind die Reihenschnitte nicht wie bei der organismischen v. I.-Reihe nur mit einem der Vereinigungszweige eindeutig genidentisch, sondern mit der Gesamtheit der Zweige; in diesem Punkte verhält sich die entwicklungsgeschichtliche Grundreihe also ebenso wie die physikalische restlose Genidentitätsreihe. Dagegen ist sie von der organismischen und von der physikalischen Genidentitätsreihe dadurch unterschieden, daß im Falle der Trennung (Spaltung) einer Reihe sowohl die Gesamtheit der aus ihr hervorgehenden Zweige wie jeder einzelne Zweig für sich mindestens mit einem Schnitte der ursprünglichen Reihe eindeutig genidentisch ($^{st}\equiv$) ist.

Die «reine Stammreihe» der Entwicklungsgeschichte steht als kontinuierliche Grundreihe in Parallelität zur «vollständigen Individualreihe» der organismischen Biologie und der «restlosen Genidentitätsreihe» der Physik. Auch bei ihr kommt innerhalb einer Reihe dasselbe Gebilde immer nur einmal vor. Alle drei Ordnungstypen ordnen im Gegensatz zu der «vollständigen Avalreihe» jedes Gebilde nur einem bestimmten Schnitte zu. (Dem entspricht, daß ihre Schnittglieder keine Längsausdehnung «in sich» besitzen.)

Man hat also unter dem Gesichtspunkt der Existentialbeziehung die Phylogenese nicht etwa, wie es häufig geschieht, als Ergänzung der Ontogenese im Sinne der organismischen Biologie anzusehen. Die Ergänzung zur Ontogenese bildet vielmehr die in der Ahnentafel dargestellte Avalreihe. Die Phylogenese (Stammbaum) dagegen ist wissenschaftstheoretisch als der Parallelbegriff zur organismischen Ontogenese innerhalb der geschichtlichen Betrachtungsweise anzusprechen.

Die v. A.-Reihe (Ahnentafel) unterscheidet sich von der r. St.-Reihe (Stammtafel), abgesehen von dieser Einmaligkeit jedes Gliedes in der r. St.-Reihe, durch die Undichtigkeit der Schnitte (Generationen), wodurch beide Reihen bereits inkommensurabel werden; ferner durch die Entgegengesetztheit der ausgezeichneten Reihenrichtung und damit der Lage des ausgezeichneten Ausgangsschnittes; endlich durch die Art der Zerlegbarkeit, durch die Rolle, die die «Individualität» bei der v. A.-Reihe spielt.

Während die Ahnenreihe (Ahnentafel) ein Ordnungstyp der organismischen Biologie ist, ist der «Stamm» ein Ordnungstyp der Entwicklungsgeschichte.

Die Ordnungsart von Existentialbeziehungen in der Entwicklungsgeschichte unterscheidet sich ferner von der der Physik, aber auch von der der organismischen Biologie, durch die fundamentale Rolle, die die Kreuzung und Spaltung und der auf ihnen sich aufbauende Begriff der «Verwandtschaft» (^{v}|||) im Sinne von Blutsverwandtschaft (Consanguinitas) spielt. Diese auf die Gemeinsamkeit der Vorfahren sich stützende Beziehung ist eine Existentialbeziehung, also unabhängig von allen Eigenschaftsgleichheiten und -ungleichheiten. Aber sie ist nicht als eine Beziehung zwischen existentiell auseinander hervorgegangenen Gebilden charakterisiert, sondern vor allem als eine Querbeziehung innerhalb einer Genidentitätsreihe. Die vollkommene Verwandtschaft, die eine symmetrische, transitive Relation ist, bestimmt die Einheit des «Stammes» und damit zugleich die der «entwicklungsgeschichtlichen Individualität». Der Stamm (Stammindividuum) ist nicht in demselben Sinne wie der Organismus individuum und unum: von einer Mehrheit durch Spaltung entstandener Zweige gehört nicht nur ein Zweig, sondern jeder Zweig zum «Stamm». Ferner gibt es keine Sätze über die Anzahl der Schnittglieder im Stamm, die den betreffenden Sätzen über die Ahnentafel entsprächen. Für den Begriff der organismischen Existentialbeziehung erwies sich bei der Individualgenidentität und bei der Ahnentafel der Begriff der Ganzheit im Sinne von Unteilbarkeit als grundlegend, wobei die Möglichkeit einer Teilgemeinsamkeit (wie Teilfremdheit) mehrerer Ganzheiten offen zu lassen war. Für die historische Begriffsbildung dagegen erweisen sich gerade die Begriffe «Teilgemeinsamkeit» und «Teilfremdheit» als grundlegend (vgl. S 246–248 und 255 ff.).

Die Fixierung der Verschiedenheit des organismischen und des historischen Begriffs des existentiellen Auseinanderhervorgehens gestattet die Klärung der Unterschiede mehrerer leicht verwechselbarer Begriffe beider Gebiete. Während die Folge der Generationen eine zeitheterogene Ordnung diskreter (überall undichter) Schnitte darstellt, deren Glieder in sich abgeschlossene, individuelle Organismen bilden, gehen die historischen Geschlechter kontinuierlich ineinander über. Dementsprechend bedeutet der «Tod» des «Organismus» einen zeitlich unausgedehnten «letzten» Schnitt, er ist nicht an das Vorliegen eines Kadavers gebunden. Auch die «Vererbung» im organismischen Sinne stellt also keinen zeitlichen Prozeß, sondern eine begriffliche Bezugnahme dar. Demgegenüber bedeutet das «Sterben» der «Lebewesen» oder des «Stammes» einen zeitlichen Prozeß und bleibt an das Bestehen eines Kadavers gebunden. Ähnlich bezeichnet der Begriff der «Geburt» eines Organismus einen frühesten, zeitlich unausgedehnten Schnitt einer Individualgenidentitätsreihe (dem nur beim Rückgang von den älteren zu den jüngeren Stadien des Organismus ein eindeutiger Sinn zukommt) während das Entstehen eines Stammes oder eines Lebewesens einen geschichtlichen Inbegriff von «Kreuzungen» darstellt.

Der «Stamm» besitzt eine, die Verwandtschaft der Glieder im Stamm begründende, aber selbst nicht zum Stamm gehörende «Elternschaft» und als deren frühesten Schnitt die «Stammureltern». Die Anzahlen der Glieder des Stammes, der Elternschaft und der Ureltern stehen nicht in bestimmten Verhältnissen zueinander.

c) Nahestehende Probleme

Die Untersuchung des Typus der Genidentitätsreihen, also der Existentialbeziehung im Nacheinander, hatte zu einer Reihe von Fragen geführt, die über den Rahmen dieser Arbeit hinausweisen und hier noch einmal genannt sein mögen. Es wurde betont, daß die biologische Begriffsbildung nicht nur die lebenden, sondern auch die toten Gebilde innerhalb und außerhalb von Lebewesen umfaßt. Die Biologie spricht von Reizen, Giften, Nahrung, Wohnung, Umwelt, von Mitteln organischen Geschehens und schafft damit ein unphysikalisches, spezifisch biologisches Begriffsgefüge über tote Gebilde. Diese toten Gebilde sind für sie nicht unreale Gebilde, wie etwa die mathematischen Gebilde für die Physik, sondern reale, wirkende Gegenstände, die mit dem Lebenden in Wechselwirkung stehen. In der Physik nun werden alle in Wechselwirkung tretende Gebilde ein und demselben Ordnungstypus der Genidentitätsbeziehung untergeordnet. Ob dagegen die Biologie die bei den Organismen vorliegenden Ordnungstypen der Existentialbeziehung im Nacheinander auch bei den toten Gebilden vorfindet, wurde offen gelassen. Eine entsprechende Frage besteht bei der Entwicklungsgeschichte.

Im Zusammenhang damit steht das Problem, ob die Entwicklungsgeschichte (ebenso wie die Physik und die Organismik) als eine «ganze Wissenschaft» anzusehen ist, die es mit einer «Totalität» von Gegenständen zu tun hat, ob sie nur eine Gruppe von Gegenständen innerhalb einer «geschichtswissenschaftlichen» Totalität bearbeitet, oder ob noch andere Beziehungen zwischen der Begriffsbildung der Systematik und Historie bestehen.

Es wurde darauf hingewiesen, daß die Untersuchung des Typus der genetischen Reihen noch nicht die Frage nach dem Vorhandensein eines allgemeinen Parameters für die einzelnen genetischen Reihen beantwortet: gestattet es das in den einzelnen Genidentitätsreihen benutzte Ordnungsprinzip des Nacheinander und Nebeneinander, auch die Schnitte verschiedener Reihen in eindeutige Beziehung des Nacheinander oder Nebeneinander zu bringen? Die Physik besitzt in der Zeit einen derartigen durchgehenden Parameter. In der organismischen Biologie blieb das Vorhandensein eines entsprechenden Parameters zweifelhaft. In der Entwicklungsgeschichte war es wahrscheinlich. Jedenfalls aber besteht eine enge Beziehung zwischen dem messenden Vergleichen von Beziehungen des Nacheinander mit den Genidentitätsreihen. Was für die Physik über die Möglichkeit, derartige Beziehungen zu messen, erst durch die Relativitätstheorie entdeckt wurde, erwies sich auch in der organismischen Biologie, und zwar besonders deutlich bei der Generationsordnung, als gültig: die Beziehung des Nacheinander bekommt erst durch Zugrundelegen eines bestimmten realen Gebildes und damit einer bestimmten Genidentitätsreihe als Bezugspunkt einen eindeutigen Sinn[nn].

Auch das Problem der Kausalität (desgleichen das der Zielstrebigkeit im Sinne der «causa finalis») konnte offen bleiben. Der Zusammenhang zwischen diesem noch recht ungeklärten Begriff und der Genidentität besteht in der Hauptsache wohl darin, daß die Ursache-Wirkungsbeziehung die funktionellen Eigenschaftsabhängigkeiten der Glieder der Genidentitätsreihen betrifft. Sie hat es mit «Veränderungsreihen» und «Änderungsübertragung», also mit Konstanz und Variation, mit «Prozessen» zu tun. Im übrigen spricht z.B. die Bezeichnung der «Kraft» (vgl. A VIII, S. 291–293) als einer Ursache dafür, daß die Ursache-Wirkungsbeziehung auch die funktionelle Abhängigkeit zwischen nicht-genidentischen Gebilden betreffen kann.

Auf die Frage, ob es allgemeine, nicht-empirische Sätze über die Eigenschaftsverhältnisse von Gliedern genidentischer Reihen gibt, wurde nicht näher eingegangen (vgl. S. 105). Solche auf dem Wesen des Vergleichs basierenden Sätze würden dann entweder für alle Wissenschaften gleichermaßen gelten können oder je nach der Existentialart des betreffenden Gegenstandsgebietes zu modifizieren sein.

Auch eine Erörterung des Begriffs des Psychischen in der Biologie hat sich vermeiden lassen. Selbst wenn es eine besondere, als «psychisch» zu bezeichnende Klasse von Gebilden der Biologie gibt (vgl. A XII, S. 298–300), war der Ordnungstypus der Genidentitätsreihen nicht an ihnen, sondern an solchen Beispielen aufzuweisen, bei denen die biologische Begriffsbildung unzweifelhaft vorliegt.

III. Die Genidentität als Problem der vergleichenden Wissenschaftslehre und das natürliche System der Wissenschaften

Die Genidentität als Beziehung des existentiellen Auseinanderhervorgehens bezeichnet weder eine Eigenschaftsgleichheit oder -ungleichheit noch eine funktionelle Abhängigkeit von Gebilden. Damit ist die Untersuchung der Eigenart der Genidentitätsbeziehungen in einer bestimmten Wissenschaft zugleich als eine Aufgabe charakterisiert, die nicht der systematischen Anordnung der diesem Gegenstandsgebiet angehörenden Einzelgegenstände dient. Hierbei wird nämlich gerade nach den Eigenschaftsbeziehungen ihrer Gegenstände gefragt. Die quantitativen und qualitativen Gleichheiten und Ungleichheiten, sei es des Zustandes der Untersuchungsobjekte, sei es ihres Verhaltens unter bestimmten Bedingungen (Äquivalenzbeziehungen, innere Konstitution), sind es, auf die sich alle «Einteilung» der Objekte einer Wissenschaft stützt und deren funktionelle Abhängigkeiten voneinander durch die «Gesetze» dargestellt werden. (Anordnungen nach geschichtlicher Herkunft vermögen die Aufgabe der «Systematik», wie es gerade an der Biologie deutlich wurde [vgl. Lewin 1920a, 17f.], nicht zu ersetzen.) Wenn die Genidentitätsbeziehung also auch ein konstituierendes Element der untersuchten Reihen existentiell auseinander hervorgehender Gebilde darstellt, so bilden doch nicht die Genidentitätsreihen als solche, sondern die Eigenschaftsgleichheiten und -ungleichheiten genidentischer Gebilde, ihre Konstanz und Variation und ihre funktionelle Verknüpftheit nach Ursache und Wirkung die Untersuchungsgegenstände der betreffenden Wissenschaft: Prozesse werden erforscht.

Die physikalisch-chemischen Reaktionsprozesse, die Wachstums- und Entwicklungsprozesse der Ontogenie und Phylogenie sind gleichermaßen solche Prozesse, die von Physik und Biologie als «Veränderungsreihen», als «Werden» des «Soseienden» angesehen und auf ihre Gesetzmäßigkeiten hin untersucht werden. Was aber die verschiedenen Gebilde zu derselben realen Prozeßreihe zusammenfügt (wenn auch nicht deren «Einheit» abgrenzt [vgl. S. 218f.]), ist nicht eine bestimmte Eigenschaftsbeziehung, nicht die Möglichkeit, sie als Konstanz- oder Variationsreihe zu ordnen, sondern die Genidentitätsbeziehung der Reihenglieder.

Wo daher gelegentlich von gewissen Eigenschaftsgleichheiten oder Verschiedenheiten auf Genidentität geschlossen wird, handelt es sich, wie wir sahen, um einen «Rückschluß», der die empirische Erforschung von Prozessen voraussetzt, die unabhängig von den betreffenden Eigenschaftsbeziehungen ihrer Glieder als Genidentitätsreihen gesichert sein müßten. Besonders deutlich war dieser Sachverhalt an der Nichtumkehrbarkeit der Gesetze von der Konstanz der Masse und der Energie zutage getreten. Das Prinzip dieser Sicherung ist innerhalb der betreffenden Wissenschaften eine selbstverständliche Angelegenheit ihrer Technik, z.B. der Hantierung beim Experimentieren. Und nicht minder «selbstverständlich» ist im allgemeinen die Benutzung des gerade für diese Fragestellung charakteristischen Typus der Genidentitätsreihe.

Die für das ganze Gegenstandsgebiet maßgebende Art der Existentialbeziehung ist kein Einteilungskriterium für die Gegenstände innerhalb einer Wissenschaft (vgl. A XIV, S. 301–303). Sie charakterisiert «den» Gegenstand der betreffenden Wissenschaft und damit die Totalität ihrer Gegenstände. Erst bei der veränderten Grundeinstellung der Wissenschaftslehre tritt dann auch «der» Gegenstand einer Wissenschaft als «ein» Gegenstand neben anderen auf. Nur deshalb kann die Genidentitätsart Untersuchungsobjekt der Wissenschaftslehre sein.

Der Begriff der Genidentitätsreihe als des Ordnungstypus jenes «Entstehens», das in den genetischen Definitionen von Dingen oder Geschehnissen innerhalb einer Wissenschaft die definierenden mit den definierten Gebilden verbindet, kennzeichnet zugleich eine umfassende Aufgabe der *vergleichenden Wissenschaftslehre*. Dieser Begriff führt nämlich einerseits zu einer Grundbeziehung, die die vielleicht wesentlichste Eigentümlichkeit des Gegenstandes der betreffenden Wissenschaft charakterisiert, nämlich die Art seiner «Existenz». Andererseits erfüllen die so bezeichneten Grundbeziehungen jene Voraussetzung für eine wissenschaftstheoretisch vergleichende Gegenüberstellung, ohne die jede Gegenüberstellung müßig und irreführend bleibt: sie sind *wissenschaftstheoretisch äquivalent*. Die Frage nach dem Ausmaß der angedeuteten Aufgabe, d.h. nach dem Umkreis der Wissenschaften, die genetische Definitionen verwenden, würde jedoch einer besonderen Erörterung bedürfen.

Es schiene mir verfehlt, wollte man im Streben nach einem umfassenden «System» der Wissenschaften versuchen, aufgrund der Beschreibung von zwei oder drei Wissenschaften bereits das Einteilungsprinzip für die Wissenschaften überhaupt festzulegen, selbst wenn sich die Untersuchung nicht wie hier auf einen Vergleich der Genidentitätsreihen beschränkt hätte. Will die Wissenschaftslehre zu einem «natürlichen System»[90] ihrer «Gegenstände», der Wissenschaften, kommen, so wird auch sie verschiedene Eigentümlichkeiten dieser Gegenstände zu berücksichtigen und zunächst eine mehr sammelnde Einzelarbeit durchzuführen haben, ohne daß sie darum die umfassende Einstellung und die Reinheit der Betrachtungsweise entbehren muß oder darf. Daher ist auch hier von einer besonderen Gruppierung der untersuchten Wissenschaften: der Physik, der organismischen Biologie und der Entwicklungsgeschichte aufgrund der gefundenen Gleichheiten und Verschiedenheiten ihres Existentialreihentypus Abstand genommen worden. Der wissenschaftstheoretische Vergleich vermag beim gegenwärtigen Stande der Wissenschaftslehre die Eigentümlichkeiten, die sich der beschreibenden Konstatierung ergeben, im allgemeinen nur schlicht nebeneinander zu stellen (vgl. A XV, S. 303-304). Eine systematische Anordnung der Wissenschaften nach den Grundtypen der in ihnen vorliegenden Existentialbeziehungen setzt eine vergleichende wissenschaftliche Untersuchung eines größeren Umkreises von Wissenschaften voraus, für die die vorliegende Arbeit nur ein erster Anfang sein kann. Aber gerade weil die vergleichende induktive Methode dem einzelnen Untersuchungsobjekt nicht sogleich eine bestimmte Stelle in einem fertigen «philosophischen System» zuweist, ergibt ihre Anwendung für die Wissenschaftslehre die Hoffnung auf einen stetigen Erkenntnisfortgang, sofern nur die Reinheit der Fragestellung gewahrt bleibt.

Anhang

A I. Wissenschaftslehre und Erkenntnistheorie
   Zur Methode der Wissenschaftslehre

Wenn hier vom «Beschreiben» wirklicher Gebilde gesprochen wird, so bedeutet das keinen Rückfall in psychologistische oder positivistische Anschauungen.

Man hat die positivistischen Anschauungen und ebenso die psychologistischen Bestrebungen mit dem Hinweis darauf abgelehnt, daß die Wissenschaftslehre es mit den «apriorischen» Sätzen der Einzelwissenschaft zu tun hat, mit begrifflichen Setzungen, denen man mit prinzipiell anderen Mitteln als denen der Empirie begegnen muß. Diese Erkenntnis vom nicht-empirischen Charakter der Wissenschaftslehre ist ja wiederholt in äußerster Schärfe betont worden. In ihr stimmt der Neukantianismus Windelband-Rickertscher Richtung, die Marburger Schule und die Phänomenologie mit ihrer Gegenüberstellung von ontischen und empirischen Sachverhalten überein.

Aber auch wo der Empirismus scheinbar radikal abgelehnt wird, löst man sich in einer grundlegenden Beziehung nicht von dem Boden, auf dem die bekämpften Ansichten gewachsen sind: es bleibt die Idee von der «Einheit» aller Wissenschaft als bestimmender Faktor bestehen. Der Neukantianismus Marburger Richtung und der Positivismus kommen im Verfolg dieser Idee gleichermaßen zu einem einheitlichen Gesamtwissenschaftsbau, in dem sich die Grenzen aller Einzelwissenschaften mehr oder minder verwischen. Beide Auffassungen unterscheiden sich zwar darin, daß die eine den Begriff der Erfahrung in einen Gegensatz zum Denken stellt, während die andere die Erfahrung selbst ganz ins Denken hineinstellt. Aber die wissenschaftstheoretisch wesentliche Grundeinstellung beider Auffassungen, die nur gelegentlich und dann immer inkonsequenterweise durchbrochen wird, sieht gleichermaßen in aller Wissenschaft nur einen Aufbau von Stufen der Erkenntnis. Auch wo schärfere Grenzen als beim Neukantianismus oder Positivismus zwischen den verschiedenen Wissenschaften gezogen und z. B. irgendwelche «philosophischen» Wissenschaften irgendwelchen «empirischen» als selbständige, getrennte, ja gegensätzliche Begriffssphären gegenübergestellt werden, pflegt diese Idee der Stufenfolge nicht aufgegeben zu werden. So wird von phänomenologischer Seite der Gedanke vertreten, daß die ontischen Sachverhalte irgendwie maßgebend sind für die empirischen.

Es ist unschwer zu sehen, daß es die erkenntnistheoretische Grundeinstellung ist, die von der Stufenfolge im Erkenntnisprozeß ausgehend diese Idee auf die Ordnung der Wissenschaften überträgt und wissenschaftstheoretische Verschiedenheiten erkenntnistheoretisch deutet: weil wissenschaftstheoretische Untersuchungen sich mit Sätzen befassen, die anderen Wissenschaften gegenüber «apriorischen» Charakter haben, d. h. in diesen Wissenschaften nicht Gegenstände «empirischer» Untersuchung bilden, sondern ein Ausdruck der besonderen Gegenstandsart oder «Betrachtungsweise» dieser speziellen Wissenschaft sind, spricht man den Untersuchungen der Wissenschaftslehre selbst irgendwie einen höheren Rang in der erkenntnistheoretischen Stufenfolge zu. Die Wissenschaftslehre scheint ausschließlich oder doch vorwiegend deduktiv, nicht induktiv verfahren zu müssen; sie wird als nicht-empirisch charakterisiert; als eine Wissenschaft, die irgendwie nicht mit der Beschreibung des Einzelnen, sondern mit der Theorie zu beginnen hat; als Wissenschaft endlich, in der der in andern Wissenschaften bestehende Gegensatz von Wahrnehmen (Anschauen) und «Denken» – es ist hier gleichgültig, ob er als absoluter oder nur relativer Gegensatz gefaßt wird – nicht besteht oder doch jedenfalls entscheidend in Richtung auf das Denken verschoben ist.

Es kann hier nicht die Aufgabe sein, den tiefgehenden Wirkungen der erkenntnistheoretischen Deutung wissenschaftstheoretischer Unterschiede nachzugehen, die z. B. darin zum Ausdruck kommt, daß dem Begriff eines «Systems» der Wissenschaften, also der Idee der Ordnung der zu untersuchenden Gegenstände in der Wissenschaftslehre eine im Verhältnis zu anderen Wissenschaften ganz besonders entscheidende Bedeutung zugesprochen wird. Auf erkenntnistheoretische Einstellung ist es zurückzuführen, wenn wissenschaftstheoretische Verschiedenheiten häufig als «methodologische» Unterschiede bezeichnet werden. Denn von der Erkenntnistheorie aus gesehen müssen die verschiedenen Wissenschaften nur als verschiedene Mittel zum Erfassen jenes einen Gegenstandes der Erkenntnis erscheinen, der das Korrelat zum Begriff der Einheit aller Wissenschaft darstellt, nur als verschiedene Wege sich ihm begrifflich zu nähern. So werden auch die entscheidenden Unterschiede der Wissenschaften schließlich in Unterschieden der Methode gesucht[91, 00]. Diese erkenntnistheoretische Einstellung wird auch am Begriff der «Einzelwissenschaft» deutlich, die der Wissenschaftslehre als einer Art Gesamtwissenschaft gegenübergestellt wird, und sie ließe sich in fast jedes Spezialproblem der Wissenschaftslehre hineinverfolgen.

Hier sollte nur darauf hingewiesen werden, daß man von gegebenen Gegenständen auch in der Wissenschaftslehre sprechen kann, von Einzelgebilden, nämlich den Wissenschaften selbst, die zunächst zu «beschreiben» sind[92, pp]. Auch bei ihr lassen sich Induktion und Deduktion unterscheiden. Kurz, man kann die ganze, in den «Einzelwissenschaften» auftretende Stufenfolge der Erkenntnis mit ihrem Gegensatz zwischen «Erkenntnissubjekt» und «Erkenntnisobjekt» aufweisen, wie sie für die Erfahrung in anderen Wissenschaften charakteristisch ist, ohne daß man deshalb psychologistischen oder sonst positivistischen Anschauungen huldigen müßte. Einer solchen Verkennung gegenüber wäre vielmehr zu betonen, daß die Theorien, die unter Ablehnung derartiger Anschauungen die Wissenschaftslehre mit solchen Begriffen wie «nicht-empirisch», «deduktiv», «apriorisch», von anderen Wissenschaften abgrenzen wollen, sofern sie damit etwas anderes als Unterschiede des «Gegenstandes» bezeichnen, eine wesentliche, ja unter dem Gesichtspunkte der Wissenschaftslehre entscheidende Gemeinsamkeit mit den von ihnen bekämpften Theorien besitzen: beide deuten gleichermaßen wissenschaftstheoretische Unterschiede in erkenntnistheoretische Verschiedenheiten um; sie sprechen von Wert- und Niveauunterschieden, von Erkenntnisstufen, wo Verschiedenheiten der «Betrachtungsweisen», der Grundauffassungen oder der «Gegenstandsgebiete» vorliegen.

Zweifellos hat gerade die Fragestellung Kants[qq] nach der «Möglichkeit der Erfahrung», die bei aller ausgesprochen erkenntnistheoretischen Grundeinstellung bereits den Kern zu einer Vermengung mit Problemen der Wissenschaftslehre in sich enthält, die Sonderung und Fortbildung der letzteren insofern gehemmt, als sie das Hinüberspielen des erkenntnistheoretisch durchaus fruchtbaren Prinzips der «Einheit» und der «Stufenfolge» der Erkenntnis in das fremde Gebiet der Wissenschaftslehre und seine Umdeutung in die Theorie der Einheit und Stufenfolge der Wissenschaften begünstigt hat. Erst eine bewußte Trennung der Wissenschaftslehre von der Erkenntnistheorie verhilft übrigens auch der letzteren zu ihrem vollen Recht. Erst die Unterscheidung der verschiedenen Wissenschaften aufgrund der Wissenschaftslehre läßt es völlig deutlich werden, daß der Erkenntnisprozeß in ihnen im Prinzip immer der gleiche ist, daß es in diesem Sinne in der Tat eine «Einheit aller Erkenntnis» gibt.

Die Sonderung der Wissenschaftslehre von aller Psychologie, Biologie oder sonstigen «Einzelwissenschaften» braucht darum nicht minder scharf und radikal zu sein, wenn ihr selbständiger

Charakter nicht auf erkenntnistheoretische, sondern wissenschaftstheoretische Unterschiede, auf eine Verschiedenheit nicht der Erkenntnisstufen, sondern der zugrunde liegenden Gegenstandsgebiete zurückgeführt wird. Erst die wissenschaftstheoretische Einstellung, die in der Wissenschaftslehre eine bestimmte «Einzelwissenschaft» neben anderen «Einzelwissenschaften» sieht, ermöglicht es überhaupt, eine wirkliche Absonderung auch dieser Wissenschaft durchzuführen.

Endlich sei noch darauf hingewiesen, daß es ebenfalls erkenntnistheoretische Gegensätze sind, die zu der Frage geführt haben, ob eine Wissenschaft durch ihren «Gegenstand» oder durch ihre «Betrachtungsweise» (die übrigens nicht mit der «Methode» der Wissenschaft zu verwechseln ist!) bestimmt ist. Ohne auf dieses Problem näher einzugehen, sei nur bemerkt, daß hier beide Ausdrücke zur Bezeichnung dessen, worauf der Unterschied zweier Wissenschaften beruht, nebeneinander gebraucht werden zum Zeichen dafür, daß diese erkenntnistheoretisch verschiedenen Ansichten hier ohne wesentlichen Belang sind. Die Richtigkeit oder Unrichtigkeit der Sätze über die Genidentitätsbeziehungen bleibt von ihnen unberührt.

A II. Der Begriff der Identität bei Windelband

Windelband (1910) vermeidet den Terminus «Identität» zur Bezeichnung der «logischen Identität», die er «reine Selbigkeit» nennt, und verwendet ihn stattdessen, entgegen vielfachem wissenschaftlichem Sprachgebrauch, nur für eine gegenständliche Beziehung, für die «reale» Selbigkeit im Gegensatz zur Gleichheit. Dies beruht wohl z.T. auf der relativ geringen Bedeutung, die er der logischen Identität einräumt. «Im wirklichen Denken kommt das sogenannte identische Urteil eigentlich nur als rhetorische Form vor ...» (a.a.O., 8). Hier scheint mir Windelband zu weit zu gehen. Auch im wirklichen erkennenden, sogar wissenschaftlichen Denken kommen Identitätsbeweise durchaus vor. Beim Alibibeweis z.B. handelt es sich, wenn er durch den Nachweis des gleichzeitigen Wo-andersseins geführt wird, um den Begriff der Nichtidentität im Sinne der «reinen Selbigkeit»; auch in dieser Arbeit wird darauf einzugehen sein, wann die Voraussetzungen dafür erfüllt sind, daß es sich bei zwei zunächst als verschieden angesetzten Existentialreihen um eine identische Reihe handelt. Windelband würde diese Fälle jedoch wohl nicht mehr zur «logischen», sondern zu seiner als gegenständliche Beziehung definierten «realen» Identität rechnen.

Wenn Windelband von Identität als «konstitutiver Kategorie» spricht, so versteht er darunter zweifellos zum Teil die Beziehung, die hier als Genidentität bezeichnet wird (a. a. O., 19f.). Aber sein Begriff der Identität ist jedenfalls weiter gefaßt als der der Genidentität. So spricht er von «Identität der Form» und erwähnt als Beispiel den heraklitischen Fluß. Bei einer solchen «Identität der Form» kann es sich jedoch entweder um eine logische Identität, eine «reine Selbigkeit» handeln, nämlich um den Gegenstand «Ein immer wieder sich ergänzender Wasserlauf», der als solcher in verschiedenen Denkakten gemeint ist; oder aber nur um eine «Gleichheit» zeitlich verschiedener Gebilde. Da Windelband die Eigentümlichkeit der reflexiven Kategorie der Gleichheit, verschiedene Hinsichten der Reflexion zu kennen, denen zufolge zwei Gegenstände in einer Richtung gleich, in der anderen dagegen verschieden sein können, als besonderes Kennzeichen der reflexiven Kategorien gerade im Gegensatz zu der konstitutiven Kategorie der Identität betont, muß es überraschen, daß er nun doch im ähnlichen Sinne, wie man Gleichheit der Form bei Ungleichheit des Inhalts konstatiert, auch von «Identität der Form» bei «Veränderung der Materie» spricht (vgl. WINDELBAND a. a. O., 19). Jedenfalls handelt es sich hier und in ähnlichen Beispielen nicht um die Kategorie der Genidentität.

Windelbands andere Schnittführung hängt wohl mit seinem Begriff «real» zusammen. Der Terminus «real» soll bei ihm nicht die gegenständlichen Beziehungen bezeichnen im Gegensatz zu jenen Beziehungen, die auf einer Verschiedenheit der Denkakte bei Selbigkeit des Gemeinten beruhen. Denn dann wäre ja auch die Gleichheit als «reale» Beziehung anzusetzen. «Real» besagt hier vielmehr, daß eine Existentialbeziehung vorliegt. Es scheint dabei aber nicht durchgängig der Gedanke festgehalten zu werden, daß von einer Beziehung der Existenz mehrerer Gebilde zueinander die Rede ist. Vielmehr scheint bisweilen auch dann von einer «realen» Beziehung, also der «Identität», gesprochen zu werden, wenn lediglich ein «realer» Gegenstand, ein physischer, psychischer, geschichtlicher, also nicht «begrifflicher» Gegenstand als Relationsterm der Beziehung vorliegt, auch wenn die in Betracht kommende Beziehung gar nicht die Existenz der Gegenstände betrifft. So erklärt sich wohl auch die Ausdehnung des Begriffes der «realen» Identität und zugleich die Einschränkung des Begriffs der «logischen Identität», der «reinen Selbigkeit».

Es ist hier nicht notwendig, den Gründen für die veränderte Schnittführung nachzugehen oder die Beziehungen der genannten Kategorien zueinander im einzelnen zu bestimmen, da ja nicht eine logische Untersuchung zur Ordnung der Kategorien beabsichtigt wird. Ganz abgesehen soll vor allem von der Beziehung werden, in die WINDELBAND seinen Begriff der Identität zu dem der Gleichheit bringt – spricht er doch einführend von der Identität als der «realen Gleichheit» (a. a. O., 16; vgl. auch 13), – und von den Ausführungen über die «psychische Identität» (a. a. O., 14).

Jedenfalls erscheint Windelbands Begriff der Identität teils umfassender, teils enger als der an den konkreten Wissenschaften Physik und Biologie orientierte Begriff der Genidentität.

Wo in dieser Arbeit von Identität gesprochen wird, ist immer die logische Identität gemeint ($\equiv$); d.h. es wird gemäß C. STUMPF (1907, 9) an diesem Terminus als Bezeichnung der Einheit des Denkgegenstandes in verschiedenen Denkakten festgehalten, und zwar unabhängig davon, was der gedachte Gegenstand seiner Realität nach ist.

A III. «EINGESCHLOSSENE SYSTEME» UND «GESCHLOSSENE SYSTEME»

Der Begriff des «eingeschlossenen Systems», der hier wesentlich ist, ist nicht mit dem des *«geschlossenen Systems»* zu verwechseln. Ein «geschlossenes System» ist dadurch bestimmt, daß sämtliche Systemteile derart in durchgängiger funktioneller Abhängigkeit stehen, daß der Zustand an einer Stelle des Systems den Zustand an allen übrigen Stellen des Systems wesentlich mitbestimmt. In diesem Sinne spricht z. B. Köhler unter Betonung des fundamentalen Charakters der Systemeinheit und ihrer Unzerleglichkeit nach Art reiner Summen von «physikalischen Systemen» oder «physischen Gestalten»: «die Gruppierungen in physikalischen Systemen sind nicht-additiver Natur; man hat genau zu unterscheiden zwischen Verteilungen physischer Objekte überhaupt – welche sehr wohl summativ sein können – und den Gruppierungen in physikalischen Systemen».

Das *«eingeschlossene System»*, wie es zur Sicherung der restlosen Genidentität z. B. in der Chemie verwendet wird, ist dagegen durch das Vorhandensein «undurchlässiger Grenzen» definiert. Dabei braucht ein z. B. im chemischen Sinne eingeschlossenes System kein chemisch geschlossenes System zu bilden, sondern kann ein bloßes Aggregat von «Einzeldingen» sein. Ebensowenig kann umgekehrt ein geschlossenes System keine undurchlässigen Grenzen besitzen. Natürlich kann ein eingeschlossenes System zugleich auch ein geschlossenes System darstellen.

Ein Zusammenhang besteht ferner darin, daß *die Bildung eingeschlossener Systeme häufig dem Zwecke dient, die restlose Genidentität unter Bedingungen zu wahren, wo verschiedene Einzeldinge ihre bisherige Selbständigkeit aufgeben und sich,* zumindest während einer gewissen Zeitspanne, *zu einem geschlossenen System vereinigen.* Auf diese Weise lassen sich die dabei auftretenden Eigenschaftsänderungen erforschen.

Für den Begriff des «geschlossenen Systems» (oder der «Gestalt») sind also im Gegensatz zum eingeschlossenen System die «funktionellen Abhängigkeiten» maßgebend. Es stimmt mit den Ergebnissen dieser Arbeit und der Unterscheidung wissenschaftstheoretischer und erkenntnistheoretischer Eigentümlichkeiten durchaus zusammen, daß ebenso wie die anderen reflexiven Kategorien auch die «Einheit» im Sinne des geschlossenen Systems kein Spezifikum einer bestimmten Wissenschaft ist[93]; daß sie also nicht nur, wie häufig behauptet wird, in der Biologie, sondern im selben Sinne auch in der Physik vorkommt. Auf die Parallelität der auf Geschehnisse angewandten Einheitsbegriffe hatte ich bereits bei der Gegenüberstellung des physikalischen «Prozeß-» und des biologischen «Entwicklungsbegriffes» hingewiesen. Danach wäre der Unterschied der hier in Betracht kommenden biologischen und physikalischen Begriffe lediglich auf eine Verschiedenheit der Genidentität zurückzuführen. Da die Untersuchung der Eigenart der Genidentitätsbeziehung jedoch unabhängig von der Frage der Gleichheit oder Verschiedenheit der reflexiven Kategorien der betreffenden Wissenschaften ist, muß letztere hier offen bleiben.

Endlich ist auf die Sätze hinzuweisen, die über die Genidentitätsbeziehungen im Falle einer realen Zerlegung oder Vereinigung Aufschluß geben. Hier besteht, wie sich zeigen wird, ein wesentlicher Unterschied zwischen Physik und Biologie: in der Physik wird jeder der entstandenen Teile «genidentisch überhaupt» mit dem unzerlegten Ganzen gesetzt, während in der Biologie höchstens einer der entstandenen Teile «individualgenidentisch überhaupt» mit dem unzerlegten Ganzen angesetzt wird (Satz 13, S. 100 sowie Satz 60 u. 61, S. 210–211; vgl. ferner die entsprechenden Sätze über die Avalgenidentität). Der Unterschied der Rolle, die der Begriff der unzerlegten Ganzheit bei den Genidentitätsbeziehungen in Biologie und Physik spielt, ist vielleicht das allein berechtigte Moment an der verbreiteten Ansicht, daß 1) in der Biologie der Begriff des Ganzen eine besonders fundamentale Rolle spielt, und daß 2) die Gegenstände der Physik als reine Summanden aufzufassen sind, die keine natürlichen Ganzheiten kennen. Diese Frage läßt sich jedoch nicht im Rahmen einer Anmerkung erörtern. Es ist daher nur zu bemerken, daß hier lediglich die Beziehung der Genidentität zu der bei der realen Zerlegung maßgebenden Ganzheit innerhalb derselben Wissenschaft in Frage steht. Was beidemal als Zerlegung anzusehen ist, und ob der für das «unzerlegte Ganze» entscheidende Begriff der Ganzheit in beiden Wissenschaften derselbe ist, muß offen bleiben.

A IV. Die Genidentität und der Gegensatz von Substanz- und Funktionsbegriffen

Wenn hier die Begriffe «Ding» und «Eigenschaft» einander gegenübergestellt werden, wobei z. B. die «Masse» als eine Eigenschaft angesehen wird, so bleibt damit der Gegensatz von «Substanz-» und «Funktionsbegriffen», den Cassirer besonders eindringlich hervorgehoben hat, völlig unberührt. Cassirer (1910, 218) unterscheidet: «den Begriffen, die ein Dasein bezeichnen, stehen die Begriffe entgegen, die lediglich eine bloße Form der Verknüpfung zum Ausdruck bringen.» Er verfolgt unter Ablehnung der reinen «Abstraktionstheorie» der Erkenntnis die fortschreitende Verwandlung von «Ding»-Begriffen im Sinne von Substanzbegriffen in Beziehungsbegriffe und zeigt, wie in Mathematik und Physik in immer steigendem Maße das «Dingliche» herabgedrückt wird zum bloßen «Relationsterm», dessen ganze Eigentümlichkeit darin aufgeht, Bezugspunkt bestimmter Relationen zu sein. Bei den Begriffen der Mathematik und Physik, wie Zahl, Masse, Energie usw. tritt es immer deutlicher zutage, daß sie im Grunde keine Eigenschaften irgendwelcher isoliert denkbarer Gegenstände sind, sondern nur ein Ausdruck ihrer gegenseitigen Beziehung. «Die Einheit des Begriffs bekundete sich nicht in einem festen Bestande an Merkmalen, sondern in der Regel, durch welche die bloße Verschiedenheit als eine gesetzliche Abfolge von Elementen dargestellt wurde» (a.a.O., 196). «Das einzelne Ding ist für den Physiker nichts anderes, als ein Inbegriff physikalischer Konstanten...» (a.a.O., 196). Es heißt deren Sinn völlig verkennen, wenn man sie nachträglich wieder substantialisiert, d. h. Masse, Zahl, Atom als Substanz, als Eigenschaft selbständiger Dinge darstellt, denen außerhalb ihrer Beziehung noch irgendein Sinn beiwohne. «Ding» und «Eigenschaft» sind beide «Daseinsbegriffe», die in der Physik – dasselbe könnte man übrigens von der Biologie zeigen – gegenüber den «Verknüpfungsbegriffen» immer stärker zurücktreten: «Was das ‹Ding› des populären Weltbildes an Eigenschaften verliert, das wächst ihm an Beziehungen zu» (a.a.O., 220).

Man kann der Ansicht über den fortschreitend sich bewährenden höheren Erkenntniswert der Funktionsbegriffe gegenüber den Substanzbegriffen völlig beistimmen und kann doch an der für die Genidentitätsbeziehung in Betracht kommenden Scheidung von Ding und Eigenschaften festhalten, weil es sich beidemal um eine durchaus andere logische Schnittführung handelt.

Der Gegensatz von Existentialbeziehungen und Gleichheits-Ungleichheitsbeziehungen soll den durch Beziehungen messenden Vergleichs definierten Begriffen, wie etwa dem der Masse, in keiner Weise ihre Stellung als reine Funktionsbegriffe nehmen. Die Bedeutung von solchen Begriffen wie Masse, Energie, Valenz als «Reihenbegriffen» bleibt unberührt, und es wird auch nicht übersehen, daß bei diesen Begriffen nicht die direkt «wahrnehmbaren» Gleichheiten, wie sie der Beschreibung sich darbieten, sondern Äquivalenzbeziehungen, also Wirkungsgleichheiten, die ausschlaggebende Rolle spielen. Aber wenn Äquivalenz auch nicht unmittelbar wahrnehmbar ist, so ist sie darum nicht weniger eindeutig eine Gleichheitsbeziehung bestimmter Gegenstände und keine Beziehung ihres existentiellen Auseinanderhervorgegangenseins, also keine Existentialbeziehung.

Die in dieser Arbeit benutzte Gegenüberstellung von «Eigenschaft» und «Ding» enthält also keine Einschränkung der Begriffe «Eigenschaft» und «Gleichheit» auf wahrnehmbare Eigenschaften und wahrnehmbare Gleichheiten; sie bedeutet keine Substantialisierung der Eigenschaften, die ihnen ihre erkenntnistheoretische Position als bloßer «Relationstermini» nehmen könnte.

Ebenso enthält der hier verwandte Dingbegriff noch nicht etwas «Dingliches» im Sinne des «Substantiellen» bei Cassirer. Gerade der Begriff der Genidentität scheint mir vielmehr eine wesentliche Umwandlung des substantiellen Charakters des Begriffes der Existenz und des existierenden Dinges in der Richtung auf Funktionsbegriffe im Sinne Cassirers mit sich zu bringen: der Begriff der Genidentität betont gegenüber dem Charakter der Isoliertheit und Selbständigkeit, die an dem Begriff der Existenz zu haften pflegt, die Stellung des Existierenden in einer Existentialreihe. Das einzelne Ding erscheint hier nur als Glied einer Reihe, als Relationsterm der Existentialbeziehung, insbesondere der Genidentität. Es mag also im Sinne der funktionalen Auffassung als Fortschritt erscheinen, daß an Stelle des Begriffspaares «Ding/Eigenschaft» das Begriffspaar «Existentialbeziehung/Gleichheitsbeziehung» gesetzt wird. Jedenfalls aber bleibt der in beiden Gegenüberstellungen gemeinte Unterschied, der hier allein wesentlich ist, derselbe.

Bei Cassirer allerdings ist es nicht immer deutlich, ob der Unterschied zwischen Substanz und Funktion von dem hier in Betracht kommenden zwischen Ding und Eigenschaft wirklich scharf getrennt wird. Mit der fortschreitenden Auflösung der Substanzbegriffe in Funktionsbegriffe scheint nach ihm auch jene Besonderheit, die im Begriff der Existenz und der Existentialbeziehung in seiner Gegenüberstellung zu den reflexiven Beziehungen liegt, verloren zu gehen. Von einer solchen Überführung der Existentialbegriffe in reflexive Begriffe kann in Wirklichkeit jedoch bei der Entwicklung einer Wissenschaft keine Rede sein; vielmehr treten umgekehrt mit fortschreitender Erkenntnis gerade jene Begriffe, in denen eine Existentialbeziehung eine Rolle spielt, immer stärker in den Vordergrund (vgl. A X, S. 294–295). Cassirers Begriff des »Seins« hat nichts mit dem hier benutzten der Existenz zu tun, und die Gegenüberstellung von Substanz und Funktion läßt sich als eine Gegenüberstellung sowohl innerhalb der Existentialbegriffe wie der Begriffe reflexiver Kategorie ansehen. Wenn daher der Satz: «die *Beharrlichkeit* bezieht sich nicht auf die Fortdauer von Dingen (hier gesperrt) und dinglichen Beschaffenheiten, sondern sie bezeichnet die relative Selbständigkeit bestimmter Glieder eines funktionalen Zusammenhanges, die sich *im Vergleich zu anderen* als unabhängige Momente erweisen» (a.a.O., 119) die existentielle «Fortdauer» der Dinge zu der reflexiven Kategorie des Vergleichs in Beziehung setzen soll, so wäre er entschieden abzulehnen. Der Beharrungsbegriff darf in diesem Zusammenhange lediglich den Begriff der Konstanz meinen, d.h. ein Gleichbleiben, aber nicht das existentielle Auseinanderhervorgehen.

Wenn der Neukantianismus die hier notwendigen Unterscheidungen zum Teil unbeachtet läßt, so mag dazu der Umstand beigetragen haben, daß gerade der Existenzbegriff bisher überwiegend nach Art der Substanzbegriffe aufgefaßt wurde, daß man im Ding also etwas sah, dem auch, ganz abgesehen von seiner Stellung in einer Genidentitätsreihe, «Existenz» zukommt. Der Reinheit der erkenntnistheoretischen Einstellung Cassirers ist es zu verdanken, wenn die Gemeinsamkeiten der Erkenntnismethoden aller Wissenschaft besonders deutlich zum Ausdruck kommen; dabei wurde jedoch ein Unterschied mehr oder weniger verwischt, der bei erkenntnistheoretischen Fragen außer acht gelassen werden kann, der aber nicht zu übersehen ist, sobald auch wissenschaftstheoretische Probleme in den Kreis der Betrachtung gezogen werden.

A V. Der Grad der Unmittelbarkeit und der Subjektivität der Erkenntnis von Genidentität und Gleichheit

Die erkenntnistheoretische Behauptung des unterschiedlichen Grades der Unmittelbarkeit der Erkenntnis von Genidentitätsbeziehungen einerseits und Gleichheits- oder Ungleichheitsbeziehungen andererseits läßt sich von vornherein nicht für alle Fälle des Erkennens solcher Beziehungen aufrechterhalten. Denn es kommt zweifellos sehr häufig vor, daß auch Gleichheiten oder Ungleichheiten nicht unmittelbar wahrgenommen, sondern erschlossen werden. Die Äquivalenz, die Wirkungsgleichheit, die die ausschlaggebende Gleichheit bei allen «Erklärungszusammenhängen» darstellt, ist sogar prinzipiell der unmittelbaren Wahrnehmung nicht zugänglich. Die Behauptung der erkenntnistheoretischen Verschiedenheit ließe sich also nur dahin formulieren, daß Gleichheitsbeziehungen zum Teil mittelbar, zum Teil unmittelbar erkennbar sind, während man bei der Feststellung einer Genidentität *immer* auf eine *mittelbare* Erkenntnis angewiesen ist.

Wollte man auch diesen Unterschied bestreiten, so müßte man den im allgemeinen anerkannten Satz aufgeben, daß nicht die Dinge selbst, sondern immer nur ihre Eigenschaften wahrnehmbar sind. Es wäre zumal für eine phänomenologisch gerichtete Erkenntnistheorie wohl lohnend, nachzuprüfen, ob wirklich die Eigenschaften der Dinge prinzipiell unmittelbarer erkennbar sind als die Existenz der Dinge, derart, daß die Existenz selbst immer erst aufgrund von Eigenschaftserkenntnissen erschließbar ist. Ist diese Frage zu verneinen, so wäre damit auch ein Weg für die prinzipielle Gleichstellung der Erkennbarkeit von Eigenschaftsbeziehungen einerseits und von Dingbeziehungen andererseits gewiesen, also von Gleichheits- und von Existenzbeziehungen. Die Erkennbarkeit der Genidentität wäre damit auf eine Stufe mit der Erkennbarkeit der Gleichheit oder Ungleichheit zeitlich verschiedener Gebilde gestellt, und die *kontinuierliche Beobachtung* würde beidemal als gleich unmittelbares Erkenntnismittel anzusehen sein. Die Feststellung der Genidentität würde dann also nicht notwendig auf dem Umwege über die Konstatierung irgendwelcher Gleichheiten oder Ungleichheiten stattfinden, sondern könnte auch auf direkter Beobachtung beruhen. Solche Fälle wären daher als Fundamentalfälle der Feststellung von Genidentität anzusehen, und auf sie als Grundlage wäre letztlich auch alle erschlossene Genidentität zurückzuführen.

Ähnlich wie mit dem erkenntnistheoretischen Unterschied von

«Wahrgenommen-» und «Erschlossenwerden» verhält es sich hier mit der größeren «Subjektivität» der Gleichheit gegenüber der Genidentität.

Zunächst ist daran zu erinnern, daß es sich beidemal um Beziehungen handelt, die nicht die Denkakte, sondern die Denkgegenstände betreffen. Wenn trotzdem die Gleichheit und Ungleichheit in stärkerem Maße von der besonderen Art des Gerichtetseins des Subjektes in dem speziellen Vergleichsakt abhängig zu sein scheint, so könnte das lediglich davon herrühren, daß es bei einem Gegenstand immer mehrere Eigenschaften und daher mehrere Hinsichten des Vergleichens gibt, während bei der Genidentität allemal nur die Existenz in Beziehung zu bringen ist. Innerhalb einer bestimmten Wissenschaft erscheint daher die Gleichheit «subjektiver». (Diese «Subjektivität» darf jedoch keineswegs dahin mißverstanden werden, als ob es von der Willkür des erkennenden Subjekts abhinge, ob eine bestimmte Gleichheit der in Beziehung gebrachten Gegenstände vorhanden ist oder nicht, während etwa die Genidentitätsbeziehung durch die Gegenstände vorgeschrieben sei.)

Die Eindeutigkeit auch dieses Unterschiedes verschwindet jedoch, wenn man den Kreis einer bestimmten Wissenschaft verläßt, und es erscheint dann, entsprechend der Mehrdeutigkeit bei der Gleichheit, von der in Frage gestellten Existentialart oder, wie man auch sagt, von der Art der Betrachtungsweise abhängig, ob von einer Genidentität zweier Gegenstände zu sprechen ist oder nicht. Es mag noch immer ein Unterschied in der Anzahl der möglichen Betrachtungsarten bei Gleichheits- und bei Genidentitätsbeziehungen bestehen; der prinzipielle erkenntnistheoretische Unterschied einer größeren «Subjektivität» wäre damit jedenfalls aufgehoben. (Überhaupt stimmen beide Beziehungen darin überein: wenn einmal die Betrachtungsweise in jeder Hinsicht feststeht, d. h. wenn feststeht, nach welcher bestimmten Beziehung gefragt wird, so ist das Ergebnis des Beziehens nur vom Gegenstande abhängig, und beidemal sind für bestimmte Gegenstände gewisse Fragestellungen sinnlos.)

Für die auf das Verhältnis der «Subjektivität» und «Objektivität» eingestellte Erkenntnistheorie lassen sich die Existentialbeziehungen und die reflexiven Beziehungen also nicht als prinzipiell verschieden ansehen. Auch die Anwendung reflexiver Beziehungen führt, wie das an dem messenden Vergleichen und der Äquivalenz ohne weiteres deutlich wird, nicht bloß zu «subjektiven» Feststellungen. Eine bestimmte Gleichheitsbeziehung, eine Größe, Geschwindigkeit, Äquivalenz ist nicht in geringerem Grade eine «Tatsache», nicht weniger «faktisch» als die Existenz oder eine bestimmte Existentialbeziehung. Die Einsicht, daß in dieser erkenntnistheoretischen Hinsicht keine prinzipiellen Verschiedenheiten bestehen, darf jedoch nicht dahin führen, die in ganz anderem Zusammenhang wesentliche Unterscheidung der Gleichheits- und Existentialbeziehungen aufheben zu wollen, nur weil dieser Unterschied für erkenntnistheoretische Überlegungen belanglos ist.

A VI. Genidentität und funktionelle Abhängigkeit

Die Genidentität als solche bedeutet keine *funktionelle Abhängigkeit*, auch wenn vielleicht immer die Eigenschaften mindestens des einen von zwei genidentischen Gebilden von denen der anderen funktionell abhängen. Denn der Begriff der Funktion ist an die Auffassung der Bezugsgebilde als Größen geknüpft und besagt: falls eine dieser Größen eine Veränderung durchmacht, verändert sich auch die andere oder bleibt sich gleich (nach Bernoulli, modifiziert[rr]). Dieser Begriff der «Veränderung» hat nichts mit dem der Genidentität zu tun, sondern bezieht sich auf die reflexiven Kategorien des Vergleichs. Bei der funktionellen Abhängigkeit in der Physik handelt es sich also immer um «Konstanz» und «Inkonstanz», um die Auffassung der Bezugsglieder als Größen. Als Größe aber erscheint ein «Ding» nicht seiner Existenz nach, d.h. als Glied einer Genidentitätsreihe, sondern nur als Träger meßbarer «Eigenschaften». Das gilt selbst dann, wenn es sich um die Konstanz genidentischer Gebilde handelt, wie bei dem Gesetz der Konstanz der Masse.

Die funktionelle Abhängigkeit ist auch in ihrer Anwendung in der Physik allemal durch eine Gleichung von der Form $y = f(x)$ darstellbar. Die Genidentität aber läßt den Zustand, das «Sosein», alle physikalischen «Eigenschaften» unbestimmt und ist daher nie durch eine Gleichung auszudrücken (vgl. A IX, S. 293–294). Auch wenn sich die Möglichkeit mathematischer Darstellung von Beziehungen genidentischer Gebilde als solcher ergeben sollte, ist also jedenfalls an der Sonderung dieser Beziehungen von den in der Physik sonst gebräuchlichen funktionellen Abhängigkeiten festzuhalten, da bei diesen durchgehend reflexive Kategorien maßgebend sind.

A VII. Existenz und Tatsache

Der für die Genidentitätsbeziehung wesentliche Begriff der «Existenz» ist nicht mit dem Begriff der «Tatsache» zu verwechseln. Der Neukantianismus übersieht vielfach diese Verschiedenheit und spricht von Existenz, wo es sich um den Begriff der Tatsache handelt. NATORP (1910, 346) z. B. gebraucht den Begriff des Existierens im Sinne von «in unendlicher Fortschreitung näherungsweise bestimmbar sein»[94]. In diesem Sinne läßt sich auch von allen Eigenschaften, von allen Gleichheits- oder Ungleichheitsbeziehungen aussagen, daß sie «existieren». Es besteht in dieser Hinsicht kein prinzipieller Unterschied zwischen den Gleichheits- und den Existentialbeziehungen, dem Ding oder Geschehen und den Eigenschaften. Bei einer Gleichheitsbeziehung, etwa einer meßbaren Größenbeziehung, und bei der restlosen Genidentität, also der physikalisch eindeutigen Beziehung des existentiellen Auseinanderhervorgehens, handelt es sich gleichermaßen um Sachverhalte, die «näherungsweise» zu bestimmen sind. Es braucht nur an die Forderung erinnert zu werden, die Restlosigkeit der Genidentität durch den vollständigen Einschluß in physikalisch undurchlässige Grenzen zu sichern; auch sie kann im Einzelfalle immer nur näherungsweise erfüllt werden. Eine Existentialbeziehung «existiert» also nicht anders als eine Gleichheitsbeziehung. Beiden kommt daher die gleiche erkenntnistheoretische Stellung als Tatsache zu; und das tatsächliche Vorliegen einer bestimmten Beziehung (ihre Stellung als «Wirklichkeit», als etwas «Objektives») läßt sich für jede der beiden Arten im einzelnen Falle durch einen Zusammenhang, in den sie eingefügt wird, sicherstellen.

In diesem Sinne kommt in der Tat auch den physikalischen und den mathematischen Gegenständen keine unterschiedliche «Existenz» zu: immer handelt es sich um in einem fortschreitenden Prozeß der Erkenntnis stufenweise zu bestimmende Erkenntnisgegenstände[95].

Man wird dieser erkenntnistheoretischen Gleichstellung zustimmen müssen und braucht daher dem Neukantianismus Marburger Richtung hierin nicht entgegenzutreten, sofern nicht unter irreführender Benutzung derselben Termini wissenschaftstheoretisch entscheidende Unterschiede übersehen werden. Die erkenntnistheoretische Übereinstimmung des Begriffs des «Faktums» läßt, ebenso wie die zahlreichen erkenntnistheoretischen Gleichheiten der Erkenntnisverfahren, den wissenschaftstheoretischen Unterschied beider Wissenschaften völlig unberührt. Dieser Unterschied tritt z. B. darin zutage, daß die mathematischen Gegenstände nicht, wie die physikalischen Gegenstände, Glieder «restloser Genidentitätsreihen» sind. In der Existenzart, wie dieser Begriff hier als Gegensatz zu den reflexiven Beziehungen gebraucht wird, unterscheiden sich also mathematische und physikalische Gegenstände radikal und eindeutig voneinander.

Naturgemäß ist auch in Physik und Biologie der erkenntnistheoretische Sinn des Begriffes «Tatsache» durchaus derselbe. Auch der Unterschied von Dingen oder Geschehnissen einerseits und ihren Eigenschaften andererseits, der hier nichts mit der Gegenüberstellung von Substanz- und Funktionsbegriff zu tun hat, sondern auf der Unterscheidung von Existenital- und Gleichheitsbeziehungen beruht, bleibt bestehen, obgleich sowohl Dingen wie Eigenschaften die Position als «Tatsache» zukommt. Existentialbeziehungen gibt es nur zwischen den Dingen oder Geschehnissen, aber nicht zwischen ihren Eigenschaften, obwohl die Richtigkeit eines Urteils über das Vorhandensein sowohl eines Dinges wie einer Eigenschaft, sowohl einer eindeutigen Existentialbeziehung wie einer besonderen Gleichheit, gleichermaßen nur durch eine fortschreitende Bestimmung, durch das Hineinstellen in einen Zusammenhang sicherzustellen ist, sofern eine solche Sicherstellung überhaupt möglich und nötig ist[96]. Dementsprechend ist das existentielle Auseinanderhervorgehen, das durch den Begriff der Genidentität ausgedrückt wird, wohl zu unterscheiden von jenem Auseinanderhervorgehen von Eigenschaften, das durch den Begriff der «Veränderung» oder des «Sichgleichbleibens» ausgedrückt wird. Die Glieder einer Veränderungsreihe sind durch reflexive Beziehungen definiert; man sollte daher bei ihnen am besten von «Konstanz» oder «Variation» sprechen.

A VIII. Die Begriffe «existierendes Gebilde», «Kraft» und «Feld»

Der Satz der Unendlichkeit der restlosen Genidentitätsreihen ließe sich auch so formulieren: zu jedem in einem bestimmten Zeitpunkt existierenden physikalischen Gebilde gibt es in jedem früheren und späteren Zeitpunkte ein restlos genidentisches Gebilde.

Der Begriff der «Existenz» oder des «Gebildes» wäre dann jedoch entsprechend dem Gedankengang dieser Arbeit durch seine Stellung in einer restlosen Genidentitätsreihe zu definieren. Bei dieser Gelegenheit sei eine Bemerkung über die Abgrenzung des Begriffs «Gebilde» im Sinne dieser Arbeit eingefügt.

Gebraucht man den Begriff des Gebildes, wie hier, als Bezeichnung des Bezugsgliedes einer Existentialbeziehung, so hat man in Konsequenz der soeben (vgl. A VII) durchgeführten Scheidung der Begriffe «Existenz» und «Tatsache» auch den Begriff des Gebildes in einem nicht zu weiten Umfange zu nehmen. So wäre z. B. eine physikalische «Kraft» oder ein Inbegriff von Kräfteverteilungen im Raume nicht als physikalisches Gebilde anzusprechen.

Es könnte zunächst scheinen, als ob auch zwischen Kräften Existentialbeziehungen bestehen. Man spricht von einem Entstehen und Vergehen von Kräften, von ihrem Auseinanderhervorgehen. Ferner sind Kräfte, wie Druck, Spannungen usw. jedenfalls physikalische, in bestimmten Zeitmomenten bestehende Realitäten (vgl. KÖHLER 1920, 70).

Ein genaueres Eingehen zeigt jedoch die Unmöglichkeit, den Begriff der Genidentität auch auf Kräfte anzuwenden. Wenn von dem Entstehen von Kräften die Rede ist, wie etwa im Satz vom Parallelogramm der Kräfte, so handelt es sich meist um ein «Resultieren» einer Kraft k_0 aus anderen gleichzeitig vorhanden Kräften m_0, n_0 usw. Ein solches Resultieren von Kräften aus gleichzeitig vorhandenen anderen Kräften kann also schon wegen dieser Gleichzeitigkeit der Relata nicht als ein «existentielles» Auseinanderhervorgehen im Sinne der Relata der Genidentitätsbeziehungen angesehen werden. (Mit Bezug auf einen analogen Begriff des «Resultierens» beim biologischen Begriff der Vererbung hat man von einer «unzeitlichen Bezugnahme» [SCHAXEL 1919[ss]] gesprochen.)

Die Rede vom Entstehen und Vergehen von Kräften meint häufig auch das Verhältnis der an einem bestimmten Orte in verschiedenen Zeitmomenten bestehenden Kräfte. In diesem Sinne spricht man z. B. meist von dem Bestehen oder der Veränderung eines «Feldes». Mit dem Terminus «Feld» bezeichnet man in der Physik in der Regel nicht die in einem bestimmten Raume verteilten Energien, sondern die in einem bestimmten Raume bestehenden, durch Kraftlinien dargestellten Zug- und Druckkräfte. (Dabei bleibt das Entstehen und Vergehen eines Feldes natürlich an eine Lageänderung von Energie gebunden.) Die Feldstärke wird in Dyne gemessen[97]. Es handelt sich also um eine Konstanz oder Inkonstanz einer Kräfteverteilung, d. h. um das Vorhandensein gleicher (gleich großer und gleichgerichteter) oder ungleicher Kräfte in bestimmten Zeitmomenten. Solche «Konstanz» oder «Inkonstanz» genannten Gleichheits- oder Ungleichheitsbeziehungen sind jedoch keineswegs Genidentitätsbeziehungen (vgl. S. 63 f. und 69 ff.). *Eine Kraft oder ein Kraftfeld ist demnach nicht als Gebilde im Sinne des Relatums einer Genidentitätsbeziehung* anzusprechen, und die von den «Gebilden» hier ausgesagten Sätze, z. B. der der Zugehörigkeit zu einer unendlichen Reihe restlos genidentischer Gebilde, gelten daher nicht von einer Kraft oder einem Felde.

Die Kraft wird im allgemeinen als «Ursache einer Veränderung» definiert. Daran, daß der Kraftbegriff nicht unter den Begriff eines existierenden Gebildes fällt, wird zugleich deutlich, daß der Ursachenbegriff nicht nur auf genidentische Gebilde anwendbar ist, und daß demgemäß für ihn nicht die Existentialbeziehung seiner Relata, sondern ihre *funktionelle* Abhängigkeit ausschlaggebend ist.

A IX. Die Auffassung der Glieder einer Genidentitätsbeziehung als Mengen

Man kann den Sachverhalt, der durch Einklammern der Teilgebilde $(a_I, b_I, c_I \ldots)$ bezeichnet wird, auch durch folgende Schreibweise ausdrücken:

$$v_2{}^p \equiv (a_I + b_I + c_I + \ldots).$$

Das Zeichen + würde dann nicht der Ausdruck einer algebraischen Addition, sondern das Mengenplus sein. $a_I + b_I + c_I$ würde eine Vereinigungsmenge im Sinne der Mengenlehre darstellen. Die in Betracht kommenden Gebilde scheinen zunächst nämlich, auch wenn ihre physikalischen Eigenschaften hier unbestimmt gelassen werden, doch soweit eindeutig bestimmt zu sein, daß sie als Mengen angesprochen werden können, da unter «Menge» zu verstehen ist «ein System von Objekten oder Elementen irgendwelcher Art, das so in sich abgegrenzt und vollendet ist, das von jedem beliebigen Objekt vollkommen bestimmt ist, ob es zu dem System gehört oder nicht, gleichviel, ob wir imstande sind, in jedem besonderen Falle die Entscheidung wirklich zu treffen oder nicht»[98]. Daß die Relationsterme der restlosen Genidentitätsbeziehung als bestimmte Mengen aufzufassen sind, scheint vor allem mit ihrem Auftreten als eingeschlossene Systeme gegeben. Es scheint daher dem Belieben überlassen, die Gebilde $a_I, b_I, c_I, \ldots$ als die Elemente einer Menge zu betrachten und für ihre Gesamtheit daher den Ausdruck $(a_I, b_I, c_I, \ldots)$ zu wählen, oder die Gebilde $a_I, b_I, c_I, \ldots$ selbst als Mengen und ihre Gesamtheit als eine «Vereinigungsmenge» aufzufassen und dementsprechend $a_I + b_I + c_I + \ldots$ zu schreiben.

Eine im Verhältnis zu anderen Mengen bestimmte Menge kommt den physikalischen Gebilden a_I, b_I usw. jedoch nur zu, wenn bestimmt ist, was bei ihnen als Elemente der Menge zu betrachten ist. Selbst wenn es daher auch nicht nötig ist, immer die gleiche Definition des Elements bei den verschiedenen Gebilden festzuhalten, um die Gesamtheit der verschiedenen Gebilde als eine Vereinigungsmenge betrachten zu können, so muß doch bei jedem Gebilde jedenfalls irgend eine bestimmte Definition des Elements vorausgehen, wenn die Vereinigungsmenge einen bestimmten Sinn haben soll, die zu anderen Mengen in eindeutige Beziehung gebracht werden kann. Da also in der Formel $v_2{}^p \equiv (a_I + b_I + c_I + \ldots)$ der Vereinigungsmenge

($a_1+b_1+c_1+\ldots$) noch nicht ein eindeutiger Mengensinn zukommt, habe ich es vorgezogen, sie als eine Menge mit den Elementen a_1, b_1, c_1, ... in der Form ($a_1, b_1, c_1, \ldots$) zu schreiben, weil diese Schreibweise eher zum Ausdruck bringt, daß die in Betracht kommenden, einzelnen physikalischen Gebilde und ihre Gesamtheiten als Mengen noch nicht eindeutig bestimmt sind.

Die Formel für die restlose Genidentitätsbeziehung bei realer Vereinigung $v_2{}^p \equiv (a_1, b_1, c_1 \ldots)$ *setzt jedenfalls noch keine bestimmten Mengenverhältnisse von* v_2 *einerseits und* ($a_1, b_1, c_1 \ldots$) *andererseits fest.*

A X. Der Übergang von Beschreibungs- zu Erklärungsbegriffen in der Biologie

Man hat vor allem in älteren Arbeiten häufig die Ansicht vertreten, daß die Biologie im Gegensatz zur Physik eine prinzipiell nur beschreibende Wissenschaft ist. Diese Ansicht läßt sich gegenwärtig jedenfalls nicht mehr aufrechterhalten. Ja es fragt sich, ob das Fortschreiten vom Beschreiben zum Erklären nicht ein für alle Wissenschaften typischer Reifungsprozeß ist. (Allerdings suchen manche noch in einem jugendlichen Stadium befindliche Wissenschaften die Eigentümlichkeit, beschreibend zu verfahren, geradezu zur Definition ihrer Eigenart zu benutzen. Ich erinnere nur an die Diltheys Definition der «deskriptiven Psychologie» oder Husserls Definition der Wesenswissenschaft[tt].)

Der allmähliche Übergang zur stärkeren Betonung der Entwicklungszusammenhänge, der durch das Interesse an der Erforschung biologischer Gesetze begünstigt wird, geschieht vielfach nicht in der Weise, daß die Beschreibungsdefinitionen einfach durch Erklärungsdefinitionen ersetzt werden. Vielmehr schließt sich häufig der ursprünglich beschreibenden Definition zunächst eine Bestimmung über den Entwicklungszusammenhang des betreffenden Gegenstandes an. Der Begriff «Gewebe» z. B. wird rein beschreibungsmäßig charakterisiert als ein Komplex «gleichartig differenzierter Zellen» (Stöhr 1909, 43) und wird sodann durch ein auf die Entwicklung bezügliches Moment dahin erweitert, daß auch die Abkömmlinge dieser Zellen dem Gewebe zuzurechnen sind. So kann man neben den reinen Definitionen der einen oder anderen Art alle Übergänge von mehr auf die eine oder andere Weise definierten Gebilden finden (vgl. z. B. Minot, 1913, 101 ff. über die genetischen Interpretationen auf dem Gebiete der Anatomie).

Sehr häufig allerdings – es kann dahingestellt bleiben, ob hier eine Notwendigkeit vorliegt – machen sich im Laufe der weiteren Untersuchung Momente geltend, die dazu zwingen, entweder nur die eine oder die andere Art der Definition festzuhalten, da die wahrnehmbare Eigenschaft und die Eigentümlichkeit der Genese sich nicht immer als parallelgehend erweisen. Auch bei dem angeführten Beispiel des Gewebebegriffs führt der Umstand, daß die Abkömmlinge eines Gewebes sich mit anderen Geweben weitgehend vermischen können, dazu, daß die zweite Bestimmung die erste schließlich illusorisch zu machen droht.

Gerade in jüngster Zeit ist die Ausbreitung der Definition durch genetische Beziehungen (Erklärungsbegriffe) in der Biologie stark fortgeschritten. Es sei nur an Begriffe wie Genotypus, Erbradikal, dominierend, rezessiv, Gene u. ä. erinnert.

A XI. DIE VERSCHIEDENHEIT DER EXISTENTIALBEZIEHUNG UND DIE FRAGE DER ZURÜCKFÜHRUNG VON BIOLOGIE AUF PHYSIK

Es wurde bereits erwähnt, daß bei der Definition eines Gebildes in der Biologie häufig auf seine Stellung in irgendwelchen Entwicklungsreihen Bezug genommen wird, und daß mit der steigenden Berücksichtigung der Gesetzeszusammenhänge auch diese «genetischen» Definitionen eine immer wesentlichere Rolle spielen. Bei der Abgrenzung von Einzelgebilden verschiedener Art treten neben den momentanen Eigenschaftsgleichheiten und -verschiedenheiten und an ihrer Stelle Bestimmungen auf, die sich auf biologische Entstehungsreihen stützen.

Erweist sich nun die zugrunde liegende Existentialbeziehung in der Biologie als eine andere als in der Physik, so ist damit auch die eindeutige Trennung der gesamten, mit Hilfe der beiden unterschiedlichen Beziehungen konstituierten Begriffe dargetan.

Es wäre allerdings von der *Wissenschaftslehre* völlig *verfehlt*, von der Biologie das Festhalten an ihrem besonderen Begriff der Existentialbeziehung zu fordern oder ihr umgekehrt als absolute Norm das Aufgeben dieses Begriffes zugunsten des physikalischen Genidentitätsbegriffes vorzuschreiben. Ebensowenig kann sie der Physik verbieten, biologische Genidentitätsbegriffe zu verwenden. Wissenschaftslehre kann jedenfalls in diesem Sinne der Biologie und der Physik nicht sagen, was sie tun «sollen».

Wohl aber vermag die Wissenschaftslehre zu konstatieren: es gibt ein Begriffsgefüge, in dem als konstituierendes Element der einzelnen Begriffe eine andere als die physikalische Existentialbeziehung benutzt wird, und dem im ganzen zweifellos der Charakter einer fortschreitenden Wissenschaft zukommt.

Von diesem hier als Biologie bezeichneten Begriffsgefüge ist allerdings keine Übereinstimmung in seinen allgemeinsten Sätzen mit den obersten Gesetzen der Physik zu erwarten. Da in jedem Einzelbegriff beidemal ein anderes konstituierendes Moment enthalten ist, kann nur innerhalb jedes der beiden Begriffsgefüge ein «Ableitungszusammenhang» bestehen.

Es ist eines der tiefliegensten und bedeutsamsten Probleme der allgemeinen Wissenschaftslehre, ob es möglich ist, verschiedene Gegenstandstotalitäten durch Überführung ihrer verschiedenen Existenzarten in eine gemeinsame übergeordnete Existenzart derart in eine einheitliche Gegenstandstotalität zusammenzufügen, wie man Gruppen von eigenschaftsverschiedenen Einzelgegenständen innerhalb derselben Gegenstandstotalität (oder Einzeltheorien innerhalb einer Wissenschaft), die zunächst zusammenhangslos nebeneinander stehen, mit fortschreitender Erkenntnis in eine einheitliche Gruppe von Gegenständen oder Theorien zusammenzufassen vermag. Erst eine Untersuchung dieses allgemeinen Problems, das in seiner ganzen Ausdehnung hier kaum umschrieben, geschweige denn erörtert werden kann, und seiner speziellen Anwendung auf Biologie und Physik vermag zu der Frage entscheidend Stellung zu nehmen, ob diese beiden Wissenschaften sich je zu einem so geschlossenen Wissenschaftsganzen werden zusammenfügen lassen, wie z. B. Optik und Elektrizitätslehre, oder ob ihre endgültige Trennung anzuerkennen ist.

Der Ansicht gegenüber, daß Biologie trotz Festhaltens einerseits an den die physikalische, andererseits die biologische Existentialbeziehung benutzenden Begriffen einfach aus Physik «ableitbar» wäre, ist jedoch bereits jetzt zu betonen, daß bei Verschiedenheit der Existentialbeziehungen der Unterschied der beiden Begriffsgefüge im Verlaufe der Forschung nicht abnehmen, sondern nur um so deutlicher werden kann, je weiter der Zusammenschluß zu geordneten Systemen in jeder Gruppe fortschreitet. Wo daher Begriffe oder Theorien, die die biologische Existentialbeziehung verwenden, von physikalischen Theorien «abgeleitet» werden sollen, da kann das immer nur bedeuten, daß diese biologischen Begriffe insgesamt fallen gelassen werden sollen. Die mit Hilfe biologischer Existentialbeziehung definierten Gebilde aber könnten auf diese Weise selbst nicht theoretisch erfaßt werden. Man vermag zwar widerspruchslos Physik am Lebenden zu treiben, aber man kann nicht hoffen, die auf biologischen «Entwicklungsbeziehungen» aufgebauten Begriffsgebilde je von Theorien ableiten zu können, die den physikalischen Existentialreihenbegriff verwenden. *Wer also die Zurückführbarkeit von*

Biologie auf Physik behauptet, wird nachzuweisen haben, daß die hier entwikkelten Sätze über die biologischen Existentialbeziehungen aus den entsprechenden physikalischen Sätzen «ableitbar», und zwar als im Grunde identische Spezialfälle ableitbar sind (eine offensichtlich hoffnungslose Aufgabe).

Diese Abgeschlossenheit der beiden Begriffsgefüge als «Ableitungszusammenhänge» bedeutet im übrigen nicht, daß nicht zu dem «Beweis» biologischer Sätze physikalische Sachverhalte herangezogen werden könnten, oder umgekehrt zu physikalischen Beweisen biologische Sachverhalte. Auch psychologische oder mathematische Sätze können ja in physikalischen Beweisen gute Dienste leisten, obgleich weder die mathematischen Sätze in «Ableitungszusammenhang» zur Physik stehen, noch die physikalischen Sätze in Ableitungszusammenhang zur Mathematik. *Die «Ableitungszusammenhänge» sind eben nicht mit den «Begründungsoperationen» und den dabei verwendbaren «Beweismitteln» zu verwechseln.* Die wissenschaftliche Technik und Methode wird wohl nie eine strenge Trennung der Begründungsoperationen nach verschiedenen Wissenschaften anerkennen. (Ein näheres Eingehen auf die hierin Frage kommenden Unterscheidungen und die positiven Beziehungen von Ableitung und Beweis verbietet der Rahmen dieser Arbeit.)

Der Unterschied zwischen biologischen und physikalischen Begriffen, der hier zutage tritt, besteht also nicht darin, daß allen lebenden Gebilden ein bestimmtes Etwas gemeinsam ist, sei es eine biologische Eigenschaft, etwa die Fähigkeit zur Regeneration, oder gar ein allem Lebenden zukommendes biologisch wirkliches, wirkendes Gebilde, die Entelechie. Vielmehr besteht der hier vorliegende Unterschied darin, daß bei der Begriffsbildung in der Biologie eine andersgeartete Existentialbeziehung als konstituierendes Element verwandt wird als in der Physik. Jeder «genetisch», also durch Benutzung eines Entwicklungszusammenhanges definierte Begriff der Biologie ist daher gleichermaßen verschieden von den physikalischen, genetisch definierten Begriffen. Selbst wenn es aus irgendwelchen Gründen in der Biologie nötig werden sollte, den Begriff der Entelechie einzuführen, so wäre ein solcher Begriff nicht in höherem Grade unphysikalisch oder physikalisch als irgendein anderer biologischer Begriff. Eine Verdinglichung der Verschiedenheit beider Begriffssphären durch die Statuierung eines «unräumlichen» Gebildes vermag jenen Unterschied nicht zu vertiefen oder zu präzisieren, der allen biologischen und physikalischen Begriffen, sofern sie genetisch definiert werden, ohne weiteres zukommt. Das gleiche gilt von der Einführung irgendwelcher als «psychisch» bezeichneten Gebilde.

Der hier angegebene Unterschied der Begriffssphären des Biologischen und des Physikalischen bleibt unabhängig von der Gestaltung aller besonderen physikalischen oder biologischen Theorien. Es ist gleichgültig, ob man die Entwicklung als Evolution oder Epigenesis auffaßt, ob man den Organismen Zielstrebigkeit oder im darwinistischen Sinne nur Zweckmäßigkeit infolge von Anpassungsfähigkeit zuerkennt, ob man glaubt, daß sich lebende Gebilde aus toten Gebilden nie künstlich werden erzeugen lassen oder ob man der entgegengesetzten Ansicht ist; vollends gleichgültig ist es, welche Gesetzeszusammenhänge sich im einzelnen für die biologischen Gebilde als gültig erweisen werden. Ebenso irrelevant auf seiten der Physik bleibt es, ob man z. B. der Relativitätstheorie folgt oder den Anschauungen der klassischen Mechanik. Sofern man überhaupt in der Biologie Begriffe benutzt, die mit Hilfe solcher Reihenbeziehungen definiert sind wie «Wachstum», «Bildung» eines Gewebes oder Organs, «Entwicklung» eines erwachsenen Metazoon aus der Eizelle oder auch nur «Selbigkeit» (biologische Genidentität) einer Zelle in verschiedenen Zeitmomenten trotz ihres Stoffwechsels, so trennt man damit die biologischen Begriffe von den auf anderen Existentialreihen aufgebauten physikalischen Begriffen.

A XII. Biologie und Psychologie

In der neuerdings stark wachsenden Tendenz, Psychologie und Biologie in Beziehung zu bringen, begegnen sich Bestrebungen, die sowohl von der Psychologie wie der Biologie ausgehen.

Die Psychologie hat den Kontakt mit der Physiologie ja nie ganz verloren, wenn es auch nicht an Versuchen fehlt, diese Bindung stark einzuschränken oder vollständig aufzuheben. Demgegenüber ist von verschiedenen Seiten (z. B. durch den Pragmatismus[uu], die Medizin) die Stellung der psychischen Vorgänge als Lebensvorgänge in den Vordergrund gestellt worden. So zeigen z. B. Freuds Theorien – ihre inhaltliche Richtigkeit steht hier nicht in Frage – eine spezifisch biologische Begriffsstruktur (die Entwicklungsreihen gewisser Triebe werden untersucht) und haben in dieser Richtung weitergewirkt. Auch eine eingehende Arbeit Blumenfelds (1920) über die Grundlagen der Psychologie bringt diese Wissenschaft in nahe Beziehung zur Biologie. Andererseits hat in der Biologie die Erkenntnis der Unzulänglichkeit der physikalischen Begriffe häufig die Neigung mit sich gebracht, das Unphysikalische, spezifisch Biologische ihrer Gegenstände durch den Terminus «psychisch» zu bezeichnen, um so den Gegensatz zur Physik deutlich zu charakterisieren. Auch an spezielleren Theorien, z. B. Semons^VV Theorie der Mneme, die Vererbung und Gedächtnis in Zusammenhang bringt, treten derartige Tendenzen zutage.

Es schiene mir wissenschaftstheoretisch verfehlt, die Möglichkeit einer spezifisch biologischen Theorie «psychischer Lebensvorgänge» ablehnen zu wollen. Das Vorliegen von speziellen Theorien, die sich in dieser Richtung bewegen, und die tiefen Wurzeln, die biologische Begriffe, z. B. der des Reizes, in weiten Gebieten der Psychologie geschlagen haben, schließen eine solche Stellungnahme für eine nicht rein dogmatische, sondern als Wissenschaft auftretende Wissenschaftslehre aus. Man wird von einer bewußt biologisch gerichteten Forschung, wie sie z. B. in der modernen Tierpsychologie vorliegt, sogar die Erschließung eines sehr wesentliche Erkenntnisse versprechenden Problemgebietes erwarten dürfen.

Trotzdem wäre es voreilig, daraufhin die Psychologie insgesamt als Teil der Biologie anzusprechen. Die Frage nach der «Selbständigkeit der Psychologie als Wissenschaft», die damit erhoben wird, ist nicht im Rahmen einer Anmerkung zu erörtern. Es mag aber im Hinblick auf die Beziehungen von Psychologie und Biologie zweckmäßig sein, wenigstens die wissenschaftstheoretischen Fragen, die hier zu stellen sind, kurz anzugeben.

Die erwähnte Disziplin, die sich mit der Erforschung der «physischen Lebensvorgänge» beschäftigt und z. B. von der Vererbung psychischer Eigenschaften handelt, könnte man auch als Biologie der «höheren Funktionen» bezeichnen. Der Organismus nimmt nicht nur Nahrung auf, sondern empfängt auch Eindrücke von der Umwelt und verarbeitet sie; er «orientiert» sich z. B. nach ihnen. So tritt neben die Funktionen der Atmung und des Stoffwechsels auch das Denken als «Leistung» des Organismus. Diese «höheren Funktionen» werden sich kaum streng von den «niederen» sondern lassen. Jedenfalls aber ist die sich hier ergebende *Einteilung in «Psychisches» und «Physisches» eine innerbiologische Einteilung. Die «psychischen» und die «physischen» Gebilde können daher*, ebenso wie die physischen (oder die psychischen) Gebilde unter sich, *untereinander in «Wechselwirkung» treten.* Handelt es sich doch um spezielle Gegenstände ein und derselben Wissenschaft.

Es darf jedoch nicht außer acht gelassen werden, daß die als «physisch» bezeichnete spezielle Gruppe biologischer Gegenstände nicht identisch ist mit den Gegenständen der Physik, die hier als «physikalische» Gegenstände bezeichnet seien. Bedeutet schon «Gegenstand der Biologie sein» nicht dasselbe wie «Gegenstand der Physik sein», so wäre es vollends sinnlos, die Gegenstände der Physik, die als solche eine Totalität ausmachen, mit einer bestimmten Gruppe der Gegenstände der Biologie, nämlich den «physischen» Gebilden, zu identifizieren. Daher ist auch mit der Konstatierung der Wechselwirkung zwischen verschiedenen Gruppen biologischer Gegenstände noch nichts über das Verhältnis einer dieser Gruppen, etwa der psychischen Gebilde, zu den Gegenständen der Physik ausgesagt. *Die Beziehung der «psychischen» Gebilde zu den «physikalischen» Gebilden wird man vielmehr ebensowenig wie die Beziehungen der «physischen» Gebilde zu den «physikalischen» Gebilden als eine «Wechselwirkung» im eigentlichen Sinne bezeichnen dürfen*, da es sich ja beidemal um Gegenstände verschiedener Wissenschaften resp. verschiedener Gegenstandstotalitäten handelt. (In dieser Richtung dürfte die Aufklärung des alten Gegensatzes von Parallelismus und Wechselwirkung durch Aufzeigen der verschiedenen Gegenüberstellungen, die beiden Theorien zugrunde liegen, zu erwarten sein.) Die Bezeichnung als «psychisch» gewährt den biologischen Gebilden also in keiner Hinsicht eine höhere Selbständigkeit gegenüber den physikalischen Gebilden als sie auch den «physischen» Gebilden zukommt.

Es bliebe schließlich die Frage zu erörtern, ob es nicht, abgesehen von den hier als «psychisch» bezeichneten speziellen Gegenständen der Biologie, die also in der Physiologie der höheren Funktionen zu untersuchen wären, noch eine besondere selbständige Wissenschaft – die Psychologie – gibt. Es wäre ja möglich, daß ebenso wie die physikalischen Gegenstände nicht mit den physischen Gegenständen zu identifizieren sind, es auch «psychologische» Gegenstände gäbe, die als Gegenstandstotalität das Objekt einer besonderen Psychologie wären, ohne mit der «psychisch» genannten speziellen Gruppe biologischer Gegenstände identisch zu sein. Auf diese Frage braucht hier jedoch nicht eingegangen zu werden.

A XIII. Die Generationsverschiedenheit als Voraussetzung des Vererbungsbegriffes

HIRSCHLER (1917, 269) z.B. sagt mit Bezug auf die Vererbung: «Es handelt sich hier also um ein Phänomen, welches sich nicht im Bereiche einer Generation abspielt, sondern um einen Vorgang, der wenigstens zwei Generationen betrifft. Wenn wir dies im Auge behalten, so ist es klar, daß der Begriff somatogene Vererbung, so wie er früher unsererseits aufgefaßt wurde, nicht ein Unterbegriff des allgemeineren Begriffs der Vererbung sein kann. Denn er bedeutet eine gleichsinnige oder gleiche somatische Induktion, also einen Vorgang, der sich zwischen dem Soma und den Geschlechtszellen ein und desselben Individuums, also im Bereiche nur einer Generation abspielt. Ihm fehlt demnach das, was für den Begriff der Vererbung vor allem charakteristisch ist, die genetische Beziehung zweier Generationen.» Und weiter (a. a. O., 271): «Wir müssen uns also nach einer Grenze umsehen, die zwischen zwei Generationen zu setzen ist, und ein Kriterium gewinnen, nach dem in einem konkreten Fall zu beurteilen wäre, daß zwei genetisch verknüpfte Generationen vorliegen. Wir müssen dies tun, um den Begriff der Vererbung aufrechtzuerhalten, im Gegenfalle würde es wertlos sein.» Hirschler zieht diesen Schnitt derart: «Vor der ersten Furchungsteilung der Eizelle sind die Geschlechtszellen überhaupt der Elterngeneration zuzurechnen.» Aber auch PLATE (1913, 440), der den Schnitt an eine andere Stelle verlegt, hält an der Forderung der Generationsverschiedenheit fest: «Denn diese [die Vererbung] setzt mindestens zwei Generationen voraus.» Ebenso benutzt z. B. O. Hertwig (vgl. HIRSCHLER 1917) die Forderung der Generationsverschiedenheit bei der Vererbung zur begrifflichen Sonderung verschiedener Fälle.

A XIV. Der wissenschaftstheoretische Sinn der Frage nach dem physikalischen und dem historischen Charakter des Lebenden

Daß es überhaupt verschiedene Arten von Genidentität gibt, pflegt innerhalb einer Wissenschaft erst dann an gewissen Unstimmigkeiten zutage zu treten, wenn Begriffsbildungen, die verschiedene Existentialbeziehungen betreffen («auf verschiedenen Grundauffassungen beruhen»), durcheinander gebracht werden. Solche auf der Verwendung verschiedener Ordnungstypen beruhenden Widersprüche scheinen, gerade weil sie keine echten Antithesen darstellen, die sich nach Art der Probleme innerhalb der betreffenden Wissenschaft behandeln ließen, nur um so schwerer lösbar zu sein. Denn immer wieder wird versucht, durch irgendwelche Einteilungen der Gegenstände aufgrund von Gleichheiten und Ungleichheiten, durch das Aufzeigen von Eigenschaftsbesonderheiten oder Sondergesetzlichkeiten einen Ausweg zu finden. Wo es sich in Wirklichkeit um eine Mehrheit von Totalitäten von Gegenständen (oder anders ausgedrückt, um eine Verschiedenheit der Problemkreise, der Betrachtungsweise) handelt, wird nach denselben Einteilungsprinzipien vorgegangen, die für die Objektgruppen innerhalb einer Totalität maßgebend sind. Selbst wo man im Prinzip zu sehen scheint, daß hier eine andere Wissenschaft, die Wissenschaftslehre, und die ihr eigentümliche Umkehrung der Fragestellung erforderlich ist, wird diese Wendung in Wirklichkeit nicht vollzogen.

Ein besonders eklatantes Beispiel dafür ist Drieschs Beweis der Selbständigkeit der Biologie als Wissenschaft. Im Bewußtsein der Notwendigkeit, daß ein derartiger Beweis nicht durch die Biologie selbst zu erbringen ist, wird zunächst eine «logische» Untersuchung über die «a priori möglichen» Formen des Werdens angestellt. Auf diese Weise wird die «Denkmöglichkeit» der Biologie als «selbständiger Grundwissenschaft» darzulegen versucht. «Alles übrige sind Tatsachenfragen» (DRIESCH 1911, 19). Und diese «Tatsachenfrage» nach der Selbständigkeit der Biologie wird auf dieselbe Weise in Angriff genommen wie die Frage nach der Abgrenzung von irgendwelchen Gruppen von Objekten innerhalb der Biologie. Es wird eine bestimmte Eigentümlichkeit des Verhaltens aufgesucht, die die biologischen von den physikalischen Gebilden unterscheidet.

Das Resultat seiner Untersuchung ist dementsprechend mit Notwendigkeit nach zwei Richtungen angreifbar und angegriffen worden. Hält man sich sozusagen an den äußeren Wortlaut des Beweises, so lassen sich als Gegenbeweis schließlich immer irgendwelche Eigenschaftsgleichheiten oder doch jedenfalls so weitgehende Ähnlichkeiten des Verhaltens auch bei physikalischen Gebilden aufsuchen, daß die Schnittführung zwischen den beiden unterschiedenen Objektgruppen und damit der ganze Beweis der Selbständigkeit in Frage gestellt wird (vgl. JENSEN 1907, 137 ff.). Hält man andererseits an der Heterogenität des biologischen und des physikalischen Begriffsgefüges fest, so verliert Drieschs Beweisführung den Charakter eines «Tatsachenbeweises». Durch die Art der Begriffsbildung wird «vor allem Beweis dem Leben die Sonderstellung zugebilligt, die später Autonomie heißen wird» (SCHAXEL 1919, 105). «Mit Zweckmäßigkeit, Harmonie, Ganzheit, Norm, Regulation werden vor den begrifflichen Festlegungen Vorstellungen eingeführt, die das Denken in bestimmte Richtung leiten. Dann erst schreitet es kritisch zur Selbstbesinnung. Insofern sind die Entscheide schon gefallen, bevor sie ausdrücklich getroffen werden.»

Die Unzulänglichkeit, die hier zutage tritt, liegt nicht etwa an irgendwelchen speziellen Fehlern in Drieschs Beweisgang, sondern in der Art der Fragestellung und der Methode ihrer Behandlung. Jede Untersuchung, die die Selbständigkeit der Biologie als Wissenschaft davon abhängig macht, ob z. B. gewisse spezifisch biologische Eigenschaften, irgendwelche «entwicklungshafte Züge» auch bei physikalischen Gebilden vorkommen oder nicht, vergißt, daß auch die spezifisch biologischen Eigenschaften der biologischen Gebilde nur dann zu «finden» sind, wenn unphysikalischen Fragen nachgegangen wird. Konsequente Physik am Lebenden ist möglich; d.h. eine physikalische Frage, eine Frage, die den Eigenschaften und Eigenschaftsbeziehungen von Gebilden nachgeht, sofern sie physikalischen Existentialreihen angehören, muß prinzipiell auch dann zu physikalischen Antworten kommen, wenn sie einen in einem bestimmten Zeitmoment existierenden Organismus zum Ausgangsschnitt der betrachteten physikalischen Existentialreihen wählt. (Fallgesetze lassen sich auch an Organismen verifizieren.)

Was von der Frage nach dem physikalischen Charakter der Organismen gilt, trifft nicht minder für die Frage nach ihrem «historischen» Charakter zu. Wenn SCHAXEL (1919, 136) als begründende Voraussetzung entwicklungsgeschichtlicher Theorienbildung verlangt: «Am Lebendigen sind die Anzeichen zu ermitteln, die die Anwendung der historischen Betrachtung ermöglichen und fordern», und wenn er das Recht einer Entwicklungsgeschichte als Wissenschaft von einem positiven Ergebnis einer solchen Untersuchung abhängig macht, so droht hier die gleiche, im Prinzip verfehlte Fragestellung. Denn angenommen, eine derartige Untersuchung käme zu dem Ergebnis, daß den Lebewesen in der Tat «geschichtliche» Züge zukämen, so würde sich der von Schaxel gegen Driesch erhobene Einwand auch hier wiederum geltend machen: sind «historisch» und «organismisch» keine Bezeichnungen für Gruppen einzelner Gegenstände oder Eigenschaften, sondern Bezeichnungen für bestimmte Problemkreise, so könnte erst das Einordnen des Lebendigen unter historischen Kategorien seinen «historischen» Charakter erweisen. Die Fragen, die hier zu beantworten wären, sind folgende: 1) Grenzen die Begriffe «historisch» und «organismisch» Gegenstands- oder Eigenschaftsgruppen ab, oder grenzen sie Problemkreise ab? 2a) Wenn das erste zutrifft, aber auch nur dann, wären die spezielleren Fragen in der innerhalb der Organismik oder Historie üblichen empirischen Weise zu untersuchen. 2b) Anderenfalls wäre festzustellen, ob die beiden Problemkreise verschiedenen Wissenschaften oder derselben Wissenschaft angehören und welche spezielle Stellung sie zueinander haben.

A XV. Die Bedeutung der Wissenschaftslehre für die anderen Wissenschaften

Die *Wissenschaftslehre* ist *keine normative* Wissenschaft. Sie ist ferner keine rein deduktive Wissenschaft, die logische Erwägungen über «Denkmöglichkeiten» zum Ziele hat und mit ihrer Hilfe zu Erkenntnissen fähig ist, die die «höchsten» Gesetze, die die letzten Ergebnisse des «theoretischen» Teiles der anderen Wissenschaften bereits vorwegnehmen könnte.

Die wissenschaftstheoretischen Fragen nach der besonderen Art der Existentialbeziehung, die ein grundlegendes Charakteristikum der Gegenstände einer Wissenschaft ausmacht, lassen sich andererseits auch nicht durch fortschreitende Erkenntnis der in den betreffenden Wissenschaften untersuchten Gleichheiten und Ungleichheiten der Eigenschaften und des Verhaltens der zu dieser Totalität gehörenden Einzelgegenstände beantworten; noch auch durch die Erkenntnis ihrer funktionellen Abhängigkeiten, wie sie in den Gesetzen der betreffenden Wissenschaft zum Ausdruck kommen. Sie fordert vielmehr eine besondere wissenschaftstheoretische Betrachtungsweise. Aber so wenig wie in den anderen Wissenschaften führt die Notwendigkeit des Festhaltens an einer bestimmten Grundeinstellung in der Wissenschaftslehre zu einem Zerreißen dieser Wissenschaft in einen deduktiven und einen rein induktiven Teil; sondern auch hier sind unter Wahrung der Grundeinstellung «gegebene» Gegenstände zu beschreiben und begrifflich zu ordnen.

Der direkte praktische Wert, der den Ergebnissen der Wissenschaftslehre auch nur als Hilfsmittel anderer Wissenschaften zukommt, mag mit Vorsicht veranschlagt werden. Sie vermag weder die anderen Wissenschaften zu «krönen», noch auch im gegenwärtigen Stadium viel über wissenschaftliche «Möglichkeiten» auszusagen. Dazu fehlt es ihr noch an einer induktiv gebildeten umfassenden Ordnung, von der sich deduzieren ließe. Soweit der Wissenschaftslehre wissenschafts-praktische Bedeutung zukommt, scheint diese wesentlich auf der Möglichkeit zu beruhen, mit ihrer Hilfe den wissenschaftlichen Ort einer Fragestellung, ihre Zugehörigkeit zu dem Begriffsgefüge einer bestimmten Wissenschaft zu bestimmen. Aber auch die Erfüllung dieser Aufgabe ist nur zu erhoffen, wenn die Wissenschaftslehre weder bloß «logische Möglichkeiten» diskutiert (selbst wenn dabei wirklich Fragen der Logik oder der Mathematik erörtert werden) noch auch die Untersuchungen der betreffenden Wissenschaft fortsetzt. Im Bewußtsein der veränderten Betrachtungsweise ist das Theoriengefüge der betreffenden Wissenschaft als «gegebener» Gegenstand zu erforschen, und zwar sind dabei nicht nur die diesem Gefüge angehörenden, «allgemeinsten Gesetze», sondern ebenso die speziellen Begriffe und die konkrete Handhabung der wissenschaftlichen Technik zu berücksichtigen.

Anmerkungen

a   Zuerst 1922 erschienen im Verlag Julius Springer, Berlin. Das Titelblatt der Erstveröffentlichung trägt folgende Angaben:
Der Begriff der Genese / in Physik, Biologie und / Entwicklungsgeschichte / Eine Untersuchung zur vergleichenden / Wissenschaftslehre / von / Kurt Lewin / Privatdozent der Philosophie / an der Universität Berlin / Mit 45 zum Teil farbigen / Textabbildungen / [Signet des Verlags] / Berlin / Verlag von Julius Springer / 1922
Vor dem Vorwort (S. V–IX der Erstveröffentlichung) findet sich die (im vorliegenden Band weggelassene) Widmung:
Meinem Bruder Fritz / gefallen am 9. August 1918
Gegenüber der Erstveröffentlichung weist der Nachdruck in diesem Band folgende Veränderungen auf:

1.) Das zwischen dem Vorwort und dem Haupttext befindliche Inhaltsverzeichnis (S. X–XIII der Erstveröffentlichung) wurde an den Schluß des Bandes versetzt.

2.) Sämtliche Abbildungen sind im Nachdruck in nur einer Farbe wiedergegeben.

Von dieser Änderung sind folgende rot-schwarzen Abbildungen der Erstveröffentlichung betroffen:

Abbildung 8   S. 87   (hier S. 147)
Abbildung 13 S. 103 (hier S. 163)
Abbildung 14 S. 104 (hier S. 163)
Abbildung 15 S. 104 (hier S. 163)
Abbildung 16 S. 105 (hier S. 165)
Abbildung 17 S. 105 (hier S. 165)
Abbildung 18 S. 110 (hier S. 169)
Abbildung 37 S. 185 (hier S. 247)
Abbildung 38 S. 187 (hier S. 249)
Abbildung 39 S. 188 (hier S. 249)
Abbildung 40 S. 188 (hier S. 250)
Abbildung 41 S. 189 (hier S. 250)
Abbildung 42 S. 189 (hier S. 251)
Abbildung 43 S. 190 (hier S. 253)
Abbildung 44 S. 193 (hier S. 255)
Abbildung 45 S. 194 (hier S. 256)

3.) Im Erstdruck wurden die Abbildungen 37, 39 und 43 durch Fußnoten kommentiert. Diese Fußnoten lauteten:
– zu Abbildung 37, S. 185: «Die roten Längsstriche in dieser und in den folgenden Abbildungen stellen stammzugehörige (untereinander blutsverwandte) Individuen dar.»
– zu Abbildung 39, S. 188: «In den Abbildungen 39–42 stellen die dicken schwarzen Längsstriche die Stammureltern, die dünnen schwarzen Längsstriche die übrige Elternschaft dar.»
– zu Abbildung 43, S. 190: «Die ‹Stammindividuen› sind durch schwarze wagrechte [sic!] Linien verbunden, die Glieder der Stammindividuen rot wiedergegeben.»
Diese Fußnoten (hier die Anmerkungen 82, 83 und 84 S. 316) wurden entsprechend der neuen graphischen Gestaltung der Abbildungen geändert.

4.) Lewin verwendete in seiner Formalsprache eineseits gewöhnliche Klammerausdrücke, andererseits aber auch mengentheoretische Ausdrücke, ohne zwischen diesen beiden Ausdrucksarten konsistent zu unterscheiden, und ohne die mengentheoretische Schreibweise systematisch einzuhalten. Da durch eine Ausdrucksweise, die sich klar von der mengentheoretischen abhebt, keine Einbuße an Präzision zu erwarten ist, werden im Nachdruck alle Klammerausdrücke durch «(» und «)» (oder, falls es sich um Klammern in den Klammern handelt, durch «[» und «]») wiedergegeben.

5.) Die Hauptsätze über Genidentität in der Physik, der Biologie und der Entwicklungsgeschichte wurden von Lewin jeweils gesondert numeriert und gruppiert. Das führte dazu, daß Querverweise oft mißverständlich formuliert wurden. Ferner wurden die Sätze in den Zusammenfassungen zu den jeweiligen Abschnitten (S. 49–52, S. 116–121 und S. 161–165 in der Erstveröffentlichung), da sie dort nicht in der ursprünglichen Abfolge auftraten, einer zweiten Numerierung unterworfen. Um diese reichlich umständliche Vorgehensweise zu vereinfachen, werden die Hauptsätze im vorliegenden Band durchgehend numeriert. Die folgende Liste ermöglicht es dem Leser, die einzelnen Hauptsätze im Erstdruck ohne Mühe zu identifizieren (in der Konkordanz beziehen sich die Seitenzahlen jeweils auf die erste Erwähnung der Hauptsätze).

Nummer des Satzes	Seite des vorliegenden Bandes	Nummer des Satzes in der Erstveröffentlichung	Seite der Erstveröffentlichung
(1)	82	1	27
(2)	83–84	2	28
(3)	84	3	29
(3a)	107	3a	50
(3b)	107	3c	50
(3c)	137	3a	78
(4)	85–86	4	30
(4a)	107	4a	50
(4b)	91	4b	36
(4c)	107	4b	51
(4d)	166	4a	107
(5)	86	5	31
(6)	87	6	32
(7)	93	7	37
(8)	95	8	39
(9)	96	9	39
(10)	97	10	40
(11)	97	11	40
(12)	98	12	41
(13)	100	13	43
(14)	104	14	46–47
(15)	104	15	47
(16)	153	16	93
(17)	137	1	78
(17a)	137	1a	78
(18)	137	2	78
(19)	143	3	84

Nummer des Satzes	Seite des vorliegenden Bandes	Nummer des Satzes in der Erstveröffentlichung	Seite der Erstveröffentlichung
(20)	144	4	84
(21)	144	5	85
(22a)	146	6a	87
(22b)	146	6b	87
(23)	146–147	7	87
(23a)	149	7a	89
(24)	147	8	88
(24a)	148	8a	88
(25)	148	9	88
(26)	148	10	88
(27)	149	11	89
(28)	149	12	90
(29)	150	13	90
(30)	151	14	91
(31)	151	15	91
(32)	152	16	92
(33)	153	17	93
(34)	153	18	93
(35)	154	19	94
(36)	155	20	95
(36a)	156	20a	96
(36b)	156	20b	96
(37)	159	21	100
(38)	160	22	101
(39)	161	23	101
(40)	162	24	102
(41)	163	25	103
(42)	166	26	106
(42a)	177–178	nicht numeriert	117
(42b)	203	26b	142
(43)	168	27	108
(44)	171	28	111
(45)	173	29	113
(46)	173	30	113
(47)	174	31	114
(48)	191	1	131
(49)	191	2	131
(49a)	191	2a	131
(50)	193	3	133
(51)	194	4	134
(52)	194	nicht numeriert	134
(53)	195	6	135
(54)	195	7	135
(55)	196	8	136
(56)	198	9	138
(57)	201	10	141
(58)	201	11	141

Nummer des Satzes	Seite des vorliegenden Bandes	Nummer des Satzes in der Erstveröffentlichung	Seite der Erstveröffentlichung
(59)	203	12	142
(60)	210	13	149
(61)	211	14	150
(62)	211	15	150–151
(63)	211–212	16	151
(63a)	225	nicht numeriert	165
(64)	214	17	153
(65)	214	18	154
(66)	215	19	154
(67)	224	nicht numeriert	163
(68)	224	nicht numeriert	163
(69)	224	nicht numeriert	164
(69a)	224	nicht numeriert	164

6.) Lewin ist mit Hervorhebungen diverser Art (Kursiv-, Fettdruck, Sperrungen und kursive Sperrungen sowie Anführungszeichen) eher großzügig umgangen, was die Lesbarkeit nicht in jedem Falle erhöht. Aus satztechnischen Gründen wie auch um einer größeren Lesbarkeit willen werden manche Hervorhebungen des Erstdrucks im vorliegenden Band in Normalschrift wiedergegeben.

7.) Die Druckfehler der Erstveröffentlichung sind stillschweigend berichtigt worden; bibliographisch unvollständige Angaben wurden, wo dies einwandfrei machbar war, ergänzt.

Für weitere Änderungen gegenüber dem Erstdruck vgl. auch weiter unten, Anm. b.

b Von diesem Grundsatz weicht der vorliegende Neudruck ab: jene Kapitel, die in der Erstveröffentlichung ganz in Petit gesetzt wurden (vgl. z. B. S. 5–7 und 21–23 im Druck von 1922) sowie diverse Stellen, die im Gesamtzusammenhang der Wissenschaftstheorie Lewins ihrer Bedeutsamkeit nach höher eingeschätzt werden müssen als es der Autor selbst zwischen 1920 und 1922 tat, sind hier in Normaldruck wiedergegeben. Schließlich wird der ganze Anhang (S. 277–304; S. 213–234 im Erstdruck) nicht in Petit, sondern in Normaldruck gesetzt.

1 Ich sehe hier davon ab, eine *Definition* der Wissenschaftslehre an die Spitze zu stellen, die ja erst durch die folgenden Untersuchungen Sinn und Leben bekommen könnte. Soweit es nötig erscheint, werden im Anhang einzelne Abgrenzungen und Charakteristiken dieser Wissenschaft gegeben; vgl. vor allem A I (S. 277–280), A IX (S. 293–294), A XIV (S. 301–303) und A XV (S. 303–304).

2 Es soll hiermit keine tiefgreifende erkenntnistheoretische Verschiedenheit behauptet, sondern es sollen nur *zwei* häufig beobachtbare methodische Unterschiede des wissenschaftlichen Vorgehens charakterisiert werden.

3 Die Zeichen A I, A II usw. verweisen auf die Kapitel im Anhang.

c Lewin hat bereits zur Zeit der Veröffentlichung dieser Abhandlung in seinen wissenschaftstheoretischen Vorlesungen und später in seiner *Wissenschaftslehre* (in diesem Band) durchaus auf der Linie dieser Ausführungen mehrere Wissenschaften miteinander verglichen (außer der Physik und der Biologie namentlich die Psychologie, die Linguistik, die Ökonomie, die Jurisprudenz, die Kunstwissenschaft usw.); ein Verweis auf zwei einschlägige Beispiele (vgl. S. 385–393 und 426 in diesem Band) möge hier genügen.

4 Wo Hinweise auf verwandte Fragen zur Verdeutlichung des Gemeinten angebracht schienen, sind sie in den Anhang verwiesen.
d Zu diesem für Lewin recht wichtigen Prinzip der vergleichenden Wissenschaftstheorie siehe auch S. 335–342 in diesem Band sowie S. 71–72 und 76 in Bd. 1 KLW.
5 Und zwar verschieden in Beziehung auf dasselbe zeitliche Bezugssystem.
6 Vgl. STUMPF 1907, 9. Natürlich kann man auch den Begriff «zeitlich ausgedehnter Körper» zu einem solchen Denkgegenstand machen.
7 Damit soll übrigens nicht behauptet werden, daß der Begriff der Bewegung nur mit Hilfe eines bewegten Körpers und also der Beziehung der Genidentität definiert werden kann.
e Lewins Ausführungen über den Zusammenhang zwischen der Konstanz der Masse und der Genidentität müßten, streng genommen, einer Teilrevision unterzogen werden (zumal im Bereich der hier als paradigmatisch bezeichneten Chemie). Sie gelten nämlich nur im Rahmen des 1785 von Antoine Laurent Lavoisier (1743–1794) formulierten Gesetzes von der Erhaltung der Masse, das 1908 von Hans Landolt und 1909 von Roland v. Eötvös experimentell unter Berücksichtigung aller denkbaren Fehlerquellen am sorgfältigsten geprüft wurde (die Prüfung ergab, daß innerhalb einer Fehlergrenze von 10^{-5} bis 10^{-6} % des Gewichts der an der Reaktion beteiligten Substanzen das Gesetz von Lavoisier gilt). Würde man die Genauigkeit der Gewichtsbestimmung über die von Landolt und Eötvös erreichte Genauigkeit hinaus steigern, könnte das Gesetz allerdings nicht mehr streng zutreffen, da bei sehr vielen chemischen Vorgängen Energie frei oder gebunden wird; deshalb müßte die Einsteinsche Gleichung zur Anwendung kommen. In einer chemischen Reaktion, bei der eine Wärmeenergiemenge von 100 000 cal frei wird, ist theoretisch mit einem Gewichtsverlust von $4{,}7 \cdot 10^{-9}$ g zu rechnen; vgl. zu diesem Problem HOLLEMAN & WIBERG 1960, 11–12.
8 Vgl. als Analogie in der Biologie die Darstellung einer Entwicklung durch Präparate-Reihen, S. 123–124.
9 Allerdings vermag ich im Gegensatz zu WINDELBAND 1910, 18 in der Anwendung der Genidentität auf Atome auch nicht eine prinzipielle Erhöhung der Schwierigkeiten zu sehen.
f Bei WINDELBAND 1910, 18 heißt es: «D.h. die Atome unterscheiden sich voneinander lediglich durch ein Merkmal, das für ihr Wesen das allergleichgültigste und zufälligste ist. Hierin steckt in der Tat eine ernste begriffliche Schwierigkeit für den Atomismus...».
g Mit dem Begriffsgegensatz reflexive/konstitutive Kategorie hat sich Lewin seit seiner Studienzeit beschäftigt; erste Ergebnisse dieser Beschäftigung finden sich in KLW, Bd. 1, S. 98–104.
10 Über die Gründe, warum hier nicht von einer Realbeziehung, sondern einer Existentialbeziehung gesprochen wird, vgl. A VII (S. 289–291) und A VIII (S. 291–293).
11 Ob eine solche Bezeichnung wirklich einwandfrei ist, braucht hier nicht untersucht zu werden.
12 Vgl. z. B. RICKERT 1913, 106. DRIESCH (1917, 196) braucht den Terminus «erklären» für «endgültig ordnen».
13 Vgl. LOTZE 1879, 8.
h Rudolf Hermann Lotze (1817–1881) führte das Begriffspaar «Ding» und «Geschehen» im ersten Abschnitt seiner *Metaphysik* von 1841 ein, und zwar speziell im Zusammenhang der Kausalitätsproblematik. Er deutete das Ding als durch den Kausalzusammenhang bestimmt, und die Veränderung am Ding als ein Geschehen, dessen Grund in der Ursache eben dieser Veränderung zu suchen ist (vgl. 1841, 112–113). In Abhebung von Kant behandelte er den Kausalitätsbegriff

nicht mehr im Rahmen der Formen der Anschauung, sondern verknüpfte ihn mit dem Begriff der Kraft, wie indirekt aus folgender Stelle (a. a. O., 214–215) hervorgeht: «Mit der Bewegung muß daher etwas erreicht werden; sie muß ein Resultat haben, dessen Bestimmtheit nur den Endpunkt für Endpunkt gelten macht, ohne ihn mit dem Anfangspunkte vertauschen zu lassen; es muß einen Grund der Richtung geben, während es vorher dem Bewegten gleichgültig war, nach welchem Strahle der geometrischen Rose seine Bewegung ging. Alle diese Forderungen begründen den Begriff des eigentlichen *Geschehens;* dieses hat ein Resultat, ist selbst das Ergebnis von dem Zusammengehen der Bewegungen, und setzt nicht bloß Zeit und Raum, sondern ihre höchsten Formen an meisten, die geordnete rhythmische Zeit und den qualitativ bestimmten Weltraum voraus.»

Zu Lotzes Rolle in der Wissenschaftsgeschichte vgl. WOODWARD 1974.

Lewin hat sich schon in seinen frühen Texten der Terminologie Lotzes bedient (vgl. S. 92 in Bd. 1 KLW), was sicherlich nicht heißt, daß er sich als Anhänger von dessen Philosophie fühlte. Doch muß in diesem Zusammenhang darauf hingewiesen werden, daß Lewin in dem in Anm. a, S. 462 dieses Bandes beschriebenen Vorlesungsskript D* auf die ideengeschichtliche Beziehung von Stumpf, einem seiner Lehrer in Philosophie, zu Lotze zu sprechen kam; dort heißt es:

«Historisch: Bolzano – Lotze – Brentano – Husserl – Stumpf»

14 Damit soll allerdings nicht gesagt sein, daß es sich hier um Phänomenologie als Wesenswissenschaft handelt.

i Zur Abhebung der Phänomenologie als einer empirischen zur Phänomenologie als einer Wesenswissenschaft im Sinne Husserls vgl. die Anm. 1 auf S. 78 in Bd. 1 KLW.

15 Das Zeichen «≡» bedeutet in dieser Arbeit, ebenso wie in der Mathematik, wirkliche *Identität;* vgl. S. 62 und 281–282.

16 Die symmetrische Relation R ist durch RUSSELL (1903) dahin definiert, daß, wenn $a\,R\,b$ ist, auch $b\,R\,a$ ist.

17 Vgl. H. WEBER 1898, 4. Es ist eine Menge «ohne benachbarte Elemente». Vgl. auch HAUSDORFF 1914, 84.

18 Vgl. H. WEBER a. a. O., 4.

19 Die *transitive* Relation R ist nach RUSSELL (1903) gegenüber der intransitiven und nicht-transitiven Relation dadurch gekennzeichnet, daß, wenn $a\,R\,b$ und $b\,R\,c$, auch $a\,R\,c$ ist.

20 Sind zwei dieser Gebilde identisch, so gilt der Schluß nicht, da gemäß des hier zugrunde liegenden Ansatzes identische Gebilde nicht als genidentisch bezeichnet werden dürfen.

21 Ob in den Fällen, wo von Vorentwicklung und ähnlichem in der Biologie die Rede ist (vgl. z. B. SCHAXEL 1915, 50), tatsächlich eine solche intransitive Relation gemeint wird, ist hier gleichgültig.

22 Daß es sich hier in Wirklichkeit nicht um physikalisch restlos genidentische Gebilde handelt, bleibt für die Frage der logischen Ableitbarkeit ohne Belang.

j Der Ausdruck «Änderungsübertragung» wird von Lewin hier wie auch auf S. 119 und 273 in Anlehnung an die Ausführungen von DRIESCH 1909, 173–177 und 180–184 verwendet.

23 Unter «Zerlegung» wird hier und im folgenden immer eine Zerlegung in *teilfremde* Teile verstanden.

24 Es muß hier in der Tat Identität ($\equiv$) vorliegen; Gleichheit ($=$) genügt nicht.

25 Da hier von Eigenschaften und deren Größen die Rede ist, ist auch das Gleichheits- und das Pluszeichen eindeutig verwendbar.

k Unter thermochemischer Gleichung versteht man in der Chemie jede Gleichung, in der nicht nur der Materieumsatz, sondern auch der Wärmeenergieumsatz angegeben wird. Im allgemeinen wird dies (an einem konkreten Fall veranschaulicht) ausgedrückt durch die Gleichung $2H_2 + O_2 \rightarrow 2H_2O + nJ$ (oder cal). Man unterscheidet ferner zwischen exothermen Reaktionen (Reaktionen mit positiver Wärmetönung, bei denen Wärme durch die Reaktion freigesetzt wird) und endothermen Reaktionen (Reaktionen mit negativer Wärmetönung, bei denen Wärme aufgenommen wird).

Bei Angabe der thermochemischen Gleichungen müssen Anfangs- und Endzustand des chemischen Systems genau definiert sein. Dagegen spielt es keine Rolle, ob die Reaktion direkt oder in Stufen vorgenommen wird (dies ergibt sich aus dem 1840 aufgestellten Gesetz von Germain Henri Hess [1802–1850], das besagt, daß beim Übergang eines chemischen Systems von einem gegebenen Anfangs- zu einem bestimmten Endzustand die abgegebene oder aufgenommene Wärmemenge nicht vom Weg der Umsetzung abhängt).

26 Es handelt sich hier also nicht um die Gegenüberstellung von Substanz- und Funktionsbegriffen. Allerdings läßt sich auch eine fortschreitende Betonung der Funktionsbegriffe in der Biologie verfolgen. Auf sie braucht jedoch hier nicht näher eingegangen zu werden (vgl. A IV, S. 284–286).

27 Da Mißverständnisse nicht zu befürchten sind, spreche ich in dieser Arbeit der Kürze halber von «genetischen» Definitionen, wo es sich um Definitionen handelt, die den Begriff der Genese benutzen.

28 Nur wenn man unter «erklären» das Hineinstellen in hypothetische Zusammenhänge meint, könnte allenfalls von einer Rückkehr zur Beschreibung im Sinne des Betonens beobachtbarer Bestimmungen die Rede sein.

l   Anspielung auf die Theorie von Justus v. Liebig (1803–1873), nach der die Tätigkeit des Körpers (und insbesondere die der Muskeln) dadurch stattfindet, daß sich das Protoplasma selbst zerstört und durch das aufgenommene Eiweiß regeneriert.

m Anspielung auf die Lehre von E. Voit (der Name im Erstdruck fälschlich als Vogt gedruckt), nach der sich Kohlehydrate dank ihrer Aldehyd- und Ketongruppe in einem weniger stabilen Gleichgewicht befinden als die Fettstoffe und sich deshalb leichter als diese zersetzen; daraus wurde geschlossen, daß Kohlehydrate in höherem Maße als Fett eiweißsparend wirken.

n   Lewin bezieht sich hier sehr wahrscheinlich auf den Abschnitt V (Über das Wesen des Organischen) von Wilhelm Rouxs Abhandlung *Der züchtende Kampf der Theile im Organismus* (1895a, 387–416). Roux vertritt dort die Auffassung, daß sich nicht der Gesamtorganismus, sondern nur dessen Teile nach dem Prinzip der funktionellen Anpassung entwickelt haben. Über die Ablehnung mechanistischer, physikalistischer, chemischer usw. Bestimmungen des Organischen vgl. insbesondere S. 389–397.

29 RICKERT 1913, 401. Daß dabei der Auffassung, der Betrachtung der Geschehnisse eine wesentliche Rolle zugeschrieben wird, ändert nichts an diesem Sachverhalt, sind es doch eben reflexive Kategorien, auf die die Betrachtung sich richtet.

30 Allenfalls spielen funktionelle Abhängigkeitsbeziehungen eine Rolle, so bei der «metaphysisch-teleologischen Entwicklung» (RICKERT a.a.O., 414).

o   Die Teilzitate sind Roux 1895b, 4–5 entnommen.

31 Dieser Satz DRIESCHS (1911, 13) ist nur ein besonders deutliches Beispiel derartiger Begriffsbildung.

p   Als Gastrula bezeichnet man in der vergleichenden Anatomie und Entwicklungsgeschichte das allen Wirbeltieren und verschiedenen Stämmen der Wirbellosen gemeinsame Stadium der Becherlarve, die durch Umwandlung der Keimblase entsteht. Das Beispiel der morphologisch invarianten Gastrula wurde mitunter

als Argument gegen die Zuordnung gegenwärtig existierender Stämme und Klassen zu hypothetischen Vorfahren angeführt; vgl. z. B. O. HERTWIG 1918, 208.
32 Vgl. auch den Begriff der «reinen Linien» als der Nachkommenschaft eines *wohlisolierten* und selbstbefruchteten Individuums (Johannsen).
q In der Anm. 32 spielt Lewin auf folgende Bestimmung der *reinen Linie* durch JOHANNSEN 1913, 117, an: «Eine ‹Reine Linie› ist der Inbegriff aller Individuen, welche von einem einzelnen absolut selbstbefruchteten homozygotischen Individuum abstammen. Und dabei ist es selbstverständlich eine Voraussetzung, daß Selbstbefruchtung auch fortan geschieht – sonst hätte man Kreuzung, und die ‹Linie› wäre nicht mehr ‹rein›.»
Experimentell versuchte Johannsen mit Braunen Prinzeßbohnen (Phaseolus vulgaris nana) reine Linie zu erhalten. Angeregt wurden dieses Experiment und die daraus folgenden theoretischen Überlegungen zur Erblichkeitslehre vor allem durch Galtons Untersuchungen über das Regressionsgesetz (vgl. JOHANNSEN a. a. O., 119ff.). Galton selbst hatte über das Problem der Gesetze der Vererbung u. a. am Beispiel der *sweet peas* (Lathyrus odoratus), einer sich durch Selbstbefruchtung fortpflanzenden Bohnenart, gearbeitet und die Ergebnisse dieser Untersuchungen zusammen mit Resultaten aus anderen Gebieten der Vererbungslehre 1889 in *Natural Inheritance* veröffentlicht. Zu historischen Bedeutsamkeit Galtons vgl. SWINBURNE 1965 und FROGATT & NEVIN 1971, ferner auch FORREST 1974, Kap. 14.
33 Z. B. in Harrisons Versuch über die Entwicklung der Seitenlinie bei Rana silvatica und palustris.
r In Anm. 33 bezieht sich Lewin auf den amerikanischen Zoologen Ross Granville HARRISON, dessen Abhandlung über die Seitenlinie unter dem Titel *Experimentelle Untersuchungen über die Entwicklung der Sinnesorgane der Seitenlinie bei den Amphibien* 1904 erschien.
34 Z. B. bei Periklinalchimären und deren Stecklingen.
s Unter den Begriff der Chimäre werden in der Botanik sämtliche nach Pfropfung entstehende Triebe subsumiert, die zum einen Teil aus dem embryonalen Gewebe des aufgepfropften Partners (Pfropfreis) und zum anderen aus demjenigen der Unterlage bestehen. Man unterscheidet zudem zwischen den *Sektorialchimären*, bei denen ein Sektor oder eine Hälfte des Sprosses aus dem einen, der Rest aus dem anderen Gewebe hervorgeht, und den *Periklinalchimären*, bei denen die Gewebeanteile schichtweise von innen nach außen aufeinanderfolgen.
35 Z. B. von SCHAXEL 1915, 2 ff. Die Methode ist zur direkten Feststellung von wirklichen Genidentitätsbeziehungen sinnlos. Sie stände in dieser Hinsicht entschieden hinter der Methode der Paläontologie, eine bestimmte stammesgeschichtliche Genidentität festzustellen, zurück. Denn die zeitliche Verschiedenheit gibt dort wenigstens Anhaltspunkte für mögliche Beziehungen des Auseinanderhervorgegangenseins.
t Lewin stützt sich an dieser Stelle so gut wie sicher auf ROUX 1895b, 484–511.
u Zum Problem der genetischen Begriffsbildung vgl. auch in diesem Band S. 352–357 sowie S. 241–242 und 267–271 in Bd. 1 KLW; zum Thema des Experiments vgl. auch S. 283 und 315–316 in Bd. 1 KLW.
36 Mit dieser Forderung, daß der gesuchte Begriff der zugrunde liegende Begriff der biologischen Genidentität ist, ist noch nicht gefordert, daß von dieser Relation auch in der Biologie der Satz 2 oder Satz 4a, S. 83–84, bzw. 107, gelten muß.
37 Daß die Unterscheidung anorganischer von organischen Substanzen, d. h. von Kohlenstoffverbindungen, hieran nichts ändert, braucht wohl nicht erwähnt zu werden. Selbst wenn es gelingen sollte, rein physikalisch definierbare Eigentüm-

lichkeiten festzustellen, die allen lebenden, aber keinem toten Gebilde zukommen, so wäre eine solche Erkenntnis doch immer nur durch eine physikalische, vergleichende Untersuchung von Gebilden zu gewinnen, die von der Biologie bereits eindeutig als lebend oder tot bezeichnet werden.

v Lewins Ausführungen zum Panvitalismus beziehen sich nicht auf einzelne metaphysische Anschauungen, die sich – wie etwa bei Voltaire – aus einer recht fragwürdigen Interpretation der monistischen Theorie Spinozas ergaben, sondern auf Auffassungen, die sich im 19.Jahrhundert mitunter großer Beliebtheit erfreuten und als «atomistischer Hylozoismus» oder «Panpsychismus» bezeichnet wurden. Während Fechners Panpsychismus (vgl. z.B. FECHNER 1848, FECHNER 1855; LASSWITZ 1896) Ergebnis eines spekulativ-metaphysischen Interesses war, wurden panvitalistische Überlegungen in der zweiten Hälfte des 19.Jahrhunderts mit dem Ziel angestellt, das ontologische Problem der Evolution des Bewußtseins zu lösen (vgl. z.B. TYNDALL 1874; zur Frage des Hylozoismus aus evolutionstheoretischer Sicht vgl. auch JAMES 1890, Bd. 1, 146–150).

38 «Ganze wichtige Zellformen des Pflanzenkörpers üben ihre spezifische Funktion erst dann aus, wenn sie tot sind.» (KÜSTER 1921, 36).

39 Übrigens übersieht der Streit um den Charakter des Organismus als *Maschine*, daß die Anwendung des Begriffs der Maschine eine unphysikalische Auffassung toter Gebilde enthält.

w Vgl. hierzu auch S. 397 in diesem Band.

x In der Biologie bezeichnet man Massen von lebendiger Substanz als Synzytien, die nicht in bestimmte Zellenterritorien abgegrenzt sind und folglich eine Zellenagglomeration bilden. Ein analoger Ausdruck ist «Plasmodium». Als Beispiele lassen sich Myxomyzeten und die Plazenta anführen.

40 Für den Fall der Selbstbefruchtung ist wohl richtiger zu schreiben: $a_0{}^a \equiv (g^1_{-1}, g^2_{-1})$; $g^1_{-1} \equiv a_{-1}$; $g^2_{-1} \equiv a_1$. Dies wird jedoch erst im folgenden deutlich (vgl. S. 151).

41 Ich spreche hier vom jüngsten *Schnitt* und nicht vom jüngsten *Glied*, weil dieser Sachverhalt auch gilt, wenn eine Mehrzahl von Gliedern als jüngster Schnitt angesetzt wird.

42 Daß hier eigentlich nicht *«zeitlich letzter»*, sondern, wie bisher auch durchgeführt, *«generations*jüngster» Schnitt zu sagen wäre, wird noch betont werden.

43 Ganzgliedrigkeit und Fremdgliedrigkeit wie auch Nichtganzgliedrigkeit und Gliedgemeinschaft der generationsjüngsten Schnitteile würden in diesen Fällen immer parallel laufen. Ich erwähne daher nur die Ganzgliedrigkeit.

44 Derselbe Sachverhalt in anderem Zusammenhang war uns bereits in der Notwendigkeit begegnet, unter gewissen Bedingungen Ergänzungen vorzunehmen, wenn man von einem 0-Schnitt in der Richtung auf generationsjüngere Schritte fortzuschreiten versucht; vgl. S. 140f.

45 Mathematische Untersuchungen von in so geringem Grade geordneten Mengen, die sich zur Bezeichnung der hier vorliegenden Unterschiede ohne weiteres benutzen ließen, gibt es, soviel ich sehe, noch nicht. Denn der Begriff der «teilweise geordneten Menge» (HAUSDORFF 1914, 139) ist hier nicht treffend und gibt vor allem nicht den Unterschied zwischen der physikalischen und der Avalgenidentität überhaupt wieder.

46 Eine Einschränkung dieses Satzes, die aber das hier wesentliche Moment der Unendlichkeit nicht berührt, wird noch zu erwähnen sein; vgl. S. 199.

47 Daß hier die Bezeichnung «generationsälter» und nicht «generationsjünger» gewählt wurde, liegt am Vorhandensein eines reihenjüngsten Schnittes.

48 Die Bezeichnung «benachbart» wird hier ganz im Sinne der Mengenlehre ge-

braucht, wo benachbarte Elemente dadurch definiert sind, daß zwischen ihnen kein weiteres Element der Menge liegt (vgl. HAUSDORFF 1914, 83).

49 Eine diskrete Menge besteht also aus lauter «isolierten» (HAUSDORFF a. a. O., 221) Elementen: zu jedem ihrer Elemente gibt es ein «benachbartes».
«Diskret» oder «überall undicht» ist nicht gleichbedeutend mit «nirgends dicht» (HAUSDORFF a. a. O., 251) und auch nicht identisch mit einer «zerstreuten» Menge (HAUSDORFF a. a. O., 85), da letztere im Gegensatz zu den diskreten Mengen auch Häufungspunkte besitzen kann.

50 Nicht also die Schnitt*glieder*, sondern die *Schnittabstände* sind es, die nicht durch eine Querteilung zerlegbar sind.

51 Unter Individualentwicklung wird hier nicht nur die Embryonalentwicklung verstanden.

y Lewin bezieht sich an dieser Stelle auf ROUX 1895b, S. 212–214.

z Seinen Ausführungen legt Lewin O. HERTWIG 1918, S. 33 und 74–75 zugrunde.

52 Dieser Sachverhalt ist für die Klärung der Schwierigkeiten wesentlich, die in der Stellung des Begriffs der *Vererbung* zum Begriff des zeitlichen Prozesses liegen (vgl. SCHAXEL 1919, 59).

53 Die Generationen werden von den jüngeren zu den älteren Generationen (also im ganzen zeitlich rückwärts fortschreitend) gezählt.

aa In der Erstveröffentlichung befindet sich das hochgestellte Anmerkungszeichen nach dem ersten *q*. Zur Vermeidung von Mißverständnissen (insbesondere von Verwechslungen mit den zu den Formeln gehörenden Zeichen) wird es hier vorgerückt.

54 Hier bewährt sich der Ansatz von $^a\equiv$ als symmetrischer Relation (vgl. S. 137).

55 Das Beispiel in Abb. 17 widersprach zwar nicht der früher gegebenen Definition, wohl aber anderen angeführten Sätzen, so z. B. dem Satz, daß die Anzahl der Reihenglieder mit wachsendem Generationsalter nicht abnehmen kann.

56 Man kann hier auch $x^a = b$ schreiben, da unter den vorliegenden Voraussetzungen für die Gesamtheit der nicht zu a gehörenden generationsgleichen x immer auch $x^a \equiv b$ wäre (gemäß Satz 42).

57 Die vollständigen Avalgenidentitäten $k^a \equiv (t, p)$ und $k^a \equiv (p, x)$ ($x \equiv g^2_{-7}$) widersprechen nicht dem Satz 42 (vgl. S. 166).

58 Es ist gleichgültig, ob weiter zurück geschlechtliche oder ungeschlechtliche Fortpflanzung angenommen wird, da dann jedenfalls irgendwelche Zweige in verschiedenem Generationsabstand abbrechen müssen.

59 Dabei bleibt der Fortpflanzungsmodus vollkommen offen. Das Beispiel der Sprossung wurde lediglich der Einfachheit halber gewählt.

60 Stattdessen kann auch gesagt werden: «..., das Bezugspunkt einer Avalbeziehung ist, ...».

61 Die Gruppierung der folgenden Sätze hält sich nicht an ihre Reihenfolge im Text, sondern lehnt sich an die Zusammenstellung der Sätze über die physikalische restlose Genidentität an (vgl. S. 107–109).

bb Daß es sich nicht nur um sog. biologische Scherzfragen handelt, zeigen z. B. die Ausführungen von ROUX (1895b, 402ff.) über die einen Organismus konstituierenden Bestandteile und die von diesem Autor (a. a. O., 404) gezogene Folgerung: «Lebensbedingungen für die Theile eines Organismus, die dem Einzelwesen als *solchem* zukommen, giebt es nicht; *es giebt also keine ‹Individuen› im stricten Sinne*, keine ‹Untheilbaren›, sondern nur *Personen*».

cc Über die restriktive Bestimmung der Rolle der Wissenschaftstheorie gegenüber den Wissenschaften vgl. auch Lewins Ausführungen auf S. 303–304 in diesem Band und S. 49–52 in Bd. 1 KLW.

dd Hier bezieht sich Lewin auf R. HERTWIG 1916, S. 83 f.
62 Auf Einzelheiten dieses Problems wird noch einzugehen sein.
ee Der Terminus «Metagenesis» bezeichnet eine besondere Form des Generationswechsels bei vielzelligen Tieren, bei denen eine ungeschlechtlich fortpflanzende Generation von einer geschlechtlich fortpflanzenden gefolgt wird. Als biologiegeschichtlich interessanter Fall wird verschiedentlich der Bandwurm genannt: der aus dem Ei entwickelte Cysticercus cellulosa und die durch Knospung aus diesem entstehende Taenia solium wurden als zwei Parasitenarten (Blasenwurm und Bandwurm) mit jeweils eigenem Speziesnamen aufgeführt.

Unter «Heterogonie» versteht man eine andere Form des Geschlechtswechsels, der darauf beruht, daß die eine Generation sich geschlechtlich fortpflanzt, während sich die nächstfolgende aus unbefruchteten Eiern entwickelt (Beispiel: Wasserflöhe).

63 Für die verwandte Frage der Zugehörigkeit von Sperma und unbefruchtetem Ei zu derselben Individualentwicklung, der das befruchtete Ei angehört, vgl. S. 200.
ff Als Tierstöcke werden sich vegetativ fortpflanzende Verbände von Individuen bezeichnet, bei denen die Töchterindividuen mit dem Mutterorganismus in dauerndem Zusammenhang stehen. Es kann dabei zu hochgradig spezifischen Arbeitsteilungen kommen (Polymorphismus), so z. B. bei der Polypenklasse der Siphonophoren, wo man zwischen Freßpolypen, Tastpolypen, Schwimmglocken, Geschlechtsmedusen usw. unterscheidet.
64 Ob eine solche Pflanze als *ein* organismisches Individuum anzusehen ist, braucht hier nicht erörtert zu werden. Vgl. hierzu FRITSCH 1920, 616.
65 Entsprechend dem allgemeinen Sprachgebrauch verwende ich die Bezeichnung «älter» und «jünger» bei der Individualentwicklung zeitlich umgekehrt wie bei den Generationen der Avalreihen.
gg Lewin bezieht sich an dieser Stelle auf O. HERTWIG (1918, 456), der die einzelnen Individuen eines Tierstockes (vgl. Anm. ff.) als «unselbständig gewordene Organe eines einheitlichen Individuums höherer Ordnung» bezeichnet.
66 Daß auch die *Physik* den nicht-summenhaften Ganzheitsbegriff verwendet, betont KÖHLER 1920.
67 Man könnte hier anstelle des Alters zunächst auch die Zeit als Ordnungsprinzip benutzen.
68 Um Umständlichkeiten zu vermeiden, verwende ich hier eine nicht ganz exakte Formel.
69 $a \cdot b$ bezeichnet in der Mengenlehre den Durchschnitt (gemeinsamen Teil) der Mengen a und b.
hh Nach heutiger mengentheoretischer Schreibweise $A \cap B$.
70 Vgl. zum Begriff des Todes und zur Beziehung von Organismus und Lebensbegriff auch SCHNEIDER 1912, DOFLEIN 1919 und SLOTOPOLSKY 1920.
ii Paramäcium ist ein in Heuhaufen leicht züchtbarer Einzeller, dessen Variabilität vom amerikanischen Zoologen H. S. Jennings experimentell erforscht wurde; vgl. JENNINGS 1908 und 1909.
jj Aus dem Zusammenhang geht nicht klar hervor, worauf sich Lewin an dieser Stelle bezieht; vielleicht spielt er auf die bei JOHANNSEN (1913, 281) erwähnte Braunsche Hauptreihe an.
71 Die Relativität der Abgrenzung bedeutet jedoch keineswegs, daß es sich hier um eine willkürliche, nicht rein sachliche (z. B. durch den Grad der funktionellen Abhängigkeit) bestimmte Einheitlichkeit handelt.
kk Weitere Ausführungen zur Entsprechung zwischen Entwicklung in der Biologie und Prozeß in der Physik finden sich in diesem Band, S. 421 ff.

72 Für die Beziehung, die die z. B. in der Uran-Radiumreihe herrschenden Verwandtschaftsrelation zum Begriff der Genidentität hat, vgl. LEWIN 1920a, wo auch die anderen Begriffe dieses Kapitels ausführlicher erörtert werden.

ll Aus der Erstveröffentlichung der Geneseschrift geht nicht hervor, auf welche Theorie des deutschen Biologen Walter A. Collier sich Lewin an dieser Stelle beruft, da eine entsprechende Quellenangabe in der Bibliographie (S. 234) fehlt. Aller Wahrscheinlichkeit nach dürfte es sich bei dieser Quelle um COLLIER 1920, 42–85 handeln.

73 NAEF (1919, 35) spricht hier von «Formverwandtschaft», TSCHULOK (1910, 188) von «systematischer Verwandtschaft».

74 JOHANNSEN (1913, 210) sagt: «Verwandtschaft, äußere Ähnlichkeit und innere fundamentale Konstitution sind jedenfalls teilweise voneinander so unabhängig, daß es ganz unsicher ist, von einer dieser Sachen auf die andere zu schließen.»

75 Vgl. O. HERTWIG 1916, 74; POLL 1920, 430 und LEWIN 1920a, 11 und 18f.

76 Auch POLL (1910, 424), der diesen Schluß als vorläufigen noch anwendet und daher z. B. dimitotische Steironothie mit Deutophylie gleichsetzt, betont diesen Sachverhalt ausdrücklich, wenn er ausführt (POLL 1920, 432): «Denn wir kennen *vorläufig* keinen anderen Weg, gemeinsame Erbradikale zu erwerben, als den gemeinsamer genealogischer Beziehungen».

77 Vgl. POLL 1920, 426.

78 Es sind noch andere Darstellungsweisen denkbar, die aber ebenfalls auf Ungereimtheiten stoßen.

79 Ich spreche hier von *Zeit*schnitten, obgleich es nicht ganz deutlich ist, ob es sich wirklich um Zeitschnitte handelt. Wesentlich für den Typus dieser Genidentitätsreihen ist jedenfalls ihre Kontinuität.

80 Dies war für O. Hertwig die Veranlassung zur Aufstellung des genealogischen Netzwerkes.

81 Man spricht von «Isophylie» (vgl. POLL 1920, 439).

82 Die dünnen Längsstriche in dieser und in den folgenden Abbildungen stellen stammzugehörige (untereinander blutsverwandte) Individuen dar.

83 In den Abbildungen 39–42 stellen die dicken Längsstriche die Stammureltern, die durch Pfeile verbundenen Längsstriche die übrige Elternschaft dar.

84 Die Stammindividuen sind durch waagrechte Linien verbunden, die Glieder der Stammindividuen durch senkrechte Striche wiedergegeben.

85 Daraus folgt dank der Kontinuität der Stammreihen sogleich, daß es eine unendliche Menge derartiger Schnitte gibt, nämlich die Schnitte einer mit dem Kreuzungspunkt zusammenhängenden, wenn auch beliebig kurzen Reihen*strecke*.

86 Dieser Ausdruck meint hier nur das Historische, nicht das spezifisch Kulturhistorische.

87 Von Kreuzungen allerdings läßt sich hier wohl nur im Falle des Verschmelzens von Zellen im Organismus sprechen. Im übrigen treten nur Spaltungen auf.

mm Bei den an dieser Stelle genannten Autoren handelt es sich einerseits um den italienischen Botaniker Giorgio Gallesio (1772–1839) – er veröffentlichte in französischer Sprache einen *Traité du citrus* (1811) und in seiner Muttersprache eine die Lehre Mendels zum Teil vorwegnehmende *Teoria della riproduzione vegetale* (1816) –, andererseits um den englischen Darwinisten Thomas Henry Huxley (1825–1895). Aus der in diesem Abschnitt zitierten Literatur wird indes nicht ersichtlich, worauf es Lewin hier speziell abgesehen hat.

88 Vgl. weitere Beispiele bei KÜSTER 1921, 24.

89 Der Ausdruck «Ordnungstypus» soll nicht bedeuten, daß es sich um subjektive, nicht gegebene, sondern gemachte Ordnungen handelt. Er wird vielmehr in

einem aller Aktivität oder Passivität des Erkenntnissubjektes gegenüber völlig neutralen Sinne benutzt und besagt lediglich, daß die hier wesentlichen Verschiedenheiten der Existentialbeziehungen Verschiedenheiten der «inneren Geordnetheit» sind, und zwar weniger was den Grade als was den Typus der Ordnung anbelangt.

nn Zum Problem des allgemeinen Parameters vgl. Lewins Ausführungen auf S. 428 ff. in diesem Band.

90 Vgl. über den erkenntnistheoretischen Sinn dieses Begriffes LEWIN 1920a, 17. Während des Druckes dieser Arbeit erschien ein Werk E. Bechers, der in ähnlichem Sinne von der Aufgabe, das «natürliche» oder «adäquate» System der Wissenschaften zu bestimmen (vgl. BECHER 1921, 3f.).

91 Auch die Unterscheidung verschiedener Aufgaben oder Ziele, wie sie in der Windelband-Rickertschen Theorie über Geschichtswissenschaften und Gesetzeswissenschaften vorliegt, gehört hierher.

oo Lewin spielt in Anm. 91 und im Text des Anhangs A I auf die Südwestdeutsche Schule des Neukantianismus an, in deren Gefolge die These der Trennung zwischen Idiographik und Nomothetik radikal vertreten wurde. Gegen diese These spricht sich Lewin auf S. 451–458 dieses Bandes aus.

92 REICHENBACH (1920, 71) spricht in diesem Sinne von «wissenschaftsanalytischer» Methode.

pp Zur analytischen, d.h. nicht-normativen Konzeption der Wissenschaftslehre vgl. auch die Bemerkungen Lewins auf S. 49–50 und 74–76 in Bd. 1 KLW.

qq Dies ist die wörtliche Wiedergabe der berühmten Frage, die KANT (1905, 101) in seiner Abhandlung über die Fortschritte der Metaphysik aufgeworfen hatte.

93 Dazu stimmt, daß der gleiche Begriff der geschlossenen Einheit auch in der Mathematik verwendet wird.

rr Lewin spielt an dieser Stelle auf die von Johann Bernoulli im Jahre 1718 aufgestellte erste explizite Bestimmung des Begriffs «Funktion» an, die besagt: «Man nennt Funktion einer veränderlichen Größe eine Größe, die auf irgendeine Weise aus eben dieser veränderlichen Größe und Konstanten zusammengesetzt ist.» (BERNOULLI 1742, Bd. 2, 241; zitiert nach WUSSING 1979, 191). Bernoulli verwendete noch das Zeichen φ als Funktionszeichen; Leonhard Euler führte die Bezeichnung f und die Verwendung des Ausdrucks $f(x)$ ein.

94 Eine entsprechende, rein erkenntnistheoretische Bestimmung des Begriffs des Gegenstandes gibt CASSIRER (1910), wenn er sagt: «Die Wissenschaft besitzt kein höheres Kriterium der Wahrheit und kann kein anderes besitzen, als die Einheit und Geschlossenheit im systematischen Aufbau der Gesamterfahrung. Jede andere Fassung des Gegenstandsbegriffes liegt außerhalb ihres Bereiches.»

95 Dasselbe gilt von den Tatsachen, die den Gegenstand der Wissenschaftslehre bilden (vgl. S. 53).

96 Der Neukantianismus allerdings scheint über den erkenntnistheoretischen Gemeinsamkeiten die Verschiedenheiten der möglichen Zusammenhänge, durch die etwas als Tatsache sichergestellt werden kann, auch in anderen Punkten zu übersehen, so bei der Behandlung der Probleme der *Wahrnehmung*.

ss An dieser Stelle bezieht sich Lewin auf SCHAXEL 1919, S. 130 ff.

97 Daß das Feld nicht die gleiche «Dimension» hat wie eine Kraft, ist in diesem Zusammenhang gleichgültig.

98 H. WEBER (1998, 4). Ich führe diese Definition hier an, da auf die tiefliegenden Schwierigkeiten einer *exakten* Bestimmung des Mengenbegriffs selbst nicht eingegangen zu werden braucht.

tt Lewin bezieht sich hier auf Dilthey 1924, wo die Idee der beschreibenden Psychologie verteidigt wird, und auf Husserl 1913, §§ 73–75.
uu Zur pragmatistischen Auffassung, auf die an dieser Stelle angespielt wird, vgl. z. B. James 1890, Bd. 1, 138–144.
vv Anspielung auf die heute kaum noch bekannte Theorie des durch Reize verursachten Engramms, die der deutsche Naturwissenschaftler Richard Semon (1859–1918) vertrat. Sein 1904 erschienenes Hauptwerk *Mneme als erhaltendes Prinzip im Wechsel des organischen Geschehens* enthält im dritten Kapitel («Engraphische Wirkung der Reize auf die Deszendenz») eine Lehre der «ererbten Erregungsdispositionen» (Semon 1904, 99), die nicht die Reizbarkeit des Organismus als solche betrifft, sondern einzelne und spezifische Dispositionen zur Reaktion (Tropismen), und die dahin zusammengefaßt wird, daß das «Engramm nicht nur im individuellen Leben des betreffenden Organismus in Kraft bleibt, sondern sich auch auf die Nachkommenschaft überträgt» (a. a. O. 105). So erweist sich Semon als einer der Hauptvertreter des Neo-Lamarckismus. Über Semons Theorie des Gedächtnisses aus historischer Sicht vgl. Schacter *et al.* 1978.

Wissenschaftslehre[a]

A. *Das Problem der Wissenschaftsentwicklung*

1. Das Problemgebiet der Wissenschaftslehre

[A*] In einem eigentümlichen Zwiespalt zwischen wissenschaftsfreundlicher und wissenschaftsfeindlicher Geisteshaltung werden gegenwärtig recht unterschiedliche Versuche gemacht, die Aufgabe der Philosophie zu bestimmen. Einige Autoren – geleitet von ethischen, religiösen oder politischen Interessen – fordern, daß die Philosophie das Leben und die Weltanschauung formen soll; andere erwarten von der Philosophie eine begriffliche Klärung der aktuellen Kulturfragen oder ein Verständlichmachen der für eine Zeit charakteristischen Probleme aus dem Geist der betreffenden Zeit heraus; wieder andere verstehen unter Philosophie die Untersuchung einer Reihe wissenschaftstheoretischer Fragen, wobei sie in der Regel die philosophischen Disziplinen von den Wissenschaften im eigentlichen Sinne mehr oder weniger scharf abgrenzen. Ohne die Bedeutsamkeit und die Leistung anders ausgerichteter Arbeiten verkennen zu wollen, doch in ausgesprochenem Gegensatz zu ihnen, verstehen sich die folgenden Analysen als ein Versuch der Beschäftigung mit Problemen rein wissenschaftlicher Art.

Wenn man, um einer schärferen Abgrenzung der Philosophie von den Wissenschaften willen, erstere lediglich als den Ursprung der letzteren auffaßt, dann dürfte nicht die Zeit gekommen sein, Logik, Erkenntnistheorie und Wissenschaftslehre als unabhängige Disziplinen aus den Banden der «Mutter» Philosophie zu befreien.

Im folgenden wird das Problemgebiet einer *Wissenschaftslehre* zu beschreiben versucht, die sich nach und nach von der Philosophie zu verselbständigen beabsichtigt.

Einzelne Fragen der Wissenschaftslehre lassen sich bis auf die Anfänge der abendländischen Philosophie zurückverfolgen. Da sie jedoch vornehmlich als erkenntnistheoretische behandelt wurden, ist ihre Relevanz für Kernfragen der Wissenschaftstheorie einfach nicht wahrgenommen worden. So pflegte man sie lediglich der Erkenntnistheorie oder der Logik zuzurechnen. Diese Vermengung bewirkt aber, daß man den Sinn wissenschaftstheoretischer Fragen verfehlt. Sie hat ferner zur Folge, daß die Lösung rein erkenntnistheoretischer und logischer Probleme nachhaltig gehemmt wird. So

[a] Die Anmerkungen zu diesem Text finden sich auf den Seiten 460–471.

ist die Klärung von Grundproblemen wissenschaftstheoretischer oder erkenntnistheoretischer Art in der kantianischen Philosophie an dieser, durch Vermengung entstandenen Heterogenität gescheitert.

Doch nicht das Bedürfnis nach systematischer Sonderung der Problemstellungen, sondern vor allem der Fortgang der konkreten Forschung (auch in Logik und Erkenntnistheorie) scheint gegenwärtig auf die Forderung hinauszulaufen, das wissenschaftstheoretische Problemgebiet als ein selbständiges oder unabhängiges klar zu bestimmen.

Wenn in jüngster Zeit in einer ganzen Reihe von Wissenschaften das Interesse an Fragen wissenschaftstheoretischer Art stärker geworden ist, hat dies (sofern der Grund nicht in spekulativen Tendenzen zu suchen ist) in den einzelnen Wissenschaften recht unterschiedliche Ursachen. In wenig entwickelten Disziplinen – z. B. in der sog. Verstehenden Psychologie, in der Soziologie, der Experimentellen Psychologie vor fünfzig Jahren und in gewissem Sinne auch in der Ontologie und der Erkenntnistheorie – erfüllt die Beschäftigung mit Wissenschaftstheorie das Bedürfnis nach Rechtfertigung eines ungewohnten, weil methodisch noch kontroversen Handelns. In den hochentwickelten Wissenschaften, z. B. der Physik und der Mathematik, die sich mit Recht einer besonderen Selbstsicherheit rühmen können, erlaubt der fortgeschrittene Stand der Forschung die Behandlung übergreifender Probleme, so daß hier die Beziehung zu den als «philosophisch» bezeichneten Fragen recht deutlich wird. Aber auch in Wissenschaften mittleren Entwicklungsgrades, wie dies gegenwärtig mit der Biologie und der Geschichtswissenschaft der Fall ist, machen die Schwierigkeiten und Paradoxien, zu denen normalerweise der nicht geradlinige Weg der wissenschaftlichen Entwicklung führt, eine gesteigerte theoretische Reflexion von Zeit zu Zeit notwendig.

Besonders in Diskussionen, die der wissenschaftlichen Arbeit im engeren Sinne vorauszugehen pflegen, ist die Bedeutsamkeit spezifisch wissenschaftstheoretischer Fragen unverkennbar. So galt es in der unentwickelten Physik vor allem, die Grundlagen der empirischen Wissenschaft zu sichern und Forschungsmethoden zu erarbeiten, d.h. wesentliche erkenntnistheoretische Probleme zu lösen. Kepler und Galilei mußten gegen die ptolemäische Weltansicht um das Recht ringen, die Himmelserscheinungen und die alltäglichen irdischen Vorgänge auf ein und denselben Begriff der Bewegung zu bringen und vom Einzelfall zum Gesetz übergehen zu dürfen – Analogien zur modernen Psychologie liegen übrigens auf der Hand. In der Anfangsphase der jüngsten Wissenschaften handelt es sich dagegen bei den Behandlungen wissenschaftstheoretischer Fragen zuerst um den Versuch einer Selbstbehauptung der betreffenden Wissenschaft gegenüber der steigenden Zahl anderer Disziplinen, also um die Begründung eines Zieles und die Bestimmung eines Gegenstandes. Derartige Überlegungen gehören sachlich – obgleich sie oft genug als methodisch bezeichnet werden – zumeist zum Bereich der Wissenschaftssystematik. Doch ist die Beantwortung der wissenschaftssystematischen Frage abhängig von allgemeinen Einsichten in die Natur «einer» Wissenschaft und in die prinzipielle Möglichkeit, Wissenschaften voneinander abzugrenzen und durch derartige Abgrenzungen zu definieren.

Selbstverständlich setzt die Abgrenzung einer Wissenschaft die Kenntnis der von dieser Wissenschaft angebotenen Theorien – oder mindestens eines großen Teils derselben – notwendig voraus. Zwar hat die Erkenntnistheorie seit dem 19. Jahrhundert nicht besonders dazu beigetragen, solche Abgrenzungsfragen zu klären. Gleichwohl trifft man hier am ehesten auf Überlegungen, die konkreten Wissenschaftsindividuen zu verstehen und deren Eigentümlichkeiten zu erfassen.

Die philosophischen Probleme der modernen Mathematik und Physik sind überwiegend erkenntnistheoretischer oder, wie die Probleme der Axiomatik, logischer Art. Immerhin besitzen z. B. die Fragen der Beziehung von Mathematik und Physik eine wesentliche wissenschaftstheoretische Komponente. Auch für die Wissenschaften mittleren Entwicklungsgrades sind etliche wissenschaftstheoretische Probleme akut.

So lange Physik und Mathematik die einzigen kontinuierlich fortschreitenden Wissenschaften waren, die ausgebaute Theoriengefüge besaßen, und so lange die übrigen Disziplinen sich mit Gegenständen beschäftigten, deren Verschiedenheit meist unverkennbar war, bildeten wissenschaftstheoretische Konflikte mit hemmender Wirkung auf die Forschung eine Ausnahme oder hatten den Charakter sachlich wenig belangvoller Grenzstreitigkeiten. So mochte man sich mit einigen wenigen Vorstellungen über das Verhältnis der Wissenschaften zueinander begnügen. Mit dem Ausbau der Biologie, Psychologie, Ökonomie, Soziologie, Sprachwissenschaft, Semenologie, Kunstwissenschaft usw. und dem Entstehen neuer Disziplinen sind die verschiedenen Wissenschaften näher aneinandergerückt und scheinen sich nun – gemäß einer noch zu erörternden Gesetzmäßigkeit der Ausbreitung ihres jeweiligen Gegenstandsgebietes[1] – vielfach zu durchdringen. Zudem ist zu spüren, daß die

Forschung in allen Wissenschaften auf die Hilfe der übrigen Disziplinen angewiesen ist. Zugleich ist in einer zunächst paradox erscheinenden Gegenbewegung das Bewußtsein der jeweiligen Eigenart jeder Wissenschaft – sei es der alten, sei es der neuen Disziplinen – gestiegen[2]. Sicherlich hängt es vom Ermessen des einzelnen Wissenschaftlers ab, ob er die willkommene Unterstützung der eigenen Arbeit durch eine andere Disziplin für richtig hält oder ob er diese angesichts einer drohenden logischen Verfälschung ablehnt.

Es ist zu erwarten, daß ein Fortschritt der Wissenschaftslehre dem einzelnen Wissenschaftler einige Grundeinsichten wird vermitteln können, die wesentliche Erleichterungen und begriffliche Fundierungen für die Behandlung der genannten Abgrenzungsfragen mit sich bringen werden. Vor allem wird die Erkenntnis der Entwicklungsstufen der Wissenschaften und die Bestimmung der Einheiten dieser Stufen helfen, unfruchtbare Prinzipien-Diskussionen zu beenden und ernsthafte begriffliche Hindernisse innerhalb der Forschung aus dem Wege zu räumen. Doch darf man von der Wissenschaftstheorie nicht erwarten, daß *sie* das Überspringen einzelner Entwicklungsstufen oder das Vermeiden von Kinderkrankheiten möglich macht.

Die Wissenschaftslehre wird ihrer Aufgabe erst gerecht werden, wenn sie die Wissenschaften nicht mehr bloß als historisch-konventionelle, sozusagen zufällige Konglomerate von Sätzen, Methoden, Theorien deutet, sondern als Gebilde zu verstehen versucht, die eine eigene Struktur, eine Eigennatur besitzen und deshalb begrifflich und gesetzlich genau erfaßbar sind. Und dies, obwohl der Gedanke der Eigennatur der Wissenschaften gegenwärtig bestritten zu werden pflegt.

Man wird das Recht der Wissenschaftslehre auf die Erforschung ihres Gebietes so wenig wie sonst bei irgendeiner Wissenschaft vom praktischen Nutzen – und sei es auch nur für andere Disziplinen – abhängig machen dürfen. Doch selbst derjenige, der diesen Nützlichkeitsgesichtspunkt nicht in den Vordergrund rückt, wird das Bedürfnis einer ganzen Reihe von Wissenschaften nach wissenschaftstheoretischer Klärung nicht übersehen können. Diesem Bedürfnis kann nur eine Arbeitsweise entgegenkommen, die weder bei allgemeinen Ideen über wissenschaftliche Erkenntnis stehenbleibt, noch mit den Einseitigkeiten wissenschaftstheoretischer Gelegenheitsbeschäftigung zufrieden ist, sondern die spezifischen Probleme der einzelnen Wissenschaften im Zusammenhang einer allgemeinen wissenschaftstheoretischen Konzeption untersucht und zu lösen versucht.

[B*] Wenn man behauptet, daß man keine Wissenschaftslehre treiben, d. h. die Wissenschaften wissenschaftlich nicht erforschen könne, bevor eine exakte Definition der Wissenschaft überhaupt gefunden ist (da man sonst nicht weiß, was untersucht wird), unterliegt man einem folgenschweren Irrtum. Dieser Irrtum besagt, daß eine Definition nur dann wissenschaftlich einen Wert besitzt, wenn sie eine Erkenntnis *zusammenfaßt* – zumal in jenen Fällen, wo es sich um konkrete Gebilde handelt.

Es zeigt sich, daß eine Definition in diesem Sinne nur dann richtig oder falsch sein kann, wenn sie eine *Erkenntnis* tatsächlich ausspricht oder zusammenfaßt.

Als Bezeichnung eines Untersuchungsgegenstandes vor Beginn der Analyse ist eine Definition in diesem Sinne dagegen allerdings höchst unzweckmäßig. Denn die Abgrenzung, die die betreffende Definition vornimmt, wird – wenn sie nicht zufällig die Enderkenntnis vorwegnimmt – notwendig willkürlich sein müssen.

Auf einer relativ primitiven Erkenntnisstufe ist es daher angebracht, nicht durch normative Definitionen, sondern durch einfaches Aufzeigen den betreffenden Untersuchungsgegenstand kenntlich zu machen. Dies gilt um so mehr, wenn der Untersuchungsgegenstand eine Totalität ist (z. B. die *Natur*) oder jedenfalls ein derart umspannendes Gebiet ausmacht, wie dies beim Gegenstand «Wissenschaft» der Fall ist. In solchen Fällen ist es angemessen, jene Kriterien anzugeben, die es erlauben, einen Gegenstand (ein Individuum) als zum betreffenden Gegenstandsbereich (Gegenstandsklasse) gehörig, d. h. hier eine Disziplin als zur Klasse der Wissenschaften gehörig anzusprechen.

Viel wichtiger als eine Definition zur Bezeichnung eines Gegenstandes als Voraussetzung einer Untersuchung ist die Angabe der *Betrachtungsweise*, also dessen, als was der betreffende Gegenstand aufgefaßt und woraufhin analysiert werden soll.

Eine Definition der Wissenschaft als Voraussetzung der Wissenschaftslehre ist ebenso irreführend wie die Definition der Natur als Voraussetzung der Physik, die Definition des Lebens als Voraussetzung der Biologie oder die Definition der Kunst als Voraussetzung der Kunstwissenschaft usw.

2. Die Erscheinungsformen der Wissenschaften

[A*] Manifest wird eine Wissenschaft in Büchern und Zeitschriftenartikeln, in Vorträgen und Diskussionen, in Experimenten, Apparaten, Sammlungen und Tabellen. Es kommt uns hier jedoch nicht auf die sozialen oder technischen Erscheinungsformen der Wissenschaften an, also nicht darauf, ob es sich um gesprochene oder geschriebene Sätze, um Abbildungen oder Berichte handelt; vielmehr beschäftigt uns lediglich der *Gehalt* der Wissenschaften. Aus diesem Grund beschränken wir uns vorderhand auf Druckerzeugnisse, ohne dabei allerdings die anderen Erscheinungsformen ganz aus dem Auge zu verlieren.

Wissenschaftliche Werke sind teils rein wissenschaftlich, teils zur Vermittlung von Kenntnissen, teils in unterschiedlicher Deutlichkeit zur Popularisierung verfaßt. Einige sind pädagogisch ausgerichtet, andere verfolgen literarische oder politische und praktische Ziele. Doch auch als rein wissenschaftliche Gebilde bleiben diese Druckerzeugnisse unterschiedlich genug. So kann man mühelos zwischen Hand- und Lehrbüchern, Programmschriften, geschichtlichen Darstellungen, Polemiken usw. unterscheiden. Nun wäre es sicherlich interessant und wissenschaftstheoretisch wertvoll, eine genaue Analyse des jeweiligen Charakters der verschiedenartigen Formen derartiger Erzeugnisse durchzuführen. Für unsere Zwecke genügt jedoch die Unterscheidung zwischen *Forschung* und *Lehre*.

Viele Zeitschriftenartikel sind dazu bestimmt, einen oder einige wenige Sätze zu *beweisen* oder zu *widerlegen,* d. h. über eine Entdeckung zu berichten oder einer alten Erkenntnis eine neue gegenüberzustellen oder durch die Verteidigung eines neuartigen Gesichtspunktes die Umformung eines ganzen Untersuchungsbereichs zu begründen. So werden Beweise für die Richtigkeit des Satzes «Das Nibelungenlied hat eine lateinische Vorlage» gesucht und mitgeteilt. Es wird behauptet, daß jede Zahl als Summe von höchstens sechs Primzahlen darstellbar ist, während zuvor lediglich ihre Darstellbarkeit anhand einer Summe von neun Primzahlen erwiesen war. Es wird dargestellt, welche Ergebnisse ein bestimmter chemischer Prozeß liefert, und zugleich wird der Beweis dafür vorgelegt, daß das Ergebnis nicht auf irgendwelche Versuchsfehler zurückzuführen ist.

Es werden also – oft in recht umständlicher Weise – Argumente vorgetragen; man diskutiert das Für und Wider, bis schließlich aufgrund eines vorsichtigen Abwägens oder in sehr günstigen Fällen aufgrund eindeutiger Belege, statistischer Nachweise und *experimenta crucis ein* Ergebnis herausgearbeitet wird. Dieses Ergebnis – das Erkannte im eigentlichen Sinne – stellt den Gewinn der *Forschungs*arbeit dar; es allein ist es, das früher oder später in Erzeugnisse anderer Art übergeht – nämlich in die der Lehre.

Zu dieser zweiten Klasse gehört zuerst einmal das, was man in Lehrbüchern zu finden pflegt: ein System von Gesetzen und Aussagen über physische, ökonomische oder speziell thermodynamische oder sinnespsychologische Untersuchungsgegenstände. Doch auch die Darstellung von Zellsystemen, Geweben und Organen von Tieren und Pflanzen, von geschichtlichen Vorgängen oder einzelner isolierter Ereignisse – eines medizinischen Sonderfalles, eines Vulkanausbruches – gehört nach unserer Auffassung zur Klasse der Lehre.

Was die Zugehörigkeit rein beschreibender Darstellungen zur Klasse der Erzeugnisse der *Lehre* betrifft, darf man sich dadurch nicht beirren lassen, daß Beschreibungen häufig Ergebnis wissenschaftlicher Forschungsarbeit zu sein scheinen. Handelt es sich um Beschreibungen vergangener Epochen, die indirekt erfaßt, also erschlossen werden müssen und deren Richtigkeit durch Dokumente belegt und durch quellenkritische Forschung gesichert wird, so leuchtet die Zugehörigkeit dieser Beschreibung zur Klasse der Lehre ohne weiteres ein. Viel eher könnte man in jenen Fällen Zweifel anmelden, wo es sich um Beschreibungen aufgrund von Wahrnehmungen unmittelbar gegebener Objekte handelt, weil hier die begründenden Operationen oft zu fehlen scheinen, die man von wissenschaftlichen Lehren zu verlangen pflegt. Doch die Tatsache, daß die Begründung der Richtigkeit eines Beschreibungsurteils (nämlich die originäre Wahrnehmung) in der Arbeit selbst nicht explizit gemacht wird, darf nicht darüber hinwegtäuschen, daß das Beschreibungsurteil Produkt eines Erkenntnisaktes ist.

Es braucht nicht besonders hervorgehoben zu werden, daß die Unterscheidung von *Forschung* und *Lehre* meist keine eindeutige Klassifikation gestattet, und daß es sich dabei um eine typologische Unterscheidung handelt. Die Darstellung geschichtlicher Ereignisse beruft sich oft auf ausführliche Nachweise (oder gar Beweise), und in Lehrbüchern stößt man gelegentlich auf reine Begründungszusammenhänge; schließlich ist der Anteil der Lehre in reinen Forschungsarbeiten gelegentlich erheblich.

Trotz der von Fall zu Fall auftretenden Schwierigkeiten der Zuordnung der Wissenschaftsprodukte zu dieser oder jener Klasse bleibt die Unterscheidung für die Behandlung vieler wissenschaftstheoretischer Fragen von grundlegender Bedeutsamkeit.

Mit dem Ausdruck «Forschung» bezeichnen wir die Gesamtheit der Erkenntnisoperationen, die dem Auffinden der Wahrheit dienen und die die Adäquatheit (Richtigkeit) von Behauptungen (Lehren) sichern[3]. Diese Operationen sind keineswegs nur begrifflicher Natur; zu ihnen gehört auch die ganze Fülle konkreter Manipulationen – sei es im Experiment, sei es bei Ausgrabungen, sei es beim Entziffern einer Schrift[4]. Die schriftliche Fixierung bildet also den Endpunkt einer Kette von Begründungsoperationen. Das Finden, Entdecken, Begründen, Beweisen, ja überhaupt die Gesamtheit jener Operationen, die zu gesicherten Erkenntnissen führen, hat die Erkenntnislehre im Auge, wenn sie von den Wissenschaften spricht.

Gemäß der Einstellung der traditionellen Erkenntnislehre handelt es sich dabei nicht um das Auffinden und Begründen von Sätzen, sondern um Gegenstände und Zusammenhänge – d. h. um die Welt –, die der Forscher entdecken will[5]. So sind eigentlich nicht die Ergebnisse, sondern die begrifflichen Mittel zur Darstellung der Welt für den Forscher die oben als Resultat der Nachweisoperationen bezeichneten Sätze.

Die Erkenntnislehre sieht sich Akten gegenüber, in denen das Erkenntnissubjekt ein Objekt zu bestimmen und eine reale Abhängigkeit zu ergründen versucht. In einem unendlichen Prozeß erweitert sich die wissenschaftliche Erkenntnis zu einer zunehmend adäquaten Erfassung der Welt (wobei man die Welt dabei positivistisch als gegeben oder kantianisch als aufgegeben ansehen mag). Das Gerüst der Begriffe und die Möglichkeit, Sätze von anderen Sätzen abzuleiten, bieten der Erkenntnislehre die Gelegenheit, ausgedehnte Gebiete knapp zu erfassen und konzentriert darzustellen. So paradox es klingen mag: an der Wissenschaft als einem selbständigen Gebilde hat der Forscher kein unmittelbares Interesse. Doch wenn es letztlich nicht das Ziel des Forschers ist, ein selbständiges Gebilde herzustellen – in der Wissenschaft schließen sich Sätze Sätzen an, bilden Satzgefüge und damit Disziplinen. Es entstehen also Gebilde, deren Teilen ein spezifischer Zusammenhangswert (der wissenschaftliche Wahrheitswert) zukommt. Eben diese werthaltigen Gebilde sind es, die wir oben als «Lehre» bezeichnet haben und die die Gegenstände der Wissenschaftslehre bilden.

[B*] Als Ziel der wissenschaftlichen Arbeit pflegt gelegentlich die *Einheit* angesehen zu werden. Diese Aufgabe der Wissenschaft, Einheit zu schaffen, die kein unvernünftiges Nebeneinander duldet, ist sogar als höchste und einzige Aufgabe bezeichnet worden. Freilich ist darunter nicht Einheit im formalen Sinne zu verstehen; in diesem Falle wäre es eine bloße Frage der Schönheit der Darstellung, die der inhaltlichen Richtigkeit und der Kenntnis des Gegenstandes nichts hinzufügt. Der Stoff, der in der Wissenschaft geformt würde, wäre dann nicht der *Gegenstand*, sondern irgendwelche äußerlichen Merkmale und Eigenschaften von Sätzen und Satzzusammenhängen.

Doch irgendeine andere Materie als *Begriffe* ordnet die Wissenschaft nicht und vermöchte sie auch nicht zu ordnen. Wissenschaftliche Manipulationen vollziehen sich allemal an Begriffen (das Experiment mag daher zunächst ganz außerhalb des wissenschaftlichen Gesichtspunktes liegen). Die Wissenschaft besteht eben aus Begriffen und Sätzen, und das Ziel der Formung dieses Materials ist das Schaffen von Einheit. Als hauptsächliche Formungstätigkeiten sind zu nennen: Ordnen, Analyse, Synthese, Umformen (nicht das Schaffen) von Begriffen[6].

Das Ziel der wissenschaftlichen Arbeit (das Schaffen von Einheit) ist kein Selbstzweck im Sinne des ethischen Selbstwertes einer *Handlung*. Das Ziel ist vielmehr abgeleitet, die Handlung steht in dessen Dienst: sie steht im Dienst der Aufgabe, ein *wissenschaftliches Gut* zu verwirklichen, einen Stoff so zu formen, daß ihm wissenschaftlicher Wert zukommt. Von diesem Wertbegriff aus bekommt die Forderung der Einheit erst ihren spezifisch wissenschaftlichen Sinn. Es ist nicht die Einheit des Kunstwerkes gemeint (so verwandt beide Einheitsbegriffe auch sind), nicht die Einheit im Sinne von Geschlossenheit als in sich vollkommen begrenzte und vollendete Einheit, sondern die Einheit des ins Unendliche gehenden Zusammenhanges. Für ihn sind zwei Momente wesentlich: das extensive Moment (der Umfang des Zusammenhanges) und das intensive Moment (die Eindeutigkeit des Zusammenhanges, die Vollkommenheit der Ableitungsmöglichkeit und das Systematische des Aufbaus). Demgemäß kann man zwei wesentlich verschiedene Arten wissenschaftlich wertvoller Leistungen unterscheiden: die Vermehrung des Wissens und das Systematisieren (mit anderen Worten: das Bereichern und Vertiefen des Wissens).

Wissenschaftliche Werte kann man wenigstens bis zu einem gewissen Grade miteinander vergleichen (man spricht ja mitunter von verschieden hohen wissenschaftlichen Werten). Dieser wissenschaftliche Wert kommt den einzelnen Sätzen und Begriffen zu. Die einzelnen Sätze sind in unterschiedlichem Grade Zusammenhang schaffend, sei es vertiefend oder erweiternd (der quantitative Vergleich ist vielleicht nur bei derselben Art von wissenschaftlicher Leistung möglich). Dagegen kommt in dem Sinne, wie den einzelnen Sätzen, der Gesamtheit einer Wissenschaft kein wissenschaftlicher Wert mehr zu. Es ist unsinnig, vom Erkenntniswert der Physik zu sprechen, wenn man damit einen Erkenntniswert wie bei den einzelnen Sätzen im Auge hat. Der wissenschaftliche Wert haftet also allemal an Teilen – an den Teilen eines notwendig umfassenderen Ganzen, wie der künstlerische Wert immer nur am Ganzen haftet, das notwendig nicht über sich hinausweist.

Wenn den Sätzen nur als Sätzen *in* einem unbegrenzten System wissenschaftlicher Wert zukommt, so ist damit noch nicht gesagt, daß es nur ein einziges solches unbegrenztes System von Sätzen gibt, in dem Begriffe oder Sätze wissenschaftlichen Wert erhalten können. Wer die Einzigkeit eines solchen, wissenschaftlichen Wert von Sätzen ermöglichenden Systems annimmt, behauptet damit die Einheit aller Wissenschaften, ist also ein absoluter Monist.

Der wissenschaftliche Wert kommt also verschiedenen Sätzen und Begriffen in unterschiedlichem Maße zu. Sätze (Theorien oder Theorieteile) können wahr sein und dennoch verschiedenen wissenschaftlichen Wert besitzen. Daß ich soeben den kleinen Zeh am linken Fuß bewegt habe, ist wahr, über allen Zweifel erhaben, unwiderlegbar und gegenüber den scharfsinnigen Einwänden eindeutig und exakt beweisbar. Es ist nicht weniger wahr oder evident als die Tatsache, daß der Abstand zwischen dem Sonnenrand und einem gewissen Stern auf einer gewissen, bei der Sonnenfinsternis eines bestimmten Datums aufgenommenen Platte 4 Millimeter beträgt. Obwohl beide Sätze gleichermaßen wahr sind, ist ihr wissenschaftlicher Wert äußerst verschieden. Während der eine Satz nahezu wertlos ist, kommt dem anderen ein sehr hoher Wert zu, weil er über die Richtigkeit einer ganzen Theorie entscheiden kann. Zwar ist der Wertunterschied zwischen beiden Sätzen feststellbar, aber nicht von ausschlaggebender Bedeutung: beide Sätze sind wichtig für die Erkenntnis der Welt, indes als selbständige Einheiten, d. h. an und für sich, eigentlich wertleer. Denn nicht der Satz, daß der Abstand auf der fotografischen Platte so und so groß ist, hat den enormen, Zusammenhang schaffenden Wert, sondern die Menge der obersten Sätze der Einsteinschen Relativitätstheorie. Die unterschiedliche Bedeutung der beiden Sätze beruht darauf, daß der eine nur die Kenntnis eines einzelnen Gegenstandes vermittelt, der andere infolge seiner Stellung in einem umfassenden Beweisgang die Richtigkeit (Gegenstandsgemäßheit) einer ganzen Theorie sicherstellt und dadurch zugleich die Kenntnis eines ungeheuren Gebietes von Erscheinungen vermittelt. Der Satz, daß ich meinen kleinen Zeh soeben bewegt habe, ist nicht weniger wahr, als der Satz: die Geschwindigkeit eines fallenden Körpers ist $s = \frac{1}{2} gt^2$. Trotzdem ist sein wissenschaftlicher Wert zweifellos sehr viel größer, weil er in höherem Maße zusammenhangstiftend ist. Er beschreibt nicht nur eine Menge von Erscheinungen in einheitlicher Weise, sondern bildet auch ein Element in einer umfassenden Theorie aus Ober- und Untersätzen. In dieser Hinsicht kommt demnach den allgemeinen Sätzen, aus denen sich die spezielleren ableiten lassen, ein höherer wissenschaftlicher Wert zu als den abgeleiteten Sätzen. Und zwar kommt den übergeordneten Gesetzen ein um so höherer Wert zu, je größer der ableitbare Unterbau an Sätzen und je strenger die Ableitung ist. Will man hier von Erkenntniswert sprechen, so muß man unter Erkenntnis nicht das Erfassen eines Gegenstandes, sondern das Erfassen eines Zusammenhanges, das begriffliche Ordnen, das Denken verstehen. Der wissenschaftliche Wert kommt in einer Theorie am stärksten den «zentralen» Sätzen oder dem zentralen theoretischen Satz zu. (Es ist klar, daß dies nicht der Satz zu sein braucht, an den sich der Beweis der «Richtigkeit» der Theorie, ihrer Gültigkeit als Darstellung des Gegenstandes knüpft. Dies kann ohne weiteres auch ein an wissenschaftlichem Wert sehr geringer, irgendwie abgeleiteter Satz sein, wenn er nur als Kernkriterium die Entscheidung der Richtigkeit der ganzen Theorie herbeizuführen fähig ist, d. h. wenn aus seiner Richtigkeit – eventuell gemeinsam mit anderen Sätzen – nach den Regeln des logischen Beweises die Richtigkeit der zentralen Sätze der Theorie gefolgert werden kann. Die Rangunterschiede von Sätzen, wie am Beispiel der fotografischen Platte belegbar, sei in dieser Hinsicht als Grad der *Bestätigungsbedeutung* bezeichnet.)

Der höhere wissenschaftliche Wert braucht nicht notwendig nur den Obersätzen (im Vergleich zu den Untersätzen) anzuhaften, sondern kommt dem zentralen Gedanken, eventuell also einer gewissen, im Mittelpunkt einer Theorie stehenden Gruppe von Sätzen zu, auf denen der Ableitungszusammenhang (der nicht notwendig die Richtung Oberbegriff → Unterbegriff befolgt) beruht. Dies ist es, was man den *zentralen Gedanken* einer Theorie zu nennen pflegt, der in mannigfacher Weise und an verschiedenen Stellen des Systems seine Zusammenfassung schaffende Kraft entfalten kann.

Als Gegensatz zum positiven wissenschaftlichen Wert, also als negativer wissenschaftlicher Wert, ist nicht das Unwahre und auch nicht das Unsinnige oder Falsche anzusehen, sondern das, was *Zerstörungswert* besitzt: der *Widerspruch*. Genauso, wie ein isolierter Begriff oder Satz an sich keinen Zusammenhangswert besitzen, sondern ihn nur in Beziehung zu einer Anzahl anderer Sätze erhalten kann, kommt der Zerstörungswert auch keinem isolierten Begriff, sondern nur einem zusammenhängenden Begriffs- oder Satzgefüge zu. Auch der Zerstörungswert besitzt Grade. Zwar kann ein Satz anderen Sätzen entweder nur widersprechen, ohne Beziehung zu ihnen sein oder mit ihnen übereinstimmen. Deshalb ist es unsinnig, von Graden des Widerspruches zu sprechen. Trotzdem kann der Zerstörungswert eines Satzes recht unterschiedlich sein, je nach dem Umfang und der Festigkeit des Zusammenhangs, der durch den betreffenden widersprechenden Satz aufgehoben wird. Der Zerstörungswert ist also etwas Sekundäres, insofern er einen Zusammenhang voraussetzt. (Vielleicht ist der Begriff «Zerstörungswert» unangebracht, und vielleicht müßte man statt dessen von «Unzusammenhangs-» oder «Isolierungswert» sprechen.)

Vom Zerstörungswert scharf abzuheben ist der (dem Bestätigungswert entgegengesetzte) Widerlegungswert, der sich auf die Gültigkeit einer Theorie bezieht.

Zusammenhangswert kommt wissenschaftlichen Sätzen zu, sofern sie Bestandteil eines Satzgefüges sind. Will man ein solches Gefüge «Theorie» nennen, so ist jedoch die Beziehung zur Wirklichkeit nicht mit einzuschließen, wohl aber der Gedanke der durchgängigen Verknüpftheit aller «Gegenstände» der betreffenden Wissenschaft. Der Zusammenhangswert wohnt den Sätzen als *Teilen einer Wissenschaft* inne. Die Richtigkeit kann Sätzen dagegen auch als relativ isolierten Gebilden zukommen. Denn *Richtigkeit* drückt die Qualität des Satzes als *Darstellung der Wirklichkeit* aus. Zusammenhangswert könnte daher auch einem Satz in einer Reihe von Sätzen zukommen, die keine Wirklichkeit darstellen wollen, sondern nur ein Gefüge von logisch zueinander passenden Sätzen konstruieren und z. B. ein wissenschaftliches Phantasiespiel bilden, wie dies von der vierdimensionalen Geometrie oder sogar der ganzen Mathematik behauptet wird.

In Wirklichkeit bestehen allerdings zwischen der Richtigkeit und dem Zusammenhangswert mannigfache Beziehungen. Ist z. B. die Richtigkeit eines Teiles eines Theoriengefüges erwiesen, so wird damit auch der übrige Teil des zusammenhängenden Gefüges als wahrscheinlich richtig anzusehen sein. In diesem Falle stützt sich also die Ansicht über die Richtigkeit von Sätzen auf ihren Zusammenhangswert mit anderen Sätzen, deren Richtigkeit auf direkterem Wege festgestellt ist.

Da der objektive Richtigkeitswert sich immer auf einen Zusammenhangswert stützt, liegt die Frage nahe, ob auch der Zusammenhangswert notwendig eine Beziehung zur Richtigkeit besitzt. Die bestehenden Wissenschaften (mit Einschluß von Mathematik und Logik) zeigen alle eine derartige Beziehung ihrer Theorien zur Richtigkeit. D. h. es ist stets nicht nur von einem Gefüge gut zusammenpassender Sätze die Rede, sondern auch davon, daß «irgend etwas», also ein Gegenstand, erkannt werden soll. Und noch so schöne Theorien werden in allen Wissenschaften fallen gelassen, wenn sie falsch sind. Auch die Richtigkeit von Theorien läßt sich übrigens, ebenso wie die von Wahrnehmungen, durch das negative Kriterium der Widerspruchslosigkeit zu anderen Wahrnehmungen und anderen Sätzen erweisen. Ein positiver Richtigkeitsbeweis einer Theorie, der über die angenäherte Richtigkeit einer großen Anzahl von Fällen hinausgeht, ist nicht möglich.

Wir halten also fest:

1) Die *Wissenschaft als Gefüge von Sätzen*, die einen wissenschaftlichen Zusammenhangswert besitzen, kennt keinen transzendentalen Gegenstand, nach dem sie sich richten könnte. Ihre einzige Richtschnur ist der Zusammenhangswert selbst. Daß es sich dabei um Sätze handelt, die die wirkliche Welt darstellen (und nicht irgendeine ausgedachte Phantasiewelt), spielt hier keine Rolle. Die Wissenschaft ist gemäß diesem Standpunkt *kein Mittel* (auch kein Mittel zur Erkenntnis der Welt), sondern ein Selbstzweck, ein *werthaltiges Gut,* eine Schöpfung der Kultur. Das Material, aus dem dieses werthaltige Gut besteht, sind Sätze und Begriffe, Theorien, Fragen, Probleme und Lösungen, also zeitlos existierende Gebilde. Aus diesem *Material* wird das Gut durch Ordnung usw. gebildet; das anfänglich unwertige oder wertlose Material erhält durch die Art der Ordnung, durch Hinzufügen und Ausmerzen begrifflicher Gebilde einen Wert. Als Ziel dieser Tätigkeit ist das *Schaffen von Zusammenhängen* zu bezeichnen. (Es kann der Zusammenhang einmal als unendlicher Zusammenhang von Gesetzen, dann als unendlicher Zusammenhang verschiedener Gegenstände, endlich auch als unendlicher Zusammenhang der Eigenschaften eines einzelnen Gebildes sein. Diese Unterschiede sind freilich vom Standpunkt der Wissenschaft aus betrachtet als Gut gleichgültig.)

Die analoge Auffassung in der Kunst ist die Auffassung des Kunstwerks als eines künstlerisch wertvollen Gutes, unabhängig von seiner Richtigkeit als Darstellung eines Gegenstandes. Hier ist ja in der Tat nicht selten nicht die Wirklichkeit, sondern irgendeine Phantasie, ein Ideal usw. Gegenstand der Darstellung. Aber auch von der Güte der Darstellung eines solchen Ideals wäre abzusehen und nur Geschlossenheitswert des Kunstwerkes zu berücksichtigen, soweit nicht die Tatsache der Darstellung eines Gegenstandes als Eigentümlichkeit des Materials anzusehen und daher bei der Geschlossenheit zu berücksichtigen ist.

2) Die zweite Auffassung der Wissenschaft sieht in ihr eine Darstellung der Welt, ein *Mittel zur Erkenntnis der Gegenstände.* Der Zweck – die Erkenntnis der Welt – ist allein maßgebend und die Funktion, diesen Zweck zu erfüllen, allein ist es, die Sätzen oder Theorien Wert und Bedeutung verleiht. Dieser Zweck kann mit Hilfe der Wissenschaft erreicht werden, wenn sie auch nicht in allen Fällen das allein mögliche oder auch nur das bestmögliche Mittel ist. Auf manchen Gebieten vermittelt z. B. die Kunst sehr viel besser die Weltkenntnis, als es die Wissenschaft gegenwärtig ver-

möchte. In diesen Fällen (z. B. Menschenkenntnis) wäre es daher gegenwärtig verkehrt, zur Wissenschaft statt zur Kunst zu greifen.

Die Begriffe und Sätze sind unter diesem zweiten Gesichtspunkt keineswegs das Material, sondern das *Werkzeug* der Erkenntnis. Die Eigentümlichkeit dieser logischen Gebilde interessieren daher nur insoweit, als man eben sein Werkzeug kennen muß, um es gut zur Erfüllung seiner Zwecke verwenden zu können. Den wissenschaftlichen Sätzen und Satzgefügen kommt also kein Eigenwert zu; vielmehr besitzen sie nur indirekt Wert, sofern man mit ihnen die Welt richtig erkennt und zugleich diese Kenntnisse vermittels der Theorien oder sonstiger Systeme besonders gut, übersichtlich und konzentriert weitergibt. Die «ökonomische» Auffassung, die in der Wissenschaft nur ein Mittel zu einer sozusagen stenografischen Wiedergabe der Welt sieht, kommt diesem zweiten Standpunkt sehr nahe.

Beide Standpunkte sind immer vertretbar, zumal im Prinzip; denn zum einen lassen sich Sätze, die einen Gegenstand erkennen sollen, immer auch als Sinngefüge oder als Teil eines Sinngefüges ansehen, und zum andern lassen sich Satz- und Begriffsgefüge immer als Erkenntnis von Gegenständen auffassen.

Als Ziel der Erkenntnis in dem von uns vertretenen Sinne die *Einheit* anzunehmen, geht *nicht* an. Für die Erkenntnis des Gegenstandes ist die Einheit aller Erkenntnisse und die Einheit der Theorien und Systeme ein rein sekundäres Mittel im Interesse der Erkenntnis des Gegenstandes, das aus Gründen der Denkökonomie postuliert wird, das aber an und für sich kein notwendiger Bestandteil werden mag, der Erkenntnis des Gegenstandes ist. Nach unserem Dafürhalten wäre eine aus isolierten Sätzen bestehende Erkenntnis des Gegenstandes ebenso möglich, so gut, wie etwa eine teils mit den Mitteln der Kunst, teils mit den Mitteln der Wissenschaft gewonnene Erkenntnis eines Gegenstandsgebietes. Eine direkte Beziehung zum Zusammenhang besteht nur darin, daß nicht nur die isolierten Gegenstände durch die Erkenntnis dargestellt werden sollen, sondern auch der Zusammenhang der Gegenstände Objekt der Darstellung ist. Daß man in der Erkenntnis der Welt ohne gewisse Zusammenhänge auch der Sätze nicht auskommt, ist für unseren Standpunkt lediglich eine Folge der Hilfsmittel, deren man sich im Erkenntniserwerb bedient: die wissenschaftlichen Mittel zur Feststellung der Eigenart der Objekte, vor allem aber bereits das Grundmittel der Beschreibung, kommen ohne Vergleiche und sonstige Bildung von Beziehungen nicht aus. (Allerdings wird damit noch kein eigentliches System von Sätzen gefordert.)

3. Die Dynamik der Theorien

[A*] Die Geschichte der Erkenntnis besteht aus einem dauernden Wandel von Theorien. Theorien entstehen, breiten sich allmählich aus und festigen sich, bleiben mehr oder weniger lang beherrschend, um schließlich heftig umstritten zu werden oder einer anderen, neuen Theorie zu weichen. So sehr ein Forscher um die Anerkennung einer neuen Theorie ringen mag – es ist von vornherein gewiß, daß auch mit dieser neuen Theorie das letzte Wort nicht gesprochen ist. Denn gerade der Fortschritt über den bisherigen Erkenntnisstand hinaus ist der stärkste Forschungsansporn, und je radikaler die Umwälzung ist, um so höher wird die Leistung des betreffenden Forschers veranschlagt. Die Geschichte der Erkenntnis verläuft nicht gradlinig und kann zeitweilig von falschen Ideen ihren Ausgang nehmen. Entstehen größere, relativ einheitliche Komplexe – wie die Vererbungslehre[7], die Sinnespsychologie, die historische Lautlehre –, scheinen diese eher auf eine Kumulation als auf ein organisches Werden zurückzuführen sein. Die planvolle und bewußt vorangetriebene Weiterarbeit an einem einzelnen Komplex durch einen Einzelforscher oder eine Forschergruppe der gleichen Richtung[8] läßt sich üblicherweise nur über eine kurze Zeitspanne bewerkstelligen. Tatsächliche Erkenntnisfortschritte werden zweifellos nur durch Bemühungen erreicht, deren Ziele unterschiedlich, ja vielfach einander widersprechend sind, was für die genannten Komplexe nicht gilt.

Was im Lehrgefüge, in der Lehre seinen Ausdruck findet, hat also nur vorübergehende Bedeutung und stellt sich bestenfalls als verbesserungsfähig heraus. Dieser Tatsache entspricht der Umstand, daß Zusammenfassung und Einteilung der Satzgefüge in Disziplinen und Wissenschaften einer verbreiteten Meinung gemäß lediglich *konventioneller* Art ist und höchstens als Ausdruck des historischen Gewordenseins oder der Zweckmäßigkeiten des Wissenschaftsbetriebes gewertet werden darf. Bei der gegenseitigen Abgrenzung der Wissenschaften wäre demnach jene Umwälzung ebenso zu erwarten, ja zu erhoffen, wie bei der Theorie selbst.

Sucht man dennoch in diesem Hin und Her nach Konstanten, also danach, was eine Eigennatur oder Gesetzmäßigkeit besitzt, scheint dafür zweierlei in Frage zu kommen:

1) Die Gesamtheit der Erkenntnisvorgänge selbst, also die dem Gewinnen und Begründen von Erkenntnissen dienenden Operationen (Induktion und Deduktion, Wahrnehmung und Experiment, Hypothesenbildung), mit denen sich die *Erkenntnislehre* befaßt;

2) die begrifflich-formalen Eigenschaften jener Sätze und Satzgefüge, die die Elemente der Lehre ausmachen und mit denen sich unter Absehung gegenständlicher Inhalte die *Logik* beschäftigt.

Zwar sind die Elemente der Lehrgefüge der verschiedenen Wissenschaften unterschiedliche Sätze; ihre logische Eigenschaft ist aber überall die gleiche.

Auf den logisch-formalen Aspekt der komplexen Gebilde (Wissenschaften und Disziplinen) läßt sich allenfalls die Idee der Entwicklungs*stufen* anwenden; aus dieser Idee kann aber kein Unterschied zwischen Wissenschaftsindividuen abgeleitet werden. Gleiches gilt vom erkenntnistheoretischen Aspekt. Kommt man mit logischen und erkenntnistheoretischen Mitteln dem Problem der Abgrenzung der verschiedenen Wissenschaften nicht bei, so muß man sich auf den *gegenständlichen* Aspekt beziehen. Dann scheint jedoch die Idee der Wissenschaften als konstanter und gesetzmäßiger Gebilde auf Schwierigkeiten zu stoßen. Diese Schwierigkeiten ergeben sich auch dann, wenn man davon ausgeht, daß im Fortschritt der Erkenntnis alte Theorien nicht immer ganz verdrängt werden und neue Theorien in der Regel einen Teilgehalt der alten Theorien unberührt lassen. Man mag dann allgemeine Richtungen im Erkenntnisfortschritt aufweisen, z. B. aus gewissen Eigenschaften des Erkenntnisprozesses auf den Zusammenschluß oder die wechselseitige Abhängigkeit aller Erkenntnisse schließen und die Idee eines einzigen, allumfassenden Theoriengefüges konzipieren. Doch gerade damit wäre die Charakterisierung von Wissenschaften oder Wissenschaftsteilen, die mehr sein soll als die Nachzeichnung eines historisch-zufälligen Zustandes, erst recht ausgeschlossen.

Sieht man einmal von diesen Schwierigkeiten ab und nimmt man an, daß die einzelnen Wissenschaften bestimmte Charakteristiken haben, dann stellt sich die Aufgabe, diese Charakteristiken aufzudecken und begrifflich zu erfassen. Mit der bloßen Registrierung der Petrefakte der Erkenntnis oder mit einem historiographischen Bericht über die Abfolge der verschiedenen Wissenschaften könnte diese Aufgabe nicht erfüllt werden. Ebenso wenig ließe sich die Gesetzmäßigkeit der Wissenschaftsentwicklung soziologisch oder kulturpsychologisch erfassen. Vielmehr ist von der Grundansicht auszugehen, daß die Wissenschaften an sich einheitliche Gebilde mit gewissen, inhaltlich bestimmbaren Eigentümlichkeiten sind, daß sie sich autonom entwickeln und daß diese Entwicklung begrifflich sehr wohl bestimmt werden kann. Nicht nur die Methoden, mit denen Erkenntnisse gewonnen werden, und die logisch-formalen Bestandteile der Wissenschaften, sondern auch die Wissenschaften als individuelle und durch gegenständliche Bezüge ausgezeichnete Gebilde zeigen konstante oder gesetzmäßig variierende Eigentümlichkeiten, dank denen sich die Wissenschaftsindividuen voneinander unterscheiden. Beschränkt man, um der Vermeidung von Doppeldeutigkeiten willen, die Bezeichnung «Wissenschaftstheorie» auf jene Disziplin, die die so gekennzeichneten Wissenschaftsindividuen mit den ihnen zukommenden Gesetzmäßigkeiten zum Gegenstand hat, kann man auch sagen: Wissenschaftslehre als sytematische Disziplin ist möglich.

Die Behauptung, daß irgendwelche Gegebenheiten nicht nur zufällige Konglomerate, sondern auch bestimmten Gesetzen unterworfen sind und daß demgemäß eine systematische Untersuchung dieser Gebilde möglich ist, ist vorerst ein *Dogma*. Dieses Dogma läßt sich nur durch den Aufweis der betreffenden Gesetzmäßigkeiten, also durch die Durchführung des entsprechenden wissenschaftlichen Programms begründen. Wir sind in der Wissenschaftslehre somit auf die Konkretisierung dieses Programms angewiesen. Daher soll im folgenden das Gebiet und die Aufgabe der Wissenschaftslehre umrissen werden. Dabei möchte ich mich nicht mit der Angabe oder Nennung der Gegenstände und Probleme, also gewissermaßen mit einer schematischen und reichlich abstrakten Kennzeichnung begnügen, sondern im Interesse der Anschaulichkeit (und einer über die reine Programmarbeit hinausgehenden Leistung), einzelne Punkte der Wissenschaftslehre inhaltlich konkretisieren – auch auf die Gefahr hin, durch unvermeidliche Unrichtigkeiten scharfe Kritik herauszufordern. Ich hoffe jedoch, daß der Leser, wo er inhaltlich zu anderen Resultaten kommt, nicht übersehen wird, daß auch entgegengesetzte Lösungen, sofern sie nicht auf die Leugnung wissenschaftstheoretischer Probleme hinauslaufen, die Berechtigung der Wissenschaftslehre als solcher wie auch den Charakter der Wissenschaften als überkonventioneller, sachlich einheitlicher Gebilde unberührt lassen.

Die bisherigen Ausführungen legen nahe, daß die Wissenschaften, nicht nur kulturhistorisch, soziologisch und psychologisch betrachtet, als Satzgefüge mit einem bestimmten Aussagegehalt (oder, wie wir sagten, als Lehrgebäude) eine wie immer zu denkende *Entwicklung* durchmachen. Sollen daher die Wissenschaften Entwicklungscharakter haben, wird aufzuzeigen sein, daß der Gedanke eines gesetzmäßigen Verlaufs dieser Entwicklung nicht sinnlos ist. Auf das Problem der Entwicklung einer Wissenschaft wird man daher ein besonderes Augenmerk zu richten haben.

Ferner wird man die Wissenschaften als inhaltlich bestimmte, gesetzmäßige Gebilde nur dann bestimmen können, wenn es gelingt, einen Standpunkt zu gewinnen, von dem aus sie sich klar sondern und unterscheiden lassen.

4. Die Aufgaben der Wissenschaftslehre

Wissenschaftstheoretische Forschung kann zwei verschiedene Ziele verfolgen: sie kann einerseits nach der Natur und Gesetzmäßigkeit der einzelnen Wissenschaften und der Wissenschaft überhaupt fragen, oder andererseits die Darstellung der einmaligen, tatsächlichen Entstehung der Wissenschaften zur Aufgabe haben.

Des weiteren ist es unvermeidbar, zwischen der *Allgemeinen* und der *Speziellen Wissenschaftslehre* zu unterscheiden.

Erstere stellt u. a. folgende Fragen:

- Was ist *eine* Wissenschaft?
- Welche Eigenschaften zeichnen eine Wissenschaft aus?
- Welches sind die typischen und welches sind die anormalen Bestandteile einer Wissenschaft?
- Wie bestimmen sich die Beziehungen zwischen den Bestandteilen einer Wissenschaft, zwischen dieser einen Wissenschaft und den übrigen Wissenschaften?
- Handelt es sich bei der einen vorgegebenen Wissenschaft lediglich um ein Konglomerat oder vielmehr um eine Klasse von Teildisziplinen[9]?

Mit der Bestimmung des Zustands einer Wissenschaft hat die Erforschung der Wissenschaftsprozesse einherzugehen, d.h. die Untersuchung der Vereinigung bisher getrennter Lehrgebäude, die Spaltung bislang einheitlicher Disziplinen usw.

Schließlich ist wohl als die wichtigste Aufgabe der Allgemeinen Wissenschaftslehre die Erforschung des Werdegangs der Wissenschaften zu erwähnen. Dabei stehen u.a. folgende Fragen im Vordergrund:
- Lassen sich verschiedene Entwicklungsstufen im Werdegang der einzelnen Wissenschaften feststellen?
- Welches sind die Bestimmungsstücke der einzelnen Entwicklungsstufen?
- Welche Gemeinsamkeiten und Unterschiede weisen die Wissenschaften auf der jeweiligen Entwicklungsstufe auf?
- Gibt es eine typische Abfolge der Entwicklungsstufen?

Die *Spezielle Wissenschaftslehre* dagegen beschäftigt sich mit den gleichen Fragen, nun aber in bezug auf die Eigentümlichkeiten der Wissenschaftsindividuen und Disziplinen. Ihre zentrale Aufgabe ist das Auffinden des «natürlichen Systems» der Wissenschaften. Sie wirft also u.a. folgende Fragen auf:
- Nach welchen Gesichtspunkten lassen sich die Wissenschaften ihrer Eigennatur nach ordnen?
- Was ist eine Klasse von Wissenschaften?
- Welche Prozesse kennzeichnen die Entwicklung der einzelnen Wissenschaften?

Die Wissenschaftslehre beschäftigt sich ferner – wie eingangs bemerkt wurde – mit der tatsächlichen Entwicklung der einzelnen Disziplinen im Mit- und Nebeneinander[10]. Inhaltlich wird sich dieser Zweig der Wissenschaftslehre mit der speziellen Wissenschaftslehre decken, sofern dort Entwicklungen geschildert werden.

Die wissenschaftstheoretische Forschung vermag in den verschiedenen genannten Sparten nur voranzukommen, wenn sie allgemeine und spezielle, geschichtliche und systematische Gesichtspunkte miteinander verbindet. Denn erst so wird die Aufgabe der Erforschung des *Werdegangs* der Wissenschaften lösbar sein.

Nicht ohne weiteres gehört die Bestimmung des Wesens der Wissenschaft überhaupt zur Wissenschaftslehre – dies sei im Hinblick auf die Erkenntnistheorie gesagt, die die Frage nach dem Wesen des Erkennens oft als ihre einzige Aufgabe angesehen hat. Wie die Physik nicht zu bestimmen vermag, was die Natur oder das Wesen eines Gegenstandes ist, kann auch die Wissenschaftslehre nichts über das Wesen der Wissenschaft aussagen und muß sich deshalb darauf beschränken, ihre Gegenstände jeweils im Rahmen der zwischen diesen Gegenständen bestehenden Beziehungen zu erforschen. Dies gilt in besonderem Maße angesichts junger Wissenschaften: da nicht bekannt ist, inwiefern sich eine junge Wissenschaft mit anderen Disziplinen verbinden wird, und da im Falle einer derartigen Verbindung die Bestimmung der Eigenschaften dieser Wissenschaft anders ausfallen wird als wenn sie als Einzeldisziplin gesehen wird, muß sich die Wissenschaftstheorie damit begnügen, sie so zu bestimmen, wie sie aufgrund der vorliegenden Dokumente, Ergebnisse usw. gegeben ist.

5. Die Entwicklung einer Wissenschaft

Es ist in systematischen Disziplinen üblich – zumal dann, wenn sie nicht Prozesse, sondern Dinge untersuchen –, mit der Lehre der *kleinsten Bestandteile* zu beginnen. So pflegt die Sprachwissenschaft mit der Lautlehre, die Biologie mit der Lehre von den Zellen, die Chemie mit der Lehre der Elemente anzufangen. Darauf bauen sich die Formen- und Satzlehre, die Lehre von den Geweben, Organen und Organismen bzw. die Lehre von den chemischen Verbindungen als den *komplexen Einheiten* auf.

So sehr diese Vorgehensweise den Vorzug der konstruktiv-synthetischen Darstellung besitzen und so berechtigt sie gerade vom Standpunkt der Lehre sein mag – sie entspricht dem Weg der Forschung *nicht*. Denn der unvoreingenommene Forscher stößt überall zunächst auf einheitliche Gebilde größeren Umfangs, und das Vorhandensein und die Eigenart etwaiger Bestandteile wird erst im Fortschritt der Forschung selbst sichtbar.

Die Versuchung, auch in der Forschung unmittelbar bis zu den kleinsten Bestandteilen vorzustoßen und von ihnen aus die komplexen Gebilde zu konstruieren, ist zwar für ganz junge Wissenschaften groß, aber darum nicht weniger gefährlich, weil nämlich bei mangelnder Erkenntnis der komplexen Gebilde die Entscheidung außerordentlich schwer fällt, ob die Klassifikation der kleinsten Bestandteile wirklich sachgemäß vollzogen wurde oder nicht. Man kann zwar ein Bild bis zu den Farbflecken zergliedern oder gar in chemische Elemente auflösen, einen ökonomischen Vorgang in Bewegungen von Atomen zerlegen[11,b], doch geht beim Übergang ins beliebig Kleine die Anschaulichkeit verloren, die sonst in bestimmtem Maße vor unerträglicher Unsachlichkeit schützt. Beim Wiederaufbau aus den offenbar durch bloße Zerlegung gewonnenen Elementen gelangt man zu Gebilden, die mit den Ausgangsgebilden nichts mehr zu tun haben, aus dem einfachen Grund, daß man beim Übergang ins Mikroskopische unversehens in inadäquate Begriffsgefüge geraten ist.

Analog dazu besteht in der Wissenschaftslehre die Gefahr, bei der Wahl eines ähnlichen Verfahrens in das rein Logisch-Formale abzugleiten, da die Annahme vertreten wird, daß die Wissenschaften ihrer Substanz nach aus elementaren Begriffen und Sätzen bestehen. Diesem Vorgehen würde etwa der Versuch entsprechen, die Kunstwissenschaft durch eine psychologische oder chemische Farbenlehre zu ersetzen. Nicht anders verhält es sich mit der Gefahr, die Wissenschaft im Anschluß an eine mögliche Erkenntnislehre in elementare Erkenntnisakte zu zerlegen.

Aus diesem Grunde wollen wir im vorliegenden Grundriß nicht von den letzten oder elementaren Bestandteilen der Wissenschaften ausgehen, sondern von den Wissenschaften als Ganzheiten.

Wissenschaften sind Gebilde, die einer *Entwicklung* unterworfen sind. Dieser Sachverhalt ist von fundamentaler Bedeutung. Die Anerkennung dieses Sachverhalts ist eine der Voraussetzungen für die Arbeit in jedem Teilbereich der Wissenschaftslehre. Denn erst wenn man die verschiedenen Entwicklungsstufen verschiedener Wissenschaften nicht mehr wahllos einander gegenüberstellt, sondern den Gesichtspunkt der *wissenschaftstheoretischen Äquivalenz* systematisch berücksichtigt, kann man hoffen, sowohl zu sachlich angemessenen Parallelen wie auch zu adäquaten Abgrenzungen zu gelangen.

Die Entwicklung der Wissenschaften ist zudem ein Beleg dafür, daß es sich bei diesen nicht um konventionelle, willkürlich konstruierte Konglomerate handelt, sondern um Gebilde, die eine Eigennatur besitzen.

Aus diesem Grunde wollen wir unsere Betrachtungen zur Allgemeinen Wissenschaftslehre nicht mit der statischen wissenschaftstheoretischen Morphologie, sondern mit der Entwicklungslehre der Wissenschaften beginnen.

Will man den wissenschaftlichen Werdeprozeß unvoreingenommen erfassen, wird man die früheren Stadien einer Wissenschaft nicht einseitig und pragmatisch als unvollkommene Vorstufen der späteren ansehen dürfen. Es wird sich also nicht darum handeln können, das ausfindig zu machen, was wann zum ersten Mal behauptet und bewiesen wurde und alles übrige, wenn es überhaupt registriert ist, als Verirrung abzutun. Vielmehr wird man sich dessen bewußt sein müssen, daß die Eigenschaften einer Entwicklungsstufe an inhaltlich falschen Theorien ebenso häufig und klar zutage treten wie an inhaltlich richtigen und daß gerade bestimmte «Verfehlungen» oder «Verirrungen» außerordentlich typisch sind.

Ferner wird man sich nicht an den, mit der erkenntnistheoretischen Einstellung verwandten Gedanken einer sozusagen einsinnigen Entwicklung binden dürfen, demgemäß Theorien vom Falschen zum Richtigen fortschreiten, etwa dank der Ersetzung der Substanz- durch Relationsbegriffe. So wird man jeden Versuch einer deduktiven Ableitung der Notwendigkeit bestimmter Entwicklungsstufen aus einem wie auch immer gearteten Begriff der Wissenschaft zurückzuweisen haben und den tatsächlichen Entwicklungsverlauf der Wissenschaften zunächst *rein beschreibend* bestimmen müssen. Es gilt also, die Merkmale der verschiedenen Entwicklungsstadien verschiedener Wissenschaften, Disziplinen und Lehren zu ermitteln, ohne irgend eins dieser Stadien als bloßen Vorläufer für ein späteres zu werten, und ohne Beschränkung auf den von der gegenwärtig richtigen Theorie eingenommenen Standpunkt.

Bei einem solchen *observativen* Vorgehen darf man nicht hoffen, sogleich zu einem einheitlichen und geschlossenen Bild zu gelangen; vielmehr wird man vermutlich auf eine Vielheit heterogener Entwicklungsrichtungen stoßen.

Die Forderung nach der Erfassung der Eigenart der verschiedenen Entwicklungsstufen sollte jedoch in den folgenden zwei Punkten nicht mißverstanden werden:

1) Es ist nicht gesagt, daß man hier auf *biologische* Entwicklungsbegriffe und -vorstellungen zurückgreifen muß. Ein erstes, wenngleich unvollständiges Eindringen in die Problematik zeigt, daß sich zwar die Bezeichnungen «jünger» und «fortgeschritten» auf Stadien der Wissenschaftsentwicklung anwenden lassen, daß dabei aber wesentlich andere als biologische Begriffe vorliegen. Schon der Umstand, daß Wissenschaftsentwicklungen grundsätzlich endlos sind, dürfte als Warnung vor übereilten Analogieschlüssen zur Biologie genügen.

2) Wenn hinsichtlich der Art und der Stadien der Wissenschaftsentwicklung inhaltliche Voraussetzungen möglichst vermieden werden sollen, muß trotz allem Klarheit darüber herrschen, *was* nun eigentlich erforscht und dargestellt werden soll. Aus diesem Grunde ist eine Abgrenzung gegenüber *kulturgeschichtlichen* Prozessen dringlich.

Vom Standpunkt der Geschichtswissenschaft aus stellen sich die Wissenschaften als Inbegriffe zeitlich bedingter, geistiger Erzeugnisse dar, die bestimmten Personen, Schulen, Bevölkerungsschichten usw. zuzuordnen sind und gewisse Beziehungen zu Institutionen (Akademien, Universitäten, Forschungsinstituten) aufweisen. Diese Inbegriffe sind abhängig von wirtschaftlichen, sozialen, politischen usw. Zeitströmungen und lassen sich, wie die anderen geschichtlichen Gebilde, ohne Einordnung in den kulturgeschichtlichen Gesamtprozeß nicht verstehen. So wäre zu fragen, ob denn die Untersuchung der Wissenschaftsentwicklung nicht ausschließlich Aufgabe der Geschichtswissenschaft ist.

Angesichts dieser Frage ist zuerst einmal festzuhalten, daß wissenschaftliche Produktion und Lehrtätigkeit in jeder Form aus Vorgängen bestehen, deren kulturgeschichtliche Bedingtheit und Abhängigkeit außer Zweifel steht. Ferner ist zu betonen, daß außerwissenschaftliche Faktoren bis in den Inhalt einer Theorie hinein bestimmend sein können. In der theoretischen Ökonomie etwa kann eine Abhängigkeit von der allgemeinen wirtschaftlichen Situation und dem politischen Willen eines Ökonomen vorliegen, und dies bis in die jüngste Gegenwart hinein; ähnlich verhält es sich mit der Geschichts- und der Staatswissenschaft. Aber auch für die Kunstwissenschaft, die Biologie, ja sogar die Mathematik läßt sich nicht nur im Hinblick auf frühere Epochen der Einfluß von Zeitströmungen leicht nachweisen. So ist offensichtlich – um nur ein Beispiel zu nennen – die Tendenz zum Historischen in Biologie, Jurisprudenz, Philologie in der ersten Hälfte des 19. Jahrhunderts nicht einfach durch den vorangegangenen Entwicklungszustand dieser Disziplinen bedingt, sondern vor allem durch den Einfluß der Romantik[12]. Nicht weniger deutlich ist die Beziehung bestimmter Richtungen der heutigen Mathematik zur Phänomenologie (Weyl[c]) und zu antirelativistischen, in gewissem Sinne theoriefeindlichen Strömungen. Auch der Kampf gegen das atomisierende Verfahren und die Betonung der Ganzheiten und Ganzheitsgesetzlichkeiten in einer Reihe von Disziplinen erfolgen nicht unabhängig von außerwissenschaftlichen Faktoren. So bestehen Beziehungen zu politischen, philosophischen, religiösen Strömungen, die innerwissenschaftlich zur Auswirkung kommen. Und wenn TROELTSCH (1922, 314–315) vom Hegelschen System sagt: «Die veränderte Atmosphäre hat es erstickt, nicht die Logik von innen her überwunden», so mag sich eine Entsprechung in wissenschaftlichen Theorien häufig genug nachweisen lassen.

Die kulturgeschichtliche Untersuchung des Geistes und des Betriebs der wissenschaftlichen Forschung und Lehre ist also eine mögliche und notwendige Aufgabe. Letztere bezieht sich aber nur zu einem geringen Teil auf etwas, das der Wissenschaft immanent ist; denn die Wissenschaft ist nicht selten das Ergebnis von außerwissenschaftlichen, z.B. politischen, religiösen, wirtschaftlichen Ereignissen, und die Wandlungen *einer* Wissenschaft sind, kulturgeschichtlich betrachtet, Teil einer Reihe historischer Entwicklungen.

Doch nicht diese kulturgeschichtlich erfaßbaren Gebilde und Vorgänge sind Gegenstand der wissenschaftstheoretischen Entwicklungslehre, sondern der logische Gehalt einer Wissenschaft im früher angegebenen Sinne. Eine derartige, *problemgeschichtliche* Untersuchung richtet sich auf die Beziehungen zwischen dem logischen Gehalt verschiedener Lehren (Theorien), und zwar ohne Rücksicht auf die kulturgeschichtlichen Kausalketten[13]. In dieser Hinsicht hat aber die Ordnung der kulturgeschichtlichen Entstehungszusammenhänge mit derjenigen der wissenschaftstheoretisch erfaßbaren nichts zu tun.

Wie es möglich ist, daß ein und dasselbe Ding zwei so verschiedenartige wissenschaftliche Zugangsweisen – die kulturgeschichtliche und die wissenschaftstheoretische – zuläßt, ist seinerseits ein wissenschaftstheoretisches Problem, das ungefähr jenem anderen Problem entspricht, wie ökonomische Werte einem Metallstück zugesprochen werden können, dessen Eigenschaften eigentlich durch die Physik bereits festgestellt sein sollten. Es mag hier die Bemerkung genügen, daß kulturgeschichtliche Zusammenhänge zwar bestehen und überall ihren Einfluß ausüben, daß aber die Geschichtswissenschaft dennoch eine ganze Schicht von *Problemen* unbeantwortet läßt, die deswegen nicht weniger dringend sind und die eben zur Aufgabensphäre der Wissenschaftslehre gehören.

Bei der Bestimmung aufeinanderfolgender Zustände einer Wissenschaft, einer Disziplin oder einer speziellen Lehre wird man sich folglich *nicht* streng an die Chronologie, z.B. der Drucklegung der einzelnen Veröffentlichungen, halten können. Die Frage, ob Herausgabe, Niederschrift oder Konzeption einer Veröffentlichung als entscheidendes Datum anzusehen ist, bleibt hier nämlich belanglos. Gleichzeitig erschienene Schriften über ein und dieselbe Frage brauchen ihrem logischen Gehalt nach nicht einander nebengeordnet zu werden. Nicht die Werke, sondern die Lehren gilt es zu ordnen, und zwar nach deren logischen Beziehung.

Ein solches problemgeschichtliches Verfahren ist keineswegs eine ausschließliche Besonderheit der Wissenschaftslehre. Man findet es z. B. auch in der Literaturwissenschaft (Bestimmung literarischer Richtungen) und in der Kunstwissenschaft (Bestimmung der Kunststile[14]).

Aus der Anwendung dieses Verfahrens folgt indes nicht, daß nur die besonders wertvollen oder auch nur die richtigen Theorien berücksichtigt werden müßten. Man darf die Tatsache nicht verkennen, daß in ein und demselben Entwicklungsstadium einer Wissenschaft unterschiedliche Lehren, die wissenschaftstheoretisch verschieden sind, gegeben sein können, oder daß die wissenschaftliche Entwicklung nicht immer einer einsinnigen, aufsteigenden Linie folgt. Vor allem ist nicht zu vergessen, daß die Entwicklung einer Wissenschaft im wissenschaftstheoretischen Sinne nicht weniger tatsächlich ist, auch wenn sie der kulturhistorischen Sphäre nicht angehört. Die Unterscheidung zwischen der tatsächlichen und der bloß möglichen, gedachten Wissenschaftsentwicklung ist somit in der Wissenschaftslehre genauso verwendbar wie in der kulturgeschichtlichen Vorgehensweise. Aus diesem Grunde gilt auch für die Wissenschaftslehre, daß ihre erste Aufgabe in der *Beschreibung* der Wissenschaftsentwicklung besteht.

[B*] Um verschiedene Wissenschaften wissenschaftstheoretisch vergleichend gegenüberstellen zu können, müssen u. a. folgende Voraussetzungen erfüllt sein:

(1) Man muß Wissenschaften *vor ihrer Vollendung* schon vergleichen können. Andernfalls ließen sich die Vergleichsarbeiten nie beginnen.

(2) Der Vergleich *muß prinzipiell unabhängig* von der Entwicklungsstufe der betreffenden Wissenschaften möglich sein. Andernfalls müßten jeweils entsprechende *Entwicklungsstufen* vor dem Vergleich gefunden werden, und nur derartige Gegenüberstellungen wären gültig.

Dieser zweite Satz ist allgemeiner als Satz (1) und schließt diesen mit ein. Die hier aufgestellte Forderung ist an und für sich nicht absurd. Vielmehr sind Entwicklungsstufen verschiedener Wissenschaften sehr wohl vergleichbar (z. B. nach Ausbau und Geschlossenheit des Systems, nach der Art des Vollzugs des Übergangs von Beschreibungs- zu Erklärungssystemen usw.). Dagegen bildet für eine *vergleichende Erkenntnistheorie* das Gegenüberstellen *ungleicher* Entwicklungsstadien in der Tat keine Einschränkung der Gültigkeit eines Vergleichs. (So hat man z. B. in der Gegenüberstellung von Biologie als beschreibender Wissenschaft und Physik als erklärender Wissenschaft diese Voraussetzung des Vergleichs entsprechender Entwicklungsstadien außer acht gelassen.)

Für den *wissenschaftstheoretischen Vergleich* braucht jedoch wenigstens im Prinzip auf das Entwicklungsstadium der verglichenen Wissenschaften keine Rücksicht genommen zu werden; und zwar deshalb, weil die falschen Sätze einer Wissenschaft nicht minder zu dieser gehören als die richtigen, und weil die wissenschaftstheoretischen Eigentümlichkeiten einer Wissenschaft überhaupt unberührt bleiben vom Fortschritt der Erkenntnis in der betreffenden Wissenschaft. Im Gegensatz zur Möglichkeit einer Entwicklungsgeschichte einer Wissenschaft im Sinne der Erkenntnistheorie, d. h. eines Systems von Sätzen, die als Erkenntnisse Wert besitzen, ist die Unmöglichkeit der Entwicklungsgeschichte einer Wissenschaft im Sinne der Wissenschaftslehre hervorzuheben; denn die wissenschaftstheoretisch wesentlichen Eigentümlichkeiten einer Wissenschaft entwickeln sich nicht im Fortschritt der Erkenntnis innerhalb dieser Wissenschaft: ihr Gegenstand im Sinne der Wissenschafslehre bleibt unverändert.

Diese Unabhängigkeit des wissenschaftstheoretischen Vergleichs verschiedener Wissenschaften besteht aber nur prinzipiell. Technisch sind vollkommen unentwikkelte Wissenschaften wissenschaftstheoretisch sehr viel schwerer zu vergleichen als entwickelte. Dennoch gilt der Grundsatz, daß der wissenschaftstheoretische Vergleich die Betrachtung von Wissenschaften gleicher Entwicklungsstufe nicht zur Voraussetzung hat.

(3) Sollen verschiedene Wissenschaften wissenschaftstheoretisch verglichen werden, müssen sie als solche irgendwie *vorliegen*. (Erst in einer voll ausgebauten Wissenschaftstheorie wird es möglich sein, die Leerstellen des Systems der Wissenschaften aus diesem System selbst zu deduzieren.) Das heißt aber, es müssen in dieser Wissenschaft schon irgendwelche Erkenntnisse gewonnen sein, irgendwelche Klassifikationen, kurz: irgendwelche speziellen Sätze vorliegen. Also auch mit der Formung, der Wertgebung (d. h. der Gestaltung der Wissenschaft) muß bereits begonnen und das Chaos der zu ihr gehörenden Sätze an irgendeiner Stelle überwunden sein. Andernfalls geht jeder Versuch eines Vergleichs ins Leere.

Bei der Ausführung des wissenschaftstheoretischen Vergleichs ist auf folgendes Rücksicht zu nehmen:

(4a) Die Kategorien, die in den verschiedenen Wissenschaften den Begriff des Untersuchungsgegenstandes konstituieren, sind zu identifizieren, und es ist festzustellen, welche dieser Kategorien wissenschaftstheoretisch äquivalent sind.

Die *wissenschaftstheoretische Äquivalenz* und damit die Berechtigung des Vergleichs ist dann (und nur dann) erwiesen, wenn gezeigt ist, daß eine Kategorie im Kategoriensystem der betreffenden Wissenschaften jeweils eine entsprechende Stellung und Funktion innehat. Eine über diese Definition der wissenschaftstheoretischen Äquivalenz hinausgehende allgemeine Bestimmung dieses Begriffes, und dementsprechend allgemeine, weiterreichende Forderungen, die beim Beweis der Äquivalenz zu erfüllen wären, lassen sich nicht angeben. Vielmehr wird es von den Umständen des speziellen Falles abhängen, wie die Äquivalenz zweier Kategorien zu begründen ist. Jedenfalls genügt keineswegs die bloße Belegung der beiden Kategorien mit demselben Namen[15,d]. Einen Anhaltspunkt für das Vorliegen einer wissenschaftstheoretischen Äquivalenz ist dann gegeben, wenn die beiden Kategorien Ausdruck desselben erkenntnistheoretischen *Prinzips* sind.

Man kann also so vorgehen, da man ein erkenntnistheoretisch identisches Prinzip in verschiedenen Wissenschaften aufsucht und die dabei gefundenen Kategorien, in denen es sich ausdrückt, einander vergleichend gegenüberstellt. Die Ungleichheiten dieser Kategorien bezeichnen dann Ungleichheiten der betreffenden Wissenschaften, während den Gleichheiten übereinstimmende Momente entsprechen.

Die Prinzipien, nach denen in einer Wissenschaft Erkenntnisse erworben werden und die man als «erkenntnistheoretisch» zu bezeichnen pflegt (Induktion, Deduktion usw.), können zum wissenschaftstheoretischen Vergleich nicht verwendet werden.

Wie die Funktion der Kategorien, ist wohl auch die Art der Unterteilung einer

Wissenschaft von erkenntnistheoretischen Eigentümlichkeiten abhängig, also vom Ziel der Formung wissenschaftlich wertvoller «Güter»; sie ist daher für die direkten wissenschaftstheoretischen Vergleiche ohne Belang; indirekt kann sie zur Feststellung der wissenschaftstheoretischen Äquivalenz äußerst wertvoll sein.

(4b) Die wissenschaftstheoretische Eigenart einer Wissenschaft kommt auch in der Betrachtungsweise zum Ausdruck, die in allen Wahrnehmungen eben dieser Wissenschaft beibehalten wird.

Wie beim Vergleich von Erkenntnisergebnissen, also vom Inbegriff der geordneten wissenschaftlichen Sätze, kann man auch vom Prozeß der Erkenntnis ausgehen. Allerdings ist auch hier wieder Voraussetzung, daß die verglichenen Prozesse, erkenntnistheoretisch betrachtet, Fälle desselben (identischen) Typus darstellen, also z. B. jeweils Wahrnehmungen sind. Nicht der Stufenbau der Erkenntnis in den zu vergleichenden Wissenschaften ist entscheidend, sondern die Gegenüberstellung erkenntnistheoretisch gleichbedeutender Vorgänge. Ferner ist nicht das «Wie» der Wahrnehmung, sondern das *«Als was»* des Gegenstandes der Wahrnehmung, also der «Standpunkt» der Betrachtungsweise wichtig.

(5) Ob man die äquivalenten Kategorien oder die Betrachtungsweise z. B. der Wahrnehmung zum Vergleich heranziehen soll, dafür ist folgendes maßgebend: der Vergleich der Kategorien liefert viel exaktere Unterschiede als ein Vergleich der Betrachtungsweise, aus dem sich lediglich ziemlich allgemein-klassifikatorische Unterschiede gewinnen lassen. Man wird sich daher wo immer möglich an eine Gegenüberstellung der Kategorien halten. Andererseits ist diese Gegenüberstellung, wenn sie Erfolg haben soll, bedeutend schwieriger zu vollziehen und in ihrer Bedeutung nicht immer leicht zu verstehen. Wenn daher der Aufbau der vergleichenden Wissenschaftslehre zweifellos auf dem Wege des Vergleichs der äquivalenten Kategorien stattfinden wird, so bleibt doch der unmittelbarere Vergleich der Betrachtungsweisen (z. B. in der Wahrnehmung) als vorläufiges, orientierendes Werkzeug von großem Wert; er wird bei vielen Wissenschaften, in denen das Erkenntnissystem noch nicht so weit fortgeschritten ist, daß die betreffenden Kategorien genügend scharf erfaßbar sind, wahrscheinlich das aus technischen Gründen zunächst allein brauchbare Mittel bleiben.

6. Die protowissenschaftliche Epoche

[A*] Im folgenden Versuch einer Nachzeichnung der Entwicklung einer Wissenschaft in Umrissen wird *nicht* unterstellt, daß alle Wissenschaften sich in der skizzierten Weise entwickeln müssen. Da die Wissenschaftslehre mit ihrem beschreibenden Verfahren zunächst nur die *phänomenalen* Eigenschaften der Entwicklungsstadien feststellen kann und damit lediglich den ersten Schritt in Richtung auf die Erfassung der gesetzmäßigen Zusammenhänge tut, darf man nicht erwarten, ein allen Wissenschaften gemeinsames Bild zu erhalten. Das folgende möge deshalb eher als Beispiel betrachtet werden, wie einige Besonderheiten der wissenschaftlichen Entwicklung zur Anschauung gebracht werden können.

Jedem Zustand irgendeiner wissenschaftlichen Lehre, angesichts dessen man vom Bestehen einer Wissenschaft im engeren Sinne zu reden pflegt, geht regelmäßig eine Entwicklung voraus, die eine enge Beziehung zu philosophischen, religiösen und künstlerischen, vor allem aber zu Bedürfnissen der Praxis aufweist. Wissen und Erkennen haben in diesem Falle die Stellung von unselbständigen Bestandteilen zweckmäßigen Handelns. Der Umgang mit Material und Menschen sowie deren Beherrschung enthalten Denkelemente und Erkenntnisse, die nicht unbedingt begrifflich fixiert sind. Aus ihnen – wie auch aus den rationalen Elementen von Dichtung und Mythos – entsteht in einem Prozeß der Verselbständigung des Theoretischen nach und nach die Wissenschaft im eigentlichen Sinne. Doch selbst nach dieser Verselbständigung gehen von der Praxis stets neue Impulse aus, wie andererseits die Wissenschaft auf die Praxis zurückwirkt. Der Zusammenhang von früher Mathematik und Feldmessung in Ägypten und Griechenland, von Navigation, Baukunst und Zahlenmystik sind hinlänglich bekannt. Die Chemie strebt in Gestalt der Alchemie bis zur Zeit Paracelsus' die Lösung medizinischer Probleme an und versucht, im Bereich der Metallveredelung zu Erfolg zu kommen. Die Logographen (deren Beziehungen zu Mythos, Sage und historischem Lied offenkundig sind) und die Aufzeichnungen zum Ruhm großer Könige bilden die Vorläufer der Geschichtswissenschaft, deren unmittelbarer praktischer Bezug sich z. B. in den mittelalterlichen Geschichtsfälschungen am deutlichsten zeigt. Der für die mittelalterliche Zoologie typische *Physiologus* behandelt unzählige Fabeltiere, und die junge Anatomie von Galen bis Vesal ist von der Scheu vor dem menschlichen Leichnam ebenso geprägt wie von der Tendenz, durch tieranatomische Untersuchungen gerade auf den menschlichen Organismus Rückschlüsse zu ziehen. In der anfangenden Stilwissenschaft der Renaissance spielt die Rechtfertigung der neuen Kunstrichtung – die *maniera moderna* wird als Fortsetzung der *maniera antiqua* bestimmt – eine wesentliche Rolle. Die Anfänge der Erkenntnistheorie bei den Sophisten stehen im Zusammenhang mit der politischen Rhetorik. Die Sprachwissenschaft, die den Indern bereits zur Enträtselung alter Texte diente, verfolgt bei den Humanisten nationale, juristische und kirchliche Zwecke, und auch später wird sie in den Dienst der Pädagogik (Erlernen fremder Sprachen usw.) gestellt.

Für die Wissenschaftstheorie erheblich ist nun die *Struktur der Lehre als solcher*, unabhängig von der Form, in der letztere in Erscheinung tritt. Die naheliegende Vermutung, daß in diesem *protowissenschaftlichen Stadium* Begriffsgefüge sowohl logisch wie auch erkenntnistheoretisch eher primitiv sind, ist irrig. Man findet nämlich nicht nur eine ganze Fülle von Unterscheidungen von Gegenstandgruppen nach äußeren, phänomenalen Merkmalen, sondern stellt auch fest, daß die praktische Beherrschung eine gewisse Kenntnis innerer, dynamisch-gesetzlicher Eigenschaften voraussetzte.

Dennoch stehen auf dieser Entwicklungsstufe nicht die im wissenschaftlichen Zusammenhang zentralen, sondern die wegen irgendwelcher außerwissenschaftlicher Beziehungen wichtigen Gebilde im Vordergrund. Die einzelnen Arten oder Gruppen von Gegenständen bleiben relativ isoliert nebeneinander bestehen; so zeigt sich denn auch eine sachliche Verwandtschaft zwischen den Gegenständen nur in verhältnismäßig kleinen Bezirken. Da eine systematische Ordnung nach sachlich übergeordneten Gesichtspunkten fehlt, führt die mangelnde Übersicht oft zu «falschen» Verwandtschaftsbeziehungen und Analogien[f].

7. Die Epoche der Systeme

Der Übergang von der hier summarisch als «protowissenschaftlich» bezeichneten Epoche, in der die Begriffsbildung noch völlig ungelöst von sprachlichen, praktischen und weltanschaulichen Überlegungen vor sich geht, zur nächsten Entwicklungsepoche läßt sich nur zum Teil als Befreiung von der Herrschaft außerwissenschaftlicher Zielsetzungen charakterisieren. Mit diesem ersten Schritt des Zu-sich-selbst-kommens einer Wissenschaft pflegt das Bewußtsein von der Eigenart der betreffenden Wissenschaft geschärft zu werden. Dennoch bleibt der Bezug zur Praxis als Quelle wissenschaftlichen Arbeitens in dieser Entwicklungsepoche noch bestehen; er dokumentiert sich z. B. in der überragenden Rolle, die die aus dem außerwissenschaftlichen Erfahrungszusammenhang stammenden «Bewegungen» für die begriffliche Klassifikation der Gegenstände spielen. So erklärt Ptolemäus, daß die himmlischen Bewegungserscheinungen mit den irdischen prinzipiell nicht auf ein und dieselbe Stufe gestellt werden können[16], und noch Galilei hat gegen diese Ansicht zu kämpfen gehabt, daß Bewegungen von Himmelskörpern nicht unter den Begriff der «Bewegung» überhaupt und mit den aus der Alltagserfahrung bekannten irdischen Bewegungen in eins zu bringen wären. In der Geschichtswissenschaft erhält sich bis in die jüngste Vergangenheit hinein trotz der Systematik, mit der sich diese Disziplin ausgestattet hat, der Begriff der «Primitivität», der sich auf die Abgrenzung des geschichtswissenschaftlichen Gegenstandsgebiets (Ausschluß der Primitiven) auswirkt.

Die aus dem Alltagsleben stammenden, von einer späteren Wissenschaftsentwicklung aus gesehen unsachlichen *Bewertungen* lassen sich weit in die Entwicklung einer Wissenschaft hinein verfolgen; bei den genannten Beispielen handelt es sich nämlich nicht mehr um solche von Entwicklungsstadien, die man der vorwissenschaftlichen Epoche zurechnen kann. So ist denn die Periode der Systeme nicht nur durch die Überzeugung gekennzeichnet, daß die untersuchten Gegenstände mit festen und unveränderlichen Eigenschaften begabt sind (woraus sich die Idee der begrifflichen Fixierung nach der *Eigenart* der Gegenstände ergibt), sondern auch durch Bewertungen, deren Quellen im außerwissenschaftlichen Bereich zu suchen sind.

Der Gedanke der strengen Gesetzlichkeit im modernen Sinne pflegt sich, zumal in den empirischen Wissenschaften, erst verhältnismäßig spät durchzusetzen und tritt nicht, wie man vielleicht erwarten könnte, schlagartig mit dem Erreichen der Periode der Systeme auf. So wäre es wohl besser, diese letztere als «voreilig konstruierende» zu bezeichnen.

In den für diese Periode typischen Konzeptionen wird der Versuch gemacht, auf einen Schlag jenes Gefüge hinzustellen, an dem spätere Forschungen üblicherweise mit Ausdauer und Geduld weiterzuarbeiten gezwungen sind. Es ist zwar keineswegs so, daß die Absicht, ein Gesamtgebiet einheitlich und umfassend darzustellen, späteren Entwicklungsstadien fernläge. Vielmehr ist diese Absicht von der Periode der Systeme an immer nachweisbar. Aber gerade in dieser Epoche erscheint sie als eine wesentliche Triebkraft, und zudem kommt es in ihr zur Bildung relativ selbständiger, voneinander unterschiedener «Systeme», deren Abgeschlossenheit nicht selten eher an künstlerische als an wissenschaftliche Gebilde erinnert. In der Psychologie findet man z. B. die «Herbartsche Psychologie», die «Wundtsche Psychologie»; in der Ökonomie gab es die Systeme Ricardos, Smiths, Marxens, Schmollers; jeder bedeutende Gelehrte hat sozusagen *sein* System, für das er eine besondere Sprache entwickelt, die in diejenige eines anderen Systems nur schwer übersetzbar ist. Gewiß sind Schulen und Forschungsrichtungen in allen Epochen der Wissenschaftsentwicklung aufweisbar, wo sie stets eine nützliche Rolle spielen. Dennoch lassen sich die Lehren der späteren Wissenschaftsepochen trotz aller Unterschiede hinsichtlich einzelner Grundfragen als Einheiten beschreiben; dies gilt in der Gegenwart von der Mathematik, der Biologie und von einzelnen Teilen der Sprachwissenschaft, wo die Nennung eines Autors oder Urhebers einer Lehre der Verständigung dienen mag, nicht aber der unüberbrückbaren Abgrenzung wie in der Periode der Systeme.

Die Lehren dieser Entwicklungsperiode nehmen *Formen* an, die erst in viel späteren Stadien – und auch dann in geänderter Weise –

maßgebend sind. Die Bedeutsamkeit logisch-formaler Ableitungen für die Lehren dieser Periode kontrastiert bezeichnenderweise mit dem keineswegs entsprechenden Entwicklungsgrad erkenntnistheoretischer und methodischer Leistungen. So entstehen Systeme, die die Gesamtheit des Problemgebietes, soweit es überschaubar ist, umfassen und diese Totalität mit Hilfe möglichst weniger Begriffe ableiten. Zwar fehlt der Zusammenhang mit der Wirklichkeit keineswegs, und es werden gewisse grundlegende Erkenntnisse gewonnen; aber die Untersuchungen, die während dieser Entwicklungsperiode angestellt werden, zielen auf das Ganze und fragen nach dem *Wesen* oder der *Natur* (der Materie, der Seele, der Erkenntnis, der Geschichte usw.). Die Antwort auf die Wesensfrage wird zumeist in einer Begriffsbestimmung zusammengefaßt, die gleichsam an der Beobachtung von Tatsachen ins Grenzenlose verallgemeinert wird (z. B. das Assozationsgesetz als *das* Gesetz des *Seelischen* schlechthin).

In den Anfangsstadien neuer Teildisziplinen innerhalb von an und für sich bereits weiter entwickelten Wissenschaften zeigt sich häufig die gleiche Tendenz zur Totalität: die Betonung der Umrisse pflegt der Arbeit am Detail vorauszugehen[17].

Wie die Klassifikation und Ordnung der Gegenstände nicht im Kleinen beginnt, sondern in universeller Einstellung das Gebiet als Ganzes zu umspannen versucht, so neigt die Erforschung der *Bestandteile* eines Gebiets dazu, möglichst radikal bis auf die letzten Elemente vorzudringen und dabei mit einer möglichst kleinen Zahl auszukommen, die allen Gebilden gleichermaßen zukommen (Feuer, Wasser, Luft und Erde in der Physik der Griechen; Vorstellung, Wille und Gefühl in der Psychologie). So wird denn aus dem einzigen oder den wenigen Oberbegriffen und den letzten, elementaren Bestandteilen, die in entsprechende Kategorien gefaßt werden, die Gesamtheit der Erscheinungen deduziert.

Es ist klar, daß ein derartiges, deduktives Verfahren eher lückenhaft bleiben muß. Die Macht der begrifflichen Konstruktion erscheint nicht frei von Gewaltsamkeit und zeigt sich während der Epoche selbst deutlich genug darin, wie in den verschiedenen Systemen verschiedenartigste Gegenstände und Erscheinungsformen hervorgehoben oder umgekehrt überhaupt nicht beachtet werden. Mit anderen Worten: die grundlegende Tendenz zum Allgemeinen, zu Abstraktionen und oberflächlichen Analogiebildungen wird noch durch keine *methodischen* Schranken gebremst. Gefördert wird diese Tendenz durch die Mangelhaftigkeit der Kenntnisse, die bewirkt, daß variable Eigenschaften als konstant aufgefaßt und so zu Wesenheiten erhoben werden. Um dies an einem Beispiel aus der

Ökonomie zu veranschaulichen: von Ricardo stammt der allgemeine Satz, daß die Kapitalrente 10% beträgt. Von Bedeutsamkeit ist an diesem Satz nicht, daß ein Irrtum über die Konstanz oder Variabilität einer Größe gemacht wird (solche Irrtümer kommen in jeder Epoche der Wissenschaftsentwicklung vor), sondern daß die Verabsolutierung einer Größe auf der noch nicht vollzogenen Trennung zwischen der Allgemeinheit – im Sinne der Allgemeingültigkeit (Wahrheit) eines Satzes – und der Konstanz des betreffenden Gebildes oder Sachverhaltes beruht. Die für spätere Entwicklungsphasen entscheidende Trennung der beiden Fragen und Begründungsarten ist hier nicht einmal in Abschattungen vorfindbar.

Die Abgeschlossenheit der Systeme gründet, wie wir gesehen haben, vor allem auf einem ausgeprägten deduktiven Verfahren. Die große Rolle, die die Ableitungen spielen, wird durch den geringen Ausbau der Empirie gefördert; sie ist jedoch auch Ausdruck der Ausrichtung auf *genetische* Probleme. Die genetischen und dynamischen, als «innere» bezeichneten Eigenschaften werden indes weder begrifflich noch methodisch von den phänomenalen, also von den als «äußere» bezeichneten getrennt. Die Behandlung von unmittelbar wahrnehmbaren, phänomenalen Eigenschaften als dynamische, das Geschehen beherrschende Kräfte scheint für diese Periode nachgerade typisch zu sein (als Beispiel sei die Vermögenspsychologie genannt). Zudem werden geschichtliche von systematischen Fragestellungen kaum voneinander abgehoben: ἀρχή bedeutet zugleich historischer Anfang und oberstes Kausalprinzip. Diese Ungeschiedenheit zeigt sich in der jungen Physik der Ionier sowie in der Physik des Mittelalters; sie ist zudem in vielen Wissenschaften der Moderne noch nicht überwunden, so etwa in der Rechtswissenschaft, der Sprachwissenschaft und teilweise in der Biologie.

Überhaupt treten die für spätere Entwicklungsepochen typischen divergierenden Problemzusammenhänge vielfach noch ungetrennt auf. Dies ergibt sich aus der sehr engen Bindung der Wissenschaften zur Philosophie, als deren Teildisziplin sie sich verstehen. In Griechenland und im Mittelalter umfaßt der Begriff «Philosophie» noch einheitlich die Gesamtheit der Wissenschaften (unter Ausschluß der Theologie). Aus der Philosophie löst sich die Physik etwa zur Zeit Descartes, die Ästhetik und Psychologie in der zweiten Hälfte des 19. Jahrhunderts[18, g].

Die Entwicklung der Wissenschaften in der hier betrachteten Epoche der voreilig konstruierenden Systeme spiegelt sich besonders deutlich in den begrifflichen Zweischnitten. Die Stilwissenschaft z. B. geht von einer Unterscheidung zwischen Stil und Nicht-

Stil aus. Darin äußert sich die Tendenz zur Bestimmung des Gesamtgebietes als eines einheitlichen Wesens. Der formale Zweischnitt erlaubt jedoch eine positive Bestimmung nur der einen Seite desselben; die andere Seite bestimmt sich negativ, kontradiktorisch, ohne daß sachliche oder inhaltliche Gesichtspunkte eine Rolle spielten. Aus diesem Grunde könnte man von einem *unechten Zweischnitt* sprechen. Analog dazu arbeitet die anfangende Physik mit einem Zweischnitt, aus dem der Begriff des Urstoffs hervorgeht[19]. Im Anschluß an diesen ersten unechten Zweischnitt (Urstoff/Nicht-Urstoff) werden die Gegenstände weiter nach dem Grundsatz der Zweischnittmethode unterteilt; in der Physik z.B. nach feucht und trocken; in der Soziologie spricht man von Gemeinschaft und Gesellschaft[h] usw.

Die Zweischnitte, die die verschiedenen Systeme verwenden, entsprechen jedoch nicht ein und demselben Gesichtspunkt. So treten nach und nach vielzählige Unterscheidungen auf, die zunächst heftig debattiert zu werden pflegen. Gemäß der absolutistischen Einstellung dieser Periode glaubt man nämlich nur *eine* Einteilung als richtig ansehen zu dürfen. Doch hat das Entstehen einer Vielheit von Gesichtspunkten eine wichtige Veränderung der ganzen wissenschaftlichen Einstellung zur Folge: es kommt vor, daß dieselben Gebilde je nach Einteilungsgesichtspunkt einmal diesem, ein andermal jenem Gebilde oder Gruppe zugeordnet werden. So verlieren die Unterscheidungen ihren absoluten, das Wesen der Klassenzugehörigkeit kennzeichnenden Charakter. Gerade damit bahnt sich der Übergang zu einer relativistischen, weniger unbedingten, dafür aber systematischen und induktiven Denkweise an; zudem kann gegen Ende dieser Periode neben der bloß qualitativen auch die quantitative Bestimmung des Gegenstandsgebiets wichtig zu werden beginnen, so z.B. in der Ökonomie von Marx und in der Psychologie von Fechner.

8. Die Epoche der vergleichenden Beschreibung

Die nächste größere Periode der Wissenschaftsentwicklung läßt sich nach ihrem hervorstechenden Charakteristikum als «Epoche der vergleichenden Beschreibung» bezeichnen, sofern man nicht die eventuell vorausgegangene Zwischenphase des bloßen Sammelns als zusätzliche Periode ansprechen will.

Bereits in der Periode der Systeme ist neben dem Erstellen deduktiv aufgebauter Lehrgebäude ein gewisses Sammeln und Beschreiben von Einzelfakten nachweisbar. Aber dieser Umgang mit Einzelfakten trägt wesentlich den Charakter der Rarität; oder genauer: gesammelt und beschrieben werden *curiosa*, auffallende Abnormitäten, seltene oder gar einmalige Ereignisse und Begebenheiten. Entsprechend beschäftigen sich die historischen Chroniken mit Kriegen, Seuchen, Unglücksfällen, außergewöhnlichen Geschehnissen, – kurzum, mit irgendeinem außeralltäglichen und interessanten Stoff. Die für die Systematik entscheidende Frage «Was gibt es alles?» ist hier in ein Staunen über Absonderlichkeiten gekleidet.

Dagegen ist für die Periode der vergleichenden Beschreibung kennzeichnend, daß die Gesamtheit der einem bestimmten Gegenstandsgebiet angehörenden Tatbestände, einschließlich der alltäglichen, systematisch gesammelt und registriert werden. Logisch und erkenntnistheoretisch betrachtet, ist dieses Verfahren dasjenige, das der untersten Stufe der Systematik entspricht. Es findet seinen reinsten Ausdruck im Thesaurus sowie in der lexikographischen Ordnung[20]. Eine so gewonnene Ordnung soll den vollständigen Überblick über das Gegenstandsgebiet ermöglichen. Die Anordnung selbst will jedoch keine, zumindest keine wesentlichen *sachlichen* Eigenschaften der Gegenstände darstellen, sondern nur die Orientierung erleichtern, und zwar sowohl darüber, was bekannt, wie auch darüber, was noch unbekannt ist. Derartige Registrierungen gestatten oder erfordern meist auch eine Orts- und Zeitangabe über die betreffenden, individuellen Gegenstände; daher lassen sie sich gleichermaßen systematischen wie historischen Zwecken dienstbar machen.

Die nächsthöhere Form der Systematik will mit der Anordnung selbst bereits *sachliche Eigentümlichkeiten* und Beziehungen der Gegenstände zur Abbildung bringen. So wird Linnés System der Pflanzen und Tiere von der Absicht geleitet, obgleich es von der späteren Systematik als Prototyp eines *künstlichen* beurteilt wird, selbst in bewußtem Gegensatz zu seinen Vorgängern durchaus ein *natürliches* zu sein. Und das ist es in einem gewissen Sinne auch. Denn die Klassifikation erfolgt nach den Ähnlichkeiten und Verschiedenheiten der zu ordnenden Gebilde selbst, nach ihrer Verwandtschaft, also nach einem sachlichen Prinzip. Die auf dieser Stufe erreichte Systematik ist *klassifikatorisch:* sie ordnet im wesentlichen nach Ober- und Unterbegriffen, wobei angeblich durch einen Abstraktionsprozeß von den speziellen Übereinstimmungen innerhalb der einzelnen Spezies, durch Fortlassen der Ungleichheiten und durch Herausstellen der Gemeinsamkeiten zu immer umfassenderen Klassen aufgestiegen wird. Die Klassen selbst kennzeichnen sich durch sogenannte äußere, phänomenale Eigenschaften (Zahl der Staubgefäße, Gestalt der Blütenblätter u. ä. m.). An Erkenntnismitteln stehen die auf schlichte Wahrnehmung und der darauf aufbauenden Zergliederung der Angehörigen der einzelnen Gegenstandsklassen durch Beschreibung und Vergleich im Vordergrund. Letztere führt – methodisch ausgebaut – zum Verfahren der *vergleichenden Beschreibung*. Und mit diesem Verfahren gewinnt die bloß empirische «Sammlung» Anschluß an die erste Stufe einer umfassenden, induktiven Theoriebildung.

Die *wirkliche Entwicklung* einer Wissenschaft folgt jedoch keineswegs – etwa mit dem Thesausieren beginnend – dieser direkt fortschreitenden Stufenreihe. Sie ist vielmehr als «gegenläufig» zu bezeichnen. Die junge Wissenschaft gehört, aller Primitivität der Durchführung zum Trotz, ihrer logisch-formalen Struktur nach einem sehr hohen Entwicklungstypus an: dem der *genetischen* Systematik, die sachlich derjenigen der vergleichenden Beschreibung nachfolgt. Die inhaltlichen Unstimmigkeiten und Ungereimtheiten der Systeme dieser jungen oder frühen Epoche erzwingen ein allmähliches, immer weitergehendes Zurückgreifen auf jene Methoden, deren Beherrschung *sachlich* die Vorstufe der genetischen Theorien darstellen. Dieses Zurückgedrängtwerden von ausgesprochenen Erklärungstheorien zu deren Vorstufe geht meist kurz nach dem Beginn der eigentlichen vergleichenden Beschreibung in die entgegengesetzte Entwicklungsrichtung über. Die vorangehende, wenngleich ungeregelte Gewinnung von Einzelwissen ist dabei als eine gewisse Vorbereitungsphase aufzufassen. Dennoch bleiben ausgesprochene Zweischnitte aus der Periode der Systeme zum Teil noch deutlich wirksam. Dessen ungeachtet bedeutet das Sammeln von Tatsachen letztlich eine Absage an die spekulative Theoriebildung; es inauguriert die Herrschaft eines ausgeprägt empirisch eingestellten Geistes, der in seiner Reaktion gegen die Spekulation der früheren Periode die Grundsätze und Probleme der Empirie und der Induktion vielfach verkennt, von Theorien wenig wissen will und in einen wenig erfreulichen, wenngleich für den weiteren Entwicklungsprozeß der Wissenschaften wichtigen Bann durch Einzeltatsachen gerät.

Die Systematik der Epoche der vergleichenden Beschreibung sieht ihre Aufgabe darin, die Gesamtheit dessen zur Darstellung zu bringen, *was es* in den regionalen Wissensgebieten *gibt*, und zwar unter dem Blickwinkel des Vorhandenseins von Gebilden überhaupt. Dieser Begriff der Existenzfähigkeit deckt sich nicht mit dem der Denkmöglichkeit, wenn man letzterer all das zurechnet, was unter der Voraussetzung auch anderer als der tatsächlich bestehenden Gesetze des betreffenden Gebiets ohne logischen oder wissenschaftstheoretischen Widersinn denkbar ist. Er umfaßt lediglich das, was der *tatsächlichen, empirisch begründeten* Gesetzlichkeit des Untersuchungsbereiches nach vorkommen kann (also in der Chemie z. B. nicht auch jene an und für sich denkbaren Stoffe, die durch die Gültigkeit des Gesetzes von den multiplen Proportionen ausgeschlossen sind). Andererseits will die Systematik mehr umfassen als das, was *zufällig*, d. h. hier: aus historischen Ursachen (bis zum betreffenden Zeitmoment) gerade realisiert worden ist. Sie will sich vielmehr gleichermaßen auf all jene Gebilde erstrecken, die unter beliebigen geschichtlichen Konstellationen eintreten *könnten*. Wie sich eine Aussage über die Existenzfähigkeit oder Nicht-Existenzfähigkeit eines Gebildes bestimmter Art gewinnen läßt, ist eine erkenntnistheoretische Frage, auf die wir hier nicht näher einzugehen brauchen. Jedenfalls hat die Systematik in allen Wissenschaften im Grunde diesen a-historischen Sinn. *Auf der Stufe der vergleichenden Beschreibung* lassen sich freilich Behauptungen über die Existenzfähigkeit gewisser Arten von Gebilden noch nicht begründen. Denn derartige, für die nächstfolgende Periode der Systematik außerordentlich wichtige Einsichten über die Existenzfähigkeit lassen sich nur mit Hilfe von Theorien erhalten, die die Gesamtheit der Gebilde *einheitlich* umspannen müssen, da sie sich auch auf die Zukunft beziehen und auf Gesetzmäßigkeiten und der dieser entsprechenden *genetischen* Begriffsbildung aufbauen. Da die Beschreibung nur die phänomenalen Eigenschaften der Gebilde und Geschehnisse erfaßt, vermag sie lediglich darüber Aussagen zu machen, was es *gegenwärtig* an derartigen Typen gibt (oder eventuell darüber, welche es früher gegeben hat).

Damit ist auch gesagt, daß die Loslösung von der historischen Betrachtungsweise noch nicht vollzogen ist. Es scheint ja immer noch sinnvoll zu sein, den verschiedenen Typen bestimmte historische Zeiten zuzuordnen, also z. B. in der Biologie von rezenten Arten zu sprechen.

Immerhin ist die Systematik der Stufe der vergleichenden Beschreibung nicht mehr unmethodisch. Neben der Anordnung nach Ober- und Unterklassen ergeben sich häufig Reihenanordnungen, wobei dann ein Typus zwischen seine beiden Nachbartypen derart geordnet wird, daß eine eindimensionale Typenkette entsteht, die sich auch in mehrere Zweige spalten kann. Die Systematik pflegt auf dieser Stufe somit eifrig nach Zwischengliedern zu suchen, die die zunächst noch zahlreichen Lücken innerhalb der Typenketten füllen sollen. Hierbei wird vom Grundsatz *natura non facit saltus* ausgegangen[21].

9. Die Epoche des Vordringens der konditional-genetischen Begriffsbildung

Die konditional-genetische Begriffsbildung steht vor einer sich ins Unendliche erstreckenden Aufgabe, so daß an und für sich ein immer weiteres Fortschreiten in gleicher Richtung denkbar wäre. Die tatsächliche Entwicklung verläuft jedoch nicht nach diesem Grundsatz. Vielmehr übernehmen die so gewonnenen Begriffsgefüge die Funktion einer Leitidee und treten hinter einer neu einsetzenden Begriffsbildung zurück, die in einem gewissen Sinne von vorn beginnt, weil sie formal mit der während der Periode der Systeme vorherrschenden Begriffsbildung weitgehend ähnlich ist.

Die auf diese Weise eingeleitete Entwicklungsepoche der Wissenschaften könnte als «Periode der Ausbreitung der konditionalen und der genetischen Begriffsbildung» bezeichnet werden.

a. Die konditionale Begriffsbildung

Von nun an stehen die sogenannten «inneren» Eigenschaften von Gegenständen und Geschehnissen im Vordergrund der Betrachtung. Die Benennung dieser Eigenschaften stammt größtenteils noch aus der Epoche der vergleichenden Beschreibung, also aus der phänomenologischen Begriffssphäre[i]. Im Rahmen der hier zu untersuchenden Begriffsbildung sollen die phänomenologischen Termini jene Eigentümlichkeit oder Eigenschaften bezeichnen, von denen man sich das Verhalten der Gegenstände und Gebilde unter verschiedenen Umständen oder Bedingungen abhängig denkt.

Anstelle der Begriffe vom Typus «rot», «buntscheckig», «gezackt», «zehn Staubgefäße aufweisend» usw. treten in der Biologie z.B. Begriffe vom Typus «Reizbarkeit», «Fortpflanzungsfähigkeit», «dominierend» und «rezessiv» auf[22]. Diese Eigenschaften werden derart in den Vordergrund gerückt, daß bald auch die Gebilde als Ganze nicht mehr durch ihre wesentlichen phänomenalen Merkmale, sondern als *Inbegriff von Reaktionen* definiert werden: eine bestimmte Pflanzenart z.B. wird dadurch gekennzeichnet, daß sie im Hochland diese, im Flachland jene Eigenschaften aufweist. Deutlich wird, daß auf diese Weisen recht häufig Typen, die ihren phänomenalen Eigenschaften nach verschieden sind und entsprechend der vorangegangenen Entwicklungsstufe verschiedenen Klassen zugeordnet wurden, nunmehr ein und derselben Klasse (Typus) zugerechnet werden, dagegen phänomenal gleiche oder verwandte Typen klar getrennt werden[j].

Die inneren Eigenschaften, oder genauer: die *Fähigkeiten,* die den

Inbegriff der Reaktionen eines Gebildes zum Ausdruck bringen, mit denen letzteres auf *Einwirkungen* oder *Operationen* antwortet, sind weder wie die phänomenalen Eigenschaften durch unmittelbare Wahrnehmung des unzerlegten oder zerlegten Gebildes festzustellen, noch lassen sie sich einzelnen phänomenalen Eigenschaften eindeutig zuordnen, sondern sind nur durch Analyse des Verhaltens der Gegenstände in der konkreten Durchführung von Manipulationen zu ermitteln.

Das Verhältnis von phänomenologischer und konditionaler Begriffsbildung ist ferner nicht so zu verstehen, daß jene die unwesentlichen, diese die wesentlichen Eigenschaften von Gebilden und Geschehnissen zum Gegenstand hat. Denn die Unterschiede zwischen wesentlichen und unwesentlichen Merkmalen ist bereits in der phänomenologischen Bestimmung eines Objekts notwendig[23] und bleibt in der konditionalen Begriffsbildung durchaus bestehen.

b. Die genetische Begriffsbildung

In einer vorderhand noch nicht geklärten Beziehung zur konditionalen steht die *genetische* Begriffsbildung. War in der phänomenologischen Biologie z. B. ein Gewebe als eine bestimmte typische Anordnung typischer Zellen definiert, so zwingt nun die Berücksichtigung vor allem der funktionalen Eigenschaften, auch jene phänomenal einem anderen Typus zugehörigen Gewebe, die aus gleichartigen Geweben hervorgegangen sind, zu ein und derselben Gewebeart zu rechnen. Derartige, auf die Beziehungen des *realen* Auseinanderhervorgehens, d.h. der *Genese*, gerichtete Begriffsbildungen führen zu Termini wie «Protoplasma» und «Protoplasmaprodukt», «Eimutterzelle», «Gen» usf.

Einzelne Begriffsbildungen dieser Art waren bereits in der Periode der vergleichenden Beschreibung nachzuweisen. So pflegte man in der Bestimmung einer Art angesichts der häufig sehr starken phänomenalen Differenzen zwischen *männlichen* und *weiblichen* Individuen, wie auch zwischen den verschiedenen Entwicklungsphasen eines Individuums, über diese Unterschiede – die ja zu einer mehrfachen Artbestimmung hätten Anlaß geben können – hinwegzusehen und sich an die gemeinsame Abkunft zu halten. Doch blieb eine solche Begriffsbildung in jener Periode eine Ausnahme.

In der neuen Entwicklungsperiode übernehmen dagegen die genetischen Beziehungen und die auf ihnen beruhenden Möglichkeiten der *Ableitung* verschiedener Typen in jeder Hinsicht die führende Rolle.

Besonders augenfällig wird dieser Sachverhalt in der Gestaltung der Systematik. Eine begrifflich befriedigende Anordnung in der Systematik der vorangegangenen Epoche war dadurch verhindert worden, daß – je nach den in Betracht kommenden Eigenschaften – immer wieder neue Gruppierungen vorgeschlagen wurden. Zwar war es innerhalb kleiner Gruppen bisweilen möglich, aufgrund eines bestimmten Gesichtspunkts eine befriedigende Einteilung zu erhalten. Doch es erwies sich als unmöglich, *ein und denselben* Einteilungsgesichtspunkt innerhalb der Systematik insgesamt konsequent festzuhalten, ohne zu offensichtlich falschen Gruppierungen zu gelangen. Welche Eigenschaft man auch als Einteilungskriterium wählte, stieß man allemal auf Fälle, in denen die betreffende Eigenschaft nicht entscheidend war. So blieb es letztlich dem systematischen Sensorium überlassen, welcher oder welche der verschiedenen möglichen Gesichtspunkte für die Grenzziehung zwischen den verschiedenen Klassen gewählt wurde. Im Gegensatz zu einer derartigen, nunmehr als «künstlich» zu bezeichnenden Systematik sucht man ein «natürliches» System zu entwickeln, in welchem jede Art *eine* (und nur eine) Stelle aufgrund ihrer genetischen Beziehungen zugewiesen werden kann. Ein solches System liegt gegenwärtig in der Chemie vor. In der Biologie allerdings bringt der Darwinismus wegen der Verwechslung der genetisch-systematischen Ableitungen mit historisch-einmaligen Werdeprozessen eine vorläufige Umkehr der Entwicklung mit sich. Erst in jüngster Zeit beginnt sich die begriffliche Trennung zweier Aufgaben zu vollziehen: 1) die Gesamtheit nicht nur der bisher aus historischen Gründen verwirklichten, sondern der überhaupt möglichen (existenzfähigen) Typen zu ermitteln, wozu historische Forschungen nicht ausreichen, und 2) die Erarbeitung einer genetisch begründeten Ordnung (Systematik) zu leisten und gleichzeitig den einmaligen geschichtlichen Werdeprozeß aufzudecken.

War die Systematik auf der vorangehenden Stufe *klassifizierend,* so ist diejenige der hier betrachteten Entwicklungsstufe *konstruierend.* Die zur Charakterisierung der Unter- und Oberklassen verwendeten Begriffe stellen Allgemeinbegriffe dar, denen mangels Spezialisierung jener Eigenschaften, die dem Abstraktionsprozeß unterliegen, keine Verwirklichung in konkreten Gebilden entsprechen. Dagegen bilden *alle Klassen* der konstruierenden Systematik jeweils eine unterste Spezies; sie stellen Typen dar, deren sämtliche Eigenschaften – abgesehen von den historischen Zeit-Raum-Besonderheiten – bestimmt sind und die daher prinzipiell in individuellen Beispielen voll realisiert sind.

Der Übergang zu dieser neuen Art der Systematik, die eine tiefgreifende Umschichtung bedeutet, geht nicht anders als der Übergang zur konditionalen und genetischen Begriffsbildung sehr allmählich vonstatten. So können Klassifikationen, die für die frühere Periode kennzeichnend sind, auch bei voller Entwicklung der neuen Periode erhalten bleiben (man spricht in der modernen Chemie z. B. immer noch vom Unterschied zwischen Metallen und Nichtmetallen usw.).

c. Das Problem der Gesetzlichkeit

Mit der konditionalen Begriffsbildung verknüpft sich notwendig die Erforschung der Gesetzlichkeit[k], der bestimmte Gebilde unterworfen sind. Allein schon damit wird in dieser Periode der Wissenschaftsentwicklung die Analyse der Geschehnisse und der Dynamik in den Vordergrund geschoben. Geschehnisse werden durch *Gesetze* charakterisiert. Ein Gesetz braucht – was vielfältig übersehen wird – durchaus nicht oder nicht nur eine Aussage über Kausalzusammenhänge zu sein, die in die Form «Wenn die und die Bedingungen vorliegen, treten die und die Wirkungen ein» gekleidet wird. Es kann vielmehr auch eine Charakterisierung (wenn man so will, eine Beschreibung) eines bestimmten Geschehens gemäß seiner Form darstellen (z. B. im Falle des Fallgesetzes $s = \frac{1}{2} gt^2$). Dabei werden die einzelnen Phasen oder die unterschiedlichen Momente des Geschehens in funktionale Beziehungen zu anderen gesetzt. Das Ziel der wissenschaftlichen Erkenntnis besteht dann darin, Geschehnisse so aus dem Geschehensstrom abzusondern, daß sie als Ganzheiten eine gewisse Einheitlichkeit aufweisen und daher begrifflich faßbar werden. Nur handelt es sich auf dieser Entwicklungsstufe nicht mehr um phänomenale Einheitlichkeiten, sondern um die inneren, also funktionalen Eigenschaften des Geschehens, dessen Einheitlichkeit in *einem* Gesetz ausgedrückt wird. Die Charakterisierung von Geschehnissen durch Gesetze legt zugleich das Fundament für eine neue Art systematischer Ordnung: nämlich der Ordnung aufgrund von Ableitungszusammenhängen (die Zusammenfassung von freiem Fall und Bewegung auf einer schiefen Ebene besitzt eine Analogie zur Zusammenfassung der Kegelschnitte).

Mit der Heraushebung der inneren Eigenschaften der Dinge und Geschehnisse verfestigt sich endgültig die Idee, daß alle Gegenstände eines Gebietes *ausnahmslos* streng gesetzlich bestimmt sind. War die Periode der vergleichenden Beschreibung ausgesprochen induktiv, ja sogar theoriefeindlich eingestellt, beginnt nun die Betonung des deduktiven Moments. Die Theoriebildung nimmt damit insgesamt einen neuen Aufschwung. Doch im Gegensatz zur spekulativen Theoriebildung früherer Perioden richtet sich die jetzt untersuchte zunächst auf Spezialfragen. Es wird nicht mehr von oben ausgegangen, sondern sozusagen von unten. Damit hält die Theoriebildung eine Beziehung zur induktiven Vorgehensweise aufrecht.

Bleibt die Intuition (Anschauung) auch nach wie vor die unbedingte Voraussetzung jedweder Forschung, so schafft die Entwicklung neuer Prüfungsverfahren und -mittel doch stärkere methodische Bindungen und bringt einen mehr oder weniger geregelten Gang der Forschung mit sich, so daß ein Rückfall in die ungeregelte Arbeitsweise der Epoche der vergleichenden Beschreibung verhindert wird. Mehr noch: die Theoriebildung und die hypothesengeleitete Forschung gibt in dieser neuen Periode den Leitfaden der systematischen Untersuchung ab.

In den systematischen Disziplinen geht mit der Aufstellung allgemeiner Sätze (Gesetze) eine Veränderung der Rolle des *Beispiels* Hand in Hand. Sie werden nunmehr nicht mit jener Laxheit behandelt, wie dies in der Periode der Systeme der Fall war, wo Gegenbeispiele nicht selten einfach als *Ausnahmen* (die die Regeln doch nur bestätigen) beiseite geschoben wurden. Vielmehr treten jetzt die Beispiele als individuelle Fälle in ihrer ganzen Konkretion auf. Gerade die Idee der durchgängigen und strengen Gesetzlichkeit erlaubt es, aufgrund eines einzigen individuellen Falles – sofern dieser ein *reiner* Fall ist – eine Theorie, d. h. die Annahme eines bestimmten Gesetzes, zu widerlegen oder zu bestätigen. Die induktiven Beweise verlieren also an Bedeutung, weil man auf eine Vielheit gleicher oder ähnlicher Einzelfälle nicht mehr angewiesen ist[1].

In der Gegenwart macht sich die Abkehr von der an den Einzelfall sich nicht heranwagenden, bloß statistischen Behandlung in der experimentellen Psychologie bemerkbar. Sofern nicht irgendwelche Hindernisse – sei es im Gegenstand selbst, sei es in der Stellung des Menschen zu diesem Gegenstand – im Weg stehen, werden die Beispiele im Experiment systematisch erzeugt. Die unmittelbare Beziehung des individuellen Falles (Beispiels) zu einer Theorie, die strenge Allgemeingültigkeit fordert, rückt die Möglichkeit nahe, die *Falschheit* der betreffenden Theorie an nur einem Beispiel zu erweisen. Man könnte sogar die Ansicht vertreten, daß das Beispiel nur in *negativer* Hinsicht Endgültiges leistet, während es in positiver Hinsicht immer nur eine weitere, jedoch nicht endgültige Bestätigung einer Theorie erlaubt.

In Physik und Chemie treten mit der Herleitung von Gesetzen zugleich die quantitativen Relationen stärker hervor. Doch ob hier eine notwendige Beziehung zwischen Gesetzen und Quantitäten vorliegt – man könnte daran denken, daß die Gewinnung von Gesetzen, die den Einzelfall eindeutig fixieren, eine genaue, nicht nur qualitative Bestimmung der Gegenstände erfordert –, oder ob es sich nur um eine Eigenheit von Physik, Chemie und Ökonomie handelt, mag dahingestellt bleiben.

Die konditionale und genetische Begriffsbildung ist keineswegs auf die systematischen Disziplinen beschränkt, sondern tritt nicht minder in den historischen Disziplinen auf. Die Beschreibung und Sammlung *äußerer* Eigenschaften und Ereignisse verlassend, sucht man auch hier zur Aufdeckung *innerer* Zusammenhänge überzugehen. In den Geschichtswissenschaften (etwa der Kulturgeschichte) werden Dynamik und innere Kräfte erforscht. Man will die historischen Kausalketten in ihrem Neben- und Durcheinander aufdecken. Wie bedeutsam und tiefgreifend die kausalen und genetischen Beziehungen für die Geschichte auf dieser Entwicklungsstufe sind, zeigt u. a. der Versuch von Geschichtsforschern, den Terminus «geschichtlich» im Sinne von «wirksam» neu zu definieren.

10. Die Epoche der Ableitungen

Die konditional-genetische Begriffsbildung führt mit fortschreitender Ausbreitung und Ausgestaltung zu einer Epoche, die man nach einer charakteristischen Eigenschaft einer Teildisziplin als «axiomatische», oder allgemeiner als «Periode der Ableitung» bezeichnen kann. Da gegenwärtig nur die Physik, die Chemie und die Mathematik in das Zeitalter der Axiomatisierung eingetreten sind, ist man zur Beschreibung desselben auf diese drei Wissenschaften angewiesen. Damit vergrößert sich die Gefahr einer vorschnellen Verallgemeinerung. Daher ist der vorläufige Charakter der nachfolgenden Ausführungen besonders zu betonen.

Es zeigt sich, daß die einzelnen Gesetze einer Wissenschaft nicht beziehungslos nebeneinander stehen, sondern daß einige formallogisch aus anderen abgeleitet werden können. Diese Ableitungen einzelner Sätze aus anderen führen allmählich zur Bildung größerer Ableitungszusammenhänge, die eine relative Geschlossenheit aufweisen und deren logischer Gehalt durch einige wenige Sätze – durch die *Axiome* – vollständig ausgedrückt werden. Axiome in diesem Sinne sind also nicht erkenntnistheoretisch ausgezeichnete Sätze. Sie sind vielmehr prinzipiell von gleicher Art wie die aus ihnen abgeleiteten Sätze, also z. B. in der Physik die empirisch und experimentell bewiesenen Sätze. Lediglich formal-logisch sind die Axiome durch ihre zentrale Stellung erkenntnistheoretisch ausgezeichnet.

Zuerst entstehen voneinander unabhängige Gefüge allgemeiner Sätze, deren jedes durch ein besonderes Axiomensystem bestimmt wird. Jedem dieser Systeme entspricht ein besonderes Gebiet, in der Physik z. B. die Optik, die Elektrizitätslehre, die Mechanik, die Wärmelehre. Die weitere Entwicklung führt zu einer fortlaufenden Verschmelzung dieser Satzgefüge zu einem einheitlichen Axiomensystem unter gleichzeitiger Verschärfung der axiomatischen Form. Die Axiomatisierung der Optik ist etwa bei Fresnel[m] anzusetzen, die der Elektrizitätslehre bei Faraday. Die Vereinigung der Axiomensysteme von Optik und Elektrizitätslehre wurden durch die Arbeiten von Hertz[n] sowie durch die Maxwellschen Gleichungen in die Wege geleitet, diejenige der Mechanik, der Optik und der Elektromagnetik durch die Relativitätslehre Einsteins.

Dennoch ist diese Axiomatisierung der Gesetze zu einem einheitlichen System – entgegen einer gelegentlich geäußerten philosophischen Anschauung – nicht so zu verstehen, daß dieses einheitliche Begriffsgefüge die Gesamtheit der Physik zu erschöpfen vermöchte. Vielmehr gibt es unter den physikalischen Gesetzen (d. h. den allgemeinen Sätzen unter Absehung der übrigen Begriffsgebilde) jeweils immer eine bestimmte Anzahl von solchen Sätzen, die je nach weiterer oder engerer Bedeutung sich der Einfügung in das Axiomensystem widersetzen, also aus diesem nicht ableitbar sind. Es treten also einzelne oder zu speziellen Komplexen sich vereinigende Sätze auf, die gegenüber dem axiomatischen Gesamtsystem relativ selbständig sind.

Auch in der Paralleldisziplin der Physik, der Chemie, treten in dieser Periode Ableitungszusammenhänge stärker in den Vordergrund. Die Mehrzahl der Arten chemischer Stoffe wird in Durchführung der genetischen Begriffsbildung als *Verbindungen* im wesentlichen durch die Angabe bestimmter anderer Stoffe, der *Elemente,* bestimmt, aus denen sie sich gewinnen lassen oder in die sie zerlegt werden können. Dabei wird entsprechend der Grundidee der Systematik nicht die zufällige, historische Entstehungsweise des individuellen Vertreters der betreffenden Stoffart dargestellt, sondern eine die Gesamtheit der möglichen Entstehungsweisen charakterisierende Formel unter Zugrundelegung der gedanklich einfachsten *synthetischen Ableitung.* Aufgrund z. B. der speziellen Strukturformeln der verschiedenen Typen des reinen Kohlenstoffs werden die aliphatischen Verbindungen einerseits, die aromatischen andererseits systematisch abgeleitet[o]. Die Strukturformeln der Verbindungen geben zugleich die Definition und den systematischen Ort der betreffenden Stoffart gegenüber verwandten Stoffarten an. Die Aufgabe der Systematik besteht also – im Gegensatz zur Gliederung der Stoffe nach Ober- und Unterbegriffen in früheren Perioden – darin, die Stoffe zwar schemalos, aber in einer sachlich viel leistungsfähigeren Weise zu ordnen.

Die Elemente wiederum wurden zunächst aufgrund der Verwandtschaftsbeziehungen der Gesamtheit ihrer Eigenschaften im Periodischen System Mendele'evs angeordnet. Auch hier glückte es zuerst nicht, eine einzige Eigenschaft konsequent als Einteilungskriterium festzuhalten. Vielmehr stützte sich die Ordnung teilweise auf ein systematisches Gespür. Doch es gelang nach und nach, zwischen den verschiedenen Eigenschaften der Elemente – Wertigkeit, elektrische Leitfähigkeit, Schmelzbarkeit, Elastizität – Ableitungszusammenhänge herzustellen; letztere gründen sich auf den Begriff der Kernladung[p].

Die jüngste Entwicklung – Theorie der Isotopen, Aufstellung der Uran-Aktinium- und der Thorium-Reihe – führt auch bei den Elementen zu einer Ableitung von genetischen Beziehungen.

Die Bedeutsamkeit der *Deduktion* in der axiomatischen Periode erinnert in mancher Hinsicht an die Zeit der spekulativen Epoche. Gemeinsam ist beiden im Gegensatz zu den Zwischenepochen die relative Vorherrschaft des Formallogischen. Doch während in der spekulativen Epoche die *logische Form* mit der *erkenntnistheoretischen Unbeholfenheit* kontrastierte, ist in der axiomatischen Periode der durch formale Ableitungen bestimmte logische Ort einer Gegenstandsart oder eines Gesetzes zugleich der präziseste Ausdruck für sachliche Zusammenhänge. Physik und Mathematik zeigen in dieser Periode ein ausgeprägtes systematisches Interesse, das sich nicht mit der bloßen Erkenntnis und dem Beweis der Richtigkeit eines Satzes begnügen will, sondern erst im Auffinden eines natürlichen Ortes im Verband sachlich verwandter Sätze Befriedigung findet. Die Axiomatisierung bedeutet daher nicht nur ein technisches Mittel zur Beherrschung einer beschränkten Anzahl von Gesetzen, sondern auch eine natürliche Systematisierung, d. h. sie hat die Funktion einer adäquaten Wiedergabe der realen, sachlichen Beziehungen eines Gesetzes[24].

Die feste Verankerung der einzelnen Sätze im Gesamtgefüge bringt zugleich eine wesentliche Verschiebung der Erkenntnis- und Bestätigungsoperationen mit sich. Nachweis oder Widerlegung eines in einem Satzgefüge stehenden Satzes hat nicht selten außerordentlich weitreichende Konsequenzen, so daß weniger die Richtigkeit eines isolierten Satzes als vielmehr die eines ganzen Satzkomplexes in Frage steht und die *indirekte* Prüfung mit äußerlich anscheinend abliegenden Verfahren viel Gewicht erlangt. Aus diesem Grunde lassen sich Nachweisoperationen, die auf dieser Entwicklungsstufe zur Anwendung kommen, mit jenen der Periode der vergleichenden Beschreibung nicht mehr auf ein und dieselbe Ebene setzen, wo die Evidenz der schlichten, originären Wahrnehmung die direkte Begründung der fraglichen Sätze und Ordnungen selbst ermöglichte.

Die Erfahrung der voranschreitenden Verschmelzung der zunächst getrennten Satzgefüge und Teildisziplinen war ein wesentlicher Antrieb für die Festigung der Idee der Einheitswissenschaft, wie sie etwa im Neukantianismus vertreten wurde. Da die verschiedenen Disziplinen der Physik sich immer weiter vereinigten, Physik und Chemie in immer engere Beziehungen eintraten, schien es nur eine Frage der Zeit, bis auch die Biologie, Soziologie usw. mit ihren komplizierten Satzgebilden in diese Einheitswissenschaft aufgehoben würden[25]. Diese Erwartung geht jedoch insofern zu weit, als übersehen wird, daß gleichzeitig mit dem Verschmelzungsvorgang innerhalb der Physik nicht minder ausgesprochen ein Absonderungsvorgang nach außen stattfindet. So sondern sich Biologie, Astronomie, Mineralogie, Geologie usw. nach und nach von der Physik ab. Der bereits in der Periode der Systeme sichtbar werdende Prozeß des «Zu-sich-selbst-kommens» der Wissenschaften dauert also in den späteren Perioden an. Diese Tatsache wird dadurch verdeckt, daß sich der Bereich der Untersuchungsgegenstände entgegen der anfänglich einengenden Tendenz sozusagen zur Totalität erweitert. Aber diese Totalität bleibt darum nicht weniger eine von anderen Totalitäten scharf zu trennende Region: die Satzgefüge der Physik als Lehrgebäude treten nicht in einen Ableitungszusammenhang mit den Sätzen der Mathematik oder irgend einer anderen Wissenschaft.

[B*] Man hat in einer Wissenschaft drei Arten von Axiomen zu unterscheiden. Unter Axiomen sind dabei Sätze zu verstehen, die nicht weiter von anderen Sätzen abgeleitet werden, aber anderen Sätzen zur Ableitung oder zum Beweise dienen. Wenn die Axiome selbst auch nicht abgeleitet werden, so können sie doch als richtig erwiesen werden; so z. B. die Axiome der unter 1) genannten Gruppe.

1) Die Physik und nicht minder alle übrigen Wissenschaften kommen in ihrem Erkenntnisprozeß zunächst zu einzelnen Sätzen. Soweit es sich dabei um eine Gesetzeserkenntnis handelt, macht man bei fortgeschrittener Forschung den Versuch, die einzelnen Gesetze in ein einheitliches, logisches System derart zu ordnen und zusammenzufassen, daß sie sich von obersten, allgemeinsten Gesetzen als deren Sonderungen (oder Kombinationen) einheitlich *ableiten* lassen. Diese obersten Gesetze sind selbst inhaltliche Gesetze über die Natur der Gegenstände, von denen die betreffende Wissenschaft handelt. Sie sind so allgemein, wie Gesetze überhaupt allgemein sind:

sie gelten nämlich für alle einzelnen, konkreten Gegenstände oder Vorgänge der betreffenden Gegenstandstotalität. Die obersten Gesetze unterscheiden sich von den spezielleren dadurch, daß sie umfassender sind als jene, d. h. daß sie zwar nicht für eine größere Anzahl von Gegenständen verbindlich sind, wohl aber für eine größere Anzahl von unterschiedlichen Umständen oder Eigenschaften.

Das entscheidende Kriterium dieser obersten, inhaltlichen Gesetze aber ist ihr logischer «Ort», ihre Stellung an der Spitze der Pyramide von Ableitungen, in die die einzelnen Gesetze einer Wissenschaft einzuordnen versucht werden. Dabei braucht nicht im voraus festgelegt zu sein, daß diese Pyramide prinzipiell eingipflich ist. Gegenwärtig jedenfalls gibt es z. B. in der Physik mehrere inhaltliche oberste Gesetze, und zwar schon deshalb, weil Elektrik, Optik und Mechanik einerseits, Wärmelehre andererseits noch nicht in ein einheitliches System gebracht worden sind.

Die Richtigkeit dieser obersten, inhaltlichen Sätze wird jedoch nicht anders bewiesen als die Richtigkeit irgendwelcher abgeleiteter Sätze: nämlich durch Erfahrung, insbesonders durch Experimente. Jeder empirische Beweis der Richtigkeit eines abgeleiteten Satzes ist zugleich ein Baustein zum Beweis der Richtigkeit des obersten Gesetzes. Außerdem mag auch der oberste Satz hin und wieder direkt einer experimentellen Prüfung unterworfen werden. (Anscheinend gilt von den Gesetzen einer Wissenschaft dasselbe, was von den Gegenstandsarten gilt: wie die Ordnung der Gegenstandsarten im System der speziellen Wissenschaft nicht auf einer Unterordnung des konkreten Einzelfalles unter einen abstrakten Oberbegriff beruht, sondern auf einer Ableitung von durchgehend konkreten, einzelnen Gegenständen auseinander, beruht auch die Ordnung der Gesetze nicht auf der Unterordnung konkreter Einzelgesetze unter abstrakte Gesetze, sondern auf der Ableitung der konkreten Gesetze auseinander.)

Von diesen Sätzen wollen wir als von *«obersten Gesetzen»* sprechen. Die Gültigkeit dieser Sätze ist von einem empirischen Beweis abhängig, genau wie die Gültigkeit der übrigen Lehrsätze dieser Wissenschaft. Diese Sätze sollten daher eigentlich nicht als Axiome bezeichnet werden.

Die ableitungsfundamentalen Sätze treten im Lehrgebäude der betreffenden Wissenschaft selbst als Lehrsätze auf[26].

2) Mit diesen unter 1) genannten Gesetzen nicht zu verwechseln ist eine Reihe von Sätzen, die im Denken der Wissenschaften ebenfalls eine sehr wichtige und allgemeine Rolle spielen, ohne selbst zur Gruppe der Gesetze zu gehören, d. h. ohne eine Stelle im Lehrgebäude einzunehmen. Hierher gehören u. a.
– das Prinzip der normalen Induktion
– das Prinzip der Nachwirkung
– das Prinzip der irreversiblen Kausalität
– das Prinzip des approximierbaren Ideals
– das Prinzip der absoluten Zeit
– das Prinzip der Relativität gleichförmig bewegter Koordinaten
– das Prinzip der allgemeinen Kovarianz
– das Prinzip der Stetigkeit der Gesetze
– das Prinzip der Stetigkeit der physikalischen Größen
– das Prinzip der Homogenität des Raumes
– das Prinzip der Euklidizität des Raumes[27].

Außer diesen z. T. von Reichenbach genannten Prinzipien, die zunächst alle in Sätzen ausgedrückt werden, wären zu nennen:
– das Prinzip der allgemeinen Gesetzlichkeit (ein Experiment genügt zum Beweis eines Satzes; Bedingungen, die nur in bezug auf Raum- und Zeitlage verschieden sind, haben gleiche Folgen, abgesehen von Raum- und Zeitlage)

- das Prinzip der durchgehenden realen Verknüpfung der Gegenstände, die die Totalität, d. h. die Welt einer Wissenschaft ausmachen
- das Prinzip der Einheit aller Sätze einer Wissenschaft als Erkenntnissystem
- das Prinzip der Kausalität; jede Veränderung hat eine andere Veränderung zur Ursache
- das Prinzip der Beobachtbarkeit
- das Prinzip der Beweisbarkeit; alle Sätze einer Wissenschaft müssen sich beweisen lassen
- das Prinzip der Deduktion
- das Prinzip der logischen Widerspruchslosigkeit empirischer Gesetze.

Diese verschiedenen Axiome wird man nicht alle auf die gleiche Stufe stellen können. Das Prinzip der Stetigkeit der Gesetze, d. h. der Umstand, daß in der Entwicklung einer Wissenschaft die neuen Gesetze die alten, nun abgewiesenen Gesetze so in sich aufnehmen müssen, daß die alten Gesetze für die Reihe der bisher untersuchten Fälle eine genügende Annäherung an die neuen Gesetze bilden, wird man mit dem Prinzip der Stetigkeit des Raumes oder dem der Homogenität des Raumes nicht auf eine Stufe stellen dürfen. Das erste ist ein in allen Wissenschaften gültiges Prinzip des Fortschritts der Erkenntnis (das übrigens nur für Wissenschaften, die sich bereits in einer ruhigen Fortentwicklung befinden, gilt); das zweite Prinzip ist ein Prinzip der Metrik des Raumes oder der Metrik der physikalischen Gebilde in bezug auf ihre Ordnung im Nebeneinander der Genidentitätsreihen.

Die Prinzipien, die den Fortgang der Erkenntnis betreffen, seien *«erkenntnistheoretische Prinzipien»* genannt. Sie betreffen den Gang, oder wie man auch sagt, die Methode der Erkenntnis. Die anderen sind *«Axiome der Metrik»*.

Die erkenntnistheoretischen Prinzipien sind für alle Wissenschaften gleich, da ja Ziele und Methoden der Erkenntnis ihrem Wesen nach in allen Wissenschaften die gleichen sind: immer gilt es, ein System durchgehend richtiger Sätze zu schaffen, selbst wenn größtmögliche Verschiedenheiten in erkenntnistheoretischer Hinsicht bestehen; also auch dann, wenn es sich um die Erkenntnis eines einzelnen Individuums oder um die Erkenntnis einer Totalität von Gegenständen handelt. In erkenntnistheoretischer Hinsicht sind Unterschiede zwischen verschiedenen Wissenschaften nur nach zwei Richtungen möglich: 1) nach der *praktischen Bedeutsamkeit,* die die einzelnen erkenntnistheoretischen Prinzipien in verschiedenen Wissenschaften, in bestimmten Entwicklungsstadien derselben haben; und 2) nach den *Formen,* in denen die erkenntnistheoretischen Prinzipien in verschiedenen Wissenschaften zum Ausdruck kommen.

Im Gegensatz zu den inhaltlich fundamentalen Sätzen (1) sind die erkenntnistheoretischen Prinzipien für die betreffende Wissenschaft a priori, d.h. sie werden nicht innerhalb dieser Wissenschaft bewiesen. Sie enthalten im Gegensatz zu den Sätzen der ersten Gruppe keine Aussagen über Eigentümlichkeiten der speziellen Gegenstände oder über die Gesetze von Gegenständen. Vielmehr sind sie Prinzipien, die aus dem Ziel und dem Weg des Erkennens folgen. Sie sind die Mittel zum Schaffen eines positiven Zusammenhangswertes[28].

3) Außer den erkenntnistheoretisch a priorischen Prinzipien gibt es noch *wissenschaftstheoretische Sätze.* Auch sie sind a priorisch in bezug auf die Wissenschaften, in denen sie gelten, aber sie folgen nicht aus dem Wesen, dem Ziel und der Methode der Erkenntnis, sondern aus der Natur des Gegenstandes oder aus dem Standpunkt oder der Betrachtungsweise der betreffenden Wissenschaft.

Die Gegenstände einer Wissenschaft bilden eine Totalität, d.h. es gibt nichts außer ihnen, das nicht selbst Gegenstand eben dieser Wissenschaft ist. Man kann von einem dieser Gegenstände zum anderen und so ins Unendliche fortgehen, ohne je auf etwas anderes als auf Gegenstände dieser Wissenschaft zu stoßen. Dieser Umstand gilt für jede Wissenschaft im Sinne der Wissenschaftslehre: die Gegenstände einer Wissenschaft bilden immer eine Totalität. Und doch sind die Gegenstände der verschiedenen Wissenschaften nicht einheitlich: die Gegenstände verschiedener Wissenschaften stehen nicht «nebeneinander» wie Gegenstände ein und derselben Wissenschaft, oder anders, die Einzelgegenstände der verschiedenen Wissenschaften gehen nicht in eine einzige Totalität von Gegenständen ein. Jede Wissenschaft befaßt sich vielmehr lediglich mit den Unterschieden der zu *einer* Totalität, zu einer Welt gehörenden Gegenstände. Die *Art* der Unterschiede der Gegenstände verschiedener Wissenschaften kann auf diese Weise nie Untersuchungsobjekt der betreffenden Wissenschaften sein; ja dieses Faktum der Verschiedenheiten der Totalitäten kann in ihr explizit nie hervortreten, da sie nie nach der Eigenart der Totalität als solcher fragt. Die Frage z. B. nach dem Wesen der Natur wird in der Physik mit Recht als metaphysisch abgelehnt. Stellt man dagegen mit Hilfe der Wissenschaftslehre diese Gegenstandstotalitäten einander gegenüber und untersucht man die Verschiedenheit der Gegenstände, auf der die Zugehörigkeit des betreffenden Gegenstandes zu der betreffenden Totalität beruht, kommt man zu Unterschieden von a priorischer Art, die zwar nicht Gegenstand der Untersuchung der betreffenden Wissenschaften sind und daher auch im Fortschritt dieser Wissenschaften keiner Wandlung unterliegen, die aber doch ihren Gegenstandsbegriff grundlegend beeinflussen, ja konstituieren. Diese Eigentümlichkeiten des Gegenstandsbegriffes lassen sich in einer Reihe von Sätzen darstellen, die als *«wissenschaftstheoretische Prinzipien»* bezeichnet seien.

Es ist hier gleichgültig, ob man von Unterschieden der Gegenstandstotalitäten oder von Verschiedenheiten des Standpunktes oder der Betrachtungsweisen der verschiedenen Gegenstände spricht. Statt davon zu sprechen, daß es sich hier um verschiedene Gegenstandsarten handelt, kann man auch unter der Annahme der Identität des letzten Objektes aller Wissenschaft davon ausgehen, daß das reine Objekt in verschiedenen Wissenschaften unter jeweils anderen Standpunkten betrachtet wird. Die als wissenschaftstheoretische Prinzipien bezeichneten Sätze würden dann also nicht als ein Ausdruck der Eigenart der betreffenden Gegenstands-Totalität gelten, sondern als ein Ausdruck des Standpunkts oder der Betrachtungsweise der betreffenden Wissenschaft. Auch so bleibt der Unterschied zu den erkenntnistheoretischen Prinzipien vollkommen bestehen.

11. Zur Methode der vergleichenden Wissenschaftslehre

[A*] Die Unterscheidung der fünf Hauptepochen der Wissenschaftsentwicklung[29] von der protowissenschaftlichen bis zur axiomatischen ist – um dies noch einmal zu betonen – eine durchaus vorläufige. Auf die Möglichkeit von Aussagen über Zwischenepochen wurde bereits hingewiesen. Es wurde auch hervorgehoben, daß die Epochen innerhalb der verschiedenen Wissenschaften zeitlich nicht völlig übereinzustimmen brauchen. Ja, es ist recht unwahrscheinlich, daß nicht auch stark von diesem Modell abweichende Entwicklungsverläufe einzelner Wissenschaften vorkommen sollten. Hier sei nur auf die Unterschiedlichkeit der Entwicklungsgeschwindigkeit hingewiesen, mit der sich Physik einerseits, Geschichtswissenschaft andererseits entwickelt haben. So wird erst die wissenschaftstheoretische Erforschung der Entwicklung jeder einzelnen Wissenschaft eine solide Grundlage für die Beantwortung der Frage nach der Gültigkeit des Modells abgeben.

Natürlich spielt bei der wissenschaftstheoretischen Untersuchung der Wissenschaftsentwicklung die Anwendung der vergleichenden Methode eine ausschlaggebende Rolle. In einem vergleichenden Vorgehen ist aber die Erfassung mindestens *eines* Entwicklungstypus – und mag sie noch so vorläufig sein – allerdings unerläßlich. Denn erst im Vergleich zu diesem so herausgearbeiteten Entwicklungstypus wird eine genauere Charakterisierung der zu vergleichenden Perioden der Wissenschaftsentwicklung im Längs- und Querschnitt möglich sein.

Die wissenschaftstheoretische Entwicklungslehre kann zudem den einzelnen Momenten im Längsschnitt nachgehen und die Geschichte der Unterteilungen einer Wissenschaft, der Spaltung oder Vereinigung von Disziplinen usw. verfolgen.

Auf die allmähliche Ausbreitung der Idee der Gesetzlichkeit, die sich erst verhältnismäßig spät in ihrer vollen Schärfe und Konsequenz durchsetzt, ist bereits hingewiesen worden[30]. In der Kultur- und Geschichtswissenschaft ist diese Idee zum gegenwärtigen Zeitpunkt grundsätzlich umstritten. Das könnte damit zusammenhängen, daß die Entwicklung der Systematik in diesen Disziplinen noch kaum begonnen hat. Immerhin hatte sich in der entsprechenden Entwicklungsperiode der Biologie, d. h. bis in die ersten Anfänge der konditional-genetischen Begriffsbildung hinein, der Gedanke der strengen Gesetzlichkeit des Lebens auch noch nicht durchgesetzt. Ähnlich liegen die Verhältnisse in der heutigen Psychologie, der Jurisprudenz, der Sprachwissenschaft usw.

Die wissenschaftstheoretische Entwicklungslehre wird sich in der Untersuchung derartiger spezieller Eigentümlichkeiten einer Wissenschaft (z. B. in der Herausarbeitung des einzelwissenschaftlichen Gesetzesbegriffes oder der Abgrenzung des einzelwissenschaftlichen Gegenstandsgebietes) vor der *Isolierung* gegenüber der allgemeinen Situation der jeweils betrachteten Entwicklungsperiode hüten müssen. Dennoch darf sie sich nicht mit den Wissenschaften als abstrakten Ganzheiten beschäftigen, sondern muß der Entwicklung der einzelnen Wissenschaften nachgehen.

Nicht weniger wichtig als die Analyse einzelner Wissenschaften und Entwicklungsperioden dürfte gerade für die konkrete wissenschaftstheoretische Forschung die Untersuchung ganz spezieller Lehren sein. Das Verfolgen eines besonderen Problems über verschiedene Entwicklungsperioden hinweg bietet außer der besseren Überschaubarkeit den Vorteil einer gewissen Konstanz des inhaltlichen Faktors. Allerdings wird man hier – wie bei den übrigen Fragen der Entwicklungslehre – nicht nur jene Lehrmeinungen heranziehen dürfen, die einen positiven Beitrag zum Fortschritt der betreffenden Wissenschaft und zur Erreichung des heutigen Entwicklungsstandes geleistet haben. Schließlich wird man gut daran tun, die Bedeutsamkeit der untersuchten speziellen Lehren für die Wissenschaften, denen sie angehören, nicht aus dem Auge zu verlieren.

[B*] Der Ansicht gegenüber, daß nur nahverwandte Wissenschaften mit Nutzen vergleichbar sind, ist zu bemerken:

Allgemein besagt diese Ansicht soviel wie: Analogieschlüsse kann man nur innerhalb enger Bereiche ziehen, sonst wird der Vergleich schief. Es liegt hier die Annahme vor, daß die Vergleichbarkeit an gewisse Voraussetzungen gebunden ist, was ein durchaus richtiger Gedanke ist. Als Kriterium für die Vergleichbarkeit wird dabei jedoch eine relativ große Übereinstimmung *aller* Eigenschaften der betreffenden Wissenschaften vorausgesetzt, analog etwa der Voraussetzung des Schlusses vom Tier auf den Menschen in der Vergleichenden Psychologie, also entsprechend dem sog. Analogieschluß. Der Schluß aufgrund des Vergleichs wird also *eo ipso* als Analogieschluß gedacht. Das heißt, man denkt lediglich an Schlüsse der folgenden Form: zwei Wissenschaften stimmen in mehreren Punkten überein, außerdem besitzt die eine ganz bestimmte Eigenschaft, folglich wird auch die andere Wissenschaft diese Eigenschaft besitzen. Der Vergleich steht hier also 1) ganz im Dienste eines Schlusses auf irgendwelche im voraus bestimmte Eigenschaften der verglichenen Wissenschaften (d.h. der Schluß soll die Eigenschaft in einer der beiden Wissenschaften beweisen) und 2) ist es immer ein Schluß von Gleichem auf Gleiches.

ad 1) Der Analogieschluß in dem hier benutzten Sinne ist kein Beweis im wissenschaftlich stringenten Sinne. Er ist als Beweismittel unzulässig und höchstens als Werkzeug zur Gewinnung einer Arbeitshypothese brauchbar. Er bezweckt ferner den Schluß auf «beschreibbare» Eigenschaften, also auf Eigenschaften, die in Wirklichkeit gar nicht zu «erschließen» sind (außer aufgrund eines umfassenden Systems), die vielmehr durch wahrnehmende Beschreibung zu ermitteln sind.

ad 2) Der Schluß von der Übereinstimmung zweier Wissenschaften in einer bestimmten Hinsicht auf ihre Übereinstimmung in anderer Hinsicht ist nur dann zulässig, wenn andererseits der notwendige Zusammenschluß beider Eigenschaften bewiesen ist, so daß ein Analogieschluß gar nicht mehr nötig ist.

Der Vergleich in der vergleichenden Wissenschaftslehre dient demgegenüber zunächst nicht dem Beweis, daß bestimmte Wissenschaften bestimmte Eigenschaften besitzen. Vielmehr ist der Besitz dieser Eigenschaften durch direkte Beschreibung zu ermitteln. Der Vergleich dient lediglich der Beschreibung: die vergleichende Beschreibung ist technisch leichter und exakter durchführbar als die nicht vergleichende, gleichsam absolute. Sie ist prinzipiell auf keinen bestimmten Ähnlichkeitsgrad der verglichenen Wissenschaften eingeschränkt. Ich kann und muß höchst unterschiedliche Wissenschaften ebenso vergleichen wie nah verwandte, wenn ich zu einem System der Wissenschaften gelangen will. So ist letztlich der Gesichtspunkt, die Hinsicht des Vergleichs das entscheidende Moment.

Ein durchgehender Vergleich sämtlicher Eigenschaften zweier Wissenschaften wird allein im allgemeinen bei verwandten (wenn auch nicht unbedingt ähnlichen) Wissenschaften meist zweckvoller sein, so lange es sich um eine Beschreibungsklassifizierung handelt.

B. Die Lehre von den Wissenschaften als Ganzheiten

1. Fragestellung

[A*] Wenn wir der in Untersuchungen über die Wissenschaften herrschenden spekulativen Geisteshaltung folgten, müßten wir zunächst und vor allem die Frage nach dem Wesen, d. h. nach dem, was überhaupt *als Wissenschaft* anzusprechen ist, aufwerfen. Wir haben jedoch gesehen, daß es beim gegenwärtigen Stand der Wissenschaftslehre zweifelhaft ist, ob die Frage in dieser Form als sinnvoll interpretiert werden kann. Ihre Beantwortung erfordert eine Abgrenzung der Wissenschaft von allem Außerwissenschaftlichen; derzeit läßt sich diese Abgrenzung jedoch nicht vollziehen. Wir werden hier daher jenen Fragen nachgehen, die sich durch Vergleiche oder durch sonstiges Inbeziehungsetzen der Gebilde *innerhalb* des Gebiets der Wissenschaftslehre beantworten lassen.

Wir fragen demgemäß zunächst zweierlei:
1. Welches sind die Bestandstücke einer Wissenschaft?
2. Wie unterscheiden sich Wissenschaften?

Das erstgenannte Problem ist wissenschaftstheoretisch äquivalent der Frage der Biologie nach der besonderen Beziehung der Teile eines Organismus zueinander, oder der Frage der Kunstwissenschaft danach, worauf die Einheit eines Kunstwerks beruht. Das an zweiter Stelle genannte Problem betrifft die Zugehörigkeit von etwas zu einer Wissenschaft; wesentlich für diese Zugehörigkeit scheint der spezifische Bezug zu den Sätzen einer Wissenschaft zu sein.

2. Die Unmöglichkeit der formal-logischen Bestimmung der Wissenschaft als Einheit

Man hat verschiedentlich von der wechselseitigen Beziehung aller wissenschaftlichen Sätze gesprochen und in dieser Einheit das Wesen der Wissenschaft erblickt. Versucht man, mit dieser Auffassung ernst zu machen und, wie es wohl naheliegt, die wechselseitige Beziehung als *Ableitungsbeziehung* zu präzisieren, dann sieht man unschwer, daß der Gedanke einer solchen Einheitswissenschaft falsch ist. Denn die Sätze der Physik lassen sich nicht aus mathematischen Sätzen ableiten. Und auch unter den sog. empirischen Wissenschaften lassen sich z. B. die ökonomischen Gesetze oder die Sätze der Geschichtswissenschaft zumal im jetzigen Zeitpunkt weder aus den Maxwellschen Gleichungen oder aus anderen physikalischen Sätzen deduzieren, obgleich es sich ohne Zweifel um wissenschaftliche

Sätze handelt. Die tatsächliche Entwicklung der Wissenschaften spricht auch – wie wir sahen – dagegen, daß eine derartige Ableitung in späteren Entwicklungsstadien möglich werden wird (in früheren Entwicklungsstadien ist sie nachgerade ausgeschlossen). Ein stingenter Beweis der Ableitungsunmöglichkeit wäre allerdings selbst für die gegenwärtig als Wissenschaften vorliegenden Begriffsgefüge erst aufgrund spezieller Erkenntnisse über die Bestandteile jeder einzelnen Wissenschaft gesondert zu führen.

Der Beweis der primitiven wechselseitigen Ableitbarkeit aber setzt, da ihre Behauptung ja nur als Aussage über die Begriffsgefüge (die später einmal die Wissenschaften ausmachen werden) sinnvoll ist, die Kenntnis der Entwicklungsgesetze der einzelnen Wissenschaften voraus. Es würde dafür also nicht genügen, die phänomenalen Eigenschaften der Entwicklungsperioden unterschiedlicher Wissenschaften zu kennen; sondern man müßte aus der Einsicht in die genetischen Beziehungen der unterschiedlichen Wissenschaften ein solches, den zukünftigen Weg aller Wissenschaften betreffendes Gesetz ableiten. Beim jetzigen Stand der Wissenschaftslehre kann ein solcher Ansatz jedoch nur reine Spekulation sein.

Für die bisher als Wissenschaften aufgetretenen Begriffsgefüge – und nur sie können wir vorerst im Auge haben – gilt die durchgängige, wechselseitige Ableitbarkeit jedenfalls nicht.

Man könnte nun versucht sein, die durchgängige, wechselseitige Ableitbarkeit wenigstens als Charakteristikum der zu ein und derselben Wissenschaft gehörenden Sätze zu verstehen. Aber auch dann wird unser Problem im Grunde nur in modifizierter Gestalt wiederholt. Denn es fragt sich ja, von welcher Art der Zusammenhang der Sätze einer Wissenschaft denn sein müßte. Wieder liegt es nahe – zumal, wenn man Physik und Mathematik im Auge hat – den Ableitungszusammenhang (im formal-logischen Sinne) als Kriterium anzusehen. Von einer tatsächlichen Ableitbarkeit aller zweifellos mathematischen oder physikalischen Sätze in einem geschlossenen System kann jedoch selbst in diesen Disziplinen keine Rede sein. Wenn man unter «Ableitbarkeit» nur eine, nach einer Umformung des Begriffsgefüges später einmal zu konkretisierende Möglichkeit verstehen will, könnte man diesem Kriterium für die Sätze der Mathematik und die allgemeinen Sätze (Gesetze) der Physik unter Umständen zustimmen. Es muß aber zumindest als fraglich erscheinen, ob die Sätze, in denen die phänomenalen Eigenschaften individueller Fälle beschrieben werden und die in Geschichte, Biologie, Ökonomie, aber auch in Physik und Chemie in großer Zahl auftreten, in solche einheitliche Ableitungszusammenhänge prinzipiell einzugehen vermögen. Es zeigt sich jedoch recht bald, daß selbst bei Bejahung dieser Frage die Zugehörigkeit eines Satzes zu einer bestimmten Wissenschaft unzweifelhaft feststeht, bevor eine Ableitung überhaupt möglich ist. Mag in der Periode der vorschnellen Systematisierung hin und wieder unklar sein, wie die Zugehörigkeitsfrage zu entscheiden ist, so ist sie in der Periode der vergleichenden Beschreibung jedenfalls angesichts der meisten Sätze klar beantwortet, obwohl Ableitungszusammenhänge noch keine wesentliche Rolle spielen. Und selbst in der konditional-genetischen und der axiomatischen Periode pflegt der Ableitungsversuch *erst aufgrund der Einsicht in die bereits festgelegte Zugehörigkeit* vorgenommen zu werden. Es muß also andere Kriterien für die Zugehörigkeit von Sätzen zu einer Wissenschaft geben als die formal-logische Ableitbarkeit, und zwar Kriterien, die die Ableitbarkeit ihrerseits erst möglich machen.

Die Diskrepanz zwischen dem Kriterium der Ableitbarkeit und demjenigen der Zugehörigkeit wird vollends deutlich, wenn man auf die unbewiesenen, nur wahrscheinlichen oder zweifelhaften und falschen Sätze Bezug nimmt, auf Sätze also, deren Adäquatheit gegenüber ihren Gegenständen noch nicht begründet ist oder gar nicht besteht.

Die Zahl der nur vermutungsweise aufgestellten Sätze ist in den meisten Wissenschaften außerordentlich groß. Der hypothetische Charakter derselben bedeutet jedoch keineswegs, daß auch die etwaige Zugehörigkeit zur Physik, Mathematik, Sprachwissenschaft oder Geschichte strittig wäre. Vielmehr besteht in der Mehrzahl der Fälle nicht der geringste Zweifel an der Zugehörigkeit hypothetischer Sätze zu bestimmten Wissenschaften. Das Ausschalten der hypothetischen Sätze aus den Satzgefügen einer Wissenschaft kommt für die Wissenschaftslehre schon deshalb nicht in Betracht, weil es sonst nicht ausgeschlossen ist, daß bei gewissen Disziplinen – nämlich den «allgemeinen Teilen» der empirischen Wissenschaften – keine Sätze mehr übrigblieben.

Ähnlich verhält es sich mit den *falschen* Sätzen. Der physikalische Charakter z. B. der Emissionstheorie des Lichtes ist nicht minder deutlich als derjenige der Wellentheorie, und die Gravitationslehre Newtons ist nicht weniger eine physikalische Theorie als die Einsteinsche. Der Satz «Die Odyssee ist eine Dichtung Homers» ist nicht weniger ein literarhistorischer Satz als «Die Odyssee ist ein Werk vieler Autoren». Der Versuch, falsche Sätze vom wissenschaftstheoretischen Gegenstandsgebiet auszuschließen, ist letztlich undurchführbar, denn damit entfielen große und wesentliche Teile der früheren Entwicklungsstufen der Wissenschaften, und es bestünde zudem die Notwendigkeit, die gegenwärtig geltenden Theorien auch auszuschließen, da sie in ferner Zukunft überholt sein dürften. Der Grad der Gesichertheit eines Satzes und die Tatsache, daß ein Satz einen Gegenstand nach derzeit geltenden Kriterien adäquat oder inadäquat wiedergibt, d. h. richtig oder falsch ist, sind für die Zugehörigkeit eines Satzes zu einer Wissenschaft völlig irrelevant.

Man kann schließlich eine dritte Überlegung anstellen, die freilich zum gleichen Ergebnis führt. Die Wissenschaftslehre kann nicht darüber entscheiden, ob eine bestimmte Theorie richtig oder falsch ist. Dazu fehlen ihr alle Hilfsmittel. Sie muß vielmehr die Lehren so hinnehmen, wie sie sie in den Einzelwissenschaften vorfindet. Wenn daher die Sätze einer Wissenschaft eine Eigenschaft besitzen und diese auch bestimmbar sein soll – d. h. wenn Wissenschaftslehre in dieser Hinsicht möglich sein soll –, so muß es im Prinzip gleichgültig sein, welche von zwei einander widersprechenden Theorien für die wissenschaftstheoretische Untersuchung der Eigenschaft der betreffenden Wissenschaft als Beispiel dient. Auch so muß man also voraussetzen, daß die wissenschaftstheoretisch beschreibbaren Charakteristika den inadäquaten Sätzen nicht minder zukommt als den adäquaten. Allerdings ist hier eine gewisse Einschränkung zu machen: die Unrichtigkeit einer Theorie beruht bisweilen darauf, daß ihr wissenschaftstheoretisch fremde Begriffe beigemengt werden.

Aus diesem Sachverhalt erhellt zugleich die Unzulässigkeit eines Verfahrens, das darin besteht, die spezifische Eigenart einer Theorie in der Beziehung zu einer Gegentheorie zu erblicken. Wenn man etwa die *geisteswissenschaftliche* Psychologie als eine Sonderdisziplin von der *experimentellen* Psychologie abgrenzt, so darf das jedenfalls nicht durch einen Hinweis auf Eigentümlichkeiten z. B. der Assoziationstheorie geschehen, die von anderen Theorien der experimentellen Psychologie nicht übernommen werden; vielmehr müßte man nur auf solche Eigentümlichkeiten eingehen, die den beiden sich widersprechenden Theorien zukommen.

Mit dem Hinausgehen über den Bereich der richtigen Sätze entfällt endgültig die Möglichkeit, das Gebiet der zu ein und derselben Wissenschaft gehörenden Sätze durch die gegenseitige Ableitbarkeit zu bestimmen, selbst wenn unter «Ableitbarkeit» auch die spätere Möglichkeit einer tatsächlich zu vollziehenden Ableitung verstanden wird. Denn in den einheitlichen Ableitungszusammenhang einer Wissenschaft sollen doch nur die *richtigen* Sätze eingehen. Gerade die Entwicklungsperioden, in denen der Ableitungszusammenhang der Sätze eine wesentliche Rolle spielt – wie etwa in der gegenwärtigen Physik –, zeigen mit aller Deutlichkeit, daß die dauernde Umformung dieser Satzgefüge nicht nur auf eine Erweiterung zielt, so daß möglichst alle richtigen Sätze in das einheitliche Ableitungssystem eingehen; sie nimmt nicht minder darauf Bedacht, daß *nur richtige Sätze* durch Ableitung gewonnen werden. Dieser letzte Gesichtspunkt steht nicht selten sogar im Vordergrund der Forschungsarbeit. Die Falschheit einer Theorie kann nämlich unter Umständen endgültig bewiesen werden, während dies bei der Richtigkeit nicht der Fall ist. Damit ist aber gezeigt, daß der Ableitungszusammenhang nur einen Teil der Sätze umfaßt, denen die Zugehörigkeit zu einer bestimmten Wissenschaft in unserem Sinne nicht abgesprochen werden kann.

Andererseits lassen sich allerdings nur solche Sätze ableiten, die derselben Wissenschaft angehören. Verschiedene Disziplinen innerhalb einer Wissenschaft dürfen dann jedoch nicht als verschiedene Wissenschaften angesehen werden; Physik und Chemie, sofern sie durch einen Ableitungszusammenhang verknüpft sind, bilden entsprechend eine einzige Wissenschaft. Die Ableitbarkeit von Sätzen mag also das eindeutige Zeichen der Zugehörigkeit derselben zu einer Wissenschaft sein[31]. Sie ist aber nicht die notwendige Eigenschaft aller ein und derselben Wissenschaft zugehörigen Sätze. Demnach wäre die Zugehörigkeit verschiedener Sätze zu einer Wissenschaft als Voraussetzung ihrer Ableitbarkeit und als wissenschaftstheoretisch fundamentale Eigenschaft anzusprechen.

Mit der Tatsache, daß die Mehrzahl der Sätze in jeder Wissenschaft (auch in der Mathematik) und in jeder Entwicklungsperiode nicht auseinander ableitbar sind, und daß ferner gewisse Gruppen von Sätzen prinzipiell außerhalb des Ableitungszusammenhangs stehen, ist die *Unmöglichkeit einer formal-logischen Bestimmung der Wissenschaftseinheiten* dargetan.

3. Die Unmöglichkeit der methodologischen Bestimmung der Wissenschaft als Einheit

Man könnte nun versuchen, das Moment der Geschlossenheit einer Wissenschaft im *Methodischen* zu suchen.

Der Terminus «Methode» erfreut sich seit der Ausbreitung der Erkenntnistheorie einer großen Beliebtheit und wird vielfach derart ausgeweitet, daß er alles nicht unmittelbar Gegenständliche erfaßt. So hat man beispielsweise den Unterschied zwischen Nomothetik und Idiographie einen methodischen genannt. Man spricht ferner von einer exakten, mathematischen, axiomatischen, kritischen, materialistischen, von einer deduktiven und einer induktiven Methode. Angesichts eines derart vagen Gebrauchs des Terminus dürfte es angebracht sein, die Anwendung des Methodenbegriffs einzuschränken.

Man kann von einer *Methode der Forschung* und von einer *Methode der Darstellung* sprechen. Zum Bereich der Forschungsmethoden gehören z. B. die verschiedenen Färbungsmethoden der Histologie. Es gibt eine Unzahl von Methoden, chemische Gebilde darzustellen und deren Eigenschaften zu erforschen – Methoden der qualitativen und der quantitativen Analyse. Ein prinzipieller, d. h. für ganze Gruppen von Spezialmethoden charakteristischer Unterschied ist derjenige zwischen statistischer und experimenteller Methode, wie er gegenwärtig etwa in der experimentellen Psychologie so wichtig ist (sofern man unter «statistischer Methode» nicht das Mathematische der Auswertung von Ergebnissen versteht[q]). Dem Unterschied liegt der Gegensatz zwischen einem Verfahren, das durch Bildung von «Kollektivgegenständen» und Bestimmung von Durchschnittswerten zur Einsicht in wesentliche Eigenschaften zu gelangen sucht, und einem völlig anderen Verfahren zugrunde, das an Einzelbeispielen mittels Eliminierungs- und Analyseprozessen Gesetzmäßigkeiten aufzudecken sich anschickt.

Läßt sich der Zusammenhang einer Wissenschaft auf die Einheit der Methode in diesem Sinne zurückführen? Es braucht kaum nachgewiesen zu werden, daß dies nicht möglich ist. Methoden haben sich nach den Eigenschaften der speziellen Forschungsgegenstände zu richten. Aus diesem Grunde pflegt ja eine Einzelwissenschaft in einem bestimmten Zeitpunkt eine außerordentlich große Menge z. T. stark voneinander abweichender Methoden zu gebrauchen. Die Anzahl der Spezialmethoden in der Physik ist nur schwer abschätzbar, und die Bearbeitung fast jeder neuen Frage drängt zur Bildung neuer oder doch zur Modifikation oder Kombination alter Methoden. Die Physik bedient sich sowohl der experimentellen wie der statistischen Methoden. Durch theoretisches Durcharbeiten und durch kritische Sichtung der gegenseitigen Verträglichkeit bekannter Sätze versucht sie, neue Entdeckungen zu machen oder Fragen aufzuwerfen, die erst später experimentell bearbeitet werden. Sehr viele Arbeiten der Physik suchen andererseits bis in die Gegenwart hinein, durch relativ untheoretisches Gewinnen von Daten eine möglichst eingehende Aufklärung über die Natur irgendwelcher unerklärter Erscheinungen zu leisten.

Die Biologie verwendet ebenfalls Statistik und Experiment und nicht selten auch Methoden, die die beiden Hilfsmittel miteinander kombinieren. Auch hier gibt es eine außerordentlich reichhaltige Spezialmethodik. Die Versuche an überlebenden Organen und die Vivisektion in der Physiologie, viele sog. graphische Methoden in der Erforschung des Wachstums und anderer physiologischer Vorgänge, ferner mikroskopische Methoden, etliche Färbungsmethoden usw. gelangen in dieser Wissenschaft fortlaufend zur Anwendung. Doch auch ausgesprochen historisch anmutende Methoden der Dokumentenforschung sind im Hinblick auf die Untersuchung fossiler Arten entwickelt worden.

In der Psychologie kennt man nicht nur eine große Zahl von Spezialmethoden auf sinnespsychologischem, willens- und denkpsychologischem Gebiet, sondern auch die Methode der Selbstbeobachtung und diejenige der Fremdbeobachtung. Die Psychologie benutzt zur Untersuchung geistiger Leistungen ferner Experiment und Statistik.

Philologie und Geschichtswissenschaft haben vor allem die Methoden der Dokumentforschung, der Textkritik usw. ausgearbeitet. Auch sie stellen ähnlich wie die Ökonomie häufig statistische Untersuchungen an. So hat die Philologie z.B. für die Feststellung der Aussprache eines Wortes zu einer bestimmten Zeit eine Fülle von Spezialmethoden entwickelt.

Faßt man den Terminus «Methode» also im eigentlichen Sinne auf und nimmt man die verschiedenen Methodiklehrbücher der verschiedenen Wissenschaften zur Hand, so findet man eine erstaunliche Mannigfaltigkeit von Methoden, und dies um so mehr, je entwickelter eine Wissenschaft ist. Die Wissenschaften sind – übrigens mit Recht –, was die Forschungsmethoden betrifft, durchaus skrupellos. Anders gesagt, es ist ihnen jedes Mittel recht, sofern es nur zum gewollten Ziel – zur Erkenntnis – führt. Sieht man von den Aussagen sehr junger Disziplinen über sich selbst ab, die bisweilen *nur eine* Methode (und zwar meist die der reinen, unmittelbaren Beschreibung) verwenden zu müssen glauben[32], so trifft man nirgends auf Wissenschaften, die sich mit lediglich einer Forschungsmethode begnügen würden.

Man könnte jedoch geneigt sein, wenn nicht die individuellen Wissenschaften als Einheiten, so doch wenigstens bestimmte einheitliche Wissenschaftsgruppen nach unterschiedlichen Methoden zu identifizieren. So wäre es denkbar, auf die Verwendung des Experiments lediglich in den Naturwissenschaften hinzuweisen. Aber zum einen haben zweifellos gute Naturwissenschaften – wie die Biologie – das Experiment im eigentlichen Sinne in bestimmten Perioden gar nicht gekannt[33]. Und zum anderen ist nicht einzusehen, warum es prinzipiell (und nicht etwa zu bestimmten Zeiten bloß aus technischen Gründen) ausgeschlossen sein soll, z. B. in der Ökonomie gewisse Fragen mit Hilfe von Versuchsfabriken (analog den Versuchsschulen) in Angriff zu nehmen, sind doch willentlich gesteuerte Eingriffe größten Ausmaßes in wirtschaftliche Prozesse, wenn auch nicht aus wissenschaftlicher Absicht, so doch mit politischer Zielrichtung schon häufig genug vorgekommen.

In geschichtlichen Fragen können Experimente allerdings – dies gilt sowohl für die Kulturgeschichte wie auch für die Erd- und Himmelsgeschichte – höchstens sehr indirekt zur Forschung beitragen. Doch existiert diese indirekte Unterstützung durch das Experiment immerhin, und zudem ist der geringe Gebrauch dieses Hilfsmittels nur Folge der für diese Disziplinen charakteristischen Fragestellungen. Hier ist, wie früher in Anbetracht der Verschiedenheiten der Spezialmethoden, der Unterschied nicht primär, sondern Konsequenz der Problemstellungen und der besonderen Eigenschaften der untersuchten Gegenstände.

Endlich ist darauf hinzuweisen, daß die Methoden während des Entwicklungsverlaufs einer Wissenschaft starken Veränderungen zu unterliegen pflegen. So glaubte man noch in der zweiten Hälfte des 19. Jahrhunderts, die Biologie als nicht-experimentelle, beschreibende Naturwissenschaft der experimentellen, erklärenden Physik und Chemie gegenüberstellen zu müssen.

Zusammenfassend wäre über die Unterschiede der Methoden innerhalb der Einzelwissenschaften und im Vergleich über die Wissenschaften hinweg folgendes zu sagen: eine Wissenschaft verwendet (zumeist) nicht eine, sondern mehrere und verschiedenartige Methoden. Die verwendeten Methoden unterliegen im Verlauf der wissenschaftlichen Entwicklung beträchtlichen Veränderungen. Häufig werden dieselben Methoden in einer Mehrzahl von Wissenschaften zur Anwendung gebracht. Will man also die Wissenschaften nach Methoden klassifizieren, kann es sich bei diesem Klassifikationskriterium höchstens um ein Mehr oder Weniger der Benutzung bestimmter Methoden handeln[34, r]. Die Unterschiede der Methode besitzen nirgends eine primäre, wesentliche Bedeutung, sondern sind Ausdruck der Eigenarten der Untersuchungsgegenstände und der Fragestellungen (wie auch des Entwicklungsstandes der allgemeinen Methodik)[35].

[B*] Die Prinzipien der Erkenntnistheorie werden häufig als «methodologische Prinzipien» bezeichnet. Die *Erkenntnistheorie* wird als Methodenlehre zusammen mit der Elementarlehre in die Logik eingeordnet. Diese Bezeichnung ist insofern richtig, als die Erkenntnistheorie vom Gang, also von der Methode der Erkenntnis handelt. (Allerdings handelt die Erkenntnistheorie nicht nur vom Gang, sondern auch vom Ziel der Erkenntnis.) Jedenfalls sieht sie vom Inhalt der Erkenntnis ab, sofern damit der einzelne, konkrete Inhalt einer wissenschaftlichen Aussage gemeint ist: die Erkenntnistheorie als Lehre von dem Methodischen der Erkenntnis befaßt sich z. B. mit der Deduktion und der Induktion, dem Stufengang der Erkenntnis in den einzelnen Wissenschaften, mit der Verwendung von Substanz- und Funktionsbegriffen, mit der Idee des Systems usw.

Außerdem gibt es noch einen anderen Begriff von *Methodenlehre*. Nach diesem Begriff beschäftigt sie sich nicht mit den Methoden des Erkenntnisvorganges im Sinne der Erkenntnislehre, sondern mit den Methoden der Technik im Sinne der Hantierung, mit den Kunstgriffen der einzelnen Wissenschaften und der Zweige einer Wissenschaft usw. So gibt es z. B. eine Methodenlehre für das Mikroskopieren, das Färben von Schnitten, das Präparieren, das Färben der Zellen im lebenden Organismus. In diesem Sinne verwendet die Paläontologie auch bestimmte Methoden zur Erkenntnis des Alters eines Fossils. Die Astronomie hat Methoden zur Feststellung von Sternbewegungen und Stellungen entwickelt (fotografische und Spektralmethoden); die Chemie kennt die Methode der Fraktionierung, neuerdings die der wiederholten Kristallisation zur Trennung verwandter Stoffe; es gibt Methoden der Spektralanalyse mit Hilfe der Lummer-Gehrschen Platte[8]; die Psychologie entwickelt gegenwärtig intensiv die Methode der Selbstbeobachtung weiter. Es gibt Methoden der Darstellung bestimmter Erlebnisse. Analyse und Synthese spielen als verschiedene Methoden des Experiments in allen experimentellen Wissenschaften eine große Rolle (besonders entwickelt in der Chemie). Auch der Begriff des Vergleichs im Terminus «Vergleichende Sprachwissenschaft» hat eine in diesem Sinne methodische Bedeutung. Denn auf Vergleichen und vergleichendem Beziehen beruht alle Beschreibung, so daß erkenntnistheoretisch die sog. vergleichende Methode nichts besonderes besagt. Die Methodenlehre, die sich mit diesen Fragen beschäftigt, ist eine Kunstlehre, und zwar nicht eine Kunstlehre für die allgemeinen Regeln des wissenschaftlichen Erkennens (wiewohl sie natürlich von dieser Lehre stark abhängig ist), sondern für die Erforschung ganz bestimmter Fragen und Fragenkomplexe, die sich allerdings z. T. in den verschiedenen Wissenschaften wiederholen.

Erkenntnistheorie und Methodenlehre sind also grundsätzlich zu unterscheiden. [C*] Die Erkenntnistheorie faßt die Wissenschaft auf als eine Arbeit, durch die ein Gegenstand stufenweise erkannt werden soll. Mit Recht betont man dabei die große Bedeutung der Prinzipien der Bearbeitung, die sich bereits am Begriff der wissenschaftlichen Tatsache bemerkbar machen. Denn auch das, was man wissenschaftlich eine «Tatsache» nennt, trägt schon dadurch, daß ihm die wissenschaftliche Position der Tatsache zugesprochen wird, den Stempel der wissenschaftlichen Bearbeitung. Aber darüber hinaus etwas wissenschaftlich völlig Unbearbeitetes wissenschaftlich erfassen zu wollen, ist nicht möglich. So zeigt die neuere Erkenntnistheorie, daß das gegebene reine Objekt, die letzte Wirklichkeit, selbst schließlich nur noch als eine nicht näher bestimmbare *Idee*, als eine *Aufgabe* der Wissenschaft zu Begriff gebracht werden kann. Trotzdem fällt darum auch für die neuere Erkenntnistheorie der Begriff des Gegenstandes nicht fort, sondern er wird nur relativiert: es gibt nicht mehr einen genau bestimmten, im Sinne der Wissenschaft fertig gegebenen Gegenstand, der einfach abgebildet zu werden braucht, sondern wissenschaftlich unterschieden wird nur noch ein mehr oder weniger weit bearbeiteter, ein mehr oder weniger eindeutig bestimmter Gegenstand. Die prinzipielle Auffassung der Erkenntnistheorie, daß nämlich die Wissenschaft einen Gegenstand darzustellen, und zwar durch einen stufenweise fortschreitenden Prozeß zu einem wissenschaftlich möglichst eindeutig bestimmten und somit erkannten Gegenstand zu machen hat, bleibt also auch in der neueren Erkenntnistheorie völlig gewahrt. Gerade die Relativität des Gegenstandes läßt diesen Prozeß des Fortschreitens bei der Bestimmung noch stärker hervortreten und hebt so die Frage nach den verschiedenen Stufen der Erkenntnis des Gegenstandes in den Mittelpunkt des Interesses. Im Vordergrund der Untersuchung nicht nur der Erkenntnistheorie, sondern auch der gesamten Philosophie steht daher neuerdings die Frage nach der Methode und den Etappen dieser Bestimmung, nach Induktion und Deduktion, nach Beschreibung und Erklärung.

Hierauf ist es wohl zurückzuführen, daß man diesen erkenntnistheoretischen Standpunkt auch für die *Einteilung* der Wissenschaften wieder stärker heranzuziehen sucht. Der Gedanke, die verschiedenen wissenschaftlichen Methoden als Einteilungsprinzip zu benutzen, hat sich dabei immer mehr als undurchführbar erwiesen, wenn man auch noch hin und wieder mit Hilfe des Methodenbegriffs die Identität oder Verschiedenheit zweier Wissenschaften nachzuweisen sich bemüht. Es hat sich herausgestellt, daß die Methode und das Ziel der Erkenntnis in allen Wissenschaften immer die gleichen sind: der relativ unbestimmte Gegenstand wird eindeutiger bestimmt, und zwar prinzipiell mit den gleichen Mitteln. Die Idee der *Einheit* aller Wissenschaften, und zwar der Einheit kraft ihrer Methode, wird so geradezu in den Mittelpunkt der ganzen Erkenntnistheorie gerückt; und damit wird zugleich der Gedanke nahegelegt, daß die Unterschiede der Wissenschaften nur in dem *Grade* der Bearbeitung des Erkenntnisgegenstandes zu suchen sind. So kommt man zu einer Stufenleiter der Wissenschaften, in der die höhere Wissenschaft alle vorhergehenden als Grundlagen voraussetzt. Die Aufgabe jeder Einzelwissenschaft ist es dann, die Erkenntnis des Gegenstandes bis zu einer bestimmten Etappe zu vollziehen; auf dieser Stufe wird er dann von einer anderen Wissenschaft übernommen, die ihn wieder eine Strecke weiter bearbeitet, und so fort. In diesem Sinne dient die Mathematik der Physik als Grundlage, die Physik der Botanik, die Psychologie den Geisteswissenschaften. Am schärfsten hat die neukantianische Schule (Natorp, Cassirer) eine derartige Einteilung der Wissenschaften, vor allem für Mathematik und Physik, angeboten. Auch die viel gebrauchte Unterscheidung der Wissenschaften in erklärende und beschreibende hält den erkenntnistheoretischen Standpunkt fest. Wird dieser Standpunkt voll durchgeführt, was allerdings selten geschieht, so kommt man etwa auf die Reihe: Logik, Mathematik, Physik, Biologie, Geschichte. Dabei enthält dann die Geschichte den voll erkannten Gegenstand der Wissenschaft überhaupt und schließt alle übrigen wissenschaftlichen Erkenntnisse mit ein.

Neben diesem erkenntnistheoretischen Standpunkt, für den die Wissenschaft notwendig zu *einem* kontinuierlichen Prozeß der Erkenntnisse von Gegenständen wird, bei dem man nur verschiedene Grade der Erkenntnis zu unterscheiden hat, gibt es einen zweiten Standpunkt für die Einteilung der Wissenschaften, den ich den «wissenschaftstheoretischen» nennen will. Zwar wird dabei ebenso wie in der Erkenntnistheorie nicht danach gefragt, was ein physisches Gebilde von einem psychischen unterscheidet. Vielmehr ist das, was geordnet werden soll, auch in der Wissenschaftstheorie lediglich die Gesamtmenge der Begriffe, Theorien oder Systeme von Begriffen. (Es wird z.B. danach gefragt, in welche Wissenschaft eine bestimmte Behauptung, ein Begriff oder eine Theorie hineingehört, oder was die Begriffe und Beweise der Psychologie von denen der Physik, oder wodurch sich das Begriffsystem der Ästhetik von dem der Ökonomie unterscheidet.)

Aber nicht der Weg und die Mittel des Erkenntnisprozesses werden berücksichtigt, sondern der Standpunkt, von dem aus die Bearbeitung erfolgt. Werden die Wissenschaften wissenschaftstheoretisch nach den verschiedenen Betrachtungsweisen eingeteilt, die sie ihrer wissenschaftlichen Erkenntnis zugrunde legen, so kann von einer Stufenfolge der Wissenschaften nach dem Erkenntnisgrad ihres Gegenstandes keine Rede mehr sein. Denn der Standpunkt einer Wissenschaft bleibt während des ganzen Prozesses der wissenschaftlichen Bearbeitung ihres Gegenstandes unverändert. Er zeigt sich beim Gegenstand daran, «als was» dieser von der betreffenden Wissenschaft aufgefaßt wird, ob als wertdifferent oder wertindifferent, als zeitlich oder zeitlos existierend; beim Beweisgang einer Wissenschaft tritt er zutage im apriorischen Satz, der bei der Begründung spezieller Theorien notwendig vorausgesetzt wird, ohne daß seine Gültigkeit von der betreffenden Wissenschaft empirisch beweisbar wäre. Dieser Standpunkt der Wissenschaft – und demnach auch das «als was» ihres Gegenstandes und der apriorisch vorausgesetzte Satz ihrer Theorienbildung – bleibt konstant für den ganzen Prozeß einer spezialwissenschaftlichen Erkenntnis und trennt die Theoriensysteme, aus denen die verschiedenen Wissenschaften bestehen, von einander ohne Übergang. Die wissenschaftstheoretische Betrachtung sieht daher in den Wissenschaften nicht eine Stufenfolge von Erkenntnisgraden, sondern eine Reihe von nebeneinander existierenden, wenn auch in ein System zu ordnenden Gebilden, von denen jede die ganze Stufenleiter der Erkenntnis umfaßt und alle Grade der eindeutigen Bestimmung des speziellen Wissenschaftsobjektes enthält. Was im übrigen die *Methode* der Wissenschaftstheorie anbelangt, so unterscheidet sie sich prinzipiell in nichts von denen der übrigen Wissenschaften. Auch sie versucht, von einem gegebenen Material (den vorliegenden wissenschaftlichen Theoriegebäuden) ausgehend, ihre Gegenstände induktiv und deduktiv begrifflich zu ordnen und so möglichst eindeutig wissenschaftlich zu bestimmen. Das Erzielen eines geschlossenen oder gar fertigen Systems ist dabei für sie ein genau so fernstehendes Ziel wie für die übrigen Wissenschaften.

4. Das Problem der erkenntnistheoretischen Bestimmung der Wissenschaft als Einheit

[A*] Die vorstehenden Ausführungen behalten ihre Gültigkeit auch dann, wenn man, in nicht mehr so reinlicher Ausweitung des Methodenbegriffs, außerdem die Unterschiede der Erkenntnisprozesse als Methodenunterschiede auffaßt und die Rolle der Induktion und Deduktion, der Intuition und Reflexion, der Konstruktion und Klassifikation in den verschiedenen Wissenschaften betrachtet. Lassen wir zunächst Mathematik und Logik in unseren Überlegungen außer acht[36], so kann daran nicht gezweifelt werden, daß Induktion und Deduktion in *allen* Wissenschaften eine wesentliche Rolle spielen. Wo der Methodenstreit einer Wissenschaft sich um diese beiden Begriffe dreht – wie z. B. in der Ökonomie –, handelt es sich bestenfalls um die Forderung nach der Prävalenz einer der beiden Methoden (und nicht um eine ausschließliche Anwendung der einen oder anderen), und in Wirklichkeit meist um unterschiedliche Erkenntnisziele oder um die antihistorische Tendenz hier, die antispekulative, zur Empirie drängende Tendenz dort.

Auch in der Geschichtswissenschaft, die man vielleicht als eine rein induktive Disziplin ansprechen könnte, spielt die Deduktion eine nicht zu leugnende Rolle, auch wenn sie nicht im Gewand logisch-formaler Ableitungen (wie dies in den Axiomensystemen von Physik und Mathematik der Fall ist) auftritt. Die Geschichtswissenschaft kennt nicht nur den induktiven Aufbau eines bestimmten Zeitbildes oder einer bestimmten Persönlichkeit aufgrund von erforschten Einzelfakten; sie bemüht sich ferner, die Einzelfakten mit Hilfe eines den Gesamtcharakter einer Zeit oder einer Persönlichkeit betreffenden, deduktiven Vorgehens zu präzisieren. Das deduktiv gewonnene Gesamtbild einer Zeit oder einer Persönlichkeit entscheidet letztlich über die Frage der historischen Tatsächlichkeit oder Unwirklichkeit bestimmter Eigenheiten oder Prozesse.

Ferner geht die Textkritik in der Kunstwissenschaft durchaus deduktiv vor, wenn sie sich anschickt, ein Kunstwerk, über das bestimmte Nachrichten fehlen, dadurch chronologisch festzulegen, daß sie es einer Kunstrichtung zuordnet[37].

Für die Frage des Vorhandenseins bestimmter Arten von Erkenntnisprozessen in einer gegebenen Wissenschaft ist es überhaupt wichtig, sich nicht durch äußerliche Unterschiede verleiten zu lassen, um so die Gefahr zu bannen, über die erkenntnistheoretische Äquivalenz von Erkenntnisprozessen getäuscht zu werden. Das *Verstehen* z. B., von dem in jüngster Zeit in bezug auf kulturgeschichtliche Gebilde und Prozesse derart viel die Rede ist, ist nicht, wie dies in der Regel geschieht (Simmel, Weber[t]), dem Erklären gegenüberzustellen, sondern anderen Wahrnehmungsprozessen, denn es handelt sich beim Verstehen um einen Wahrnehmungsprozeß, der auf eine ganz bestimmte Gegenstandsart gerichtet ist. Auch die Intuition, deren Bedeutsamkeit für die Geschichtswissenschaft und die geisteswissenschaftliche Psychologie besonders betont zu werden pflegt, ist nicht minder für die Theoriebildung der Physik grundlegend und selbst in der eigentlichen Systematik, deren Aufgabe, äußerlich gesehen, der Intuition geradezu entgegengesetzt zu sein scheint, bleibt der sog. «systematisch Takt» auch in der gegenwärtigen Biologie noch ausschlaggebend. Bei der Gruppierung der chemischen Elemente im periodischen System hat man sich bis vor kurzem noch auf diesen Takt berufen müssen.

Daß die fundamentalen Erkenntnisoperationen bei der Aufstellung einer Hypothese, der Sicherung der Adäquatheit einer Theorie und der Vergewisserung eines Tatbestandes *in allen empirischen* Wissenschaften übereinstimmen, braucht kaum besonders ausgeführt zu werden. Die Idee der Einheit aller Wissenschaften gründet wesentlich auf eben diesem Sachverhalt.

Auch wenn man also die Prozesse der Gewinnung und der Sicherung von Erkenntnissen in ihrem ganzen Ausmaß dem Begriff der Methode unterordnet, zeigt sich eine prinzipielle methodische Gleichläufigkeit der unterschiedlichsten Wissenschaften. Die Bevorzugung gewisser Methoden auf verschiedenen Entwicklungsstufen ist allemal nur durch bestimmte Erkenntniszwecke zu erklären und bleibt für das Charakteristische einer Wissenschaft unerheblich oder gar unwesentlich.

Man könnte im Gegenzug behaupten, daß schon der Name einzelner Wissenschaften auf die Bevorzugung bestimmter Methoden hinweist. Solche Namen sind z.B. «experimentelle Psychologie», «vergleichende Sprachwissenschaft», «vergleichende Rechtswissenschaft», «axiomatische Logik». Doch auch hier zeigt sich bei näherer Betrachtung, daß entweder nicht das Methodische, sondern ein bestimmter Fragenkomplex gemeint wird, oder daß dort, wo wirklich das Methodische im Vordergrund steht, nicht die ausschließliche Anwendung einer (und nur einer) Methode beabsichtigt ist[38].

[B*] Man pflegt das Ende der metaphysisch-dogmatischen Erkenntnistheorie und den Beginn der wissenschaftlichen bei Kant anzusetzen. Dennoch ist die gegenwärtige Erkenntnistheorie, auch wo sie den Bahnen Kants folgt, in vielerlei Hinsicht unwissenschaftlich eingestellt.

Die *Metaphysik* (das soll hier «Unwissenschaftlichkeit» besagen) ist mit Kant insofern überwunden, als seit seiner Zeit nicht mehr gefragt wird, «Ist Erkenntnis möglich?», sondern der Sinn dieser Verschiebung der Fragestellung ist der, daß der radikale Zweifel an der *Möglichkeit der Erkenntnis* als wissenschaftlich sinnlos abgelehnt und daß für wissenschaftliche Überlegungen nur noch die Frage nach dem Werden und den Grenzen der Erkenntnis zugelassen wird. Die Wissenschaftlichkeit ist bei dieser Frage so weit gewahrt, als anerkannt wird, daß eine Wissenschaft nicht nach der Existenz ihres Gegenstandsgebietes überhaupt fragen kann. Die wissenschaftliche *Existenzfrage* läßt sich nur in bezug auf einzelne Gegenstände des Gebietes stellen und hat stets das Vorhandensein und die Erforschung aller anderen Gegenstände desselben Gebietes zur Voraussetzung. Das Gegenstandsgebiet selbst läßt sich insgesamt nur aufzeigen, aber nicht beweisen.

Mit der Ausschaltung dieses metaphysischen Momentes in der Erkenntnistheorie war aber die metaphysisch-unwissenschaftliche Einstellung in der Erkenntnistheorie noch keineswegs überwunden. War die Frage danach, ob überhaupt Erkenntnis möglich ist, ganz richtig durch den Hinweis auf die vorliegenden Wissenschaften als einem systematischen Erkenntniszusammenhang überwunden, so blieb es doch üblich, die Erforschung der (wissenschaftlichen und unwissenschaftlichen) Erkenntnis als die des *«Wesens der Erkenntnis»* zu bestimmen. Anders ausgedrückt: nennt man die Wissenschaft, deren Aufgabe es ist, die (wissenschaftliche und unwissenschaftliche) Erkenntnis zu erforschen, Erkenntnistheorie, so war damit bereits gesagt, daß man die Existenz des Gegenstandsgebietes dieser Wissenschaft insgesamt nicht in Frage stellen konnte. Man fuhr aber fort, als Aufgabe dieser Wissenschaft die Erforschung des Wesens ihres Gebietsganzen anzusehen; d.h. man tat dasselbe, was die vielgelästerte metaphysische Naturerkenntnis tat, als sie nach dem Wesen der «Natur», oder was eine Psychologie tat, die nach dem Wesen der «Seele» fragte. Eine Wissenschaft ist aber lediglich in der Lage, die verschiedenen, einzelnen Gegenstände oder Gruppen von Gegenständen innerhalb ihres Gebietes zu erforschen.

Daraus folgt für die Erkenntnistheorie:

1. *Entweder* ist die Erkenntnistheorie eine *vollständige,* in sich geschlossene, d. h. eine Totalität als Gegenstandsgebiet besitzende *Wissenschaft.*

In diesem Falle wäre es sinnlos, nach dem Wesen der Erkenntnis zu fragen. Ganz gleich, ob man das Wesen der Erkenntnis in der Einheit, dem Ordnen, der Werterfüllung, dem Abbilden oder sonst einer Eigentümlichkeit sieht, so würde es sich um eine an sich unsinnige Behauptung handeln, der allenfalls in ihrer Umformung in eine wissenschaftstheoretische Aussage über die Erkenntnistheorie ein annehmbarer Sinn zukommen könnte. Sinnvoll bliebe lediglich die Aufgabe der Erforschung einzelner Erkenntnisvorgänge oder der Arten solcher Vorgänge. Da könnten die Gleichheiten und Verschiedenheiten der Arten von Erkenntnisvorgängen aufgezeigt und die Gesetze bestimmt werden, die die Erkenntnisvorgänge beherrschen.

2) *Oder* die Erkenntnistheorie ist keine selbständige Wissenschaft, sondern nur ein *Teil einer Wissenschaft.*

In diesem Falle wäre es zwar nicht sinnlos, eine erkenntnistheoretische Bestimmung der Eigentümlichkeit des Erkennens an sich zu versuchen. Aber das könnte nur dadurch geschehen, daß man die übrigen Gegenstände, die außer dem Erkennen Gegenstand der betreffenden Gesamtwissenschaft sind, aufsucht und den Unterschied zu anderen Gegenstandsgruppen dieses Gebietes feststellt. Nur durch eine exakte Bezeichnung der übrigen, nebenzuordnenden Gegenstandsgruppen und ihrer Gleichheiten und Verschiedenheiten würde dann die Eigenart des Erkennens bestimmbar sein.

Zusammenfassend ergibt sich also für die Aufgabe einer wissenschaftlichen Erkenntnistheorie folgendes: mag die Erkenntnistheorie nun eine selbständige oder, was wahrscheinlicher ist, ein Teil einer Wissenschaft (z. B. der allgemeinen Formenlehre) sein, so besteht ihre Hauptaufgabe jedenfalls darin, die verschiedenen Arten und Gruppen von Erkenntnisprozessen zu untersuchen. Als *systematische* oder *spezielle* Erkenntnistheorie müßte sie die möglichen Typen von Erkenntnisprozessen identifizieren und in ein System bringen. Als *allgemeine* oder *nomothetische* müßte sie die Gesetze herausarbeiten, denen die Erkenntnisprozesse im allgemeinen und im besonderen unterstehen. In jedem Falle bestünde ihr Ziel darin, die verschiedenen Gegenstände *innerhalb* ihres Gebietes einander gegenüberzustellen und miteinander in Beziehung zu bringen. Eine unmetaphysische Fragestellung und damit eine stetige Entwicklung des Wissens ist in einer Wissenschaft erst dann zu erwarten, wenn sie nicht mehr nach dem Ganzen ihres Gegenstandes fragt (sei es seiner Existenz, sei es – was nicht zu vergessen ist – seiner Eigenart), sondern nur Beziehungen innerhalb ihres Gebietes aufdeckt. Oder anders ausgedrückt: als Problem der Erkenntnistheorie hat man nicht mehr *eine einzige Frage* anzusehen, sondern man muß ausgehen von *den Problemen* der Erkenntnistheorie. *Ein* Problem, und sei es die Frage nach dem Wesen der Erkenntnis, macht noch lange keine Wissenschaft aus.

Die bisherige Erkenntnistheorie läßt es an dieser Einstellung durchaus vermissen. Das hängt nicht nur mit der sozusagen natürlich metaphysischen Einstellung der *Anfänge* einer Wissenschaft, wie sie sich bei jeder Wissenschaft mehr oder weniger deutlich konstatieren läßt, zusammen. Vielmehr kommt als wesentliches, in dieselbe Richtung wirkendes Moment hinzu, daß die Erkenntnistheorie immer als eine *philosophische* Wissenschaft verstanden wurde, und daß man als vornehmsten Beruf der Philosophie allenthalben das Schaffen einer übergreifenden Einheit anzusehen pflegte. Haben die Einzelwissenschaften sich notwendig innerhalb ihres begrenzten Gebietes aufhalten müssen, so schien die Philosophie nun die umfassende Einheit schaffen zu können. Hatten die Einzelwissenschaften sich um die Erkenntnis der einzelnen Gegenstände und Gegenstandsgruppen bemüht, so hatte die Erkenntnistheorie eben nach dem Wesen der Erkenntnis zu fragen. So kommt es, daß die philosophische Auffassung die Erkenntnistheorie unwillkürlich aus der Reihe der Einzelwissenschaften herausnimmt und dabei vergißt, Regeln auf die Erkenntnistheorie selbst anzuwenden, die sie für alle übrigen Wissenschaften als gültig erklärt. Zwar weiß man seit Kant (wenigstens theoretisch, d. h. ohne die Konsequenzen vollständig zu ziehen), daß die Erkenntnistheorie es ebenso wie alle anderen Wissenschaften mit gegebenen Gegenständen zu tun hat. Aber es wird vergessen, daß die Erkenntnistheorie eine Einzelwissenschaft ist, und daß sie als solche immer nur die Gegenstände innerhalb ihres Gebietes zu untersuchen fähig ist. Wohl haben die guten erkenntnistheoretischen Beiträge gerade in jüngster Zeit sehr detaillierte Untersuchungen vor allem der wissenschaftlichen Erkenntnisprozesse in den verschiedenen Wissenschaften enthalten. Aber diese Untersuchungen sind fast überall immer noch darauf gerichtet, eine bestimmte Ansicht vom Wesen der Erkenntnis, z. B. die allmähliche Wandlung der Substanz- in Funktionsbegriffe, an einem möglichst reichen und gesicherten Material zu bestätigen. Als man gelegentlich die Verschiedenheit von Erkenntnisprozessen betonte, geschah es fast immer, um verschiedene Wissenschaften zu unterscheiden, und nicht um die verschiedenen Erkenntnisprozesse miteinander zu vergleichen (wie z. B. in der Gegenüberstellung von Geschichtswissenschaft und Naturwissenschaft bei Simmel, Windelband und Rickert).

Aus der Aufgabe der Erkenntnistheorie ergeben sich Folgerungen für die *Methode* dieser Wissenschaft.

Die Erkenntnistheorie soll die Beziehungen zwischen den Einzelgegenständen ihres Gebiets erforschen. Bei diesen Beziehungen sind zu unterscheiden
– die *reflexiven Beziehungen*
– die *genetischen* (konstitutiven) *Beziehungen* (oder die reflexiven Beziehungen zwischen Gegenständen, zwischen denen auch bestimmte genetische Beziehungen bestehen).

Im ersten Falle spricht man von Beschreibungsbegriffen, im zweiten von Erklärungsbegriffen.

Die Erkenntnistheorie wird sich als eine zwar geschichtlich alte, aber ihrer Reife nach junge Wissenschaft zunächst der Beschreibung zuwenden müssen. Beschreibung im wissenschaftlich fruchtbaren Sinne bedeutet vor allem *vergleichende Beschreibung*. Deshalb wird die vergleichende Beschreibung der unterschiedlichen Erkenntnisprozesse das Kernstück der Erkenntnistheorie ausmachen.

5. Das Problem der Bestimmung der Wissenschaft als Einheit durch das gegenständliche Element

[A*] Die Ablehnung der formal-logischen und der methodologischen Eigentümlichkeiten als Grundlage der Einheit einer Wissenschaft läßt nur die Alternative der Betonung des *gegenständlichen Elements* zu.

Der Versuch, Wissenschaften durch Verweis auf deren Untersuchungsgegenstände voneinander abzugrenzen, scheint in die Nähe einer rein *positivistischen* Wissenschaftsauffassung zu führen. Dies mag zuerst verwunderlich sein, da dem Positivismus – zumal in seiner groben Ausprägung – die Auffassung der Wissenschaften als Gebilde, die eine Eigennatur in unserem Sinne besitzen, fernliegt. Und die dem Positivismus feindlich gesinnten Erkenntnistheorien, bei denen man eher ein Gefühl für die Eigennatur der Wissenschaften vermuten könnte, pflegen die These von der Einheit (besser: der Gleichartigkeit) aller Erkenntnis nicht von der Einheit aller Wissenschaften (also der Behauptung der Existenz einer Gesamtwissenschaft) zu trennen.

Der in einer bestimmten Wissenschaft arbeitende Forscher unterscheidet die verschiedenen Teildisziplinen nicht ausschließlich, doch in der Regel nach deren speziellen Untersuchungsgegenständen. Auf diese Weise ist die Botanik von der Zoologie getrennt, oder die Physiologie der Atmung von der der Ernährung, die lateinische von der griechischen Grammatik, der Geschichte Frankreichs von der Deutschlands. Solche Unterscheidungen sind dadurch charakterisiert, daß – einmal abgesehen von Zwischenstufen und Übergangsgliedern – Gruppen (Klassen) derart definiert werden, daß ein konkreter Gegenstand entweder der einen oder der anderen Gruppe (Klasse) zugehört und damit Gegenstand entweder dieser oder jener Disziplin ist. Gerade die speziellen und speziellsten Disziplinen pflegen durch solche Gegenstandsgruppen (Klassen) definiert zu werden (z. B. Augen-, Ohren- und Nasenheilkunde, die Lehre vom *privativum*, die Geschichte Berlins oder der Universität München, die Chemie der Methanderivate usw.). Auch umfassenderen Disziplinen liegt nicht selten eine derartige Unterscheidung zwischen Gegenstandsgruppen zugrunde. So gibt es innerhalb der Physik die Optik, Mechanik, Wärmelehre usw. Es liegt deshalb nahe, durch *Gegenstandsgruppen* (oder -*klassen*) im angegebenen Sinne auch *ganze* Wissenschaften zu bestimmen (so verfahren übrigens häufig die abgrenzenden Definitionen der Lehrbücher der verschiedenen Wissenschaften).

Versucht man indes, mit der Unterscheidung von Wissenschaften nach solchen Gegenstandsgruppen ernst zu machen, stößt man recht bald auf außerordentliche Schwierigkeiten, auch wenn der vorhin gemachte Vorschlag zunächst einleuchtend genug anmutet.

Die Jurisprudenz ist in der Tat die Wissenschaft von rechtlichen Gebilden und Vorgängen, die Ökonomie die der wirtschaftlichen Gebilde und Prozesse, die Psychologie die Wissenschaft von der Seele, die Biologie die vom Leben und die Logik die von den Urteilen und Begriffen. Und wenn man bestimmte Gruppen von Wissenschaften vergleicht, wie etwa die Natur- und Geisteswissenschaften, scheint die Einteilung der Welt in zwei Gruppen von Gegenständen,

den physischen und den geistigen oder den Naturgebilden und den Kulturgebilden, ausschlaggebend.

Das Verfahren, die Welt im Hinblick auf verschiedene Wissenschaften in Gegenstandgruppen aufzuteilen, ist jedoch nicht glatt durchführbar. In der Jurisprudenz hat man es mit Gebilden zu tun, die man einer ökonomischen Untersuchung nicht entziehen kann – z.B. Fideikommisse, Eigentumsverhältnisse –, und die Ökonomie kann ihrerseits vielfach Gebilde nicht außer acht lassen – z.B. Bodenschätze oder das Verhältnis von Arbeitnehmer und Arbeitgeber –, die die Physik oder Psychologie ebenfalls analysieren. Immerhin, solange sich wenigstens ein Kern von Gegenständen gruppenmäßig so aussondern läßt, daß er eindeutig nur *einer* Wissenschaft zugehört, nötigt die Tatsache der Überschneidung und der Übergänge zwischen den Gruppen nicht dazu, das Verfahren ganz aufzugeben. Vielmehr scheint man hier dem gleichen Sachverhalt gegenüberzustehen wie bei der Einteilung der Gegensände innerhalb einer bestimmten Wissenschaft, wo die Übergänge zwischen den Gruppen als Ausdruck einer allgemeinen, bekannten Eigenschaft der Welt (*natura non facit saltus*[39]) gelten. Somit läßt sich die positivistische Einstellung bis zu diesem Punkt doch aufrecht erhalten.

Mit der fortschreitenden Entwicklung der Wissenschaften entfällt jedoch – zumal für eine ganze Reihe von Wissenschaften – die Möglichkeit, eine derartige, eindeutige Kerngruppe zu identifizieren. Schon früher ist darauf hingewiesen worden[40], wie nach einem anfänglichen Einengungsprozeß schon in der Epoche der Systeme, vor allem aber in derjenigen der vergleichenden Beschreibung, eine Ausbreitung der Gegenstände einer Wissenschaft zur *Totalität* erfolgt. Von der ursprünglichen Beschränkung auf die wirtschaftlichen Vorgänge im engeren Sinne breitet sich die Ökonomie auf die Gesamtheit der Gebilde aus, die wirtschaftliche Güter werden können, und nur noch die sog. freien (beliebig reproduzierbaren) Güter wie die Luft, sowie gewisse Gruppen von Prozessen – etwa die erotischen – pflegen die ökonomischen Disziplinen bei der Abgrenzung ihres Gegenstandsgebietes auszuschalten. Daß aber die Ausbreitung nicht auf dieser Stufe stehen bleibt – handelt es sich doch hierbei eher um den Ausdruck einer positivistischen Grundeinstellung der Forscher als um eine Beschreibung des tatsächlichen Verfahrens der Ökonomie –, ist leicht zu zeigen: die freien Güter sind schon deshalb Gegenstände auch der Ökonomie, weil nur sie imstande ist, eine Entscheidung darüber zu treffen, ob ein konkretes Gebilde zu den freien Gütern gehört oder nicht. Güter, die auf der ökonomischen Wertskala auf dem Nullpunkt oder auf der negativen

Seite liegen, sind nicht weniger Gegenstände der Ökonomie als die ökonomisch wertvollen Güter.

Vollständig durchgeführt ist die Ausbreitung des Gegenstandsgebiets zur *Totalität* gegenwärtig nur in der Physiko-Chemie. Während sich diese Wissenschaft anfänglich nur auf die toten Körper bezog, umfaßt sie derzeit zweifellos alles, dem der Physiker in Raum und Zeit überhaupt Existenz zuerkennt. Das heißt, es gibt für den Physiker nichts außerhalb des Bereichs physikalischer Gebilde[41].

Als Beispiel für die Gegenstandserweiterung und als Beweis dafür, daß der Fortgang zur Totalität auch bei Wissenschaften, von denen man dies vielleicht zuerst nicht vermuten könnte, nicht unsinnig oder sinnlos ist, seien kurz die Erkenntnistheorie und die Kunstwissenschaft erwähnt.

Logik und Erkenntnistheorie erstrecken sich bei Sokrates noch auf die Gesamtheit des Lebens, schränken sich danach immer stärker auf das wissenschaftliche Erkennen ein und grenzen sich dabei zusehends gegenüber der Psychologie und anderen Disziplinen ab. Zugleich macht sich jedoch wieder eine allmähliche Ausbreitung des Gegenstandsgebiets geltend, derart, daß z. B. die moderne Phänomenologie den logischen Problemen gleichsam wieder auf der Straße begegnet[42, u].

In der Stiltheorie – es ist in diesem Zusammenhang gleichgültig, ob man sie der Kunstwissenschaft oder einer anderen Disziplin zuordnet – hat eine außerordentlich intensive Ausbreitung des Gegenstandsgebiets in geographischer und chronologischer Hinsicht stattgefunden. Nicht nur ist die Kunst der sogenannten Primitiven mit einbezogen worden, sondern auch die Volkskunst (volkstümliche Baukunst); ferner sind die Zahl und die Arten der Kunstformen und Kunstgegenstände größer geworden, und zwar deshalb, weil man sich neuen Einzelheiten zugewandt hat (Türrahmen, Dachstuhl, Grundriß) und immer neue Gebiete in die Stilbetrachtung einbezogen hat. So wenig wie die profane Innenarchitektur dürfte in Zukunft das alltägliche Leben der Stiluntersuchung zu entziehen sein. Schließlich geht der Versuch fehl, bestimmte Naturgegenstände – etwa Bäume und Sträucher – prinzipiell aus dem Gegenstandgebiet der Stiltheorie auszuschließen: der Baum vor meinem Fenster stellt seiner Art und Form nach ein für den Stil des Gartens, des Stadtbildes und der Landschaft nicht gleichgültiges Element dar.

Die wiederholt festgestellte Tendenz zur Gebietserweiterung ist bisher allerdings erst in wenigen Wissenschaften bis zur Totalität fortgeschritten. Meist ist vielmehr die Ausschaltung bestimmter konkreter Gegenstände zu beobachten und als Grundsatz wissenschaftlichen Forschens auch anerkannt. Selbst wenn der allgemeine Satz, daß die Wissenschaften zur Gegenstandstotalität hinstreben, falsch wäre, macht die bisher erfolgte Entwicklung jedenfalls die Abgrenzung der Wissenschaften durch Gegenstandsgruppen (oder -klassen) in dem oben gekennzeichneten Sinne der Aufteilung *einer* Welt unmöglich.

Die Kerngruppen nämlich, die in den Wissenschaftsdefinitionen Verwendung finden, sind allemal Gegenstände nicht nur einer, sondern meist einer größeren Anzahl von Wissenschaften, so daß auch mit den Kerngruppen von Gegenständen eine Wissenschaft eindeutig nicht bezeichnet wird. Welche ökonomischen Gebilde oder Prozesse man immer als Kerngegenstände der Ökonomie hernimmt, so lassen sie sich auch als Inbegriffe physiko-chemischer oder psychischer Gebilde und Prozesse im Sinne der Physiko-Chemie bzw. der Psychologie auffassen. Definiert man die Biologie als Wissenschaft vom Lebendigen im Sinne einer Gruppe oder Klasse konkreter Gegenstände oder Gebilde, so ist zu bedenken, daß auch Physik am Lebenden durchaus möglich ist, wie z. B. die alte Physiologie zeigt. Zudem kann eben jedes Diesda*, das Gegenstand der Biologie ist, mit einer gewissen Verschiebung der Abgrenzung oder dank einer Verbindung mit anderen Gruppen von Gegenständen zum Gebilde der Kulturwissenschaft werden[43]. Analog liegen die Verhältnisse in den anderen Disziplinen.

Wenn man die Unmöglichkeit begreifen will, die Wissenschaften durch die Bestimmung von Gegenstandsgruppen aus der einen Welt zu definieren, muß man mit diesem Verfahren erst einmal ernst machen. Vor allem darf man in die *Bezeichnung* der Gegenstände die Abgrenzung bestimmter Einheiten und damit jene begriffliche Auffassung nicht hineintragen, die von diesen Einheiten als adäquate Betrachtungsweise gefordert wird.

Die *Erde* z. B. kann einmal in physikalisch-geographische Einheiten wie Gebirge, Meere, Erdteile und Erdräume, oder aber nach politischen Gesichtspunkten in Staatsgebiete, oder endlich nach ökonomischen Gesichtspunkten, etwa nach dem Kriterium des Vorkommens bestimmter Bodenschätze geordnet werden. Man könnte jedoch einwenden, daß die physikalisch-geographische Einteilung hier die angemessene ist und deswegen eine Vorrangstellung gegenüber den anderen Einteilungen einnimmt. Dieser Gedanke kann aber nur aufkommen, wenn man vom Begriff der Erde als einem einheitlichen Körper ausgeht und nicht von jenem Diesda, welches

---

* Lewin verwendet den Ausdruck «Diesda» (im Plural «Diesdas») zur Bezeichnung konkreter Gegenstände (vgl. auch die Anm. auf S. 56 in Bd. 1 KLW.)

lange Zeit in ökonomisch fast selbständige Bezirke zerfiel, und das eigentlich erst seit der Entwicklung der Weltwirtschaft einen gewissen einheitlichen Zusammenhang aufweist.

In anderen Fällen ist die Entscheidung darüber, welche Wissenschaft zur adäquaten Bearbeitung eines Problems herangezogen werden soll, weniger von der Einheitsbildung bei der Aufteilung der Wissenschaften selbst als von der Art der Zusammenstellung der Teilgebiete abhängig. Ich versuche z. B., die Dinge und Geschehnisse in diesem Zimmer, in dem ich mich gerade befinde, einer bestimmten Wissenschaft zuzuordnen. Ich kann dann ebenso gut die Kunstwissenschaft im Auge haben, die sich mit dem Stil der Schränke, Bücherregale und Stühle beschäftigt, wie die Ökonomie, die den Wert dieser Dinge samt Büchern, Teppichen, Uhr usw. zum Gegenstand hat, oder ich kann *rein psychologisch*[V] eine Umwelt, meinen unmittelbaren Machtbereich oder anderes vor mir sehen. Alles in allem ist weniger die Abgrenzung der Einheiten als vielmehr das Zueinander der Gegenstände hier verändert.

Mit der Abgrenzung nach Gegenstandsgruppen ist also die Zugehörigkeit zu einer bestimmten Wissenschaft keineswegs gegeben, auch wenn man von unhaltbaren Auffassungen absieht, die Gegenstandgruppen willkürlich oder nach Zufall bilden würden.

Eine Gruppenaufteilung der Welt unter die verschiedenen Wissenschaften läßt sich also nicht durchführen. Dieser Gedanke verdeutlicht sich übrigens, wenn man nicht an zwei oder drei, sondern an die tatsächliche Vielheit der Wissenschaften denkt[44].

6. Wissenschaft, Disziplin und Komplexitätsstufe

Nun stellt sich aber die Frage, ob das, was über ganze Wissenschaftsindividuen gesagt wurde, auch auf Disziplinen ein und derselben Wissenschaft zutrifft. Können Disziplinen einer Wissenschaft so überlappen, daß sie dieselben konkreten Gegenstandsgruppen untersuchen? Es ist unschwer zu erkennen, daß das in der Tat häufig der Fall ist.

Sehen wir einmal von Morphologie und Physiologie einerseits, von Physik und Chemie ab, an die man hier vielleicht zuerst denken könnte, da in ihnen die maßgebende Beziehung Ding/Geschehen zu undurchsichtig ist, als daß mit Sicherheit behauptet zu werden vermöchte, daß in beiden Fällen dieselbe konkrete Gegenstandsgruppe untersucht wird, und beschränken wir uns der größeren Anschaulichkeit halber auf die Lehre von den Dingen.

Die Biologie, speziell die Morphologie, ist einmal die Lehre von den Zellen. Die Gesamtheit der Lebewesen wird von dieser Disziplin untersucht, wobei jedes Gebilde zwar nicht nach raum-zeitlichen Gruppierungskriterien, wohl aber aufgrund seines morphologischen Typus einer bestimmten Klasse zugeordnet wird. Doch bereits die Lehre von den Geweben befaßt sich mit den gleichen Gegenständen, obgleich hier von Verbänden – also von Gebilden *komplexer* Natur – die Rede ist. Auf dieser Stufe erfolgt wiederum eine Nebenordnung nach Klassen. Das gleiche Gegenstandsgebiet liegt erneut den Lehren von den Organen und von den Organismen zugrunde; die Nebenordnung erfolgt jeweils innerhalb ein und derselben Komplexitätsstufe. Diese verschiedenen, die Gebilde je einer Komplexitätsstufe behandelnden Lehren bearbeiten jedoch dasselbe Gegenstandgebiet, obgleich die Gruppierung der konkreten Gebilde wie auch die wesentlichen Eigenschaften und Ganzheitsbezüge derselben verschieden sind.

Auf ähnliche Weise gibt es in der Physiko-Chemie eine Hierarchie von Lehren nach Komplexitätsgrad der von ihnen untersuchten Gebilde (Atome – Moleküle – Molekülgruppen – Kolloide/Nichtkolloide usw.). Analog dazu findet man in der Sprachwissenschaft die Hierarchie Lautlehre – Formenlehre – Satzlehre usw.

Es liegt daher der Gedanke nahe, den Versuche zu unternehmen, sämtliche Wissenschaften in einer einzigen Hierarchie nach Komplexitätsstufen der Gegenstände anzuordnen. So kommt z. B. O. Hertwig zur Idee einer umfassenden Morphologie, die, mit den Ionen beginnend, über die Moleküle, Zellen, Organismen zum Organismenverband, dem Staat usw. aufsteigt[w]. Ein derartiger Gedanke ist bestechend, da es ja zumeist gelingt, ohne offensichtlichen Widerspruch wenigstens zwei oder drei Wissenschaften in einer solchen Reihe unterzubringen. Bei näherer Betrachtung stellt sich aber heraus, daß z. B. das Geld als Gegenstand der Ökonomie nicht weniger komplex ist denn als Gegenstand der Physiko-Chemie. Und ein Dienstverhältnis im Sinne der Ökonomie ist nicht komplexer als das Dienstverhältnis im Sinne der Jurisprudenz. Doch selbst in jenen Fällen, wo man häufig mit Komplexitätsunterschieden glaubt auskommen zu können, läßt sich an dieser Auffassung kaum festhalten. Daß soziologische Einheiten – Familie, Gruppe – notwendig von höherer Komplexität sind als biologische Einheiten – Organe, Organismen – leuchtet ein, doch es ergibt keinen rechten Sinn, einer Freundschaft zwischen zwei Personen als sozialem Verhältnis einen höheren Komplexitätsgrad zusprechen zu wollen als bestimmten Gefühlen oder Gefühlsabläufen im Sinne der Psychologie. Auch dort, wo der Anschluß der Komplexitätsstufen der einen Wissenschaft an diejenigen einer anderen Wissenschaft zunächst möglich erscheint – etwa bei Literaturwissenschaft und Psychologie oder bei Biologie und Physik –, zeigt das Nebeneinander der ganzen Komplexitätsreihe innerhalb jeder der beiden Wissenschaften in aller Regel eindeutig, daß sich die Reihen einheitlich nicht ergänzen[45].

So läßt sich die Gesamtheit der Wissenschaften nicht nach Komplexitätsstufen oder -graden ihrer Gegenstände in eine Reihe bringen, und bei den einzelnen Wissenschaften verhält es sich so, daß die Gesamtheit der Gegenstände der einen Wissenschaft komplexer sein kann als die der entsprechenden Gegenstände einer anderen Wissenschaft.

Die Tatsache der zunehmenden Komplexität von Gegenständen, mit denen sich eine Wissenschaft beschäftigt, sollte jedoch im Rahmen der Methodologie der Wissenschaftslehre mehr Beachtung finden. Man wird bei der Gegenüberstellung von Wissenschaften zweckmäßigerweise nicht Gegenstände offensichtlich ganz unterschiedlicher Komplexitätsstufen heranziehen, um eine Vermengung verschiedener Differenzierungskriterien zu vermeiden. Vor allem wird man nicht ohne Not gerade die Schicht des Elementaren oder überhaupt des Mikroskopischen zum Ausgangspunkt nehmen, wie es mit Vorliebe etwa in physikalischen Untersuchungen geschieht. Vielmehr ist ein Verweilen im makroskopischen Bereich nötig, zumal man sich auf einer Komplexitätsstufe bewegt, die auch für die weniger entwickelten Wissenschaften typisch und deshalb eher zugänglich ist.

Lassen sich mithin die Gegenstandsgebiete der verschiedenen Wissenschaften nicht im Sinne einer Aufteilung der Welt in Gegenstandsgruppen verstehen, und ist diese Tatsache darauf zurückzuführen, daß die Gegenstände innerhalb der einzelnen Wissenschaften auf entsprechenden Reihen von Komplexitätsgraden kaum abbildbar sind, so drängt sich folgende Auffassung als offensichtlich allein verfügbare auf: da es derselbe, konkrete und als solcher bezeichenbare Gegenstand sein kann, der von verschiedenen Wissenschaften untersucht wird, sind es wohl verschiedene *Seiten,* die an ihm erforscht werden. Oder anders ausgedrückt: es sind verschiedene Gesichtspunkte vorhanden, unter denen ein und derselbe Gegenstand untersucht zu werden vermag.

An einem konkreten Gegenstand lassen sich allemal verschiedene Seiten – in unräumlichem Sinne natürlich – unterscheiden. Ein Stück Holz läßt sich auf seine Festigkeit hin untersuchen, auf Härte, elektrische Eigenschaften, Form, Gewicht, chemische Zusammensetzung hin usw.[46, x] Solch unterschiedliche Seiten werden in der Tat nicht selten von verschiedenen Disziplinen bearbeitet, wie Festigkeitslehre, Elektrizitätslehre, Mechanik, organische Chemie usw. zeigen.

Der Begriff der Seite ist in diesem Fall durchaus gleichbedeutend mit dem Begriff der Eigenschaft des besagten Gegenstandes. Form, Festigkeit, chemische Eigenarten des Holzstückes sind wirkliche Eigenschaften desselben, und der Begriff der Seite unterscheidet sich von demjenigen der Eigenschaft lediglich dadurch, daß bei ersterem weniger die *bestimmte* Festigkeit, Form usw. als die betreffende Eigenschafts*kategorie*, auf die hin der Gegenstand untersucht wird, hervorgehoben wird. Der Begriff der Seite betont die Position einer Eigenschaft, als Eigenschaftsklasse ein Gesichtspunkt sein zu können, unter dem sich andere Gegenstände auch betrachten ließen.

Zweifellos kann man eine Reihe von Disziplinen innerhalb einer Wissenschaft häufig als Lehren deuten, von denen jede eine bestimmte Seite der Gegenstände untersucht. Zudem hat man oft geglaubt, das Verhältnis ganzer Wissenschaften zueinander ähnlich bestimmen zu können[47]. In der Tat scheint sich das Problem der Einteilung und Gruppierung der Wissenschaften damit lösen zu lassen. Wenn die Teildisziplinen der Physiko-Chemie die unterschiedlichen physischen und chemischen Eigenschaften eines Geldstücks untersuchen, behandelt die Ökonomie eben die Werteigenschaft des Geldes. Zwischen dem Verhältnis verschiedener Wissenschaften innerhalb einer Wissenschaft und dem Verhältnis der Disziplinen verschiedener Wissenschaften bestände dann kein prinzipieller Unterschied, womit die Hoffnung gerechtfertigt wäre, den Gedanken der Einheit der Wissenschaften beibehalten zu können.

Das vorliegende Problem, ob gewisse Seiten eines Gegenstandes sich anders zueinander verhalten als bestimmte andere Seiten, läßt sich nach dem oben Gesagten auch so formulieren: haben die Eigenschaftsklassen, die zu einer (einer bestimmten Wissenschaft entsprechenden) Oberklasse zusammengefaßt werden, gegenüber den Eigenschaftsklassen, die zu einer anderen Wissenschaft gehören, die gleiche wissenschaftstheoretische Position wie die Eigenschaftsklassen innerhalb einer Einzelwissenschaft?

Zur Beantwortung dieser Frage ist es nötig, zuerst genauer festzustellen, wie das wissenschaftstheoretische Verhältnis der Eigenschaftsklassen beschaffen ist, die den verschiedenen Disziplinen innerhalb ein und derselben Wissenschaft entsprechen. Sind die Eigenschaftsklassen und demnach die Satzgefüge der verschiedenen Disziplinen eindeutig voneinander getrennt, oder zeigen sie prinzipiell eine ähnliche Stellung zueinander wie die verschiedenen Eigenschaften innerhalb ein und derselben Eigenschaftsklasse einer Disziplin?

Lehren, die verschiedene Eigenschaften oder Seiten eines Gegenstands behandeln, weisen zeitweilig eine ähnliche Selbständigkeit auf wie die durch Gegenstandsklassen definierten Teildisziplinen (z. B. Optik, Elektrizitätslehre, Akustik usw.). Dennoch kann von einem tatsächlichen Getrenntsein der Lehren z. B. von den Volumenverhältnissen, der Wärmekapazität, der Lichtbrechung und Lichtstreuung, der Festigkeit usw. keine Rede sein. Auch die Untersuchung der chemischen Eigenschaften von Körpern kann deren physikalische Eigenschaften nicht völlig außer acht lassen, und zwar einfach deshalb nicht, weil letztere sich als Faktoren bemerkbar machen, die auf die anderen Eigenschaften einwirken.

Ein derartiges Verhältnis, das zum Problemkreis verschiedener Disziplinen der gleichen Wissenschaft gehört, ist typisch sowohl für Disziplinen, die durch eine Ableitung bestimmter Gegenstandsgruppen oder -klassen, wie auch für Disziplinen, die durch bestimmte Eigenschaften oder Seiten definiert sind. Auch dort, wo die Gesetze relativ selbständige Satzgefüge bilden, dürfen die von anderen Disziplinen behandelten Eigenschaften nicht außer acht gelassen werden. Es kommt sehr häufig vor, daß zumindest ein Teil der zu einer Klasse gehörenden Prozesse Wirkungen haben, die in anderen Problemkreisen bedeutsam sind. In der Biologie zeitigen physiologische Prozesse bisweilen morphologische Veränderungen; willenspsychologische Faktoren machen sich in der Sinnespsychologie bemerkbar, individualpsychologische in der Sozialpsychologie.

Auch bei jenen Disziplinen, wo noch keine übergeordneten, einheitlichen Gesetze bestehen und wo man die Behauptung ihrer zukünftigen Verschmelzung zu einem einheitlichen Ableitungszusammenhang als bewiesen nicht gelten lassen kann, zeigt sich die Zusammengehörigkeit der Teildisziplinen zu einer Wissenschaft in dieser realen Abhängigkeit der Faktoren und Eigenschaften. Endlich zeigt sich aber selbst in solchen Fällen, wo sogar diese reale Abhängigkeit noch nicht nachgewiesen ist – z. B. für die Beziehungen zwischen Optik und Elektrizitätslehre vor Faraday – eine Zusammengehörigkeit wenigstens darin, daß von jeder Disziplin einer Wissenschaft die Erscheinungen, Prozesse und Kräfte, die in den Schwesterdisziplinen behandelt werden, als wirkliche, als real existierende Gebilde, Phänomene und Eigenschaften anerkannt werden.

Die ökonomischen, juristischen oder ästhetischen Eigenschaften und Beziehungen bestimmter Gebilde erkennt die Physik dagegen überhaupt nicht als in ihrem Sinne *wirklich* an. Der Umstand, daß ein Stück Gold in einem bestimmten Eigentumsverhältnis steht oder daß ein Stein oder ein Ton Teil eines Kunstwerks sind, bleibt für die Physik prinzipiell irrelevant: sie spricht juristische, ökonomische, ästhetische usw. Eigenschaften als etwas bloß Gedachtes, Unsachliches, Konventionelles oder sonstwie Unwirkliches an.

Zur Kennzeichnung dieses wissenschaftstheoretisch fundamentalen Sachverhalts ist auf folgendes hinzuweisen: man kann die historische Tatsache, daß ein Forscher auch an die Realität der Gegenstände einer anderen Wissenschaft glaubt, nicht als Beweis für die Zugehörigkeit derselben zu einer Wissenschaft ansehen. Das Verfahren der Wissenschaften selbst ist dafür allein maßgeblich.

Zusätzlich ist folgendes hervorzuheben:

1) Man kann logisch-formal sämtliche Eigenschaften eines Gebildes in physiko-chemische Eigenschaften und in solche zerlegen, die es nicht sind. Eine derartige Einteilung dürfte aber vom Standpunkt der Physik keineswegs der Einteilung etwa in elektrische und nichtelektrische Eigenschaften entsprechen. Die Physiko-Chemie will prinzipiell *alle* Eigenschaften ihrer Gebilde untersuchen; keine Eigenschaft oder Seite an ihren Gebilden, der sie überhaupt Wirklichkeit zuerkennt, darf sie unbeachtet lassen. Denn das hieße, daß sie gewillt ist, Faktoren, die auf die Gesetzmäßigkeiten Einfluß haben, bei der Formulierung ihrer Gesetze zu ignorieren. Die Abgrenzung der physiko-chemischen Eigenschaften von denen, die es nicht sind, kann also für diese Wissenschaft kein Ausdruck einer konventionellen Beschränkung auf ein bestimmtes Arbeitsgebiet sein, da eine solche konventionelle Abgrenzung durch die Aufgabe, Gesetzmäßigkeiten festzustellen, allemal durchbrochen werden müßte.

Zwar erheben weder die optischen noch die elektrotheoretischen Gesetze den Anspruch, daß ein Laplacescher Geist aus dem physischen Zustand der Welt zu einer bestimmten Zeit und der Kenntnis der Gesamtheit der physiko-chemischen Gesetze das Weltgeschehen eindeutig vorherzusagen vermag. Während das Ignorieren der Eigenschaften und Gesetzmäßigkeiten irgendeines physikalischen Teilgebiets die Durchführung der Ableitung verhindern würde, hinterläßt das Außerachtlassen der ästhetischen und ökonomischen Gesetzmäßigkeiten keine Lücke.

2) Diese Aberkennung der Wirklichkeit des Außerphysikalischen wird von Physikern nur selten (etwa von solchen, die auch dem Psychischen Realität zusprechen), und dann grundsätzlich nur auf inkonsequente Weise, unvollkommen eingehalten – nämlich nur philosophisch, d. h. ohne daß dergleichen Überlegungen für die For-

schung oder den Inhalt der physikalischen Theorie irgendeine Bedeutung hätte[48].

Der Unterschied von Wirklichkeit und Unwirklichkeit besteht jedoch gleichermaßen in jeder anderen Wissenschaft. Die realen ökonomischen Gebilde, Eigenschaften und Beziehungen sind eindeutig unterschieden von irgendwelchen bloß gedachten oder möglichen[49] ökonomischen Eigenschaften, Gebilden oder Beziehungen, denn auch der Ökonomie ist die Aufgabe gestellt, die Richtigkeit einer Theorie im Sinne einer erkenntnistheoretisch wie immer zu deutenden Adäquatheit mit der ökonomischen Realität zu begründen.

Auch für den Juristen ist ein wirklicher Vertrag oder ein wirkliches Rechtsverhältnis etwas anderes als ein bloß gedachtes oder fingiertes. Und auch er besitzt eine ausgebaute Methode zur Ermittlung der rechtswirklich vorliegenden Tatbestände. Analoges gilt in der Kulturgeschichte, der Soziologie, der Psychologie, der Sprachwissenschaft usw.[50]

Der Unterschied von Realität und Nicht-Realität, von Tatsächlichkeit und Nicht-Tatsächlichkeit, ist also kein spezifisch physikalischer, sondern findet sich in allen Realwissenschaften wieder und erstreckt darüber hinaus auch auf die Idealwissenschaft[51, y], mithin auf die Gesamtheit der Wissenschaften.

Damit wird in keiner Weise die vor allem im Neukantianismus betonte, durchaus berechtigte erkenntnistheoretische Feststellung gegenüber dem Positivismus abgeschwächt, daß das «Tatsachesein» selbst einer erkenntnistheoretischen Position entspricht. Das hängt damit zusammen, daß der Gegensatz von Wirklichkeit und Nicht-Wirklichkeit, von Tatsächlichkeit und Vermutetsein usw. ein erkenntnistheoretischer Unterschied ist, der in der Erkenntnis von gegebenen wie auch von aufgegebenen Gegenständen jeweils zum Tragen kommt. Wie er genau zu charakterisieren ist, mag hier dahingestellt bleiben. Wesentlich für die Wissenschaftslehre ist nur, daß der Unterschied in jeder Wissenschaft vorliegt, und daß die Gesamtheit der nicht-physikalischen Eigenschaften und Beziehungen von der Physik selbst als nicht-real angesehen wird.

Nun fragt es sich, ob man es bei der Physik mit einem speziellen Beispiel eines allgemeinen Sachverhalts zu tun hat, der besagt, daß jede Wissenschaft die ins Gebiet einer anderen Wissenschaft fallenden Eigenschaften und Gebilde nicht zur Tatsächlichkeit rechnet. Anders ausgedrückt: bilden die Eigenschaften, Beziehungen und Gebilde in jeder einzelnen Wissenschaft eine echte Totalität derart, daß diese einzelnen Wissenschaften jeweils *alle* Eigenschaften und

Beziehungen ihrer Gegenstände zu untersuchen haben, und daß ferner außer diesen Dingen und Eigenschaften keine weiteren bestehen, denen man Tatsächlichkeit zusprechen könnte?

Zunächst ist darauf hinzuweisen, daß die physikalische Welt keineswegs immer die Stellung einer ausgezeichneten Realität gehabt hat. Der Naturbegriff des Mittelalters ist nur zum kleinsten Teil dem Begriffsgefüge der Physik zuzurechnen; seine Beziehungen zu Theologie, allgemeiner Technologie und Axiologie sind außerordentlich stark. Aber auch sachlich stützt sich gegenwärtig unser Eindruck der Auszeichnung der physikalischen Seinsart als der fundamentalen wahrscheinlich darauf, daß die physiko-chemischen Gesetzmäßigkeiten relativ besser erforscht sind als die zu anderen Wissenschaften gehörenden Gesetzmäßigkeiten. Mit gleichem Recht könnte aber der Eindruck aufkommen, daß z. B. ökonomische Kräfte und Gesetze ungleich wichtiger sind als Gravitation, chemische Valenz und die Energiegesetze.

Ferner könnte man die Idee der Bevorzugung der physikalisch bestimmten Realität darauf zurückzuführen versuchen, daß gewisse Gegenstände der Physik – etwa die Himmelskörper – der menschlichen Einwirkung so gut wie entzogen sind, worin sich ja die Eigennatur des Physischen besonders deutlich dokumentieren würde. Dem ist entgegenzuhalten, daß die Mehrzahl der ökonomischen Prozesse nicht minder unbeherrscht ablaufen, und daß im gegenwärtigen Zeitpunkt die Beherrschung (Technik) der physischen Prozesse zweifellos weiter fortgeschritten ist als diejenige der nichtphysischen Prozesse[52].

So ist die Verallgemeinerung des in der Physik aufgezeigten Sachverhalts anscheinend ausgeschlossen. Auch die einfache Umkehrung der betreffenden Beziehung scheint nicht möglich zu sein: mag die Physik z. B. die ökonomischen Eigenschaften der von ihr untersuchten Gegenstände, Eigenschaften und Prozesse außer acht lassen, so kann die Ökonomie jedenfalls an den physikalisch bestimmten Eigenschaften ihrer Gegenstände nicht vorbeigehen. Bei den meisten anderen Wissenschaften scheint eine strenge Trennung ebenso wenig vorzuliegen. Die Ökonomie kann juristische Faktoren nicht ignorieren, so wenig die Jurisprudenz die ökonomischen Faktoren als völlig irrelevant außer acht zu lassen vermag; die Pädagogik und Ästhetik können an psychologisch wichtigen Sachverhalten nicht vorübergehen, so wenig wie die Biologie an den physikalisch definierten Eigenschaften der lebenden Substanz. Am ausgeprägtesten tritt dieser Zusammenhang vielleicht in den kulturgeschichtlichen Wissenschaften in Erscheinung, denn für den Geschichtswissenschaftler ist die geophysikalische Eigenschaft eines Landstrichs bereits ein wichtiger Faktor; rassenbiologische und soziale, wirtschaftliche und juristische, pädagogische und ethische Sachverhalte lassen sich nicht ausschließen, so daß die Gesamtheit all dieser Sachverhalte geradezu mit dem geschichtswissenschaftlichen Gegenstandsgebiet identisch gesetzt wird; es wird übrigens angesichts dieses Umstands auch klar, warum man die Geschichtswissenschaft auf die Spitze der Stufenleiter der Wissenschaften gestellt hat. Wenn sich nun die Gegenstandsgebiete der verschiedenen Wissenschaften in der Kulturgeschichte zu einer Einheit verschmelzen, dann ist damit die durchgängige Verbundenheit aller Wissenschaften überhaupt erwiesen. Lediglich Mathematik und Logik scheinen hier eine Ausnahme zu bilden, da sie sich offensichtlich von den Realwissenschaften scharf abgrenzen.

Der Versuch einer Grenzziehung zwischen den Wissenschaften führt allem Anschein nach nur zu *einer* unkonventionellen, sachlich begründeten Trennung – zur Trennung zwischen der Gruppe der Realwissenschaften und derjenigen der Idealwissenschaften. Innerhalb der Realwissenschaften scheidet zwar der Physiker von sich aus alles Nicht-Physikalische als unwirklich aus; die übrigen Wissenschaften erkennen eine entsprechende Abgrenzung der Gegenstandssphären nicht an.

Damit rückt die Idee der Einheitswissenschaft wieder in greifbare Nähe. Die Einheit der einzelnen Wissenschaften war, wie wir sahen, zwar nicht im Logisch-Formalen zu suchen, aber im Hinblick auf das Methodologische oder Erkenntnistheoretische bestanden, zumal innerhalb der Realwissenschaften, auch keine prinzipiellen Unterschiede. Und hinsichtlich des Gegenständlichen scheint es sich nicht anders zu verhalten.

7. Weitere Überlegungen
zur Bestimmung der Wissenschaft als Einheit

Zunächst ist daran zu erinnern, daß es hier nicht darauf ankommt, die Welt einzuteilen, sondern darauf, Einheit und Verschiedenheit von Wissenschaften festzustellen – und zwar von Wissenschaften nicht im Sinne von Forschungskomplexen, sondern im präzisen Sinne von Lehr- (oder Satz-) und Problemgefügen. Ohne die Stellung der Gegenstände in einem solchen Lehrgefüge ausführlich zu diskutieren, ist so viel jedenfalls klar, daß die Dinge und Geschehnisse, die realen Eigenschaften und Beziehungen in dieses Gefüge nur als *Begriffe* eingehen. Die Wissenschaften ordnen nicht die Gegenstände selbst – wie etwa der Experimentator mit seinen Untersuchungsobjekten hantiert –, sondern allemal nur Begriffe von Gegenständen (und von Eigenschaften und Beziehungen). Diesen einfachen Sachverhalt pflegt der Positivismus, dem auch der einzelwissenschaftliche Forscher bei wissenschaftstheoretischen Überlegungen häufig genug nahesteht, trotz oder vielleicht wegen der radikalen Trennung von Wirklichkeit und Begriff außer acht zu lassen. Doch auch dort, wo Philosophien die Wissenschaften durch eine Aufteilung der Welt in Gegenstandsgruppen zu charakterisieren und gegeneinander abzugrenzen versucht haben, hat man diesem Sachverhalt nicht genügend Achtung geschenkt.

Wenn nicht im Gegenständlichen Unterschiede zu suchen waren, so schien eben nur das Methodische als Charakteristikum der Wissenschaftsunterschiede übrig zu bleiben. Doch wurde damit der Übergang vom Lehr- und Problemgefüge zu Erkenntnisprozessen und Forschungsoperationen vollzogen. Bei näherem Zusehen stellt sich die Gegenüberstellung von Gegenständlichem und Methodischem keineswegs als wirkliche Einteilung, sondern als μετάβασις εἰς ἄλλο γένος heraus. Zwar kann Methodologisches innerhalb der Forschung mit gewissen Eigentümlichkeiten der resultierenden Lehrgefüge etwas zu tun haben (so führt etwa die bloße Sammlung oder die Betonung der Induktion zu Beginn der Periode der Beschreibung zu einer relativen Isolierung der Sätze gegenüber den umfassenden Ableitungszusammenhängen der intuitiv vorgehenden Vorperiode); aber dieser Zusammenhang zwischen Methodologischem und Lehre ist weder in der einen noch in der anderen Richtung eindeutig. Das Methodologische ist deshalb nicht als unmittelbares Charakteristikum der Satz- und Problemgefüge anzusprechen.

Auch die an sich sehr zu begrüßende Tendenz, vom Zuständlichen zu genetischen Beziehungen überzugehen, hat in der Betonung des methodologischen Einteilungskriteriums eine Rolle gespielt. Lehrgefüge und Forschungsmethoden verhalten sich indes nicht wie Ding und Geschehen oder Ding und Genese.

Doch ist vor allem auf folgenden Sachverhalt hinzuweisen: auch dort, wo methodologisch begründete Veränderungen der Forschung mit gewissen Wandlungen der Struktur von Lehren Hand in Hand gehen, betreffen diese Wandlungen immer nur die logisch-formale Seite der Lehrgefüge. Auf diese letztere läßt sich, wie wir sahen, die Einheit der Wissenschaft gerade nicht zurückführen. Daher kann weder von einer methodologischen Einheitlichkeit der verschiedenen Entwicklungsperioden ein und derselben Wissenschaft – was ja eine Voraussetzung für die Definition einer Wissenschaft durch deren Methode sein müßte – die Rede sein, noch gewährleistet eine Veränderung der Methode den Übergang von einer Wissenschaft in die andere, z. B. von Physik in Ökonomie.

Aus diesem Grunde ist es verfehlt – wie dies schon erwähnt wurde –, die Differenz zweier Disziplinen, z. B. der sog. experimentellen und der sog. beschreibenden Psychologie, als Gegensatz zwischen beschreibenden und experimentellen Methoden fassen zu wollen.

Endlich mag in den Versuchen, die Wissenschaften methodologisch zu bestimmen und zu unterscheiden, eine Identifikation von Methode und Betrachtungsweise eine wesentliche Rolle gespielt haben. Die Betrachtungsweise, die einem Erkenntnisakt, z. B. einer Wahrnehmung immanent ist, muß jedoch von der Methode selbst scharf geschieden werden. In den verschiedensten Forschungsmethoden kann ein und dieselbe Betrachtungsweise vorliegen, etwa die Betrachtungsweise der Gegenstände als physikalischer Gebilde oder spzieller als physikalisch-dynamischer Prozesse.

Die Verwirrung in diesem Punkt wird allerdings durch bestimmte Äquivokationen gefördert. So spricht man sowohl von statistischer Methode wie von statistischer Betrachtungsweise. In Wirklichkeit sollte man indes auch hier mehreres auseinanderhalten. Die statistische Betrachtungsweise ist gleichbedeutend mit der Untersuchung einer bestimmten Art von Gegenständen, nämlich von Massenerscheinungen. Damit wird nicht gesagt, welche Methode nun eigentlich zur Analyse dieser Massenerscheinungen verwendet wird; insbesondere bleibt unerwähnt, ob man statistische Berechnungen durchzuführen hat. Andererseits ist die Benutzung von Statistiken nicht an die Erforschung von Massenerscheinungen gebunden.

Die Einsicht darin, daß sich die Wissenschaften nicht durch Material- oder Gegenstandgruppen unterscheiden lassen, bedeutet also nicht, daß man sie unter dem methodologischen Gesichtspunkt auseinanderhalten, mit anderen Worten, daß man aus der Wissenschaftslehre in die Methodenlehre oder Erkenntnistheorie übergehen müßte. Die genannte Einsicht weist vielmehr nur darauf hin, daß Gegenstände in einer Wissenschaft nie als begrifflich unberührtes, deshalb als ungeformtes Material auftreten, sondern immer als etwas, das bereits in die Begriffssphäre eingegangen ist. Die Ablehnung der Einteilung der Wissenschaften nach dem Prinzip der Aufteilung der Welt in Gruppen oder Klassen besagt daher nicht, daß der gegenständliche Gehalt für den Charakter einer Wissenschaft unwichtig ist:

1) Man muß sich vergegenwärtigen, daß mit dem Hinweis auf ein bestimmtes Diesda, auf eine Materialgruppe u. dgl. noch keine bestimmten Wissenschaftsgegenstände bezeichnet sind; eine derartige Bezeichnung bleibt vieldeutig und läßt die Wahl zwischen einer ganzen Reihe von Wissenschaftsgegenständen offen.

Das scheint zunächst widersprüchlich, denn der Einzelwissenschaftler ist häufig gezwungen, seine Wissenschaft durch Aufzeigen einer Reihe und der ihr angehörigen Gegenstände zu charakterisieren; eine solche Bestimmung ist sogar die einzig gegebene, wenn eine Wissenschaft noch nicht in der Lage ist, ihre Gegenstände begrifflich sauber zu definieren. Dennoch sind einzelne Gegenstände *nicht notwendig* als zu einer (und nur einer) Wissenschaft zugehörig anzusehen. So sagt man von der Psychologie – um dies an einem Beispiel zu veranschaulichen –, daß sie die Wissenschaft von Willensvorgängen, Gemütsempfindungen, Vorstellungen, Empfindungen und verwandten Prozesse ist; doch ist keiner dieser Prozesse an sich *notwendig nur* Gegenstand der Psychologie. Erst die Zusammenstellung von Gegenstandgruppen pflegt einen Hinweis auf eine bestimmte Wissenschaft zu geben, und zwar deshalb, weil mit der Zusammenstellung die einzelnen Namen zu Angehörigen der begrifflichen Sphäre werden.

2) Wenn die Ökonomie die physischen Gebilde nicht unberücksichtigt lassen kann, und die Geschichtswissenschaft soziologische, psychologische, ökonomische, geographische Gebilde in ihr Begriffsgefüge aufnimmt, kann sich darin ein Sachverhalt widerspiegeln, dem wir bereits begegnet sind: die Tendenz einer Wissenschaft, alle Eigenschaften und Gegenstände der Nachbarwissenschaften – also die Totalität der Wissenschaftsgegenstände – zu untersuchen. Für uns wesentlich bleibt die Frage: handelt es sich angesichts der verschiedenen Wissenschaften jeweils um völlig oder teilweise identische Materialien, oder liegen wirklich auch begrifflich identische Wissenschaftsgegenstände vor?

Zur Beantwortung eben dieser Frage mag unser Beispiel der Beziehung zwischen Ökonomie und Physik erneut herangezogen werden. Handelt es sich dort, wo die Ökonomie auf Physisches eingeht, nur um ein bestimmtes Material, das auch der Begriffsbildung der Physik unterworfen wird, oder gehen wirklich physikalische Sätze oder Gegenstandsbegriffe in das Satzgefüge der Ökonomie ein? Nimmt man ein ökonomisches Lehrbuch zur Hand und sucht darin nach Begriffen der Physik, wird man ziemlich viel Mühe aufzuwenden haben, um irgendetwas zu finden, von dem man vermuten könnte, daß es auch in ein Lehrbuch der Physik aufgenommen würde. Man begegnet Sätzen über Kapital, Nachfrage, Tauschmittel, Märkte usw. Sucht man nach *Sätzen,* die an diejenigen der Physik gemahnen, könnte man vielleicht an das Prinzip des kleinsten Mittels denken, das an das physikalische Prinzip der kleinsten Wirkung erinnert. Der ökonomische Begriff des Mittels macht indes nur in Beziehung zum Bedürfnis und zur Bedürfnisbefriedigung Sinn, womit gezeigt ist, daß in diesem Fall nur eine formale Übereinstimmung – die Verwendung des Minimumprinzips – vorliegt.

Noch viel weniger eindeutig als Sätze sind die einzelnen Begriffe. Auf diese isolierte, begriffliche Übereinstimmung ist es zurückzuführen, daß Gemeinsamkeiten zwischen beiden Wissenschaften vermutet wurden. In Physik und Ökonomie tritt der Begriff der Maschine auf; beide Wissenschaften kennen den Begriff des Eisens, der Kohle usw. Ob aber wirklich gleiche Begriffe vorliegen und nicht etwa nur gleiche Wörter, läßt sich nur durch eine Untersuchung des logischen Ortes dieser Begriffe innerhalb beider Wissenschaften ermitteln.

Für den Begriff der Kohle in ökonomischen Disziplinen ergibt sich dann etwa folgendes: je nach Satzgefüge gehört der Begriff der Kohle entweder zur Klasse der Waren oder zur Klasse der Produktionsmittel. Als Ware, d. h. als austauschbares Produkt, steht sie in einer durch Preis ausgedrückten Relation zu den übrigen Waren und wird dann anderen Klassen von Gegenständen (Lebensmitteln, Kleidungsmitteln usw.) nebengeordnet; dieser Nebenordnung entspricht in der Physik überhaupt nichts. Entsprechend liegen die Verhältnisse in bezug auf die Stellung der Kohle als Produktionsmittel; und gleiches gilt von den übrigen ökonomischen Begriffen, die hier als weitere Beispiele genannt werden könnten.

Deutlicher noch wird die Verschiedenheit der Nebenordnung in Physik und Ökonomie am Begriff der Maschine. In der Ökonomie wird die Maschine als eins unter vielen anderen Produktionsmitteln bestimmt (Kohle, Eisen, Glas usw.). In der Physik dagegen bezeichnet der Begriff der Maschine – wenn ihm innerhalb der Physik überhaupt ein logischer Ort zukommt – nicht eigentlich eine Gegenstandsart oder -gruppe, sondern entspricht eher eine Betrachtungsweise. Jedenfalls aber kann dem Begriff der Maschine z. B. der Begriff des Eisens als Bezeichnung eines chemischen Elements nicht nebengeordnet werden.

Als weiteres Beispiel der Äquivokation sei auf die Begriffe «bewußt», «gewollt» und «Entschluß» in Psychologie und Jurisprudenz hingewiesen. Entschlußakte als besondere psychische Akte sind im täglichen Leben verhältnismäßig selten. Viele andere Handlungen als Mittel zur Erreichung eines Zieles sind auch derart mechanisiert, daß von besonderen, ihnen entsprechenden bewußten Prozessen psychologisch nicht mehr gesprochen werden kann. Andererseits ist nicht zu bezweifeln, daß diese Vorgänge juristisch sehr wohl als bewußte und gewollte Handlungen angesprochen werden – als Handlungen nämlich, für die eine Person verantwortlich ist. Die Diskrepanz der Klassifikation beruht hier darauf, daß es in der Jurisprudenz (wie übrigens auch in der sog. geisteswissenschaftlichen Psychologie und in der Angewandten Psychologie) um *Leistungsbegriffe* geht, während sich die experimentelle Psychologie auf Schritt und Tritt darum bemüht, die reinen Leistungsbegriffe auszuschalten, weil sie eine äußerliche, inadäquate, ja nicht selten sogar falsche Gruppierung der wirklichen psychischen Prozesse bedeuten würde. Gleichermaßen ist die Ausschaltung des Leistungsbegriffs ein wesentliches Erfordernis für die psychologische Selbstbeobachtung[z].

Die Schwierigkeiten der psychiatrischen Gutachtertätigkeit liegen nicht zuletzt in der Diskrepanz der beiden Begriffssphären begründet.

Ähnlich steht es mit den verschiedenen Familien- und Verwandtschaftsbegriffen in Biologie, Jurisprudenz, Ökonomie und Geschichtswissenschaft. Obgleich es zunächst so aussieht, als gingen die verschiedenen Wissenschaften beim Begriff der Familie auf etwas naturhaft Gegebenes (im Sinne der Biologie) zurück, decken sich die Kriterien für die Begriffe «Heirat», «Kind» und «Verwandtschaft» in Biologie und Jurisprudenz keinesfalls.

Wollte man den u. E. unzulässigen Versuch unternehmen und die juristischen Abgrenzungen für bloße Konventionen halten, so wäre darauf hinzuweisen, daß sich auch der ökonomische und kulturgeschichtliche Begriff der Familie, der zweifellos etwas Sachliches abbilden will, mit dem biologischen Begriff nicht deckt[53].

Typisch für alle diese Äquivokationen von Begriffen, denen sich überschneidende Gegenstandsmaterialien entsprechen und deren Beispiele fast beliebig vermehrt werden könnten, ist folgendes: die Verschiedenartigkeit der vermengten Begriffe hängt nicht damit zusammen, daß ein jeder ausschließlich eine Gegenstandsgruppe bezeichnet; vielmehr ist in jedem einzelnen Fall durch Betrachtung des konkreten Materials unter dem Gesichtspunkt der beiden Wissenschaften keine über den individuellen Fall hinausgehende Entscheidung zu treffen. Eine eindeutige, sachliche Beziehung wie etwa im Verhältnis von Ober- und Unterbegriff bleibt also ausgeschlossen.

Als weiteres Beispiel mag hier der Begriff des Bedürfnisses in

Ökonomie, Biologie und Psychologie erwähnt werden. Eine genauere Analyse zeigt, daß die Bedürfnisse in der Ökonomie wesentlich durch jene Zwecke definiert sind, denen das wirtschaftliche Handeln nach dem Prinzip des kleinsten Mittels dient[aa]. Die Realität eines konkreten Bedürfnisses wird dadurch gesichert, daß man von einem vorgegebenen wirtschaftlichen Vorgang ausgeht, dessen Deutung als eines vom Prinzip des kleinsten Mittels beherrschten Vorgangs die Existenz eben jenes Bedürfnisses voraussetzt. Die Zusammenfassung der einzelnen so bestimmten Bedürfnisse zu umfassenden Bedürfnisklassen führt zu einer gewissen Ähnlichkeit der dabei resultierenden Begriffe mit bestimmten Begriffen der Biologie. Die unterschiedenen Bedürfnisse entsprechen nicht eindeutig den verschiedenen Arten der ökonomischen Güter, sondern drücken den Tatbestand der Austauschbarkeit gewisser Güterarten zum Zwecke der Konsumption aus. Das darf aber nicht darüber hinwegtäuschen, daß hier eine durchaus unpsychologische – eben eine ökonomische – Klassifikation vorliegt[54].

Die Verschiedenheit der Begriffe zweier Wissenschaften zeigt sich – auch dort, wo die gleichen Diesdas bezeichnet werden – an der Verschiedenheit der *Verwandtschaftsbeziehungen*, d. h. an der Verschiedenheit der Über-, Neben- und Unterordnung. Im Falle der Kohle im Sinne der ökonomischen Disziplinen sind als Untergruppen zu unterscheiden: die Gaskohle, die Fabrikkohle und die Hausbrandkohle, wobei die weiteren Spezifizierungen in Haupt- und Spezialsorten von Qualitätsunterschieden im engeren Sinne abhängig sind, also z. B. vom Ausmaß, in dem ein Einheitsquantum ein und dasselbe Bedürfnis zu befriedigen vermag. Für die physikalische Charakterisierung der Kohle ist es schlechterdings irrelevant, ob sie als Hausbrand- oder als Fabrikkohle betrachtet wird, und daß die physiko-chemische Unterteilung der Kohle nicht eindeutig ist, hängt u. a. damit zusammen, daß sie chemisch in der Regel überhaupt nichts Einheitliches, sondern ein Konglomerat ist[55].

Die Einheit und die Komplexionsstufe ein und desselben Gegenstandsmaterials sind in den verschiedenen Wissenschaften recht unterschiedlich[56].

Eine Grundstückveräußerung kann juristisch etwas Einheitliches sein und doch für die Psychologie lediglich ein Konglomerat von selbständigen, nach grundverschiedenen Gesetzen verlaufenden Prozessen, die zudem in verschiedenen Personen vor sich gehen. Andererseits kann ein psychologisch einheitlicher Handlungsakt juristisch in eine Vielheit von in Tateinheit vollzogenen Handlungen zerlegt werden; dieser Zerlegung braucht psychologisch schlechterdings nichts Reales mehr zu entsprechen. Typisch für das Verhältnis solcher, dasselbe Gegenstandsmaterial betreffender Begriffe zweier Wissenschaften ist, daß nicht einmal generell behauptet werden könnte, daß ein bestimmter, für die eine Wissenschaft einheitlicher Tatbestand für die andere Wissenschaft als Konglomerat erscheint. Vielmehr können einzelne Fälle, die für die eine Wissenschaft einheitliche Klassen bilden, für die andere Wissenschaft teilweise ebenfalls einheitlich, teilweise aber Konglomerate verschiedener Stufen sein, die unter Umständen unterschiedlichen Klassen zugeordnet werden müssen.

Auch rührt der Widerstand, den die Idee der realen Einheit der Gemeinschaft und Gesellschaft als soziologischer Gebilde zu überwinden hatte, zum guten Teil davon, daß das gleiche Gegenstandsmaterial für die Physik, die Psychologie oder Jurisprudenz durchgehend oder häufig ein Konglomerat darstellt, der keine reale Einheit, sondern bestenfalls eine begriffliche Zusammenfassung entspricht.

Ein wissenschaftstheoretisch besonders wichtiger Fall der Äquivokation liegt bei Ausdrücken vor, die in der einen Wissenschaft die Gesamtheit der Untersuchungsgegenstände bezeichnen und die zugleich von einer anderen Wissenschaft benutzt werden: also z.B. beim Ausdruck «Natur», wenn letzterer in der Ökonomie verwendet wird. Natur bedeutet für die Physiko-Chemie die Totalität dessen, dem sie überhaupt Realität zuerkennt und dessen Eigenschaften und Gesetzlichkeiten sie zu untersuchen versucht. Außer der Natur gibt es für sie nichts. In den ökonomischen Disziplinen tritt der Begriff der Natur insofern auf, als er die geographischen Verhältnisse eines Landes, die Bodenschätze und Verkehrswege betrifft. Aber auch die Produktivkräfte, die physische und psychische Arbeitskraft stellen für sie etwas Natürliches dar. Doch stellt sich bei näherem Zusehen recht bald heraus, daß es sich hier keinesfalls um jenen, eine Totalität bezeichnenden Naturbegriff der Physik handelt.

Bereits an diesem äußerlichen Merkmal zeigt sich die Nichtidentität der beiden Naturbegriffe. In der Tat stellt sich der Begriff des Naturhaften in den ökonomischen Disziplinen als etwas heraus, das mit den Hilfmitteln und den Begriffen der Ökonomie bestimmt wird, das folglich als ein speziell ökonomischer Begriff anzusprechen ist. So kann man oft beobachten, daß ein auf diese oder auf eine ähnliche Art aus einer Wissenschaft hinausbefrachteter Gegenstandskomplex schließlich doch eine besondere Untersuchung und spezielle Begriffsbildung innerhalb der anderen Wissenschaft erfordert.

Bei den hier zu besprechenden Äquivokationen verhält es sich übrigens so, daß nicht nur die Bezeichnung der Gegenstandstotalität der einen Wissenschaft ein Teilgebiet der anderen meint, sondern auch umgekehrt die Bezeichnung der Gegenstandstotalität der zweiten Wissenschaft zugleich ein Teilgebiet der ersten bezeichnet. Dies wird am Beispiel des Verhältnisses zwischen Kulturwissenschaft und Biologie deutlich.

Während für die kulturwissenschaftliche, etwa geschichtswissenschaftliche Betrachtung die Rasse im Sinne der Biologie lediglich ein Faktor neben vielen anderen ist, denen sie sich als eine geschichtliche Kraft nebenordnet, erscheinen vom Standpunkt der Biologie her die gesamten Kulturprozesse als eine spezielle, nicht besonders umfangreiche Gruppe biologischer Vorgänge.

Ähnlich steht es mit dem Verhältnis der Begriffe «Kultur» und «Wirtschaft». Während in der Geschichtswissenschaft die wirtschaftlichen Verhältnisse den politischen, religiösen, gesellschaftlichen usw. als eine spezielle Gruppe nebengeordnet werden, scheinen in der reinen Ökonomie die kulturellen Eigenarten ihrerseits nur *ein* Moment des Wirtschaftslebens zu sein.

Infolge dieser Art von Äquivokationen und wechselseitigen Überordnungen (bzw. Unterordnungen) hat die Diskussion über das Verhältnis von Wirtschaft und Kultur zu scheinbar unauflöslichen Widersprüchen geführt, die – wissenschaftstheoretisch gesehen – den Problemen des Verhältnisses von Leib und Seele analog sind (Streit um Parallelismus oder Wechselwirkung). Im ersten Fall spielt die Debatte über die materialistische Geschichtsauffassung eine wichtige Rolle. Doch liegen u. E. in beiden Fällen grundverschiedene Probleme vor. Faßt man nämlich den Begriff des Physischen als Bezeichnung des Gesamtgebiets der Physik auf und analog den Begriff des Wirtschaftlichen als Bezeichnung des Gesamtgebiets der reinen Ökonomie, so wird man ihnen die Termini «seelisch» und «kulturell» nur als Bezeichnung von Gebieten von Wissenschaften gegenüberstellen dürfen; letztere sind dann identisch mit den Begriffen «Gegenstand der Psychologie» bzw. «Gegenstand der Geschichtswissenschaft». Die Frage nach dem Verhältnis von Leib und Seele oder Wirtschaft und Kultur ist nur als wissenschaftstheoretische sinnvoll und erweist sich als ein Spezialfall der allgemeinen Frage nach dem Verhältnis der Gegenstandsgebiete zweier verschiedener Wissenschaften. Die Wechselwirkung zwischen solchen verschiedenen Regionen von Wissenschaftsobjekten bleibt dann jedenfalls völlig unberücksichtigt und spielt keinerlei Rolle.

Faßt man dagegen den Begriff des Physischen *nicht* in diesem Sinne auf, sondern im Sinne des Gegensatzes der vegetativen, niederen biologischen Prozesse und der biologisch höheren, seelischen

Vorgänge, hat man es nicht mit einem wissenschaftstheoretischen, sondern einem innerbiologischen Problem des Verhältnisses zwischen zwei speziellen biologischen Prozeßarten zu tun. Analog verhält es sich mit Wirtschaft und Kultur.

[C*] Was mich an der Volkswirtschaftslehre vor allem wundert, ist ihre völlige Beschränkung auf den *positiven* wirtschaftlichen Wert.

1) Die sog. «freien» Güter werden nicht als wirtschaftliche Güter mit dem Wert o angesetzt, sondern als wirtschaftlich überhaupt nicht relevant angesehen. Man sagt nicht «Man bekommt sie umsonst, sie kosten nichts», sondern man weigert sich, den Begriff der Kosten auf sie anzuwenden.

2) Gar nicht berücksichtigt werden anscheinend die Güter mit wirtschaftlich *negativem* Wert, d. h. diejenigen Güter, die man sich nicht anzueignen, sondern deren man sich zu entäußern strebt, deren Besitz also ein wirtschaftlicher Verlust bedeutet. Dazu gehören alle Dinge mit dem wirtschaftlichen Wert o, die einen anderweitig brauchbaren Platz wegnehmen, Geschäfte, die mit Verlust arbeiten usw. Findet ein Tauschen solcher Güter statt, so hat der Verkäufer zugleich Güter mit positivem wirtschaftlichem Wert mitzuliefern oder einen entsprechenden Arbeitsaufwand zu leisten. Nicht die Beschaffung, sondern die Entäußerung solcher Güter kostet etwas. (Für die Preisbildung scheint mir der positive Wert der Entäußerung, d. h. der negative Wert des Besitzes, bei jedem Tausch eine große Rolle zu spielen.)

Die Einseitigkeit, die in der Beschränkung des wirtschaftlichen Wertbegriffes auf dem positiven Wert liegt, zeigt sich in analoger Weise (wie an dem beim Tausch oder Verbrauch zutage tretenden Wert) natürlich auch beim Begriff der «Arbeit» und der «Kosten», wenn also der Wert durch das Produzieren gemessen werden soll. OPPENHEIMER (1922, 288–289) unterscheidet jedenfalls zwischen der Arbeit aus finalen und derjenigen aus modalen Trieben. Nur die erste Form der Arbeit sei wirtschaftlich relevant, weil sie mit Kosten verbunden sei. In Wirklichkeit ist aber auch die zweite Form wirtschaftlich relevant, nur daß dabei das «Nichtarbeiten» etwas kostet. Ganz abgesehen von der Beschaffung der dazu nötigen Mittel kann die Befriedigung der Arbeitslust etwas kosten. So scheint mir dies auch (ungeachtet der Fälle des Sports, der Arbeit des Künstlers und Gelehrten) beim Preis normaler Arbeit eine ziemliche Bedeutung zu haben.

Ob man also den letzten Maßstab für den Wert in der Produktion (objektive Werttheorie) oder in der Konsumtion (subjektive Werttheorie) sucht, immer wird man neben dem positiven wirtschaftlichen Wert den negativen sowie den Wert o als wirtschaftlich relevante Werte anzusetzen haben. Einen neuen Wertmaßstab braucht man deshalb nicht.

Der ökonomische Wert eines Objektes ist der Wert, der diesem Objekte als Mittel zu einem bestimmten Zweck zukommt. Er steht dem Wert gegenüber, der einem Objekt als Zweck zukommt.

Der ethische oder «Zweckwert» eines Objektes darf nicht durch die Beziehungen dieses Objektes zu einem anderen Objekt begründet werden. Wenn man nach ihm fragt, so hat man das Objekt auf *den* Wert hin zu betrachten, den es für das Handeln behält, und zwar vollkommen losgelöst von allen Beziehungen zu anderen Objekten. Denn dann betrachtet man es eben als «Zweck».

Ein «Selbstständigkeitswert» ist also der ethische Wert ebenso wie der ästhetische. Und wie dem ästhetischen Wert als «Zusammenhangswert» der Erkenntniswert, so steht dem ethischen Wert als «Zusammenhangswert» der ökonomische Wert gegenüber. Allerdings kommt beim ökonomischen Wert nicht wie beim Erkenntniswert die Beziehung des speziellen Wertobjektes zu *allen* anderen Objekten in Frage.

Ein und demselben Objekt kommt daher nicht wie in der Ethik und Ästhetik ein ganz bestimmter Wert zu. Er läßt sich auch nicht durch eine «Idee» bestimmen wie in der Wissenschaft, wo man dadurch, daß man das Ganze, in dem das Einzelobjekt einen nicht widersprechenden Teil ausmachen soll, zur Totalität erweitert, eine der «Idee» nach vollkommen eindeutige Bestimmtheit erlangen kann.

Vielmehr ist der Mittelwert eines Objektes verschieden, je nach dem Zweck, für den es als Mittel gebraucht werden soll. Und daher bleibt der ökonomische Wert eines Objektes vollkommen unbestimmt, wenn nicht der Zweck, für den es Mittel sein soll, bestimmt wird.

Da man in der menschlichen Gesellschaft Objekte auf ihren ökonomischen Wert hin vergleichen kann, so muß es einen allgemeinen Zweck geben, für den die Objekte als Mittel in Betracht gezogen werden. Zwecke, für die Mittel angewandt werden, heißen in der Ökonomie «Bedürfnisbefriedigungen».

An «Bedürfnisse» im Sinne der Ökonomie gibt es nun eine unendliche Menge, und es wäre ein durchgehendes Vergleichen nicht möglich, wenn nicht irgendwie ein Bedürfnis aufgestellt werden könnte, auf das man sich beim Vergleichen bezieht; sei es nun, daß man alle Mittel von vornherein direkt auf das eine Bedürfnis bezieht, sei es, daß man die verschiedenen Bedürfnisse untereinander vergleichbar macht.

8. Kriterien der Trennung von Wissenschaften

[A*] Die vorstehenden Ausführungen werden zur Genüge dargetan haben, daß das Gegenständliche – sofern es in die Lehrgefüge eingeht – von Wissenschaft zu Wissenschaft anders ist. Die scheinbaren Überschneidungen verschiedener Wissenschaften beruhen im wesentlichen auf Übereinstimmungen in bezug auf das Gegenstandsmaterial und auf Äquivokationen.

Das Fehlen der erkenntnistheoretischen, methodischen und logisch-formalen Einheitlichkeit innerhalb jeder einzelnen Wissenschaft ließ den Schluß auf das Gegenständlich als die eigentliche Quelle von Einheit oder Vielheit der Wissenschaften zu. Die Schwierigkeiten der positivistischen Auffassung betrafen – wie wir sahen – nur das Gegenstandsmaterial, aber nicht die Gegenstände als Wissenschaftsobjekte, d. h. als sachlichen Gehalt von Sätzen eines Lehrgefüges. Nur in diesem ist Einheit oder Vielheit der Wissenschaften zu suchen.

Bevor wir eine positive Theorie der speziellen, gegenständlichen Momente zu entwickeln versuchen, die wissenschaftstheoretisch ausschlaggebend sein dürften, sei vorab auf zwei Eigentümlichkeiten eher äußerer Art hingewiesen, nämlich 1) auf die Getrenntheit der Satzgefüge der verschiedenen Wissenschaften, und 2) auf die Durchführbarkeit der Wissenschaften.

a. Die Getrenntheit der Satz- und Begriffsgefüge

Die Getrenntheit der Gegenstandsbereiche zweier oder mehrerer Wissenschaften ist Ausdruck der Getrenntheit der Satzgefüge der betreffenden Wissenschaften. Die Verschiedenheit zweier scheinbar identischer Begriffe, die in zwei Wissenschaften auftreten, mag bei isolierter Betrachtung problemlos sein; sobald man die Zugehörigkeit dieser Begriffe zu bestimmten Satzgefügen, in denen ihr logischer Ort deutlich wird, betrachtet, wird die Verschiedenheit derselben sofort deutlich, und zwar deshalb, weil Sätze verschiedener Wissenschaften ihrem Gehalt nach auseinander nicht ableitbar sind.

Diese generelle Behauptung könnte zunächst auf Widerspruch stoßen. Für bestimmte Wissenschaften ist sie wohl angemessen: Sätze der Physik lassen sich ihrem Gehalt nach nie aus rein mathematischen Sätzen ableiten, sondern immer wieder nur aus physikalischen[57]. Ebenso ist kaum zu bestreiten, daß sich Sätze der Ökonomie nicht aus der Ästhetik oder aus solchen der Ethik oder der Physik ableiten lassen. Natürlich ist die Behauptung über die inhaltliche Unableitbarkeit von Sätzen in Wissenschaften, die sich noch nicht zur vollen Reife entwickelt haben und die Ableitungen größeren Umfangs noch gar nicht kennen, nur mit Mühe beweisbar. Doch scheint nun gerade bei fortgeschrittenen Wissenschaften die tatsächliche Situation die Aufstellung der generellen Behauptung wenigstens als vorläufige Arbeitshypothese genügend zu rechtfertigen. Ich betrachte die inhaltliche Unableitbarkeit als eins der Kriterien für die Zugehörigkeit von Sätzen und Disziplinen zu dieser oder jener Wissenschaft und als ein Hilfsmittel zur Beschreibung von Wissenschaftsganzheiten, sofern die Entwicklungsstufe der betreffenden Wissenschaften die Anwendung dieses Hilfsmittels erlaubt. Anders ausgedrückt: ich zähle Sätze, die logisch auseinander ableitbar sind, zur gleichen Wissenschaft. Der Umkehrschluß ist allerdings nicht zulässig. So ist aus der Unableitbarkeit von Sätzen deren Nichtzugehörigkeit zu einer Wissenschaft nicht beweisbar. Mit anderen Worten, die Lehrgefüge und entsprechend die Gegenstandsbereiche der verschiedenen Wissenschaften sind völlig getrennte Individuen.

b. Die Durchführbarkeit der Wissenschaften

Mit der Tatsache, daß die Gegenstandsbereiche verschiedener Wissenschaften sich nicht so zueinander verhalten wie die Gegenstandsgruppen innerhalb jeder einzelnen Wissenschaft, und daß insbesondere keine Aufteilung in Materialgruppen durchführbar ist, hängt folgendes eng, wenn auch nicht notwendig, zusammen: der Gegenstandsbereich einer Wissenschaft ist eine Gegenstandstotalität oder tendiert danach, eine solche zu werden. Die Bestimmung der Totalität als einer Gesamtheit von Gegenständen, neben oder außer der es keine weitere Materialien oder Eigenschaften gibt, ist bereits gegeben worden. Die frühere Betrachtung dieses Sachverhaltes in bezug auf Physik, Biologie, Ökonomie und Geschichtswissenschaft macht eine weitere Begründung dieser Aussage überflüssig.

Die Tendenz zur Gegenstandstotalität ist wohl ein besonderer Ausdruck der Idee oder des Glaubens der «Durchführbarkeit» jeder Wissenschaft, deren Annahme jeder Forschungsarbeit zugrundeliegt. Explizit könnte diese Annahme so formuliert werden: die Wissenschaft ist in der Lage, sämtliche Eigenschaften und Beziehungen der von ihr untersuchten Gegenstände *vollständig* zu erfassen. Aus diesem Satz folgt, daß eine Wissenschaft auch jene Gegenstände, die mit den ihren in Beziehung treten können, auch zu untersuchen beabsichtigt, und daß sie aus diesem Grunde schließlich auf eine Gegenstandtotalität im oben gekennzeichneten Sinne rekurrieren muß[58].

Einen lehrreichen Einblick in das Vorliegen dieses Anspruchs auf die Gegenstandstotalität bietet die Diskussion über die Natur der Erkenntnistheorie. Psychologie, Biologie, Geschichtswissenschaft, Ökonomie und schließlich auch die Sprachwissenschaft haben jede für sich den Anspruch erhoben, die Erkenntnistheorie als spezielle philosophische Disziplin verdrängen und ersetzen zu können. Diesen Anspruch hat – wenigstens was die Psychologie betrifft – die Entwicklung der Philosophie der jüngsten Zeit so gut wie endgültig zurückgewiesen. Dennoch erfolgte die Abweisung des Psychologismus vielfach mit unzureichenden Mitteln.

Was die Biologie betrifft, so glaubte man ihren Anspruch auf Ersetzung der früheren Erkenntnistheorie mit folgendem Argument aufheben zu können: zwar sei es richtig, daß tierisches Erkennen oder die Erkenntnisprozesse kranker Menschen Gegenstand der Biologie seien; doch jene Erkenntnisprozesse, die ihre reinste Ausprägung in den Wissenschaften haben, seien nicht Gegenstand der Biologie. Indes, es ist unmöglich, irgendeine besondere Gruppe von Erkenntnisprozessen der Erforschung durch die Biologie zu entziehen, denn wie die normalen Erkenntnisprozesse des Kindes und Erwachsenen den Gesetzen der Biologie unterworden sind, so sind es auch jene Erkenntnisprozesse, die zur Wissenschaft führen.

Es zeigt sich aber, daß diese scheinbare Widerlegung des Biologismus durch Festlegung einer Ausnahme in Wirklichkeit durchaus schon auf dem Boden des Biologismus erfolgt. Wenn die Biologie überhaupt die Lebensprozesse soll erklären können, so wird sie alle Eigenschaften des Lebendigen zu berücksichtigen haben, also auch die biologisch zumeist wichtigste Seite des Erkenntnisprozesses, nämlich den Inhalt der Erkenntnis.

Der Anspruch der Biologie und anderer Wissenschaften auf Erforschung auch der wissenschaftlichen Erkenntnisprozesse läßt sich nicht zurückweisen, und eine Festlegung dessen, was am erkenntnistheoretischen Biologismus, Historismus usw. falsch ist, wird erst aufgrund der Einsicht möglich, daß es sich hier um ein wissenschaftstheoretisches Problem handelt, bei dem nicht spezielle Gegenstands- und Eigenschaftsgruppen, sondern Wissenschaften gegenübergestellt werden müssen. Erst die Anerkennung der Durchführbarkeit der Biologie, Psychologie usw. auch in bezug auf das wissenschaftliche Erkennen als einen möglichen Untersuchungsgegenstand macht deutlich, daß ein Fragegefüge von der Biologie, Psychologie usw. nicht behandelt werden kann.

[D*] Zu jenen Strömungen, die mindestens der Tendenz nach die Gesamtheit der Wissenschaften (einschließlich der Erkenntnistheorie und der Logik) auf eine einzige Wissenschaft zurückführen wollten, gehören u. a. der Biologismus, der Psyhologismus und der Philologismus. Alle diese Strömungen führen letztlich zum erkenntnistheoretischen Relativismus, dessen Widerlegung man sich oft zu einfach gemacht hat.

Zu den Biologisten sind James, Mach, F. C. S. Schiller, Avenarius und Bergson zu rechnen. Von Biologismus ist bei diesen Autoren insofern zu sprechen, als sie unter dem Einfluß der Deszendenztheorie Darwins die Erkenntnis- und Wahrheitsfrage mit der Problematik der Entwicklung des Erkenntnis*vermögens,* also der Entwicklung des Organismus (insbesondere des Gehirns) vom Einzeller zum Menschen verbinden. Es wird vom Erkennen bei Einzellern gesprochen (Unterscheidung von Reizen, Orientierungsvermögen), von der Entwicklung des räumlichen und zeitlichen Fernsicht bei höheren Arten und schließlich der Erkenntnis der Welt beim Menschen. Als Zweck der Entwicklung wird die Anpassung an die Umwelt und die Herrschaft über dieselbe angesetzt.

Zugleich machen sich neuerdings Strebungen bemerkbar, auch die ontogenetische Entwicklung des Denkens zu untersuchen, und zwar auf einer biologistischen Grundlage. Man spricht von der Physik des Kindes, die sich erheblich von derjenigen des Erwachsenen unterscheidet, wobei man dann versucht, letztere aus ersterer heraus verständlich zu machen. Dahinter steht die Idee, daß die für tierisches und kindliches Erkennen maßgebenden Gesetze auf das wissenschaftliche Erkennen anwendbar sind. Eine zweite Idee wird vom Biologismus vertreten: daß die Erkenntnisfunktion eine ungeheure, dem Überleben der Art höchst dienliche Erweiterung der Beherrschung der Umwelt und der Schutzmöglichkeiten bedeutet. In diesem Sinne schreibt MACH (1905, 72): «Die Unterschiede, welche der Mensch in psychischer Beziehung gegen die Tiere darbietet, sind nicht *qualitativer,* sondern bloß *quantitativer* Art. Infolge seiner verwickelten Lebensbedingungen hat sich 1. sein psychisches Leben *intensiver* und *reicher* gestaltet, 2. ist sein Interessenkreis *größer* und *weiter,* 3. ist er fähig, zur Erreichung seiner biologischen Ziele, einen längeren *Umweg* einzuschlagen,

4. übt das Leben der Zeitgenossen und Vorfahren, vermöge der vollkommeneren mündlichen und schriftlichen Mitteilung, einen *stärkeren* und direkteren Einfluß auf das *Individuum*, 5. findet in der Lebenszeit des einzelnen eine raschere Umwandlung des psychischen Lebens statt.» In derselben Schrift läßt sich bei MACH (a. a. O., 126) sogar eine biologistische Tendenz in der Theorie der Begriffsbildung nachweisen: «Die Mannigfaltigkeit der *biologisch wichtigen* Reaktionen ist viel *geringer* als die Mannigfaltigkeit des Tatsächlichen. Dadurch wurde der Mensch zuerst in die Lage versetzt, das Tatsächliche *begrifflich zu klassifizieren.*» Ähnlich eng wie bei Mach ist die Verknüpfung von Erkenntnistheorie und Biologie bei James, der die Wahrheit von Erkenntnissen mit der Befriedigung menschlicher Bedürfnisse in Zusammenhang bringt (vgl. JAMES 1909, 41).

Nicht mehr rein biologistisch dagegen ist die von Herbert Spencer vertretene Ansicht, der zufolge die Evidenz auf ein Gefühl zurückzuführen ist, das freilich auch als für die Erhaltung der Organismen nützlich bezeichnet wird.

Man sieht aus diesen wenigen Beispielen, daß alle wissenschaftlichen *Sätze* (und entsprechend die Sätze der Ethik) auf den Nutzen für die Gattung zurückgeführt werden, und daß der Wahrheitswert derselben aufgrund der biologischen Nützlichkeit entschieden wird. In diesem Sinne könnte man von der Auslese der richtigen Theorie oder insgesamt von der Idee der wahren Theorie als der gesunden sprechen.

Nun kann man den Biologismus oberflächlich kritisieren, etwas dadurch, daß man auf verschiedene Verwendungsweisen des Begriffes «Wahrheit» (biologistisch die eine, erkenntnistheoretisch die andere usw.) aufmerksam macht, oder dadurch, daß man auf den Aspekt der Erkenntnis jenseits von bloßen Nützlichkeitserwägungen hinweist. Unter diesem Gesichtspunkt hielt SCHLICK (1918, 83) Mach, entgegen, den er in diesem Punkt ablehnte: «Erkenntnis, sofern sie Wissenschaft ist, dient also nicht irgendwelchen anderen Lebenfunktionen. Sie ist nicht auf praktische Beherrschung der Natur gerichtet, obwohl sie hinterher oft auch dazu nützlich sein mag, sondern sie ist eine selbständige Funktion, deren Ausübung uns *unmittelbar* Freude bereitet, ein eigener, mit keinem andern vergleichbarer Weg zur Lust. Und in dieser Lust, mit der der Erkenntnistrieb das Leben des Forschenden füllt, besteht ihr Wert.»

Doch zeigt es sich, daß beide Argumente gegen den Biologismus nicht zu einer Widerlegung im strengen Sinne führen. Schlicks Bemerkungen besagen ja, daß das Erkennen unmittelbar Freude bereitet und dem Lustgewinn dient, was sowohl biologisch als auch psychologisch interpretiert werden kann, aber auf keinen Fall mit einer Widerlegung des Biologismus gleichgesetzt werden darf; die Kritik der Position von Mach erfolgt ja immer noch auf dem Boden des Biologismus (oder Psychologismus).

Um den Biologismus tatsächlich zu widerlegen, ist es notwendig, die allgemeinen biologistischen Thesen herauszuarbeiten. Diese Thesen lauten:

1) Für das Erkennen ist einzig und allein die Nützlichkeit maßgebend.

2) Die Gesetze der Biologie – und nur sie – bestimmen das Erkennen und das Erkenntnisprodukt.

Der Biologismus stützt sich also – was aber nirgends ausdrücklich festgehalten wird – auf die These von der Möglichkeit der Biologie als Wissenschaft. Aus dieser These folgt nämlich der Anspruch auf erschöpfende und eindeutige Erklärung aller Erscheinungen lediglich aufgrund biologischer Gesetze. Da die Erkenntnistheorie ihrer Bestimmung nach diejenige Wissenschaft ist, die die gegebenen Gesetze der Erkenntnis erforscht, und da es sich beim Erkennen um eine Leistung von Lebewesen handelt – was selbstverständlich auch für die spezielle Erkenntnisform der Wissenschaft gilt –, fällt die erkenntnistheoretische Aufgabe in den Bereich der Biologie.

Durchgeführt wird die biologische Theorie des Erkennens auf der Grundlage des Prinzips der Anpassung der Vorstellung an die Tatsachen und der gegenseitigen Anpassung der Vorstellungen.

Selbst wenn Einzelheiten dieser Art von Erkenntnistheorie falsch sein sollten, bleibt der Grundsatz der Auflösung der Erkenntnistheorie in reine Biologie als Postulat bestehen.

3) Nicht nur die Bedingungen, sondern auch die Inhalte der Erkenntnisprozesse unterliegen den Gesetzen der Biologie.

Zur Kritik des Biologismus hat sich bis heute der Einwand des Relativismus am besten bewährt. Man kann der Biologie in der Tat zwar nicht verbieten, sich mit den Erkenntnisprozessen bei Mensch und Tier zu beschäftigen. Doch es dürfte nicht schwer fallen, den Nachweis zu führen, daß die Biologie als empirische Wissenschaft sich selbst immer wieder revidiert hat, mit anderen Worten, daß sie bei der Bestimmung der Gesetze der Erkenntnis nicht zur letzten Gewißheit vorzudringen vermag, so daß die von ihr gemachten Behauptungen über das Erkennen relativ zu Zeit, zum Entwicklungsstand der Arten und Gattungen und zur jeweils erreichten Forschungsstufe sind. Durch Vermischung zweier Gegenstandsbereiche erreicht die Biologie – sofern sie als Theorie der Erkenntnis auftritt – ihre Selbstauflösung.

Analog verhält es sich mit dem Psychologismus, dem Soziologismus und anderen relativistischen Erkenntnistheorien, auf die hier nicht weiter eingegangen zu werden braucht[bb].

9. Das Problem der Sinnlosigkeit

[A*] Die Nichtableitbarkeit der Begriffsgefüge und die Getrenntheit der Gegenstandsgebiete verschiedener Wissenschaften einerseits, die Idee der Durchführbarkeit jeder einzelnen Wissenschaft andererseits sind äußerliche Merkmale der internen Einheit der Bestandteile der Wissenschaften. Worauf diese Einheit der Bestandteile beruht, ist ein Hauptproblem der Wissenschaftslehre, dem wir im folgenden nachzugehen versuchen. Wir fragen zunächst: läßt sich Genaues über die Art der Verschiedenheit der Bestandteile einer Wissenschaft aussagen?

Sätze wie «Caesar ist im Jahre 200 v. u. Z. geboren» oder «Eine Gleichung n-ten Grades hat n+1 Wurzeln» oder «Luft besteht aus Kohlenstoff und Sauerstoff» sind falsch, aber nicht unsinnig, d. h. sie sind lediglich inadäquat, entsprechen der Wirklichkeit nicht. Dieser *Falschheit* ist die *Sinnwidrigkeit* gegenüberzustellen. Die bekannteste Form derselben ist die *logische*. Sie ergibt sich, wenn man z. B. ein Ding mit einer seiner Eigenschaften identifiziert, eine Menge mit einem ihrer Elemente oder andere, logische Typen im Sinne Russells gleichsetzt.

Außer von der logischen könnte man noch von einer erkenntnistheoretischen Sinnlosigkeit sprechen. Sie läge z. B. dann vor, wenn man beim Nachweis der Richtigkeit einer Behauptung die allgemeingültigen erkenntnistheoretischen Prinzipien verletzte (bei einer individuellen Induktion etwa die Prinzipien der Induktion). In diesem Falle handelte es sich nicht um formal-logische, *eo ipso* sinnwidrige Sätze, sondern um die Mangelhaftigkeit der inhaltlichen Adäquatheit von Sätzen. Nur beruhte hier die Ungültigkeit nicht auf den besonderen Eigenschaften der betreffenden Sachverhalte, sondern auf der Mißachtung der allgemeinen, erkenntnistheoretischen Nachweisregeln.

Für uns sehr bedeutsam ist schließlich eine dritte Form von Sinnlosigkeit. Sie manifestiert sich in Sätzen wie «Kaufkraft ist H_2O», «$2 \cdot 2$ ist Stearinkerze», «Daktylus und Trochäus ergeben Messing». Die Sinnlosigkeit dieser Sätze läßt sich nicht auf eine erkenntnistheoretische Sinnlosigkeit zurückführen, weil die Nachweisoperationen ja vollständig unbeachtet bleiben können. Aber es geht auch nicht um eine logische Widersinnigkeit; weder braucht ein Ding mit einer Eigenschaft noch brauchen zwei verschiedene logische Typen miteinander identifiziert zu werden. Dennoch liegt keine bloß inhaltliche Falschheit vor, sondern eine augenfällige Sinnwidrigkeit. Wir wollen sie als *wissenschaftstheoretische Sinnlosigkeit* bezeichnen, weil sie dann entsteht, wenn man Begriffe oder Sätze verschiedener Wissenschaften nach Art von Sätzen und Begriffen ein und derselben Wissenschaft in Beziehung setzt, auch wenn man dabei logisch-formal einwandfrei vorgeht.

Daß auf diese Art wissenschaftstheoretisch sinnlose Sätze zustandekommen können, wird man wohl zugeben. Die generelle Aussage, daß die Sinnlosigkeit stets so und nicht anders entsteht, dürfte allemal auf Bedenken stoßen, finden sich doch leicht Beispiele, die auf Gegenteiliges hinzudeuten scheinen. Man denke etwa an Sätze wie «Zehn Gramm Gold kosten in Berlin X Mark» oder «Rembrandts *Nachtwache* ist Eigentum von NN». Im ersten Fall wird ein Begriff der Physik mit einem ökonomischen, im anderen Fall ein Begriff der Kunstwissenschaft mit einem juristischen verbunden und in einen sinnvollen Satz eingebaut.

Nun liegt der wirkliche Sachverhalt im zweiten Beispielsatz deutlich genug zutage. Das Bild Rembrandts tritt hier nicht als Gegenstand der Ästhetik, sondern lediglich als ein bestimmtes Diesda auf, genauer: als *Sache* im Sinne der Jurisprudenz.

Der Terminus «Gold» im ersten Beispielsatz bezeichnet zunächst einen von der Physik untersuchten Gegenstand. Doch auch in diesem Fall handelt es sich entweder um einen Namen für eine Gruppe bestimmter Diesdas, oder aber um einen anderen Begriff, der sich auf eine bestimmte Warengattung im Sinne der ökonomischen Disziplinen bezieht. «Gold» bezeichnet eine ohne besondere Kosten, in handelsüblicher Form zugängliche Ware, und der Satz wird erst dann sinnlos, wenn statt eines ökonomischen ein physikalischer Begriff verwendet wird. Drei Gramm Gold in einem Sandhaufen – womöglich in beliebig kleinen Körnern oder sogar in gebundener Form in Verbindungen – kosten keineswegs X Mark, obgleich im Sinne der Chemie eben drei Gramm Gold vorhanden sind. Daß der Versuch, den Terminus «Gold» in einem physikalischen Sinne zu deuten, in der Tat zu einer wissenschaftstheoretischen Sinnlosigkeit führt, wird deutlich, wenn man annimmt, daß die Physik den obigen Beispielsatz in ihr Lehrgefüge einzuverleiben hätte.

Als weiterer Einwand gegen die oben aufgestellte generelle Behauptung käme ein Verweis auf die Beziehungen von Mathematik und Physik in Frage. Die enge Verbindung zwischen mathematischen und physikalischen Begriffen und die Bedeutsamkeit und Fruchtbarkeit dieser Verbindung sind hinlänglich bekannt. In Wirklichkeit werden den physikalischen Gebilden jedoch keine mathematischen Eigenschaften zugesprochen, und sie selbst werden nicht in Abhängigkeit zu mathematischen Prozessen gesetzt. Der Satz «Der Körper a ist dreimal so schwer wie der Körper b» könnte als besonders einfacher Fall der Anwendung mathematischer Ideen auf physikalisch interpretierte Körper angesehen werden. Es zeigt sich freilich, daß der Begriff «dreimal so schwer wie...» nicht durch mathematische, sondern physikalische Operationen des Wägens definiert wird. Die Mathematik ist lediglich ein *Darstellungsmittel*, dessen Brauchbarkeit darauf beruht, daß sich bestimmte Beziehungen zwischen mathematischen Gebilden bestimmten Beziehungen physikalischer Gebilde und Prozesse eindeutig zuordnen lassen, dank denen letztere abbildbar werden. Inhaltlich bleiben dabei die Sphären von Mathematik und Physik eindeutig getrennt.

Daß unstatthafte Vermegungen vorkommen, ist nicht zu bezweifeln. Sie treten besonders eindringlich in jenen Fälle in Erscheinung, in denen man eine rein mathematische Umformung vorgenommen zu haben glaubt. In der Psychologie z.B. werden bestimmte Leistungen der Reihe der natürlichen Zahlen zugeordnet. Berechnet man etwa die Korrelation zweier Rangreihen durch Angabe der mittleren Rangplatzverschiebung, nimmt man also eine scheinbar rein mathematische Operation vor, so wird damit eine neue *inhaltliche* Behauptung der psychologischen Gleichwertigkeit des Abstands der verschiedenen Rangplätze aufgestellt, die durchaus falsch sein kann. Man muß sich also bei einer derartigen Anwendung besonderer mathematischer Gebilde in einer anderen Wissenschaft im Klaren darüber sein, inwieweit sie eine adäquate Abbildung ermöglichen, und daß die Ausführung mathematischer Operationen nur gestattet ist, solange sich ein bestimmter psychologischer, physikalischer oder ökonomischer Prozeß mathematischen Gebilden tatsächlich zuordnen läßt[59]. Es geht bei der Anwendung der Mathematik darum, die mathematischen Gebilde selbst in den Ableitungszusammenhang der betreffenden, auf mathematische Hilfsmittel zurückgreifenden Wissenschaft aufzunehmen.

Auch das einfache Zählen macht hier keine Ausnahme. Die Aussage, daß ein bestimmter physikalischer Körper fünf Ecken besitzt, oder daß in einem Raum fünf Personen anwesend sind, enthält – abgesehen davon, daß der physikalische Begriff der Ecke mit dem geometrischen nicht übereinzustimmen braucht – die sachliche Behauptung einer bestimmten physikalischen, psychologischen, soziologischen oder ästhetischen Gleichartigkeit dessen, was gezählt wird. Ohne letztere wäre das Zählen eine unstatthafte Operation.

Sätze sind dann auseinander ableitbar, wenn beim Austausch ihrer Subjekte keine wissenschaftstheoretische Sinnlosigkeit entsteht. Es braucht eigens nicht hervorgehoben zu werden, daß bei einem derartigen Subjektaustausch logische Sinnwidrigkeiten entstehen können, auch wenn die betreffenden Sätze auseinander ableitbar sind. Die logisch-formale Ableitbarkeit zweier Sätze setzt also voraus, daß die Begriffe der beiden Sätze ein und demselben Bereich angehören. Man kann diese Begriffsbereiche, die, zueinander in Beziehung gesetzt, keine wissenschaftstheoretische Sinnlosigkeit ergeben, als *Bereiche wissenschaftstheoretischer Verträglichkeit* bezeichnen. Eben diese Bereiche sind es, die die Gesamtheit der Gebilde *einer* Wissenschaft konstituieren.

Nach dieser äußerlichen, negativen Bestimmung der Einheit einer Wissenschaft durch die wissenschaftstheoretische Verträglichkeit als Voraussetzung der logisch-formalen Ableitbarkeit ist die Frage nach der positiven Bestimmung dieser Einheit zu stellen.

10. Die Einheitlichkeit der Existenzart der Gegenstände einer Wissenschaft

Wenn nachstehend der Versuch gemacht wird, die Einheit der Wissenschaft positiv zu bestimmen, ist dazu noch einmal zu betonen, daß es sich nur um einen hypothetischen Ansatz handeln kann. Es ist nämlich nicht sicher, daß das herauszuarbeitende Kennzeichen für alle Wissenschaften gilt; mit anderen Worten, es ist durchaus möglich, daß Unterschiede zwischen Wissenschaften auf verschiedene Faktoren oder Faktorenkomplexe zurückzuführen sind. Wenn dennoch im folgenden nur *ein* Faktor in den Vordergrund gerückt wird, dann geschieht das deshalb, weil ihm – zumal für bestimmte Wissenschaften – eine ausschlaggebende Rolle zugewiesen werden muß.

Die einzelnen Wissenschaften fragen nach dem *Sosein* ihrer Gegenstände und ordnen letztere entweder formal nach Klassenbegriffen oder historisch nach ihrer Herkunft. Der Verwandtschaft ihrer Eigenschaften nach werden die Geschehnisse durch das Ableitungssystem der Gesetze und die Dinge selbst innerhalb der Systematik im engeren Sinne in eine Ordnung gebracht. Man unterscheidet etwa optische und mechanische, reversible und irreversible Prozesse, verschiedene Arten der Verbindung von Elementen und die Elemente selbst in Physik und Chemie; in der Biologie werden Unterscheidungen zwischen verschiedenen Arten von Tieren und Pflanzen, von Wachstumsprozessen, Atmung, Verdauung usw. getroffen; in der Ökonomie unterscheidet man Produktionsmittel und Konsumptionsmittel, Nahrungsmittel usw. Das Sosein und die Beziehungen der durch ihr Sosein bestimmten Gebilde sind es also, auf die sich die Fragen der wissenschaftlichen Forschungsarbeit richten. Dies trifft sowohl auf die Beschreibung der phänomenalen Eigenschaften wie auch auf die konditional-genetische Begriffsbildung zu. Und wenn die Elemente der Chemie durch den Inbegriff bestimmter Verhaltensweisen oder Verbindungen genetisch durch die Art der Bildungsprozesse definiert werden, sind es jeweils die inneren und äußeren Eigenschaften, aufgrund welcher die Chemie – und analog jede andere Wissenschaft – ihre Gegenstände nach statischen und dynamischen Gesichtspunkten ordnet und definiert.

Es ist selbstverständlich, daß die Wissenschaftslehre diese Unterscheidungen *nicht* einführen kann. Welche Arten von Lebewesen oder biologischen Prozessen, oder welche ökonomischen Tatbestände auseinandergehalten werden müssen, ist eine ausschließlich innerbiologische bzw. -ökonomische Angelegenheit. Die Unterscheidungen selbst sind der Entwicklung der Wissenschaften wegen einem ständigen Wechsel unterworfen. Vorentscheidungen über zukünftige Unterscheidungen von Seiten der Wissenschaftslehre wären reine Spekulation.

Jede spezielle Art des Soseins, d. h. jede Eigenschaft, kann in diesem oder jenem Begriffsgefüge als Moment der Unterscheidung oder als Bestimmung auftreten. Das Moment der *Existenz* aber vermag eine solche Funktion nicht zu übernehmen.

a. Der Existenzbegriff

Der Terminus «Existenz» wird in unterschiedlichsten Zusammenhängen verwendet. Ausdrücke wie «Sein», «Realität», «Es gibt...», «Tatsache», «Faktum», «Wirklichkeit» werden unterschiedslos gebraucht. Um Mißverständnissen vorzubeugen, ist es notwendig, den Begriff der Existenz für uns zu fixieren[cc].
Eine Aussage kann einen Sachverhalt vollständig adäquat wiedergeben, d.h. richtig sein, oder inadäquat abbilden, d.h. falsch sein. Ist die Aussage richtig, liegt nicht ein bloß möglicher Sachverhalt vor, sondern der betreffende Sachverhalt liegt *tatsächlich* vor.

Ist der Gegenstand, über den eine Aussage gefällt wird, nicht mathematisch oder logisch, sondern physisch, psychisch, ökonomisch oder – allgemein gesprochen – empirisch, pflegt man von *Wirklichkeit* zu sprechen, also von wirklichen Eigenschaften, Geschehnissen oder Beziehungen. Das Problem, wie man Tatsächlichkeit in diesem Sinne nachweisen kann, ist erkenntnistheoretisch von fundamentaler Bedeutsamkeit. Die Einsicht in die erkenntnistheoretische Gleichartigkeit der Nachweisoperationen in Physik und Mathematik ist durch die Schule des Neukantianismus und insbesondere durch Cassirer erheblich gefördert worden. Es erscheint als wahrscheinlich, daß zwischen den übrigen Wissenschaften in dieser Hinsicht auch kein prinzipieller Unterschied besteht.

Um diesen Begriff von Tatsächlichkeit geht es, wenn NATORP (1910, 328) schreibt: «Existenz kann nur auf eine einzige Weise bestimmt gedacht werden, weil sie überhaupt nichts anderes besagt als Bestimmtheit auf eine einzige Weise.»[60]

Die Unterscheidung zwischen Fingiertem und Tatsächlichem trifft auf Eigenschaften, Dinge, Beziehungen, Gesetze gleichermaßen zu. Dennoch hat man mit Recht darauf aufmerksam gemacht, daß die *Seinsart* eines Gesetzes anders ist als die einer Eigenschaft. Dies ist wohl auf die Verschiedenartigkeit der logischen Typen im Sinne Russells zurückzuführen, denen verschiedene Seinsarten entsprechen dürften.

Was den Begriff «Es gibt...» angeht, so sind zwei Arten von Behauptungen dieser Gattung auseinanderzuhalten: historische und systematische Existenzbehauptungen. Im ersten Fall wird die Tatsächlichkeit eines Individuums oder einer Individuengruppe in einem bestimmten Zeit-Raum-Punkt behauptet, im anderen Fall die Existenzfähigkeit einer durch ihr Sosein charakterisierten Klasse.

Während der Unterschied zwischen «Es gibt...» und «Es gibt

nicht...», zwischen Tatsache und Fiktion, zwischen Eigenschaft und Beziehung in jeder Wissenschaft Anwendung findet und gleichwertig behandelt wird, ist die *Existenzart* für verschiedene Wissenschaften doch etwas Unterschiedliches. Man könnte dies auch so zum Ausdruck bringen: die Gegenstandsart ist von Wissenschaft zu Wissenschaft oder von Wissenschaftsgruppe zu Wissenschaftsgruppe verschieden, und zwar hängt der Unterschied nicht, wie dies bei der Verschiedenheit der speziellen Gegenstandsarten der Fall ist, mit den Eigenschaftsunterschieden – also dem Sosein der von der betreffenden Wissenschaft untersuchten Gegenstände – zusammen, sondern mit den obersten Klassen, der Totalität oder den regionalen Bereichen[dd]. Deshalb kann dieser Unterschied nicht von den Wissenschaften analysiert werden, da er für den Gegenstandsbegriff der jeweiligen Wissenschaft konstitutiv ist.

[B*] Von einem Existenzbeweis spricht man am häufigsten in einer Wissenschaft, die es nach verbreiteter Ansicht überhaupt nicht mit Existierendem im eigentlichen Sinne zu tun hat, der Mathematik. Auch spielt die Frage nach der Existenz oder Nicht-Existenz eines bestimmten Gebildes oder Geschehens eine wesentliche Rolle in der Geschichtswissenschaft (hat Homer, hat Christus gelebt; hat die Zerstörung Babylons oder hat die entscheidende Kronratssitzung am soundsovielsten wirklich stattgefunden).

Im folgenden wird zunächst die Existenz zur Sprache gebracht, die den Gebilden (Dingen und Geschehnissen) im Gegensatz zu den Eigenschaften, Beziehungen und Gesetzen zukommt.

Wie läßt sich die Existenz oder Nicht-Existenz von Gebilden in der *Physik* feststellen?

Hier sind zwei Begriffe zu unterscheiden. Beispiel für den einen Begriff ist der Nachweis der Existenz des Neptun; Beispiel für den anderen Begriff ist das Element mit der Ordnungszahl 43 oder 61. Im ersten Falle handelt es sich um den Beweis, daß ein bestimmtes, konkretes Gebilde hier und jetzt existiert (oder existiert hat). Im zweiten geht es um die Behauptung, daß es dieses Element überhaupt gibt, ohne daß dabei behauptet wird, es existierte grade in diesem Zeitpunkt an dem und dem Ort. Mit der Behauptung der Existenz einer Verbindung oder eines Elementes wird nicht einmal vorausgesetzt, daß das betreffende Element oder die Verbindung gegenwärtig *irgendwo* existiert (das trifft auch auf jene Elemente zu, die sich in andere umwandeln könnten); es mag ja sein, daß zufällig nirgends gerade die Bedingungen erfüllt sind, die für das Bestehen der betreffenden Substanz notwendig sind.

Man könnte nun annehmen, daß es sich beim zweiten Falle lediglich um eine unbestimmtere Aussage handelt. In der Ausführung eines Experiments wird ja immer zum Beweis des Vorliegens bestimmter Bedingungen die Existenz bestimmter Gebilde an einem bestimmten Ort zu einer bestimmten Zeit behauptet. Diese Orts- und Zeitbestimmung kann nun mehr oder weniger genau sein, bis man schließlich zur Behauptung von zwei Typen gelangt. Eine solche Deutung ist jedoch unzulässig.

Das zeigt sich, sobald man nur den Versuch macht, die Behauptung des zweiten Falles so unbestimmt zu formulieren, wie sie nach dieser Deutung gemeint wäre. So wäre also nicht nur die völlige Unbestimmtheit des Ortes, sondern auch die der Zeit einzuführen.

Der Unterschied der Existenz zwischen dem ersten und dem weiten Fall ist nicht der der Existenz eines Gebildes mit oder ohne zeitlicher und örtlicher Bestimmtheit. Der zweite Fall besagt vielmehr: ein physikalisches Gebilde mit den und den Eigenschaften (ein «solches» physikalisches Gebilde) *kann* bestehen; es ist nach empirischen Gesetzen möglich und muß bei Verwirklichung gewisser Bedingungen notwendig eintreten. Mit anderen Worten: ein Gebilde mit den und den Eigenschaften hat eine Stelle im *System* der physikalischen Gebilde. *Diese Art der Existenz sei daher als «System-Existenz» bezeichnet.* Die Nicht-Existenz z. B. eines Elementes mit bestimmten Eigenschaften bedeutet also die Unmöglichkeit einer solchen Stelle im System und beruht auf dem Widerspruch zu geltenden physikalischen Gesetzen. (Falls sich die Existenz eines solchen Gebildes doch herausstellen sollte, so wären irgendwelche Gesetze als falsch anzusehen; dann müßte das System nach anderen Prinzipien aufgebaut werden.)

Der System-Existenz steht die konkrete Existenz (Real-Existenz) gegenüber, wie sie in der Behauptung der Existenz bestimmter Gebilde oder in der Feststellung eines konkreten Gebildes durch Wahrnehmung gemeint ist.

Die System-Existenz ist dadurch gekennzeichnet, daß die Gebilde, deren Existenz man behauptet, durch keine Raum-, keine Zeit- und auch keine Existentialbeziehungen zu konkreten physikalischen Gebilden, sondern nur durch Eigenschaftsbeziehungen (evtl. im Zusammenhang zu konkreten Bedingungen) definiert werden.

Die konkrete Existenz weist dagegen immer irgendwelche mehr oder weniger bestimmte Zeit- und Raum-Bestimmungen auf und kann auch durch irgendwelche Existentialbeziehungen zu konkreten Gebilden definiert sein.

Die konkrete Existenz

Es seien die Existenzbeweise kurz betrachtet.

1) Nicht jede Begründung einer Existenz stützt sich auf einen Beweis, d. h. auf eine logische Schlußfolgerung aus Obersätzen. Vielmehr kann die konkrete Existenz eines Gebildes Inhalt eines Wahrnehmungsurteils sein. Die Gültigkeit der Existenzbehauptung gründet sich dann auf die Adäquatheit der Wahrnehmung.

Die Ansicht, daß man nur die Eigenschaften, aber nicht die existierenden Gebilde selbst wahrnehmen kann, ist phänomenologisch unhaltbar. Nicht irgendwelche Eigenschaften, sondern eigenschaftsbehaftete Gebilde nimmt man direkt wahr. Man sieht nicht ein Grün, sondern ein grünes Etwas. Richtig ist an der gegenteiligen Behauptung nur, daß mit der wahrgenommenen Eigenschaft das wahrgenommene, existierende Gebilde noch nicht vollkommen bestimmt ist. Man kann sich also in der Bezeichnung, unter die man das existierende Gebilde faßt, geirrt haben, d. h. darin, daß dem Gebilde mit der wahrgenommenen Eigenschaft auch andere Eigenschaften, wie sie der betreffende Begriff verlangt, besitzt. Trotzdem ist mit der adäquaten Wahrnehmung einer bestimmten Eigenschaft immer auch die Existenz eines Gebildes gegeben. Dieses konkret Existierende ist durch die Wahrnehmung, abgesehen von seiner Existenz, allerdings zunächst nur eben durch die wahrgenommene Eigenschaft näher bestimmt. Daß aber die wahrgenommene Eigenschaft überhaupt Eigenschaft eines existierenden Gebildes ist, bleibt unanfechtbar.

Aus der konkreten Existenz eines Gebildes, auch wenn zunächst nur die einzige Eigenschaft an ihm bestimmt ist, folgt:
– eindeutige Bestimmtheit in der Ordnung des Neben- und Nacheinander (Raum und Zeit) im Verhältnis zu jedem beliebigen anderen, konkreten Gebilde;
– eindeutige Bestimmtheit aller physikalischen Eigenschaften (keine seiner Eigenschaften darf qualitativ oder quantitativ irgendwelche Unbestimmtheiten aufweisen);

– die Existentialbeziehungen des Gebildes sind eindeutig bestimmt, und zwar sowohl im Nacheinander wie auch im Nebeneinander;
– vom konkret existierenden Gebilde gelten die den Gegenstand konstituierenden Existentialbeziehungssätze (und die entsprechenden Sätze über die Eigenschaften);
– ein und dasselbe konkret existierende Gebilde kann nicht gleichzeitig zwei physikalisch sich ausschließende Eigenschaften besitzen.

2) Die Begründung der Existenz durch direkte adäquate Wahrnehmung spielt in der gegenwärtigen Physik nur eine untergeordnete Rolle. Die Physik ist nämlich vorwiegend nicht mehr eine Beschreibungs-, sondern eine Erklärungswissenschaft. (In der Psychologie z.B. liegt das anders: die Frage nach der Existenz bestimmter Bewußtheiten beschäftigt den Forschenden mehr denn je.) Die Eigenschaften, die ein Gebilde definieren, sind daher «Wirkungseigenschaften», die der direkten Wahrnehmung entzogen sind. Die Eigenschaften und damit die Existenz der betreffenden Gebilde werden durch *Meßinstrumente* festgestellt (z.T. gilt dies übrigens auch von Beschreibungseigenschaften, wie umgekehrt manche Erklärungseigenschaften ohne Instrumente direkt durch die Sinnesorgane z.B. den Muskelsinn, bestimmbar sind.) Die Beschreibung erstreckt sich dann lediglich auf die Feststellung der Stellung gewisser Zeiger oder anderer Indikatoren. Die Messinstrumente stellen erkenntnistheoretisch keine neue Modifikation dar, sondern sind nur als erweiterte Sinnesorgane anzusehen. Auch die Sinnesorgane setzen den Begriff der Wirkung und das Erregtwerden durch die existierenden Gebilde voraus.

3) Die konkrete Existenz eines Gebildes kann bewiesen werden, wenn aus der Existenz oder Veränderung anderer konkreter Gebilde mit Hilfe von geltenden Gesetzen auf die Existenz des betreffenden Gebildes geschlossen wird.

Ein solcher Schluß kann sich auf Existentialbeziehungen, Ursache-, Wirkungs- oder Bedingungsbeziehungen stützen. Er kann sich dagegen nicht auf reine *Eigenschaftsbeziehungen* stützen, außer denen des Neben- oder Nacheinander, d.h. also der *Ordnungsbeziehungen* der Zeit oder des Raumes.

Die konkrete Existenz ist nicht gleichbedeutend mit individueller Existenz im Sinne der Geschichte. Die Bestimmungen der konkreten Existenz in der Psychologie legen noch nicht die geschichtliche Individualität des betreffenden Gebildes fest. In der Regel wird vielmehr auch ein konkretes Gebilde in der Physik nur bestimmt als «ein solches» Gebilde und durch Ordnungsbeziehungen des Neben- und Nacheinander als konkretes dokumentiert. Seltener, nämlich wenn es sich um ganze genidentische Systeme handelt, wird auch eine spezielle Genidentitätsbeziehung bestimmt.

Die Systemexistenzbeweise

1) Ist die konkrete Existenz eines Gebildes gesichert, so ist damit immer auch die Systemexistenz «eines solchen» Gebildes festgestellt. (Es braucht sich dabei nicht um einen reinen Fall zu handeln. Die System-Existenz kommt in dem hier verwendeten Sinne auch jenen Klassen zu, die, da sie keine reinen Fälle darstellen, im System nicht aufgeführt zu werden pflegen.) Beispiel: Es gibt eine Legierung von 70% Kupfer und 30% Gold, bewiesen wird dies durch Herstellung dieser Legierung in einem konkreten Fall.

2) Als Ausgangspunkt unserer Überlegung diene das Beispiel: es existiert ein Element mit der Ordnungszahl 43^{ee}. Diese Behauptung stützt sich gegenwärtig darauf, daß sich in einer alle Elemente umfassenden Ordnung bei der Ordnungszahl 43 eine Leerstelle befindet. In diesem Umstand allein kann man jedoch noch keinen Beweis für die Behauptung sehen. Soll aus der Tatsache der Leerstelle die Existenz des betreffenden Elementes folgen, so muß dazu noch die Gültigkeit eines allgemei-

nen Gesetzes vorausgesetzt werden, z.B. des Gesetzes, daß jede Stelle des Systems tatsächlich erfüllbar ist; oder anders ausgedrückt: es müssen die Bedingungen bekannt sein, unter denen das betreffende Element entstehen würde. (Es ließe sich mit Sicherheit also nur behaupten, wenn Elemente erzeugbar wären.)
Allgemein folgt also: kann die System-Existenz nicht durch Verwirklichung in einem konkreten Einzelfall nachgewiesen werden, so kann sie nur aus anderen System-Existenzen mit Hilfe allgemeiner Gesetze erschlossen werden, die die Bedingungen angeben, unter denen ein Gebilde aus anderen Gebilden, deren System-Existenz bereits feststeht, entstehen würde. Die System-Existenz ist dann also bewiesen mit Hilfe der Herstellungsregel dieses Gebildes.
Eigenschaftsexistenz. Von Eigenschaftsexistenz spricht man in Fällen wie: «Für jedes Gas gibt es eine Temperatur, bei der es flüssig wird». In Wirklichkeit ist dieser Satz kein Existentialsatz. Nicht einmal ein Satz, dessen Sinn es ist, das Vorkommen bestimmter Eigenschaften oder Zustände (wie z.B. «Es gibt die Temperatur minus 224 Grad C») zu behaupten, kann als Existentialsatz angesehen werden. Unser Beispielsatz spricht in Wirklichkeit jedem Gas eine bestimmte Eigenschaft zu: nämlich bei einer bestimmten Temperatur, die allerdings gegeben sein muß, flüssig zu werden. Das «Es gibt» ist also nur grammatikalisch das bestimmende Verbum. Sinngemäß heißt das Verbum des Hauptsatzes «besitzt die und die Eigenschaft». Allenfalls liegt in der Behauptung noch ein Nebensatz von der Form «Es ist diese (oder jene) Temperatur gegeben».

b. Die Allklasse

[A*] Faßt man die verschiedenen Klassen einer Wissenschaft zusammen und bildet man z.B. den übergeordneten Begriff «Lebendes» im Sinne der Biologie oder jene anderen Begriffe «Optisches», «Mechanisches», «Wärme» im Sinne der Physik, gelangt man zu Allklassen. Doch genügt die Allklasse nicht für die Konstituierung eines Gegenstandesgebiets[61]. Das zeigt sich am Beispiel der reversiblen und irreversiblen Prozesse. Man könnte deren Allklasse als für die Physik konstitutiv betrachten, was aber deshalb nicht angeht, weil reversible und irreversible Prozesse nicht zuletzt auch in anderen Wissenschaften analysiert werden. Mit anderen Worten: nicht alle Allklassen definieren den jeweiligen Bereich der Wissenschaften.

Wenn also nicht *jede* Allklasse die für eine Wissenschaft bezeichnende Existenzart definiert, bilden andererseits die durch die Existenzart definierten Gebilde eine Allklasse. Eine Untersuchung ihrer Verschiedenheit wird nur dadurch möglich, daß der Begriff der Allklasse, der durch Zusammenfassung der Unterklassen gebildet wird, seiner Eigennatur nach jedoch unfaßbar bleibt, ersetzt wird durch den Begriff der Zugehörigkeit zur Wissenschaft $x, y, z \ldots n$. Durch diese Wendung ins Wissenschaftstheoretische wird es möglich, zwar nicht die Allklassen selbst, wohl aber die Gegenstandsbegriffe einander beizuordnen. Oder anders ausgedrückt: erst dadurch, daß an die Stelle der Gegenüberstellung von Lebendem und Totem, Seelischem und Körperlichem, Ökonomischem und Ethischen die gänzlich andere Gegenüberstellung von Gegenstand-der-Biologie-Sein, Gegenstand-der-Physik-Sein, Gegenstand-der-Psychologie-Sein usw. tritt, gelangt man zu einer sauberen wissenschaftstheoretischen Fragestellung; gleichzeitig schützt man die Wissenschaften vor spekulativen, philosophischen Übergriffen.

Die Verschiedenheiten zwischen den Gegenstandsarten der Wissenschaften erstreckt sich auf die Eigenschaften, die Dinge und die Geschehnisse derselben. Und wenn wir die Verschiedenheit der Gegenstandsarten als die der Existenzarten bezeichnet haben, so wollten wir damit auf den eben erwähnten Gegensatz zu den Eigenschaftsverschiedenheiten der Gegenstände innerhalb ein und derselben Wissenschaft hinweisen.

c. Die Genidentität

Die genetischen Definitionen bestimmen Gebilde nach Ausgangs- oder Endprodukt von Prozessen[ff]. Im ersten Fall wird z. B. ein Gebilde als dasjenige definiert, *aus* dem ein anderes unter bestimmten Bedingungen hervorgeht (die Mutterzelle, deren Tochterzelle das Ei ist). Im zweiten Falle wird ein Gebilde als dasjenige definiert, *zu dem* es unter bestimmten Bedingungen wird. Es ist klar, daß in allen genetischen Definitionen ein solcher Begriff des Auseinanderhervorgehens auftritt, und daß diese Definitionen selbst, zumal in den späteren Perioden der Wissenschaftsentwicklung, für eine steigende Zahl spezieller Gegenstandsdefinitionen konstitutiv sind.

Das Auseinanderhervorgehen von Gebilden ist eine Eigenschaft, die nicht deren Sosein, sondern deren Existenz betrifft. Wir sprechen deshalb von einer Existentialbeziehung oder – um Verwechslungen nicht aufkommen zu lassen – von der *Beziehung der Genidentität*. Die Genidentität ist mithin die Beziehung zwischen zwei Gebilden, die auseinander hervorgegangen sind.

Was «Auseinanderhervorgehen» heißt, wird in den einzelnen Wissenschaften nicht untersucht. Der Begriff der Genese, der den genetischen Definitionen der Einzelwissenschaften zugrunde liegt, ist im Rahmen einer Wissenschaft stets gleichbleibend; und sofern mehrere Genesebegriffe auftreten, scheinen sie in einer engen, gegenseitigen Beziehung zu stehen und lediglich Momente eines einheitlichen Genesebegriffs zu bilden. Der Genesebegriff kann daher nicht als Kriterium für die Klassifikation der Gegenstände innerhalb einer Wissenschaft dienen.

Dennoch gibt es nicht nur einen einzigen Genesebegriff. Bestimmt man etwa in der Mathematik einen Gegenstand als Produkt von mathematischen Operationen, so ist der entsprechende Genesebegriff (der sich auf eine unzeitliche Genese bezieht) völlig verschieden vom physikalischen Genesebegriff.

Die Aufgabe, die Besonderheiten der verschiedenen, wissenschaftlich zulässigen Genesebegriffe zu untersuchen, geht über den Rahmen der vorliegenden Analyse hinaus und gehört in das Gebiet der Speziellen Wissenschaftslehre. Im folgenden soll nur kurz gezeigt werden, daß Unterschiede hier tatsächlich bestehen und daß diese wenigstens für eine Reihe von Wissenschaften ein wissenschaftstheoretisch wichtiges Moment für die Einheit dieser Wissenschaften und deren Sonderung ist.

Ob ein Unterschied vorliegt oder nicht, läßt sich auf folgende Art verhältnismäßig leicht feststellen. Liegt ein Unterschied vor, dann müssen sich Fälle identifizieren lassen, bei denen man zu verschiedenen konkreten Gebilden kommt, auch wenn man von einem gegebenen Gegenstand aus die Genesebeziehungen nachzeichnet. Man gehe also z. B. von einem konkreten Gegenstand der Geschichts- oder Kulturwissenschaft aus (von einer Nation, einer literarischen Schule, einer bestimmten Stadt) und suche jene geschichtlichen Gebilde, die aus ihm hervorgegangen sind. Man findet dann, daß aus der Nation x im Jahre n die Nation x im Jahre $n + m$ hervorgegangen ist, oder daß die Nation x in die Nationen o und p im Jahre $n + m$ geteilt wurde. Was aus einer bestimmten Nation oder aus einer bestimmten Partei vom Jahr n im Jahr $n + m$ geworden ist, ist eine empirische, durch die Kulturwissenschaft zu beantwortende Frage. Wissenschaftstheoretisch interessant ist dabei folgendes: die Liberale Partei des Jahres 1890 ist kulturgeschichtlich aus der Liberalen Partei des Jahres 1889 entstanden und hat sich später in verschiedene freisinnige Parteien gespalten. Diese wiederum haben sich zur Fortschrittlichen Volkspartei vereinigt. Ersetzt man den kulturgeschichtlichen Begriff des Auseinanderhervorgehens durch den biologischen, und fragt man, was aus der Liberalen Partei des Jahres 1889 hervorgegangen ist, dann zeigt sich, daß viele Parteimitglieder gestorben sind, und daß deren Nachfolger nicht deren biologischen Abkömmlinge sind. Die biologischen Genesereihen führen also in der Mehrzahl der Fälle zu ganz anderen Menschen des Jahres 1918 als die historischen Genesereihen. Eine Partei kann fortleben, auch wenn sämtliche biologischen Genesereihen aussterben.

Es geht bei diesem Beispiel nicht darum, daß Individuen aus der

Partei ausgetreten und daß – geschichtlich gesprochen – die kulturhistorischen Abkömmlinge der Liberalen Partei nicht nur in der Fortschrittlichen Volkspartei zu suchen sind, sondern darum, daß zwei Gebilde, die kulturgeschichtlich genidentisch sind, biologisch es keineswegs sind.

Als weiteres Beispiel für den Unterschied zwischen Genesebegriffe verschiedener Wissenschaften seien Physik und Biologie erwähnt. Ein erwachsenes Tier steht – physikalisch gesehen – nicht in eindeutiger Genesebeziehung zur Eizelle, aus der es hervorgegangen ist. Nach der physikalischen Genesebeziehung sind viele andere tote wie lebende Stoffe zur Zeit des Eistadiums gleichberechtigt mit dem am Ausgangspunkt der biologischen Genesebeziehung stehenden Ei anzusehen. Ebenso müssen jene chemischen Bestandteile, in die sich das Lebewesen etwa zehn Jahre nach seinem Tod aufgelöst hat, physikalisch – nicht aber biologisch – als mit dem Lebewesen selbst identisch gesetzt werden. Noch deutlicher wird die Diskrepanz zwischen physikalischer und biologischer Genidentität, wenn man über die Individualreihen hinaus die Beziehung zwischen Ahnen und Nachkommen, also die in der Ahnentafel abgebildeten Beziehungen vor Augen hat.

Die Bedeutsamkeit des Unterschieds zwischen diesen beiden Genesebegriffen für die Begriffsbildung der Biologie insgesamt ist daran zu ersehen, daß alle genetisch definierten Begriffe der Biologie ihren Sinn radikal ändern, ja daß sie in der Regel sogar sinnlos werden, sobald man das Auseinanderhervorgehen nicht mehr im Rahmen ausschließlich der Wissenschaft vom Lebendigen interpretiert[62].

Vielleicht wird man an dieser Stelle vermuten, daß der Unterschied zwischen dem physiaklischen und dem biologischen Begriff des Auseinanderhervorgehens darin zu suchen ist, daß der erstere eine eindeutige Beziehung meint, der andere jedoch nicht. Dies trifft aber nicht zu. Auch der biologische Begriff ist wohl definierbar und erlaubt eine exakte Feststellung darüber, ob zwischen zwei Gebilden biologisch eine Genindentität besteht oder nicht.

Der Unterschied zwischen den verschiedenen Genesebegriffen erschöpft sich auch nicht darin, daß sich der eine auf größere Komplexe oder Ganzheiten bezieht, während ein anderer auf Elemente oder auf kleine Einheiten geht. Das zeigt sich daran, daß der Genesebegriff ein und derselben Wissenschaft sowohl auf Elemente wie auf Komplexe (z. B. Zellen und Organismen in der Biologie) anwendbar ist.

Schließlich könnte die Ansicht vertreten werden, daß zwischen den Disziplinen einer Wissenschaft sich unterschiedliche Genesebegriffe voneinander abheben, und daß man von einem gegebenen physischen Prozeß physikalisch entweder den Wärmeprozessen oder den optischen oder irgendwelchen anderen Prozessen nachzugehen vermag, und zwar jeweils ausschließlich. In Wirklichkeit habe ich keine Freiheit, welchen Prozessen a_2, a_3... a_n ich nachgehe, wenn ich vom Prozeß a_1 ausgehe und dabei den physikalischen Genesebegriff zugrundelege. Ist ein Genesebegriff und ein konkretes Diesda vorgegeben, dann sind die Glieder der Genesekette ohne Möglichkeit willkürlicher Entscheidungen empirisch festgelegt: gerade deshalb ist man gezwungen, unter Umständen von der Wärme zur Elektrizität, vom Sauerstoff zum Wasserstoff überzuleiten, wenn die verschiedenen Glieder ein und derselben Genesekette eben diese und keine anderen Eigenschaftsunterschiede aufweisen. Aber nichts kann mich hindern, statt des physikalischen den biologischen Genesebegriff zu wählen. Dennoch zeigt die Tatsache, daß man bei Beibehaltung eines bestimmten Genesebegriffs genötigt sein kann, von der Optik zur Wärmelehre, von der Theorie der Wasserstoff- zu derjenigen der Sauerstoffverbindungen überzugehen, und daß der Genesebegriff in der Tat kein Spezifikum dieser oder jener Disziplin, sondern ganzer Wissenschaften (einschließlich der dort vereinigten Disziplinen) ist. Zugleich wird daran ersichtlich, daß die Verwendung des Genesebegriffs die sachlich notwendige Zusammenfassung von Wissenschaften einer befriedigenden Erklärung zuführt.

11. Die Bedeutsamkeit des Genesebegriffs für die Bestimmung der Wissenschaft als Einheit

Als Beispiel dafür, wie der einzelwissenschaftliche Genesebegriff sich auf die Formulierung von Gesetzen und die Begriffsbildung auswirkt, sei hier das Energieerhaltungsgesetz der Physik angeführt. Dieses Gesetz lautet: sind zwei Systeme s_1 und s_2 restlos genidentisch, dann ist die Energie von s_1 quantitativ gleich der Energie von s_2. Dieser Satz gilt nur, wenn man den physikalischen – und nicht den biologischen, ökonomischen oder juristischen – Begriff des Auseinanderhervorgehens zugrunde legt. Analog verhält es sich in bezug auf die anderen Wissenschaften mit den dort verwendeten Genesebegriffen: ein ökonomisches Gesetz wird bei Zugrundelegung des physikalischen Genesebegriffs vollständig sinnlos.

Allein draus erhellt, daß formal-logische Ableitungen von Satzgefügen nur so weit möglich sind, als *identische* Genesebegriffe verwendet werden.

Ob es überhaupt im Laufe der Wissenschaftsentwicklung zu Veränderungen des Genesebegriffs kommt, und ob durch Vereinigung verschiedener Genesebegriffe eine Verschmelzung verschiedener Wissenschaften ausgelöst wird, sei vorerst dahingestellt. Doch es scheint klar, daß eine solche Verschmelzung nicht auf derselben Ebene anzusiedeln ist wie die Synthese von Optik und Elektrizitätslehre. Bei letzterer handelte es sich darum, zwei ihrer Art nach getrennte Bereiche aufgrund ein und desselben Genesebegriffes zu vereinen. Das heißt, es gelang, bestimmte unabhängige Konstanten als Variablen einer einzigen Funktion darzustellen und sie innerhalb *einer* Wissenschaft zur Einheit zu bringen. Eine derartige, stufenweise fortschreitende Vereinigung betrifft immer nur das, was wir «Eigenschaftsbeziehungen» genannt haben; nicht betroffen dagegen ist die besondere Art der Existenzialbeziehung, also der spezielle Genesebegriff. Würden zwei Genesebegriffe vorliegen, dann würde man, ausgehend von einem individuellen Gebilde a_1, bei optischen und thermischen Phänomenen zu verschiedenen Gebilden a_2' und a_2' gelangen, die miteinander so wenig zu tun hätten wie die biologische Genidentität zwischen Mutterzelle und Tochterzelle einerseits, die physikalische Genidentität zwischen einem Organismus und den für den Aufbau des Organismus notwendigen Stoffe.

Allerdings kommt es vor, daß innerhalb einer Wissenschaft bestimmte Begriffe oder sogar ganze Lehrgebäude als falsch einfach ausgemerzt werden. In der Regel beobachtet man jedoch, zumal bei fortgeschrittenen Wissenschaften, einen ständigen Übergang von einer Lehre zu anderen, bei dem wesentliche Bereiche unangetastet bleiben. Anstelle der Beziehung b wird etwa die Beziehung b' eingeführt, die die Beziehung b als Spezialfall enthält, und für die neue Lehre sind die Feststellungen über die Beziehung b nicht etwa wertlos geworden, sondern durch die allgemeinere Lesart im Sinne der Beziehung b' ersetzt worden.

Die Vereinigung zweier auf verschiedenen Genesebegriffen beruhender Begriffsgefüge geschieht also nicht nach Art einer stetigen Umformung derselben zu einem umfassenderen Gefüge[63, gg], sondern durch Ersetzung der gegebenen Genesebegriffe durch einen einzigen anderen.

Wenn die speziellen Genesebegriffe festlegen, welche zeitlich aufeinander folgenden Gebilde oder Geschehnisse als genidentisch aufzufassen sind, dann ist die Systematik der Einheits- und Ganzheitsbegriffe weitgehend vorbestimmt. Was als *ein Ding* und was als *verschiedene Phasen eines Prozesses* anzusehen ist, und wie deshalb die Geschehenseinheiten voneinander abzugrenzen sind, wird unmittelbar durch den Genesebegriff vorgeschrieben. Die Verschiedenheit der Genesebegriffe besagt wissenschaftstheoretisch nicht, daß sich die Verschiedenheit der Wissenschaften allein dadurch bestimmen ließen. So wäre es möglich, daß bestimmte Ganzheitsbegriffe nur in gewissen Wissenschaften vorkommen. Eine solche Behauptung wurde angesichts der Biologie, der Psychologie und schließlich auch der Soziologie aufgestellt, und es wurde gesagt, daß diese Wissenschaften Ganzheitsbegriffe besäßen, die der Physik fremd sind. Es erscheint jedoch nicht als ausgeschlossen, daß die ganze Reihe der summativen und nicht-summativen Einheitsbegriffe in jeder der genannten Wissenschaften benutzt wird[64], die übrigens auch in der Mathematik bekannt ist. Wenn also die Einheiten in diversen Wissenschaften ganz unterschiedlich definiert werden, könnte dies darauf zurückzuführen sein, daß die davon betroffenen Gebilde jeweils als Glieder unterschiedlicher Geneseketten auftreten.

Das durch eine Existenzart definierte Gegenstandsgebiet einer Wissenschaft stellt eine Totalität dar. Das heißt, sie umfaßt die Gesamtheit jener Gegenstände, die sich irgendeinem ihrer Gegenstände nebenordnen lassen, sowie sämtliche Eigenschaften und Beziehungen dieser Gegenstände zueinander.

Die Physik besitzt mit den Begriffen «Raum» und «Zeit» einen allgemeinen Parameter für die Ordnung im Neben- und Nacheinander der Gebilde ihres Totalitätsbereichs.

Es ist deshalb naheliegend, die Frage aufzuwerfen, ob die Gegenstandsbereiche der anderen Wissenschaften nicht auch entsprechende, allgemeine Ordnungsparameter ihrer Gegenstandstotalitäten kennen. Gleichzeitig ist die Frage zu stellen, wie sich ein Gegenstand einer Wissenschaft zum Neben- und Nacheinander der Gegenstände einer anderen Wissenschaft verhält.

a. Genidentität und Ordnungsschema

In der Philosophie wurde die zweite Frage bislang eigentlich nur in bezug auf die Gegenstände der Psychologie bearbeitet. Genauer besehen wurde lediglich das Verhältnis der psychischen Gebilde zum Neben- und Nacheinander der Gegenstände der Physik zum Problem gemacht.

Die herrschende Lehrmeinung verneint die Frage, ob seelische Gebilde eine Stelle im Nebeneinander des Physischen einnehmen. Natürlich spricht man von der Lokalisation von Vorstellungsinhalten, aber den Gefühlen, Vorstellungen, Vornahmeakten usw. sei keine Stelle z. B. neben den Atomen zuzuweisen. Über diese negative Feststellung pflegt man allerdings kaum hinauszugehen.

Wissenschaftstheoretisch gesehen ist hervorzuheben, daß es sich bei diesem Problem nicht um das mögliche Zueinander von Physik und Psychologie handelt. Denn analog verhält es sich mit dem Problem der Stellung der ökonomischen Gegenstände im Nebeneinander des Physischen und, allgemein, mit dem Problem der Stellung irgendwelcher Gegenstände im Nebeneinander der Gegenstände einer anderen Wissenschaft.

Man kann, ausgehend von der Feststellung, daß die Gegenstände der Ästhetik keine Stelle im Nebeneinander ökonomischer Gebilde, und diese wiederum keine Stelle im Nebeneinander mathematischer Gebilde haben, zum Schluß gelangen, daß Gegenstände einer Existenzart innerhalb derjenigen einer anderen Existenzart nicht auftreten können.

b. Das Problem der Äquivalenz der Ordnungsschemata

Ob jede Wissenschaft ein dem physikalischen Ordnungsparameter äquivalentes Ordnungsschema bestitzt, ist ein Problem, das weit ausgreifender wissenschaftstheoretischer Untersuchungen bedarf. Es scheint, daß derzeit nur die Physik ein solches Schema hat. In der Ökonomie sind Versuche unternommen worden, Begriffsbildungen zu entwickeln, die eine ähnliche Richtung einschlagen wie in der Physik. Mit den Begriffen «Markt», «Absatzgebiet», «Verkehrsweg», «ökonomischer Standort» hat sich ein spezieller Entfernungsbegriff herausgebildet; Analoges ließe sich vermutlich ansatzweise auch in anderen Wissenschaften aufweisen.

Zwei Punkte seien zudem hervorgehoben:

1) Es ist durchaus möglich, daß der physikalische Raum-Zeit-Begriff – wissenschaftstheoretisch gesprochen – keine ausschließliche Funktion in der Physik ausübt; das wird durch den Umstand nahegelegt, daß die Funktion der physikalischen Zeitordnung in der Biologie durch die Generationsordnung der Ahnentafel übernommen wird.

2) Man hat in der von Kant inspirierten Philosophie den Begriffen «Raum» und «Zeit» eine fundamentale, für die Konstitution der physikalischen Wirklichkeit zentrale Bedeutung zuerkannt. Nun stellt sich heraus, daß nicht ihnen, sondern dem Begriff der physikalischen Realität (Massenpunkt im älteren Sinne, jetzt Weltpunkt im Sinne Einsteins) diese fundamentale Rolle zukommt. Demnach ist nicht von der Zeitreihe, sondern von der Genesereihe, d. h. der Reihe existentiell auseinander hervorgehender, realer Gebilde auszugehen. Die Ordnungsstruktur dieser Reihe, die die Existenzart des

Gegenstandsgebiets als beidseitig unendliche Kontinuität bestimmt, ist es, die ihren Ausdruck in der besonderen Struktur der physikalischen Zeit findet. Denn in einer Beziehung sind Raum und Zeit nichts anderes als die Ordnungsschemata eben dieser Genesereihen, und die Einheit von Raum und Zeit reicht nicht weiter als die des realen Zusammenhangs der Genesereihen. Man wird sich daher nicht wundern, daß die Struktur der wissenschaftstheoretisch unterscheidbaren Schemata des Neben- und Nacheinander in anderen Wissenschaften wesentlich abweicht von derjenigen der zeitgenössischen Physik. Ebensowenig wird man erwarten dürfen, daß sich die Geamtsamtheit der Gegenstände in jeder Wissenschaft durch einen einzigen Parameter erfassen läßt. Es ist ja bereits für die Physik deutlich geworden, daß die Einheit des Ordnungsschemas nur insoweit bestehen bleibt, als eine durchgängige, wechselseitige und reale Abhängigkeit der physischen Gebilde gegeben ist. Es wäre mithin sehr wohl möglich, daß es in anderen Wissenschaften mehrere gesonderte Komplexe gibt, bei denen nur innerhalb jedes einzelnen Komplexes diese wechselseitige Abhängigkeit vorläge.

c. Genidentität und Ursachebegriff

Ob eine bestimmte Beziehung zwischen der Struktur der Genesereihe und den Begriffen «Ursache» oder «Einwirkung» in den verschiedenen Wissenschaften existiert, kann gegenwärtig kaum abgeschätzt werden. Thematisch wäre der Begriff der Ursache anders zu behandeln als die Existentialbeziehung im obigen Sinne, da es sich dabei um eine funktionale Abhängigkeit der Eigenschaften, also des Soseins verschiedener Gebilde handelte. Die Aufgabe einer vergleichenden Untersuchung dieses Begriffs müßte darin bestehen, in allen Wissenschaften nach spezifischen Unterscheidungsmerkmalen zu suchen[65].

Gegenwärtig pflegt man in dieser Hinsicht vor allem zwischen *causa finalis* und *causa efficiens* zu unterscheiden und die *causa finalis* als besondere Eigentümlichkeit von Psychologie und Biologie anzusprechen. Ein Eingehen auf die Verfahren der Biologie zeigt jedoch, daß diese Wissenschaft die *causa efficiens* ebenso häufig benutzt. Überhaupt ist zu vermuten, daß, wenn die *causa finalis* in der Biologie in irgend einem Sinne relevant ist, derselbe Begriff in gleichem Sinne auch für die Physik von Bedeutsamkeit sein dürfte. In der Physik macht sich die *causa efficiens* im Prinzip der kleinsten Wirkung und in der Theorie der virtuellen Verrückungen bemerkbar[66,hh]. Der hierbei in Frage kommende Begriff der *causa efficiens* ist dann wohl von der von der Philosophie gemeinten begrifflichen Bedeutung abzuheben.

[B*] Wie kann die Ökonomie den Satz vom kleinsten Mittel ohne empirischen Beweis, d. h. ohne jede Induktion, als Gesetz der von ihr wissenschaftlich bearbeiteten Tatsachen annehmen, wo doch jede andere ökonomische Annahme als für die Tatsachen verbindlich zu beweisen ist, wenn anders es als Gesetz eben dieser Tatsachen soll anerkannt werden? Wie kommt es, daß diese scheinbar willkürliche, unbewiesene Annahme nie mit den Tatsachen in Konflikt kommt?

Eine Antwort auf diese Frage erhält man, wenn man einmal zusieht, wie sich die Ökonomie mit denjenigen Tatsachen abfindet, die dem Satz des kleinsten Mittels zunächst zu *widersprechen* scheinen.

Wenn man, um an einen bestimmten Punkt zu gelangen, einen Umweg macht, wenn man einem Bettler eine Ware weit über ihren Wert bezahlt, wenn ein Einzelner oder ein Volk unter Aufwand einer großen Arbeitsmenge sich eine hervorragende Stellung zu erringen sucht, usw., so scheinen solche Tatsachen dem Gesetz vom kleinsten Mittel zu widersprechen. Und doch begreift die Ökonomie auch solche Vorgänge unter den Satz vom kleinsten Mittel, und sie muß es tun, wenn anders ihren Gesetzen irgendwelche praktische Gültigkeit zukommen soll. Die Unterordnung solcher Tatsachen unter den Satz vom kleinsten Mittel erreicht die Ökonomie nun auf folgende Weise. Sie zeigt, daß die angeführten Beispiele diesem Satz nur dann widersprechen, wenn man als Zweck dieser Tätigkeiten das Erreichen unter möglichst geringer Anstrengung annimmt. Nimmt man dagegen an, daß in diesen Fällen das Spazierengehen, die Befriedigung des Bedürfnisses zu helfen, der Ehrgeiz oder das Bedürfnis einer hohen Lebensführung den Zweck der angeführten Tätigkeiten ausmacht, so spricht jetzt nichts mehr dagegen, daß *diese* Zwecke tatsächlich mit den kleinsten Mitteln erreicht worden sind; vielmehr ist es klar, daß sich *immer ein* Zweck wird finden lassen, für den das tatsächlich aufgewendete Mittel das *kleinste* der möglichen Mittel darstellt. Denn wäre gar kein anderer Zweck zu finden, so ließe sich ja im Grenzfall immer noch das Anwenden eben jener bestehenden Mittel als Zweck ihrer Anwendung setzen, womit dem Satz vom kleinsten Mittel auf jeden Fall genüge getan wäre.

Die Ökonomie beweist den Satz oder, wie er oft besser bezeichnet wird, das Prinzip des kleinsten Mittels also nicht dadurch, daß sie zeigt, daß von allen möglichen Mitteln das tatsächlich benutzte wirklich das kleinste ist; sondern sie begreift die Tatsachen unter dieses Prinzip dadurch, daß sie sie als Mittel auffaßt zur Erreichung *der* Zwecke, für die sie die kleinsten Mittel sind. Sie postuliert zu jedem Geschehen einen *solchen* Zweck, oder – wie die Ökonomie sagt – ein solches Bedürfnis, so daß das tatsächliche Geschehen das kleinste Mittel zu seiner Erfüllung, zur Befriedigung des Bedürfnisses darstellt.

Ganz analog dem Erhaltungsprinzip in der Physik wird das Prinzip des kleinsten Mittels in der Ökonomie nicht als empirisches Gesetz, sondern als Gesetz des Empirischen behandelt; es wird nicht empirisch bewiesen, sondern in allen Beweise vorausgesetzt. Und die Ökonomie kann dieses Prinzip ebenso wie die Physik das Erhaltungsprinzip durchgängig auf die Tatsachen anwenden, ohne daß es durch sie je widerlegt werden könnte, weil gemäß ihrer Methode dieses Prinzip den Tatsachen gegenüber in Wirklichkeit überhaupt nie *in Frage* gestellt wird. So wird es verständlich, daß es ihnen gegenüber uneingeschränkt und ausnahmslos gilt, und zugleich wird offenbar, daß es im Grunde nur eine bestimmte Betrachtungsweise ist, die in dem Prinzip des kleinsten Mittels als Gesetz der Tatsachen zum Ausdruck kommt.

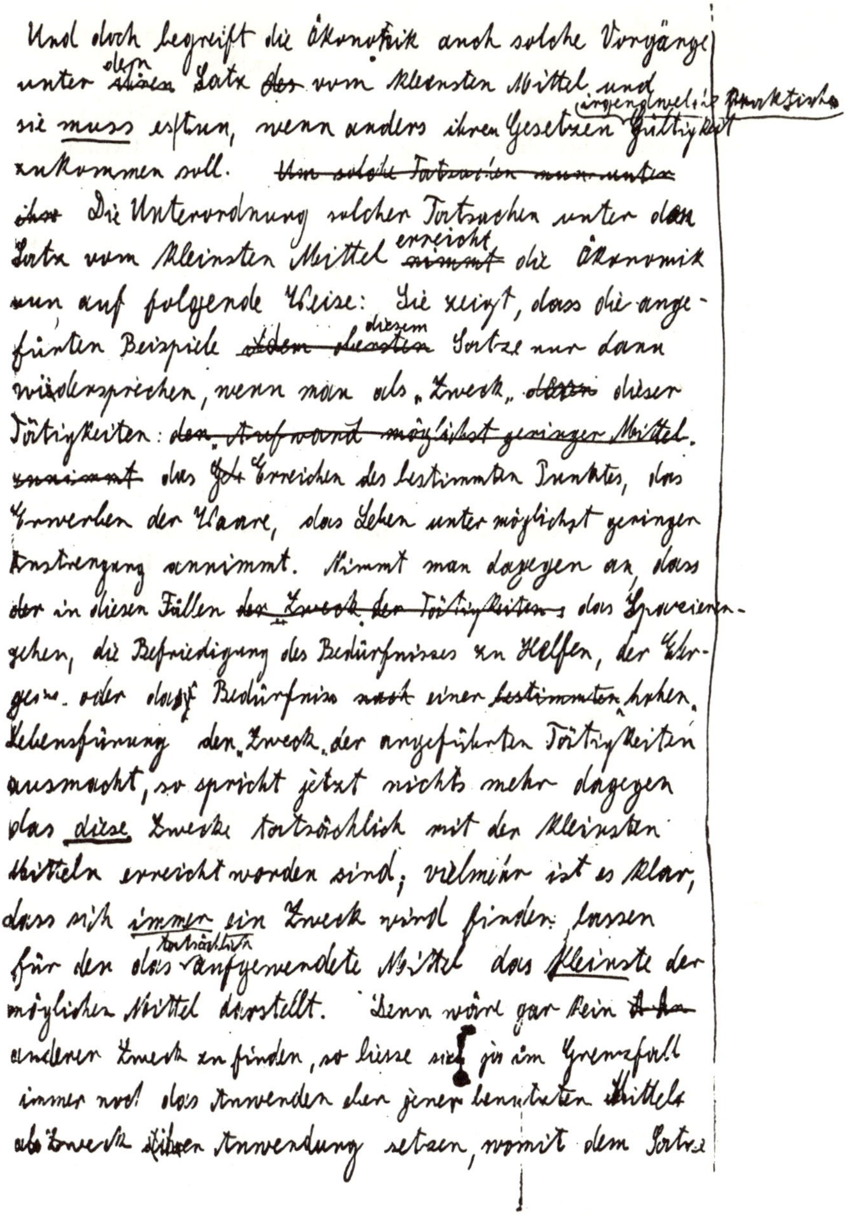
Und doch begreift die Ökonomik auch solche Vorgänge unter ~~diesen~~ den Satz ~~der~~ vom kleinsten Mittel und ~~irgendwelche praktische~~ sie muss es tun, wenn anders ihren Gesetzen Gültigkeit zukommen soll. ~~Um solche Tatsachen nun unter ihn~~ Die Unterordnung solcher Tatsachen unter den Satz vom kleinsten Mittel ~~nimmt~~ erreicht die Ökonomik nun auf folgende Weise: Sie zeigt, dass die angeführten Beispiele ~~dem kleinsten~~ diesem Satze nur dann widersprechen, wenn man als „Zweck“ ~~aller~~ dieser Tätigkeiten: ~~den Aufwand möglichst geringer Mittel annimmt~~ das ~~Ziel~~ Erreichen des bestimmten Punktes, das Erwerben der Ware, das Leben unter möglichst geringer Anstrengung annimmt. Nimmt man dagegen an, dass der in diesen Fällen ~~der Zweck der Tätigkeiten~~ das Spazierengehen, die Befriedigung des Bedürfnisses zu helfen, der Ehrgeiz oder das Bedürfnis ~~nach~~ einer ~~bestimmten~~ hohen Lebensführung den Zweck der angeführten Tätigkeiten ausmacht, so spricht jetzt nichts mehr dagegen, das diese Zwecke tatsächlich mit den kleinsten Mitteln erreicht worden sind; vielmehr ist es klar, dass sich immer ein Zweck wird finden lassen, für den das tatsächlich angewendete Mittel das kleinste der möglichen Mittel darstellt. Denn wäre gar kein ~~A..~~ anderer Zweck zu finden, so liesse sich ja im Grenzfall immer noch das Anwenden der jener benutzten Mittel als Zweck ~~ihrer~~ Anwendung setzen, womit dem Satze

Eine Seite aus dem Originalmanuskript B* (verkleinert).

12. DIE EXISTENZART AUF DEN VERSCHIEDENEN STUFEN DER WISSENSCHAFTSENTWICKLUNG

[A*] Weist eine Wissenschaft bereits ein entwickeltes System konditional-genetischer Begriffsgefüge auf, so läßt sich die Existenzart ihrer Gegenstände direkt durch eine wissenschaftstheoretische Analyse der Struktur ihres *Genesebegriffs* vollziehen. Was die vorangehenden Entwicklungsstufen betrifft, wird man sich teils auf indirekte Kriterien, teils auf jene direkten, wenngleich schwer feststellbaren Fakten stützen müssen, die in der Betrachtungsweise der Wahrnehmungsakte der betreffenden Wissenschaft zutage treten.

a. Feststellung der Existenzart durch Analyse der Genesebeziehung

Die Feststellung der Existenzart durch Untersuchung der Genesebeziehung geht von der Idee aus, daß die Eigenart des Existenzbegriffs am klarsten in der Struktur jener Reihen deutlich wird, die durch die betreffende Existentialbeziehung *konstituiert* werden. Erst an der Struktur der Reihen wird ersichtlich, warum die Betrachtung der isolierten Existentialbeziehung oder der Existenzart des isolierten Gebildes kaum nutzbringend ist. Die Feststellung der Struktur der Genesereihe geschieht durch einfache *Beschreibung* der Eigentümlichkeiten derselben, insbesondere von deren Ordnungstypus. Inwieweit man dabei bestimmte Hilfsmittel der mathematischen Logik verwendet, ist eine Frage der Zweckmäßigkeit, muß also von Fall zu Fall entschieden werden.

Erleichtert wird eine derartige Beschreibung durch eine vergleichende Gegenüberstellung der Genesereihen verschiedener Wissenschaften. Die vergleichende Methode liefert allerdings nicht sogleich eine vollständige Definition der gesuchten Existenzart, sondern bringt nach und nach verschiedene Eigenheiten derselben zur Feststellung.

Vergleichende Feststellungen betreffen einmal den Ordnungstypus der Genesereihen – handelt es sich um diskrete oder kontinuierliche, um unendliche oder um begrenzte Reihen? –, dann die Struktur der Längs- und Querschnitte, die Arten der Kreuzungen und Verbindungen. Ferner kann das Verhältnis des Auseinanderhervorgehens als Kennzeichen der eindeutigen Existentialbeziehung in verschiedenen Wissenschaften unterschiedlich verstanden werden.

Die Möglichkeit einer solchen Analyse besteht bereits bei mehreren Wissenschaften, wobei dann – wie bei allen wissenschaftstheoretischen Untersuchungen – ein Ableiten der Problemstellung in die innerwissenschaftliche Thematik der Unterscheidung der Gegenstandsgruppen zu vermeiden ist.

b. *Existenzart und Wahrnehmungsakt*

Weist eine Wissenschaft noch keine ausgebauten konditional-genetischen Begriffsgefüge auf, wird man sich zur Feststellung der Existenzart nach anderen Hilfsmitteln umzusehen haben.

Prinzipiell kommt die Besonderheit der Existenzart in *jedem* spezifischen Begriff irgendwelcher Gegenstände zum Ausdruck. Dennoch ist die Unterscheidung zwischen dem, was am Begriff des konkreten Gegenstandes Ausdruck des konstituierenden Existenzbegriffs der betreffenden Wissenschaft, und dem, was auf innerwissenschaftliche Beziehungen des Soseins zurückzuführen ist, technisch kaum durchführbar, und zwar vor allem deshalb, weil keine strenge wissenschaftstheoretische Äquivalenz zum Begriff bestimmter Gegenstände in anderen Wissenschaften besteht.

Am geeignetsten scheint für die Bestimmung des Gegenstandsbegriffs in einer Wissenschaft auf dieser Entwicklungsstufe die Untersuchung der Betrachtungsweise der Wahrnehmungsakte eben dieser Wissenschaft zu sein.

Daß Wahrnehmungsakte sich durch ein spezifisches Gerichtetsein auf ihre Gegenstände auszeichnen, wird am Beispiel der Wahrnehmung in der experimentellen Psychologie, also in der sog. Selbstbeobachtung oder Erlebniswahrnehmung, deutlich. Die Vp (Selbstbeobachter) muß nicht nur lernen, entsprechend ihrer Wahrnehmungsaufgabe alle speziellen Theorien und Voreingenommenheiten außer acht zu lassen. Sie sollte darüber hinaus nicht über Leistungen berichten, wie sie es vom Alltagsleben oder etwa der Jurisprudenz her gewohnt ist, sondern über die psychologisch «wirklichen» Ereignisse und Erlebnisse. Der Psychologe (Vl in diesem Falle) hilft sich bei der Anleitung der Vp dadurch, daß er die Leistung als etwas Unwirkliches auffaßt. Mit anderen Worten, wenn die Vp angibt «Ich habe x gewollt», ohne daß dabei ein zeitlich mehr oder weniger ausgedehntes psychisches Erlebnis vorgelegen hatte, oder wenn die Vp bei einer bestimmten Rechenaufgabe berichtet, sie habe diese Aufgabe ausgeführt, obgleich in Wirklichkeit kein Akt des Rechnens, sondern das mechanische Hersagen eines bereits bekannten (geläufigen) Resultates vorliegt, dann liegen im Sinne der experimentellen Psychologie *falsche Sätze* vor, denn weder das Wollen noch das Rechnen haben in Wirklichkeit stattgefunden. Faßt man diese Sätze jedoch im juristischen Sinne oder gemäß der geisteswissenschaftlichen Psychologie auf, so liegen zweifellos wirkliches Wollen und wirkliches Rechnen vor[ii].

An diesem Beispiel wird klar, daß die eine Wissenschaft Realitäten nicht nur übersieht, sondern auch nicht anerkennt, die für eine andere Wissenschaft existieren. Wollte man also den Unterschied zwischen der juristischen und der psychologischen Wahrnehmung so beschreiben, daß man sagt, in beiden Fällen wird das Gleiche durch verschiedene Begriffe dargestellt, würde man damit zu viel und zu wenig festhalten. Zu wenig, weil es hier nicht so ist, daß in ein und derselben Wissenschaft ein bestimmter Sachverhalt begrifflich unterschiedlich formuliert wird; vielmehr ist nur *eine* der beiden Darstellungsmöglichkeiten für die betreffende Wissenschaft relevant. Und zu viel, weil die Identität des letzten, einheitlichen Gegenstandes vorausgesetzt würde, über die positiv nichts ausgemacht werden kann.

In den über die Wahrnehmungsakte hinausgehenden Erkenntnisakten und in der weiteren Bearbeitung der Wahrnehmungsleistungen tritt eine Veränderung der Existenzart nicht mehr auf. Die Begriffe, die im Wahrnehmungsurteil auftreten, sind bereits eindeutig in bestimmten Wissenschaften beheimatet.

In der frühen Entwicklungsepoche einer Wissenschaft pflegt übrigens das «Als was» der Betrachtungsweise in besonderer Weise bewußt zu werden. Allerdings läßt sich kaum mit Sicherheit feststellen, ob es sich dann tatsächlich um Verschiedenheiten von Gegenstandsbegriffen handelt, oder ob die Betrachtungsweise nach innerwissenschaftlichen Richtungen variiert. Wenn die Ökonomie sagt, sie betrachte ihre Gegenstände als Güter, die Geschichte die ihren als kulturgeschichtliche Gebilde und die geisteswissenschaftliche Psychologie die ihren als Leistungen, so wird in dieser Hinsicht noch nichts entschieden; das heißt, man wird diesen Punkt (Bestimmung der Existenzart eines Gegenstandes oder eines Gegenstandsbereiches) erst dann eindeutig entscheiden können, wenn die betreffenden Wissenschaften die Stufe der konditional-genetischen Begriffsbildung erreicht haben werden.

13. Das Problem der Verträglichkeit der Wissenschaften

Im Psychologismusstreit wurde von jener Seite, die eine scharfe Trennung zwischen Logik und Erkenntnistheorie nicht gelten lassen konnte (oder wollte), folgendes Argument häufig vorgebracht: es kann für eine Wissenschaft nicht wahr sein, was in einer anderen falsch ist.

Dieser Satz ist nur insofern als annehmbar zu betrachten, als er die Möglichkeit äquivoker Begriffe in Rechnung stellt; in diesem Sinne kann ein Satz der einen Wissenschaft wahr, der gleiche Satz in einer anderen Wissenschaft falsch sein. Wird jedoch in beiden Fällen derselbe Satz gemeint, dann ist die Behauptung sinnlos, weil der betreffende Satz nur in *einer* Wissenschaft beheimatet sein kann.

Immerhin muß auch konstatiert werden, daß Sätze verschiedener Wissenschaften sich nicht widersprechen dürfen. Die formale Widerspruchslosigkeit folgt unserer Auffassung der Wissenschaften gemäß ohne weiteres aus der Unterschiedlichkeit der Begriffssphären. Sie ist sozusagen die positive Seite der wissenschaftstheoretischen Widersinnigkeit, die sich aus der Verbindung von Sätzen verschiedener Wissenschaften ergibt.

Darüber hinaus scheint aber noch eine besondere Art der Verträglichkeit der Sätze verschiedener Wissenschaften ins Auge gefaßt werden zu müssen. Jede Wissenschaft baut ja nicht die Gesamtheit der in ihre Begriffssphäre gehörenden Sätze und Begriffe aus, sondern sucht innerhalb ihrer Sphäre nur jenes Satzgefüge zu entwickeln, das, erkenntnistheoretisch gesprochen, die Wirklichkeit adäquat abbildet. Nehmen wir einmal an, die Physik sei so weit fortgeschritten, daß es möglich würde, aus der Kenntnis der Situation im Zeitpunkt t_1 und mit Hilfe der physikalisch-chemischen Gesetze die Situation eines größeren Komplexes a von Gegenständen zu einem späteren Zeitpunkt t_2 vorauszuberechnen. Sind damit auch die ökonomischen Sachverhalte im Zeitpunkt t_2 eindeutig festgelegt? Die physikalischen Feststellungen selbst haben mit den ökonomischen zweifellos nichts zu tun. Das Bestehen bestimmter wirtschaftlicher Verhältnisse wird in ihnen nicht zur Sprache gebracht. Immerhin wäre es denkbar, daß an dem aufgrund physikalischer Gesetze konstruierten, konkreten Weltbild im Zeitpunkt t_2 (wenn man letzteres seinerseits zum Objekt z. B. einer ökonomischen Analyse macht) zukünftige ökonomische Sachverhalte abzulesen sind.[67]

Stellen wir uns jetzt zudem vor, die fortgeschrittene Ökonomie berechne, vom gleichen Komplex a als einem Inbegriff ökonomischer Sachverhalte ausgehend, die ökonomische Zukunft bis zum Zeitpunkt t_2. Zunächst ist daran zu erinnern, daß der so konstruierte Komplex a' nicht identisch ist mit dem physikalisch konstruierten Komplex, da ja die von a ausgehenden Genesereihen, der verschiedenen Existenz entsprechend, in unterschiedlicher Richtung fortschreiten. Aus diesem Grunde können die allgemeinen Sätze der Physiko-Chemie einerseits, der Ökonomie andererseits in der Anwendung auf eine konkrete, historische Gegenstandsgruppe sich nicht widersprechen, weil die resultierenden Komplexe nicht identisch sind. Erst beim Übergang zur Gegenstandstotalität, der aber wegen des Unendlichkeitsproblems hier außer Ansatz bleiben muß, würden sich Identifikationsschwierigkeiten ergeben. Immerhin bleibt auch so die Möglichkeit einer Überlappung der beiden Komplexe, also die Möglichkeit einer Teilidentität. Und in bezug auf diese identischen Teile dürften aus der ökonomischen Konstruktion einerseits, der physikalischen Konstruktion andererseits keine sich widersprechenden Sachverhalte resultieren, wenn man sie abwechselnd der ihnen an sich nicht zukommenden Betrachtungsweise unterwirft.

Hier scheint also eine über die oben geforderte, allgemeine Widerspruchslosigkeit hinausgehende Verträglichkeit der Sätze in der Darstellung der Welt möglich zu sein. Wie es kommt, daß auch in dieser Hinsicht ein Widerspruch zwischen verschiedenen Wissenschaften sich dennoch nicht ergeben kann, wird aus der Methode der Forschung heraus nicht verständlich. Legt man, wie es ja erkenntnistheoretisch einleuchtend ist, die Idee der Identität der Welt in den verschiedenen Wissenschaften zugrunde, so sind es ja die Geschehnisse eben dieser einen Welt, aufgrund welcher über die Adäquatheit oder Inadäquatheit der einzelnen Sätze oder Satzgefüge in jeder Wissenschaft entschieden wird. Wo sich also in irgend einem Falle ein Widerspruch der eben gekennzeichneten Art ergeben würde, wäre damit die Inadäquatheit der betreffenden Sätze mindestens für die eine der beiden Wissenschaften evident. Der wirkliche, gegebenenfalls experimentell erzeugte Ablauf der Geschehnisse würde, einem Grundsatz der Erkenntnistheorie entsprechend, zu *einer* (und nur einer) eindeutigen Situation in Zeitpunkt t_2 führen, und ihr entsprechend wären dann eventuell gewisse Sätze der einen oder der anderen Wissenschaft zu berichten. Die Verträglichkeit der Sätze verschiedener Wissenschaften in der Abbildung der Welt kommt also zwangsläufig dadurch zustande, daß in jeder Wissenschaft alle Sätze, die mit der Wirklichkeit nicht übereinstimmen, aus dem Lehrgefüge als inadäquat ausgesondert werden.

Eine andere Möglichkeit des Widerspruchs zwischen Sätzen verschiedener Wissenschaften gibt es nicht.

a. Warum gibt es verschiedene Wissenschaften?

Die Einsicht in die Faktoren, auf denen die Verträglichkeit der Lehrgefüge beruht (soweit letztere der Aufgabe einer adäquaten Abbildung der Wirklichkeit dienen), drängt allerdings sogleich zur Frage, warum es denn überhaupt mehr als nur eine Wissenschaft gibt. Da jede Wissenschaft bereits eine Totalität von Gebilden und Eigenschaften untersucht, ist es nicht ohne weiteres ersichtlich, warum man sich nicht mit der Arbeit an einer einzigen Wissenschaft begnügt.

Es ist zunächst zweckmäßig, sich zur Klärung des Sinnes dieser Frage nach Äquivalenten in anderen Wissenschaften umzusehen. Solche Äquivalente sind z.B. Fragen wie «Warum gibt es mehr als einen Fixstern?» «Warum gibt es mehr als ein chemisches Element?» «Warum gibt es mehr als ein Kunstwerk als Gegenstand der Ästehtik?» An diesem Vergleich mit analogen Fragen anderer Wissenschaften zeigt sich, daß sich unserer wissenschaftstheoretischen Frage höchstens ein geschichtlicher Sinn abgewinnen läßt. Was darüber hinausgeht, besitzt eine große Ähnlichkeit mit dem metaphysischen Problem, warum es überhaupt so etwas wie eine physikalische Natur gibt und nicht vielmehr nichts. Dieses Problem aber ist wissenschaftlich gänzlich sinnlos.

Daß es mehr als eine Wissenschaft gibt, ist also zunächst als reines Faktum hinzunehmen. Man wird sich sogar eher wundern müssen, daß das Gegenstandsgebiet der Wissenschaftslehre aus einer derart kleinen Zahl von Individuen besteht.

Wenn die Wissenschaftslehre das Bestehen einer Mehrheit wissenschaftstheoretisch getrennter Begriffssphären als Faktum hinzunehmen hat, und wenn sie nur nach den Beziehungen dieser Gegenstände zueinander und nach deren Sosein und Werden fragen kann, so vermag man einen über das Historische hinausgehenden, sachlichen Kern in dieser Frage nur zu erblicken, wenn man ihre erkenntnistheoretische Seite hervorhebt. Warum, so kann man nun fragen, geht man, wenn man die Aufgabe der Wissenschaft als Erkenntnis der Welt bestimmt, über die nur *einer* Begriffssphäre angehörenden Sätze hinaus?

Hier ist zuerst auf folgendes hinzuweisen. Es ist zwar richtig, daß jede Wissenschaft auf die Untersuchung einer Totalität von Gegenständen und Eigenschaften tendiert, also eines Bereiches, außerhalb dessen keine anderen Gegenstände existieren. Aber dabei wird keineswegs die Gesamtheit aller *Probleme* aufgeworfen. Wenn man von der Welt als vorgegebenem oder als aufgegebenem Erkenntnisobjekt ausgeht, kann man bestimmte Beziehungen und vor allem Ganzheiten im Neben- und Nacheinander annehmen, die für die eine Wissenschaft unsichtbar oder sogar irreal sind, nach denen man jedoch mit gleichem Recht fragen darf wie nach eben jenen Ganzheiten, die diese Wissenschaft gerade untersucht. Wo für die Ökonomie oder die Ästhetik eine *Ganzheit* vorliegt, kann es sich physikalisch um eine bloße Undsumme handeln und umgekehrt. Ein besonders deutliches Beispiel dafür stellen vielleicht die Ganzheiten im Nacheinander überhaupt, also die Genesereihen, dar. Gewiß ist es möglich, nach den Gesetzlichkeiten des Auseinanderhervorgehens eines Komplexes innerhalb der physikalischen Genesereihen nachzugehen. Aber man kann eben auch jenen ökonomischen Genesereihen nachgehen, die von der physikalischen Begriffsbildung unberührt bleiben.

Unter einem anderen Blickwinkel stellt sich dieser Sachverhalt so dar, daß Kinder und Eltern formähnliche Gebilde sind; das ist, wenn man die physikalischen Genesereihen der Atome und Moleküle betrachtet, als Zufall zu deuten. Es handelt sich also um ein relativ *unwahrscheinliches* Ereignis im Sinne der Wahrscheinlichkeitslehre. Biologisch dagegen liegt eine Gesetzlichkeit vor. Und im allgemeinen werden Sachverhalte, die in der einen Wissenschaft als zufällig klassifiziert sind, von der anderen Wissenschaft als gesetzlich erfaßt. Das hängt offensichtlich damit zusammen, daß beim Verfolgen einer bestimmten Geneseart Ganzheitsbezüge im Nacheinander konstatierbar werden, beim Verfolgen einer anderen dagegen nicht.

Selbst wenn man unter erkenntnistheoretischem Standpunkt die Wissenschaften als reine Zweckgebilde, als bloße Mittel zur Erkenntnis der Welt auffaßt, bleibt auch für diese Aufgabe die Vielheit der Wissenschaften verständlich.

b. *Begriffsbildung des täglichen Lebens und die Möglichkeit neuer Wissenschaften*

Nicht die Tatsache, daß es mehr als nur eine Wissenschaft gibt, sondern vielmehr jene Tatsache, daß bisher alles in allem eine geringe Anzahl von Wissenschaften entstanden sind, erscheint als merkwürdig. Und man sollte nicht damit rechnen, daß durch sie die Gesamtheit der die Wissenschaften konstituierenden Begriffssphären bereits erschöpft ist. Die Entwicklung der Begriffsgefüge jeder Wissenschaft hat, wie wir sahen[68], im praktischen Leben ihren Ausgangspunkt gehabt. Auch heute enthalten die Begriffe des täglichen Lebens, so einseitig das Denken einer bestimmten Zeit und eines bestimmten Volkes auch sein mag, zweifellos eine Fülle von Aspekten, deren begriffliche Heimat und deren Zugehörigkeit zu dieser oder jener Begriffssphäre noch unentdeckt ist. Die Zahl neuer, noch unentdeckter Wissenschaften ist unbekannt und im gegenwärtigen Zeitpunkt überhaupt nicht abzuschätzen. Schon deshalb wird jeder

Versuch einer Systematisierung der Wissenschaften zu einem offenen System führen müssen.

c. Die positiven Beziehungen der Wissenschaften zueinander. Ableitung und Beweis

Die wissenschaftstheoretische Unterscheidung wohl unterschiedener Begriffssphären scheint wenig übereinzustimmen mit den mannigfachen Beziehungen der Wissenschaften zueinander, die tatsächlich bestehen. Welcher Natur sind diese Beziehungen?

Als besonders bekanntes Beispiel, daß trotz radikaler Verschiedenheit der Existenzart ihrer Gegenstände zwei Wissenschaften dennoch eng miteinander verknüpft sind, läßt sich das Verhältnis von Physik und Mathematik anführen. Obwohl die mathematischen Gegenstände zeitlose, die physikalischen zeitliche Gebilde sind, benutzt die Physik in breitem Umfang die Mathematik. Das Mathematische macht sich in der Physik sowohl in den allgemeinen Sätzen (Gesetzen), wie auch in jenen Sätzen bemerkbar, die konkrete Sachverhalte (etwa die Eigenschaften eines individuellen Gebildes) wiedergeben. Dieser Zusammenhang ist kein äußerlicher, und zweifellos treten häufig genug in der Physik Ableitungen rein mathematischer Natur auf. Ist hier nicht die Trennung der Begriffsgefüge zweier unterschiedlicher Wissenschaften aufgehoben?

Der Zusammenhang, das hatten wir bereits gesehen, kann jedenfalls nicht bedeuten, daß man aus rein mathematischen Sätzen physikalische ableiten kann. Darüber dürfte kein Zweifel mehr bestehen. Aber ist es nicht vielleicht möglich, aus einer Reihe von physikalischen Sätzen und einem mathematischen Satz zu neuen physikalischen Sätzen zu gelangen? Es liegt nahe, die unzähligen Beispiele des Fortschreitens der Physik aufgrund solcher mathematischer Überlegungen als Beweis für diese Möglichkeit anzusehen, und den Erkenntnisgewinn durch Benutzung der Mathematik in den verschiedenen Wissenschaften darauf zurückzuführen, da sich aus Sätzen der betreffenden Wissenschaft und mathematischen Sätzen mehr ableiten läßt als ohne die Zuhilfenahme der mathematischen Sätze. Trotzdem sollte schon folgende einfache Überlegung zeigen, daß diese Auffassung nicht durchführbar ist: da aus einem mathematischen Sachverhalt allein ein physikalischer oder psychologischer Sachverhalt nicht ableitbar ist, wie soll dann aus einem mathematischen und einem physikalischen Satz mehr ableitbar sein als das, was an physikalischem Gehalt im physikalischen Satz bereits enthalten ist?

Was mathematische Gebilde für andere Wissenschaften bedeuten, wird vielleicht eher am Beispiel einer Wissenschaft aufweisbar, bei der die Benutzung der Mathematik weniger geläufig ist. Deshalb ist das prinzipielle Problem in diesem Beispiel genauer erfaßbar. Der Stand des Lernens etwa beim Schreibmaschinenschreiben läßt sich in der Psychologie durch die Zahl der geschriebenen Buchstaben pro Minute angeben. Damit scheint man als Maß für den Übungsanstieg einer Person die Differenz der Leistungen und für das Verhältnis des Übungsanstiegs (der Übungsfähigkeit) verschiedener Personen der Quotient von Anfangs- und Endleistung zu ermitteln. Mathematisch besteht hier keinerlei Problem; trotzdem wäre ein solcher Ansatz psychologisch außerordentlich fragwürdig. Selbst wenn sich (topologisch) einer größeren Geübtheit eindeutig eine höhere Buchstabenzahl zuordnen läßt, braucht die Differenz der Buchstaben kein adäquater Ausdruck für den Übungsanstieg zu sein. Ein solcher Ansatz würde nämlich die sachlich sicher nicht gerechtfertigte Behauptung enthalten, daß einem psychologisch gleichwertigen Übungsanstieg eine gleiche Zahlendifferenz entspricht. Ebenso ist es nicht sicher, ob beim Vergleich des Übungsanstiegs verschiedener Perioden der Quotient von Anfangs- und Endleistung auch nur als erste Annäherung maßgebend sein kann, oder ob nicht vielmehr die Differenz oder ein anderes Verhältnis anzusetzen ist.

Ein anderes Beispiel aus der gleichen Wissenschaft. Für eine ganze Reihe von Aufgaben der vergleichenden Psychologie pflegt man eine Gruppe von Personen nach ihren Leistungen beim Lösen einer bestimmten Aufgabe in eine Rangreihe zu ordnen. Es kommt nun vielfach darauf an, festzustellen, ob die Plätze der Einzelpersonen in verschiedenen Rangreihen ungefähr gleich geblieben sind, oder ob sie sich stark verändert haben. Wiederum scheint es eine rein mathematisch-formale Umrechnung zu bedeuten, wenn man als Maß der Übereinstimmung die mittlere Rangplatzverschiebung (das arithmetische Mittel sämtlicher Verschiebungen) angibt, sofern nur die verglichenen Gruppen gleich groß sind. Erst gewisse psychologische Unstimmigkeiten weisen darauf hin, daß es sich um eine sachlich neue Annahme handelt: nehme ich das arithmetische Mittel aus einer Reihe von Verschiebungen, so werte ich damit den Abstand der aufeinander folgenden Rangplätze als psychologisch gleich groß – während in Wirklichkeit der Abstand der mittleren Rangstufen geringer ist als bei den besten und schlechtesten Leistungen, was mit der Aufstellung der Rangreihe selbst noch nicht behauptet wurde.

Ganz ähnlich liegen die Verhältnisse, wenn man bei der Untersuchung der motorischen Einstellung die Verschiebung des Urteils zunächst für jeden einzelnen Versuch besonders darstellt und dann zu einer Durchschnittsberechnung übergeht. Obschon die Berechnung des Durchschnitts gewiß als eine rein formale Rechnung erscheinen könnte, wird mit ihr in Wirklichkeit eine neue sachliche Behauptung eingeführt: die psychologische Gleichwertigkeit des Abstandes der verschiedenen Urteile voneinander.

Von ausschlaggebender Bedeutung für die Anwendung mathematischer Begriffe ist der Umstand, daß es durchaus nicht dem Belieben anheimgestellt ist, was mathematisch und in welcher Form auch immer (als Summe, Quotient usw.) *einheitlich* zusammengefaßt werden kann und was nicht. Die Leistung verschiedener Personen bei gleicher Tätigkeit differiert häufig in mehrerer Hinsicht, etwa nach Quantität und Güte, und es kann dann notwendig sein, diese zunächst mathematisch isoliert ausgedrückten Faktoren in irgend einer Weise mathematisch zu verbinden, um einen einheitlichen Ausdruck für die Leistung zu erhalten. Für die Art, wie diese Verbindung zu erfolgen hat (Summe, Quotient, Summe nach vorheriger Multiplikation jeden Faktors mit einer bestimmten Konstanten o. ä.), läßt sich, obschon die Aufgabe immer die gleiche ist, keine allgemeine mathematische Regel aufstellen. Vielmehr hängt es von der Natur der betreffenden Handlung ab, was als einigermaßen adäquater Ausdruck des psychischen Sachverhaltes anzusehen ist. Ja, es gibt Fälle, wo es psychologisch falsch wäre, überhaupt eine Verbindung der beiden Faktoren (z. B. Summe der Zahl der Fehler und Dauer der Tätigkeit) vorzunehmen, weil sie sachlich nichts miteinander zu tun haben. Ob es also erlaubt ist, eine mathematische Verbindung verschiedener mathematischer Ausdrücke zu einem einheitlichen Ausdruck vorzunehmen oder nicht, hängt auch (unter formal anscheinend gleichen Umständen) von den *sachlichen* Beziehungen, also nicht den mathematischen, sondern den psychischen, physikalischen, ökonomischen Sachverhalten ab. Denn analog zum eben geschilderten Beispiel ist es in jeder ökonomisch-statistischen Arbeit nicht evident, *wann* man berechtigt ist, gewisse Einzelwerte (für Ausfuhr, Arbeitsleistung usw.) zusammenzufassen, und *wie* diese Zusammenfassung zu erfolgen hat.

An der Wirtschaftsstatistik zeigt sich auch eindringlich die sachliche Problematik bei der Zuordnung von Zahlen zu Wirtschaftsgebilden, also in der Aufgabe der wirtschaftlichen *Zählung* z. B. von Betrieben. Erst von einer bestimmten ökonomischen Fragestellung aus ist es überhaupt entscheidbar, was jeweils als ein Betrieb im Sinne der Ökonomie anzusetzen ist, oder was als bloßer Betriebsteil oder als Betriebskonglomerat zu betrachten ist. Nur eine solche, die sachlichen Probleme berücksichtigende Zählung gestattet sachlich gerechtfertigte Schlüsse aus der Statistik.

Gerade an diesen sachlichen Voraussetzungen für die mathematische Zusammenfassung überhaupt scheint mir die Stellung des Mathematischen in den anderen Wissenschaften deutlich zu werden. Das Mathematische in einer anderen Wissenschaft ist begrifflicher Ausdruck, ist ein *Darstellungsmittel* für sachliche Beziehungen zwischen nicht-mathematischen Gegenständen einer Wissenschaft. Deshalb ist es nötig, daß mit der Anwendung der Mathematik in der Psychologie (oder in der Ökonomie, in der Physik usw.) die auftretenden mathematischen Gebilde und Operationen einen bestimmten psychologischen (bzw. ökonomischen, physikalischen usw.) Sinn erhalten. Und aus diesem Grunde darf man an einem mathematischen Ausdruck für einen psychischen, ökonomischen, physikalischen Sachverhalt nicht jede beliebige mathematische Operation ausführen, die – rein mathematisch gesehen – erlaubt wäre.

Die Anwendung der Mathematik auf eine Wissenschaft bedeutet also nicht, daß man zu den Erkenntnissen der betreffenden Wissenschaft noch mathematische Erkenntnisse hinzufügt. Durch Mischung mathematischer und empirischer Sätze lassen sich niemals neue Sätze bilden. Vielmehr geht das Mathematische jeweils mit dem sachlichen Gehalt der Sätze der betreffenden Wissenschaft eine innige Verbindung ein. Doch diese Verbindung ist nicht, wie dies aus der üblichen Redensart hervorzugehen scheint, als eine «Mathematisierung» der Wissenschaft in dem Sinne anzusehen, daß so die verschiedenen Wissenschaften immer mehr in Mathematik aufgelöst würden[69]. Vielmehr erhalten die mathematischen Gebilde und Beziehungen im Rahmen der betreffenden Wissenschaft, wo sie zur Anwendung gelangen, einen neuen Sinn.

14. Der Übergang von einer Wissenschaft zur anderen

Außer der Benützung der Begriffsgefüge einer Wissenschaft als Darstellungsmittel für den sachlichen, theoretischen Gehalt einer anderen Wissenschaft, gibt es eine zweite Art positiver Beziehung zwischen verschiedenen Wissenschaften, die der Getrenntheit der Satzgefüge zu widersprechen scheint. Psychologie und Jurisprudenz sind bestimmt Wissenschaften, deren Begriffsgefüge ausgesprochen heterogen ist. Dennoch stützt sich die Feststellung juristischer Tatbestände, z. B. der Verhandlungsfähigkeit oder der Zurechnungsfähigkeit, häufig auf Aussagen von Psychiatern. Ferner: stellt die Geophysik fest, daß die Abkühlung der Erde in einem bestimmten Zeitpunkt das Leben auf der Erde unmöglich machen wird, so ist damit auch das Ende aller wirtschaftlichen Prozesse im Sinne der Ökonomie konstatiert. Eine derartige Folgerung für eine andere Wissenschaft braucht sich keineswegs auf Negatives zu beschränken. Aus der biologischen Feststellung des Mediziners, daß Herr NN in wenigen Stunden sterben wird, lassen sich bestimmte ökonomische und juristische Folgerungen ziehen.

Der Kulturhistoriker verläßt sich auf die Hilfe des Chemikers oder des Geologen, wenn er das Alter von Dokumenten feststellen will. Ähnliche Beispiele der Zusammenarbeit verschiedener Wissenschaften und Disziplinen ließen sich beinahe unbeschränkt aufzählen. Damit scheint der Beweis erbracht zu sein, daß es möglich ist, von den Sätzen der einen Wissenschaft zu Sätzen einer anderen zu gelangen. Wie könnte die wechselseitige Unterstützung der Wissenschaften sonst verstanden werden?

Eine genauere Analyse derartiger Übergänge zeigt zunächst folgendes. Man kann in jeder Wissenschaft zwischen allgemeinen und speziellen Sätzen unterscheiden. Diese Unterscheidung betrifft nicht die Gültigkeit (Wahrheit/Falschheit) der Sätze, sondern den Geltungsbereich der betreffenden Sätze.

Unter «allgemeinen Sätzen» verstehen sich solche über Eigenschaften, Beziehungen usw. von Klassen im Sinne Russells. Diese Sätze sind also Bestandteil des systematischen Zusammenhangs einer Theorie, während die speziellen Sätze sich auf den historischen Zusammenhang einer Theorie beziehen, d.h. auf das Wann, Wo, Wie eines besonderen Gegenstandes, einer Beziehung usw.

Übergänge von einer Wissenschaft zur anderen in der oben geschilderten Weise vollziehen sich nie direkt zwischen den allgemeinen Sätzen verschiedener Wissenschaften. Es wird mithin nicht aus einem allgemeinen Satz der einen Wissenschaft die Richtigkeit eines allgemeinen Satzes einer anderen Wissenschaft gefolgert. Vielmehr findet der Übergang mittels der Analyse eines individuellen Gebildes (oder einer Gruppe solcher Gebilde) statt, und in der Regel betrifft die Zusammenarbeit zweier Wissenschaften Sätze über solche individuelle Gebilde.

Wenn der Mediziner aufgrund der Untersuchung eines Menschen und der Kenntnis der Gesetze des Organismus den Tod dieses Menschen voraussagen kann, und wenn der Jurist vom Tod dieses Menschen das Ende oder die Veränderung bestimmter Rechtsverhältnisse ableitet, so folgt dabei der juristische Satz keineswegs aus dem biologischen. Denn das biologische Gesetz erlaubt nur Schlußfolgerungen hinsichtlich des Organismus im Sinne der Biologie. Die juristische Aussage dagegen betrifft die vom Organismus zu unterscheidende Person im Sinne der Jurisprudenz. Der Übergang erfolgt also dadurch, daß die biologische Erkenntnis es gestattet, ein zukünftiges konkretes Diesda zu konstruieren – ein Diesda, das hinreichend bestimmt ist, so daß es unter dem juristischen Aspekt gewisse rechtliche Feststellung möglich macht.

In den Fällen dieser Art handelt es sich also nur scheinbar um den Übergang von den Sätzen der einen Wissenschaft zu denjenigen einer anderen. Es wird nicht aus allgemeinen Sätzen der einen Wissenschaft ein allgemeiner oder spezieller Satz einer anderen Wissenschaft abgeleitet, sondern individuelle, konkrete Diesdas werden konstruiert, von denen unter dem Aspekt der zweiten Wissenschaft gewisse Aussagen gemacht werden können. Dieser Übergang enthält, da es sich jeweils um ein konkretes *hic et nunc* handelt, notwendigerweise ein historisches Moment: der im Übergang erhaltene Satz gilt nur von dem betreffenden Individuum oder der betreffenden Gruppe von Individuen. So wird die erwähnte Möglichkeit des Übergangs ohne weiteres verständlich. In diesem *historischen Moment,* d. h. in der Bezugnahme auf den besonderen Charakter des Einzelfalles, liegt zugleich eine der größten Schwierigkeiten beschlossen, die sich aus einem solchen Übergang (wie z. B. der psychiatrischen Gutachtertätigkeit bei Gericht) ergeben. Eine generelle Lösung läßt sich für die Bewältigung dieser Schwierigkeiten nicht angeben, weil die nach juristischen Gesichtspunkten gruppierten Typen von Fällen sich nicht biologischen Oberbegriffen zuordnen lassen, oder anders ausgedrückt, weil die juristischen Typen keine eindeutige generelle Zuordnung zu biologischen (und anderen) Typen erlauben[70].

15. Die Welt als Gegenstandsmaterial

Im vorhin geschilderten Übergang ist gleichzeitig die Voraussetzung enthalten, daß es irgendwie *ein und dasselbe Diesda* ist, das das Material des konkreten Gegenstandes in den verschiedenen Wissenschaften konstituiert. Diese Idee der Einheit und Identität der Welt, die von den Wissenschaften untersucht wird, ist es auch, die dazu geführt hat, die Gegenstände der Physik und Psychologie – und überhaupt die spezifischen Gegenstände der Wissenschaften – als unterschiedliche *Seiten (Aspekte)* eines letztlich identischen Untersuchungsgegenstandes zu deuten.

Erkenntnistheoretisch hat das *Ding an sich* die Stellung einer Idee, und zwar eines Limes einer unendlichen Reihe. Man kann zwei

Definitionen des Dings an sich unterscheiden. Ausgegangen wird vom Erkenntnisprozeß als einer unendlichen Aufgabe, d. h. der stufenweise fortschreitenden Bestimmung des Unbestimmten. Der Gegenstand erscheint dabei als etwas, das jeweils auf einer bestimmten Stufe der Bearbeitung steht und sich aus einem relativ ungeformten Material in Richtung auf einen begrifflich voll fixierten Gegenstand wandelt. Als Grenzbegriff dieses Prozesses erscheint auf der einen Seite der völlig ungeformte Gegenstand, auf der entgegengesetzten Seite der begrifflich vollendete Gegenstand. In beiden Fällen kann man von einem Ding an sich sprechen und angesichts der Idee der tatsächlichen Welt das Schwergewicht auf die eine wie auf die andere Idee des Dings an sich legen. Für uns ist hier wesentlich, daß es sich beide Male um einen Grenzbegriff eines stufenweise fortschreitenden, unendlichen Prozesses handelt. Das Ding ist jeweils nur auf einer ganz bestimmten Stufe dieses Prozesses faßbar, und aus diesem Grunde ist es nicht möglich, über die besonderen Eigenschaften desselben auf späteren Stufen etwas auszusagen. Eben diesen Tatbestand will man hervorheben, wenn man das Ding an sich als eine erkenntnistheoretische Idee charakterisiert.

Es erscheint daher im Grunde als unzulässig, die Identität des Dings an sich als Material verschiedener Wissenschaften zu behaupten. Formal ist die Behauptung zwar nicht abweisbar; wissenschaftstheoretisch läßt sich mit ihr jedoch nicht arbeiten. Trotzdem muß man sich im klaren darüber sein, daß der sachliche Kern des Gedankens von der Identität, und damit auch der Seiten der einen Welt, den Übergang von der einen Wissenschaft zur anderen überhaupt erst möglich macht. Diese Möglichkeit ist ohne alle tatsächliche Grenzüberschreitung von einer Wissenschaft zur anderen feststellbar, und deshalb ist sie für die Auffassung der Beziehung zwischen verschiedenen Wissenschaften zueinander bedeutsam. Konkret nachweisbar dagegen ist die Möglichkeit des Übergangs nur an *Nachweisoperationen,* so daß ein Nachweis am Ableitungszusammenhang ausgeschlossen werden muß.

Wissenschaftstheoretisch ist zudem folgendes von Wichtigkeit. Die Gegenstände der verschiedenen Wissenschaften – und das gilt auch dann, wenn es um ein bestimmtes Diesda geht –, lassen sich nicht in die Stufenfolge eines einheitlichen Bearbeitungsprozesses einordnen. Vielmehr findet der unendliche Erkenntnisprozeß in gleicher Weise in jeder Wissenschaft statt, ohne daß dabei Gleichzeitigkeit beim Erreichen einer Stufe vorliegt. Zudem führt der Erkenntnisprozeß nicht von einer Wissenschaft zu einer anderen, sondern bleibt stets innerwissenschaftlich bestimmt[71].

Daraus folgt, daß es nicht möglich ist, etwas zu einem Untersuchungsgegenstand zu machen, ohne es damit zum Gegenstand einer *bestimmten* Wissenschaft zu machen.

Wenn nun auch ein Satz jeweils nur einer bestimmten Wissenschaft zugehören kann (gleiches gilt von den Gegenständen), ist dies bei Nachweisoperationen nicht der Fall. Dieser Sachverhalt betrifft nicht nur den manuellen Aspekt, sondern auch den gedanklichen. Deshalb ist es angebracht, Gedanken (gedankliche Operationen) als quasi-begriffliche, sozusagen als begriffspraktische Operationen von den Sätzen und sonstigen begrifflichen Gebilden abzuheben, mit denen sie die Bestandteile der Wissenschaften ausmachen.

C. Die Teile einer Wissenschaft

1. Überblick über die Unterteilungen einer Wissenschaft

Die herrschende Auffassung, daß die Wissenschaften im wesentlichen nur *konventionelle* Abgrenzungen zulassen, beruht vermutlich auf der Mannigfaltigkeit der Unterscheidung von Teildisziplinen innerhalb einer Wissenschaft, bei der offensichtlich eine Vielheit heterogenster Gesichtspunkte maßgebend ist und die einem von den jeweiligen Bedürfnissen der Forschung stark beeinflußten Wandel unterliegt. Es gibt die im engeren Sinne theoretische und die experimentelle Physik, die statistische Mechanik, Optik, Astrophysik, Metereologie, die physikalische Chemie, die organische Chemie, die Kolloidchemie. Die Biologie kennt eine Zoologie und eine Botanik, eine Morphologie und Physiologie, Entwicklungsmechanik, Histologie, mikroskopische Anatomie, Phylogenetik, Paleobiologie, Vererbungslehre, Lehre von den Zellen, biologische Chemie und Ökologie. Die Rechtswissenschaft kennt eine Rechtsgeschichte, die vergleichende Rechtskunde, die Privatrechtslehre und die Lehre vom öffentlichen Recht, eine Prozeßrechts-, Arbeitsrechts-, Völkerrechtslehre, die Lehre vom deutschen, englischen, französischen, römischen Recht, eine Rechtsphilosophie. Die Sprachwissenschaft kennt eine Laut- und eine Satzlehre, eine Grammatik, Bedeutungslehre, deutsche, französische, hetitische Grammatik, vergleichende Sprachwissenschaft, historische Grammatik. Die Geschichtswissenschaft umfaßt die politische Geschichte, Kriegs-, Wirtschaftsgeschichte, Geschichte Europas, Frankreichs, Geschichte des Altertums, Geschichte des Werkzeugs, des Hauses, die Urkundenlehre. Die Ökonomie besteht aus der praktischen und theoretischen Nationalökonomie, der Finanzwissenschaft, der deutschen Volkswirtschaftslehre, der Statistik, der Wirtschaftsgeschichte, der Verkehrsgeschichte usw.

Man sieht sich also einer großen Fülle verschiedenartigster Einteilungen gegenüber. Ihre Mannigfaltigkeit ist sogar noch viel größer, da man ja nicht nur die gegenwärtig gebräuchlichen Unterteilungen, sondern auch die in früheren Entwicklungsstadien üblichen berücksichtigen muß. Immerhin überblickt man leicht, daß es sich hier nicht nur um Einteilungen der Lehrgefüge selbst, also der Wissenschaften im Sinne der Wissenschaftslehre handelt. Vielfach sind Gesichtspunkte der Forschung oder der Lehre im pädagogischen Sinne maßgebend, oder es geht um rein konventionelle Trennungen, die im wesentlichen nur historisch zu verstehen sind.

Es wäre eine der wissenschaftstheoretisch wichtigsten Aufgaben, die Mannigfaltigkeit der einzelnen Disziplinen auf etwaige wissenschaftstheoretische Äquivalenzen hin zu untersuchen, sei es in bezug auf die Stellung der Disziplinen im ganzen der betreffenden Wissenschaft, sei es in bezug auf die Übereinstimmung des Einteilungsmodus. Wir wollen uns im folgenden unter Ausschaltung der Einteilungen, die lediglich auf den praktischen Forschungs- und Unterrichtsbetrieb zurückgehen – so wichtig auch deren Untersuchung wäre – sowie unter Ausschaltung der angewandten Disziplinen mit der Erörterung einiger, wie es scheint, besonders wichtiger Disziplinarten begnügen.

2. Die Einteilung nach Verwandtschaft der Gegenstände

Ein Großteil von Disziplinen wird in allen Wissenschaften durch eine Gruppe oder Klasse von Gegenständen charakterisiert, von denen jeweils die Rede ist. Wir haben darauf hingewiesen[72], daß das vor allem für die weniger umfangreichen Spezialdisziplinen, also für die weiteren Unterteilungen von Disziplinen zutrifft. Die Gegenüberstellung von Zoologie und Botanik, von Physiologie der Atmung und der Ernährung, von Optik und Mechanik, von Geschichte Deutschlands und Geschichte Frankreichs, von Willenspsychologie und Denkpsychologie sind beispielhafte Fälle.

Innerhalb dieser Art von Abgrenzung in Lehren und Disziplinen lassen sich Unterschiede vor allem in zweierlei Hinsicht konstatieren:

1) Die Gegenstandszusammenfassung nach Gruppen einerseits, nach Klassen andererseits, wie sie für die *Gonie* (Historie) und die *Logie* (Systematik) charakteristisch ist.

2) Die Verschiedenheiten vor allem formal-logischer Art, die für die Entwicklungsstufen einer Wissenschaft charakteristisch sind.

Ein genauerer Einblick in die verschiedenen hierher gehörenden Möglichkeiten ist wichtig, wenn man sich nicht die wissenschaftstheoretisch sachlichen Verwandtschaften durch formale Verschiedenheiten verdecken lassen will.

ad 1) Die Zusammenfassung der die Disziplin definierenden Gegenstände kann dadurch geschehen, daß ein Umkreis bestimmter individueller Gebilde abgegrenzt wird. Diese Abgrenzung kann räumlicher (die Einwohner Deutschlands) oder zeitlicher Natur sein (die Kämpfe des Dreißigjährigen Krieges). In der Regel beruht die Zusammenfassung auf einer sachlichen Beziehung, wobei der Umkreis der zugehörigen Gebilde und Prozesse raum-zeitlich mehr oder weniger eng begrenzt ist. Hierher gehören Zusammenfassungen wie die «romantische Schule in Deutschland» (wobei unter Romantik nicht eine allgemeine ästhetische Richtung, sondern eine bestimmte Strömung um die Wende des 18. Jahrhunderts zu verstehen ist) oder «die Berge der Ostalpen im Diluvium» oder «die Rechtsinstitutionen im Perikleischen Athen». Die sachliche Zusammengehörigkeit innerhalb des Umkreises kann unterschiedlich eng sein: ein bloß äußerlich abgegrenzter Haufen, eine sachlich zusammenhängende Gesamtheit, eine wirkliche Ganzheit.

Wesentlich ist, daß es sich um historisch-geographisch Abgrenzbares handelt, oder – falls die historisch-geographische Erstreckung unbestimmt ist oder sogar positiv zum Unendlichen strebt – um etwas, dem überhaupt historisch-geographische Bestimmungen zukommen könnten. In diesen, nur graduell unterscheidbaren Fällen wollen wir von einer Zusammengehörigkeit nach *Gruppen* sprechen. Die Grenzfälle einer solchen Gruppe in quantitativer Hinsicht sind auf der einen Seite das Individuum und auf der anderen die Allheit (Welt).

Der Gruppenzugehörigkeit entgegengesetzt ist die *Klassenzugehörigkeit* im weiteren Sinne des Wortes. Darunter werden hier alle Begriffsbildungen aufgrund des «Soseins» von Gebilden oder Prozessen (also aufgrund ihrer sachlichen Verwandtschaft) verstanden, bei denen die Klassenzugehörigkeit nicht durch eine historische Abgrenzung beschränkt wird. Von dieser Art ist die Unterscheidung zwischen elektrischen und mechanischen Prozessen in der Physik, organischen und anorganischen Substanzen in der Chemie. Hierher gehört die Trennung von Pflanzen und Tieren, Metazoen und Protozoen; durch Klassenzugehörigkeit bestimmen sich die Begriffe des Embryos, des Seniums, der Atmung und Verdauung.

Auch die Gattungen, Arten und Familien der biologischen Systematik sind im Grunde als unhistorische Klassenbegriffe aufzufassen, und die Biologie wird sich gegenwärtig dieses Sachverhalts wieder bewußt, nachdem er durch den Darwinismus stark verwischt wurde. Ferner gehören die Charaktertypen der Psychologie hierher[73]. Auch in der Klassenabgrenzung kommt natürlich dem einzelnen konkreten Gebilde, das der Klasse angehört, ein bestimmter Zeit-Raum-Index zu. Aber die Klassenzugehörigkeit kennt *im Prinzip* keine Beschränkung auf einen bestimmten Bereich im einmaligen historischen Ablauf. Das kommt z. B. dadurch zum Ausdruck, daß dem Ding- und Geschehenstypus von Physik und Chemie ebenso wie den Klassenbegriffen der anderen Wissenschaften die historisch-geographischen Raum-Zeit-Indizes fehlen.

Die Klasse umfaßt daher im Gegensatz zur Gruppe (Menge im mathematischen Sinne) nicht eine bestimmte Vielheit von Individuen (Elementen im Sinne der mathematischen Logik), sondern ist im Prinzip in dieser Hinsicht offen. (Dem widerspricht nicht, daß es Klassen gibt, aus deren Soseinsbestimmung [Inhalt] auf den Inhalt der zugehörigen Individuen geschlossen werden kann.) Das gilt auch für jene sehr zahlreichen Klassen, für die es aus irgendwelchen, etwa «historisch zufälligen» Gründen konkrete Vertreter nur innerhalb eines bestimmten historisch-geographischen Bereichs gibt. (Dieser Umstand wird gegenwärtig nicht selten dazu mißbraucht, um den «historischen» Charakter einer bestimmten Disziplin, etwa der Wirtschaftswissenschaft, zu behaupten.)

Neben Abgrenzungen, deren Charakter als Gruppen oder Klassen nicht zweifelhaft ist, stößt man oft auf Unterscheidungen, deren Charakter zweifelhaft ist. Auf die Vieldeutigkeit des biologischen Artbegriffs ist bereits hingewiesen worden. Ähnlich liegen die Verhältnisse vielfach in der Sprachwissenschaft und in der Ökonomie. Ist der Begriff des Griechischen, Lateinischen, Deutschen, der Begriff des Kapitalismus, der Akkumulation usw. ein Gruppen- oder ein Klassenbegriff? Die Anwendung solcher Termini ist keineswegs eindeutig und es liegen hier in Wirklichkeit, wie wir noch sehen werden, meist zwei verschiedene Begriffe, ein Gruppen- und ein davon verschiedener Klassenbegriff, vor, deren Vermischung z. T. tiefgehende Verwirrungen der Forschung zur Folge hat.

Bei Wissenschaften, deren Gegenstände eine unzeitliche Existenzart zukommt (wie in Logik und Mathematik), scheint es nur *eine* Trennung von Teildisziplinen *nach Klassenbegriffen* zu geben. Algebra, Geometrie, Funktionentheorie, Zahlentheorie, Mengenlehre sind solche abgegrenzte Disziplinen.

Es liegt nahe zu vermuten, daß die Mathematik als Wissenschaft von unzeitlichen Gebilden überhaupt keine Gruppenbegriffe kennt. Denn wenn auch eine einzelne, konkrete Menge eine Gruppe von Elementen ist, so ist doch der Begriff «Menge von der und der Art» ein Klassenbegriff.

Die Einteilungen der Physik und Chemie sind dagegen Klasseneinteilungen. Die Einteilungen in der physikalischen Geographie und in der Geschichte des Himmels beruhen auf dem gleichen Prinzip. Die Unterdisziplinen Sprachgeschichte, Wirtschaftsgeschichte, Kunstgeschichte beruhen, soweit sie überhaupt hierher gehören, auf Einteilungen nach Gegenstandsgruppen. Die Gruppeneinteilung ist also charakteristisch für die *historischen Disziplinen (Gonie)* einer Wissenschaft, die Klasseneinteilung dagegen für die systematischen (im weiteren Wortsinn) Disziplinen innerhalb einer Wissenschaft. Zu den Gruppeneinteilungen gehören auch die historischen Längsschnitte, z. B. Phylogenie der Atmung, die bei oberflächlicher Betrachtung für Abgrenzungen nach Klassen gehalten werden können.

ad 2) Die für die Unterdisziplinen charakteristischen Abgrenzungen machen mit der Entwicklung einer Wissenschaft eine wesentliche Wandlung durch, und zwar hinsichtlich der Klassen- wie auch hinsichtlich der Gruppenabgrenzung. Das hängt eng mit der Begriffsbildung der Wissenschaften auf den verschiedenen Entwicklungsstufen zusammen. Auf der Stufe der Beschreibung werden vielfach Klassenbegriffe im engeren Sinne angewandt, also Unterscheidungen vom Typus «Phanerogame/Kryptogame», bei denen vorwiegend die phänomenalen Eigenschaften, Gliederungen und Strukturen für die Abgrenzung der Disziplinen maßgebend sind. Mit der konditional-genetischen Begriffsbildung wird auch die Abgrenzung der Disziplinen stark verschoben. Mit der Ablösung der Substanz- durch Relationsbegriffe werden genetische Zusammenhänge der Gegenstände für die Abgrenzung der Disziplinen entscheidend, und zwar sowohl in der *Logie* wie in der *Gonie,* also bei der Klassen- wie der Gruppenzusammenfassung. Beidemale treten anstelle der äußeren «phänomenalen» die inneren (dynamischen, kausalen, genetischen) Eigenschaften und Beziehungen in den Vordergrund. Für die Abgrenzung der Unterdisziplinen der *Logien* wird der *Ableitungszusammenhang* im spezifisch systematischen Sinne maßgebend, z. B. bei der Verschmelzung von Optik und Elektrizitätslehre. In den historischen Disziplinen tritt anstelle einer äußerlichen, etwa rein zeitlichen Periodisierung oder räumlichen Unterteilung die Abgrenzung von Teildisziplinen nach jenen Einheiten, die sich aus dem historisch-genetischen Zusammenhang ergeben. Die Unterteilung einer Wissenschaft in Disziplinen nach Gegenstandsgruppen oder -klassen widerspiegelt also die jeweilige Kenntnis des Gegenstandsgebietes in der betreffenden Wissenschaft überhaupt und wandelt sich mit dem Inhalt der Lehre.

3. Unterscheidungen vom Typus «Morphologie/Physiologie»

Die Einteilung einer Wissenschaft in Disziplinen aufgrund der Unterscheidung verschiedener Gegenstandsklassen oder -gruppen, also aufgrund des Soseins der Eigenschaften und Beziehungen der Gegenstände oder aufgrund ihres zeit-räumlichen Zusammenhangs im einmaligen Weltablauf, ist nicht die einzige Art, in der sich Disziplinen voneinander abheben. Unter den anderen Abgrenzungsmöglichkeiten ist zunächst jener Typus zu nennen, der z. B. durch die Gegenüberstellung von Morphologie und Physiologie in der Biologie gekennzeichnet ist.

In der wissenschaftstheoretischen Untersuchung des Wesens dieser Einteilung fällt folgendes auf: die Abgrenzung von Disziplinen nach Gegenstandsklassen oder -gruppen ist von den speziellen Eigenschaften der Gegenstände des betreffenden Gebietes abhängig, so daß man nach wissenschaftstheoretisch äquivalenten Einteilungen dieser Art in verschiedenen Wissenschaften kaum fragen kann. Die Unterscheidung z. B. von Zoologie und Botanik in der Biologie hat keine direkte Parallele in den anderen Wissenschaften, ebensowenig wie die Unterscheidung von Optik und Mechanik in der Physik, die Unterscheidung von Musikwissenschaft und Wissenschaft der bildenden Künste in der Kunstwissenschaft usw. Überall gründet die Einteilung auf speziellen Beziehungen im Sosein (sachliche Verwandtschaft) oder im raum-zeitlichen Beisammensein innerhalb des betreffenden Wissenschaftsgebietes und läßt eine echte Parallelität der Einteilung verschiedener Wissenschaften von vornherein als außerordentlich unwahrscheinlich erscheinen. Überdies wechselt gemäß dem inhaltlichen Charakter der Trennung die Unterteilung je nach der augenblicklichen Gestalt der Lehre, deren Ausdruck sie darstellt.

Die Trennung von Morphologie und Physiologie stützt sich dagegen offensichtlich nicht auf Verschiedenheiten des Soseins von Gegenstandsklassen oder auf das geschichtlich-geographische Beisammensein von Gegenstandsgruppen.

Sie ist daher nicht (oder zumindest nicht unmittelbar) vom jeweiligen inhaltlichen Gehalt der morphologischen oder physiologischen Lehrsätze abhängig. Daraus folgt, daß man die Frage nach wissenschaftstheoretisch äquivalenten Einteilungen in anderen Wissenschaften stellen kann. In der Tat scheint mir die Einteilung der Physik insgesamt in Physik im engeren Sinne einerseits und Chemie andererseits wissenschaftstheoretisch eine Entsprechung zur obigen Einteilung zu bilden. Diese Unterscheidung hat nichts mit der Gegenüberstellung von Substanz- und Funktionsbegriffen zu tun. Denn die Entwicklung der Substanz- zu Funktionsbegriffen macht sich mit dem Fortschreiten der Wissenschaften sowohl in bezug auf die Dinge wie auch in bezug auf die Geschehnisse bemerkbar. Die Gegenüberstellung fällt auch nicht mit der Gegenüberstellung von Dynamik und Statik zusammen, und es ist nicht so, daß etwa eine Lehre von den Dingen, also die Sätze der Morphologie oder Chemie, notwendig statischer Natur, dagegen die Sätze der Physik und Physiologie notwendig dynamischer Natur sind. Der Begriff der Ruhe ist nicht minder ein typisch physikalischer Begriff wie der der Bewegung. Es muß ferner betont werden, daß hier nicht zwei selbständige Wissenschaften, sondern zwei in engster gegenseitiger Beziehung stehende Disziplinen vorliegen[74], und daß ferner die Untersuchung der Geschehnisse nicht ohne die Benutzung von Dingbegriffen, die Untersuchung der Dinge nicht ohne Verwendung von Geschehnisbegriffen auch innerhalb der Lehrgefüge auskommen kann. Andererseits wird die Unterscheidung von Physik und Chemie nicht etwa dadurch hinfällig, daß man den Stoff als eine Art Energie erklärt. Die speziell auf das Geschehen gerichteten Fragen bleiben trotzdem von den spezifisch chemischen Fragen zu unterscheiden, obgleich der Umstand, daß die eine Disziplin die Realität der Gegenstände der anderen Disziplin durchaus anerkennt, eine dauernde, enge Verbindung mit sich bringt.

Es wäre denkbar, daß wissenschaftstheoretisch äquivalente Unterscheidungen in allen Wissenschaften (Mathematik, Ökonomie, Sprachwissenschaft, Kulturwissenschaft usw.) bestehen, obgleich die entsprechenden Trennungen in Sonderdisziplinen z.T. noch nicht durchgeführt sind. Andererseits werden wir noch sehen, daß diese Gliederung nur innerhalb der *Logien*, nicht aber innerhalb der *Gonien* auftritt.

Der Begriff des «Geschehens» ist nicht zu verwechseln mit dem Begriff der «Veränderung». Veränderungen können sowohl Dinge wie Geschehnisse erleiden. Die Schnitte der eine Veränderung darstellenden Reihe sind durch *Ungleichheiten* der Eigenschaften der die Veränderung erleidenden Dinge oder Geschehnisse charakterisiert. Wesentlich für die Veränderung ist also eine gewisse (Verschiedenheits-)Beziehung im Sosein der Reihenschnitte. Der Veränderung entgegenstehend ist das Gleichbleiben, das ebenfalls eine Eigenschaftsbeziehung der Schnitte einer Ding- oder Geschehensreihe ausdrückt. Die verschiedenen Schnitte eines Geschehens sind jedoch nicht durch die Gleichheit oder Verschiedenheit der Schnitte als *ein* Geschehen anzusprechen. Ihr Zusammenhang beruht vielmehr auf einer Genidentitätsbeziehung im oben gekennzeichneten Sinne[75]. Gleiches gilt von den eine Zeitlang existierenden Dingen. Für diese, ein Ding oder ein Geschehen definierenden Reihen ist nicht die Gleichheits- oder Ungleichheitsbeziehung konstitutiv, sondern die Existentialbeziehung: weder folgt aus der Gleichheit verschiedener Schnitte die Zugehörigkeit zum gleichen Ding oder Geschehen, noch aus der Ungleichheit die Zugehörigkeit zu verschiedenen Dingen oder Geschehnissen.

Der Begriff der Veränderung und des Sichgleichbleibens betrifft allerdings in allen Wissenschaften in der Regel die Eigenschaftsverhältnisse verschiedener Schnitte *desselben* Dings oder Geschehens. Es lassen sich aber auch Veränderungsreihen bilden, deren Schnitte selbst nicht in Existentialbeziehung stehen (z. B. Präparatenreihen in der Morphologie, die eine Zellteilung darstellen). Zur Ergänzung sei angemerkt: die Relativitätstheorie in der Physik setzt die Lichtgeschwindigkeit als Maximalgeschwindigkeit nur für räumliche Veränderungen genidentischer Dinge oder Geschehnisse an, nicht aber für irgendwelche Veränderungsreihen, für die sich Überlichtgeschwindigkeiten leicht aufzeigen lassen (z. B. das Wandern des Schnittpunktes zweier annähernd paralleler Stäbe bei Querbewegung der Stäbe).

Mit der Physiologie und Morphologie läßt sich wissenschaftstheoretisch wohl die Lehre von der «Entwicklung», wie sie als Ontologie der Zellen und Organismen in der Biologie auftritt, koordinieren. In manchen Wissenschaften, wie z. B. der Physik, scheint es dagegen keine besondere «Werdelehre», die der Ontologie äquivalent ist, zu geben.

4. Einteilung und Komplexheitsstufen der Gegenstände

Die Aufklärung über die eigentlich wissenschaftstheoretische Natur einer Einteilung der Disziplinen nach Komplexheitsgraden der Gegenstände wird dadurch wesentlich erschwert, daß im praktischen Wissenschaftsbetrieb vielfach Kreuzungen mit anderen Unterscheidungsarten auftreten (unter Benutzung z. T. gleicher Disziplinnamen). Die Chemie erscheint etwa als Disziplin, die die physikalischen Gebilde von der Größenordnung der Moleküle und Atome behandelt, während die Gebilde größerer, aber auch die kleinerer Größenordnung von der Physik untersucht werden. Eine derartige Unterscheidung von Physik und Chemie kreuzt sich vielfach mit der oben[76] angeführten Differenzierung (Ding, Geschehen); ja, sie tritt im Forschungsbetrieb vielfach mehr in den Vordergrund. In dieser Hinsicht ist die äquivalente Trennung in Morphologie und Physiologie innerhalb der Biologie einfacher zu behandeln, die eine Morphologie und Physiologie für die Gegenstände aller Komplexheitsgrade kennt: für den Organismus, die Organe, die Zellen und die Zellbestandteile.

Aber auch die Biologie arbeitet mit Trennungen nach Komplexheitsgraden. Man unterscheidet die Lehre von den Zellen, den Geweben, den Organen und den Organismen. Entsprechende Disziplinunterscheidungen nach Komplexheitsgraden finden sich in den meisten Wissenschaften. Die Sprachwissenschaft kennt eine Laut-, Wort- und Satzlehre. In der Ökonomie spielt diese Trennung bei der Unterscheidung der Privat-, Volks- und Weltwirtschaftslehre mit. (Damit ist nicht gesagt, daß man der Unterscheidung zwischen Hof-, Stadt-, Volks- und Weltwirtschaft einen historischen Sinn unterlegen darf.)

Die kleinsten Einheiten pflegen in allen Wissenschaften als «Elemente» bezeichnet zu werden. Bei genauerer Betrachtung zeigt sich jedoch, daß es sich dabei nicht um reine Größenverschiedenheiten handelt, sondern daß für die Stufenunterscheidung der Komplexheits- oder Größengrade jedesmal eine spezifische *Ganzheitsfunktion* maßgebend ist. Die vorliegende Unterscheidung von Disziplinen beruht also im wesentlichen auf dem Begriff der *Ganzheit verschiedener Ordnung*. (Diese Komplexheitsstufen der Ganzheit sind jedoch etwas anderes als Abstufungen der Geschlossenheit, der Enge des Zusammenhangs der Quasiteile, heben sich also von jenen Unterschieden ab, die Köhler[jj] zur Unterscheidung zwischen «starken» und «schwachen» Gestalten geführt haben.) Man hat also bei Ganzheiten einerseits Stärkegrade, andererseits Komplexheitsgrade auseinanderzuhalten.

Schon die Art der Abgrenzung der Disziplinen zeigt, daß der höhere Komplex nicht als einfache Summe in Ansatz kommt – wie es in einer individualistisch eingestellten philosophischen Strömung geschah –, sondern daß es sich jeweils um Fragenkomplexe handelt, denen Ganzheiten einer bestimmten Stufe in umfassenderen Ganzheiten entsprechen. Das Zusammen als bloß summenhaftes Aggregat erscheint dabei als Extremfall. Als Hauptgegenstand der Disziplinen vor höherem Komplexheitsgrad treten die Fälle echter Ganzheiten höherer Ordnung auf. Die Tendenz, innerhalb der Ableitungszusammenhänge des Lehrgefüges den synthetischen Aufbau von den Ganzheiten niederer Ordnung zu den Ganzheiten höherer Ordnung hin zu betonen, dürfte im übrigen doch mehr sein als nur Ausdruck einer kulturgeschichtlich bedingten Geisteshaltung. Aller Wahrscheinlichkeit nach ist sie wissenschaftstheoretisch und sachlich begründbar. Gegenwärtig besteht jedenfalls die Tendenz zur Bevorzugung der synthetischen gegenüber der analytischen Richtung im Aufbau der Lehrgefüge in fast allen Wissenschaften – das ist nicht mit der Verwendung synthetischer oder analytischer Forschungsmethoden zu verwechseln –, die z. B. darin zum Ausdruck kommt, daß die Lehrbücher die Theorie von den elementareren Gebilden an den Anfang stellen.

Die Unterteilung nach Ganzheiten verschiedener Stufen kommt im übrigen als Einteilung umfassender Disziplinen ebenso wie die Einteilung in Ding- und Geschehensdisziplin nur in der *Logie* vor. Innerhalb der historischen Disziplinen konstituiert diese Unterscheidung keine Unterdisziplinen, sondern spielt allenfalls bei der Abgrenzung kleinerer Lehrgegenstände eine Rolle. Selbstverständlich gibt es auch eine Historie von Gebilden verschiedener Komplexheitsgrade. Die Geschichte eines Atoms läßt sich ebenso gut schreiben wie die Geschichte der Erde, die Geschichte Cäsars ebenso wie die Geschichte des Augusteischen Zeitalters. Aber die historischen Disziplinen als solche lassen sich nicht in Unterdisziplinen nach Ganzheiten verschiedener Komplexheitsstufen derart aufteilen, daß etwa die Behandlung der Ganzheiten gleicher Stufe disziplinmäßig zusammengefaßt werden könnte.

5. Logie und Gonie

Die wichtigste, allgemeinste und tiefgehendste Unterteilung einer Wissenschaft liegt in der Trennung ihrer historischen und systematischen Disziplinen.

Die Diskussion über das Wesen der Geschichtswissenschaft und ihrer Abgrenzung gegenüber anderen Wissenschaften hat bisher noch nicht zu einer Klärung der Grundprobleme geführt. Ein wesentlicher Grund dafür ist die mangelnde Klarheit und Präzision der Fragestellung in wissenschaftstheoretischer Hinsicht. Ohne auf das wissenschaftstheoretische Sonderproblem der «Geschichtswissenschaft» hier eingehen zu können, sei kurz auf einige fundamentale Sachverhalte hingewiesen. Ganz absehen wollen wir dabei von jenen Verwicklungen und Schwierigkeiten, die durch unnötiges Hineintragen von erkenntnistheoretischen und logischen (methodologischen) Problemen in die eigentlich wissenschaftstheoretische Frage entstanden sind. Es ist im Grunde überraschend, daß Rikkerts Trennung von Natur- und Geschichtswissenschaften als ein Schnitt empfunden wurde, der einen Wesensunterschied kundgibt und die fundamentale Verschiedenheit zweier Gebiete offenbart. Denn Rickert führt aus, daß die «historische Begriffsbildung» auch in den Naturwissenschaften (wenn auch in geringerem Maße) vorkommt, so daß es sich im Grunde nur um ein Mehr-oder-Weniger einer bestimmten Art von Begriffsbildung innerhalb verschiedener Wissenschaften handelt. Diese bloß quantitative, nicht prinzipielle Verschiedenheit wurde Rickert von Cassirer und Becher (um nur diese Autoren zu erwähnen) als Beweis für das Fehlen einer wirklichen Scheidewand entgegengehalten[kk], während auf der anderen Seite vor allem Geschichtswissenschaftler aus dem Bedürfnis der Abgrenzung ihrer Disziplinen heraus nach prinzipiellen Verschiedenheiten suchten und sich dabei auf gewisse Aspekte der Rickertschen Unterscheidung, vor allem auf die Wertbeziehung, stützten.

In Wirklichkeit sind im Problem der Bestimmung der Geschichtswissenschaft zwei *wissenschaftstheoretische* Fragen beschlossen, und die Einsicht in die sachliche Differenz der beiden Fragen ist eine Voraussetzung für die fruchtbare Lösung beider.

Mit dem Terminus «Geschichtswissenschaft» pflegt man nicht die Gesamtheit der historischen, den einmaligen Ablauf in der Zeit behandelnden Lehrgefüge zu umfassen, wozu ja z. B. die gesamte biologische Phylogenetik sowie die Geschichte der Himmelskörper gehören würde. Vielmehr meint man mit diesem Terminus im allgemeinen jene eine Wissenschaft, die man auch «Kulturgeschichtswissenschaft» nennt.

Bei der Gegenüberstellung dieser Kulturgeschichte zu den Naturwissenschaften kann man einmal den Gegensatz des spezifisch Historischen und des unhistorisch Systematischen im Auge haben, ein andermal nach den Eigenheiten des *Kultur*geschichtswissenschaftlichen fragen.

1) Der erstgenannte Gegensatz, der Gegensatz von Systematik und Historie (*Logie – Gonie*) – von *Historie* wollen wir dann sprechen, wenn wir diesen Gegensatz zur Systematik im Auge haben und nicht das Kulturwissenschaftliche –, tritt in einer ganzen Reihe von Wissenschaften zutage. Es handelt sich hier also unserer Terminologie nach um einen Gegensatz von *Disziplinen* innerhalb einer Wissenschaft. Die Wissenschaftstheorie hat vor allem zu untersuchen, ob

beide Disziplinarten in jeder Wissenschaft vorkommen und was die Sonderheit jeder dieser Disziplinen ist.

2) Das zweite Problem lautet: gibt es eine nur die *historischen* Disziplinen umfassende Kulturwissenschaft als besondere Wissenschaft, und worin liegt ihre Eigenart im Vergleich zu den übrigen Wissenschaften. Hier handelt es sich also um das Zueinander von ganzen Wissenschaften in unserem Sinn (genauer: um ein Problem der Speziellen Wissenschaftslehre). Es sei daher nur kurz bemerkt, daß eine den Gesichtspunkt der wissenschaftstheoretischen Äquivalenz berücksichtigende Untersuchung zu dem Ergebnis führt, daß hier in der Tat eine besondere Wissenschaft vorliegt, die Gegenstände einer bestimmten Existenzart behandelt und daß deren Gegenstandsgebiet eine echte Totalität bildet. Diese «Kulturwissenschaft» besitzt ebenfalls eine historische und eine systematische Disziplin, eine *Logie* und *Gonie*; nur hat die historische Disziplin in dieser Wissenschaft eine wesentlich größere Durchbildung erfahren als in anderen Wissenschaften, ein Sachverhalt, der dadurch übertrieben hervortrat, daß gleichzeitig in anderen Wissenschaften die systematische Disziplin einen wesentlichen Fortschritt erzielte. Jedenfalls gibt es aber auch in der Kulturwissenschaft spezifisch unhistorische, systematische Fragen, und das Bewußtsein der Notwendigkeit einer spezifisch systematischen Disziplin auch in der Kulturwissenschaft ist in jüngster Zeit deutlich genug hervorgetreten. Inwieweit etwa diese systematische Disziplin identisch mit der Ethnologie oder gar der Soziologie ist, kann hier nicht erörtert werden.

Jedenfalls aber gibt es eine Kulturwissenschaft mit einer historischen und einer systematischen Disziplin. Und zwar handelt es sich dabei, wie es besonders an ihrer historischen Disziplin deutlich wird, nicht um einen Klassenbegriff von Wissenschaft, sondern um ein wirkliches Wissenschaftsindividuum. Dieses Wissenschaftsindividuum ist, wie alle Wissenschaftsindividuen, eindeutig von den übrigen Wissenschaften getrennt, trotz aller Verbindung, die möglicherweise zu Forschungszwecken bestehen mag. Man hat die Bestimmung der Sonderheit dieser Wissenschaft unnötig erschwert dadurch, daß man, der Tendenz zu einem Zweischnitt unterliegend, ihr «die Naturwissenschaft» entgegengestellt hat. Denn abgesehen von den übrigen Mängeln jeden derartigen Zweischnittes wird dabei ein Individuum mit einer Klasse von Wissenschaften kontrastiert.

Auch die besonderen Probleme der Kausalität, des Zufalls und der Freiheit, der Individualität und der Gesetzlichkeit in der Geschichte haben demgemäß einen unterschiedlichen Sinn, ob man unter «geschichtlich» hier das Kulturwissenschaftliche oder das Historische versteht. Man wird je nach Fall teilweise entgegengesetzte Antworten zu geben haben.

Beim Gegensatz von Historie und Systematik, oder wie wir, um Verwechslungen vorzubeugen, lieber sagen wollen, von *Logie* und *Gonie*, handelt es sich um Disziplinen *innerhalb ein und derselben Wissenschaft*. Die Trennung ist hier also ungleich weniger tief: *Logie und Gonie derselben Wissenschaft behandeln Gegenstände derselben Existenzart*. Dieser Sachverhalt macht den richtigen Kern jener Theorien aus, die die Verschiedenheit von Geschichts- und Naturwissenschaften auf ein Mehr-oder-Weniger des Geschichtlichen in den verschiedenen Wissenschaften zurückführen wollen. Mit der Konstatierung, daß die Gegenstände einer Wissenschaft sozusagen an sich mehr historischen oder mehr systematischen Charakters sind, ist allerdings auch dann, wenn man mit «geschichtlich» hier «historisch» in unserem Sinne meint, sehr wenig erreicht. Vielmehr ist festzustellen, daß es sich um zwei *verschiedene Disziplinen,* also um verschiedene Lehr- und Fragegefüge handelt, deren Charakter besonders zu untersuchen ist.

Eine solche Untersuchung wird zweckmäßigerweise eine *Logie* und eine *Gonie* miteinander konfrontieren, die zur *selben* Wissenschaft gehören, um der Gefahr einer Vermengung von Eigentümlichkeiten, die der betreffenden Wissenschaft selbst zukommen, aus dem Wege zu gehen. Ein Gutteil irriger Meinungen und schiefer Gegenüberstellungen gerade in diesem Problembereich ist dadurch zustande gekommen, daß man das grundlegende Faktum der *Entwicklung* einer Wissenschaft außer acht gelassen hat. Man hat die Wissenschaften als etwas Stationäres behandelt und häufig ohne Rücksicht auf wissenschaftstheoretische Äquivalenzen Disziplinen ganz verschiedener Entwicklungsstufen miteinander verglichen und als gleich behandelt.

Ich werde im folgenden nicht die Geschichte der *Logie* und *Gonie* in den verschiedenen Wissenschaften besprechen, so außerordentlich interessant dieses Thema auch sein mag, sondern (da es sich nur um eine kurze, prinzipielle Charakteristik dieser beiden Disziplinen handeln kann) das Verhältnis von *Logie* und *Gonie* lediglich auf der beschreibenden Entwicklungs*stufe* (also nicht einer bestimmten geschichtlichen Entwicklungsperiode) herausarbeiten. Vorausgeschickt sei, daß der Unterschied von *Logie* und *Gonie* im wesentlichen ein Unterschied des *Zieles* der Forschung ist. Das Verhältnis dieser Disziplinen ist nicht von der unter (1) beschriebenen Art als ein

Verhältnis verschiedener Gegenstandsklassen oder -gruppen zu verstehen; vielmehr ist es derselbe Gegenstandsbereich (also das gleiche Gegenstandsmaterial derselben Existenzart), das untersucht wird. Auch besteht eine Parallele zum Verhältnis ganzer Wissenschaften zueinander insofern, als *sämtliche* «Eigenschaften» und «Seiten» der Gegenstände berücksichtigt werden und jedesmal eine ins Unendliche sich erweiternde Aufgabe vorliegt. Der Unterschied beruht ferner nicht auf prinzipiellen methodologischen oder erkenntnistheoretischen Differenzen, sondern ist ein Unterschied der *Fragestellung*. Es sind verschiedene Problemgefüge, die in diesen Disziplinen analysiert werden.

Auf der protowissenschaftlichen Stufe und der Stufe der Systeme bilden historische und systematische Fragen eine Einheit. Die Frage nach dem Ursprung (ἀρχή) hat zugleich einen historischen und einen systematischen Sinn.

Obgleich in der Periode der Beschreibung eine gewisse Trennung beider Disziplinen eingeleitet wird, bleibt die Beschreibung, sofern es sich um ein einzelnes Wahrnehmungsurteil handelt, ihrer Natur (wenn auch nicht immer ihrem Ziel) nach gleichermaßen historisch wie systematisch. Es ist ein wesentlicher Zug der auf originär gebende Wahrnehmungsakte sich gründenden Beschreibungen, daß sie gemäß dem Wesen der Wahrnehmung auf konkrete, individuelle Gebilde abzielen. Die auf originäre Wahrnehmung sich stützende Beschreibung gibt ein *konkretes individuelles Gebilde* (Gruppe von Gebilden) irgend eines Komplexheitsgrades wieder, und zwar kann sie Eigenschaften und Beziehungen sowie die örtliche und zeitliche Lage des *hic et nunc* Gebenden umfassen: eine neue Pflanze z. B. wird beschrieben in Bau und Funktionen unter Angabe von Fundort und -tag.

Aber in der über das Wahrnehmungsurteil hinausgehenden weiteren Bearbeitung wird die Trennung von Systematik und Historie schon auf der Stufe der Beschreibung deutlich. Die «Anordnung» pflegt bereits einen ausschließlich oder überwiegend historischen oder systematischen Charakter aufzuweisen. Soweit sie *nur* dem Zweck dient, einen Überblick über das bisher Gesammelte und Beschriebene zu ermöglichen, ist sie allerdings ebenso neutral wie das Sammeln und Beschreiben selbst. Darüber hinaus aber zeigt die *lexikographische Ordnung* der Pflanzen in der Biologie vor Linné bereits systematischen Charakter. Die Anordnung erfolgt zwar noch nicht nach *sachlicher Verwandtschaft*, sondern aufgrund *äußerlicher Merkmale*. Dementsprechend ist das Anordnungsprinzip rein konventioneller Natur. Aber es werden doch die *gleichen* Gebilde zusammengestellt derart, daß *ein bestimmter Typus (Klasse) in der Anordnung nur einmal genannt wird*, gleichgültig, ob viel oder wenige Vertreter dieses Typus existieren. Dieses Nebenordnen von Typen ohne Rücksicht auf die Ausbreitung ihrer Vertreter bleibt für die Fragestellungen und Anordnungen in der *Logie* auch weiterhin typisch. Das zeigt sich äußerlich darin, daß die in der Systematik eingehenden Ding- oder Geschehenstypen *ohne Raum- und Zeitindizes* aufgefaßt werden. Jenseits der lexikographischen oder rein konventionellen Anordnung geht die *Logie* auf der Stufe der Beschreibung bereits zu einer *«sachlichen» Ordnung* über. Nach der *Verwandtschaft der Eigenschaften* werden die Typen (Klassen) geordnet, und zwar auf dieser Stufe nach ihren phänomenalen, «äußeren» Eigenschaften. Dabei pflegt man nach Klassen, Ordnungen und Familien, also nach Kreisen unterschiedlichen Grades der «systematischen Verwandtschaft», zu unterscheiden. So entsteht der Anschein, daß es sich um eine Hierarchie von Stufen handelt, auf deren tiefster Sprosse konkrete Gebilde stehen, während die übrigen Stufen Begriffe darstellen (und zwar «Klassen», die durch subtrahierende «Abstraktion», also durch Weglassen der Differenzen der einzelnen Gebilde gewonnen sind). Mit der Verkennung des Wesens der Klassen höherer Ordnung in der Abstraktionstheorie geht sozusagen auf der Kehrseite die Anschauung einher, daß als unterste Stufe dieser Klassenordnung nicht eine Klasse (Typus), sondern ein Individuum angesetzt wird. Auf die Herrschaft einer derartigen Abstraktionstheorie ist es wohl zurückzuführen, wenn beim Übergang zur genetischen Systematik, etwa in der Biologie, kein Unterschied zwischen der *Abteilung der Typen (der untersten Klassen)* und der *Geschichte der Individuen* (oder *Individuen-Verbände*), die den betreffenden Typen angehören, gemacht wird. In Wirklichkeit jedoch sind *auch die «untersten» Spezies,* also jene Klassen, die keine *variablen* Eigenschaften besitzen, echte «Klassen», sie sind durch ihr Sosein definiert und *besitzen keine Raum-Zeit-Indizes.*

Die *Gonien* der entsprechenden Entwicklungsstufen sind ebenfalls der Ermittlung des «Zuständlichen» und der «äußeren» phänomenalen Eigentümlichkeiten gewidmet. Aber die Fragestellung und die Anordnung der Gebilde gehen überall auf das Mit- und Nacheinander in der einmaligen Raum-Zeit-Ordnung. Diese Anordnung kann konventioneller Natur sein. Irgendwelche Zeitrechnungen oder Einteilungen der Erdoberfläche können den Zusammenstellungen in der Geographie und der Geschichte der Erde und der Himmelskörper, der biologischen Entwicklungsgeschichte und der politischen Geschichte zugrunde gelegt werden. Aber im Gegensatz zu den Anordnungen der *Logien* handelt es sich hier allemal um

«Abgrenzungen» bestimmter individueller Gebilde und Gebildekomplexe oder Gruppen von Gebilden nach ihrem Beieinander in räumlicher und zeitlicher Hinsicht, also um das, was man als «Periodisierung» oder Einteilung nach Breitengraden, Zonen, Staaten, Landschaften bezeichnet. So wenig man in der *Logie* durch Spezialisierung der Klassen je zu Individuen kommt, gelangt man umgekehrt in der *Gonie* durch ein Fortschreiten zu umfassenden zeitlichen Perioden oder größeren räumlichen Bezirken nie zu Klassenbegriffen. Es ist durchaus *falsch* zu behaupten, die *Gonie* behandle nur das individuell Einmalige im Sinne des *Originellen*. In den *Gonien aller Wissenschaften* (der Kulturwissenschaft nicht minder als der Physik) sind *Massenerscheinungen* im Sinne von alltäglichen, unoriginellen, weitverbreiteten Erscheinungen genau so wichtig wie einmalige Erscheinungen. Aber etwas «Allgemeines» in diesem Sinne der Verbreitung ist darum noch kein Typus und keine Klasse. Die *Gonie* beschäftigt sich nämlich nicht mit Klassen, sondern mit Gruppen[78].

Es ist durchaus falsch zu behaupten, die historischen Disziplinen befaßten sich nur mit der Feststellung des «Originellen» an jedem Gebilde, dagegen die systematischen Disziplinen mit dem «Allgemeinen». Die historischen Disziplinen haben nicht minder die Feststellung dessen zum Ziel, was das betreffende Individuum oder die Gruppe mit anderen Gruppen gemeinsam hat. Das Faktum der Relativität oder Originalität findet in der *Logie* seine Parallele in der Relativität des Begriffes der niedersten Spezies.

Die Frage nach dem «Was gibt es?», die man der *Logie* wie der *Gonie* häufig vorangestellt hat, hat also für beide Disziplinen einen unterschiedlichen Sinn. Einmal (in der *Logie*) wird gefragt, welche Typen (Klassen) möglich sind (Existenzfähigkeit); in der *Gonie* ist mit der Feststellung des «Es gibt ein...» im Sinne der *Logie* noch sehr wenig getan. Denn aus diesem «Es gibt ein...» kann sie höchstens zu schließen versuchen: «es gibt irgendwann und irgendwo einen Vertreter dieses Typus». Aber nicht einmal das läßt sich mit Sicherheit sagen. Denn es ist sehr wohl möglich, wenn auch vielleicht unwahrscheinlich, daß aus Gründen, die der Systematiker «historisch-zufällig» zu nennen pflegt, ein «derartiges» Gebilde (eine chemische Verbindung, ein Organismustypus, eine Staats- oder Wirtschaftsform) nicht verwirklicht wird. Jedenfalls läßt sich aus dem «Es gibt» der *Logie* kein Schluß auf die Verwirklichung, das «Es gibt», der *Gonie* in einem bestimmten raum-zeitlichen *Bezirk* ziehen.

Kein Unterschied besteht jedoch in der Hinsicht, daß die *Gonie* etwa nur qualitative, die *Logie* dagegen auch quantitative Bestimmungen vornehmen würde. Beide Disziplinen benutzen als Mittel der Beschreibung (und sonstiger Bestimmungen) qualitative und quantitative Analysen; das Zählen und Messen kennt auch die *Gonie*. Ihren augenfälligen Ausdruck finden quantitative Bestimmungen der *Gonie* z. B. in den statistischen historischen Feststellungen und vor allem in den geographischen, politischen usw. Atlanten. (Demgegenüber sind z. B. die anatomischen Atlanten im allgemeinen Ausdruck der Feststellungen der *Logie*.)

Ebensowenig wie ein Unterschied zwischen *Gonie* und *Logie* darin besteht, daß die eine das Besondere, die andere das Allgemeine untersucht, existiert ein Unterschied dahingehend, daß die *Gonie* etwa Individuelles, Einmaliges im Sinne des Isolierten untersucht, die *Logie* dagegen allgemeine Zusammenhänge. Der Fehler der gegenteiligen Annahme wird besonders deutlich auf der Stufe der konditional-genetischen Begriffsbildung. Auch die *Gonien* tendieren von Anfang an dahin, die «inneren» Eigenschaften, Beziehungen und Zusammenhänge ihrer Objekte zu erforschen. Anstelle der Bestimmung des Zuständlichen tritt die Ermittlung der *Einflüsse* und der «inneren Abhängigkeiten», also die «historischen Ursachenforschung». Das allmähliche Verdrängen der bloß phänomenologischen Beziehungen durch die nunmehr allein als «sachlich» bezeichneten konditional-genetischen Beziehungen macht sich in den *Gonien aller Wissenschaften* mehr oder weniger ausgesprochen bemerkbar und führt zu einer Umgestaltung auch der Anordnungen, also der Periodisierungen und Abgrenzungen der Bezirke. Die Erforschung der inneren Zusammenhänge im Sinne der Kausalketten, läßt sich geradezu als Charakteristikum der *Gonien* dieser Stufe bezeichnen. Es ist also völlig verfehlt – wie es häufig geschieht –, die Kausalität als spezifisch ahistorische Kategorie zu deuten.

Die sachliche Stufenfolge der Systematikformen

Epoche	Ordnungsgegenstand	Ordnungsschema	Ordnung	Beispiel
Registrierung	Einseitig zuordenbare Akzidentien, die keine Eigenschaften der betreffenden Gebilde zu sein brauchen, z. B. Name, Seitenzahl	willkürlich konventionelles Schema, z. B. lexikographische Ordnung	Überblick; rasches Entscheiden darüber, ob man die betreffende Art schon kennt oder nicht	Thesaurus
Beschreibung; später: vergleichende Beschreibung; Erkenntnismittel: Wahrnehmung	Phänomenale Eigenschaften, nach äußerlichen Merkmalen	Schema: Ober-/Unterbegriff (Klassenordnung)	Ordnung nach sachlicher Verwandtschaft; Ähnlichkeit	Linnés System
Konditional-genetische Begriffsbildung; später: axiomatisches System	innere Eigenschaften	offenes Schema; synthetische Ableitung	Ordnung nach sachlicher Verwandtschaft; Ableitbarkeit	Chemie: System der Elemente und Verbindungen

Anmerkungen zu den Seiten 319–459

a   Der Text der *Wissenschaftslehre* in der hier erstmals veröffentlichten Form stützt sich auf das fragmentarische (oder als Fragment überlieferte) Hauptmanuskript A* sowie auf Teile der Manuskripte B*, C* und D*. Die genannten Manuskripte befinden sich im Nachlaß Lewins, der in Cambridge, Mass., USA aufbewahrt wird; sie lagen dem Herausgeber in einer vollständigen Fotokopie vor.

Bevor auf die Textgestaltung und die Entstehungsgeschichte (soweit letztere bei der gegenwärtig bestehenden, eher dürftigen Quellenlage nachgezeichnet werden kann) eingegangen wird, sollen die vier Manuskripte beschrieben werden.

Manuskript A* (Hauptmanuskript): besteht aus insgesamt 195 einseitig beschriebenen Blättern (Format 21 x 29,7 cm), wurde auf zwei Schreibmaschinen angefertigt, enthält einige handschriftliche Korrekturen und etliche kurze Randbemerkungen und Ergänzungen; die Blätter 190–195 enthalten zum größten Teil stenographische Notizen zum Aufbau und Inhalt zweier nicht ausgearbeiteter Kapitel.

Folgendes spricht dafür, daß es sich beim Hauptmanuskript A* um einen zweiten oder dritten Entwurf einer für die Veröffentlichung bestimmten Arbeit handelt:

a) gegen fünfzig Stellen sind am linken Zeilenrand durch senkrechte gerade oder wellenförmige Linien und durch die Angabe «Petit» gekennzeichnet (was in keinem anderen erhaltenen, nicht für die Veröffentlichung vorgesehenen Manuskript Lewins der Fall ist);

b) an einigen Stellen befindet sich am linken Manuskriptrand auf der Höhe unterstrichener Wörter die Angabe «kursiv»;

c) zwei Stellen des Typoskripts enthalten von Hand durchgestrichene Wiederholungen von Satzteilen, die zwei oder drei Zeilen vorher bereits vollständig niedergeschrieben waren; es ist zu vermuten, daß dem Schreibenden bei der Abschrift eines ersten (oder zweiten), nicht erhaltenen Entwurfs beim Suchen des Textanschlusses ein (rasch bemerkter und behobener) Irrtum unterlief.

Da Manuskript A* nur in einer Fassung überliefert ist, müssen Überlegungen über einen möglicherweise in Angriff genommenen oder sogar abgeschlossenen weiteren Entwurf derzeit als bloße Spekulation betrachtet werden.

Daß der überlieferte Text *nicht* einem letzten Bearbeitungsstand entsprechen kann, zeigt sich an den zumeist unvollständigen Literaturverweisen und Quellenangaben sowie an etlichen sprachlichen Unbeholfenheiten, die in der von Lewin angefertigten Vorlage für den Drucker behoben worden wären.

Die Datierung des Manuskripts ist insofern mit Schwierigkeiten verbunden, als aus der bloßen Nennung einiger weniger Autoren, auf die sich Lewin wiederholt bezieht, ohne dabei durch Quellenangaben deutlich zu machen, um welche Publikation der betreffenden Autoren es sich handelt, keinerlei zuverlässige Hinweise zu erhalten sind; ein Vergleich der Handschrift mit derjenigen anderer Manuskripte, die datiert oder genau datierbar sind, führt auch nicht weiter, da es eine Eigentümlichkeit von Lewins Handschrift war, sich von einem Satz zum anderen gleichsam schlagartig zu verändern. Da jedoch einige Gedanken des Hauptmanuskripts (vgl. S. 409) sich in mindestens einer Publikation (LEWIN 1925; KLW Bd. 1, 58–59) fast wörtlich wiederfinden, dürfte unter Zugrundelegung dieses Indizes und der Einräumung einer Zeitspanne von zwei bis drei Jahren für die Ausarbeitung des überlieferten Textes die Datierung der Entstehung der *Wissenschaftslehre* auf die Jahre 1925 bis 1928 vertretbar sein.

Manuskript B*: besteht aus 110 einseitig beschriebenen Blättern (Format 21 x 33 cm), wurde auf zwei Schreibmaschinen angefertigt; einige Blätter enthalten stichwortartige Notizen; andere bestehen aus teils stenographisch, teils handschriftlich verfaßten, fortlaufenden Textpassagen.

Das Manuskript enthält zwei Angaben eines Datums. Auf Blatt 62 findet sich am unteren Rand in spiegelbildlicher Umkehrung das Datum «26. IX 21.» (vermutlich ist die spiegelbildliche Umkehrung dadurch entstanden, daß Lewin die Rückseite des Blattes zuerst für andere Zwecke verwenden wollte und daß die Tinte bei hoher Flüssigkeitsdurchlässigkeit des Papiers auf die Manuskriptvorderseite durchdrang); auf Blatt 107 findet sich die Angabe «2./ Erkth. und Wissl. S.S. 1921. 8. Stunde Kritik Husserls» (d.h. Erkenntnistheorie und Wissenschaftslehre, Sommersemester 1921, 8. Vorlesungsstunde).

Aus dem Aufbau und dem Bearbeitungsstand des Manuskripts geht nicht hervor, ob es sich um einen Rohentwurf für eine Buchpublikation oder um ein von Abschnitt zu Abschnitt unterschiedlich ausgearbeitetes Vorlesungsskript handelt.

Für die erste Möglichkeit spricht die Tatsache, daß das Manuskript auf dem ersten Titelblatt folgende Angaben enthält: «Wissenschaftslehre» und «Kapitel zur Einleitung in die vergleichende Wissenschaftslehre und zur allgemeinen Wissenschaftslehre». Für die zweite Möglichkeit spricht dagegen einerseits die Tatsache, daß einzelne Teile des Manuskripts nur stichwortartige Angaben enthalten (wie dies im weiter unten beschriebenen Manuskript D* der Fall ist), und andererseits der Umstand, daß auf den Blättern 100 und 102 jeweils auf eine Vorlesung vom Wintersemester 1920/21 verwiesen wird (Blatt 100: «Vergl.: M-K-20-21. 13. Stunde /Kunstw., Wertwissenschaftliche und Gestaltungswissenschaftliche/praktische/ Ökonomik und der Vergleich zur Ethik und Lehre vom Wissenschaftswert»; Blatt 102, Bleistiftnotiz am linken Manuskriptrand unten: «*Vergl.* M-K 21, 16.St.»).

Das Manuskript dürfte ganz zu Beginn der zwanziger Jahre entstanden, jedoch bestimmt nicht vor September 1921 abgeschlossen worden sein.

Blatt 2 des Manuskripts enthält Angaben zum Aufbau eines Textes (Titel: «Wissenschaftslehre»; erste Kapiteltitel: «Gelten und Wert», «Die Ziele der Wissenschaft», «Der geltende und der wertvolle Satz», «Sinnvolle, wahre aber unwertige Sätze», «Der Ort eines Satzes». Ableitung und Beweis» usw.), die mit denen des Titelblattes (Blatt 1) nicht übereinstimmen. Zur Vervollständigung der Beschreibung wird das Inhaltsverzeichnis von Blatt 1 hier wiedergegeben (die Angaben der Anzahl der Seiten nach den Kapiteltiteln stammen, wenn sie nicht in eckige Klammern gesetzt sind, von Lewin; die Angaben in den eckigen Klammern wurden vom Herausgeber ergänzt):

Wissenschaftslehre

Kapitel Zur Einleitung in die vergleichende Wissenschaftslehre und zur allgemeinen Wissenschaftslehre.
 1. Der Existenzbeweis. 12 S.
 2. Die Richtungen in der Philosophie und die «Einheit» der Wissenschaft. 6 S.
 3. Die «reinen Fälle» in der Wissenschaftslehre. 1 S.
 4. Zusammenhangswert und Richtigkeit. 9 S.
 5. Wodurch unterscheiden sich die Wissenschaften. 23 S.
 6. Die Prinzipien einer Wissenschaft. 8 S.
 7. Erkenntnistheorie und Methodenlehre. 2 S.
 8. Betrachtungsweise und Methode. 1 S.

9. Gegenstandsart und Existentialbeziehung. 1 S.
10. Die Abwandlung der apriorischen Prinzipien, ihre erk[enntnis]th[eo]r[etische] und ihre wissensch[afts]th[eoretische] Bedeutung. 6 S.
11. Die Vergleichsmöglichkeiten verschiedener Wissenschaften. [5 S.]
12. Aufgabe und Methode einer Erkenntnistheorie als Wissenschaft. [7 S.]
13. Zusammenhang, Adäquatheit und Richtigkeit beim Schlußfolgern. [2 S.]
14. Die mathematische Erkenntnis. [5 S.]
15. Die Vergleichbarkeit verschiedener Wissenschaften. [2 S.]
16. Die Definition der Wissenschaft als Voraussetzung der W[issenschafts]l[ehre]? [1 S.]
17. Jurisprudenz und Theologie. [1 S.]
18. Ökonomik, praktische und theoretische /Wert- u. Gestaltungswi[ssenschaft]. [2 S.]
19. Erk[enntnis]th[eoretische] Deutung w[issenschafts]th[eoretischer] Unterschiede bei *Kant*. [3 S.]
20. Wahrscheinlichkeitsrechnung und Geschichtsgesetze. [1 S.]
21. (Erkenntnistheoretische) Wissenschaftstheoretische Äquivalenz. [1 S.]
22. Axiome, Anschauung, Ableitung. [2 S.]
23. Funktion O zwischen verschiedenen Wissenschaften /Beispiele/. [1 S.]

Die Differenz zwischen der Summe der Seitenzahlen der einzelnen Kapitel und der Gesamtzahl der Manuskriptseiten ergibt sich dadurch, daß Lewin einzelne Textpassagen (Ergänzungen, Notizen usw.) zwischen Kapitel eingeschoben hat.

Manuskript C*: besteht aus 23 teils einseitig, teils beidseitig beschriebenen Blättern unterschiedlichen Formats und enthält namentlich (a) den handschriftlichen Entwurf und die Abschrift einer Textpassage über das Wissenschaftssubjekt (es dürfte sich dabei um eine fragmentarische überlieferte Frühfassung des in KLW Bd. 1 111–125 gedruckten Aufsatzes *Die Verwechslung von Wissenschaftssubjekt und psychischem Bewußtsein in ihrer Bedeutung für die Psychologie* handeln); (b) das Inhaltsverzeichnis zu dem unter (a) genannten Text; (c) handschriftliche, teilweise stenographische Notizen unter dem Titel *Wissenschaftslehre*; (d) das Titelblatt zu einem nicht erhaltenen Manuskript, beginnend mit «Kritik zu: Reichenbach, Die Kausalstruktur der Welt und der Unterschied von Vergangenheit und Zukunft. Nach dem Vortrag von stud. phil. Hempel.»; (d) den handschriftlichen Entwurf und die Abschrift eines Textes zum Thema der Volkswirtschaftslehre; (e) den Text für die Einleitung zu einem Symposium, betitelt «Vorbemerkung zum dritten Tag»; der Text behandelt Fragen der Erkenntnistheorie.

Die Teile dieses Manuskripts sind teils vor dem Ersten Weltkrieg entstanden (a und b), teils in den zwanziger Jahren. Eine genaue Datierung der Teile ist kaum durchführbar.

Manuskript D*: besteht aus 85 einseitig beschriebenen Blättern unterschiedlichen Formats, enthält zum größten Teil stenographische und handschriftliche Notizen, außerdem häufig durch handschriftliche Notizen ergänzte, maschinenschriftliche Passagen.

Es handelt sich bei Manuskript D* um ein Vorlesungsskript vom Sommersemester 1931 (etliche Datierungen lassen diesmal keinen Zweifel zu), in das einzelne Teile eines früheren, nicht datierten Skripts eingebaut wurden. Auffällig ist, daß die Abfolge der Vorlesungen der früheren Veranstaltung thematisch nicht mit derjenigen von 1931 übereinstimmt; daraus erklärt sich, daß z. B. die als 11. Stunde bezeichnete Vorlesung im Skript von 1931 nach der als 14. Stunde bezeichneten steht, wobei beide Teile aus dem früheren Skript stammen.

* * *

Für die Edition der *Wissenschaftslehre* Lewins wurden zwei weitere Manuskripte konsultiert, aber weder teilweise noch ganz ediert:

Manuskript E: ist ein Vorlesungsskript vom Wintersemester 1924/25, betitelt «Wissenschaftslehre. Insbesondere System und Historie», bestehend aus 32 einseitig, ausschließlich stenographisch und handschriftlich beschriebenen Blättern.

Manuskript F: ist eine zweiteilige Vorlesungsnachschrift aus unbekannter Hand, zwischen Januar und Juni 1931 verfaßt. Der erste Teil (S. 1–10) trägt den Titel «Lewin – Phil[osophie] des Organischen», der zweite Teil (S. 12–62) den Titel «Lewin: Wissenschaftslehre».

Dieses Manuskript wird in den Archives of the History of American Psychology der Universität von Akron, Ohio, aufbewahrt. Die Schreibfehler im Manuskript lassen den Schluß zu, daß es sich um die Nachschrift eines nordamerikanischen Studenten handelt, der nach Abschluß des Fall Term seine Universität verlassen und mindestens zwischen Januar und Ende Juni in Berlin studiert hat.

* * *

Daß sich Lewin schon in den frühen zwanziger Jahren mit dem Gedanken befaßte, die im Rahmen der speziellen Wissenschaftstheorie gewonnenen Ergebnisse (wie sie sich etwa in der Abhandlung über den Genesebegriff – in diesem Band S. 47–318 – niedergeschlagen haben) für eine allgemeine Wissenschaftslehre zu verwerten, geht mit Sicherheit aus den unveröffentlichten Notizen hervor, die er für seine wissenschaftstheoretischen Vorlesungen angefertigt hat. So enthält Manuskript B* einige Kapitel, die Themen der allgemeinen Wissenschaftslehre behandeln. Überhaupt scheint Lewin seine wissenschaftstheoretischen Veranstaltungen an der Universität Berlin dazu verwendet zu haben, seine Ideen zur Diskussion zu stellen, und dies gerade auch im Hinblick auf eine größere Publikation zur Wissenschaftstheorie (oder -lehre), in der sowohl der allgemeine wie auch der spezielle Teil dieses Faches dargestellt würden.

Da das erhaltene Hauptmanuskript A* nur als Fragment überliefert ist, ergaben sich für die Edition desselben zwei Möglichkeiten. Die eine bestand darin, nur das Manuskript der Wissenschaftslehre (also A*) für die Edition zu bearbeiten und dabei inhaltliche und thematische Parallelen zu anderen Manuskripten sowie Ergänzungen aus anderen unveröffentlichten Texten unberücksichtigt zu lassen. Die andere Möglichkeit bestand dagegen darin, von Anfang an die Tatsache, daß Manuskript A* nur als Fragment vorliegt, anzuerkennen und nach Wegen zu suchen, der Edition eben dieses Fragments Teile anderer Manuskripte einzuverleiben, die geeignet sind, den Gedankengang von Manuskript A* abzurunden und zu vervollständigen.

Die Entscheidung wurde für die zweite Möglichkeit getroffen, mit allen Vor- und Nachteilen, die damit verbunden sind.

Im Vergleich zum Originalmanuskript ist die vorliegende Edition inhaltlich reicher, jedoch umfangmäßig – selbst unter Einberechnungen jener Teile, die aus den Manuskripten B*, C* und D* stammen – etwas kürzer. Die Kürzungen waren zur Vermeidung von Redundanzen, die sich aus der Überlappung von Passagen aus Manuskript A* mit solchen aus den übrigen Manuskripten ergaben, unumgänglich.

Sämtliche Teile, die aus Manuskript A* übernommen und für diesen Band bearbeitet wurden, sind in Normalschrift gesetzt und durch das Zeichen [A*] gekennzeichnet, während diejenigen Teile, die aus den anderen Manuskripten stammen, je nach Ursprung entweder durch [B*], [C*] oder [D*] kenntlich gemacht und durchweg in Petit gesetzt sind.

So kann der Leser, der nur den Text des edierten Manuskripts A* lesen will, die in Petit gedruckten Zusätze überspringen.

Folgende Manuskriptteile wurden in den Text des edierten Hauptmanuskripts eingebaut:

In diesem Band	Quelle
S. 323	Manuskript B*, Kapitel 16
S. 326–330	Manuskript B*, Kapitel 4
S. 340–342	Manuskript B*, Kapitel 11
S. 360–363	Manuskript B*, Kapitel 6
S. 365	Manuskript B*, Kapitel 15
S. 373–374	Manuskript B*, Kapitel 7
S. 374–375	Manuskript C*, Seite 19–23
S. 378–380	Manuskript B*, Kapitel 12
S. 402–403	Manuskript C*, Seite 15–18
S. 406–408	Manuskript D*, Teil 5
S. 414–417	Manuskript B*, Kapitel 1
S. 426	Manuskript B*, Seite 108–110

* * *

Die Manuskripte Lewins wurden für die vorliegende Edition in folgender Hinsicht überarbeitet:
– Der Wortlaut wurde soweit wie möglich beibehalten; stilistische und syntaktische Unebenheiten wurden stillschweigend behoben;
– Kürzungen wurden, wo es angebracht erschien, vorgenommen;
– einzelne Passagen wurden zur Vermeidung von Wiederholungen gestrichen;
– das unverhältnismäßig lange Kapitel VI des Hauptmanuskripts A* (es allein macht die Hälfte des Umfangs des ganzen Manuskripts aus) wurde in Unterkapitel aufgegliedert; es entspricht dem Kapitel B der vorliegenden Edition;
– fehlende Literaturangaben wurden, sofern sie aus dem Zusammenhang und durch Quellenvergleich einwandfrei rekonstruiert werden konnten, ergänzt;
– die Herausgeberanmerkungen dienen der Erläuterung der Lewinschen Ausführungen, enthalten bibliographische und andere Ergänzungen und stellen Querbezüge zu anderen wissenschaftstheoretischen Texten des Autors her;
– die Übersichtstabelle, die in diesem Band auf S. 459 steht, findet sich als nicht paginiertes Blatt kurz vor Schluß von Kapitel V des Hauptmanuskripts A* und wurde hier an den Schluß des Gesamttexts gesetzt;
– im übrigen gelten die auf S. 9 in der editorischen Notiz festgehaltenen Richtlinien auch für die *Wissenschaftslehre*.

1 Vgl. S. 382 ff.
2 So mag es zu erklären sein, daß die Diskussion über solche, das gegenseitige Verhältnis der Wissenschaften betreffende Fragen in erstaunlichem Ausmaß bis in die konkrete Forschung dieser Wissenschaften eingedrungen ist.
3 Wir meinen also nicht den für die Praxis wichtigen Unterschied, der besagt, daß der Forschung die Gesamtheit der eigentlichen wissenschaftlichen Tätigkeit zugerechnet werden müsse, während der Lehre eine pädagogische Aufgabe zufiele.
4 Sie können in wissenschaftlichen Begründungsoperationen ebenso wenig entbehrt werden wie das Zeugenverhör im gerichtlichen Beweisverfahren.

5   Rickerts Theorie der Wahrheit als des Gegenstands der Forschung hat daher im Grunde einen durchaus nicht-erkenntnistheoretischen Charakter.
6   Vgl. hierzu SCHLICK 1918, 44–48.
7   Und überhaupt die den Großteil der Biologie ausmachenden Komplexe; vgl. SCHAXEL 1919.
8   Wie es etwa in einer wissenschaftlichen Schule geschieht.
9   Dieser wissenschaftstheoretischen Disziplin entspricht in der Biologie etwa die Lehre von den Organismen, den Organen und Zellen, also die Morphologie im weitesten Sinne.
10 Sie entspräche also etwa der Entwicklungsgeschichte (Phylogenie) in der Biologie.
11 Vgl. O. Hertwigs Idee einer allgemeinen Morphologie.
b   Lewin spielt in der Anm. 11 auf O. HERTWIGS (1918,19–50) Ausführungen über die allgemeinen, zumeist jedoch an morphologischen Problemen orientierten Grundsätze der Biologie an.
12 Vgl. hierzu TROELTSCH 1922, 277.
c   Hermann Weyl war einer der Hauptvertreter der intuitionistischen Schule der Mathematik. Lewin dürfte sich an dieser Stelle auf WEYL 1923, 4ff. berufen.
13 Die problemgeschichtlichen Untersuchungen haben bisher allerdings diese Trennung von den geschichtlichen Fragen nicht immer vollzogen.
14 Hinsichtlich des analogen Vorgehens in der Stilwissenschaft vgl. FRANKL 1914.
15 Vgl. den Begriff des Raumes in Physik und Psychologie bei BLUMENFELD 1920.
d   Lewin bezieht sich an dieser Stelle auf BLUMENFELDS Darlegungen (a.a.O., 12), nach denen zwischen räumlichen psychischen Phänomenen und dem Raumbegriff als notwendiger Voraussetzung der Psychologie scharf zu trennen ist. BLUMENFELD führt an dieser Stelle aus: «Das Erlebnis ist nicht räumlich, die Psyche nicht durch Koordinaten bestimmbar. Insofern müßte man also Kant zustimmen, der den Raum als die Form aller Erscheinungen äußerer Sinne, d.i. die subjektive Bedingung der Sinnlichkeit, bezeichnet, unter der allein *äußere* Erfahrung möglich ist, im Gegensatz zu der Zeit als Form der inneren Anschauung.»
e   Vgl. zu diesem Punkt auch die Ausführungen auf S. 429–430 in diesem Band.
f   Daß Lewin gerade in diesem Abschnitt kein Beispiel irgendeiner Protowissenschaft (oder eines protowissenschaftlichen Systems mehr oder weniger kohärenter Auffassungen) erwähnt, ist um so bedauerlicher, als derartige Themen von Wissenschaftstheoretikern dieses Jahrhunderts zumeist gemieden und den Ethnologen, Sozialanthropologen oder Historikern überlassen werden (eine bemerkenswerte Ausnahme macht Gaston BACHELARD 1975, um hier nur ein Werk dieses Autors zu nennen).

Ohne den Anspruch zu erheben, einen Fall protowissenschaftlichen Denkens zu zitieren, dem Lewin hätte zustimmen können, verweise ich auf die von Marcel DETIENNE (1972) ausführlich untersuchten altgriechischen und später römischen Klassifikationssysteme der Gewürzpflanzen, in denen geographische, heilkundliche, zoologische, meteorologische, astronomische usw. Kenntnisse mit dem Mythologischen verknüpft wurden und die im Vergleich zu den in der heutigen Sozialpsychologie ohne viel kritisches Nachdenken als «naiv» bezeichneten «Theorien» ungleich komplexer und geschlossener sind. Aus Detiennes Analysen geht hervor, daß die Gewürzpflanzen nicht nach morphologischen Merkmalen klassifiziert wurden, sondern u.a. nach abnehmendem Feuchtigkeitsanteil in der ausgereiften Pflanze; vgl. DETIENNE a.a.O., passim.
16 Vgl. CASSIRER, 1922, 273.
17 Auch solche mehr historisch orientierte Arbeiten, wie sie z.B. am Anfang der

Archäologie stehen, weisen gleiche Züge auf; als Beispiel sei auf WINCKELMANNS *Geschichte der Kunst des Alterthums* (1764) verwiesen.

18 Auch dort, wo den eigentlichen Systembildungen eine mehr auf Sammlung gerichtete Zwischenepoche vorangegangen ist, wird dieser Zusammenhang erneut lebendig. Und auch der Umstand, daß gegenwärtig unter Rechts- oder Sprachphilosophie nicht eine Philosophie der Rechts- bzw. Sprachwissenschaft verstanden wird, sondern die systematische Rechts- bzw. Sprachwissenschaft selbst, spricht dafür, daß es sich bei der ursprünglichen Verbindung der Wissenschaft mit der Philosophie in dieser Periode um mehr handelt als um ein kulturgeschichtliches, etwa durch den Geist des Griechentums bedingtes Faktum.

g Gegen Lewin ist hervorzuheben, daß der Begriff «Philosophie» zum Teil bis in die Mitte des 19. Jahrhunderts in Verbindung mit Wissenschaftsnamen (Chemie, Physik, Ökonomie usw.) schlichtweg zur Bezeichnung der betreffenden Wissenschaft verwendet wurde (z. B. «Philosophie der Chemie» für «Chemie»).

19 Die Beziehung der wirklichen vorfindbaren Stoffe zu den hypostasierten Elementen wird nicht als eine bestimmte, qualifizierbare Vereinigung angesehen, sondern als eine schlichte Mischung der Elemente nach irgendwelchen quantitativen Verhältnissen.

h Anspielung auf die seinerzeit bahnbrechende soziologische Arbeit *Gemeinschaft und Gesellschaft* von Ferdinand TOENNIES (1912).

20 Als Beispiele seien einerseits die Thesauren der Sprachwissenschaft, andererseits die mathematischen Thesauren (algebraische, logarithmische usw. Tabellen) genannt.

21 Der Ausdruck «natura non facit saltus» wird hier nicht in seinem historischen, sondern in seinem systematischen Sinne aufgefaßt und auf die phänomenalen Eigenschaften bezogen.

i Häufig verwendet Lewin den Terminus «phänomenologisch» bedeutungsgleich mit «phänomenal» zur Qualifizierung jener Beschreibungsart, die es auf äußere, morphologische oder andere wahrnehmbare Eigenschaften von Objekten abgesehen hat. Zusätzliche Bemerkungen zum Gebrauch des Ausdrucks «phänomenologisch» bei Lewin – gerade auch in Abhebung zu demjenigen der philosophischen Schule der Phänomenologie – finden sich in Anm. k, S. 72 Bd. 1 KLW.

22 Ich bin mir dessen bewußt, daß sich einige der hier zum phänomenalen Typus gezählten Eigenschaften (z. B. Farbe einer Blüte) auch so auffassen lassen, daß sie erst nach Vollzug gewisser Manipulationen bestimmt werden.

j An dieser Stelle lehnt sich Lewin offensichtlich an eine Passage in JOHANNSEN 1913,151 an, die lautet: «Die Art, wie die Phaenotypen sich manifestieren, ob sie sich durch qualitative oder quantitative zu präzisierende Eigenschaften zeigen, sagt im voraus absolut nichts über die Gene. Es können sehr auffällige phaenotypische Unterschiede sich zeigen, wo kein genotypischer Unterschied vorhanden ist; und gibt es auch Fälle, wo bei genotypischer Verschiedenheit die Phaenotypen gleich sind.» Vgl. hierzu auch die Ausführungen auf KLW Bd. 1, 293–294 und 303–304.

23 Vgl. S. 350f.

k In Ergänzung zu diesen Ausführungen vgl. auch KLW Bd. 1, 306–313 zum Thema der Gesetzlichkeit.

l Zum Problem der Funktion von Beispielen, und insbesondere von reinen Fällen, bei der Falsifizierung von Theorien vgl. auch KLW Bd. 1, 250 und 254–255.

m Lewin bezieht sich an dieser Stelle auf die von Augustin Jean Fresnel (1788–1827) entwickelte vollständige Wellentheorie des Lichts; dargestellt ist diese Theorie in FRESNEL 1866–1870.

n Lewin hat hier so gut wie sicher die von Heinrich Rudolf Hertz in den Jahren 1887 bis 1889 gemachten Untersuchungen über die Ausbreitung der elektrischen Wellen, die die Voraussagen der Maxwellschen elektromagnetischen Lichttheorie bestätigten, sowie die Analysen über die Beeinflussung des Lichts durch Elektrizität im Auge. Letztere veröffentlichte HERTZ (1889) in einem bekannten, mehrmals aufgelegten Vortrag *Über die Beziehungen zwischen Licht und Elektricität*.

o Aliphatische und aromatische Verbindungen bilden in der organischen Chemie einen Gegensatz. Erstere gehören zur Methanreihe, bilden also Verbindungen mit der Grundeinheit CH_4; sie werden auch als Verbindungen mit offenen Kohlenstoffketten bezeichnet. Letztere dagegen gehören zur Benzolreihe und bilden Verbindungen mit der Grundeinheit C_6H_6.

p Hier bezieht sich Lewin auf FAJANS 1922, 116. Dort heißt es: «Natürlich muß man aber den Inhalt des periodischen Systems jetzt so formulieren, daß *die Eigenschaften der Elemente periodische Funktionen der Kernladung ihrer Atome sind* (nicht wie bis jetzt das Atomgewicht).» Fajans bestimmt die Kernladung im Anschluß an van den Broek als die mit der Ordnungszahl eines Elements übereinstimmende Anzahl der elektrischen Elementarquanten. Dank dieser Bestimmung kann die Isotopie als identische Kernladung mehrerer Atomarten verständlich gemacht werden, so daß «*die fundamentale Eigenschaft des Atoms... nicht das Atomgewicht, sondern die Kernladung ist*.» (FAJANS a.a.O., 79)

24 Ein derartiges logisches Ableitungssystem scheint übrigens nicht nur faktisch in der beschreibenden Begriffsbildung zu fehlen, sondern sich auch prinzipiell nur dann aufstellen zu lassen, wenn die konditionalen und genetischen Beziehungen in den Vordergrund gerückt werden.

25 Auch unter Physikern ist dieser Gedanke verbreitet.

26 REICHENBACH (1920, 51) spricht hier von Gleichungen, die Verknüpfungsaxiome ausdrücken.

27 Vgl. REICHENBACH a.a.O., 29.

28 Die Charakterisierung dieser Prinzipien als «a priorische» besagt zunächst nicht deren apodiktische Gewißheit, sondern weist nur auf ihre Stellung außerhalb des Beweisgangs der Wissenschaften hin, in denen sie auftreten.

29 Vgl. S. 459 die zusammenfassende Tabelle der Klassifikationssysteme.

30 Vgl. S. 355–356.

31 Auch dieser Satz gilt nur, wenn anerkannt wird, daß der Übergang von den Sätzen der einen zu Sätzen der anderen Wissenschaft keine Ableitung darstellt, auch wenn damit weder Begründung (Nachweisoperation) noch Richtigkeit (Adäquatheit) außer acht gelassen werden. Auf den Übergang selbst werden wir später zurückkommen, vgl. S. 435–438.

q Zum Thema der Statistik vgl. auch KLW Bd. 1, 249–251 und 321–333.

32 Z.B. die junge Physik, die Psychologie und die Phänomenologie.

33 Auch die Behauptung der Unmöglichkeit der Durchführung von Experimenten in der Psychologie ist erst vor kurzem verstummt.

34 Ein Beispiel für die Entwicklung einer späten Zweigdisziplin der Physik ist die Theorie der Spektrallinien. Zunächst wurden (ähnlich wie dies für ganze Wissenschaften der Fall ist) durch Frauenhofer phänomenologische Untersuchungen über das Streifen-, Banden- und Linienspektrum durchgeführt. Später erfolgte die Zuordnung jedes Spektrums zu einem Element. Schließlich setzte mit Sommerfeld und Rutherford die genetische Erklärung des Spektrums durch die Atomtheorie ein.

r Bei den von Lewin in Anm. 34 genannten Forschern handelt es sich um Joseph von Frauenhofer (1787–1826), der die Spektren von Planeten und Fixsternen untersuchte und die nach ihm bezeichneten dunklen Linien im Sonnenspektrum (Frauenhofersche Linien) entdeckte; um Arnold Sommerfeld (1868–1951), der die Quantentheorie förderte und speziell auf dem Gebiet des Atombaus forschte; und um Ernest Rutherford (1871–1937), der die Zerfallstheorie der radioaktiven Elemente begründete und mit seinem Atommodell die Grundlage der heutigen Atomphysik schaffte.

35 Damit ist übrigens nicht gesagt, daß die Methoden unwichtig sind. Gerade die Verbindung neuer Ideen mit dem durch sie geleiteten Auffinden neuer Methoden pflegt für den Erkenntnisfortschritt sehr bedeutsam zu sein.

s Die von Otto Lummer (1860–1925) zur Untersuchung von Interferenzerscheinungen verwendete Lummer-Gehrke-Platte ist ein Interferenz-Spektralapparat, der sich dadurch auszeichnet, daß er die höchstmögliche Auflösung des Lichts erlaubt. Die Platte besteht aus einer exakt planparallelen Quarz- oder Glasplatte; in diese wird das Licht durch ein am einen Ende der Platte befindliches, vollständig reflektierendes Prisma derart eingelassen, daß es in der Platte mehrfach teilweise reflektiert wird. Die so reflektierten austretenden Wellen interferieren miteinander; im Unendlichen bilden sie parallele Interferenzstreifen, die durch eine Sammellinse in die Brennebene derselben verlegt und dort fotografiert werden können.

36 Es wird sich zeigen, daß das an und für sich nicht nötig wäre.

37 Vgl. FRANKL 1914, 8 ff.

t Lewin bezieht sich an dieser Stelle auf die verstehende Soziologie, wie SIMMEL 1922, 25 ff. sie in programmatischer Art vertrat, und auf die einleitenden methodologischen Überlegungen von Max WEBER 1922, 1–30 über das Verstehen von sozialen Handlungen.

38 Die Ablehnung der methodischen Unterschiede als wissenschaftstheoretisch fundamentales Kriterium meint im übrigen nicht das Leugnen der wesentlichen Rolle, die die methodologischen Fortschritte für den Erkenntnisgewinn spielen.

39 Vgl. hierzu die Anm. 21 auf S. 466.

40 Vgl. S. 346.

41 Den Begriff «Totalität» verwenden wir hier zur Bezeichnung der Gesamtheit der nebeneinander existierenden Gebilde.

42 Vgl. hierzu auch WERTHEIMER.

u An dieser Stelle hat es Lewin so gut wie sicher auf die von Wertheimer publizierten Untersuchungen über das Denken abgesehen; vgl. z. B. WERTHEIMER 1912 und 1923.

43 Um Mißverständnisse zu verhüten, sei ausdrücklich hervorgehoben: der Wert der Definition einer Wissenschaft durch eine Gruppe von Kerngegenständen beruht derzeit darauf, daß bei einer bestimmten Abgrenzung von Gegenständen auch ihre begriffliche Auffassung weitgehend vorgeschrieben, d. h. als die allein adäquate gefordert wird. Auf diesem Umstand beruht die Möglichkeit, durch ein bloßes Hinweisen auf eine Gruppe von Diesdas auch eine Betrachtungsweise und ein Gegenstandsgebiet einer Wissenschaft im später zu kennzeichnenden Sinne zu definieren.

v Zur Definition des Ausdrucks «rein psychologisch» (der von Lewin als Gegensatz zu «sinnespsychologisch» verwendet wird, vgl. KLW Bd. 1, 127–129, 135–139 und 153–157.

44 Welchen Sinn es macht, dennoch den Gedanken einer einzigen Welt zu vertreten und wie sich überhaupt von dieser, keiner bestimmten Wissenschaft zugehörigen Welt reden läßt, ist eine erkenntnistheoretische Frage.

w O. HERTWIG (1918, 134–144) vertritt in der Tat in seiner Morphologie die Idee einer durch das Prinzip der Arbeitsteilung erklärbaren Hierarchie von Entwicklungsstufen, die mit der Zelle beginnt und mit der Kulturgeschichte (organisierte Verbände in der Zeit) endet.

45 Läßt sich eine Zelle tatsächlich mit Gewißheit als ein komplexeres Gebilde bezeichnen, als ein feuerspeiender Berg im Sinne eines Gegenstands der Geophysik?

46 Man kann unendlich viele solcher Seiten an einem Gegenstand unterscheiden. Vgl. HUSSERL 1913.

x In Anm. 46 spielt Lewin auf HUSSERLS (1913, §§ 21–24) entwickelte Lehre der Abschattungen eines Wahrnehmungsgegenstandes und der beliebig großen Anzahl der Thematisierungsmöglichkeiten an.

47 Vgl. BECHER 1921.

48 Dank der Bedeutung der Physik für die Philosophie und Weltanschauung des vorigen Jahrhunderts hat deren Realitätsbegriff sich derart eine Geltung verschafft, daß man in der physikalischen Realität, wenn nicht unbedingt die einzige, so doch ohne Zweifel eine besonders ausgezeichnete Realität erblickt hat.

49 Auf die verschiedenen, hier in Frage kommenden Möglichkeitsbegriffe braucht speziell nicht eingegangen zu werden.

50 Aber auch in der Mathematik, Logik und Wesenswissenschaft (Ontologie) – nicht minder übrigens als in der Erkenntnistheorie und Wissenschaftslehre – gibt es den Unterschied irrtümlich vermuteten und tatsächlich bestehenden mathematischen, logischen usw. Eigenschaften und Beziehungen. Auch für die Mathematik als Theorie gibt es Adäquatheit und Inadäquatheit; und daß es auch in der Wissenschaftslehre darauf ankommt, die tatsächlichen Eigenschaften der Wissenschaften in den Griff zu bekommen, wurde bereits hervorgehoben.

51 Die Unterscheidung von Real- und Idealwissenschaften kann also, wenn sie überhaupt berechtigt ist, nur auf eine Unterscheidung von Existenz*arten* gestützt werden. Auch die *Einklammerung* in der Philosophie Husserls kann daher nur den Zweck verfolgen, die Betrachtungsweise auf eine bestimmte Seinsart – nämlich die der Wesen – zu lenken, ohne daß dadurch innerhalb der Wesenswissenschaft der Unterschied zwischen Erkenntnis und Irrtum einerseits, zwischen Begriffen von Wesen, die es gibt, und solchen, die es nicht gibt (also wesensmäßig unmöglich sind) aufgehoben wird.

y Lewin bezieht sich hier auf HUSSERL 1913, §§ 12–13.

52 In Wirklichkeit stehen sich ja Gesetzmäßigkeit und Beherrschbarkeit nicht als Gegensätze gegenüber. Vielmehr sind die Gesetzlichkeit und ihre Erkenntnis Voraussetzung der Beherrschbarkeit. Überdies ist die Frage der technischen Beherrschbarkeit für die Frage der Realität irrelevant.

z Zur Frage der psychologischen Bestimmung unterschiedlicher mentaler Akte vgl. auch S. 127–151 in Bd. 1 KLW.

53 Wie stark das Nicht-Biologische unseren alltäglichen Verwandtschaftsbegriff beherrscht, ersieht man daran, daß bis in die allerjüngste Vergangenheit die Darstellung biologisch-genealogischer Stamm- und Verwandtschaftsverhältnisse durch die in den Familiennamen zum Ausdruck kommende Bevorzugung der männlichen Linie erschwert wurde.

aa Vgl. hierzu auch die Ausführungen auf S. 426 in diesem Band.

54 Die psychologische Grundlegung der Ökonomie übersieht diesen Sachverhalt vielfach völlig.

55 Gewiß kann es gelegentlich vorkommen, daß auch die Unterteilung einer Gegenstandsart in verschiedenen Wissenschaften anscheinend gleich ist. Und daß bei einer entsprechenden Gruppierung die verschiedenen Einzelgegenstände jeweils den gleichen Ansammlungen zugeteilt werden, ist dann eine zwingende Folge aus

der Gleichheit der Unterteilungskriterien. Aber abgesehen davon, daß man eine genaue Übereinstimmung der entsprechenden Gruppen sehr viel seltener findet als es bei oberflächlicher Betrachtung den Anschein macht, wird die tatsächliche Verschiedenheit der *begrifflichen* Einteilung – die ja trotz identischer Gruppierung vorliegen kann – allemal deutlich, sobald man den engsten Kreis der Über- und Unterordnung verläßt, also den Sinn und logischen Ort der verwendeten Begriffe im umfassenden Ganzen berücksichtigt.

Als ein weiteres Beispiel für den hier besprochenen Sachverhalt vgl. die Einteilung der «Sachen» in vertretbare und nicht-vertretbare im Sinne der Jurisprudenz bei Kipp 1909.

56 Gegenstandsmaterial – bloß aufgezeigtes oder benanntes *hic et nunc,* noch nicht unter den Begriff einer bestimmten Wissenschaft gebracht, kein eigentlicher Grenz- (oder Limes-)Begriff. Also nicht identisch mit einem möglichst wenig bearbeiteten Gegenstand, sondern der Gegenstand der praktischen Hantierung, sofern er begrifflich nicht fixiert ist.

57 Die Zuhilfenahme mathematischer Sätze im Beweisgang betrifft allemal nur den technischen, formalen Aspekt, nicht aber den physikalischen Gehalt der Sätze; vgl. auch S. 437–438.

58 Es mag hier noch einmal darauf hingewiesen werden, daß die Gegenstände einer bestimmten Wissenschaft nicht mit den Gegenstandsmaterialien zu verwechseln sind.

bb Anspielung auf die Theorie der regionalen Ontologie, die Husserl (1913, §§ 35–37) ausführlich dargestellt hat.

59 Die Fehlermöglichkeiten z. B. der Statistik beruhen wesentlich auf diesem Sachverhalt.

cc Vgl. zusätzlich dazu die Ausführungen Lewins über den Existenzbegriff bei Cassirer und dessen Bedeutsamkeit für die Bestimmung des Gegenstandsgebiets der Wissenschaften auf den S. 352–362 in Bd. 1 KLW.

60 Vgl. auch Natorp 1910, 346: «‹Existieren›, d.h. in unendlicher Fortschreitung näherungsweise bestimmbar sein.»

dd Hier spielt Lewin erneut auf die regionale Ontologie Husserls an; vgl. oben Anm. bb.

ee Technetium (Tc), das Element der Ordnungszahl 43, gehört zur VII. Nebengruppe (Mangan-Gruppe) des Periodensystems. Es wurde 1937 von Perrier und Segré durch Beschuß von Molybdän durch Deuterium erstmals dargestellt. Die veraltete Bezeichnung von Technetium ist Masurium (Ma). Es kommt in der Natur nur in geringsten Mengen als Spaltprodukt vor. Technetium ist ein silbergraues, radioaktives Element, von dem 21 Isotopen unterschiedlicher Halbwertszeit bekannt sind.

Als Lewin seine *Wissenschaftslehre* verfaßte, war das Element Technetium lediglich durch seine Stellung im Periodensystem, d.h. aber auch hinsichtlich einiger seiner physikalischen Grundeigenschaften, als realmöglich vorausgesagt.

61 Das ist gegenüber Husserl zu betonen, auf den wir uns auf S. 391 bezogen haben.

ff Zur Bestimmung der Genidentität, der in diesem Zusammenhang eine zentrale Rolle spielt, vgl. auch S. 60–69 in diesem Band.

62 Auch die kulturgeschichtlichen und juristischen Genereihen scheinen nicht übereinzustimmen. Der juristische und kulturgeschichtliche Nachfolger einer Institution braucht nicht identisch zu sein. Kulturgeschichtlich betrachtet erscheint das Juristische eher als etwas äußerlich-formales. Die kulturgeschichtlich *wirklichen* Genesereihen sind durch die juristischen Genesebeziehungen ebensowenig bestimmt wie durch juristische, sondern verlaufen oft quer zu ihnen.

Analog schließlich ist das Verhältnis des Entwicklungsprozesses der Wissenschaften im kulturgeschichtlichen und wissenschaftstheoretischen Sinne; vgl. auch S. 337–340.
63 Vgl. REICHENBACH 1920.
gg Vgl. hierzu auch die Ausführungen in diesem Band S. 295–300.
64 Vgl. KÖHLER 1920. Vgl. ferner die Unterscheidung zwischen additiven, kollektiven oder molaren und konstitutiven Eigenschaften in der Chemie durch ARNOLD 1900, 4.
65 Der von SCHOPENHAUER 1891 (1813) unternommene Versuch über die Unterscheidung der vierfachen Wurzel des Satzes vom Grunde wäre also auf breiter Grundlage unter klarer Trennung des hier in Frage kommenden Begriffs der Beeinflussung vom Begriff der Genidentität erneut durchzuführen.
66 Vgl. LEIBNIZ 1906, 74–78, wo auf den Zusammenhang mit der *causa efficiens* ausdrücklich hingewiesen wird.
hh In seiner Bemerkung zu Leibnizens Theorie der kleinsten Wirkung läßt sich Lewin so gut wie sicher leiten durch CASSIRER 1902, 283–302.
ii Vgl. hierzu auch S. 141–143 in Bd. 1 KLW.
67 Auch wenn in der Konstruktion des Zeitverlaufs t_1–t_2 die ökonomischen Verhältnisse im Zeitpunkt t_1 nicht berücksichtigt würden, bliebe die Möglichkeit ökonomischer Feststellungen – wenn auch vielleicht nicht am einzelnen Zeitabschnitt – aufgrund einer ökonomischen Betrachtung des physikalisch konstruierten Zeitverlaufs jedenfalls teilweise erhalten.
68 Vgl. S. 342–344.
69 Gewisse Tendenzen des Neukantianismus drängen zu dieser Auffassung.
70 Entsprechend liegen die Verhältnisse in den anderen Wissenschaften.
71 Sofern etwas überhaupt als Gegenstand Bestandteil einer Wissenschaft wird, ist es auch voll und ganz Bestandteil einer bestimmten Begriffssphäre. Ein Satz mag ferner mehr oder weniger wahrscheinlich, adäquat oder inadäquat sein – seine wissenschaftstheoretische Heimat ist jeweils nur *eine* gegebene Begriffssphäre.
72 Vgl. oben, S. 380–385.
73 Ferner auch die Unterscheidungen, die die Kunstwissenschaft oder die Linguistik verwendet; also z. B. die Unterscheidung von Hauptwort, Verbum, Singularendung usw.
74 Entsprechendes ließe sich vom Licht oder von der Temperatur sagen.
75 Vgl. S. 418–420.
76 Vgl. S. 422–423.
jj Lewin beruft sich hier auf KÖHLER 1920.
kk Aus dem Zusammenhang geht nicht hervor, welche Stellen Cassirers und Bechers Lewin hier im Auge hat. Die Passage besagt wohl, daß Cassirer und andere die von der Südwestdeutschen Schule des Neukantianismus behauptete Trennung zwischen nomothetischen und idiographischen Wissenschaften als Dogma zurückweisen, weil sie weder mit dem faktischen Vorgehen der Wissenschaften noch mit den Grundsätzen der wissenschaftlichen Tätigkeit übereinstimmt.
77 Diesen Gruppen kommt nämlich nicht weniger als einzelnen Individuen ein mehr oder weniger bestimmter Raum-Zeit-Index zu. Sie sind also streng zu unterscheiden von den Klassen – auch von den untersten Klassen oder speziellsten Typen –, die in eine historische Abgrenzung aufzunehmen völlig sinnlos wäre. Denn gerade die Frage der Anzahl und Ausbreitung der Vertreter eines Typus ist für die *Gonie* entscheidend.

Über einen Apparat zur Messung von Tonintensitäten[a]

I. Beschreibung der Apparatur

Das Bedürfnis nach einem für psychologische Zwecke brauchbaren Intensitätsmesser für Töne, der zugleich die Aufgabe erfüllen sollte, die Stärke eines Tones innerhalb eines Klanges zu bestimmen, gab Veranlassung zur Konstruktion des im folgenden beschriebenen Apparates[1]:

Eine *Messingmembran* (*m,* siehe Abb. 1) – 0,1 mm stark, etwa 9 cm Durchmesser – wird durch eine geeignete Druckapparatur (*d*) gleichmäßig straff gespannt. In der Mitte ist sie mit einer kleinen Metallplatte (*p*) belegt, die eine Verringerung der Resonanzbreite und eine weitgehende Ausschaltung von Obertonschwingungen der Membran bewirken sollte. (Eine Verstärkung der Metallplatte führte in der Tat zu einer Verringerung der Resonanzbreite der Membran.) Mittels Schraube läßt sich die Spannung und damit der Eigenton der Membran variieren.

Das *Sichtbarmachen und Vergrößern* der bei relativ kräftigen Tönen nur etwa 1 μ betragenden Membrandurchbiegung geschieht vermittels eines *Galvanoskop-Spiegelchens* und *Lichthebels.*

Befestigt man in der gebräuchlichen Weise den Spiegel an einem straffgespannten Haardraht und läßt ihn vermittels eines auf der Membranmitte sitzenden Stiftes um den Draht als Achse schwingen, so findet der Vergrößerungsgrad seine Grenze in der Schwierigkeit, den Stift möglichst nahe am Spiegeldrehpunkt angreifen zu lassen. Befestigt man andererseits das Spiegelchen am freien Ende eines einseitig festgeklemmten Drahtes und bewegt das Spiegelchen mittels einer zwischen Spiegel und Klemmpunkt am Draht angreifenden Schneide[2], so darf, soll eine Beeinträchtigung der Membranschwingung vermieden werden, ein gewisser Abstand zwischen Klemmstelle und Angriffspunkt der Schneide wegen der notwendigen Steifheit des Drahtes nicht unterschritten werden.

Nach verschiedenen Versuchen wählte ich die durch die Skizze (Abb. 1a–1c) veranschaulichte Lösung: Am freien Ende eines einseitig befestigten *Haardrahtes* (*h*) – Stahl, 0,0305 mm Durchmesser – ist ein Spiegelchen (*sp*) angebracht. Der Haardraht ist parallel zur Membranebene *schwach gekrümmt* und liegt mit einstellbarem Druck gegen die Schneide eines auf der Membranmitte stehenden Steges (*st*).

Die Membran*schwingung* veranlaßt unter diesen Umständen bei geeigneter Einstellung eine Drehung des Spiegelchens nicht um eine horizontale Achse (wie bei *langsamer* Membrandurchbiegung), sondern um eine *vertikale* Achse, wobei als Hebellänge der Abstand des

[a] Die Anmerkungen zu diesem Text finden sich auf den Seiten 482–483.

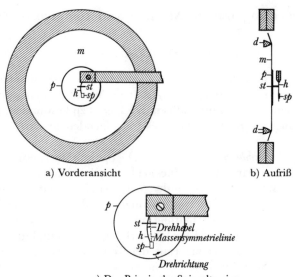

a) Vorderansicht   b) Aufriß

c) Das Prinzip der Spiegeltorsion

Abbildung 1. Schematische Skizze des Intensitätsmessers.

Berührungspunktes von Steg und Draht von der vertikalen Massensymmetrielinie des Systems: Draht + Spiegelchen wirksam wird[3]. Der für die *schnelle* Membranbewegung wichtige Trägheitswiderstand dieses Systems ist nämlich bei der Bewegung um die vertikale Achse (wobei sowohl der Klemmpunkt wie ein Punkt unten am Spiegelchen örtlich feststehen bleiben!) geringer als bei Bewegung um die horizontale Achse (Klemmpunkt); daher erfolgt die wirkliche Bewegung hier in ersterem Sinne. Durch geeignete Drahtbiegung und richtige Wahl des Druckpunktes läßt sich die Massensymmetrielinie sogar *in* den Draht verlegen und daher die für die Spiegeltorsion maßgebende Hebellänge sehr klein machen.

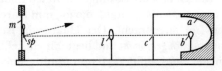

Abbildung 2. Gesamtanordnung der Meßapparatur.
a Parabolspiegel, *b* Lampe, *c* Spalt, *l* Linse, *sp* Spiegelchen, *m* Membran.

Die einfache *optische Apparatur* (Abb. 2) besteht aus einem Parabolspiegel (*a*), der die Strahlen einer Nitralampe (*b*) zu 4 Volt auf dem Spalt (*c*) eines vor dem Spiegel stehenden Schirmes vereinigt.

Das durch den Spalt fallende Licht tritt durch eine verschiebbare Sammellinse (l), wird vom Membranspiegelchen (sp) reflektiert und liefert an einer 4 m entfernten Wand bei Ruhelage der Membran einen schmalen Lichtstreifen (Spaltbild). Bei Membranschwingungen erscheint dieses Spaltbild als je nach der Stärke der Schwingung mehr oder weniger breit ausgezogenes, scheinbar ruhendes *«Lichtband»* (vgl. Abb. 5–7). *Seine* infolge der intensiveren Abschlußstreifen an beiden Enden recht gut bestimmbare *Länge gibt ein Maß für die Amplitude des Tones ab.*

Zur Vermeidung von Erschütterung ist die ganze mit der Optik fest verbundene handliche Apparatur durch Schnüre an der Decke befestigt.

Die so erreichte *Vergrößerung der Membrandurchbiegung* beläuft sich auf etwa 1 : 600 000[4].

Die *wirkliche Membrandurchbiegung* wurde dabei durch Messungen mit Hilfe von *Lichtinterferenz* auf folgende Weise bestimmt[5]: Ein am Membranrand bestigter einarmiger Metallhebel reicht quer über die Membranmitte. Mit dem freien Ende liegt er auf einer Glasplatte auf. Beim Neigen dieser Glasplatte gegen eine zweite Glasplatte legt sich der Metallhebel mittels einer Schneide gegen die auf der Membranmitte sitzende Schneide und verhindert dadurch die Membranschwingung, was an dem Kleinerwerden des Lichtbandes an der Wand kenntlich wird. Durch Beobachtung der Lichtinterferenzerscheinungen zwischen den beiden Glasplatten (Natriumlinie) wurde nun die Größe der Verschiebung der Glasplatte bestimmt, die notwendig war, um von der Stellung, wo der Metallhebel die freie Membranschwingung eben beeinflußte und damit die Ausdehnung des langen Lichtbandes an der Wand verringerte, bis zu der Stellung zu gelangen, wo der Druck des Metallhebels die Membran vollständig stillegte. Damit war die obere Grenze für die Membrandurchbiegung in diesem Falle bestimmt. Ihr Verhältnis zur halben Lichtbandlänge ergibt die Vergrößerung.

Um ein ungefähres Bild von der *Empfindlichkeit* der Apparatur und der Länge des Lichtstreifens zu geben, seien folgende Daten angeführt: Eine kräftig vibrierende Königsche Stimmgabel liefert, in die Nähe der Membran gehalten, ein Band von etwa 4 m. Der niedersten Stufe der Stumpfschen subjektiven Tonskala ($\frac{1}{8}$ = eben merklich[6]) entspricht ein Ausschlag von 45 mm. Auch geringfügige Änderungen an der räumlichen Umgebung der Tonquelle pflegen sich deutlich bemerkbar zu machen.

Die *mittlere Variation* der Einzelmessungen eines konstanten Tones bewegt sich trotz der keineswegs idealen Tonquelle (siehe unten) im allgemeinen um 1 % und übersteigt selten 2 %.

Für die eigentlichen Messungen empfiehlt es sich, wegen der in der Nähe des Maximums außerordentlich steilen Resonanzkurve der Membran (S. 480), die Höhe der zu vergleichenden Töne nicht mit dem Eigenton der Membran zusammenfallen zu lassen, sondern einige Schwingungen entfernt zu wählen.

Es sei erwähnt, daß man bei Bewegung einer tönenden Stimmgabel durch das Zimmer an den wechselnden Ausschlaglängen leicht die Stellen der Knoten und Bäuche beobachten kann. *Schwebungen* werden an dem rhythmischen Länger- und Kürzerwerden des Lichtbandes sichtbar. Man kann so optisch unschwer ganz langsame Schwebungen bestimmen, die akustisch nur schwer feststellbar sind.

Bei den folgenden Messungen lag der Eigenton der Membran im allgemeinen in der Nähe von g^2 oder e^2.

II. Die Eichung der Apparatur

Als Tonquelle dienten eine oder zwei Edelmann-Pfeifen, die durch einen elektrischen Ventilator mit zwischengeschaltetem Regulierblasebalg angeblasen wurden. Wenn zwei Pfeifen benutzt wurden, so waren sie in zwei verschiedenen Zimmern aufgestellt. Getrennte Leitungen führten zu einem gemeinsamen Trichter vor dem Intensitätsmesser (vgl. Abb. 3).

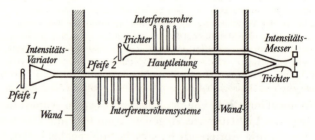

Abbildung 3. Skizze der Versuchsanordnung.

1. Der Apparat wurde in Verbindung mit einem für die Versuche konstruierten *Intensitätsvariator* benutzt (vgl. Eberhardt 1922, 349). Da die verschiedenen Einstellungen des Intensitätsvariators bei 3 verschiedenen Haaren (es wurde zunächst statt des Stahldrahtes Frauenhaar benutzt), Haarlängen und Spiegelchen, ferner trotz verschieden empfindlicher Spiegeleinstellungen und Membranspannungen immer wieder die gleichen Intensitätsverhältnisse ergaben (Tab. I), ist die Messung als praktisch unabhängig von Draht und Spiegelchen zu betrachten: Für die Verhältnisse der *Lichtbandbreiten* sind lediglich die *Verhältnisse der Membranamplituden* maßgebend.

Tabelle 1. Konstanz der Amplitudenverhältnisse der verschiedenen Stufen des Intensitätsvariators bei verschiedenen Haar- und Membraneinstellungen.

Stufe des Intensitätsvariators Nr.	Verhältnis der Amplituden[7]	Messungen											
		1		2		3		4		5		6	
		gemessen	(errechnet)	gemessen	(errechnet)	gemessen	(errechnet)	gemessen	(errechnet)	gemessen	(errechnet)	gemessen	(errechnet)
		mm	mm	mm	mm	mm	mm	mm	mm	mm	mm	mm	mm
11	13,8			183	(183)	112	(110)	138	(138)	124	(124)		
10	12	53	(54)	161	(160)	95	(96)	121	(120)	109	(108)		
9	10,7	47	(48)	142	(142)	85	(86)	108	(107)	95	(96)		
8	9	40	(40)	120	(120)	73	(72)	88	(90)	81	(81)		
7	8	36	(36)	105	(106)	66	(64)	78	(80)	72	(72)		
6	7	30	(31)	94	(93)	55	(56)	69	(70)	64	(63)		
5	5,3	25	(24)	71	(71)	42	(42)	52	(53)	49	(48)		
4	4,3	19	(19)	62	(57)	35	(34)	42	(43)	40	(39)		
3	3,1	14	(14)	42	(41)	25	(25)	31	(31)	28	(28)	29	(28)
2	1,9	10	(9)	26	(25)	15	(15)	18	(19)	17	(17)	17	(17)
1	1					7	(8)	8	(10)	9	(9)	9	(9)
0	0,5					4	(4)	4	(5)	5	(5)	5	(5)

2. Damit war erwiesen, daß sich der Intensitätsmesser zur Feststellung der Beziehung lauter–leiser nach einer Rangordnung verwenden läßt. Sollte er zur *quantitativen* Messung benutzt werden können, so war festzustellen, nach welcher Funktion die Änderungen der Membranamplituden denen der Luftamplituden folgen.

Für diese Eichung wurde folgende Methode benutzt: Gibt man gleichzeitig zwei in der Höhe wenig differierende Töne, so werden die entstehenden *Schwebungen* an dem regelmäßigen Länger- und Kürzerwerden des Lichtbandes sichtbar. Bei psychotechnisch richtigem Meßverfahren (vgl. S. 481 f.) und etwas Übung lassen sich Maximum und Minimum der Schwebungen gut bestimmen (natürlich könnte man hier eine photographische Feststellung anwenden). Mißt man überdies jeden der beiden erzeugenden Töne a und b für sich, so läßt sich aus den gemessenen Größen a, b, (a + b) und (a − b) das Verhältnis des Wachsens der Lichtstreifenlänge und der Luftamplitude bestimmen. Es sei vorweg bemerkt, daß die Lichtstreifenlänge (Membrandurchbiegung) bei den für die angestellten psychologischen Versuche in Betracht kommenden Intensitäten (bis 810 mm Ausschlag) proportional zur Luftamplitude zunimmt[8].

Die Durchführung der Eichung führte zunächst zu paradoxen Ergebnissen, die durch Fräulein Dr. Eberhardt, welche in intensivster Mitarbeit an der Durchbildung der Apparatur teilnahm, geklärt wurden: Infolge der sehr geringen Resonanzbreite der Membran ist die Verschiebung der Schwingungszahl der im Maximum und Minimum der Schwebungen resultierenden Gesamtwelle von wesentlichem Einfluß auf die registrierte Intensität (vgl. EBERHARDT a. a. O., 336 ff.).

Dieser Einfluß ließe sich an und für sich durch die Wahl ganz langsamer Schwebungen nahezu aufheben. Bei Differenzen der Primärtöne um weniger als 0,2 Schwingungen ergab jedoch unsere Apparatur (infolge der unvermeidlichen Druckschwankungen des Gebläses, der Veränderungen der Zimmerluft sowie sonstiger Störungen) trotz des Aufstellens der beiden Edelmannschen Pfeifen in zwei verschiedenen Zimmern starke Unregelmäßigkeiten der Schwebungen nach Tempo und Größe, welche die Messung unmöglich machten. Wir begnügten uns daher mit einer Differenz der Primärtöne von 0,6 bis 0,2 Schwingungen und glichen außerdem die Intensitäten beider Töne auf folgende Weise möglichst aneinander an: Zunächst wurden die Edelmann-Pfeifen mittels Mikrometerschraube auf die gewünschte minimale Höhendifferenz gebracht und dann die Intensität des einen Tones durch den erwähnten Intensitätsvariator variiert, bis das Schwebungsminimum ungefähr den Ruheausschlag ergab. Danach wurde das Schwebungsmaximum und die Intensität der beiden Primärtöne bestimmt. (Ein zu nahes Herangehen der Schwingungszahl an die Eigenfrequenz der Membran wurde vermieden.)

Tabelle 2.

Primärton				Schwebung			
1		2		Maximum		Minimum	
Amplitude[9] mm	Schwingungszahl	Amplitude mm	Schwingungszahl	gemessen mm	(errechnet) mm	gemessen mm	(errechnet) mm
a) Eigenton der Membran: 4,5 Schwingungen über e^2.							
164	0,4 unter e^2	170	0,2 unter e^2	332	(334)	nahezu 0	(6)
227	1,1 unter e^2	231	0,8 unter e^2	461	(458)	nahezu 0	(4)
385	0,85 über e^2	389	0,93 über e^2	770	(774)	nahezu 0	(4)
b) Eigenton der Membran: 5,6 Schwingungen über e^2.							
410	2,3 über e^2	397	2,0 über e^2	810	(807)	nahezu 0	(13)

Eine Reihe, bei der das Minimum zuvor nicht auf Null gebracht wurde, aber immerhin klein war, ergab:

Tabelle 3. Eigenton der Membran: 4,45 Schwingungen über e^2.

Primärton				Schwebung			
1		2		Maximum		Minimum	
Amplitude mm	Schwingungszahl	Amplitude mm	Schwingungszahl	gemessen mm	(errechnet) mm	gemessen mm	(errechnet) mm
25	3,7 über e^2	45	3,9 über e^2	69	(70)	23	(20)
33	5,4 über e^2	68	5,2 über e^2	99	(101)	31	(35)
49	3,2 über e^2	46	3,7 über e^2	93	(95)	3	(3)
73	6,3 über e^2	85	5,9 über e^2	152	(158)	13	(12)
311	0,47 über e^2	306	0,7 über e^2	615	(617)	0	(5)

Tabelle 4.

Primärton				Schwebung			
1		2		Maximum		Minimum	
Amplitude mm	Schwingungszahl	Amplitude mm	Schwingungszahl	gemessen mm	(errechnet) mm	gemessen mm	(errechnet) mm
60	133			198	(196)	73	(76)
227	120			350	(347)	105	(107)
230	109			337	(339)	116	(121)
230	127			355	(357)	102	(103)

Es zeigte sich also, daß *die Amplitude der Membran und ebenso die Länge des Lichtstreifens sich innerhalb des untersuchten Intensitätsbereiches proportional zur Tonamplitude verändern.*

Dieses Resultat wird durch die Messungen zur Nachprüfung der Helmholtz-Theorie (vgl. EBERHARDT a. a. O., 336 ff.) bestätigt.

III. Die Resonanzbreite

Abb. 4 gibt über die Resonanzbreite der Membran Aufschluß. Sie zeigt, daß in der Nähe der Eigenfrequenz eine Höhendifferenz von 1 Schwingung pro Sekunde – z.B. 646 Schwingungen statt 647 Schwingungen – 75 mm Ausschlagdifferenz (bei einem Gesamtausschlag von 860 mm) nach sich ziehen kann. Die Kurven geben die Wirkung der Höhenverstellung der Edelmann-Pfeife mit einer Mi-

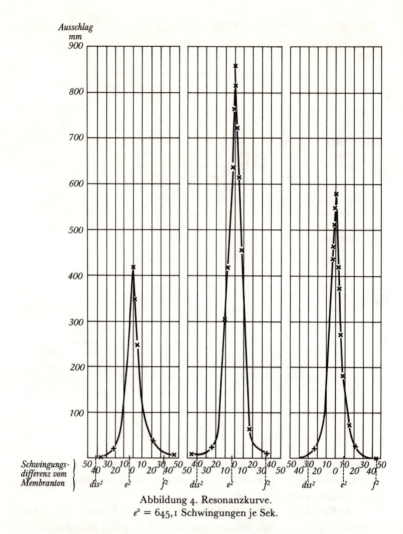

Abbildung 4. Resonanzkurve.
$e^2 = 645{,}1$ Schwingungen je Sek.

krometerschraube wieder. Eine Verschiebung der Tonhöhe um einen Halbton ergab im allgemeinen Ruhe oder nahezu Ruhe.

Die *Einflußlosigkeit wesentlich höherer oder tieferer Töne* geht aus folgendem hervor: Es wurden zwei Töne zugleich gegeben, und zwar erzeugte Pfeife 1 einen Ton in der Nähe des Eigentons der Membran, während Pfeife 2 verschiedene Töne lieferte (vgl. Abb. 3):

1. *Pfeife 1* ergab in Eigentonhöhe der Membran (= 5,5 Schwingungen über e^2) 1146 mm Ausschlag; bei 1 Schwingung über e^2 598 mm.

2. *Pfeife 2* ergab in Eigentonhöhe der Membran 586 mm Ausschlag. Wurde diese zweite Pfeife auf 1 Schwingung über f² gestellt, so ergab sich 8 mm Ausschlag; bei 1 über c², 1 über g², 1 über a², 1 über h², 1 über c³, 1 über d³, 1 über e³, 1 über h³ jedes Mal *Ruhe*.

3. Wurden diese verschiedenen *Töne 2 zu Ton 1* (1 über e¹) *hinzugefügt,* so konnte eine Verstärkung des Ausschlages gegenüber dem Ausschlag bei Ton 1 allein *nicht* festgestellt werden. (Nur bei *sehr* stark erregtem e³ machte sich eine Veränderung, und zwar eine Verminderung des Ausschlages geltend.) Ebensowenig ließ sich bei der Einstellung der Membran auf g² ein Einfluß der zusammen hinzugefügten Töne es² und e² nachweisen.

IV. Zur Psychotechnik der Messung

Zur Bestimmung der Länge des Lichtstreifens wurde ein an der vorderen Kante abgeschrägtes Lineal von der Mitte des Lichtstreifens her so weit gegen den Außenrand geschoben, bis an der Außenseite des Lineals eben noch ein schmaler Lichtstreifen sichtbar war (Abb. 5). Diese Stelle wurde auf der Unterlage durch einen Strich über die ganze Höhe des Lichtstreifens markiert. Der Abstand der Mitten der beiden Markierungsstriche ergab die Länge des Ausschlages. Die Markierung wurde für jeden Ausschlag im allgemeinen 3 mal durchgeführt. Für konstante Töne ergaben sich dabei oftmals völlig gleiche Längen, Abweichungen von 1 mm oder höchstens 2 mm waren die Regel.

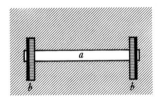

Abbildung 5

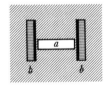

Abbildung 6

Die Messung der *Maxima* der Schwebung erfolgte auf gleiche Weise. Für die *Minima*bestimmungen war es zweckmäßiger, den Strich dort zu ziehen, wo eben ein dunkler Streifen nach der Mitte zu erschien (Abb. 6). Die Minimamessungen sind bisweilen recht schwierig. Sie lassen sich am besten bei ganz langsamen Schwebungen ausführen oder bei recht schnellen Schwebungen (8 Schwebungen und mehr die Sekunde), weil dann deutlich die hellen Ränder des Minimumausschlages sich in dem scheinbar ruhigen Maximumlichtband abheben.

Ruhespaltbild

Abbildung 7

In allen diesen Fällen waren die Meßergebnisse der Einzelausschläge ebenso konstant wie bei einfachen Tönen.

Vorsichtshalber wurde bei schwierigeren Messungen nach Abschluß der Maximum- und Minimumbestimmung auch die Ruhelage des Spaltbildes bestimmt, so daß ein Nachmessen der Maxima- und Minimaabstände vom Mittelpunkt möglich wurde (Abb. 7).

ZUSAMMENFASSUNG

Ein empfindlicher Intensitätsmesser für Töne wird beschrieben. Er gestattet, in einfacher Weise das Verhältnis der Amplituden von Tönen gleicher Höhe zu bestimmen und die Stärke eines einzelnen Tones innerhalb eines Klanges festzustellen.

Die Apparatur wurde, außer für die folgenden Versuche über die Wirkung von Interferenzröhren auf die Tonintensität, bereits von anderer Seite bei Versuchen über die Unterschiedsempfindlichkeit für Tonintensitäten und von M. EBERHARDT (a. a. O., 346 ff.) bei ihren Untersuchungen über die subjektive Intensität herausgehörter Teiltöne verwendet.

Anmerkungen zu den Seiten 473–482

a   Zuerst 1922 erschienen in der Zeitschrift *Psychologische Forschung,* Band 2, S. 317–326. Auf den in diesem Aufsatz beschriebenen Apparate wird in LEWIN 1922c bezug genommen.
1   Die Anregung, einen früher konstruierten Apparat zu diesem Zwecke umzugestalten, verdanke ich Herrn Prof. Köhler, der auch die Durchführung mit den Mitteln des Instituts in jeder Weise unterstützt hat.
2   Vgl. die Apparatur von WIEN in AUERBACH 1905, 236.
3   Die Lage dieser Achse ist außerdem vom Spannungszustand des Drahtes abhängig.
4   Unter günstigen Bedingungen (vgl. S. 481) lassen sich demnach Membrandurchbiegungsunterschiede von $\frac{1}{600\,000}$ mm feststellen. Die Vergrößerung der Apparatur von Webster in BERGER (1921, 1125) beträgt 1:2400.

5   Herr Prof. Göpel von der Physik.-technischen Reichsanstalt stellte mir in freundlichster Weise die beiden Glasplatten für die Interferenzmessung zur Verfügung.
6   Vgl. STUMPF 1918, 334. Herr Geheimrat Stumpf, dem ich für das Interesse an der Untersuchung auch an dieser Stelle danken möchte, hatte die Freundlichkeit, die Einstellung der subjektiven Tonstufe vorzunehmen.
7   Es sind die im ganzen am besten passenden Verhältniszahlen gewählt, wobei Stufe 1 (siehe Kolumne 5) als 1 angesetzt wurde.
8   Auch beim Wienschen Tonmesser ergab sich die Proportionalität von Bildbreite und Tonamplitude; vgl. AUERBACH 1905, 236.
9   Die Lichtbandbreiten in dieser und in den folgenden Tabellen sind durchweg abzüglich der Ruheausdehnung des Lichtstreifens (= 35 mm) angegeben.

Ein verbesserter Zeitsinnapparat[a]

Die Entwicklung der Probleme hat neuerdings auf verschiedenen Gebieten der Sinnespsychologie in steigendem Grade die Notwendigkeit mit sich gebracht, statt eines einzelnen isolierten Reizes eine zeitliche Gesamtkonfiguration darzubieten (optische und akustische Scheinbewegung, Borkphänomen, akustische Gestalten, optische Geschehnisse usw.). Es kommt hinzu, daß man gerade diesen «komplizierten» Fällen theoretisch vielfach erhöhte Bedeutung zuspricht.

In solchen zeitlichen Gesamtkonfigurationen erweisen sich die Zeitgrößen, d. h. also die Dauer der einzelnen Reize, sowie die der Zwischenzeiten von ausschlaggebender Bedeutung für die resultierenden Gesamtprozesse. Man wird daher in der Regel eine recht beträchtliche Exaktheit bei der Herstellung und Reproduzierbarkeit dieser Zeitgrößen fordern müssen.

Technisch benutzt man dazu zweckmäßig einen sog. Zeitsinnapparat, durch den die Reize elektrisch ausgelöst werden.

Bei einigen Arbeiten im Psychologischen Institut der Universität Berlin, die mit vier teils optischen, teils akustischen Reizen zu tun hatten, ergab sich nicht nur die Notwendigkeit, die Paare beliebig rasch aufeinanderfolgen zu lassen, sondern es galt auch, über alle Zwischenstufen hin bis zu einem Sich-überschneiden beider Paare fortschreiten zu können. Dazu ist es notwendig, daß man zwei Kontakte des Zeitsinnapparates einander beliebig nähern kann. Es war überdies gefordert, daß die zeitliche Verschiebung des einen Paares gegen das andere zwischen zwei aufeinanderfolgenden Versuchen sich rasch durchführen ließ. Endlich war größtes Gewicht darauf zu legen, daß die Kontakte einen einwandfreien Stromschluß ergaben, da sonst die Intensität des Tones oder des Lichtreizes verändert wird. Das aber ist auf jeden Fall zu vermeiden, da neben den Zeitfaktoren auch die Intensitätsfaktoren von der größten Bedeutung für das resultierende Gesamtgeschehen zu sein pflegen.

Diese Anforderungen führten zu einer Umkonstruktion[1].

Der Grundteil des Apparates besteht aus einem waagerecht liegenden Rad mit schräg nach unten gezogenen 7 Speichen (Abb. 1.). Um die nach unseren Erfahrungen sehr störenden Verbiegungen zu vermeiden, sind Rad und Speichen besonders stabil ausgeführt. An dem Radreifen *R* mit Gradeinteilung befindet sich *außen und innen* eine Führungsrinne für Kontakte. Die Außen- und Innenkontakte

[a] Die Anmerkungen zu diesem Text finden sich auf der Seite 487.

(A und I) lassen sich aneinander vorbeiführen und also auch in beliebig nahem Abstand voneinander auf dem Radkranz fixieren. Überdies ist so die Möglichkeit gegeben, beträchtlich mehr Kontakte unterzubringen.

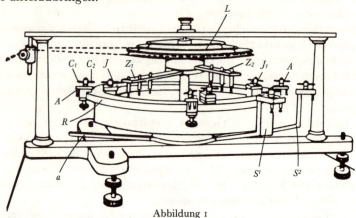

Abbildung 1

Außerhalb des zweifachen Kontaktkreises sind ferner zwei um die Radachse schwenkbare Hebel (G^1 und G^2) angebracht, deren jeder in der Höhe des Radkranzes einen Kontakt trägt. Diese *Schwenkkontakte* lassen sich gegeneinander verschieben, aber auch in einem gewünschten Winkelabstand zueinander derart fixieren, daß sie sich als *ein* Kontaktpaar mit festem Abstand leicht gegen die Kontakte auf dem Radkreuz verschieben lassen. So ist es möglich, auch zwischen zwei rasch aufeinanderfolgenden Versuchen einen einzelnen Kontakt oder ein Kontaktpaar in seiner Lage gegenüber den anderen Kontakten zu verändern. Durch den Hebelarm a lassen sich die Schwenkkontakte gegenüber dem Radkreuz leicht fixieren.

Die *Kontakte* sind so durchgebildet, daß sie einen sicheren Stromschluß gewährleisten. Sie sind gegenüber dem Radkranz isoliert. Jeder besitzt 2 Klemmen für Zu- und Fortführung des elektrischen Stromes, so daß die verschiedenen Kontakte also mit völlig getrennten Leitungen arbeiten können. Öffnen und Schließen des Kontaktes geschieht dadurch, daß zwei um die Achse des Radkranzes rotierende Hebel Z_1 und Z_3 gegen die Kontakthebelchen c_1 resp. c_3 stoßen und dadurch den Kontakt hin- und zurückdrehen. Auch gegen Z_1 und Z_2 sind die Kontakte isoliert.

Die *Öffnungs- und Schließungshebel* (Z_1 und Z_2) sind gegeneinander verstellbar. Soll die Reizdauer für die verschiedenen z. B. 4 Reize übereinstimmen, so benutzt man 4 Kontakte und kann die Reizdauer durch Einstellung eines bestimmten Winkels zwischen den beiden rotierenden Hebeln regulieren. Soll die Reizdauer bei den einzelnen Kontakten verschieden sein, so benutzt man 4 Kontaktpaare (je ein Öffnungs- und ein Schließungskontakt). In diesem Falle stellt man die beiden Hebel Z_1 und Z_2 auf einen relativ großen Winkel, und der zweite Hebel hat dann nur die Funktion, die Kontakte nach erfolgter Reizdarbietung automatisch auf die Ausgangsstellung zurückzudrehen und damit den nächsten Versuch vorzubereiten.

Die rotierenden Zeiger sind mit einer Schnurlaufscheibe L von drei Stufen verbunden, die zugleich als Schwungrad dient.

Der Apparat hat sich auch bei Dauerbeanspruchung gut bewährt.

Anmerkungen zu den Seiten 485–487

[a] Zuerst 1926 erschienen in der Zeitschrift *Psychologische Forschung,* Band 7, S. 273–275.

[1] Der Apparat wird von der Firma Zimmermann, Leipzig–Berlin, gebaut.

Ein zählender Chronograph[a]

Das Hippsche Chronoskop, das das Hauptinstrument zur Zeitmessung für die ältere Psychologie gewesen ist, hat den großen Nachteil, immer nur eine einzige Zeitmessung zu gestatten. Wo es daher – wie neuerdings vielfach – nötig ist, eine Reihe aufeinanderfolgender oder gar sich überschneidender Zeitstrecken zu messen, versagt die Uhr. Auch der Ausweg, mehrere Uhren zu koppeln, ist nicht gangbar, sobald die aufeinanderfolgenden Zeiten zum Teil so kurz sind, daß ein sorgfältiges Ablesen der Zeigerstellung nicht mehr möglich ist. Überdies bleibt immer die unangenehme Notwendigkeit bestehen, noch während der Versuche die Ablesungen vorzunehmen, und eine spätere Kontrolle der Ablesungen auf Irrtümer hin ist nicht möglich.

Die graphische Methode vermeidet diese Nachteile. Im Grundfall wird dabei eine elektrische Stimmgabel verwendet, die auf bewegtes berußtes Papier Zeitmarken schreibt. Hier macht sich jedoch der große technische Nachteil bemerkbar, daß man zur Ermittlung der Zeitstrecken die Stimmgabelschwingungen auszählen muß. Diese, wenn auch nur äußerliche Schwierigkeit ist immerhin so stark, daß umfangreichere Versuche an ihr unter gewöhnlichen Umständen scheitern. Man kann sich damit helfen, daß man neben der schnellschwingenden Stimmgabel eine etwa zehnfach und hundertfach langsamerschwingende Stimmgabel benutzt. Oder aber man verwendet ein im voraus eingeteiltes Papier (etwa Millimeterpapier), und sorgt dafür, daß dieses Papier in genau vorbestimmter Geschwindigkeit transportiert wird. Das letztere, zunächst sehr einleuchtende Verfahren ist, abgesehen von anderen Schwierigkeiten, wegen der relativ großen nötigen Papiermenge mit ziemlich hohen laufenden Ausgaben verknüpft.

Der in folgendem beschriebene Chronograph[1] beruht auf folgender Grundidee. Einfaches Morsepapier wird während der Aufnahme vom Chronographen selbst mit Zeitmarken versehen, die *Hun-*

Abbildung 1. Morsestreifen mit Zeitmarkierung (etwa ⅔ natürl. Größe). Das Abbrechen der beiden Längsstriche bei L kennzeichnet z. B. Reiz und Reaktion. Der Pfeil links gibt die Bewegungsrichtung des Morsestreifens an. Der schräge Strich bei o macht die 100. Zeitmarke (volle Sekunde) kenntlich.

[a] Die Anmerkungen zu diesem Text finden sich auf der Seite 494.

dertstel- und *Zehntelsekunden* nach Art des *Zentimetermaßes differenziert* erscheinen lassen und bei denen jede *fünfzigste* und *hundertste* Marke überdies *besonders* gekennzeichnet sind (Abb. 1).

Die Angabe von Einhundertstelsekunden mit der Möglichkeit, halbe Hundertstel bequem abzulesen, reicht für alle hier in Frage kommenden Messungen in der Psychologie aus. Es dürfte überhaupt zweckmäßig sein, nach dem Vorschlag von Rupp, die cs (hundertstel Sekunden) als Grundeinheit für Zeitmessungen mehr zu betonen.

Die Beschriftung des Morsepapiers geschieht durch ein leichtes, aus wenigen Rädern bestehendes Gangwerk G (Abb. 2), dessen Geschwindigkeit durch eine große, mit Gewichten beschwerte Stimmgabel (*St*) konstant gehalten wird. Der Papiertransport erfolgt relativ unabhängig von diesem Gangwerk unmittelbar von

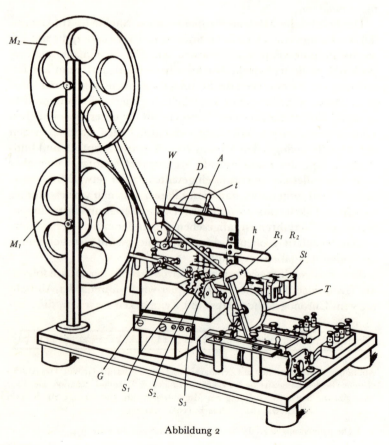

Abbildung 2

einem Elektromotor aus, der die Schnurscheibe A antreibt. Die Registrierung der aufzunehmenden Zeitstrecken geschieht durch zwei elektromagnetische Rädchenschreiber (R_1 und R_2), die Längsstriche auf dem Morsepapier herbeiführen. Die Zeitbedeutung dieser Längsstriche ist durch die genannten Zeitmarken (Querstriche) bestimmt.

Es ist so möglich, einander folgende oder sich überschneidende Zeitstrecken fortlaufend zu messen und die Größe auch relativ langer Zeiten rasch abzulesen. Zugleich wird durch die relative Selbständigkeit des durch die Stimmgabel regulierten Gangwerkes G erreicht, daß die Genauigkeit der Zeitmessung in ziemlich weiten Grenzen unabhängig von der Konstanz der Geschwindigkeit des Papiertransportes ist. Es genügt daher ein Antrieb des Chronographen durch einen gewöhnlichen kleinen Nebenschlußmotor (⅙ PS).

Die wesentlichen 3 Teile des Chronographen:

a) die Einrichtung für die Beschriftung des Morsestreifens mit Zeitmarken,

b) die Einrichtung zur Kenntlichmachung der zu messenden Zeiten,

c) die Vorrichtung zum Papiertransport einschließlich der Wiederaufwicklung sind im einzelnen wie folgt durchgebildet:

a) Der Morsestreifen wird über zwei annähernd senkrecht zu seiner Bewegungsrichtung laufende Schreibräder S_1 und S_2 geführt. S_1 besitzt 20 Zacken. Jede 10. Zacke ist etwas höher und breiter gehalten. Dadurch wird jede 10. Zeitmarke etwas länger und stärker. Das zweite Schreibrad S_2 besitzt im ganzen vier paarweise gegenüberstehende Zacken, und zwar abwechselnd eine normale und eine verstärkte Zacke. Es dreht sich nur ein Zehntel so schnell wie S_1. So entsteht auf dem Morsestreifen ein kurzer schräger Strich durch jede fünfzigste und ein starker, längerer Schrägstrich durch jede 100. Zeitmarke (Abb. 1 bei o).

Endlich ist ein drittes Schreibrad S_3 vorhanden, das ebenso wie S_1 gebaut ist, aber sich nur im Tempo von S_3 bewegt. Dieses Schreibrad wird, wenn man Hundertstelsekunden zu markieren wünscht, nicht mitbenutzt. Es tritt durch veränderte Führung des Morsepapiers in Funktion, wenn man den Apparat (was möglich ist, s. unten) auf «langsamen Gang» stellt. Es wird dann jede Zehntelsekunde unter besonderer Kenntlichmachung der vollen Sekunden markiert. Die Schreibräder sind mit einem Sperrad gekoppelt, das eine Stimmgabel (50 Schwingungen je Sekunde) zum Schwingen bringt, aber dessen Geschwindigkeit durch die Stimmgabel zugleich selbst fest bestimmt wird, ähnlich wie bei der Unruhe der Uhr.

Der Antrieb des Gangwerkes erfolgt nicht durch eine starre Verbindung mit der Papiertransportvorrichtung. Sondern eine Spiralfederschnur gleitet mit einer für die Stimmgabel an und für sich etwas zu raschen Geschwindigkeit über das Antriebsrad (in der Abb. nicht sichtbar) und nimmt es also nicht ganz starr mit. Man erreicht so ein starkes Schwingen der Stimmgabel. Der Ausschlag beträgt 4–5 mm. Er ist nach obenhin, um die Geschwindigkeit möglichst konstant zu halten, durch gewisse, sich automatisch einschaltende Dämpfer begrenzt. Dank der Stimmgabelgewichte beruhen die regulierenden Kräfte auf relativ großen trägen Massen, die die Geschwindigkeit der wenigen leichten Räder des Gangwerkes G unschwer regulieren und trotz aller Exaktheit relativ unempfindlich sind.

b) Zur Wiedergabe der zu messenden Zeiten, also zum Erzeugen der entsprechenden Längsstriche auf dem Morsepapier, sind zwei dicht nebeneinanderstehende Rädchenschreiber R_1 und R_2 vorhanden. Zu jedem dieser Schreibrädchen gehören 2 Topfmagneten, von denen jeweils jedoch nur einer benutzt wird. Der eine veranlaßt einen Längsstrich bei Stromschluß, der andere bei Stromöffnung. Die Umstellung geschieht durch einen Schieber, der auch die Regulierung der Federspannung an den Schreibrädchen gestattet.

Das Befeuchten mit Tinte geschieht hier sowie bei den Zackenrädchen S_1, S_2, S_3 ohne Verwendung frei beweglicher flüssiger Tinte. Die Schreibrädchen R_1 und R_2 laufen auf einer gemeinsamen Trommel T über ein Band, das mit von Tinte angefeuchteter Watte im Innern der Trommel in Berührung steht. Die Trommel ist im Drehpunkt der Schreibhebel so angeordnet, daß sie durch die Magnete nicht mitbewegt zu werden braucht.

Besonders schwierig war die Befeuchtung der Zackenrädchen (S) ohne freiflüssige Tinte durchzuführen, da die rasche Rotation der Zacken die meisten in Frage kommenden Materialien zerstört, die tintendurchlässig sind. Nach umfangreichen Versuchen ergab sich schließlich die Möglichkeit, das Rädchen gegen ein leichtes Lederplättchen schleifen zu lassen, dem auf besondere Weise die Tinte von einem Farbkissen her direkt auf die Schreibfläche zugeführt wird.

c) Die Vorrichtung für den Papiertransport. Von der Magazintrommel M_1 wird das Morsepapier über einige Stifte bei den Zackenrädchen S und dem Markierrädchen R vorbei über die Walze W geführt. Diese Walze W wird von einem Elektromotor her angetrieben und nimmt das Papier dank der Druckrolle D mit. Das Aufwickeln geschieht automatisch auf die Trommel M_2, deren Antrieb durch eine schleifende Spiralfeder erfolgt. Der Hebel h dient zum

Ein- und Ausschalten des Papiertransportes. Er ermöglicht es, das Papier auch während des Laufes des Motors und des Getriebes G stillstehen zu lassen. Zugleich sorgt er automatisch dafür, daß dann die Papierstreifen von den Zackenrädchen etwas abgehoben werden (andernfalls würde das stillstehende Papier durch die Zackenräder allmählich zerschnitten werden).

Der Apparat gestattet die Einstellung von *zwei Papiergeschwindigkeiten* durch Umlegen des Hebels t. Die größere Geschwindigkeit beträgt etwa 20 cm je Sekunde. Sie wird für die Markierung von Hundertstelsekunden benutzt. Auf 1 Hundertstelsekunde entfallen dann also etwa 2 mm, so daß man noch bequem ½ Hundertstel = 5σ ablesen kann. Die Umschaltung des Hebels t ergibt eine reduzierte Papiergeschwindigkeit von etwa 20 mm je Sekunde. Man benutzt sie für die gröberen Zeitmessungen, bei denen die Angabe von $\frac{1}{10}$ Sekunden genügt (vgl. oben, S. 489f.). Der Antrieb der Stimmgabel wird durch diese Umstellung nicht berührt.

Die *Konstanzwerte* des zählenden Chronographen: Das Einregulieren der Geschwindigkeit der Zeitmarken auf die richtigen absoluten Größen geschieht durch Verschieben der beweglichen Gewichte an der Stimmgabel. Die Abhängigkeit dieser absoluten Zeit von der Geschwindigkeit des das gesamte Gangwerk antreibenden Nebenschlußmotors und damit der Papiergeschwindigkeit ergab sich wie folgt. Bei einer Steigerung der Motor-(Papier-)geschwindigkeit um 10% ergab sich eine Änderung der Bedeutung der Zeitmarken (Stimmgabelgeschwindigkeit) um 0,01%, bei einer Steigerung um 15% um 0,025%, bei einer Erhöhung um 25% um 0,035%. (Bei einer Steigerung von 10% werden also 10 Sekunden nicht mehr durch 100, sondern 100,1 Strichabstand wiedergegeben.) Die Unabhängigkeit der Zeitmessung von der Motorgeschwindigkeit ist also mehr als ausreichend.

Die *mittlere Variation* von je 10 Messungen (geprüft mit Sekundenpendel) ergab sich zu 1–3 σ, wobei sich die Einzelmessung auf 4000 σ erstreckte. Das Ablesen erfolgte dabei auf 5 σ genau.

Die *Laufzeit* (bei ununterbrochener Registrierung) für eine normale Morsepapierrolle beträgt bei Stellung auf raschen Gang etwa 22 Min., bei Stellung auf langsamen Gang etwa 3¾ Std. Dabei ist zu berücksichtigen, daß man bei Pausen zwischen den Messungen den Papiertransport ausschalten kann, während Motor und Gangwerk weiterlaufen, so daß eine Morsepapierrolle für mehrere Versuchsstunden, selbst bei sehr ausgiebigen Messungen, auszureichen pflegt.

Das Gangwerk und die Regulierung ist bei aller Genauigkeit so robust, daß man es bei etwas Übung auch mit der *Hand* antreiben kann (mittels einer Kurbel an der Scheibe *A*). Die Messung ist dann weniger exakt, aber mitunter hinreichend.

Der Chronograph wurde für ausgedehnte willenspsychologische und sinnespsychologische Versuche verwendet und ist auch ein bequemes Instrument für die Eichung anderer Apparate. Wo die von der Stimmgabel und dem Gangwerk verursachten Geräusche als störend empfunden werden sollten, kann man den Apparat unschwer im Nebenzimmer aufstellen. In diesem Falle wäre eine Vorrichtung für magnetisches Ein- und Ausschalten des Hebels *h* anzubringen.

ZUSAMMENFASSUNG

Ein zählender Chronograph[2] wird beschrieben, der Reihen von fortlaufenden und sich überschneidenden Zeitstrecken zu messen gestattet und der ein rasches Bestimmen und nachträgliches Kontrollieren der gemessenen Zeiten erlaubt.

Es werden Hundertstel-, Zehntel-, halbe und ganze Sekunden (bei Umstellen auf «langsamen Gang» Zehntel- und ganze Sekunden) in unterschiedlicher Weise auf einem Morsestreifen kenntlich gemacht, und zwar durch ein Gangwerk, das von einer Stimmgabel reguliert wird und im hohen Grade unabhängig von Schwankungen des Motors ist, der den Chronographen antreibt. Die zu messenden Zeiten werden durch zwei Rädchenschreiber als Längsstriche auf dem Morsepapier wiedergegeben.

Anmerkungen zu den Seiten 489–494

a   Zuerst 1926 erschienen in der Zeitschrift *Psychologische Forschung*, Band 7, S. 276–281.
1   Vgl. LEWIN 1922e, 198 (KLW Bd. 5).
2   Der Apparat wird von der Firma Zimmermann, Leipzig–Berlin, hergestellt.

Anhang

Ergänzungen zu «Wissenschaftstheorie I» (KLW Bd. 1)

Seite 52, 37.–38. Zeile:
Die Idee einer allgemeinen Morphologie, die Lewin mehrmals erwähnt (vgl. im vorliegenden Band S.465, Anm. 11 und Anm. b), findet sich in O. HERTWIG 1918, 19–50. Lewin verweist in seinem Aufsatz von 1925 auf die erste Auflage von O. HERTWIG (1916), hat aber bereits in der Geneseschrift von 1922 die zweite Auflage von 1918 zitiert.

Seite 153–211; speziell Anmerkung a, Seite 204:
Nach den erst kürzlich dem Herausgeber zugestellten Aufzeichnungen über mündliche Ausführungen von Margarete Jucknat ist die Frage der Datierung der Abhandlung über die Erziehung der Versuchsperson erneut zu stellen. Margarete Jucknat, deren Angaben zu Lewin in allen anderen Punkten zutreffend sind, berichtet, daß Lewin diese Abhandlung in der ersten Hälfte des Jahres 1914 verfaßt und als Dissertation vorgesehen hat. Ein strenger Beweis für die Datierung der Abhandlung ist damit nicht gegeben; doch muß die Annahme, daß die Schrift früher als vermutet geschrieben wurde, als sehr plausibel angesehen werden.

Seite 204, 42. Zeile:
Statt «000–000» ist zu lesen «127–151».

Seite 318, Anmerkung 21:
Der fehlende Verweis auf die Originalstelle lautet JOHANNSEN 1913, 154.

Seite 338, Anmerkung a:
Zur Geschichte des kurzen Aufsatzes über die Typen und die Gesetze der Psychologie, vgl. die ausführlichen Angaben in KLW Bd. 6, Anm. a, S. 110–112.

Seite 339, 1.–6. Zeile:
Die Dilthey-Stelle, die Stumpf als Motto seiner Autobiographie verwendete, ist DILTHEY 1933, 87 entnommen.

Bibliographie

I. Von Kurt Lewin zitierte Schriften

ARNOLD, C. ¹⁰1900. Repetitorium der Chemie. Hamburg/Leipzig: Leopold Voss.
AUERBACH, F. 1905. Akustik. Leipzig: Johann Ambrosius Barth.
BECHER, E. 1921. Geisteswissenschaften und Naturwissenschaften. Untersuchungen zur Theorie und Einteilung der Realwissenschaften. München/Leipzig: Dunkker & Humblot.
BERGER, R. 1921: Der Schallstärkemesser von Webster. Zeitschrift des Vereins deutscher Ingenieure 65, 1125.
BLUMENFELD, W. 1920. Zur kritischen Grundlegung der Psychologie. Berlin: Reuther & Reichard.
BÜTSCHLI, O. 1912. Vorlesungen über vergleichende Anatomie. 1. Lieferung. Leipzig: W. Engelmann.
CASSIRER, E. 1910. Substanzbegriff und Funktionsbegriff. Untersuchungen über die Grundlagen der Erkenntniskritik. Berlin: B. Cassirer.
– ³1922. Das Erkenntnisproblem in der Philosophie und Wissenschaft der neueren Zeit. Band 1. Berlin: B. Cassirer.
DEDEKIND, R. ²1898. Stetigkeit und irrationale Zahlen. Braunschweig: Vieweg & Sohn.
DOFLEIN, F. 1913. Das Unsterblichkeitsproblem im Tierreich. Freiburg i. Br.: Speyer & Kärner.
– 1919. Das Problem des Todes und der Unsterblichkeit bei den Pflanzen und Tieren. Jena: Gustav Fischer.
DRIESCH, H. 1909. Philosophie des Organischen. Leipzig: W. Engelmann.
– ²1911. Die Biologie als selbständige Grundwissenschaft und das System der Biologie. Leipzig: W. Engelmann.
– 1917. Wirklichkeitslehre. Leipzig: E. Reinecke.
EBERHARDT, Margarete 1922. Über die phänomenale Höhe und Stärke von Teiltönen. Psychologische Forschung 2, 346–367.
FAJANS, K. ³1919. Radioaktivität und die neueste Entwicklung der Lehre von den chemischen Elementen. Braunschweig: Vieweg & Sohn.
FRANKL, P. 1914. Die Entwicklungsphasen der neueren Baukunst. Leipzig: Teubner.
FRITSCH, K. 1920. Das Individuum im Pflanzenreich. Naturwissenschaftliche Wochenschrift, Neue Folge 19, 609–617.
HAUSDORFF, F. 1914. Grundzüge der Mengenlehre. Leipzig: Veit & Co.
HERTWIG, O. 1917. Das genealogische Netzwerk und seine Bedeutung für die Frage der monophyletischen oder polyphyletischen Abstammungshypothese. Archiv für mikroskopische Anatomie, 2. Abteilung 89, 227–242.
– ²1918. Das Werden der Organismen. Eine Widerlegung von Darwin's Zufallstheorie. Jena: Gustav Fischer.
HERTWIG, R. 1916. Lehrbuch der Zoologie. Jena: Gustav Fischer.
HIRSCHLER, J. 1917. Über die theoretische Fassung des Problems der Vererbung erworbener Eigenschaften. Archiv für mikroskopische Anatomie, 2. Abteilung 89, 243–276.
HUSSERL, E. 1913. Ideen zu einer reinen Phänomenologie und phänomenologischen Psychologie. Erstes Buch. Halle a.d.S.: Niemeyer.
JAMES, W. 1909. Psychologie, dt. von Francisca DÜRR. Leipzig: Quelle und Meyer.
JENSEN, P. 1907. Organische Zweckmäßigkeit, Entwicklung und Vererbung vom Standpunkt der Physiologie. Jena: Gustav Fischer.

JOHANNSEN, W. 1913. Elemente der exakten Erblichkeitslehre. Jena: Gustav Fischer.
KIPP, T. ³1909. Geschichte der Quellen des römischen Rechts. Leipzig: Deichert.
KÖHLER, W. 1920. Die physischen Gestalten in Ruhe und im stationären Zustand. Eine naturphilosophische Untersuchung. Braunschweig: Vieweg & Sohn.
KÜSTER, E. 1921. Botanische Beiträge über Alter und Tod. Abhandlungen zur theoretischen Biologie, Heft 10. Berlin: Bornträger.
LEIBNIZ, G. W. 1906. Hauptschriften zur Grundlegung der Philosophie, hg. von E. CASSIRER, Bd. 2. Leipzig: Dürrsche Buchhandlung.
LEWIN, K. 1920a. Die Verwandtschaftsbegriffe in Biologie und Physik und die Darstellung vollständiger Stammbäume. Abhandlungen zur theoretischen Biologie, Heft 5. Berlin: Bornträger.
– 1922e. Das Problem der Willensmessung und das Grundgesetz der Assoziation. Psychologische Forschung 1, 191–302 und 2, 65–140 (KLW 5).
LIPSCHÜTZ, A. 1915. Allgemeine Physiologie des Todes. Braunschweig: Vieweg & Sohn.
LORENZ, O. 1898. Lehrbuch der gesamten wissenschaftlichen Genealogie. Berlin: Hertz.
LOTZE, H. ²1879. Metaphysik. Leipzig: S. Hirzel.
MACH, E. 1905. Erkenntnis und Irrtum. Skizzen zur Psychologie der Forschung. Leipzig: Johann Ambrosius Barth.
MINOT, C. C. 1913. Die Methoden der Wissenschaft und andere Reden, dt. von J. KAUFMANN. Jena: Gustav Fischer.
NAEF, A. 1919. Idealistische Morphologie und Phylogenetik. Jena: Gustav Fischer.
NATORP, P. 1910. Die logischen Grundlagen der exakten Wissenschaften. Leipzig: Teubner.
OPPENHEIMER, F. 1922. System der Soziologie. Erster Band: Allgemeine Soziologie. Jena: Gustav Fischer.
PLATE, L. 1914. Prinzipien der Systematik mit besonderer Berücksichtigung des Systems der Tiere. In: HERTWIG, R. & WETTSTEIN, R. v. (Ed.) Die Kultur der Gegenwart, Teil III, Abt. IV, Bd. 4: Abstammungslehre. Leipzig: Teubner. 92–164.
POLL, H. 1910. Über Vogelmischlinge. Bericht über den 5. Internationalen Ornithologie-Kongreß. Berlin. 399–467.
– 1920. Pflaumenmischlinge (Mischlingsstudien VIII). Archiv für mikroskopische Anatomie – Festschrift Hertwig, 365–458.
REICHENBACH, H. 1920. Relativitätstheorie und Erkenntnis a priori. Berlin: Julius Springer.
REMSEN, Ira & SEUBERT, K. 1906. Anorganische Chemie. Tübingen: Laupp.
RICKERT, H. ²1913. Die Grenzen der naturwissenschaftlichen Begriffsbildung. Tübingen: J. C. B. Mohr.
RIEHL, A. ²1921. Logik und Erkenntnistheorie. In: HINNEBERG, P. (Ed.) Die Kultur der Gegenwart. Teil I, Abt. VI: Systematische Philosophie. Leipzig: Teubner. 73–102.
ROUX, W. 1895a. Gesammelte Abhandlungen über Entwicklungsmechanik der Organismen, Band I. Leipzig: W. Engelmann.
– 1895b. Gesammelte Abhandlungen über Entwicklungsmechanik der Organismen, Band II. Leipzig: W. Engelmann.
RUSSELL, B. 1903. The Principles of Mathematics. Cambridge: Cambridge University Press.
SCHAXEL, J. 1915. Die Leistung der Zellen bei der Entwicklung der Metazoen. Jena: Gustav Fischer.
– 1919. Grundzüge der Theoriebildung in der Biologie. Jena: Gustav Fischer.

SCHLICK, M. 1918. Allgemeine Erkenntnislehre. Berlin: Julius Springer.
SCHMIDT, H. 1918. Geschichte der Entwicklungslehre. Leipzig: Körner.
SCHNEIDER, K. C. 1912. Zur Theorie des Systems. Zoologische Jahrbücher, Supplement 15, Bd. 1, Festschrift Spengel, 135–154.
SCHOPENHAUER, A. ²1891 (1813). Über die vierfache Wurzel des Satzes vom zureichenden Grunde. In: Sämtliche Werke, hg. von J. FRAUENSTÄDT, Bd. 1, Teil 2. Leipzig: F. A. Brockhaus.
SLOTOPOLSKY, B. 1920. Zur Diskussion über die potentielle Unsterblichkeit der Einzelligen und über den Ursprung des Todes. Zoologischer Anzeiger, 51, 23–66.
STÖHR, P. ¹⁵1915. Lehrbuch der Histologie und mikroskopischen Anatomie des Menschen. Jena: Gustav Fischer.
STRASSBURGER, E. 1921. Lehrbuch der Botanik. Jena: Gustav Fischer.
STUMPF, C. 1907. Zur Einteilung der Wissenschaften. In: Abhandlungen der königlich-preußischen Akademie der Wissenschaften, Jahrgang 1906.
– 1918. Die Struktur der Vokale. In: Abhandlungen der königlich-preußischen Akademie der Wissenschaften, Jahrgang 1917.
TIEGERSTEDT, R. ⁷1913. Lehrbuch der Physiologie des Menschen. Jena: S. Hirzel.
TROELTSCH, E. 1922. Der Historismus und seine Probleme. Erstes Buch: Das logische Problem der Geschichtsphilosophie. Tübingen: J. C. B. Mohr.
TSCHULOK, S. 1910. Das System der Biologie in Forschung und Lehre. Jena: Gustav Fischer.
WEBER, H. ²1898. Lehrbuch der Algebra, Bd. 1. Braunschweig: Vieweg & Sohn.
WEISMANN, A. 1892. Das Keimplasma. Eine Theorie der Vererbung. Jena: Gustav Fischer.
WEYL, H. Über die Grundlagenkrise der Mathematik. Mathematische Zeitschrift 10, 39–79.
WIESNER, J. v. 1916. Erschaffung, Entstehung, Entwicklung und über die Grenzen der Berechtigung des Entwicklungsgedankens. Berlin: Gebr. Paetel.
WINCKELMANN, J. J. 1764. Geschichte der Kunst des Alterthums. Erstes Buch. Dresden: In der Waltherschen Hof-Buchhandlung.
WINDELBAND, W. 1910. Über Gleichheit und Identität. Heidelberg: Winter.

II. Vom Herausgeber zusätzlich zitierte Schriften

ASH, M. G. 1982. The Emergence of Gestalt Theory: Experimental Psychology in Germany 1890–1920. Diss. Harvard University.
BACHELARD, G. ²1975. Les intuitions atomistiques. Paris: Librairie philosophique J. Vrin.
BERNOULLI, J. 1742. Opera omnia, Bd. 2. Lausanne/Genève: M. M. Bousquet.
BIBRICH, R. R. & ORLOV, A. B. 1981. K. Lewin, L. S. Vygotskij: perechod ot metafizičeskoi k dialektičeskoi psichologii kak protsess. In: Naučnoe tvorčestvo L. S. Vygotskogo i sovremennaja psichologija. Moskva: Akademija pedagogočeskich nauk SSSR (usw.). 20–24.
BLACK, M. 1962. Models and Metaphors. Ithaca: Cornell University Press.
CASSIRER, E. 1902. Leibniz' System in seinen wissenschaftlichen Grundlagen. Marburg: N. G. Elwert'sche Verlagsbuchhandlung.
– 1907. Das Erkenntnisproblem in der Philosophie und Wissenschaft der neueren Zeit, Band 2. Berlin: B. Cassirer.
– ²1911. Das Erkenntnisproblem in der Philosophie und Wissenschaft der neueren Zeit, Band 1, 2., durchgesehene Auflage. Berlin: B. Cassirer.

- 1920. Das Erkenntnisproblem in der Philosophie und Wissenschaft der neueren Zeit, Band 3. Berlin: B. Cassirer.
COLLIER, B. 1920. Die biochemische Feststellung der Verwandtschaft bei Insekten. Deutsche entomologische Zeitschrift 65, 1–4.
DESCARTES, R. 1963. Oeuvres philosophiques, hg. v. F. ALQUIÉ, Bd. 1. Paris: Garnier frères.
DETIENNE, M. 1972. Les jardins d'Adonis. La mythologie des aromates en Grèce. Paris: Gallimard.
DILTHEY, W. 1924. Gesammelte Schriften, Bd. 5: Abhandlungen zur Grundlegung der Geisteswissenschaften. Leipzig/Berlin: Teubner.
- 1933. Der junge Dilthey. Ein Lebensbild in Briefen und Tagebüchern. 1852–1870. Zusammengestellt von Clara MISCH. Leipzig/Berlin: Teubner.
FAJANS, K. ^{4}1922. Radioaktivität und die neueste Entwicklung der Lehre von den chemischen Elementen. Braunschweig: Vieweg & Sohn.
FECHNER, G. T. 1848. Nanna oder Über das Seelenleben der Pflanzen. Leipzig: L. Voss.
- 1855. Über die physikalische und philosophische Atomenlehre. Leipzig: H. Mendelssohn.
FLECK, L. 1980 (1935). Entstehung und Entwicklung einer wissenschaftlichen Tatsache. Einführung in die Lehre vom Denkstil und Denkkollektiv, hg. von L. SCHÄFER & T. SCHELLE. Frankfurt a. M.: Suhrkamp.
FORREST, D. W. 1974. Francis Galton: The Life and Work of a Victorian Genius. London: Paul Elek.
FRESNEL, A. J. 1866–1870. Oeuvres complètes, hg. von H. de SÉNARMONT, E. VERDET & L. FRESNEL, 4 Bände. Paris: Imprimerie impériale.
FRIEDMANN, G. 1956. Les travail en miettes. Spécialisation et loisirs. Paris: Gallimard.
FROGATT, P. & NEVIN, N. C. 1971. The ‹Law of ancestral heredity› and the Mendelian-ancestrian controversy in England, 1889–1906. Journal of Medical Genetics 8, 1–36.
GALLESIO, G. 1811. Traité du citrus. Paris: L. Fantin.
- 1816. Teoria della riproduzione vegetale. Pisa: N. Capurro.
GALTON, F. 1889. Natural Inheritance. London: Macmillan.
GARRETT, H. E. 1939. Lewin's topological psychology: An evaluation. Psychological Review 46, 517–524.
HARRÉ, R. 1970. Principles of Scientific Thinking. London: Macmillan.
HARRISON, R. G. 1904. Experimentelle Untersuchungen über die Entwicklung der Sinnesorgane der Seitenlinie bei den Amphibien. Archiv für mikroskopische Anatomie 63, 35–149.
HENLE, Mary 1978. Kurt Lewin as metatheorist. Journal of the History of the Behavioral Sciences 14, 233–237.
HERTWIG, O. 1916. Das Werden der Organismen. Eine Widerlegung von Darwin's Zufallstheorie. Jena: Gustav Fischer.
HERTZ, H. R. über die Beziehungen zwischen Licht und Elektricität. Bonn: E. Strauss.
HESSE, Mary 1963. Models and Analogies in Science. London: Sheed & Ward.
- 1980. Revolutions and Reconstructions in the Philosophy of Science. Brighton, Sussex: The Harvester Press.
HOLLEMAN, A. F. & WIBERG, E. 1960. Lehrbuch der anorganischen Chemie. Berlin: de Gruyter.
JAHN, Ilse, LÖTHER, R. & SENGLAUB, K. 1982. Geschichte der Biologie. Theorien – Methoden – Institutionen – Kurzbiographien. Jena: Fischer.

James, W. 1890. The Principles of Psychology, Bd. 1. New York: Henry Holt & Co.
Jennings, H. S. 1908. Heredity, variation and evolution in protozoa. II. Proceedings of the American Philosophical Society 47, 393–546.
- 1909. Heredity and variation in the simplest organisms. American Naturalist 43, 321–337.
Kant, I. 1905 (1804). Über die von der Königlichen Akademie der Wissenschaften zu Berlin für das Jahr 1791 ausgesetzte Preisaufgabe: Welches sind die wirklichen Fortschritte, die die Metaphysik seit Leibnizens und Wolffs Zeiten in Deutschland gemacht hat? In: ders., Werke, hg. von K. Vorländer, Bd. 5, 3. Abteilung. Leipzig: Meiner.
Kripke, S. ²1980. Naming and Necessity. Oxford: Basil Blackwell.
Lasswitz, K. 1896. Gustav Theodor Fechner. Stuttgart: F. Frommann (E. Hauff).
Lazarsfeld, P. F. 1938. Besprechung von Kurt Lewin: Principles of Topological Psychology. Zeitschrift für Sozialforschung 7, 244–245.
Lewin, K. 1914. Die Verwechslung von Wissenschaftssubjekt und psychischem Bewußtsein. Festschrift für Alois Riehl. Berlin: Verlag H. Lonys. 45–65 (KLW 1).
- 1916a = 1917b. Die psychische Tätigkeit bei der Hemmung von Willensvorgängen und das Grundgesetz der Assoziation. Zeitschrift für Psychologie 77, 212–247 (KLW 5).
- 1916b. Besprechung von H. Gutzemann: Über Gewöhnung und Gewohnheit, Übung und Fertigkeit, und ihre Beziehungen zu Störungen der Stimme und Sprache. Zeitschrift für angewandte Psychologie 11, 281–283.
- 1916c. Besprechung von H. Bauch: Zur Gleichförmigkeit der Willenshandlung. Zeitschrift für angewandte Psychologie 11, 430–431.
- 1917a. Kriegslandschaft. Zeitschrift für angewandte Psychologie 12, 440–447 (KLW 4).
- 1917d. Besprechung von W. Peters und Němeček: Massenversuche über Erinnerungsassoziation. Zeitschrift für angewandte Psychologie 12, 432–434.
- 1917i. Besprechung von H. J. F. W. Brugmans und G. Heymans: Versuche über Benennungs- und Lesezeiten. Zeitschrift für angewandte Psychologie 12, 532–533.
- 1918a. Besprechung von F. Winkler: Über das Zustandekommen von Mitempfindungen. Zeitschrift für angewandte Psychologie 13, 302.
- 1922c. Über den Einfluß von Interferenzröhren auf die Intensität obertonfreier Töne. Psychologische Forschung 2, 327–335.
- 1925a. Über Idee und Aufgabe der vergleichenden Wissenschaftslehre. Symposion, Heft I, 61–93 (KLW 1).
- 1943a. Defining the field at a given time. Psychological Review 50, 292–310 (KLW 4).
- 1981a. Brief an Köhler. Psychologie heute 8, Nr. 6, 50–56.
- 1981d. Psychologische und sinnespsychologische Begriffsbildung. In: KLW Bd. 1, 127–151.
London, I. D. 1944. Psychologists' misuse of the auxiliary concepts of physics and mathematics. Psychological Review 51, 266–291.
Lotze, H. 1841. Metaphysik. Leipzig: Weidmann.
Müller, A. 1925. Besprechung von Kurt Lewin: Der Begriff der Genese in Physik, Biologie und Entwicklungsgeschichte. Kantstudien 30, 195–196.
Pepitone, A. 1981. Lessons from the history of social psychology. American Psychologist 36, 972–985.
Radnitzky, G. ²1970. Contemporary Schools of Metascience. Göteborg: Akademieförlaget.

REICHENBACH, H. 1924. Besprechung von Kurt Lewin: Der Begriff der Genese in Physik, Biologie und Entwicklungsgeschichte. Psychologische Forschung 5, 188–190.
RICKERT, H. 1924/25. Alois Riehl, geb. 27. IV. 1844 – gest. 21. XI. 1924. Logos 13, 162–185.
RIEHL, A. 1887. Der philosophische Kriticismus und seine Bedeutung für die positive Wissenschaft. Leipzig: W. Engelmann.
SCHACTER, D. L.; EICH, J. E. & TULVING, E. 1978. Richard Semon's theory of memory. Journal of Verbal Learning and Verbal Behavior 17, 721–743.
SCHEERER, E. 1980. Gestalt Psychology in the Soviet Union. I: The period of enthusiasm. Psychological Research 41, 113–132.
SEMON, R. 1904. Mneme als erhaltendes Prinzip im Wechsel des organischen Geschehens. Leipzig: W. Engelmann.
SIMMEL, G. 1922. Die Probleme der Geschichtsphilosophie. Eine erkenntnistheoretische Studie. München/Leipzig: Duncker & Humblot.
SWINBURNE, R. G. 1965. Galton's law-formation and development. Annals of Science 21, 15–36.
TOENNIES, F. ²1912. Gemeinschaft und Gesellschaft. Grundbegriffe der reinen Soziologie. Berlin: Karl Curtius.
TYNDALL, J. 1874. Address delivered before the British Association assembled at Belfast. New York: D. Appleton and company.
ÜBERWEG, F. ²1868. Grundriss der Geschichte der Philosophie der Neuzeit. Band III. Berlin: Ernst Siegfried Mittler und Sohn, Königliche Hofbuchhandlung.
VYGOTSKIJ, L. S. 1960. Istorija razvitija vysšich psichičeskich funktsii. Moskva: Izdatel'stvo Akademii pedagogičeskich nauk RSFSR.
WEBER, M. 1922. Wirtschaft und Gesellschaft. Tübingen: J. C. B. Mohr.
WEINERT, F. E. & GUNDLACH, H. 1982. Einführung der Herausgeber. In: KLW Bd. 6, 11–37.
WERTHEIMER, M. 1912. Über das Denken der Naturvölker. I: Zahlen und Zahlgebilde. Zeitschrift für Psychologie 60, 321–378.
– 1923. Untersuchungen zur Lehre von der Gestalt, II. Psychologische Forschung 4, 301–350.
WEYL, H. ⁵1923. Raum · Zeit · Materie. Vorlesungen über Allgemeine Relativitätstheorie. Berlin: Julius Springer.
WILLEY, T. E. 1978. Back to Kant: The Revival of Kantianism in German Social and Historical Thought, 1860–1914. Detroit, Mich.: Wayne State University Press.
WOODWARD, W. R. 1974. The Medical Realism of R. Hermann Lotze. Diss. Yale University.
WUSSING, H. 1979. Vorlesungen zur Geschichte der Mathematik. Berlin: VEB Deutscher Verlag der Wissenschaften.
ZEIGARNIK, Bluma 1965. Artikel «Lewin, Kurt», Pedagogičeskaja Entsiklopedija, Bd. 2, Sp. 597–598. Moskva: Izdatel'stvo ‹Pedagogika›.
– 1981. Teoria ličnosti Kurta Lewina. Moskva: Izdatel'stvo moskovskogo universiteta.

Personenregister

Albert, 42
Allesch, 26
Apelt, 45
Aristoteles, 33, 43
Arnold, 471
Ash, 44
Auerbach, 482, 483
Avenarius, 406

Bachelard, 465
Batz, 42
Becher, 317, 452, 469, 471
Berger, 483
Bergson, 406
Berliner, 24
Bernoulli, 289, 317
Bertold, 25
Bibrich, 43
Binet, 12
Black, 43
Blumenfeld, 298, 465
Bohr, 16
Bolzano 310
Braun, 212, 315
Brentano 310

Carnap, 28
Cassirer, 28, 94, 284, 285, 286, 317, 375, 413, 452, 465, 470, 471
Christus, 414
Claparède, 12
Cohn, 18
Collier, 226, 316

Darwin, 46, 130, 406
Dedekind, 86
Descartes, 16, 43, 347
Detienne, 465
Dewey, 11
Dilthey, 294, 317, 497
Doflein, 315
Driesch, 23, 24, 29, 94, 95, 117, 302, 303, 309, 310, 311

Ebbinghaus, 12
Eberhardt, 51, 476, 477, 478, 479, 482
Einstein, 43, 309, 358, 368, 424

Eötvös, 309
Erdmann, 18, 23
Euler, 317

Fajans, 226, 467
Faraday, 358, 389
Fechner, 313, 348
Feigl, 41, 46
Fleck, 43
Forrest, 312
Frankl, 465, 468
Frauenhofer, 467, 468
Fresnel, 358, 466
Freud, 298
Friedmann, 43
Fritsch, 150, 189, 212, 259, 315
Frogatt, 312

Galen, 342
Galilei, 43, 320, 344
Gallesio, 259, 316
Galton, 312
Garrett, 43
Gehr, 374
Gehrke, 468
Göpel, 483
Gundlach, 15

Haberlandt, 18, 20, 44
Harré, 43
Harrison, 312
Hausdorff, 310, 313, 314
Hegel, 338
Heider, 18, 20
Helmholtz, 12, 20, 45, 479
Hempel, 462
Henle, 45
Herbart, 345
Hertwig, O., 151, 160, 192, 227, 231, 241, 260, 301, 311, 314, 315, 316, 386, 465, 497
Hertwig, R., 184, 206, 314, 468
Hertz, 358, 467
Hess, 311
Hesse, 43
Hipp, 489
Hirschler, 300, 301

505

Hitler, 7
Holleman, 309
Homer, 414
Hume, 69
Husserl, 294, 310, 317, 461, 469, 470
Huxley, 259, 316

Jahn, 44
Jahnke, 42
James, 11, 313, 318, 406, 407
Jennings, 315
Jensen, 302
Johannsen, 312, 315, 316, 497
Jucknat, 497

Kant, 20, 29, 45, 279, 309, 317, 378, 380, 424, 462
Kepler, 320
Kipp, 470
Klüpfel, 42
Köhler, 7, 26, 220, 282, 292, 315, 471, 482
Kripke, 45
Küster, 213, 313, 316

Landoldt, 309
Lange, 20, 22
Laplace, 390
Lasswitz, 313
Lavoisier, 309
Lazarsfeld, 15
Leibniz, 471
Leont'ev, 42
Lewin, Kurt, 7, 11, 12, 13, 14, 15, 16, 17, 18, 19, 20, 22, 23, 24, 25, 26, 27, 28, 29, 30, 31, 32, 33, 34, 35, 36, 37, 38, 39, 40, 41, 42, 44, 45, 46, 51, 76, 226, 305, 306, 308, 309, 310, 311, 314, 315, 316, 317, 460, 461, 462, 463, 464, 465, 466, 467, 468, 469, 470, 482, 494, 497
Lewin, Fritz, 305
Lewin, Gertrud Weiss, 42
Lewin, Miriam, 42
Liebig, 113, 311
Linné, 31, 349, 455
Lipschütz, 259
Loeb, 12
Löther, 44
London, 43
Lorenz, 238, 240, 245
Lotze, 309, 310

Lummer, 374, 468
Luria, 43

Mach, 406, 407
Marx, 345, 348
Maxwell, 358, 366
Mendel, 316
Mendele'ev, 359
Minot, 294
Müller, 29
Münsterberg, 12

Naef, 316
Natorp, 94, 290, 375, 413, 470
Nevin, 312
Newton, 368

Oppenheimer, 402
Orlov, 43

Paracelsus, 342
Pepitone, 43
Perikles, 444
Perrier, 470
Piaget, 12
Plate, 301
Poll, 227, 316
Popplestone, 42
Ptolemäus, 344

Radnitzky, 45
Reichenbach, 28, 29, 45, 46, 317, 361, 462, 467, 471
Rembrandt, 409
Remsen, 102
Ricardo, 345, 346
Rickert, 45, 116, 117, 118, 277, 309, 311, 317, 380, 452, 465
Riehl, 24, 39, 44, 46, 94, 106
Rokitansky, 45
Roux, 116, 117, 124, 160, 311, 312, 314
Rubens, 18, 20
Rupp, 26, 489
Russell, 310, 408, 413, 439
Rutherford, 467, 468

Sarkowski, 42
Schaxel, 24, 123, 126, 132, 184, 208, 260, 292, 302, 303, 310, 312, 314, 317, 465
Scheerer, 42, 43
Schelling, 20

Schiller, 406
Schleichen, 45
Schlick, 28, 407, 465
Schmidt, 118
Schmoller, 345
Schneider, G., 42
Schneider, K. C., 315
Schopenhauer, 471
Seaman, 42
Segre, 470
Semon, 299, 318
Senglaub, 44
Seubert, 102
Simmel, 377, 380, 468
Slotopolsky, 315
Smith, 345
Sokrates, 383
Sommerfeld, 467, 468
Spencer, 407
Spinoza, 313
Springer, 23, 24, 25
Sprung, H., 42
Sprung, L., 42
Stöhr, 294
Strassburger, 110
Stumpf, 12, 18, 19, 20, 22, 23, 39, 44, 46, 282, 309, 310, 483, 497
Swinburne, 312

Thorndike, 12
Tiegerstedt, 113
Toennies, 466

Troeltsch, 18, 338, 465
Tschulok, 316
Tyndall, 313

Überweg, 44

Veličkovskij, 42
Vesal, 342
Voit, 113, 311
Voltaire, 313
Vygotskij, 42, 43, 44

Watson, 12
Weber, H., 310, 317
Weber, M., 377, 468
Webster, 483
Weinert, 15
Wertheimer, 26, 468
Weyl, 338, 465
Wiberg, 309
Wiedemann, 156
Wien, 482, 483
Wiesner, 118
Willey, 44
Winckelmann, 466
Windelband, 68, 69, 277, 280, 281, 282, 309, 317, 380
Woodward, 42, 310
Wundt, 11, 12, 345
Wussing, 317

Zeigarnik, 42
Zimmermann, 487

Sachregister

Abhängigkeit, funktionelle 71, 72, 85, 103, 194, 205, 221, 264, 282, 283, 289, 293, 304, 425
Ableitbarkeit 370, 411
Ableitung 327, 347, 353, 357, 367, 369, 377, 390, 404, 420, 435, 467
, deduktive, von Gesetzen 78
, induktive, von Gesetzen 78
, synthetische 358
Ableitungssystem 370, 467
Ableitungszusammenhang 296, 297, 355, 357, 358, 359, 360, 367, 368, 369, 394, 411, 441, 446, 451
Abstammung 157
Abstammungsbegriff 110
Abstammungsbeziehung 124, 136, 156, 160, 161, 171
Abstammungsreihe 161
Abstraktionstheorie 456
Adäquatheit 467
Ähnlichkeitsbeziehung 115
Änderungsübertragung 95, 119, 273, 310
Äquivalenz 65, 66, 73, 76, 101, 285
, erkenntnistheoretische 377
, wissenschaftstheoretische 56, 115, 125, 221, 275, 336, 341, 342, 443, 453, 454
Äquivalenzbegriff 116
Äquivalenzbeziehung 102
Ästhetik 347
Affinität, chemische 226, 261
Ahne 134, 148, 160, 168, 254
Ahnenreihe 156, 233, 253
Ahnentafel 127, 139, 147, 162, 199, 230, 232, 234, 235, 245, 254, 262, 266, 271, 420
Ahnenverlust 153, 168, 232, 239
Akt, psychischer 397
Akzidenz 70
Alchemie 342
Allklasse 417
Analyse, chemische qualitative 84
Anatomie 294
, mikroskopische 442
Anlage 205
Arbeit, experimentelle 101
Art 157

Art (Fortsetzung)
, biologische 241
Astronomie 360, 374
Atom 284
Aufteilung der Wissenschaften 385
Auseinanderhervorgehen 61, 75, 125, 156, 418, 434
, biologisches 114, 175, 185
, existentielles 83, 84, 100, 104, 176, 242
, physikalisches 62
Autogenese 124
Autonomie 58
Avalbeziehung 144, 182
Avalgenidentität 133, 134, 135, 138, 139, 150, 157, 167, 174, 175, 186, 187, 188, 189, 193, 195, 196, 214, 241
, biologische 159
, überhaupt 140, 144, 154, 155
, unvollständige 229
, vollständige 136, 140, 141, 142, 143, 144, 145, 155, 164, 165, 166, 168, 179, 191, 209, 314
Avalgenidentitätsreihe, biologische 158
Avalreihe 145, 150, 152, 153, 161, 162, 172, 174, 176, 180, 181, 194, 198, 199, 211, 215, 271
, organismische 262
, unvollständige 148, 173
, vollständige 148, 149, 152, 156, 157, 160, 169, 170, 171, 172, 173, 176, 178, 204, 213, 214, 228, 229, 230, 243, 245, 246, 254, 258, 261, 262, 266, 267, 268
Avalreihenschnitt 198
Axiologie 392
Axiom 357, 360, 362
Axiomatik 312
Axiomatisierung 357
Axiomensystem 358, 377

Baukunst 342
Bedingungszusammenhang 66
Begriff 326, 327, 330, 336, 375, 381, 393, 394, 397, 398
, äquivoker 431
, biologischer 297, 299

Begriff (Fortsetzung)
, der physikalischen Restlosigkeit 90
, der Genidentitätsreihe 87
, genetischer 111
, mathematischer 437
, physikalischer 297
Begriffsbestimmung, genetische 125
Begriffsbildung 344, 420, 444, 446
, beschreibende 467
, biologische 111, 130, 213, 272
, entwicklungsgeschichtliche 50
, genetische 351, 352, 353, 355, 357, 358
, konditional-genetische 352, 357, 364, 412, 430, 446, 458
, konditionale 352, 353, 355, 357
, ökologische 130
, organismische 50, 260
, phänomenologische 353
, physikalische 434
Begriffsgefüge 408, 434, 438
, konditional-genetisches 428, 429
Begriffssphäre 434, 435, 471
Begründungsoperation 325, 464
Beobachtbarkeit 362
Beobachtung, kontinuierliche 69, 287
Beschreibung 72, 277, 350, 372, 374, 375, 458
, vergleichende 350, 351, 380
Beschreibungsbegriff 380
Beschreibungssystem 220, 340
Beschreibungszusammenhang 66, 72, 73, 76, 111
Beweis 361
, empirisch experimenteller 78
Beweisbarkeit 362
Beziehung
, genetische 73, 295
, physikalische genetische 85
, reflexive 106, 110, 116, 121, 288, 290
Bildungsreihe 111
Biologie 50, 51, 53, 54, 59, 76, 77, 78, 79, 87, 95, 96, 112, 113, 115, 119, 120, 124, 128, 130, 131, 156, 157, 160, 182, 184, 209, 210, 213, 217, 218, 219, 220, 221, 222, 226, 227, 262, 265, 268, 274, 279, 282, 283, 291, 294, 295, 296, 297, 298, 299, 300, 302, 306, 308, 310, 312, 320, 323, 335, 338, 345, 347, 351, 354, 360, 364, 366, 367, 371, 373, 381, 384,

Biologie (Fortsetzung)
385, 387, 389, 392, 398, 399, 401, 405, 406, 407, 412, 417, 420, 423, 425, 440, 442, 445, 447, 450, 465
, Entwicklung der 73
, entwicklungsgeschichtliche 262
, experimentelle 110, 119, 126
, organismische 260, 263, 264, 265, 267, 269, 270, 271, 273, 276
, phänomenologische 353
, systematische 111
, theoretische 119, 126
Biologismus 405, 406, 407, 408
Blutsverwandtschaft 230, 232, 246, 261
Botanik 312, 375, 381, 443, 447

causa efficiens 194, 425
, finalis 119, 194, 205, 273, 425
Chemie 53, 64, 76, 105, 227, 342, 351, 354, 355, 356, 357, 358, 367, 370, 412, 446, 448, 466
, biologische 442
, organische 388, 442
, physikalische 442
Connubialverwandtschaft 228
Consanguinitas 232, 246, 261

Darstellungsmittel 438
Darwinismus 110, 111, 130, 227, 260, 354, 445
Deduktion 79, 331, 341, 359, 362, 374, 375, 376
Definition, genetische 265, 275, 295, 311, 418
, reine 294
Degeneration 219
Denken 277, 278
Denkökonomie 330
Denkpsychologie 443
Denkweise, induktive 348
Deszendenzrichtung 140, 255
Deszendenztheorie 256
Ding 69, 72, 74, 75, 76, 103, 104, 264, 265, 268, 275, 284, 285, 286, 291, 309, 385, 393, 394, 412, 418, 448, 449, 450
Ding an sich 440, 441
Dingbegriff 70
Dingreihe 76, 449
, genidentische 105
Dingtypus 445, 456

509

Disziplin 331, 337, 370, 372, 381, 384,
   385, 420, 447, 448, 450
 , historische 446, 451, 453
 , systematische 446, 451
Durchführbarkeit
 , der Biologie 406
 , der Psychologie 406
 , der Wissenschaft 403, 404, 408
Dynamik 355, 357, 448

Eigennatur der Wissenschaft 322, 331,
   336
Eigenschaft 63, 69, 70, 93, 102, 103, 105,
   118, 124, 205, 222, 226, 241, 261,
   264, 284, 285, 286, 290, 291, 304,
   310, 329, 353, 354, 359, 388, 389,
   390, 391, 392, 405, 406, 412, 413,
   415, 418, 425, 433
 , äußere 412, 446, 456
 , dynamische 446
 , funktionale 353, 355
 , genetische 347
 , innere 352, 353, 355, 412, 446, 458
 , kausale 446
 , phänomenale 347, 349, 351, 352,
   353, 367, 412, 446, 456
 , physikalische 64
 , sachliche 349
Eigenschaftsabhängigkeit, funktionelle
   268
Eigenschaftsähnlichkeit 229
Eigenschaftsbegriff 70
Eigenschaftsbeziehung 70, 110, 116,
   118, 123, 124, 218, 220, 221, 227,
   268, 422
Eigenschaftsbeziehung genidentischer
   Gebilde 67
Eigenschaftsexistenz 417
Eigenschaftsgleichheit 77, 229, 271,
   274
Eigenschaftskategorie 388
Eigenschaftsklasse 388
Eigenschaftsungleichheit 77, 229, 271,
   274
Eigenschaftsveränderung 265
Eigenschaftsverhältnis 273
Eineltrigkeit 151, 155
Einheit 385
Einheit der Theorie 330
Einheit der Wissenschaften 277, 327,
   375, 377, 388, 403

Einheit einer Wissenschaft 380, 394,
   411, 419
Einheitswissenschaft 360, 366, 393
Einteilung der Wissenschaften 388
Einwirkung 425
Einzelfall 320, 357, 361
Einzeller 113, 114
Einzelwissenschaft 277, 278, 279, 280,
   369, 371, 373, 379, 380
Elektrizitätslehre 296, 358, 388, 389
Element 335, 446
 , chemisches 101
Elternschaft 256, 270, 272
Empfindung 396
Empirie 347, 350
Energie 76, 285
Energieerhaltung 75
Entelechie 58, 297
Entwicklung 115, 117, 118, 119, 120,
   121, 130, 136, 218, 219, 265, 298
 , biologische 118, 220
 , historische 339
 , phylogenetische 118, 242
 , wissenschaftliche 320
Entwicklung der Biologie 73
Entwicklung der Physik 73
Entwicklung der Wissenschaften 333
Entwicklung einer Wissenschaft 72, 111,
   286, 340, 342, 344, 367, 382, 404,
   412, 446, 454
Entwicklungsbegriff 116, 117, 123, 129,
   217, 218, 221, 222, 283
 , biologischer 182, 337
Entwicklungsgeschichte 218, 242, 254,
   262, 265, 270, 272, 273, 306,
   465
 , biologische 240
Entwicklungsgeschichte einer Wissenschaft 341
Entwicklungslehre der Wissenschaften
   336
 , historische 339
 , wissenschaftstheoretische 364
Entwicklungsmechanik 124, 127
Entwicklungsperiode einer Wissenschaft 394
Entwicklungsprozeß 111, 144, 185, 217,
   218
 , biologischer 220
Entwicklungsprozeß der Wissenschaften 350

Entwicklungsreihe 111, 116, 120, 123, 124, 295
, biologische 112, 113, 125
, phylogenetische 114
Entwicklungsstadium einer Wissenschaft 340, 344, 443
Entwicklungsstufe der Wissenschaften 322, 369
Entwicklungsstufe einer Wissenschaft 334, 337, 444
Entwicklungszusammenhang 294
Epigenese 117, 118, 119, 241
Erfahrung 277, 361
Erhaltung 93
Erkenntnis 79, 276, 277, 279, 323, 325, 327, 328, 329, 341, 362, 372, 376, 378, 433, 434
, biologische 182
, der Gegenstände 329
, Geschichte der 330
, mittelbare 287
, Petrefakte der 332
, wissenschaftliche 326
Erkenntnisakt 325, 336, 430
Erkenntnisfortschritt 331
Erkenntnislehre 325, 326, 336
Erkenntnisoperation 325
Erkenntnisprozeß 278, 342, 360, 376, 380, 405, 406, 408, 441
Erkenntnissubjekt 326
Erkenntnistheorie 48, 279, 312, 319, 320, 335, 341, 342, 373, 374, 375, 378, 379, 380, 381, 383, 395, 405, 407, 408, 430, 432
, phänomenologische 287
, relativistische 408
, vergleichende 340
Erkenntniswert 327
Erklärung 72, 294, 375
Erklärungsbegriff 73, 380
Erklärungssystem 220, 340
Erklärungszusammenhang 72, 73, 111, 287
Erscheinungsformen der Wissenschaft 323
Ethnologie 453
Evolution 117, 118, 119, 241, 313
Existentialbeziehung 50, 54, 57, 66, 70, 71, 73, 76, 81, 93, 94, 95, 100, 102, 103, 106, 110, 116, 117, 118, 119, 127, 129, 132, 160, 183, 184, 216,

Existentialbeziehung (Fortsetzung) 220, 221, 227, 229, 254, 264, 265, 275, 285, 286, 288, 289, 290, 291, 292, 295, 297, 301, 304, 416, 418, 422, 425, 449
, biologische 57, 187, 296
, eindeutige 82
, entwicklungsgeschichtliche 243, 258, 261, 263
, genetische 62
, historische 262, 263
, organismische 262, 263, 271
, physikalisch eindeutige 115
, physikalische 49, 57, 114
Existentialreihe 57, 222, 268
, biologische 59
, physikalische 59, 95, 153, 303
Existentialreihe von Dingen 76
Existenz 53, 57, 63, 69, 70, 77, 285, 286, 288, 289, 290, 291, 383, 412, 413, 415, 418
, konkrete 415, 416
Existenzart 290, 296, 414, 417, 418, 423, 424, 428, 429, 430, 435, 453, 454, 455
Existenzbegriff 54, 470
Existenzbeweis 414
Existenzbeziehung 58, 59, 61, 101
Existenzfähigkeit 350, 351
Experiment 68, 82, 99, 124, 125, 143, 275, 331, 356, 361, 371, 372, 373, 374, 414, 467
, biologisches 122
, physikalisches 87
, sinnespsychologisches 494
, willenspsychologisches 494
experimentum crucis 67

Fall 400
, individueller 356
, reiner 356, 416
Falschheit 408
Feldmessung 342
Filialgeneration 138, 139, 140, 141, 143, 157, 167, 188, 250, 251, 252
Forschung 78, 320, 322, 324, 325, 335, 339, 356, 360, 390, 391, 394, 432, 442, 443, 445, 454, 464
, wissenschaftstheoretische 333
Forschungsrichtung 345
Fortpflanzung 133, 156

Fortpflanzung (Fortsetzung)
, geschlechtliche 139, 142
, vegetative 142, 157
Fortschritt 117
, der Erkenntnis 332
, historischer 118
Funktion 111, 112, 114, 289, 317
, höhere 299, 300
, niedere 299
Funktionsbegriff 75, 284, 286, 291, 311, 374, 380, 448

Ganzheit 116, 150, 158, 184, 192, 209, 219, 221, 229, 271, 284, 338, 355, 420, 433, 434, 444, 450, 451
Ganzheitsbegriff 423
Gattenbeziehung 228
Gattenschaft 228, 229, 230, 232, 261
Gattenverwandtschaft 230
Gattung 241
Gebilde 82, 101, 103, 105, 111, 125, 138, 214, 216, 218, 222, 303, 329, 344, 349, 351, 390, 391, 416, 417, 423, 433, 444, 455
, als Schnitt 104
, avalgenidentisches 136
, begriffliches 442
, biologisches 94, 106, 110, 114, 115, 121, 134, 136, 138, 141, 149, 151, 152, 153, 155, 156, 161, 162, 164, 165, 169, 171, 173, 175, 177, 185, 186, 215, 219, 225, 230, 261, 302
, existierendes 415
, generationsälteres 160
, generationsjüngeres 160
, genidentisches 65, 68, 71, 72, 76, 94, 102, 221, 289, 293
, geographisches 396
, individualgenidentisches 194, 224
, individuelles 439
, juristisches 49
, lebendes 210, 215
, logisches 330
, mathematisches 411, 424, 436, 438
, ökonomisches 49, 384, 396, 424
, physikalisches 60, 81, 83, 93, 96, 100, 104, 106, 153, 168, 291, 294, 302, 395, 410, 425
, physiko-chemisches 384
, physisches 299, 300, 375, 396
, psychisches 49, 297, 299, 300, 375, 423

Gebilde (Fortsetzung)
, psychologisches 384, 396
, restlos genidentisches 85, 89, 105, 106, 144, 291
, soziologisches 396
, teilfremdes 82, 83, 84, 91
, totes 130, 203
, unzeitliches 446
, wissenschaftstheoretisch äquivalentes 55
, zeitliches 60
, zeitverschiedenes 60
Gegenstand 280, 301, 344, 375, 383, 387, 396, 403, 435, 440, 441, 442, 443
, der Psychologie 396
, einer Wissenschaft 275
, mathematischer 290
, physikalischer 60, 290, 299
Gegenstandsart 397, 414, 418, 469
Gegenstandsbegriff 417
Gegenstandsbeziehung 69
Gegenstandsgebiet 401, 423, 425
Gegenstandsgruppe 381, 382, 384, 385, 387, 395, 397, 398, 429, 443, 444, 447, 457, 470
Gegenstandsklasse 381, 384, 389
Gegenstandstotalität 273, 275, 296, 300, 400, 401, 405
Geisteswissenschaft 375, 381
Genealogie 153, 187, 240, 245
Generation 51, 134, 139, 140, 155, 156, 157, 159, 168, 174, 175, 181, 183, 184, 186, 187, 195, 196, 197, 198, 199, 213, 219, 228, 232, 233, 234, 235, 238, 239, 240, 266, 267, 272, 300, 301
, ältere 145
, jüngere 197, 269
Generationsabstand 155, 156, 164, 181, 245
Generationsbegriff 157, 175
Generationsfolge 215, 238
Generationsgleichheit 159, 163, 173, 174, 176
Generationsschnitt 170, 229
Generationsschritt 134, 139, 155, 155, 158, 162, 181, 233, 234, 268
Generationsverlust 239
Generationswechsel 199, 240
Generationszusammenhang 183
Genese 61, 78, 295, 311, 394, 418
Geneseart 434

Genesebegriff 54, 418, 420, 422, 423, 428
, biologischer 420
, mathematischer 419
, physikalischer 420
, wissenschaftlich zulässiger 419
Genesebeziehung 428
Genesekette 423
Genesereihe 424, 425, 428, 431, 434, 449
, biologische 419
, historische 419
, juristische 470
, kulturgeschichtliche 470
, ökonomische 434
, physikalische 434
genidentisch, restlos 75, 83, 87
Genidentität 62, 63, 65, 66, 67, 69, 70, 73,
    75, 79, 81, 85, 89, 100, 122, 228, 274,
    281, 282, 283, 284, 287, 288, 289,
    290, 301, 306, 309, 316, 418, 420
, als symmetrische Relation 85
, biologische 104, 127, 128, 298, 312,
    422
, der physikalischen Körper 67
, physikalisch restlose 83, 87, 105,
    128, 137, 138, 172, 173, 191, 213
, physikalische 92, 104, 162, 167, 212,
    422
, restlose 67, 82, 84, 99, 104, 283
, stammesgeschichtliche 312
, überhaupt 68, 70, 82, 83, 86, 154, 167
, Wahrnehmung der 69
Genidentitätsbegriff 69, 73, 76, 264
, biologischer 79, 96, 295
, physikalischer 74, 79
Genidentitätsbeziehung 64, 66, 70, 71,
    72, 76, 78, 81, 82, 84, 86, 99, 115,
    123, 125, 269, 285, 292, 312, 449
, biologisch eindeutige 131
, biologische 84, 122, 126, 127
, eindeutige 268
, physikalische 65, 86, 96, 129, 131,
    134
, physikalischer Gebilde 77
, restlose 85, 101, 293
, überhaupt 268
Genidentitätsreihe 64, 74, 92, 124, 173,
    221, 261, 265, 273, 274, 275, 316
, biologische 129, 131
, organismische 263, 268
, physikalisch restlose 148, 154, 156,
    267, 268, 270

Genidentitätsreihe (Fortsetzung)
, physikalische 98, 113, 120, 121, 125,
    129, 145, 158, 194, 219, 263
, restlose 89, 90, 98
, Stetigkeit der 86
Genotypus 110, 111, 132, 259, 260, 295
Gentilgenidentität 242
Geologie 360
Gesamtgebilde 98
Geschehen 71, 72, 74, 75, 76, 104, 264,
    265, 275, 291, 309, 355, 385, 393,
    394, 418, 448, 449, 450
, genidentisches 76
, physikalisches 118
Geschehenstypus 445, 456
Geschehnisreihe 75, 76
, genidentische 105
Geschichte 367
Geschichte der Erkenntnis 330
Geschichtswissenschaft 257, 262, 317,
    320, 338, 339, 342, 344, 357, 363,
    364, 372, 376, 377, 380, 393, 398,
    401, 405, 442, 451, 452
Geschlecht 245
Geschwisterbeziehung 228, 229
Gesetz 71, 77, 274, 320, 327, 329, 356,
    357, 359, 367, 389, 390, 412, 413,
    417, 420, 435
, biologisches 187, 220, 405, 407
, deduktive Ableitung eines 78
, induktive Ableitung eines 78
, oberstes 361
, physikalisches 77, 85, 220, 358
, physiko-chemisches 390, 431
, von der Erhaltung der Energie 420,
    426
, von der Konstanz der Energie 75, 93,
    275
, von der Konstanz der Masse 64, 65,
    71, 93, 275, 289
Gesetzesbegriff 73
Gesetzeswissenschaft 317
Gesetzeszusammenhang 295
Gesetzlichkeit 345, 355, 364, 434, 453
, allgemeine 361
Gesetzmäßigkeit
, der Wissenschaften 331, 333
, physikalische 103
Gestalt 283
, physische 282
Gewebe 113, 386

Gleichheit 63, 66, 67, 68, 69, 70, 73, 76,
  96, 99, 100, 116, 120, 121, 124, 133,
  134, 218, 226, 230, 264, 268, 280,
  281, 282, 283, 288, 301, 304, 310
, qualitative 70
, quantitative 70, 75
Gleichheitsbeziehung 66, 71, 102, 103,
  106, 115, 117, 119, 125, 126, 221,
  285, 287, 290
Gleichzeitigkeit 172
Glied
, einer restlosen Genidentitätsreihe 96
, generationsjüngstes 153, 164
Gonie 443, 446, 448, 451, 452, 453, 454,
  456, 457, 458, 471
Grundlagenforschung 47
Grundreihe, entwicklungsgeschichtliche 270
Gültigkeit, wissenschaftstheoretische 56

Handlung 342, 397, 398, 399
Histologie 123, 218, 371
Historie 245, 273, 303, 452, 454, 455
Historismus 406
Hypothesenbildung 331

Idealwissenschaft 391
Identität 62, 96, 121, 264, 282, 310, 441
, logische 62, 63, 280, 281, 282
, reale 280
Idiographie 370
Individualbegriff, organismischer 258
Individualbeziehung 183
Individualentwicklung 121, 161, 162, 180,
  181, 183, 184, 186, 194, 206, 314
Individualentwicklungsreihe 125
Individualgenidentität 160, 181, 182,
  184, 187, 189, 190, 211, 213, 214,
  216, 217
, biologische 185
, eindeutige 185
, überhaupt 185, 192, 193, 194, 198
, vollständige 186, 192, 193, 194, 196,
  198, 206
Individualgenidentitätsreihe 161, 188,
  189, 195, 208, 233
, vollständige 258
Individualitätsbegriff, entwicklungsgeschichtlicher 259
, organismischer 259
Individualpsychologie 389

Individualreihe 121, 186, 196, 197, 198,
  199, 201, 209, 259, 420
, vollständige 204, 205, 211, 212, 214,
  215, 219, 225, 229, 260, 261, 266,
  267, 268
Individualstamm 260
Individualzusammenhang 183
Individuum 51, 121, 133, 134, 136, 140,
  141, 150, 156, 157, 158, 164, 173,
  174, 183, 184, 186, 188, 189, 192,
  196, 197, 206, 208, 210, 212, 215,
  216, 221, 229, 234, 239, 240, 249,
  258, 259, 267, 268, 271, 353, 362,
  413, 440, 456
, als Einheit 150
, biologisches 132, 135, 148, 181,
  198
, entwicklungsgeschichtliches 259,
  260
Induktion 55, 79, 331, 341, 350, 361,
  374, 375, 376, 394, 408, 426
Inkonstanz 61, 76, 102, 289
Intuition 356, 377

Jurisprudenz 308, 338, 347, 364, 381,
  382, 438, 440

Kategorie 341, 342, 346
, konstitutive 69, 281
, reflexive 69, 73, 102, 218, 220, 264,
  281, 283, 286, 311
Kausalität 71, 273, 362, 453, 458
, irreversible 361
Klasse 77, 227, 352, 395, 400, 413, 439,
  443, 445, 456, 457
, biologische 241
Klassenbegriff 412, 445, 453
Klassifikation 130, 346, 376
Klassifikationssystem 467
Knospe 215
Knospung 188, 189, 190, 191, 197, 209,
  213, 214
Körper 61, 62, 64
, genidentischer 68
Kollateralverwandtschaft 229
Komplex von Gebilden 96
Komplexitätsstufe 386
Konnubialverwandtschaft 232, 261
Konstanz 61, 64, 65, 71, 76, 102, 103,
  118, 119, 181, 182, 241, 265, 274,
  289, 309, 347

Konstanz der Masse 100
Konstanzbegriff 72, 73
Konstanzbeziehung 115
Konstanzgesetz 93
, allgemeines 94
Konstruktion 376
Kräfteverteilung 292
Kraft 291, 292, 309
Kreuzung 256, 260, 272
, unvollkommene 257
, vollkommene 257
Krisis der Wissenschaft 126
Kulturgebilde 382
Kulturgeschichte 357
Kulturwissenschaft 364, 401, 452, 453
Kunst 323, 329
Kunstwissenschaft 308, 312, 323, 338, 340, 366, 377, 383, 384, 409, 447

Leben 116, 120, 172, 184, 206, 207, 260, 262, 323, 381
Lebensdauer 239
Lebensprozeß 239
Lebewesen 124, 130, 131, 132, 138, 152, 153, 183, 209, 248, 272, 386, 407
, stammzugehöriges 245
Lehre 324, 325, 326, 331, 335, 337, 339, 340, 342, 345, 365, 388, 389, 394, 443, 447, 464
Lehrgefüge 393, 403, 432, 443, 448, 451, 454
Leib 401
Lernen 436
Linie 255, 259, 260
, reine 110, 111, 112, 132, 138, 142, 161, 312
Literaturwissenschaft 340, 387
Logie 443, 446, 448, 451, 452, 453, 454, 456, 457, 458
Logik 304, 319, 320, 329, 331, 373, 375, 376, 383, 393, 430, 469
, axiomatische 378
, mathematische 428, 445
Logograph 342

Maschine 116, 313, 397
Masse 75, 76, 284, 285, 309
Massengleichheit 64, 75
, quantitative 65
Materie 94
Mathematik 304, 320, 329, 338, 342,

Mathematik (Fortsetzung)
345, 359, 367, 368, 370, 375, 376, 377, 393, 410, 413, 414, 419, 423, 435, 438, 446, 469
, moderne 312
Mathematisierung der Wissenschaft 438
Mechanik 358, 361, 381, 388, 443, 447
, klassische 126, 298
Medizin 298
Mehreltrigkeit 152, 155
, regelmäßige 149
Menge 293, 294, 314, 315, 445, 446
, dichte 86
, geordnete 86
Meßinstrument 416
Messung 481
Metaphysik 378
Metazoon 133, 141, 155, 156, 157, 159, 163, 170, 188, 189, 193, 197, 198, 201, 207, 208, 209, 213, 298, 444
Methode 278, 280, 322, 362, 370, 372, 378, 395
, beschreibende 395
, der vergleichenden Beschreibung 55
, der Darstellung 371
, der Fremdbeobachtung 372
, der Selbstbeobachtung 372, 374
, der Wissenschaftslehre 51, 54, 376
, experimentelle 371, 395
, induktive 276
, statistische 371, 395
, vergleichende 48, 374
, wissenschaftliche 297
Methodenbegriff 371, 376
Methodenlehre 373, 374, 395
Methodologie der Wissenschaftslehre 387
Milieu 130
Mineralogie 360
Morphologie 76, 127, 385, 386, 442, 447, 448, 449, 450, 465
, idealistische 111
Mythos 342

Nacheinander 65, 71, 228, 232, 254, 263, 272, 273, 433
Nachweisoperation 441
Natur 323, 335, 363
Naturgebilde 382
Naturwissenschaft 380, 381, 452, 453

515

Naturwissenschaft (Fortsetzung)
, beschreibende 373
, erklärende 373
Navigation 342
Nebeneinander 228, 254, 263, 273, 433
Neovitalismus 192
Netzwerk
, genealogisches 231, 232, 233, 235, 236, 238, 316
Nichtableitbarkeit 404, 408
Nomothetik 370

Objekt 363
Ökologie 130, 242
Ökonomie 308, 312, 345, 346, 348, 357, 367, 372, 373, 382, 383, 396, 397, 398, 399, 400, 405, 426, 430, 431, 438, 445, 466
, theoretische 338
Ontogenese 157, 189, 190, 195, 261
Ontogenie 274
Ontologie 320, 469
Optik 296, 358, 361, 381, 389, 420, 443, 447
Ordnung der Wissenschaften 278
Ordnungstypus 49, 265, 316
Organ 111, 113, 335, 386, 450, 465
Organismenverband 386
Organismik 132, 254, 266, 268, 273, 303
Organismus 51, 58, 131, 132, 133, 160, 172, 181, 184, 185, 189, 192, 193, 195, 203, 207, 232, 260, 261, 271, 272, 298, 299, 303, 313, 314, 315, 318, 335, 386, 406, 420, 422, 440, 450, 465
Organismusbegriff 189
Organismuszusammenhang 189, 190
Ort, logischer 404

Pädagogik 342
Paläontologie 124, 127, 312, 374
Panvitalismus 130
Parameter der Zeit 162
, des Nacheinander 172
Parentalgeneration 134, 135, 138, 143, 146, 157, 159
Periode
, axiomatische 368
, der vergleichenden Beschreibung 351, 352, 353, 356, 360

Periode (Fortsetzung)
, der vorschnellen Systematisierung 368
, der Systeme 351, 352, 360
, konditional-genetische 368
Pflanze 130, 133
Pfropfung 211
Phänomenologie 277, 310, 338, 383, 467
Phänotypus 110, 260
Philologie 338, 372
Philologismus 406
Philosophie 55, 183, 319, 347, 375, 379, 394, 405, 423
, kantische 320
Phylogenese 189, 271
Phylogenetik 442, 452
Phylogenie 111, 240, 241, 242, 246, 256, 274, 465
Physik 50, 51, 53, 54, 59, 65, 76, 78, 79, 81, 87, 94, 95, 96, 105, 106, 111, 112, 119, 120, 124, 127, 129, 131, 144, 168, 172, 184, 220, 221, 222, 226, 227, 262, 263, 264, 265, 267, 268, 269, 271, 273, 274, 276, 282, 283, 289, 291, 294, 295, 296, 297, 298, 300, 306, 308, 320, 323, 327, 335, 346, 347, 348, 356, 357, 358, 359, 360, 363, 366, 367, 368, 370, 371, 375, 377, 382, 387, 391, 392, 397, 400, 401, 405, 409, 410, 412, 413, 414, 416, 417, 420, 424, 425, 426, 435, 438, 440, 446, 448, 457, 466, 467
, am Lebenden 128, 296, 303
, des Kindes 406
, Entwicklung der 73
, experimentelle 60, 67, 110, 442
, ionische 347
, mittelalterliche 347
, moderne 312
, theoretische 77, 101, 442
Physiko-Chemie 383, 386, 390, 400
Physiologie 76, 128, 129, 298, 300, 372, 381, 384, 385, 442, 443, 447, 448, 449, 450
, zoologische 127
Physisches 299, 424
Plasma 113
Positivismus 277, 279, 380, 381, 391, 394
Pragmatismus 298
Praxis 342, 344

Prinzip, erkenntnistheoretisches 341
Prinzip der kleinsten Wirkung 397
Prinzip des kleinsten Mittels 397, 399, 426
Problem, genetisches 347
Problemgefüge 393, 394
Produktion, wissenschaftliche 338
Protozoon 133, 141, 159, 169, 188, 209, 213, 215, 444
Prozeß 103, 265, 268, 444
, biologischer 402
, chemischer 89, 95, 219, 221
, kulturgeschichtlicher 338
, physikalischer 220
, physiologischer 389
Prozeßbegriff 222, 283
Psychisches 273, 299, 390
Psychologie 50, 279, 298, 299, 300, 308 312, 345, 347, 348, 364, 372, 374, 375, 381, 382, 383, 387, 396, 397, 399, 400, 405, 410, 416, 423, 424, 425, 436, 438, 440, 445, 467
, angewandte 398
, beschreibende 294, 395
, experimentelle 320, 356, 369, 378, 395, 398, 429
, geisteswissenschaftliche 369, 377, 398, 430
, moderne 320
, vergleichende 365, 436
, verstehende 320
Psychologismus 277, 279, 405, 407, 408, 430
Psychotechnik 481

Raum 383, 413, 415, 416, 423, 424, 425, 445, 456
Reaktion 61, 64
Reaktionsvorgang 61
Realexistenz 415
Realität 49, 391, 392, 430
Realwissenschaft 391, 393
Reflexion 376
Regeneration 215, 258
Reifungsprozeß 110
Reihe 61, 74, 90, 95, 115, 117, 119, 125, 201
, biologische 120, 155
, der genidentischen Gebilde
, kontinuierliche 88
, genetische 49, 59, 73, 112, 131, 273

Reihe (Fortsetzung)
, physikalisch restlos genidentischer Schnitte 89
, restlos genidentischer Gebilde 86
, restlos genidentischer Schnitte 106
, stetige 86
, unbegrenzte 95
, Zerlegbarkeit der 146
Reihenbegriff 75, 285
Reihenform 119
Reihenglied 118, 153
Reihenrichtung 165
Reihenschnitt 195, 449
Reihentypus 112
, organismischer 266
Reiz 130, 272, 299, 485
Relation, intransitive 88
Relationsbegriff 337, 446
Relativismus 406, 408
Relativitätstheorie 64, 65, 126, 176, 216, 298, 358, 449
Relevanz, wissenschaftstheoretische 56
Restlosigkeit 68, 91, 92
, physikalische 165
Restteil 98
Rhetorik 342
Richtigkeitswert 329

Sache im Sinne der Jurisprudenz 409
Satz 322, 326, 327, 329, 330, 336, 341, 342, 359, 360, 366, 369, 404, 411, 431, 432, 442, 471
, adäquater 369
, allgemeiner (= Gesetz) 356, 367, 435, 439, 440
, der Ausschließung 83
, der Unendlichkeit der restlosen Genidentitätsreihen 94
, empirischer 438
, falscher 368
, hypothetischer 368
, inadäquater 369
, mathematischer 366, 435, 438
, physikalischer 435
, richtiger 369, 370
, spezieller 439, 440
, theoretischer 328
, wissenschaftlicher 407
, wissenschaftstheoretischer 362
Satzgefüge 331, 358, 370, 389, 393, 403, 404, 431, 432, 438

517

Schnitt 91, 95, 96, 98, 106, 211, 214, 224,
    242, 245, 264
, als Gebilde 104
, ältester 214, 215, 217, 224, 225
, avalgenidentischer 168
, generationsälterer 171, 180
, generationsältester 142, 171, 178
, generationsjüngerer 180
, generationsjüngster 142, 146, 147,
    149, 150, 152, 158, 159, 178, 179,
    204, 267
, jüngster 214, 215, 217, 224, 225
, restlos genidentischer 268
, stammgenidentischer 243, 246, 251,
    255, 256
, vollständig avalgenidentischer 268
, vollständig individualgenidentischer 202, 268
Schule, wissenschaftliche 345
Seele 401
Selbstbefruchtung 142
Selbstbeobachtung 429
, psychologische 398
Semenologie 312
Sinnesorgan 416
Sinnespsychologie 331, 389, 485
Sinnlosigkeit 409
, wissenschaftstheoretische 409, 410, 411
Sinnwidrigkeit 408
Sosein 77, 119, 274, 289, 412, 414, 418,
    433, 444, 447, 449
Sozialpsychologie 389
Soziologie 312, 320, 348, 360, 453
Soziologismus 408
Spaltung 257
, unvollkommene 256
, vollkommene 256
Spezies 354
, unterste 456
Sprachwissenschaft 308, 312, 335, 342,
    345, 347, 364, 405, 445
Staat 386
Staatswissenschaft 338
Stammeltern 251
Stamm 213, 242, 246, 249, 250, 252, 253,
    258, 259, 261, 270, 272
Stammbaum 127, 157, 175, 227, 230,
    232, 237, 240, 245, 248, 271
, phylogenetischer 227
, vollständiger 236

Stammgenidentität 242, 248
, reine 243
Stammreihe
, entwicklungsgeschichtliche 262
, reine 243, 244, 245, 246, 248, 249,
    252, 254, 256, 257, 258, 262 270
Stammtafel 245, 262, 271
, chronologische 236, 239
, genealogische 239
Stammureltern 251, 253, 272
Statik 448
Statistik 371, 372, 395, 438, 443, 470
Sterben 203
Stetigkeit der Genidentitätsreihe 86
Stoff 61
Substanz 70, 94, 284
, lebende 113
Substanzbegriff 75, 284, 286, 291, 311,
    337, 374, 380, 446, 448
System 94
, eingeschlossenes 67, 68, 75, 83, 84
    93, 98, 282, 283, 293
, geschlossenes 282, 283
, physikalisches 282
System der Wissenschaften 275, 278
Systematik 273, 351, 354, 358, 359, 364,
    377, 412, 452, 454, 455, 456
, genetische 350, 456
, klassifizierende 354
, konstruierende 354
Systemexistenz 415, 417
Systemverwandtschaft 228

Tatsache 289, 290, 291
Technik 59, 78, 99, 275, 392
, experimentelle 77, 78, 125, 127
, wissenschaftliche 57, 297, 304
Technologie 392
Teil 116, 221
Teil eines physikalischen Gebildes 96
Teil-Ganzes-Beziehung 220
Teilavalreihe, vollständige 255
Teildisziplin 334, 389, 442
Teilgebilde 96, 98
Teilung 210
Theologie 392
Theorie 48, 322, 327, 328, 329, 330, 337,
    338, 339, 350, 356, 369, 375, 407
, genetische 350
, physikalische 391
, Einheit der 330

Theoriebildung, spekulative 355, 356
Tier 130, 133, 183
Tierpsychologie 299
Tochterindividuum 209, 210
Tochterzelle 90
Tod 51, 206, 207, 208, 225, 259, 272, 315
Todesschnitt 207, 208, 218, 224, 259
Totalität 300, 301, 304, 323, 346, 360, 361, 362, 363, 379, 382, 383, 391, 396, 400, 403, 414, 423, 432, 433, 453, 468
Totes 172
Transitivität 87, 88, 92, 170, 200, 202, 204, 269
Trennung 211, 267
, reale 213
Trieb 298, 402
Tropismus 318
Typenverwandtschaft 266, 228, 229, 261
Typus 51, 227, 342, 352, 440, 456, 457
, biologischer 440
, logischer 408, 413
, morphologischer 386

Umwelt 130, 132, 272, 406
Unendlichkeit 93
Unendlichkeit der Genidentitätsreihe 91–96
Unendlichkeit der Reihen 88
Ungleichheit 66, 67, 68, 69, 70, 73, 116, 133, 218, 226, 230, 264, 268, 301, 304
Ungleichheitsbeziehung 71, 117, 119, 125, 126, 221, 285 287, 290
Unwirklichkeit 391
Ureltern 258, 261, 262
Ursache 69, 71, 72, 85, 95, 194, 205, 221, 222, 264, 273, 274, 416, 425
Ursachebegriff 292, 293
Ursachenzusammenhang 66, 73
Urteil 381

Valenz 285
, chemische 75
Variation 103, 119, 241, 265, 274
Variationsbeziehung 115
Veränderungsreihe 123, 219, 449
Veränderungstypus 220
Verbindungsreihe 86
Verbindungstypus 220

Vereinigung 210, 211
, reale 100
Vererbung 157, 272
Vererbungsgesetz 159
Vererbungslehre 132, 331, 442
Vererbungstheorie 260
Vergleich, wissenschaftstheoretischer 276, 340, 341
Verschiedenheit 283
Verstehen 377
Versuchsanordnung 99
Verwandtschaft 226, 229, 248, 249, 255, 256, 316, 349, 412
, biologische 175, 228
, phylogenetische 227, 246, 254
, unvollkommene 248
, vollkommene 247, 248, 250, 251, 253, 257, 258, 261
Verwandtschaftsbegriff 228, 230
Verwandtschaftsbeziehung 175, 395
, historische 227

Wachstumsvorgang 110
Wärmelehre 358, 361, 381, 420
Wahrheit 325
Wahrnehmung 278, 317, 329, 331, 342, 395, 416, 429, 455
, juristische 430
, originäre 325, 360
, psychologische 430
, unmittelbare 287
Wahrscheinlichkeitslehre 434
Weltanschauung 319
Welt 329, 330, 390, 393, 432, 433, 434, 440, 441
, physikalische 392
Werdebegriff 119, 123
Werden 118, 265, 274
Wert
, ökonomischer 402
, wissenschaftlicher 326, 327, 328
Wesen 346
Wesenswissenschaft 469
Widerlegungswert 328
Widersinnigkeit, wissenschaftstheoretische 431
Willenspsychologie 443
Willensvorgang 396
Wirklichkeit 390, 391, 394, 413, 431, 432
Wirkung 69, 71, 72, 85, 95, 194, 205, 221, 222, 264, 273, 274, 416

Wirkungseigenschaft 416
Wirkungszusammenhang 73
Wirtschaftsstatistik 437
Wissenschaft 47, 72, 273, 275, 278, 280, 283, 284, 295, 301, 304, 312, 317, 319, 322, 323, 325, 326, 329, 331, 332, 336, 337, 341, 342, 347, 360, 362, 363, 365, 376, 378, 385, 390, 400, 401, 403, 412, 414, 423, 424, 428, 433, 440, 449, 464
, als Ganzheit 336
, als Gefüge von Sätzen 329
, beschreibende 111, 227
, empirische 345, 366, 368, 377
, erklärende 111, 221, 227
, philosophische 79, 379
, Definition der 323
, Eigennatur der 331
, Entwicklung einer 72, 111, 340
, Entwicklungsgeschichte einer 341
, Erscheinungsformen der 323
, Grundlegung einer, philosophische 47
, Gesetzmäßigkeit der 331
, Krisis der 126
Wissenschaften, System der 50
Wissenschaftseinheit 370, 372
Wissenschaftsentwicklung 332, 337, 338, 344, 347, 363, 364, 418, 422
Wissenschaftsganzheit 404
Wissenschaftsgruppe 414
Wissenschaftsindividuum 312, 331, 332, 385, 453
Wissenschaftslehre 48, 50, 55, 59, 79, 101, 275, 276, 277, 278, 279, 295, 299, 303, 304, 319, 320, 322, 323, 333, 335, 336, 339, 340, 341, 362, 366, 369, 391, 395, 408, 412, 433, 443
, allgemeine 296, 333, 334
, spezielle 333, 334, 419

Wissenschaftslehre (Fortsetzung)
, vergleichende 47, 53, 55, 56, 78, 275, 342, 365
, Fortschritte der 322
, Grundlagen der 48
Wissenschaftsprozeß 334
Wissenschaftssystematik 312
Wissenschaftstheorie 319, 322, 332, 335

Zahlenmystik 342
Zeit 172, 216, 242, 273, 383, 413, 415, 416, 423, 424, 425, 445, 456
, absolute 361
, physikalische 162
Zeitbegriff, physikalischer 176
Zeitindex 77, 87, 103, 105
Zeitlichkeit 162
Zeitmessung 489
Zeitordnung 65
Zeitparameter 86, 162
Zeitpunkt 77
Zeitrichtung 85, 106
Zeitsinnapparat 485
Zelle 90, 111, 123, 124, 133, 135, 150, 155, 156, 157, 170, 184, 193, 208, 210, 213, 258, 298, 335, 353, 386, 420, 450, 465
Zellenreihe 156
Zellkomplex 215
Zellteilung 188
Zerlegbarkeit der Reihe 146
Zerstörungswert 328
Ziellosigkeit 206
Zielstrebigkeit 144, 145, 148, 174, 205, 266, 273
Zoologie 342, 381, 442, 443, 447
Zugehörigkeit 257
Zusammenhangswert 328, 329, 362, 402
Zweischnitt 49, 50, 347, 348, 350
, unechter 348
Zwischengeneration 240
Zytomorphologie 123

Vollständiges Inhaltsverzeichnis des Bandes 2

Zur Kurt-Lewin-Werkausgabe 7
Editorische Notiz 9
Zur Einführung in diesen Band 11

Wissenschaftstheorie II

Der Begriff der Genese in Physik, Biologie und Entwicklungsgeschichte. Eine Untersuchung zur vergleichenden Wissenschaftslehre . . . 47

Vorwort 47
Der Begriff der Genese als Problem der vergleichenden Wissenschaftslehre 53
   I. Die vergleichende Beschreibung wissenschaftstheoretisch äquivalenter Begriffe der Physik und der Biologie 53
   II. Zur Technik der vergleichenden Wissenschaftslehre . 57
   III. Der Begriff der genetischen Reihe. Die Genidentität . 60
   IV. Die Genidentität von Dingen und von Geschehnissen 74
   V. Die Sätze über Genidentität und die physikalischen Gesetze (die einzelnen Eigentümlichkeiten der Genidentitätsbeziehung und ihr Zusammenhang) 77

Erster Teil
Die genetischen Reihen in der Physik 81
   I. Der Begriff der restlosen Genidentität 81
   II. Die Genidentität als symmetrische Relation 85
   III. Die Genidentitätsreihe 85
   IV. Die restlose Genidentität als transitive Relation . . . 87
   IVa. Die Ableitung der Transitivität 87
   V. Die beiderseitige Unendlichkeit der physikalischen restlosen Genidentitätsreihen 93
   VI. Die Bedingungen der Identität restloser Genidentitätsreihen 96
   VII. Die Spaltung und Vereinigung von restlosen Genidentitätsreihen 97
   VIII. Die weniger eindeutig bestimmenden physikalischen Genidentitätsbeziehungen 105
   IX. Zur Frage allgemeinster Konstanzgesetze von Eigenschaften restlos genidentischer Gebilde 105
   X. Zusammenstellung der Sätze über die «restlose Genidentität» als die eindeutige Existentialbeziehung in der Physik 106

Zweiter Teil

Die genetischen Reihen in der Biologie 110
Die Selbständigkeit der biologischen Existentialreihen 110
    I. Genetische Definitionen in der Biologie 110
   II. Die Verschiedenheit der genetischen Reihen in
       Physik und Biologie 112
  III. Die wissenschaftstheoretische Äquivalenz des
       biologischen und des physikalischen Begriffs der
       genetischen Beziehung 115
  IV. Die Frage nach den fundamentalen Bestimmungen
       der biologischen Genidentität und die Methode ihrer
       Untersuchung 126
   V. Die «Physik am Lebenden» und die Frage nach phy-
       sikalischen Genidentitätsreihen in der Biologie 128
  VI. Die Dualität von Lebendem und Totem. Der Begriff
       des Toten als Begriff der Biologie 129

Erster Abschnitt: Die genetischen Reihen in der organismischen Biologie 131
    A. Die Avalgenidentität (Die Ahnen) 131
      I. Das Vorhandensein verschiedener Genidentitäts-
         beziehungen in der Biologie 131
     II. Die biologische Avalgenidentität 132
    III. Die Unabhängigkeit der Avalgenidentität vom
         Generationsabstand und ihr Charakter als sym-
         metrische Relation 134
     IV. Die vollständige Avalgenidentität 135
    IVa. Regelmäßige Eineltrigkeit und regelmäßige Zwei-
         eltrigkeit 137
      V. Die bevorzugte Stellung des generationsjüngsten
         Schnittes einer Reihe vollständig avalgenidentischer
         Schnitte 142
     Va. Die biologische Avalreihe und der Begriff der Ziel-
         strebigkeit 144
     VI. Die Bedingungen der Identität vollständig avalgen-
         identischer Reihen 145
    VII. Die Zerlegung der Avalreihen in der Längsrichtung . 146
   VIII. Die Stellung biologischer Gebilde in v. A.-Reihen . . 151
     IX. Die durch die vollständige Avalgenidentität be-
         stimmten Reihen als geordnete Reihen 154
      X. Die Diskontinuität und die Undichtigkeit der Aval-
         genidentitätsreihen. Die Generation 154

XI. Die Avalgenidentität als zeitfremde Relation 158
XII. Die Bedingungen für die Transitivität der vollständigen Avalgenidentität 162
XIIa. Die Ableitung der Transitivitätsbedingungen 164
XIII. Die Unendlichkeit der v. A.-Reihen in der Richtung der generationsälteren Schnitte 168
XIV. Das Nebeneinander in den Avalreihen und die Frage nach dem allgemeinen Parameter verschiedener Avalreihen 172
XV. Zusammenstellung der Sätze über die «vollständige Avalgenidentität».................... 176

B. Die Individualgenidentität (Der Organismus) 181
I. Individualzusammenhang und Lebenszusammenhang 181
II. Die vollständige Individualgenidentität 185
III. Die «Individualgenidentität überhaupt» und ihre Beziehung zur «vollständigen Individualgenidentität». 191
IV. Die Individualgenidentität als symmetrische Relation 194
V. Die Individualreihe als kontinuierliche Reihe 194
VI. Die Bedingungen der Transitivität der vollständigen Individualgenidentität 195
VIa. Die Ableitung der Transitivität............. 196
VII. Die beiderseitige Begrenztheit der vollständigen Individualreihen 203
VIII. Die «Zielstrebigkeit» der Ontogenese 205
IX. Anfang und Ende der vollständigen Individualreihen und der Begriff des Lebens. Der Todesschnitt. 206
X. Die Teilung und Vereinigung von Individualreihen . 208
XI. Die Voraussetzungen für die Identität von Individualreihen 214
XII. Der Parameter der v. I.-Reihen 215
XIII. Der Begriff der Entwicklung und die vollständigen Individual- und Avalreihen 217
XIV. Zusammenstellung der Sätze über die «vollständige Individualgenidentität» 222

Zweiter Abschnitt: Die genetischen Reihen in der Entwicklungsgeschichte 226

Die Verwandtschaft 226
I. Verwandtschaft als Eigenschaftsbeziehung 226
II. Die Verwandtschaft als Existentialbeziehung 228

Die Stammgenidentität (Der Stamm). 241
    I. Die Stammgenidentität 241
    II. Die Kontinuität der «reinen Stammreihe» 244
    III. Die Blutsverwandtschaft (Consanguinitas). «Selbständigkeit» und «Zugehörigkeit». 246
    IV. Der Stamm und die Stammeltern 248
    V. Spaltung und Kreuzung von reinen Stammreihen . . . 254
    VI. «Organismisches» und «entwicklungsgeschichtliches» Individuum 258
    VII. Zusammenfassung. Entwicklungsgeschichte und Geschichtswissenschaft 261

Dritter Teil

Vergleichende Gegenüberstellung der genetischen Reihen in Physik, organismischer Biologie und Entwicklungsgeschichte 264
    I. Die Genidentität 264
    II. Die Ordnungstypen der genetischen Reihen in Physik, Organismik und Entwicklungsgeschichte . . . 265
    III. Die Genidentität als Problem der vergleichenden Wissenschaftslehre und das natürliche System der Wissenschaften 274

    Anhang 277
    A I. Wissenschaftslehre und Erkenntnistheorie. Zur Methode der Wissenschaftslehre 277
    A II. Der Begriff der Identität bei Windelband. 280
    A III. «Eingeschlossene Systeme» und «geschlossene Systeme» 282
    A IV. Die Genidentität und der Gegensatz von Substanz- und Funktionsbegriffen 284
    A V. Der Grad der Unmittelbarkeit und der Subjektivität der Erkenntnis von Genidentität und Gleichheit 287
    A VI. Genidentität und funktionelle Abhängigkeit 289
    A VII. Existenz und Tatsache 289
    A VIII. Die Begriffe: «existierendes Gebilde», «Kraft» und «Feld» 291
    A IX. Die Auffassung der Glieder einer Genidentitätsbeziehung als Mengen 293
    A X. Der Übergang von Beschreibungs- zu Erklärungsbegriffen in der Biologie 294
    A XI. Die Verschiedenheit der Existentialbeziehung und

die Frage der Zurückführbarkeit von Biologie auf
Physik 295
A XII. Biologie und Psychologie 298
A XIII. Die Generationsverschiedenheit als Voraussetzung des Vererbungsbegriffes 300
A XIV. Der wissenschaftstheoretische Sinn der Frage nach dem physikalischen und dem historischen Charakter des Lebenden 301
A XV. Die Bedeutung der Wissenschaftslehre für die anderen Wissenschaften 303
Anmerkungen 305

Wissenschaftslehre 319
A. Das Problem der Wissenschaftsentwicklung 319
  1. Das Problemgebiet der Wissenschaftslehre 319
  2. Die Erscheinungsformen der Wissenschaften 323
  3. Die Dynamik der Theorien 330
  4. Die Aufgaben der Wissenschaftslehre 333
  5. Die Entwicklung einer Wissenschaft 335
  6. Die protowissenschaftliche Epoche 342
  7. Die Epoche der Systeme 344
  8. Die Epoche der vergleichenden Beschreibung 348
  9. Die Epoche des Vordringens der konditionalgenetischen Begriffsbildung 352
    a. Die konditionale Begriffsbildung 352
    b. Die genetische Begriffsbildung 353
    c. Das Problem der Gesetzlichkeit 355
  10. Die Epoche der Ableitungen 357
  11. Zur Methode der vergleichenden Wissenschaftslehre 363
B. Die Lehre von den Wissenschaften als Ganzheiten 366
  1. Fragestellung 366
  2. Die Unmöglichkeit der formal-logischen Bestimmung der Wissenschaft als Einheit 366
  3. Die Unmöglichkeit der methodologischen Bestimmung der Wissenschaft als Einheit 370
  4. Das Problem der erkenntnistheoretischen Bestimmung der Wissenschaft als Einheit 376
  5. Das Problem der Bestimmung der Wissenschaft als Einheit durch das gegenständliche Element 380
  6. Wissenschaft, Disziplin und Komplexitätsstufe . . . 385

7. Weitere Überlegungen zur Bestimmung der
   Wissenschaft als Einheit 393
8. Kriterien der Trennung von Wissenschaften 403
   a. Die Getrenntheit der Satz- und Begriffsgefüge . . 404
   b. Die Durchführbarkeit der Wissenschaften 404
9. Das Problem der Sinnlosigkeit 408
10. Die Einheitlichkeit der Existenzart der Gegenstände einer Wissenschaft 411
    a. Der Existenzbegriff 413
    b. Die Allklasse 417
    c. Die Genidentität 418
11. Die Bedeutsamkeit des Genesebegriffs für die Bestimmung der Wissenschaft als Einheit 421
    a. Genidentität und Ordnungsschema 423
    b. Das Problem der Äquivalenz der Ordnungsschemata 424
    c. Genidentität und Ursachebegriff 425
12. Die Existenzart auf den verschiedenen Stufen der
    Wissenschaftsentwicklung 428
    a. Feststellung der Existenzart durch Analyse der
       Genesebeziehung 428
    b. Existenzart und Wahrnehmungsakt 429
13. Das Problem der Verträglichkeit der Wissenschaften 430
    a. Warum gibt es verschiedene Wissenschaften? . . . 432
    b. Begriffsbildung des täglichen Lebens und die
       Möglichkeit neuer Wissenschaften 434
    c. Die positiven Beziehungen der Wissenschaften
       zueinander. Ableitung und Beweis 435
14. Der Übergang von einer Wissenschaft zur anderen . 438
15. Die Welt als Gegenstandmaterial 440

C. Die Teile einer Wissenschaft 442
   1. Überblick über die Unterteilungen einer Wissenschaft 442
   2. Die Einteilung nach Verwandtschaft der Gegenstände 443
   3. Die Unterscheidungen vom Typus «Morphologie/
      Physiologie» 447
   4. Einteilung nach Komplexheitsstufen der Gegenstände 449
   5. Logie und Gonie 451

Anmerkungen 460

Über einen Apparat zur Messung von Tonintensitäten 473
   Anmerkungen 482

Ein verbesserter Zeitsinnapparat 485
   Anmerkungen 487

Ein zählender Chronograph 489
   Anmerkungen 494

Anhang

Ergänzungen zu «Wissenschaftslehre I» (KLW Bd. 1) 497
Bibliographie 499
Personenregister 505
Sachregister 508

Übersicht über die Kurt-Lewin-Werkausgabe

Band 1: Wissenschaftstheorie I

Über Idee und Aufgabe der vergleichenden Wissenschaftslehre
Das Erhaltungsprinzip in der Psychologie
Erhaltung, Identität und Veränderung in Physik und Psychologie
Die Verwechslung von Wissenschaftssubjekt und psychischem Bewußtsein in ihrer Bedeutung für die Psychologie
Psychologische und sinnespsychologische Begriffsbildung
Die Erziehung der Versuchsperson zur richtigen Selbstbeobachtung und die Kontrolle psychologischer Beschreibungsangaben
Die zeitliche Geneseordnung
Der Übergang von der aristotelischen zur galileischen Denkweise in Biologie und Psychologie
Gesetz und Experiment in der Psychologie
Vom Sinn statistischer Gesetze
Die Typen und die Gesetze der Psychologie
Carl Stumpf
Cassirers Wissenschaftsphilosophie und die Sozialwissenschaften
Rezensionen

Band 2: Wissenschaftstheorie II

Der Begriff der Genese in Physik, Biologie und Entwicklungsgeschichte
Wissenschaftslehre
Über einen Apparat zur Messung von Tonintensitäten
Ein verbesserter Zeitsinnapparat
Ein zählender Chronograph

Band 3: Topologische und Vektorpsychologie

Grundzüge der topologischen Psychologie
Der Richtungsbegriff in der Psychologie. Der spezielle und allgemeine Hodologische Raum
Begriffliche Darstellung und Messung psychologischer Kräfte
Feldtheorie und Geometrie (Auszug)
Psychoanalyse und topologische Psychologie

Band 4: Feldtheorie

Teil I: Allgemeine Feldtheorie
Formalisierung und Fortschritt in der Psychologie
Konstrukte in der Feldtheorie
Mathematische Konstrukte in Psychologie und Soziologie
Vektoren, kognitive Prozesse und Mr. Tolmans Kritik
Definition des «Feldes zu einer bestimmten Zeit»

Teil II: Anwendungen der Feldtheorie
Feldtheorie des Lernens
Feldtheorie und Experiment in der Sozialpsychologie
Forschungsprobleme der Sozialpsychologie I: Theorie, Beobachtung und Experiment
Forschungsprobleme der Sozialpsychologie II: Soziales Gleichgewicht und sozialer Wandel im Gruppenleben
Psychologische Ökologie

Teil III: Varia
Kriegslandschaft
Die Auswirkung von Umweltkräften
Analyse der Begriffe Ganzheit, Differenziertheit und Einheitlichkeit

Band 5: Dynamische Theorie der Persönlichkeit

Die psychische Tätigkeit bei der Hemmung von Willensvorgängen und das Grundgesetz der Assoziation
Das Problem der Willensmessung und das Grundgesetz der Assoziation
Eine experimentelle Methode zur Erzeugung von Affekten
Vorsatz, Wille und Bedürfnis, mit Vorbemerkungen über die psychischen Kräfte und Energien und die Struktur der Seele
Die Entwicklung der experimentellen Willenspsychologie und die Psychotherapie
Zwei Grundtypen von Lebensprozessen
Ersatzhandlung und Ersatzbefriedigung
Überblick über die experimentellen Untersuchungen (bis zum Jahre 1935)
Psychologie des Erfolgs und Mißerfolgs
Intelligenz und Motivation

Anspruchsniveau (mit Tamara Dembo, L. Festinger und Pauline S. Sears)

Band 6: *Psychologie der Entwicklung und Erziehung*

Filmaufnahmen über Trieb- und Affektäußerungen psychopathischer Kinder
Kindlicher Ausdruck
Gestalttheorie und Kinderpsychologie
Die psychologische Situation bei Lohn und Strafe
Umweltkräfte in Verhalten und Entwicklung des Kindes
Sachlichkeit und Zwang in der Erziehung zur Realität
Eine dynamische Theorie des Schwachsinnigen
Die Erziehung des Kindes
Demokratie und die Schule (mit Gertrud Lewin)
Regression, Retrogression und Entwicklung
Frustration und Regression (mit R. G. Barker und Tamara Dembo)
Jüdische Erziehung und Realität
Verhalten und Entwicklung als Funktion der Gesamtsituation
Psychologische Probleme bei der jüdischen Erziehung
Gibt es individuelle Wissenschaften?

Band 7: *Angewandte Sozialpsychologie*

Die Rationalisierung des landwirtschaftlichen Betriebs mit den Mitteln der angewandten Psychologie
Die Sozialisierung des Taylorsystems
Die Bedeutung der «Psychischen Sättigung» für einige Probleme der Psychotechnik
Psychosoziologische Probleme einer Minderheitengruppe
Sozialpsychologische Unterschiede zwischen den Vereinigten Staaten und Deutschland
Eine experimentelle Methode zur Untersuchung von Autokratie und Demokratie: Eine vorläufige Notiz (mit R. Lippitt)
Experimente über den sozialen Raum
Angesichts von Gefahr
Aggressive Verhaltensmuster in experimentell erzeugten «sozialen Atmosphären» (mit R. Lippitt und R. K. White)
Der Hintergrund von Ehekonflikten
Selbsthaß unter Juden

Persönliche Anpassung und Gruppenzugehörigkeit
Zeitperspektive und Moral
Veränderungen sozialer Sensibilität beim Kind und Erwachsenen
Training in demokratischer Führung (mit A. Bavelas)
Kultureller Wiederaufbau
Der Sonderfall Deutschland
Die Lösung eines chronischen Konflikts in der Industrie
Die Dynamik der Gruppenhandlung
Eine Forschungsmethode für Führungsprobleme
Das Forschungszentrum für Gruppendynamik am Massachusetts Institute of Technology
Handeln, Wissen und die Übernahme neuer Werte (mit P. Grabbe)
Aktionsforschung und Minderheitenprobleme
Die Forschung über Minderheitenprobleme
Gruppenentscheidung und sozialer Wandel